Spiegl Andrea

Wilhelm Busch
Gesamtwerk in sechs Bänden
Erster Band

Wilh. Busch.

WILHELM BUSCH

GESAMMELTE WERKE IN SECHS BÄNDEN

1

XENOS Verlagsgesellschaft m.b.H.
Hamburg

Herausgegeben und eingeleitet von Hugo Werner.
Für die Wiedergabe der Zeichnungen stellte das Wilhelm-Busch-Museum, Hannover, die Vorlagen zur Verfügung.

ISBN-Nr. 3-8212-0259-9

Lizenzausgabe 1986 für die
XENOS Verlagsgesellschaft mbH, Hamburg
mit Genehmigung des Füllhorn Sachbuchverlages
Herausgeber: XENOS Verlagsgesellschaft mbH., Am Hehsel 42, 2000 Hamburg 63
Printed in Finland

Nur eins erschien mir oftmals recht verdrießlich:
Besah ich was genau, so fand ich schließlich,
Daß hinter jedem Dinge höchst verschmitzt
Im Dunkel erst das wahre Leben sitzt.

(aus Dank und Gruß, 1907)

Geleitwort

Die sechsbändige Ausgabe der Werke Wilhelm Buschs, die wir hiermit den Freunden des großen Humoristen vorlegen, vereinigt alle wichtigen und bekannten Vers- und Prosa-Arbeiten mit den dazugehörigen Bildern. Um Buschs Zeichenkunst in ihrer kraftvollen Anmut und Vielfalt recht deutlich werden zu lassen, wurde auch eine Auslese ernster Graphik aufgenommen, und der Maler Busch, ebenso interessant wie wenig bekannt, ist durch die Wiedergabe einiger charakteristischer Gemälde vertreten.

Was jeder vor allem suchen wird: die großen Bildergeschichten für Erwachsene und für Kinder sowie die Sammlungen der heiter-philosophischen Gedichte – sie sind, neben anderem, vollständig in diesen sechs Bänden vorhanden. Verzichtet wurde, außer auf die von Busch nur überlieferten Volksmärchen, Sagen und Volkslieder seiner Heimat, auf weniges Unbedeutende und Überlebte; wir glaubten, damit ebenso im Sinne Buschs wie seiner Leser zu handeln.

Die Reihenfolge der Werke entspricht mit einigen Ausnahmen, die sachlich wünschenswert oder technisch notwendig waren, der Reihenfolge ihres ersten Erscheinens, dessen Zeitpunkt in der Regel nahe bei dem der Entstehung liegt. Dadurch ist von Werk zu Werk, von Band zu Band die geistige und künstlerische Entwicklung Buschs erkennbar. Der letzte Band schließt mit einem Gesamtinhalts-Verzeichnis des in unserer Ausgabe Gebotenen.

Der besondere Dank des Verlages gilt der Wilhelm-Busch-Gesellschaft in Hannover. Durch ihren Geschäftsführer, Herrn Dr. Friedrich Bohne, hat sie unserem Plan, eine volkstümliche Gesamtausgabe alles Wesentlichen zu schaffen, ihre Anteilnahme und ihren Rat angedeihen lassen und uns aus dem reichen Archiv des Wilhelm-Busch-Museums die nötigen Unterlagen zur Verfügung gestellt.

Wir haben uns diesem Plan mit viel Liebe und Sorgfalt gewidmet, die ein so einmaliges Lebenswerk verdient. Wir hoffen, daß es durch diese Ausgabe noch umfassender bekannt werden und neue Freunde gewinnen wird. Wer in das Wesen der vielseitigen Kunst Wilhelm Buschs eindringt und mit ihr steten Umgang pflegt, der kann jenes Lächeln über sich selbst und alle menschliche Torheit lernen, welches das Leben meistern und den Alltag freundlicher gestalten hilft.

Der Verlag

Der weise Spötter

Wilhelm Buschs
Leben und Schaffen

Wem wäre der Name Wilhelm Busch nicht seit früher Jugend vertraut! MAX UND MORITZ war eines unserer ersten und liebsten Bücher, und außer vielen anderen Versen aus dieser ergötzlichen Bildergeschichte, die sich uns mühelos einprägten, wird uns immer wieder einmal der Kehrreim einfallen:

Dieses war der erste Streich,
Doch der zweite folgt sogleich.

Freilich mag schon mancher bald, wenn er sich ausführlicher mit Busch beschäftigte, an seinen lustigen, frechen Zeichnungen und seinen treffsicheren Versen sich nicht bloß vergnügt haben, sondern darüber auch etwas nachdenklich geworden sein. Denn gehörten zu den Elementen jener Schmunzeln und Lachen erregenden Komik nicht Schadenfreude, Bosheit, Grausamkeit? Und schwang in der Heiterkeit nicht ein ernster, zuweilen melancholischer Unterton mit?
Vielleicht kam uns damals eine erste Ahnung, daß Wilhelm Busch mehr als ein Spaßmacher ist und Humor mehr als die zweifelhafte Kunst, das Leben leicht zu nehmen und alles lächerlich zu machen, oder die Fähigkeit, witzig zu sein. Später mochte uns auch bewußt werden, daß beim Lesen und Anschauen von Buschs Bildergeschichten unsere Sympathie eher den Übeltätern, die ihre Umwelt beunruhigen und ärgern, als ihren braven, friedfertigen Opfern gehörte. Ließ das nicht gewisse Schlüsse auf die Natur des Menschen und den Gang der Weltgeschichte zu? War es das, was Busch durchschaut hatte und was hinter seinem Humor steckte? Ein Blick auf den Lebensweg dieses Mannes mag dazu beitragen, sein Wesen und das seiner Kunst klarer zu sehen.

Als Fünfundsiebzigjähriger hat Wilhelm Busch rückschauend (in dem Gedicht DANK UND GRUSS) sein Erscheinen auf der Welt folgendermaßen glossiert:

Ich weiß nicht mehr genau, wie es gekommen.
Kurzum! Nach längerem Verborgensein
Hab ich dereinst auf Erden Platz genommen,
Um auch einmal am Licht mich zu erfreun . . .

Für dieses Erscheinen hatte er sich einen Sonntag ausgesucht, den 15. April 1832, und als Ort das Dorf Wiedensahl in dem damaligen Königreich Hannover, dem heutigen Niedersachsen. Seine Eltern, die er in seiner Selbstdarstellung mit wenigen Worten köstlich charakterisiert hat, betrieben dort einen Kramladen. Wenige Wochen zuvor war Goethe gestorben, der letzte Große einer zu Ende gehenden Geistes- und Gesellschaftsepoche. Die neue, zunehmend von der Technik bestimmte Epoche, in die Busch hineinwuchs, meldete fünfzehn Jahre später, bei seiner Berufswahl, ihren Anspruch an. Allerdings hat er ihr dann ein Schnippchen geschlagen. Mit neun Jahren wurde Busch, der bis dahin die Wiedensahler Dorfschule besucht hatte, zu dem Bruder seiner Mutter, dem Pastor Georg Kleine, nach Ebergötzen bei Göttingen gebracht, der ihn von nun an unterrichtete. Fünf Jahre darauf, 1846, übersiedelte er mit dem Onkel in dessen neue Pfarre nach Lüthorst am Solling. Aus dieser Zeit stammen das erste Selbstbildnis und ein Bildnis seines Freundes Erich Bachmann, des Müllersohnes aus Ebergötzen; es sind zwei kleine Bleistiftzeichnungen, die zwar das sichere Talent des Vierzehnjährigen, dem regelrechter Zeichenunterricht noch kaum zuteil geworden sein dürfte, jedoch noch nichts von dem späteren, charakteristischen Strich Buschs zeigen.
Ein Jahr danach begann Wilhelm Busch an der Polytechnischen Schule (der heutigen Technischen Hochschule) in Hannover zu studieren; der Vater wollte, daß er Maschinenbauer werde. Aber der Junge fühlte, obgleich er es in Mathematik zu einer „Eins mit Auszeichnung" brachte, daß ihn ein solcher Beruf nicht befriedigen würde. Ein durch seinen Neffen Otto Nöldeke überliefertes Wort, von Busch erst ein halbes Jahrhundert später aus einem ganz anderen Anlaß ausgesprochen, galt schon damals für ihn: „Meine Welt ist die Welt der Phantasie, und darin will ich nicht gestört sein." Einen phantasievollen Grübler wie ihn konnte Mathematik wohl zu mancherlei tiefsinnigen Gedankenspielen anregen – wie sie sich in der Erzählung EDUARDS TRAUM finden –, aber sie für den Bau nützlicher Gegenstände anzuwenden, das reizte ihn nicht. Und lieber als Maschinen zeichnete er damals Märchenszenen in der Art Ludwig Richters oder, seine besondere

Kleines Mädchen

Begabung fühlend und übend, Karikaturen. Als er dreieinhalb Jahre darauf nach Wiedensahl zurückkehrte und erklärte, Maler werden zu wollen, willigte der alte Busch nur ungern ein.
Übrigens erlebte Wilhelm Busch in Hannover die Revolution von 1848. In welcher Weise er daran beteiligt war, das hat 1906 in einem launigen Artikel zur 75jährigen Jubelfeier der Technischen Hochschule geschildert: „.... Aus uns Polytechnikern wurden Kompanien gebildet unter Führung der Lehrer. Den Stock in der Hand, eine weiße Binde um den Arm, zogen wir durch die Straßen und riefen den Frauen ‚Guten Abend, Bürgerin' zu. Nur waren wir, als Schergen der Ordnung, beim ‚Volke' recht unbeliebt. Aus den Haustüren im Rösehof gossen unsichtbare Hände uns Schmutzwasser an die Beine. Bald kriegten wir Waffen; alte Steinschloßflinten, die Ohrfeigen austeilten und die Gesichter mit Pulverdampf schwärzten, wenn wir draußen an der Schwedenschanze im Feuer exerzierten... Daß man uns keine scharfen Patronen anvertraute, war ärgerlich. Einstmals, während der Nacht, hatten wir... eine leichte Barrikade zu nehmen. Oben aus der Herberge flogen Backsteine herunter, unten bewarf uns von weitem die verwegene Menge. Vergebens verfolgten wir sie. Schießen konnten wir nicht. Da sprang ein langer Kollege, der die Geduld verlor, aus dem Gliede voran und pickte einem Kerl das Bajonett durch die Hose, daß er bölkte wie ein Ochse. Im Lindener Spital hat man ihn wieder kuriert. Und dies, soviel mir bekannt, war unsererseits die einzige grausame Bluttat während der ganzen Revolution."
Im Juni 1851 ging Busch als Malschüler an die Düsseldorfer Kunstakademie. Aber die hier übliche Lehrmethode, die unter anderem unermüdliches Abzeichnen antiker Skulpturen verlangte, hat ihn, auch wenn er sich ihr fleißig unterwarf, offenbar wenig begeistert. Schon nach einem Jahr wechselte er zur Malschule in Antwerpen über. Dort begegnete er Werken älterer niederländischer Meister, und der Eindruck, den er von ihnen empfing, vor allem von Rubens, Brouwer, Teniers und Frans Hals, war so nachhaltig, daß sie ihm lebenslang den Maßstab für sein eigenes Schaffen bildeten.
Im folgenden Frühjahr zwang eine Typhuserkrankung den

Schlafender Jüngling

jungen Kunstlehrling, das Antwerpener Studium zu unterbrechen, und als er das Schlimmste überstanden hatte, kehrte er für eineinhalb Jahre heim, um ganz zu genesen. In dieser Zeit begann er, alte Märchen, Sagen, Spukgeschichten, Reime und Volkslieder seiner Heimat, die ihn seit je angezogen hatten, aufzuschreiben und zu sammeln. Einen Teil davon veröffentlichte er während seines letzten Lebensjahrzehnts. Nahezu vollständig erschien die Sammlung erstmals 1910 unter dem plattdeutschen Titel UT ÔLER WELT; eine spätere Ausgabe erhielt den Namen AUS ALTER ZEIT.

Den Aufenthalt bei den Eltern unterbrach Busch durch zwei längere Besuche bei Onkel Kleine in Lüthorst. Was er bei ihm suchte und fand, war sicherlich das, was er daheim entbehrte: geistige Zuflucht. Durch den Onkel, der ein eifriger Imker und Naturforscher war, wurde Busch angeregt, sich mit biologischen Fragen und der Lehre Darwins und außerdem mit der Philosophie Kants und Schopenhauers zu beschäftigen. Diese Studien waren der Ausgangspunkt für die entscheidende geistige Formung des jungen Menschen.

Im Herbst 1854 entschloß sich Wilhelm Busch, den Malunterricht fortzusetzen, und zwar in München. Aber mit der damals dort vorherrschenden Kunstrichtung war er gar nicht einverstanden. Es war die sogenannte Historienmalerei, deren Anhänger es als höchste künstlerische Aufgabe ansahen, Szenen aus der Geschichte, aus Schlachten usw. darzustellen. Eine solche, der lebendigen Umwelt abgewandte und aufs Vergangene bezogene Denkmalsmalerei, die mehr oder minder auf ein leeres und bombastisches Pathos hinauslief, widersprach Buschs Kunstauffassung, die aufs Alltäglich-Wirkliche gerichtet und an der blutvollen Malkunst der alten Niederländer orientiert war. Dennoch hat er sich in München, mit dem er zeitlebens in Verbindung blieb, offenbar recht wohl gefühlt. Wenn später in seine Werke und Briefe manches von der bayerischen Mundart gefärbte Wort mit einfloß, so äußerte sich darin wohl seine stille Liebe zu dieser Stadt. Er schloß sich dem Künstlerverein „Jung-München" an, für dessen Karikaturenbuch und Kneipzeitung er mancherlei zeichnete und schrieb und zu dessen Veranstaltungen er verschiedene Beiträge, darunter kleine humoristische Bühnenstücke, lieferte. Das ist deshalb bemerkenswert, weil Busch eher eigenbrötlerisch und scheu als gesellig war und von gesellschaftlichem Trubel schon in jungen Jahren wenig wissen wollte. Als bedeutsam für ihn sollte es sich erweisen, daß diesem Kreise, aus dem ihm mehrere Freundschaften erwuchsen, auch der Graphiker Kaspar Braun, damals Herausgeber der „Fliegenden Blätter", und der Buchhändler Otto Bassermann angehörten; sie wurden später seine wichtigsten Verleger.

Als Wilhelm Busch 1859 die ersten Arbeiten in den „Fliegenden Blättern" und den „Münchener Bilderbogen" veröffentlichte, betrat er sein eigenstes Feld, auf dem er es allmählich zu unverwechselbarer Meisterschaft bringen sollte: das der humoristischen Bilderfolge und Bildergeschichte ohne oder mit eigenem Text. Auf eine bloße Bebilderung fremder Texte ließ er sich nur am Anfang ein.

Die Arbeiten des Jahres 1863 zeigen Busch inmitten seiner schöpferischen Entfaltung: In München entstand eine Folge von fünfzehn Bildern mit Text, betitelt DIE VERSUCHUNG DES HEILIGEN ANTONIUS – EIN BALLETT, eine Vorstufe zu dem späteren, erheblich umfangreicheren Werk DER HEILIGE ANTONIUS VON PADUA. In Wiedensahl, wohin sich Busch immer wieder gern zurückzog, schuf er vier kleine Geschichten, die 1864 unter dem Sammeltitel BILDERPOSSEN bei dem Dresdener Verleger Heinrich Richter, einem Sohn des Malers Ludwig Richter, erschienen. Außerdem skizzierte er MAX UND MORITZ, das sein meistverbreitetes Buch werden sollte und in dem er sich schon zu der künstlerischen Höhe erhob, der er seinen Ruhm verdankt. Um so kurioser mutet es heute an, daß Heinrich Richter, dem er im November des nächsten Jahres das fertige Manuskript dieser Lausbubengeschichte anbot, sich keinen Erfolg davon versprach und es ablehnte. Kaspar Braun dagegen, dem er es im Februar 1865 vorlegte, hatte eine bessere Nase; der Verlag Braun & Schneider erwarb MAX UND MORITZ für 1000 Gulden und brachte es als Buch heraus. Er brauchte diesen Entschluß nicht zu bereuen.

Wunderlich erging es dem HEILIGEN ANTONIUS VON PADUA, der 1864 fertig wurde. Busch verkaufte ihn an Karl Hallber-

ger, den Bruder des Stuttgarter Verlegers Eduard Hallberger, für 900 Taler, die zum Teil in Zigarren – Busch rauchte sie gern und reichlich – beglichen werden sollten. Die erhoffte Veröffentlichung in der Zeitschrift „Über Land und Meer", die bei Eduard Hallberger erschien und mehrere Beiträge von Busch brachte, kam nicht zustande, und erst sechs Jahre später überließ Karl Hallberger das Verlagsrecht Moritz Schauenburg in Lahr. Jetzt konnte DER HEILIGE ANTONIUS endlich seinen Weg zum Büchermarkt antreten. Ein Angriff des Staatsanwalts auf das Buch wegen angeblicher „Herabwürdigung der Religion" und „Unzüchtigkeit" – die zu entdecken viel Phantasie erfordert – wurde abgewehrt.
Als wichtig erwies sich für Busch ein Ereignis, das zunächst seinen neun Jahre jüngeren Bruder Otto betraf. Dieser wurde 1867, als frischgebackener Doktor der Philosophie, im Hause des Frankfurter Bankiers Keßler Erzieher für zwei Söhne und zwei Töchter. Seine Tätigkeit führte bald zu einem freundschaftlichen Verhältnis zwischen ihm und der Familie Keßler, in das der ältere Bruder, nachdem er Otto dort besucht hatte, sogleich einbezogen wurde. Busch kam nun öfter nach Frankfurt und richtete sich hier auch ein Atelier und 1870 eine Wohnung ein, die er bis zum Frühjahr 1872, wenngleich nicht zu dauerndem Aufenthalt, innehatte. Es war eine für ihn sehr ergiebige Zeit, zumal durch den intensiven Gedankenaustausch mit seinem Bruder und beider gemeinsame Auseinandersetzung mit Schopenhauer. Diese zweite Begegnung mit der Gedankenwelt des großen Pessimisten übte einen nachhaltigen Einfluß auf Buschs eigene Weltansicht aus. In anderer Hinsicht bedeutsam war für ihn die Begegnung mit Frau Johanna Keßler. An dieser Freundschaft war Busch, wie seine Briefe bezeugen, vielleicht mehr als je an einer anderen mit warmem Herzen beteiligt. Um so schmerzlicher war es für ihn, daß ihm die Verehrte als Frau unerreichbar blieb. Die aus diesem Zwiespalt erwachsende Spannung führte 1877 zur Krise und zur Trennung. Aber wie wenig das eine Lösung und ein Ende war, zeigt die Freude, mit der sich Busch dreizehn Jahre später, nachdem Lenbach zwischen beiden geschickt vermittelt hatte, Frau Keßler wieder näherte.
Inzwischen entstanden immer neue Arbeiten, von denen hier

nur die größeren erwähnt seien. Illustrationen zu Karl Arnold Kortums komischem Heldengedicht „Jobsiade“, im Auftrage des Berliner Verlegers Müller-Grote gezeichnet, entsprachen nicht dessen Vorstellungen, und so kamen sie 1872 in einer selbständigen Ausgabe mit dem Titel BILDER ZUR JOBSIADE bei Bassermann heraus; Busch hatte sich auf den ersten Teil des Werkes beschränkt, manche von den Versen Kortums verändert und eigene hinzugefügt. Kurz zuvor war in demselben Verlag, der sich damals noch in Heidelberg befand und erst später nach München übersiedelte, schon DIE FROMME HELENE erschienen, und PATER FILUCIUS folgte. Auch fast alle folgenden Werke übernahm nun Bassermann, so als nächstes DER GEBURTSTAG ODER DIE PARTIKULARISTEN (1873), eine Verspottung jener niedersächsichen Stammtisch-politiker, die es nicht verwinden konnten, daß das Königreich Hannover 1866 preußische Provinz geworden war, DIDELDUM (1874), die KNÖPP-Trilogie (1875–77), DIE HAARBEUTEL (1878) und FIPPS DER AFFE (1879). Übrigens ist „Haarbeutel“ (plattdeutsch „Haarbüdel“) ein niederdeutscher Spottname für Betrunkene. Eine 1880 geschaffene Sammlung kleiner Bildgeschichten für Kinder betitelte Busch auf plattdeutsch STIPPSTÖRCHEN; das Wort ist eine Verkürzung von „Stipp-Histörchen“ und bedeutet „Kurzgeschichten“. Alle diese Werke, wie überhaupt die meisten Arbeiten Buschs, entstanden in der Einsamkeit der niedersächsichen Heimat. Er reiste zwar viel umher – um berühmte und von ihm geschätzte Kunstwerke der Vergangenheit aufzusuchen, Um Verwandte und Freunde wiederzusehen, oder um sich mit seinen Verlegern zu besprechen –, aber ganz zu sich zu kommen und ungestört zu schaffen vermochte er nur in Wiedensahl, Lüthorst oder in einem früheren Forsthaus am Stadtrand Wolfenbüttels, wo sein Bruder Gustav lebte. Durch die Münchener Freunde, zu denen die bekannten Maler Lenbach und F. A. Kaulbach gehörten, lernte er andere namhafte Künstler und Schriftsteller seiner Zeit kennen, unter ihnen Böcklin und Leibl, Paul Heyse und Björnson. Allerdings blieb es bei flüchtiger Berührung.

Das Jahr 1874 zeichnet sich durch eine Überraschung in der Reihe der Veröffentlichungen Buschs aus. Auf dem Höhepunkt seines Schaffens angelangt, hatte er neben seinen Bildergeschichten in aller Stille Gedicht um Gedicht geschrieben, bis sie auf achtzig angewachsen waren; nun gab er sie, zu einem Bändchen mit dem Titel KRITIK DES HERZENS vereinigt, heraus. Auch in ihnen verleugnet sich nicht der scharfzüngige Skeptiker. Dennoch wird der aufmerksam Lesende manche Zeile entdecken, aus der ein liebevoll-tröstlicher Ton aufklingt, wie beispielsweise in dem vorletzten Gedicht:

Seid mir nur nicht gar so traurig,
Daß die schöne Zeit entflieht...

welches in den Gedanken mündet, daß auch das vergängliche Schöne in die Zukunft fortwirke, also Dauer in sich trage:

Selbst ein leises Augenwinken
Zuckt durch alle Ewigkeit.

Und es ist gewiß kein Zufall, daß der Band abschließt mit dem zärtlichen Gedicht an die tote Mutter, die 1870, knapp eineinhalb Jahre nach dem Vater, gestorben war:

O du, die mir die Liebste war...

Der Dichter wird darin zum Kinde, das sich in der unbeirrbaren und fortdauernden Liebe der Mutter geborgen und von ihr geführt weiß:

Dein treues Bild, was ich auch tu,
Es winkt mir ab, es winkt mir zu...

Merkwürdigerweise wurde KRITIK DES HERZENS von der Öffentlichkeit nicht ausnahmslos freundlich aufgenommen; es traten Leute auf, die sich über eine – wie es ihnen schien – so gänzlich negative Weltbetrachtung entrüsteten und kein Fünkchen jenes Humors aufbrachten, mit dem die Gabe dargereicht wurde.
Zu denen, die sich entzückt über das Büchlein äußerten, gehörte die in Wiesbaden lebende holländische Schriftstellerin

Maria Anderson. Busch antwortete ihr, und es entspann sich ein reger freundschaftlicher Briefwechsel, der nahezu vier Jahre anhielt. Von dieser Briefpartnerin hat Busch sich manche aufschlußreiche Äußerung über seine auf Schopenhauer fußende Denkweise entlocken lassen, oft in einer drastischen, bildhaft umschreibenden, manchmal in einer mehr abstrakt erklärenden Art. So schrieb er im Juli 1875: „Unser Dasein besteht aus Wollen. Wollen ist Wünschen. Wünschen setzt Mangel voraus. Mangel ist Schmerz. Wir leiden Schmerzen, weil wir so sind. Wir sind so, weil unsere Erzeuger so waren und deren Erzeuger und so zurück und immer zurück. Kinder, Eltern, Geschlechter; Familie, Volk, Menschheit sind intellektuelle Teilungen eines Ganzen; das heißt, unser Intellekt sieht alles durch das Medium von Raum und Zeit. In Wahrheit ist ein Wille, eine Schuld, ein Leiden. Ein Stück davon sitzt auch in meiner Brust." Die persönliche Begegnung mit Maria Anderson im Jahre 1878 fiel indessen enttäuschend aus und machte der Zuneigung Buschs, die den „platonischen Zaun" beinahe überstiegen hätte, bald den Garaus.

Überhaupt scheint Buschs Verhältnis zum anderen Geschlecht, bei aller gegenseitigen Anziehung, von einem Unstern beherrscht gewesen zu sein. Schon als jüngerer Mann hatte er sich einmal ernsthaft verliebt. 1864 schrieb er aus Wolfenbüttel: „Ein hübsches Kind, das ich da wieder fand, bot mir aufs neue manch heimlich gute Stunde." Das hübsche Kind, Anna Richter, war die Tochter eines wohlhabenden Kaufmanns, die im Haushalt seines Bruders Gustav kochen lernte. Auf dieses Mädchen mag sich das schöne, fast goethisch anmutende Gedicht bezogen haben, das sich in einem seiner Skizzenbücher fand:

Wie das Bild der Abendsonne,
Wenn sie längst sich schon geneigt,
Fackelglänzend vor den Blicken
Gaukelnd auf- und niedersteigt –
So erscheint, ob du auch ferne,
Überall und immerdar
Vor der tief erregten Seele
Mir dein dunkles Augenpaar.

Mann mit verbundener Hand

Auch einige Gedichte in KRITIK DES HERZENS, mehr sehnsuchts- und wehmutsvoll als heiter, sind anscheinend auf dasselbe Mädchen gemünzt. Warum jedoch aus dieser Liebe keine dauernde Verbindung wurde, das hat Busch beantwortet, als Maria Anderson ihn einmal fragte, weshalb er Junggeselle geblieben sei: „Als ich gerne geheiratet hätte, da mußte ich von 400 Gulden im Jahre leben und studieren, und das habe ich auch, ohne Schulden zu machen, fertig gebracht. Später, als ich pekuniär in der Lage gewesen wäre, zu heiraten, da war das Mädchen, das ich liebte, anderweit verheiratet." Das ist zwar eine durchaus plausible, aber wohl nicht ganz ausreichende Erklärung; denn sie schiebt völlig auf äußere Umstände, was zumindest teilweise in Buschs einsiedlerischer Natur begründet gewesen sein dürfte. Er war gewiß kein Weiberfeind und mochte Menschennähe nicht entbehren. Dafür ist sein Verhältnis zu seiner Schwester und deren drei Söhnen, mit denen er lange einträchtig unter einem Dach lebte, Beweis genug. Er besaß jedoch ein starkes Unabhängigkeitsbedürfnis, und in dem Gedicht DER EINSAME (aus ZU GUTER LETZT) drückt sich, bei aller Ironie, sicherlich etwas von seiner eigenen Auffassung aus:

Wer einsam ist, der hat es gut,
Weil keiner da, der ihm was tut.
Ihn stört in seinem Lustrevier
Kein Tier, kein Mensch und kein Klavier,
Und niemand gibt ihm weise Lehren,
Die gut gemeint und bös zu hören.
Der Welt entronnen, geht er still
In Filzpantoffeln, wann er will.
Sogar im Schlafrock wandelt er
Bequem den ganzen Tag umher.
Er kennt kein weibliches Verbot,
Drum raucht und dampft er wie ein Schlot...
Und laut und kräftig darf er prusten,
Und ohne Rücksicht darf er husten...
Kurz, abgesehn vom Steuerzahlen,
Läßt sich das Glück nicht schöner malen...

1878 starb Schwester Fannys Mann, Pastor Hermann Nöldeke. Da das Pfarrhaus für seinen Nachfolger geräumt werden mußte, entschloß sich Busch, zusammen mit Fanny und ihren Söhnen das einstige Pfarrwitwenhaus in Wiedensahl zu beziehen. Väterlich übernahm er die Sorge für die Erziehung und Ausbildung der Neffen. Mit seiner Schwester blieb er bis an sein Lebensende zusammen – während der letzten neun Jahre in Mechtshausen am Harz bei seinem Neffen Otto Nöldeke, nachdem dieser die dortige Pfarre übernommen hatte.

Nach München fuhr Busch zum letzten Mal im März 1881. In einem Brief gestand er: „Der Hang zur Einsamkeit scheint, wie die Glatze, immer größer zu werden", und in einem anderen: „So lieb mir die Münchener Freunde sind – das Gewurl der Stadt, die Gesellschaften, Kneipereien, das nächtliche Hocken werden mir zuletzt immer peinlich. Rück ich dann wieder in mein gutes, einsames Wiedensahl, so fühl ich: nur hier ist meine angestammte und angewöhnte Heimstätte."

Zweifellos war auf dieses Bedürfnis nicht ohne Einfluß, daß Busch mit dem Älterwerden spürte, wie die Gesundheit nachließ und wie notwendig es war, mit den Kräften hauszuhalten. Kaum fünfzig Jahre alt, schrieb er damals an seinen Verleger Bassermann: „Ja, lieber Freund, ich bin alt geworden, und um wahr gegen Dich zu sein: ich glaube, zu den Büchern für große Leute kommt so bald nichts hinzu."

Auch in Buschs Weltbild zeigte sich eine Veränderung an. In einem Brief vom November 1881 heißt es: „Meine alte Philosophie langt nicht mehr; ich sehe mich nach einer neuen um." Er, der zeitlebens ein vielseitig interessierter und eifriger Leser war, beschäftigte sich in jenen Jahren nicht nur gründlich mit der Bibel, sondern auch mit den Schriften des heiligen Augustinus. War ihm schon längst klar, wie stark das Böse im Menschen ist, so sah er mehr und mehr auch die Unzulänglichkeit und Fragwürdigkeit menschlichen Wissens ein; er erkannte, wieviel Weisheit in einem sich bescheidenen Glauben liegen, wieviel sittliche Kraft und Trost dem Menschen daraus zufließen können. Bereits im Mai 1875 hatte er zu Maria Anderson geäußert: „Gewißheit gibt allein die

Mathematik. Aber leider streift sie nur den Oberrock der Dinge. Wer je ein gründliches Erstaunen über die Welt empfunden, will mehr. Er philosophiert – und was er auch sagen mag – er glaubt." Jetzt bekannte er in einer Buchwidmung bestimmter: „Nur was wir glauben, wissen wir gewiß." Und später (1899) schrieb er einmal: „Der Glaube ist so was wie Liebe; er beruht nicht auf Gründen, sondern auf Ursachen. Deshalb ist mit dem Verstande nicht viel zu machen dabei; weder für noch wider." Wieweit für Busch selbst die christliche Heilsbotschaft zur Überzeugung geworden ist, diese Frage wird sich allerdings kaum vollkommen beantworten lassen. Den Symbolgehalt und den ethischen Wert der christlichen Lehre hat er sicherlich in ihrer ganzen Tiefe ermessen können; um sie sich aber als absolute Wahrheit zu eigen zu machen, war er vielleicht doch zu sehr nüchterner Denker und Kind seiner Zeit.

Zu den „Büchern für große Leute" kam, entgegen Buschs Prophezeiung, schon im Februar 1882 ein neues: PLISCH UND PLUM; und wenige Monate später begann er eine seiner zeichnerisch reifsten und auch dichterisch köstlichsten Bildergeschichten: BALDUIN BÄHLAMM. 1884 schloß sich MALER KLECKSEL an.

Obgleich es Busch widerstrebte, ins Rampenlicht der Öffentlichkeit gezogen zu werden, konnte er doch nicht verhindern, daß diese, je mehr sie von seinen Werken kennenlernte, sich auch für deren Verfasser zu interessieren begann. 1885 erschien die erste biographische Schrift über ihn. Sie überraschte ihn insofern nicht, als der Düsseldorfer Maler Eduard Daelen, von dem sie stammte, ihn zuvor von seinem Plan unterrichtet hatte. Indessen hatte Busch nicht sonderlich gern zugestimmt und war nun mit der Daelenschen Darstellung in mancher Hinsicht gar nicht einverstanden. Vor allem widerstrebte es ihm, sich als Autor des PATER FILUCIUS für Daelens eifernde Gegnerschaft zur „ultramontanen" Richtung des Katholizismus in Anspruch genommen zu sehen; das war mit Buschs unkämpferischer „gelinder Gemütsverfassung" nicht vereinbar. Dies und die von Irrtümern nicht freie Besprechung des Buches in der „Frankfurter Zeitung" war denn auch der Grund dafür, daß Busch aus der bisher geübten

Zurückhaltung heraustrat und in derselben Zeitung als Entgegnung eine selbstbiographische Skizze WAS MICH BETRIFFT veröffentlichte. Ebenso urwüchsig-bildhaft wie knapp und wohlgeformt, läßt sie aufs schönste seine sprachkünstlerische Kraft erkennen; der zweite Teil ist von einer ungemein phantasievollen Hintergründigkeit. Zwei kürzere Varianten dieses Lebensumrisses, betitelt „VON MIR ÜBER MICH", entstanden Anfang und Ende 1893.

Das Jahr 1890 leitete in Buschs Schaffen nochmals einen neuen Abschnitt ein, der freilich auf zwei Werke beschränkt blieb: auf die beiden seltsamen Prosa-Erzählungen EDUARDS TRAUM (erschienen 1891) und DER SCHMETTERLING (erschienen 1895). Sie haben philosophischen, sinnbildlichen Charakter und geben im nicht immer leicht durchschaubaren Gewand des Phantastischen und Eulenspiegelhaften eine Art Fazit aus Buschs Lebensanschauung und Lebenserfahrung. Sie zeichnen seinen inneren Weg von Skeptizismus und Pessimismus zu einer vertrauenden Gläubigkeit nach: „Jetzt sitz ich da in sanfter Gelassenheit und flöte still vor mich hin, indem ich kurzweg annehme: Was im Kongreß aller Dinge beschlossen ist, das wird ja wohl auch zweckgemäß und heilsam sein" (DER SCHMETTERLING). Ebenso klug wie reizend ist das Rezept, das er seinen Lesern in EDUARDS TRAUM mitteilt: „Ein Kunstwerk, möcht' ich sagen, müßte gekocht sein am Feuer der Natur, dann hingestellt in den Vorratsschrank der Erinnerung, dann dreimal aufgewärmt im goldenen Topfe der Phantasie, dann serviert von wohlgeformten Händen, und schließlich müßte es dankbar genossen werden mit gutem Appetit."

Im übrigen begann Buschs Schaffensdrang nachzulassen. Er hörte auf zu malen, und als Zeichner beschränkte er sich auf die kleinen, mit Versen versehenen humorvollen Arbeiten, die, seinem Wunsch entsprechend, nach seinem Tode gesammelt unter dem Titel HERNACH erschienen. Seine Zeichenkunst ist darin zu einer letzten, großzügigen Einfachheit gereift, und auch die besten unter diesen Texten erreichen eine meisterliche Bündigkeit, wie z. B. die zu den drei Bildern DER FLIEGENDE FROSCH:

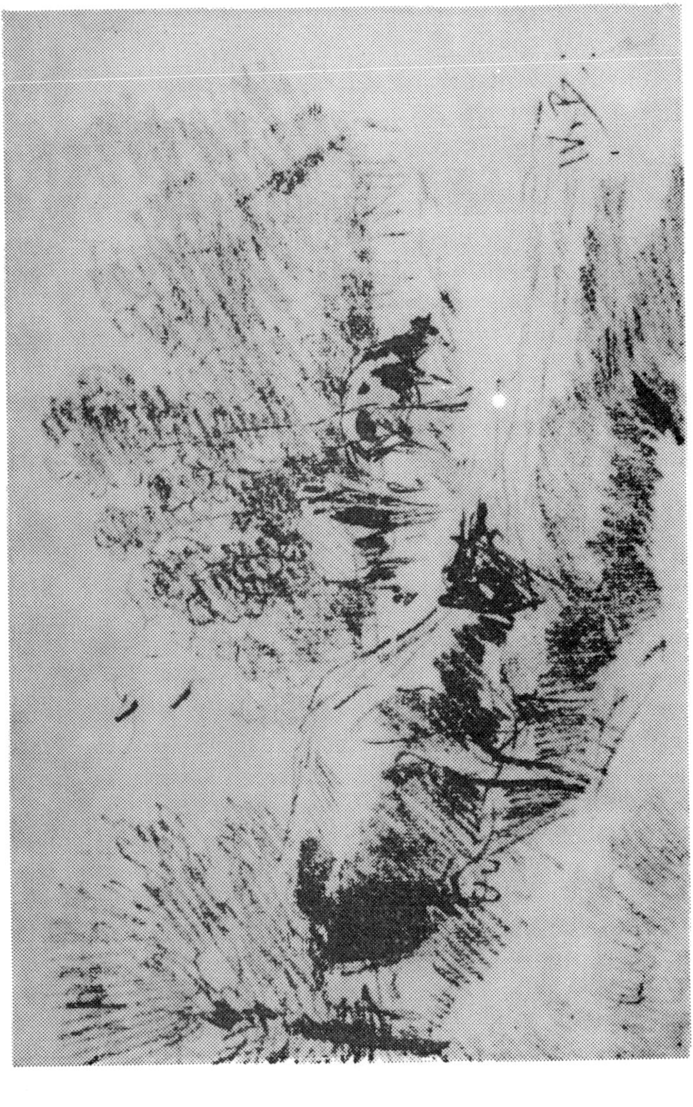

Weidende Kühe

Wenn einer, der mit Mühe kaum
Gekrochen ist auf einen Baum,
Schon meint, daß er ein Vogel wär,
So irrt sich der.

Während seiner letzten Lebensjahre in Mechtshausen hat Busch nur noch gedichtet, und 1904 konnte er eine weitere Sammlung von Versen, betitelt ZU GUTER LETZT, erscheinen lassen. Die dann noch in seinem Nachlaß vorgefundenen vereinigte der Band SCHEIN UND SEIN (1909).

Von Jahr zu Jahr, von Veröffentlichung zu Veröffentlichung war Buschs Name bekannter geworden und stand bei allen, die Sinn für Humor hatten und von Kunst und Dichtung etwas verstanden, in hohem Ansehen. So war es selbstverständlich, daß seines siebzigsten Geburtstags überall in der deutschen Presse gedacht wurde. Er selbst aber, bescheiden wie je und noch scheuer geworden, wich allen „drohenden" Ehrungen seiner Person dadurch aus, daß er schon eine Woche zuvor in aller Heimlichkeit verreiste und den Geburtstag bei seinem Neffen Hermann Nöldeke verbrachte. Ähnlich hielt er es fünf Jahre später.

Buschs wachsender Ruhm trieb einige wunderliche Blüten. So hatte er 1892 von einer Verehrerin einen Fragebogen mit zwanzig Fragen erhalten, die er auf seine kauzige Art ernsthaft beantwortete. Auf die Frage beispielsweise, welche Eigenschaften er an der Frau schätze, erwiderte er: „Eine hübsche und gescheite Frau, die ihre Dienstboten gut behandelt, müßte entzückend sein." Als seine hervorstechendste Eigenschaft bezeichnete er die „Reiselust nach der Grenze des Unfaßbaren". Zu der Frage, wo er leben möchte, meinte er: „Wer wär nicht meist da am liebsten, wo er ungefähr denken kann, was er mag." Die Fragerin wollte ferner wissen, welches historische Ereignis ihm am meisten mißfalle; er antwortete mit der klugen Gegenfrage: „Welches hat uns am meisten geschadet?" Am schwersten erreichbar fand er, „daß man sich selbst hinter die Schliche kommt", und die ihm sympathischste politische Richtung war „keine". Er sollte sich auch äußern, wie er über die Ehe denke; die schöne Antwort lautete: „Wenn alles ehrlich zugeht, sehr hoch." Und die Liebe

definierte er als „Sehnsucht unbewußt zu zweit ein Drittes zu bilden, was vielleicht besser ist, als man selbst."
Weniger erfreulich als jener Fragebogen wird Busch der Brief einer Zündhölzerfabrik gewesen sein, die sich die Popularität von MAX UND MORITZ zunutze machen wollte und ihn 1906 bat, die beiden bösen Buben als „Etikette für unsere Sicherheitszündhölzer" benutzen zu dürfen. Auf dem Entwurf war Moritz, eine Zigarre anrauchend, mit dem folgenden holperigen Text dargestellt: „Max! Zünd mir an dies Zündholz gleich / Und das sei dein letzter Streich!" Ebenso ahnungslos und noch anspruchsvoller war die Anfrage einer Sektkellerei, ob Busch bereit sei, für ihre Werbung „Beiträge von sprühendem und fesselndem Humor" zu liefern. Beide Firmen erhielten Absagen; Buschs Humor war nicht für geschäftliche Zwecke käuflich.
Daß alternde Menschen sich mit dem Gedanken an den Tod vertraut machen, ist nur natürlich; in dem Maße, wie ihre Kräfte schwinden, fühlen sie ihn näher rücken, und jeder Todesfall im Kreise der Verwandten oder Freunde mahnt sie an seine Unerbittlichkeit. Er hört für sie aber allmählich auch auf, schrecklich oder bitter zu sein; er wird ihnen zum notwendigen Vollender und Verwandler, und vor seiner Macht, die ja nichts anderes als eines der Geheimnisse des Lebens ist, werden sie demütig. Busch lebte schon frühzeitig im Bewußtsein der Vergänglichkeit alles Irdischen, auch der eigenen, und dem Schaffenden war der Tod stets gegenwärtig; er war der Hintergrund seines inneren Lebens. Um es in einem scheinbaren Widerspruch auszudrücken: Auf dieser Gegenwärtigkeit des Todes beruht der Ernst von Buschs Humor. Ein klares Zeugnis dafür, wie er sich mit dem Tod auseinandergesetzt hat, findet sich in einem seiner Briefe.
Im Oktober 1905, als ein Mitglied der Familie Keßler in Frankfurt das Opfer eines Unglücksfalles geworden war, schrieb er unter anderem: „... Das Tor ist zu fest. Vergebens ... rütteln wir dran, um einen Blick in das Jenseits zu tun. – Und den Verlust, wie ertragen wir ihn? – Der eine, indem er in Zerstreuung sich stürzt, verliert drin das Beste, was ihm noch übrig blieb. – Ein anderer meint, er hätt's nicht

verdient, wird grämlich, wird unzufrieden mit sich und der Welt. – Die Edleren dagegen vertiefen sich und finden Trost in der Schrift; und da ihre Toten, außer treuem Gedenken, nichts mehr bedürfen, wird tätige Liebe frei...“ Kann es eine weisere und hilfreichere Mahnung geben als die, der Toten treu zu gedenken und sich den Lebenden liebevoll-tätig zuzuwenden?!

Im Mai 1907 – er war eben fünfundsiebzig Jahre alt geworden – traf Busch zum letzten Male mit dem Jugendfreund Erich Bachmann zusammen. Ein Vierteljahr darauf erhielt er die Nachricht, daß dieser Mann, mit dem er sechsundsechzig Jahre lang befreundet gewesen, gestorben sei. Sein Tod mußte ihn besonders treffen. Offenbar nahm er schon ein Stück von ihm selber mit fort in das dunkle Reich der Abgeschiedenen, denn im Dezember dieses Jahres schrieb Busch: „Ich stehe auf der Grenze von hier und dort, und fast kommt es mir vor, als ob beides dasselbe wäre.“ Das heißt nichts anderes, als daß der Tod ihm nicht mehr Tod war, daß er ihn schon überwunden hatte. Und sein Gedicht DANK UND GRUSS aus demselben Jahre bezeugt, daß er ihn gelassen, ja heiter erwartete:

> ... Nun kommt die Nacht. Ich bin bereits am Ziele.
> Ganz nahe hör' ich schon die Lethe fließen.
> Und sieh! Am Ufer stehen ihrer viele,
> Mich, der ich scheide, freundlich zu begrüßen.
> Nicht allen kann ich sagen: Das tut gut!
> Der Fährmann ruft. Ich schwenke nur den Hut.

Bis in seine letzten Lebensjahre war Busch umhergereist, wenn auch zunehmend seltener. Aber die vierteljährlich sich wiederholende Fahrt nach Hannover, wo er bei einer Bank seine geschäftlichen Angelegenheiten persönlich zu regeln pflegte, wollte er sich noch immer nicht versagen. Am Vorabend einer solchen Fahrt jedoch – es war am 6. Januar 1908 – zwang ihn ein plötzlicher heftiger Schmerz in der linken Seite, früher als gewohnt zu Bett zu gehen; und da auch die Nacht keine Besserung brachte, mußte er die geplante Reise unterlassen. Busch erholte sich nicht wieder. Es war das Herz, das nicht mehr mittun wollte, und am Morgen des 9. Januar hörte es zu schlagen auf.

In seinem Gedicht DER RUHM (aus ZU GUTER LETZT) hat Wilhelm Busch gesagt:

Der Ruhm, wie alle Schwindelware,
Hält selten über tausend Jahre.
Zumeist vergeht schon etwas eh'r
Die Haltbarkeit und die Kulör.

Ja, er kannte die Fragwürdigkeit und die Launen des Ruhms und ist ihm niemals nachgelaufen, sondern hat nur still und fleißig das Seine getan. Konnte er auch nicht verhindern, mißverstanden zu werden, so schuf er auf diese Weise doch dem eigenen Ruhm einen recht soliden Grund, nämlich den der gültigen, Allgemein- und Immermenschliches ausdrückenden Leistung. Und was auf einem solchen Grunde ruht, verspricht dauerhaft zu sein.

Am Beginn dieser bildnerisch-dichterischen Doppelleistung stand der Wunsch, Maler zu werden. Als *Maler* aber ist Busch, obgleich neben seinen anderen Arbeiten manches Gemälde entstand, wenig hervorgetreten und noch heute verhältnismäßig wenig bekannt. Einer der Gründe dafür ist darin zu suchen, daß Buschs Malerei in keine der Richtungen paßte, die zu seiner Zeit in Deutschland Mode waren, und deshalb gar nicht richtig eingeschätzt werden konnte. Ein anderer, noch heute geltender Grund mag der sein, daß Busch beim Publikum zu sehr als Humorist „abgestempelt" ist, als daß seine hierauf fußende Popularität das Interesse an seinem nicht humoristischen malerischen Schaffen begünstigen würde. Die erste Ursache ist indessen bei Busch selbst zu suchen, in seiner künstlerischen Strenge gegen sich, die ihn seine Malerei möglichst in Schweigen hüllen ließ. Er versteckte sich sozusagen vor seinen ihm unerreichbaren Vorbildern, den niederländischen Meistern des 17. Jahrhunderts. „Gern verzeih ich's ihnen", so hat er sich selber darüber geäußert, „daß sie mich zu sehr gedrückt haben, als daß ich's je recht gewagt hätte, mein Brot mit Malen zu verdienen, wie manch

anderer auch. Die Versuche, freilich, sind nicht ausgeblieben; denn geschafft muß werden, und selbst der Taschendieb geht täglich auf Arbeit aus.“ Tatsächlich ist nicht zu leugnen, daß Buschs bildnerische Begabung vorwiegend zeichnerisch bestimmt war. Das läßt sich noch an vielen seiner Gemälde erkennen, in deren bewegtem, oft heftigem Pinselstrich dieser zeichnerische Zug hervortritt. Sie sind eher „strichig“ als flächig gemalt, gewissermaßen mit Pinsel und Farbe gezeichnet. Sonst wäre an Buschs Malerei zweierlei hervorzuheben. Während er für die zu seiner Zeit hochgeschätzten großen Maler der italienischen Renaissance kaum mehr als kühle Bewunderung aufbrachte, liebte er die niederländischen Vorbilder, vor allem Adriaen Brouwer und Frans Hals, so sehr, daß er bewußt an sie anknüpfte; das mochte nicht zuletzt in seiner Stammesverwandtschaft mit ihnen begründet sein. Andererseits ging er darüber hinaus und näherte sich der Malweise der französischen Impressionisten. Das ist nur ein scheinbarer Widerspruch; denn auch die Impressionisten überwanden ja eine Kunstauffassung, die in akademischen Regeln und überlebten Formen zu erstarren drohte und zwischen heldischer oder feierlicher Gebärde und romantischer Idylle hin und her schwankte; sie wollten ein Malen aus dem Sehen und Erleben, nicht aus dem Gefühl und Denken. Damit knüpften auch sie unwillkürlich an die Niederländer des 17. Jahrhunderts an, und das Gemeinsame zeigt sich unter anderem darin, daß Landschaft und Genre (Alltagsszenen) wieder zu vorherrschenden Motiven wurden.
Man muß Buschs schlichte und urwüchsige, anfangs mehr tonige, später von einer temperamentvollen, kühnen Farbigkeit geprägte Gemälde neben den ebenso gespreizten wie malerisch blutarmen Erzeugnissen vieler vermeintlicher „Meister“ seiner Zeit sehen; man wird dann erkennen, daß seine malerische Leistung, mochte sie sich auch thematisch wie dem äußeren Format nach in bescheidenen Grenzen halten und nicht den Rang derjenigen etwa Menzels, Leibls oder Liebermanns erreichen, innerhalb der deutschen Malerei jener Jahrzehnte doch einen beachtenswerten Platz einnimmt. Es gibt sogar Arbeiten von ihm, in denen der Natureindruck mit einer Ausdruckskraft und einem Formwillen verarbeitet

Alte Frau

ist, die über Realismus und Impressionismus entschieden hinausreichen. Die äußere Erscheinung der Dinge ist unwesentlich geworden; seiner Vorstellung von ihrem Wesen und seiner Bildidee folgend, hat Busch die Form vereinfacht und die Farbe verwandelt.

Als *Zeichner,* der neben seiner ganz eigenen Welt des Humors eine Menge wertvoller ernster Blätter geschaffen hat, steht Busch mit seiner großartigen Einfachheit gleichfalls in der besten Tradition; auch hier wären die Niederländer, unter ihnen Rembrandt, und außerdem Daumier zu nennen. Oft jedoch nimmt er in seinem Ausdrucks- und Formwillen wiederum etwas von dem vorweg, was nachher bei den Modernen ins Äußerste gesteigert hervortritt. Mehr als in seiner Malerei gelangt er hier zu innerer Freiheit und formaler Vollendung.

Daß Busch sich mehrmals auch *bildhauerisch* versucht hat – unter anderem gibt es eine Bildnisbüste Frau Keßlers von ihm –, zeigt den Umfang seiner künstlerischen Vielseitigkeit. Es sind interessante und gut durchgeformte Arbeiten, die in seinem Gesamtschaffen freilich nur die Bedeutung von Nebenprodukten haben.

Fragt man nach den geistigen Vorfahren oder nach Vorbildern des *Dichters* Busch, so entdeckt man bei ihm hier und da ein volksliedhaftes Element, das etwa im Sinne der Romantik verarbeitet ist, und zuweilen einen Ton, der deutlich an Heine erinnert. In seinen besten Gedichten dagegen und zumal in den ganz geglückten Versen einiger Bildergeschichten hat er einen neuen und unverwechselbaren Stil entwickelt, der ihn zum Stammvater einer – wenn man die blassen Nachahmer nicht mitzählt – zwar nicht zahlreichen, doch höchst achtbaren Familie humoristischer Schriftsteller gemacht hat.

Buschs Bedeutung als Dichter ist um so bemerkenswerter, als sein Gestaltungsdrang in erster Linie ja bildnerischen Ausdruck suchte. Das erweist nicht allein seine ursprüngliche Berufswahl; auch bei seinen Bildergeschichten entstanden zuerst die Bilder, dann die Texte. Dennoch sind diese nicht bloße Anhängsel. Sie gehen vielmehr organisch aus den Zeichnungen hervor, ergänzen sie und bilden mit ihnen eine Einheit. Sie treffen genau den Kern der gezeichneten Situa-

tion, und erst Bild und Wort zusammen ergeben die volle Wirkung.
Busch liebt es, das Komische durch Kontraste zu verschärfen, entweder indem er tatsächliche Gegensätze paart:

Empört geht Bählamm fort nach Haus.
Der Freund trinkt seinen Maßkrug aus...

oder indem er Dinge, die eigentlich ohne Beziehung zueinander sind, miteinander verknüpft:

Auf dem Antlitz Seelenruhe,
An den Füßen milde Schuhe...

Im ersten Falle fühlt sich Balduin Bählamm durch den derben Scherz eines sogenannten Freundes aus dem Gartenlokal, in dem er dichten wollte, vertrieben; und überdies kommt der Grobian auch noch auf Kosten seines Opfers zum Biergenuß. Im zweiten Beispiel ist ein Kleidungsstück der Hebamme gleichsam der Seelenruhe gleichgesetzt, also in den Rang eines Wesensmerkmals erhoben (aus HERR UND FRAU KNOPP).
Ein weiteres Mittel Buschs zur Verstärkung des Komischen sind seine witzigen Wortschöpfungen und Umschreibungen, die Kennzeichnendes, manchmal übertreibend, verdeutlichen. So nennt er beispielsweise die Kühe „krummgehörnte Buttertiere“, den Schädel „Denkgehäuse“ und das Korsett „Apparat der Lüste“.
Eigentlicher Satiriker ist Busch nur in begrenztem Ausmaße. Sein Spott richtet sich selten gegen bestimmte Anschauungen, Bräuche oder gesellschaftliche Einrichtungen seiner Zeit; er stellt vielmehr die Natur des Menschen bloß, die er als unverbesserliche Ursache aller Unzulänglichkeit gesellschaftlicher Zustände erkennt. Nicht als hielte er den Menschen einfach für schlecht. Aber er weiß, daß der Selbstbehauptungswille, der physische wie der seelisch-geistige, den Leuten die Güte unbequem und beschwerlich macht. In einem Brief an Frau Anderson vom April 1875 heißt es: „Man sagt wohl so hin: Sei nur ein Mensch und du bist gut! Oh, lügenhafter Dünkel! Bei den besten Menschen, die mir begegnet sind, habe ich

noch immer die Reißzähne von den Schneidezähnen ganz deutlich unterscheiden können." Und in dem Gedicht LEIDER! (aus SCHEIN UND SEIN) drückt er diese Einsicht so aus:

> ... Aufsteigend mußt du dich bemühen,
> Doch ohne Mühe sinkest du.
> Der liebe Gott muß immer ziehen,
> Dem Teufel fällt's von selber zu.

Busch zeigt die menschliche Ichsucht, die Neigung zu Neid, Schadenfreude und Heuchlerei, die unheimliche Lust am Bösen oder doch Verbotenen, am Quälen und Schmerzbeobachten, die ihm besonders an den sich nicht verstellenden Kindern auffällt – Eigenschaften, von denen niemand ganz frei ist. Dennoch waltet in seinen Geschichten eine moralische Ordnung: Die Guten leiden, aber jede Missetat wird ebenso hart gesühnt. Den grausamen Zug haben übrigens seine Geschichten mit den alten Volksmärchen gemein, die einer Welt entstammen, in der – verglichen mit der bürgerlichen Welt der Städte – das Elementar-Menschliche, das Triebhafte sich noch ziemlich ungebrochen, sozusagen unschuldig auslebt: der naturnahen bäuerlichen Welt. Und aus dieser bäuerlichen Welt ist ja auch Busch hervorgegangen; er hat sie genau gekannt und ist ihr zeitlebens verbunden geblieben. Bäuerlicher Eigensinn, bäuerliche Schläue und Derbheit sind oft genug Gegenstand seines Humors.

Indessen darf nicht vergessen werden, daß Busch zwar aus einer nüchternen Betrachtung des Alltags schöpft, daß er meistens aber das Geschöpfte „dreimal aufwärmt im goldenen Topfe der Phantasie", ehe er es als Geschaffenes ausschenkt; das heißt, seine scheinbar krasse Realistik ist, von einer behaglich gestaltenden Phantasie beschwingt, ins Überrealistische, ins Komische und Groteske gesteigert und beinahe schon wieder aufgehoben. Er bleibt der Erde nahe, doch ist er ohne Erdenschwere, und deshalb können auch wir so unbeschwert über seine Geschöpfe lachen. Seine bösen oder Böses erleidenden Figuren sind zeichnerisch dermaßen stark karikiert und abstrahiert, daß sie wohl menschliches Wesen und Treiben vorführen, aber nicht mehr als Menschen

Weiden am Bach

erlebt werden, sondern als Marionetten. Ihr Tod ist immer das ebenso lächerliche wie gewaltsame Ende einer Puppe, die nicht mehr gebraucht und aus dem Spiel genommen wird. Busch selbst nennt sie „Phantasiehanseln“ und „Konturwesen“ – Umrißwesen ohne Leibhaftigkeit.

Wegen seiner Einsicht in die „Sündhaftigkeit“ des Menschen und die Ohnmacht menschlichen Wollens, die er sowohl mit Schopenhauer wie mit dem Christentum teilt, hat Busch sich einen Pessimisten genannt, und die meisten Deuter seines Humors sind ihm darin gefolgt. Aber ist diese Auslegung nicht zu einseitig? Für den waschechten Pessimisten ist die Welt nicht nur voller Mängel, sondern ganz und gar eine Fehlkonstruktion; er verneint sie und steht ihr feindlich gegenüber. Für ihn existiert nur eine Farbe: Schwarz, vielleicht noch Grau; und wer ihn etwa auf die übrigen Farben aufmerksam macht, dem wird er erklären, sie seien bloße Täuschungen. Gegen seine Mitmenschen kann er nur Gleichgültigkeit oder Verachtung hegen. Mehr als einen grimmigen Galgenhumor bringt er nicht auf, und sein Lachen ist bissig. Das eigentliche Element des Humors ist ihm fremd: Weisheit, die nicht ohne Versöhnlichkeit denkbar, die mit Güte gepaart ist. Und gerade sie finden wir immer wieder bei Busch. Sein Pessimismus ist nicht Feindschaft gegen Welt und Mitmenschen, sondern Selbstwappnung eines Anteilnehmenden und Mitleidenden. Seine Leiderfahrung jedoch läutert sich zur Leidüberwindung, und aus ihr wächst sein Humor, der die Bereitschaft zur Freude und die Lust am Freudemachen einschließt.

In einem seiner bekanntesten Gedichte (aus KRITIK DES HERZENS) hat Busch den Humor poetisch umschrieben:

Es sitzt ein Vogel auf dem Leim,
Er flattert sehr und kann nicht heim.
Ein schwarzer Kater schleicht herzu,
Die Krallen scharf, die Augen gluh.
Am Baum hinauf und immer höher
Kommt er dem armen Vogel näher.

Der Vogel denkt: Weil das so ist
Und weil mich doch der Kater frißt,
So will ich keine Zeit verlieren,
Will noch ein wenig quinquilieren
Und lustig pfeifen wie zuvor.
Der Vogel, scheint mir, hat Humor.

Läuft das nun nicht doch auf einen bitteren Galgenhumor hinaus? Wohl kaum! Denn der Vogel pfeift zwar seinem tückischen Geschick und dem nahenden Tod zum Trotz, aber er pfeift – „lustig wie zuvor“ –, weil er die Welt schön findet und sich bis zuletzt an ihr freuen möchte.

Auch Busch hat, trotz des unverkennbar pessimistischen Wesenszuges, die Welt schön gefunden; das zeigt neben vielem anderen deutlich ein Brief vom Juni 1875 an Maria Anderson: „Nun sitz' ich wieder am Fenster unseres lieben Pfarrhauses und sehe in Garten und Feld hinaus... Aus Schollen und Zweigen, die ich kahl verließ, hat sich eine Fülle von schönem Laub hervorgedrängt; das wogt und neigt sich nun im frischen Morgenwinde. Hier die Rosenbeete, die Erbsenfelder, die Obstbäume; dort die Gruppe von schlanken Pappeln, Birken mit Hängelocken und einer blühenden Akazie; und weiterhin im Wellenschlagen das Ährenfeld und die graue Windmühle und über allem daher die wandernden Wolken. Das gibt ein hübsches Wechselspiel von Licht und Schatten. Guten Morgen!“ – Das ist kein Pessimismus; das ist Weltbejahung und Lebensfreude, die es sich mitzuteilen drängt, an der ein Mitmensch teilhaben soll! Und so ist auch, je älter Busch wird, sein spöttischer Humor immer spürbarer der Ausdruck einer gelassenen Heiterkeit, einer Weltbetrachtung, die das Leben in seiner ganzen Fülle sieht, in seinem „Wechselspiel von Licht und Schatten“: neben dem Häßlichen das Schöne, neben dem Bösen das Gute, und in allem das Wunderbare, das dem Leben überhaupt innewohnt. Die Antwort aufs Wunderbare aber ist dankbares Staunen und Verehrung der unerforschlichen Macht, die das alles werden ließ und sich wandeln läßt, ist Liebe zur Schöpfung, zum Mitgeschöpf. Gewiß, der kritischen Natur des Niedersachsen Wilhelm Busch ist das Gefühlvolle und Schwärmerische fremd. Er trägt sein Herz nicht auf der Zunge. Er verbirgt es hinter skeptischer Freundlichkeit oder Kühle und oft hinter Sarkasmus. Daß er dennoch ein fühlender und mitfühlender Mensch war, ist durch sein Leben wie durch sein Werk vielfach bezeugt. Zwei Schatten – Vergänglichkeit und Vergeblichkeit – hatten ihm manche Stunde verdunkelt und ihn gelehrt, daß man ihrer nur Herr werden kann, wenn man sein Leben mit einem von Zweck und Nutzen unabhängigen Sinn erfüllt. Und was für einen Sinn er meint, das sprechen eindeutig die Verse aus, in welche die Gedichtsammlung SCHEIN UND SEIN mündet:

Haß, als minus und vergebens,
Wird vom Leben abgeschrieben.
Positiv im Buch des Lebens
Steht verzeichnet nur das Lieben.
Ob ein Minus oder Plus
Uns verblieben, zeigt der Schluß.

Hugo Werner

Beiträge zu den „Fliegenden Blättern“

1859–1871

Der harte Winter

Es war einmal ein unvernünftig kalter Winter; da gingen zwei gute Kameraden miteinander auf das Eis zum Schlittschuhlaufen. Nun waren aber hin und wieder Löcher in das Eis geschlagen, der Fische wegen; und als die beiden Schlittschuhläufer in vollem Zuge waren, sintemalen der Wind auch heftig blies, versah's der eine, rutschte in ein Loch und traf so gewaltsam mit dem Halse an die scharfe Eiskante, daß der Kopf auf das Eis dahinglitschte und der Rumpf ins Wasser fiel. Der andere, schnell entschlossen, wollte seinen Kameraden nicht im Stich lassen, zog ihn heraus, holte den Kopf und setzte ihn wieder gehörig auf, und weil es eine so barbarische Kälte in dem Winter war, so fror der Kopf auch gleich wieder fest. Da freute sich der, dem das geschah, daß die Sache noch so günstig für ihn abgelaufen war. Seine Kleider waren aber alle ganz naß geworden; darum ging er mit seinem Kameraden in ein Wirtshaus, setzte sich neben den warmen Ofen, seine Kleider zu trocknen, und ließ sich von dem Wirte einen Bittern geben.

„Prosit, Kamerad!“ sprach er und trank dem andern zu. „Auf den Schrecken können wir wohl einen nehmen.“

Nun hatte er sich durch das kalte Bad aber doch einen starken Schnupfen geholt. Da er nun die Nase zwischen die Finger klemmte, sich zu schneuzen, behielt er plötzlich seinen Kopf in der Hand, denn der war in der warmen Stube wieder losgetaut.

Das war nun freilich für den armen Menschen recht fatal, und er meinte schon, daß er jetzt in der Welt nichts Rechtes mehr beginnen könnte; aber er wußte doch Rat zu schaffen, ging hin zu einem Bauherrn und ließ sich anstellen als Dielenträger. Das war eine gar schöne, passende Arbeit für ihn, weil ihm dabei der Kopf niemals im Wege saß wie vielen andern Leuten, die auch Bretter tragen müssen.

Eine Nachtgeschichte

Vor einiger Zeit kehrte spät abends im goldenen Löwen zu Kassel ein elegant aber nachlässig gekleideter Fremder ein, der augenscheinlich eine längere Fußtour gemacht hatte. Aus seinen schmerzlichen Zügen sprach eine stille Verzweiflung, ein heimlicher Kummer mußte seine Seele belasten. Er aß nur äußerst wenig und ließ sich bald sein Schlafzimmer anweisen. Es mochte wohl eine Viertelstunde später und nahezu Mitternacht sein, als der Kellner an Nro. 6, dem Zimmer des Fremden, vorüberkam. Ein lautes, herzzerreißendes Ächzen und Stöhnen drang daraus hervor. Dem erschrockenen Kellner erstarrte das Blut in den Adern. Irgend etwas Entsetzliches mußte da vorgehen. Schleunige Hilfe tat not; der Kellner stürzt zur Polizei. Unterdessen hat die Regierungsrätin v. Z., welche in Nro. 7 schläft, dieselbe schreckliche Entdekkung gemacht und bereits das ganze Wirtshaus in Alarm gebracht, als der Kellner mit der Polizei zurückkommt. Man dringt nun sofort in das Zimmer des Fremden. Aber leider kam die Hilfe zu spät, denn derselbe hatte bereits in Ermangelung eines anderen Instrumentes mit eigener Hand unter Schmerzen und Wehklagen seine – engen Stiefel ausgezogen.

Die Täuschung

Die Bäuerin steht abends in der Stube am Backtrog und macht das Brot an. Sie knetet, daß es quietscht und quatscht, – und wie sie endlich meint, es wäre genug, streift sie die Hände ab, rückt den Backtrog an den Ofen, der noch warm ist, daß der Teig über Nacht aufgeht, nimmt ein Tischtuch und deckt es darüber, daß keine Fliegen hineinfallen.

Drauf schaut sie noch in der Stube herum, räumt dies auf und jenes; der Bauer ist noch nicht zu Haus, wer weiß, wann der wieder kommt! – geht nachher in die Kammer, betet ihr Nachtgebet, legt sich ins Bett und schläft.

Derweil sitzt der Bauer im oberen Wirtshaus mit ein paar Kameraden, und im Disputieren trinkt er eine Maß nach der andern, bis sich alles mit ihm herumdreht. Die andern trinken nach und nach aus und gehen, bis unser Bauer noch ganz allein dasitzt und alleweil fortsauft. „Jetzt meinet ich aber schon", sagte die Nanni, die Kellnerin beim oberen Wirt ist: „Zeit wär's, Bauer, wenn du heimgingst, du kannst ja nimmer aus den Augen 'rausschauen, vor lauter Rausch."

„No, no!" sagt der Bauer, „ich geh' schon, nur Zeit lassen!" Und richtig steht er auf, wackelt hinum und herum, bis er endlich die Türe findet, und taumelt das Dorf hinunter, seinem Hof zu.

Wie er ins Haus kommt, stößt er da an und dort, wirft die Stühle um, zieht sich aus und legt sich nieder. „Heut' liegt sich's amal schön weich“, brummt er so vor sich hin, schlaft ein, und gerade so macht's die Bäuerin auch. In der Früh wacht die auf und schaut nach dem Bauern seinem Bett. „Ja, wo ist denn der Bauer?“ Sie springt aus dem Bett, schliaft in ihr Gwand, und wie sie in die Stube schaut, kriegt sie schier die Maulsperre, vor lauter Schreck: – Liegt doch der Bauer gestreckterlängs im Backtrog, die Haare, das Gesicht, die Hände und die Füße um und um alles verpippt und verpappt, mitten im Brotteig!

Liebesglut

1.

Sie liebt mich nicht. Nun brennt mein Herz
Ganz lichterloh vor Liebesschmerz,
Vor Liebesschmerz ganz lichterloh
Als wie gedörrtes Haferstroh.

Und von dem Feuer steigt der Rauch
Mir unaufhaltsam in das Aug',
Daß ich vor Schmerz und vor Verdruß
Viel tausend Tränen weinen muß.

Ach Gott! Nicht lang' ertrag' ich's mehr! –
Reicht mir doch Feuerkübel her!
Die füll' ich bald mit Tränen an,
Daß ich das Feuer löschen kann.

2.

Seitdem du mich so stolz verschmäht,
Härmt ich mich ab von früh bis spät,
So daß mein Herz bei Nacht und Tag
Als wie auf heißen Kohlen lag.

Und war es dir nicht heiß genug,
Das Herz, das ich im Busen trug,
So nimm es denn zu dieser Frist,
Wenn dir's gebacken lieber ist!

Eigentümliche Anschauung

Warum dem Simpelmaier der Kirchturm in Kimmertshausen gar so hoch vorgekommen ist.

Aus der Praxis des Girgelbauers

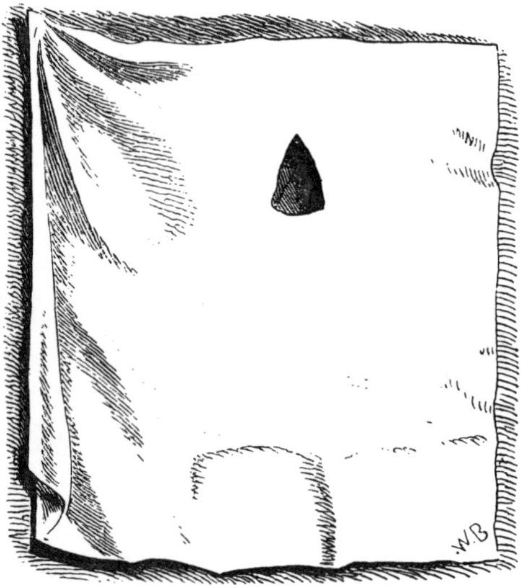

Wie sich der Girgelbauer sein Sacktüchel hergerichtet, und warum er’s hat nie in die Wäsch’ zu geben gebraucht.

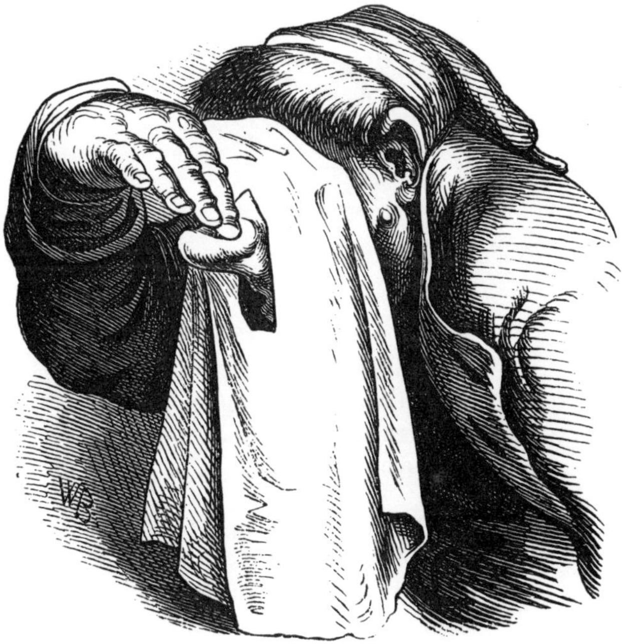

Trauriges Resultat
einer vernachlässigten Erziehung

Ach, wie oft kommt uns zu Ohren,
Daß ein Mensch was Böses tat,
Was man sehr begreiflich findet,
Wenn man etwas Bildung hat.

Manche Eltern sieht man lesen
In der Zeitung früh bis spät;
Aber was will dies bedeuten,
Wenn man nicht zur Kirche geht?

Denn man braucht nur zu bemerken,
Wie ein solches Ehepaar
Oft sein eignes Kind erziehet.
Ach, das ist ja schauderbar!

Ja, zum Instheatergehen,
Ja, zu so was hat man Zeit,
Abgesehn von andren Dingen,
Aber wo ist Frömmigkeit?

Zum Exempel, die Familie,
Die sich Johann Kolbe schrieb,
Hatt' es selbst sich zuzuschreiben,
Daß sie nicht lebendig blieb.

Einen Fritz von sieben Jahren
Hatten diese Leute bloß,
Außerdem, obschon vermögend,
Waren sie ganz kinderlos.

Nun wird mancher wohl sich denken:
Fritz wird gut erzogen sein,
Weil ein Privatier sein Vater;
Doch da tönt es leider: Nein!

Alles konnte Fritzchen kriegen,
Wenn er seine Eltern bat,
Äpfel-, Birnen-, Zwetschgenkuchen,
Aber niemals guten Rat.

Das bewies der Schneider Böckel,
Wohnhaft Nummer 5 am Eck;
Kaum daß dieser Herr sich zeigte,
Gleich schrie Fritzchen: „Meck, meck, meck!"

Oftmals, weil ihn dieses kränkte,
Kam er und beklagte sich;
Aber Fritzchens Vater sagte,
Dieses wäre lächerlich.

Wozu aber soll das führen,
Ganz besonders in der Stadt,
Wenn ein Kind von seinen Eltern
Weiter nichts gelernet hat?!

So was nimmt kein gutes Ende. –
Fast verging ein ganzes Jahr,
Bis der Zorn in diesem Schneider
Eine schwarze Tat gebar.

Unter Vorwand eines Kuchens
Lockt er Fritzchen in sein Haus,
Und mit einer großen Schere
Bläst er ihm das Leben aus.

Kaum hat Böckel dies verbrochen,
Als es ihn auch schon geniert,
Darum nimmt er Fritzchens Kleider,
Welche grün und blau kariert.

Fritzchen wirft er schnell ins Wasser,
Daß es einen Plumpser tut.
Kehrt beruhigt dann nach Hause,
Denkend: „So, das wäre gut!“

Ja, es setzte dieser Schneider
An die Arbeit sich sogar,
Welche eines ‚Tandlers Hose'
Und auch sehr zerrissen war.

Dazu nahm er Fritzchens Kleider,
Weil er denkt: „Dich krieg' ich schon!"
Aber ach, ihr armen Eltern,
Wo ist Fritzchen, euer Sohn?

In der Küche steht die Mutter,
Wo sie einen Fisch entleibt,
Und sie macht sich große Sorge:
Wo nur Fritzchen heute bleibt?

Als sie nun den Fisch aufschneidet,
Da war Fritz in dessen Bauch. –
Tot fiel sie ins Küchenmesser:
Fritzchen! war ihr letzter Hauch.

Wie erschrak der arme Vater,
Der grad eine Prise nahm;
Heftig fängt er an zu niesen,
Welches sonst nur selten kam.

Stolpern und durchs Fenster stürzen,
Ach, wie bald ist das geschehn!
Ach, und Fritzchens alte Tante
Muß auch grad vorübergehn.

Dieser fällt man auf den Nacken,
Knacks! da haben wir es schon! –
Beiden teuren Anverwandten
Ist die Seele sanft entflohn.

Drob erstaunten viele Leute,
Und man munkelt' allerlei;
Doch den wahren Grund der Sache
Fand die wackre Polizei.

Nämlich eins war gleich verdächtig:
Fritz hatt' keine Kleider an!
Und wie wäre so was möglich,
Wenn es dieser Fisch getan?

Lange fand man keinen Täter,
Bis man einen Tandler fing,
Der, es war ganz kurz nach Ostern,
Eben in die Kirche ging.

Ein Gendarm, der auf der Lauer,
Hatte nämlich gleich verspürt,
Daß die Hose dieses Tandlers
Hinten grün und blau kariert.

Und es war ein dumpf' Gemurmel
Bei den Leuten in der Stadt,
Daß 'ne schwarze Tandlersseele
Dieses Kind geschlachtet hat.

Hochentzücket führt den Tandler
Man zur Exekution;
Zwar er will noch immer mucksen,
Aber wupp! da hängt er schon.

Nun wird mancher hier wohl fragen:
„Wo bleibt die Gerechtigkeit?
Denn dem Schneidermeister Böckel
Tut bis jetzt man nichts zuleid.“

Aber in der Westentasche
Des verstorbnen Tandlers fand
Man die Quittung seiner Hose
Und von Böckels eigner Hand.

Als man diese durchgelesen,
Schöpfte man sogleich Verdacht,
Und man sprach zu den Gendarmen:
„Kinder, habt auf Böckel acht!“

Einst geht Böckel in die Kirche. –
Plötzlich fällt er um vor Schreck,
Denn ganz dicht an seinem Rücken
Schreit man plötzlich: „Meck, meck, meck!“

Dies geschah von einer Ziege;
Doch für Böckel war's genug,
Daß sein schuldiges Gewissen
Ihn damit zu Boden schlug.

Ein Gendarm, der dies verspürte,
Kam aus dem Versteck herfür,
Und zu Böckel hingewendet
Sprach er: „Böckel, geh mit mir!"

Kaum noch zählt man 14 Tage,
Als man schon das Urteil spricht:
Böckel sei aufs Rad zu flechten.
Aber Böckel liebt dies nicht.

Ach, die große Schneiderschere
Ließ man leider ihm, und schnapp!
Schnitt er sich mit eignen Händen
Seinen Lebensfaden ab.

Ja, so geht es bösen Menschen:
Schließlich kriegt man seinen Lohn.
Darum, o ihr lieben Eltern,
Gebt doch acht auf euren Sohn!

Metaphern der Liebe

Welche Augen, Welche Miene!
Seit ich dich zuerst gesehen,
Engel in der Krinoline,
Ist's um meine Ruh' geschehen.

Ach! in fieberhafter Regung
Lauf' ich Tag und Nacht spazieren,
Und ich fühl' es, vor Bewegung
Fang' ich an zu transpirieren.

Und derweil ich eben schwitze,
Hast du kalt mich angeschaut;
Von den Stiefeln bis zur Mütze
Spür' ich eine Gänsehaut.

Wahrlich! Das ist sehr bedenklich,
Wie ein jeder leicht ermißt,
Wenn man so schon etwas kränklich
Und in Nankinghosen ist.

Würde deiner Augen Sonne
Einmal nur mich freundlich grüßen,
Ach! – vor lauter Lust und Wonne
Schmölz ich hin zu deinen Füßen.

Aber – ach! – aus deinen Blicken
Wird ein Strahl herniederwettern,
Mich zerdrücken und zerknicken
Und zu Knochenmehl zerschmettern.

Die Ballade von den sieben Schneidern

Es hatten sieben Schneider gar einen grimmen Mut;
Sie wetzten ihre Scheren und dürsteten nach Blut.

Dort auf der breiten Heide loff eine Maus daher –
Und wär' sie nicht geloffen, so lebte sie nicht mehr.
Und zu derselben Stunde (es war um halber neun)
Sah dieses mit Entsetzen ein altes Mütterlein.

Die Schneider mit den Scheren, die kehrten sich herum,
Sie stürzten auf die Alte mit schrecklichem Gebrumm.

„Heraus nun mit dem Gelde! Da hilft kein Ach und Weh!"
Das Mütterlein, das alte, das kreischte: „Ach herrje!"

Ein Geißbock kam geronnen, so schnell er eben kann,
Und stieß mit seinem Horne den letzten Schneidersmann.

Da fielen sieben Schneider – pardauz – auf ihre Nas'
Und lagen beieinander maustot im grünen Gras.

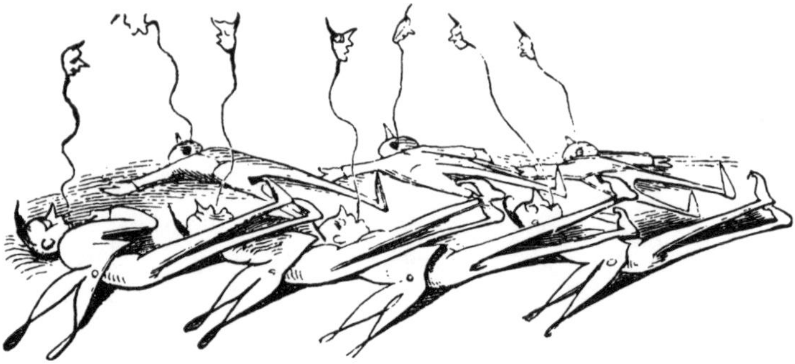

Und sieben Schneiderseelen, die sah man aufwärts schwirr'n;
Sie waren anzuschauen wie sieben Fäden Zwirn.

Der Teufel kam geflogen, wie er es meistens tut,
Und fing die sieben Seelen in seinem Felbelhut.

Der Teufel, sehr verdrießlich, dem war der Fang zu klein;
Drum schlug er in die Seelen gleich einen Knoten drein.

Der Lohn einer guten Tat

Wenn man von dem Lohn der Tugend
Hin und wieder was erfährt,
So ist das im allgemeinen
Jedenfalls nur wünschenswert.

Aber so was kann mich ärgern,
Wenn man in der Zeitung sieht,
Was dem Johann Luënicka
Für sein gutes Werk geschieht.

Von Geburt aus Leitomischl,
Handwerksbursche von Metjeh,
Kam er auch auf seiner Reise
Einst an einen großen See.

Plötzlich sieht er einen Knaben,
Welcher etwa dreizehn Jahr',
Und, nachdem er sich gebadet,
Eben beim Ertrinken war.

Dieses kann Johann nicht leiden,
Stürzt sich mutig in die Flut,
Faßt das Kind beim linken Beine,
Aber – ach – verliert den Hut.

Erst jedoch, nachdem er alle
Rettungsmittel angewandt,
Fühlt er mittelst seiner Hände,
Daß er seinen Hut nicht fand.

Unbemittelt und vertrauend
Auf das Werk, das er getan,
Hält er bei der Ortsgemeinde
Höflichst um Belohnung an.

Hier nimmt man das Anersuchen
Auch sogleich zu Protokoll
Und berichtet an das Kreisamt,
Wie man sich verhalten soll.

Von dem Kreisamt schreibt man wieder,
Und der Brave ist schon froh;
Aber groß war sein Erstaunen;
Denn die Antwort lautet so:

„Erstens, da der Luënicka
Schwimmen kann, so ist es klar,
Daß sein Leben bei der Sache
Nicht besonders in Gefahr.

Drum, nach reiflichem Bedenken,
Lautet unser Amtsbeschluß,
Daß die fragliche Belohnung
Jedenfalls von Überfluß.

Zweitens, hat der Luënicka
Sein Ersuchen eingeschickt,
Ohne daß, wie es gesetzlich,
Ihm ein Stempel aufgedrückt.

Drum, nach reiflichem Bedenken,
Lautet unser Amtsbeschluß,
Daß er 72 Kreuzer
Stempeltaxe zahlen muß.“ –

Ja, so lautet das Ergebnis. –
Zahlen muß der junge Mann,
Ob ihm gleich von jedem Auge
Eine stille Träne rann.

Und wir fragen uns im stillen:
Wozu nützt die gute Tat,
Wenn ein tugendsamer Jüngling
Obendrein noch Kosten hat?!

Der reinliche Swinegel
oder irregeleitete Reinlichkeit

„Dat Ding is weech!“ sagte der Bauer, als er zum Stadtbäcker kam und einen zur Abkühlung vor die Türe gestellten Quarkkuchen für den Strohteller oder Abtreter hielt.

Das Teufelswirtshaus

Es stand ein Wirtshaus an der Höh',
War gar so nett und fein;
Da setzten sich von nah und fern
Die großen und die kleinen Herrn
Bei Bier und Branntewein.

Der Wirt, der war kein frommer Christ,
Hielt nicht die zehn Gebot;
Oftmalen um die Mitternacht
Hat ihm der Teufel Geld gebracht
Hernieder durch den Schlot.

Der Teufel hat 'n gluhen Schweif,
Brennt schwefel-lichterloh;
Fuhr einstmals auch zum Dach herein
Und zog den langen Schweif nicht ein,
Hoho! da brennt das Stroh.

Das Stroh, das brennt, das Dach, das brennt,
Der Teufel fuhr heraus,
Die Gäste fielen von der Bank,
Dieweil es so nach Schwefel stank,
Und krabbeln vor das Haus.

Der Teufel sitzt im Appelbaum
Und plärrt als wie ein Kind;
Er heult und plärrt und weint so sehr,
Daß ihm die dicke Wagenschmeer
Von seinen Äuglein rinnt.

„Du dummer Teufel, sei doch still!
Fahr lieber in die Höll'
Und hol 'n Sack voll Geld herauf,
So bau'n wir's Wirtshaus wieder auf,
Hier an derselben Stell'."

Und wenn der Teufel das nicht will,
So laßt's der Teufel sein.
Wir trinken frisch, wir trinken froh,
Ist's nicht allhier, ist's anderswo;
Stoß an, fein's Brüderlein!

*Die gestörte
und wiedergefundene Nachtruhe
oder der Floh*

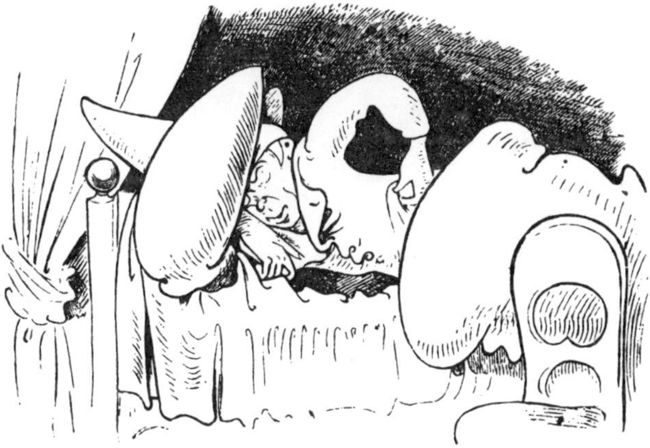

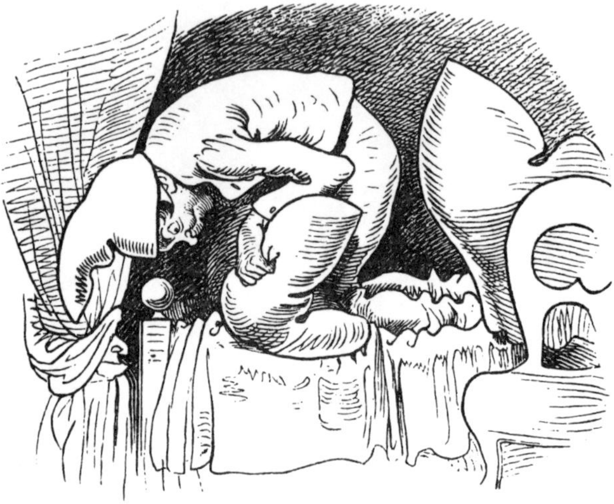

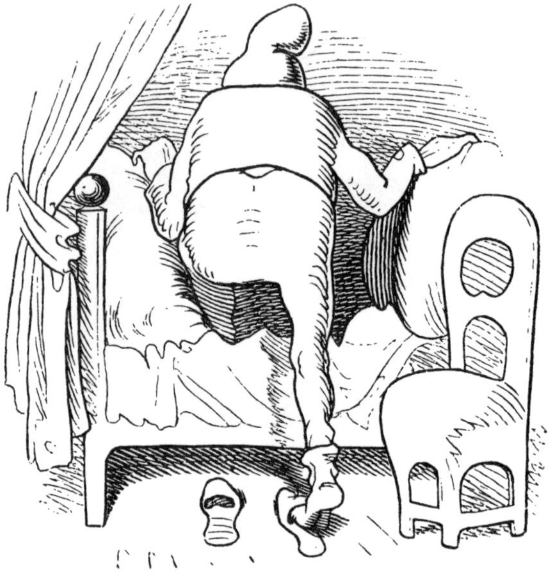

Ein Abenteuer in der Neujahrsnacht
oder
Warum Herr Brandmaier das Punschtrinken für immer verschworen hat

Ein Lebensstück in Bildern

Zwei Stammbuchverse

I.

Wenn man sich einander kennet
Und sich Freund und Freundin nennet,
Reißt des Schicksals Donnerwort
Uns aus unsern Armen fort.

Doch, obschon dies zu beklagen,
Muß man nicht sogleich verzagen,
Denn der Freundschaft lange Hand
Reicht bis durch den Zollverband.

II.

Wo du bist und wo ich sei,
Ferneweg und nahebei –
Überall und auch indessen
Werd' ich deiner nicht vergessen.

Dein gedenk' ich, still erfreut,
Selbsten in der Einsamkeit –
Ja, im dicksten Publikum
Schwebt mein Geist um dich herum.

Eginhard und Emma
Ein Fastnachtsschwank in Bildern

Carolus Magnus kroch ins Bett,
Weil er sehr gern geschlafen hätt'.

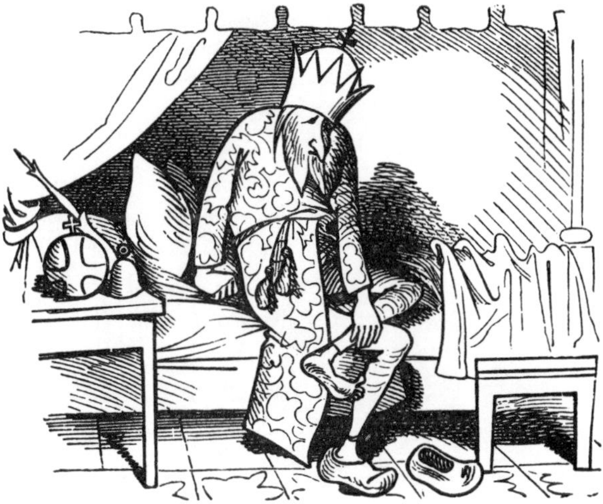

Jedoch vom Sachsenkriege her
Plagt ihn ein Rheumatismus sehr.

Die Nacht ist lang, das Bein tut weh;
Carolus übt das ABC.

„Autsch, autsch!“ Da reißt's ihn aber wieder;
Carolus wirft die Tafel nieder.

Er schellt. – Der alte Friedrich rennt. –
„Frottier' Er mich! Potz sapperment!“

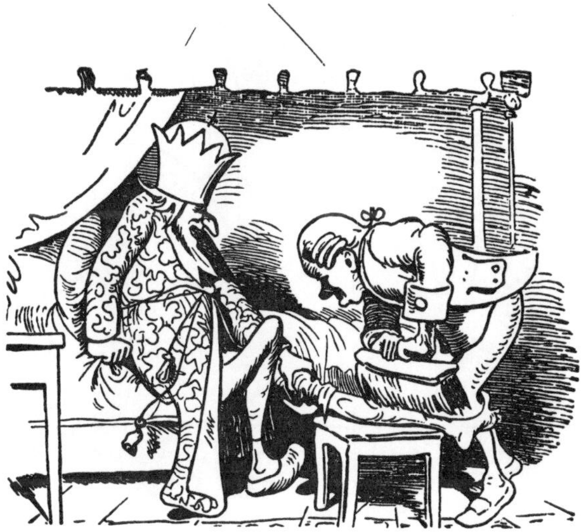

Der Friedrich spricht: „Hab's gleich gedacht!
Es schneit ja schon die halbe Nacht!"

„Was?!" schreit der Kaiser, „Teufel auch!"
Und tritt dem Friedrich vor den Bauch.

Der alte Friedrich schleicht beiseit;
Der Kaiser schaut, wie's draußen schneit.

Was sieht er da, vor Schreck erstarrt?
Die Emma trägt den Eginhard.

Er ruft die Wache gleich herbei
Und spricht: „Jetzt fangt mir diese zwei!“

Die Wache nimmt den Eginhard
Beim Kragen mit der Hellebard,

Und als man sie zum Kaiser bringt,
Da steht er würdevoll und winkt.

Sie knien und sind vor Tränen stumm;
Der Kaiser dreht sich gar nicht um.

Jetzt aber wird er mild und weich
Und spricht gerührt: „Da habt Ihr Euch!“

Der unfreiwillige Spazierritt

Herr Pumps labt sich im kühlen Bad,
Als hoch zu Roß ein Leutnant naht.

Des Leutnants Roß wird plötzlich scheu,
Herr Pumps eilt gleich zur Hilf' herbei;

Ergreift den Zaum mit starker Hand
Und schwingt sich dann aufs Roß gewandt.

Kaum sitzt er – zu des Leutnants Schreck,
Da rennt das Roß mit ihm vom Fleck;

Und rennt und stürmt vorbei mit Wut
An einem Fräulein-Institut.

Und rennt hinein zur Stadt – o Graus –,
Wo eben ward die Schule aus;

Und rennt, bis es gerannt genug,
Und wirft Herrn Pumps noch ab im Flug.

Die Jugend sieht's und lacht ihn aus;
Schnell eilt Herr Pumps ins nächste Haus
Und faßt die nächste Tür – o weh –,
Zwei Fräulein sitzen beim Kaffee.

Doch wie er schnell den Rückzug sucht,
Hemmt 's Stubenmädel seine Flucht.

Endlich erreicht er ein Gemach,
Ein Diener bringt ihm Kleider nach,
Schafft eine Droschke dann zur Stell',
Drin fährt Herr Pumps nach Hause schnell.

Ein galantes Abenteuer

Der Morgen graut. Ich kam per Bahn
Stolz in der Stadt der Welfen an.

Und wie ich wandle, seh' ich walten
Im Morgenscheine fünf Gestalten.

„Seid mir gegrüßt, ihr edlen Frauen,
So wunderlieblich anzuschauen!"

„Wat het he seggt?!“ so tönt's im Chor,
Fünf Besen heben sich empor.

Ich stolp're in ein Kehrichtfaß;
Die Besen sind sehr dürr und naß.

Kaum rett' ich mich, schon halb verdroschen,
Mit 25 Silbergroschen.

Das hemmt der Besengarde Lauf. –
Ein Bad nimmt meine Glieder auf.

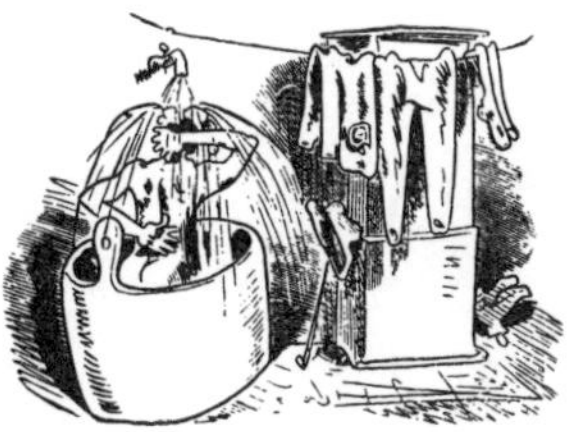

So geht's! – Bei Damen sollst du fein,
Gar niemals nicht ironisch sein.

Der vergebliche Versuch

Herr Lehmann hat seinen Freunden in der Silvesternacht eine Punschpartie gegeben und beabsichtigt, nach Entfernung seiner Gäste sich noch eine Zigarre anzuzünden.

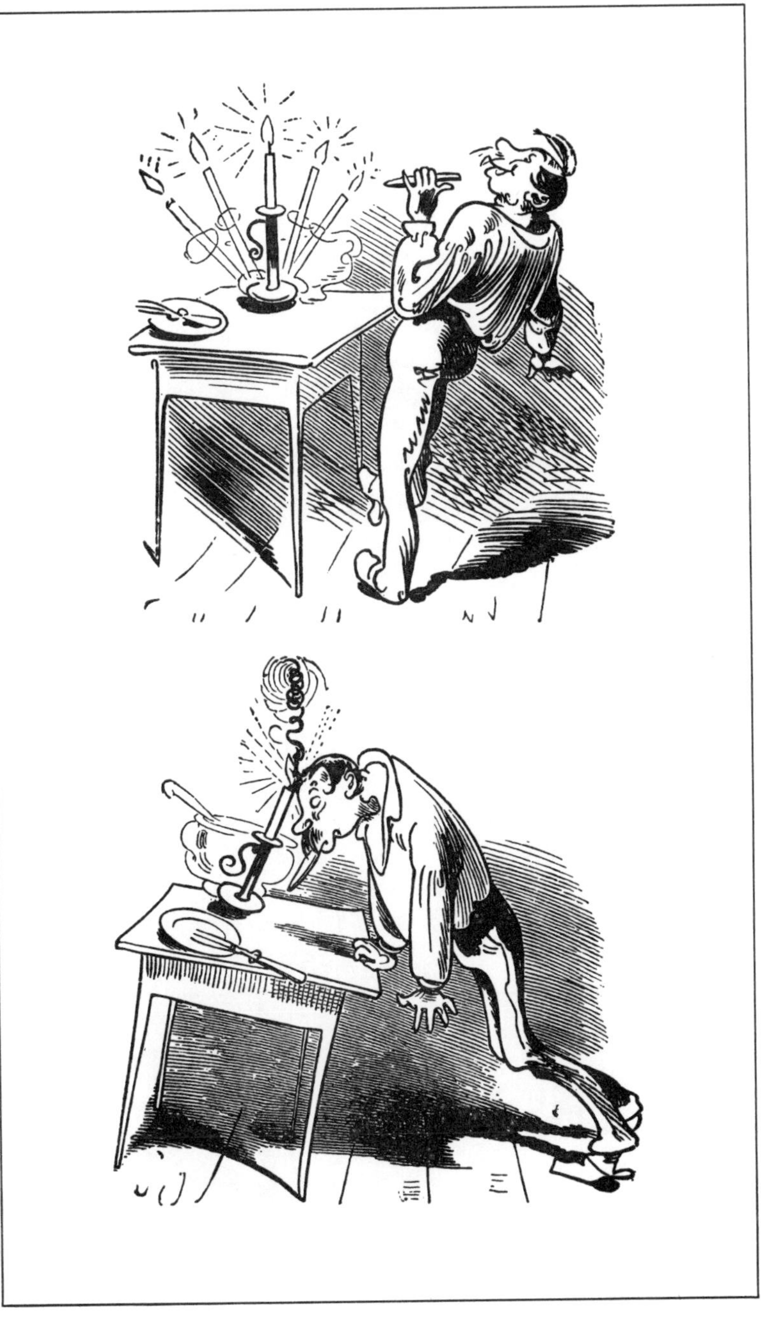

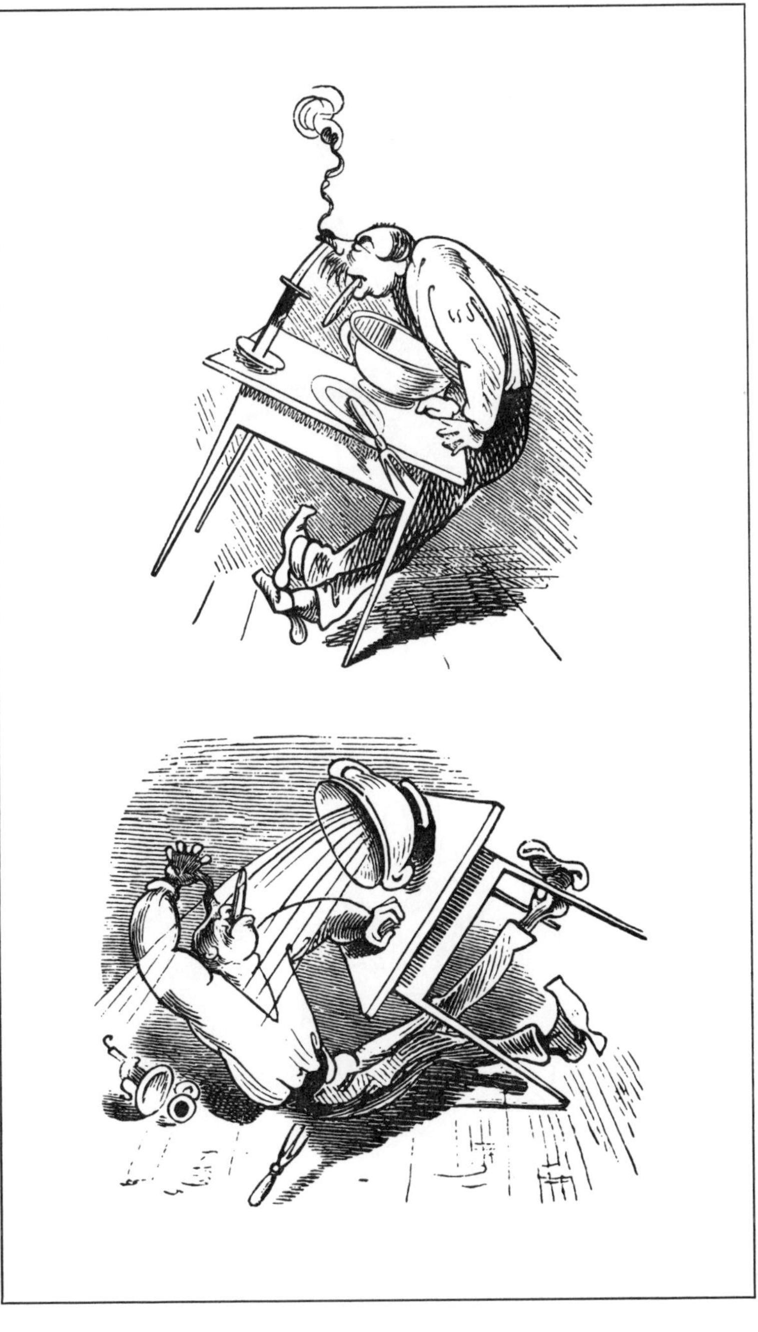

W. Busch
1868

Das gestörte Rendezvous

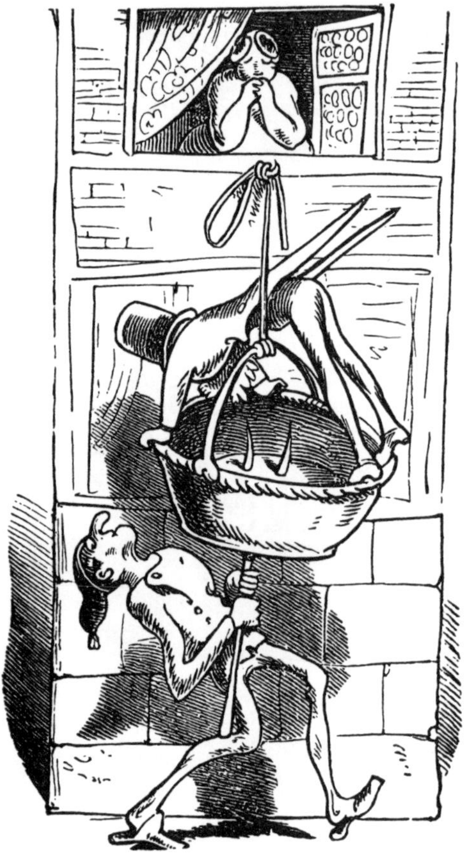

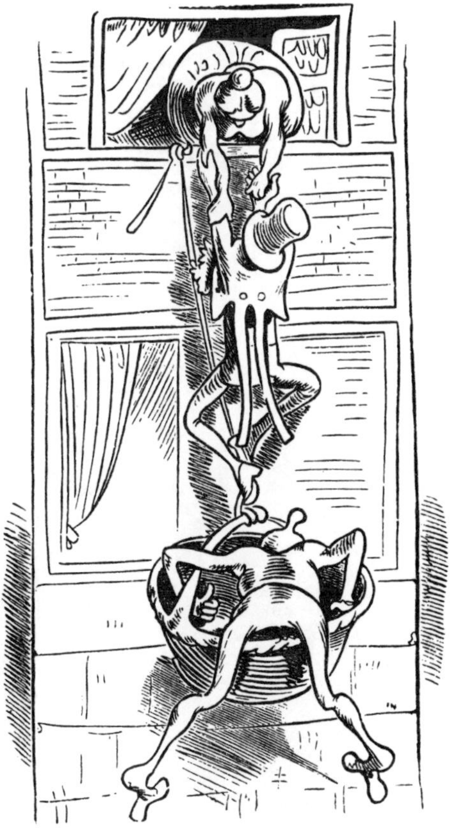

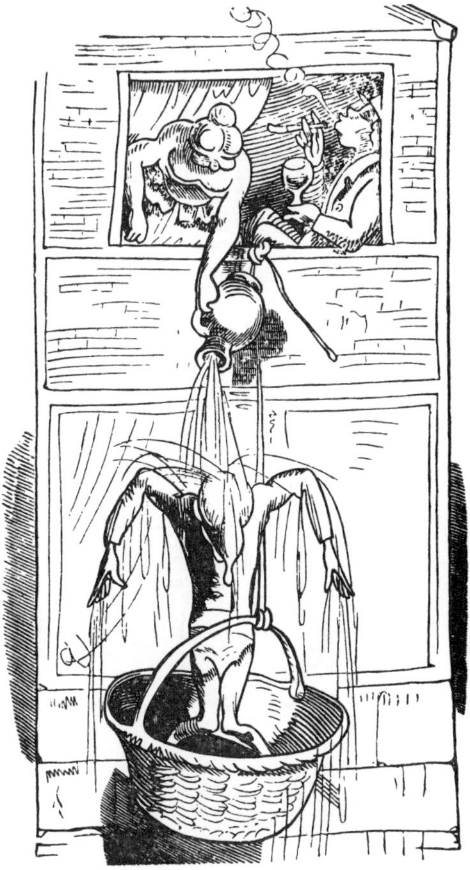

Der Katzenjammer am Neujahrsmorgen

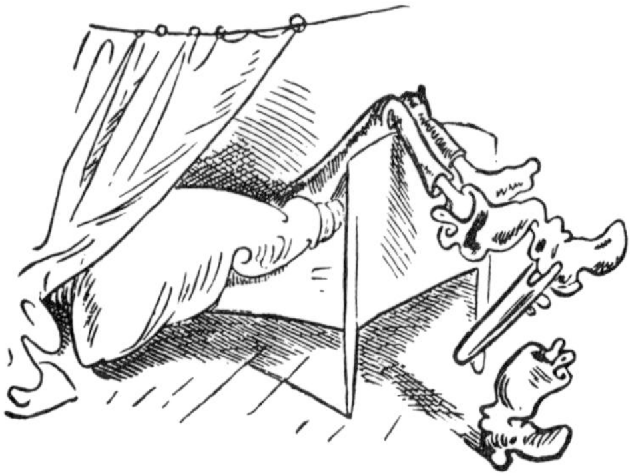

Am Morgen nach Silvester.

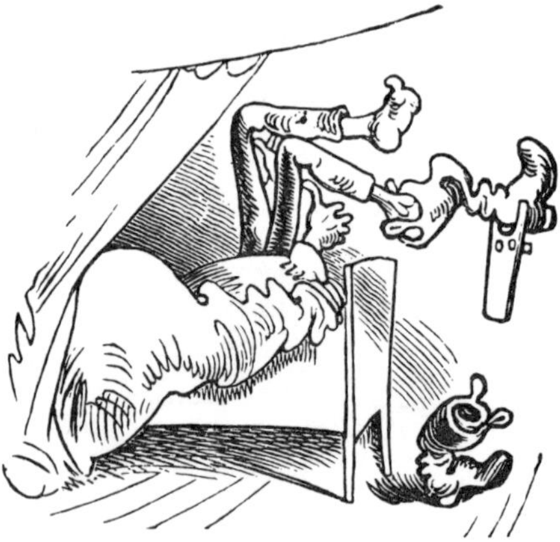

Schmerz in den Kniegelenken.

Gesteigerte Sensibilität der Haarspitzen,
vulgo Haarweh.

Wiederkehrendes Bewußtsein.

Subjektive Farbenerscheinung in Gestalt beweglicher Flecken.

Gemeines Schädelweh.

Wo hab' ich denn das heut' nacht erwischt?!

Oha? – Noch immer ein bißchen wackelig?!

Versuch einer Morgenpfeife.

Auch zuwider!!

Wo im Dunkeln die Uhr hingelegt wurde.

Der Hausgang neu angestrichen.

O weh! Der neue Zylinder im Waschbecken.

Das Geld ist auch fort.

Abkühlung und Erfrischung.

Ein Magenbitter.

Brrr!

Nach dieser heilsamen Erschütterung geht's ja so weit wieder ganz gut.

Der schöne Ritter

„Heut' werden s' schauen. Alles echt und sitzt famos."

„Ah, da schaut's her, den Ritter; aber der is schön!"

„Der verflixte Harnisch, wenn er nur net so drucket!“

Erholung im Seitenkabinett.

Ritterliche Großmut, welche sich zwei plebejische Masken sehr zunutze machen.

Die Kerls werden unverschämt.

Es kommt zum Kampfe.

Der plebejischen Taktik gegenüber erweist sich der Harnisch in mancher Hinsicht als unzulänglich.

Amorette (sich demaskierend): „Ich erlaube mir, Ihnen bei dieser Gelegenheit Ihre Schneiderrechnung zu überreichen.“

Unser schöner Ritter gewinnt eine Droschke, wobei er nachdrücklichst unterstützt wird.

„Kreuz Dunnerwetter, wenn ich nur die verfluchte Schnalle aufbrächt'; ich kann mich ja doch nicht mit dem Harnisch ins Bett legen!“

„Das wird eine schöne Nacht werden mit dem kalten, harten, engen, eisernen Bettjankerl!“

„Kracks, da haben wir's!"

„Ja, gnä' Herr, was haben denn Sie heut' nacht angefangen?!"

„O liebe Moni, helfen S’ mir doch um Gotteswillen, daß ich das Ding vom Leib krieg’!“

„Malefizgelump, marsch!“

Schmerzliche Vergißmeinnicht!

„Nie und nimmermehr!!“

Der hastige Rausch

„Kellnerin! Einen Bittern!“

„Und nachher eine Flasch’ Ofner!“

„Und ein Glas Grog!“

„Ah!"

„Kellnehin, za-in!"

„Macht 1 Gulden 48 Kreuzer."

„Sie Lump, Sie!“

„Au weh!“

„Wer lacht da?“

„Ja, was wär' denn des?"

„Itzo gehörst d' mein!"

„Und drauß bist schon aa!"

Bilderpossen

Der Eispeter
Katze und Maus
Krischan mit der Piepe
Hänsel und Gretel

1864

Der Eispeter

Eine Bilderposse
von
Wilhelm Busch.

Verlag von J. H. Richter in Dresden.

Als Anno 12 das Holz so rar,
Und als der kalte Winter war,
Da blieb ein jeder gern zu Haus;
Nur Peter muß aufs Eis hinaus.

Da draußen, ja, man glaubt es kaum,
Fiel manche Krähe tot vom Baum.

Der Onkel Förster warnt und spricht:
„Nein, Peter, heute geht es nicht!“

Auch ist ein Hase bei den Ohren
Ganz dicht am Wege festgefroren.

Doch Peter denkt: Tralitrala!
Und sitzt auf einem Steine da.

Nun möchte Peter sich erheben;
Die Hose bleibt am Steine kleben.

Der Stoff ist alt, die Lust ist groß;
Der Peter reißt sich wieder los.

Na, richtig! Ja, ich dacht es doch!
Da fällt er schon ins tiefe Loch.

Mit Hinterlassung seiner Mütze
Steigt Peter wieder aus der Pfütze.

Bald schießt hervor, obschon noch klein,
Ein Zacken Eis am Nasenbein.

Der Zacken wird noch immer besser
Und scharf als wie ein Schlachtermesser.

Der Zacken werden immer mehr,
Der Nasenzacken wird ein Speer.

Und jeder fragt: „Wer mag das sein?
Das ist ja ein gefrornes Stachelschwein!“

Die Eltern sehen nach der Uhr:
„Ach, ach! wo bleibt denn Peter nur?“
Da ruft der Onkel in das Haus:
„Der Schlingel ist aufs Eis hinaus!“

Mit einer Axt und stillem Weh
Sucht man den Peter hier im Schnee.

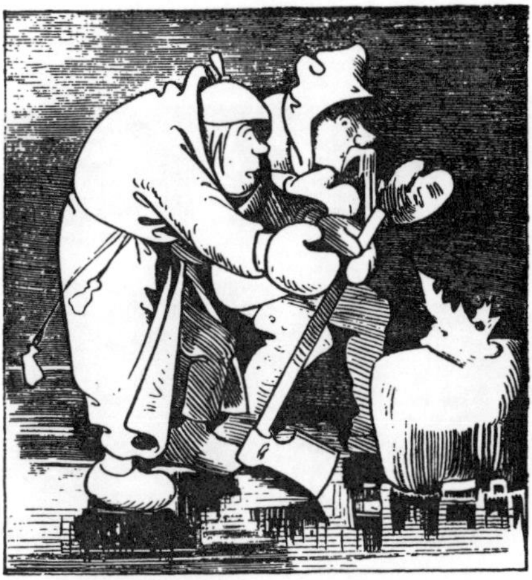

Schon sieht man mit betrübtem Blick
Ein Teil von Peters Kleidungsstück.

Doch größer war die Trauer da,
Als man den Peter selber sah.

Hier wird der Peter transportiert,
Der Vater weint, die Träne friert.

Behutsam läßt man Peters Glieder
Zu Haus am warmen Ofen nieder.

Juchhe! Die Freudigkeit ist groß;
Das Wasser rinnt, das Eis geht los.

Ach, aber ach! Nun ist's vorbei!
Der ganze Kerl zerrinnt zu Brei.

Hier wird in einen Topf gefüllt
Des Peters traurig Ebenbild.

Ja, ja! In diesem Topf aus Stein,
Da machte man den Peter ein,
Der, nachdem er anfangs hart,
Später weich wie Butter ward.

Katze und Maus

Bilderposse

von

Wilhelm Busch.

Verlag von J. H. Richter in Dresden.

Links ein Mauseloch, rechts ein Loch im Stiefel. Eine Pumpe. Ein Kleiderstock, woran eine Hose hängt. Eine Stallaterne und ein Topf mit Wichse.

Die Maus spaziert in die Laterne,
Der böse Kater sieht's von ferne.

Schnapp! springt er zu: das Glas zerbricht;
Die Maus, die kriegt er aber nicht.

Den Kleiderstock erklimmt die Maus,
Der Kater nach in einem Saus.

Hier sausen sie durchs Hosenbein,
Die Maus heraus, die Katz hinein.

Klatsch! fällt der Kater mit dem Kopf
In einen schwarzen Wichsetopf.

Der Kater ist ein halber Mohr,
Die Maus springt in das Stiefelrohr.

Der Kater denkt: „Dich krieg ich noch!"
Der Stiefel aber hat ein Loch.

Hier springt denn auch die gute Maus
Bereits zum Stiefelloch heraus.

Die Maus läuft schnell ins Mäusenest;
Der Kater sitzt im Stiefel fest.

Ja, stelle dich nur auf den Kopf!
Der Stiefel bleibt dir doch am Schopf.

Die Köchin und der Hausknecht sehn
Mit Staunen an, was hier geschehn.

Und beide sieht man mit Bemühn
Am Katzenschwanz und Stiefel ziehn.

Pardauz! Da haben wir es ja!
Sie liegen alle beide da.

Der Kater, der's verdient gehabt,
Wird eingeklemmt und abgeklappt.

Und wenn sich einer schwarz gemacht,
Mit Wasser wird's herausgebracht.

Die Mäuse aber springen
Im Kreis herum und singen:
„Der brave Stiefel hat ein Loch!
Der Stiefel lebe! Vivat hoch!“

Krischan mit der Piepe
Eine Rauchphantasie
von
Wilhelm . Busch.
. Verlag von J. H. Richter. in Dresden

De Vader seggt: „Eck mot nu gahn!
Krischan! lat de Piepen stahn!“

Kum awer geiht he ut de Doer,
Kriegt Krischan all de Piepen her.

Min Krischan steckt ok gar nich fuul
De Smoekepiepen in dat Muul,

He smoekt! – Wat, Deuker, is denn dat?!
Mi dücht, dar achter rögt sick wat.

De Stock is mit de Schirm in Gange,
De Aben danzet mit de Tange.

De Slaprock danzt mit de Stohl, juheh!
Un de Disch mit den olen Kanepeh.

Up eenmal – puff! – do werd et dunkel:
Dat is de ole Runkelmunkel.

Un – puff! – kummt no'n Keerel an:
Dat is de swarte Morian.

Se danzet un springet un dreihet sick,
Den Krischan werd so wunderlick.

Se danzet, dildi, se trampelt, schrum, schrum!
Wupp, dreiht sick de ganze Stube um!

Jüst tret de Moder in de Doer,
De Krischan ligt ganz krumm un quer.

He ligt to Bed; de Keerels winkt,
Als Moder swarten Kaffe bringt.

He drinkt de swarten Kaffe ut,
Dat deiht min lewen Krischan gut.

Un Vader sitt dabi un lacht
Un seggt: „Dat heb eck lange dacht!
Ja, ja, min Jung! so mot et gahn!
Krischan, lat de Piepe stahn!!“

Hänsel und Gretel
Eine Bilderposse
von
Wilhelm Busch
Verlag von J. H. Richter in Dresden

„Ihr Kinder“, spricht das Mütterlein,
„Geht ja nicht in den Wald hinein.“

Ja prosit! wenn der Has' nicht wär!
Gleich müssen sie dahinter her.

Nicht lange, eh man's sich versah,
Steht schon die Kinderfalle da.

Die böse Hexe schreit: „Nanu!"
Perdatsch! da fällt die Falle zu.

Und Hans und Gretel, ach, o Graus!
Schleppt man bis in das Hexenhaus.

Die Hexe macht das Feuer an,
Daß sie die Kinder kochen kann.

Am Tisch der dicke Bösewicht,
Der paßt schon auf sein Leibgericht.

Doch Hänsel faßt die Hex am Bein,
Plums! fällt sie in den Topf hinein.

Die Hexe kriegte ihren Lohn,
Tot hängt sie an der Gabel schon.

Der Menschenfresser, zornentbrannt,
Kommt mit dem Messer angerannt.

Im Kasten will er sie ertappen,
Der Kasten aber hat zwei Klappen.

O weh! Das hat er nicht bedacht,
Nun wird der Käfig zugemacht.

Der Dicke wird gerollt – und plumpf!

Schmeißt man ihn in den tiefen Sumpf.

Jetzt gehn die zwei zum Wald hinaus,
Die Mutter schaut schon aus dem Haus;

Sie winkt und läßt die Rute sehn:
Na, gute Nacht! da dank ich schön!

Max und Moritz

Eine Bubengeschichte
in sieben Streichen

1865

Vorwort

Ach, was muß man oft von bösen
Kindern hören oder lesen!!
Wie zum Beispiel hier von diesen,

Welche Max und Moritz hießen;

Die, anstatt durch weise Lehren
Sich zum Guten zu bekehren,
Oftmals noch darüber lachten
Und sich heimlich lustig machten. –
– Ja, zur Übeltätigkeit,
Ja, dazu ist man bereit! –
– Menschen necken, Tiere quälen,
Äpfel, Birnen, Zwetschen stehlen – –
Das ist freilich angenehmer
Und dazu auch viel bequemer,
Als in Kirche oder Schule
Festzusitzen auf dem Stuhle. –
– Aber wehe, wehe, wehe!
Wenn ich auf das Ende sehe!! –
– Ach, das war ein schlimmes Ding,
Wie es Max und Moritz ging.
– Drum ist hier, was sie getrieben,
Abgemalt und aufgeschrieben.

Erster Streich

Mancher gibt sich viele Müh'
Mit dem lieben Federvieh;
Einesteils der Eier wegen,
Welche diese Vögel legen,
Zweitens: weil man dann und wann
Einen Braten essen kann;
Drittens aber nimmt man auch
Ihre Federn zum Gebrauch
In die Kissen und die Pfühle,
Denn man liegt nicht gerne kühle. –

Seht, da ist die Witwe Bolte,
Die das auch nicht gerne wollte.

Ihrer Hühner waren drei
Und ein stolzer Hahn dabei. –

Max und Moritz dachten nun:
Was ist hier jetzt wohl zu tun? –
– Ganz geschwinde, eins, zwei, drei,
Schneiden sie sich Brot entzwei,

In vier Teile, jedes Stück
Wie ein kleiner Finger dick.
Diese binden sie an Fäden,
Übers Kreuz, ein Stück an jeden,
Und verlegen sie genau
In den Hof der guten Frau. –
Kaum hat dies der Hahn gesehen,
Fängt er auch schon an zu krähen:

Kikeriki! Kikikerikih!! –
Tak, tak, tak! – da kommen sie.

Hahn und Hühner schlucken munter
Jedes ein Stück Brot hinunter;

Aber als sie sich besinnen,
Konnte keines recht von hinnen.

In die Kreuz und in die Quer
Reißen sie sich hin und her,

Flattern auf und in die Höh',
Ach herrje, herrjemine!

Ach, sie bleiben an dem langen,
Dürren Ast des Baumes hangen. –
– Und ihr Hals wird lang und länger,
Ihr Gesang wird bang und bänger;

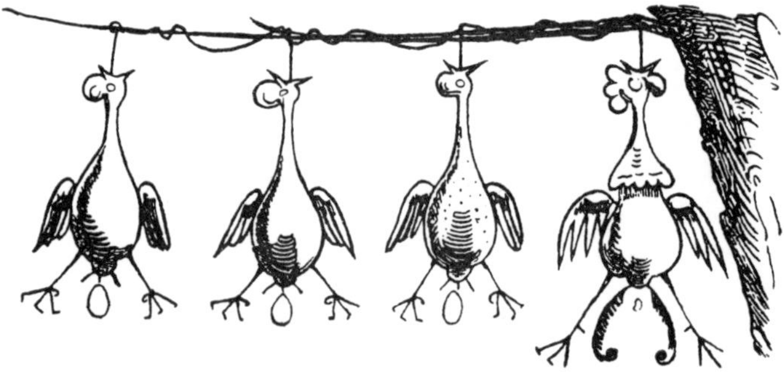

Jedes legt noch schnell ein Ei,
Und dann kommt der Tod herbei. –

Witwe Bolte in der Kammer
Hört im Bette diesen Jammer;

Ahnungsvoll tritt sie heraus:
Ach, was war das für ein Graus!

„Fließet aus dem Aug', ihr Tränen!
All mein Hoffen, all mein Sehnen,
Meines Lebens schönster Traum
Hängt an diesem Apfelbaum!!"

Tiefbetrübt und sorgenschwer
Kriegt sie jetzt das Messer her;
Nimmt die Toten von den Strängen,
Daß sie so nicht länger hängen,

Und mit stummem Trauerblick
Kehrt sie in ihr Haus zurück. –

Dieses war der erste Streich,
Doch der zweite folgt sogleich.

Zweiter Streich

Als die gute Witwe Bolte
Sich von ihrem Schmerz erholte,
Dachte sie so hin und her,
Daß es wohl das beste wär',
Die Verstorb'nen, die hienieden
Schon so frühe abgeschieden,
Ganz im stillen und in Ehren
Gut gebraten zu verzehren. –
– Freilich war die Trauer groß,
Als sie nun so nackt und bloß
Abgerupft am Herde lagen,
Sie, die einst in schönen Tagen
Bald im Hofe, bald im Garten
Lebensfroh im Sande scharrten. –

Ach, Frau Bolte weint aufs neu',
Und der Spitz steht auch dabei. –

Max und Moritz rochen dieses;
„Schnell aufs Dach gekrochen!“ hieß es.

Durch den Schornstein mit Vergnügen
Sehen sie die Hühner liegen,
Die schon ohne Kopf und Gurgeln
Lieblich in der Pfanne schmurgeln. –

Eben geht mit einem Teller
Witwe Bolte in den Keller,

Daß sie von dem Sauerkohle
Eine Portion sich hole,
Wofür sie besonders schwärmt,
Wenn er wieder aufgewärmt. –

– Unterdessen auf dem Dache
Ist man tätig bei der Sache.
Max hat schon mit Vorbedacht
Eine Angel mitgebracht. –

Schnupdiwup! da wird nach oben
Schon ein Huhn heraufgehoben.

Schnupdiwup! jetzt Numro zwei;
Schnupdiwup! jetzt Numro drei;
Und jetzt kommt noch Numro vier:
Schnupdiwup! dich haben wir!! –
Zwar der Spitz sah es genau,
Und er bellt: Rawau! Rawau!

Aber schon sind sie ganz munter
Fort und von dem Dach herunter. –

– Na! Das wird Spektakel geben,
Denn Frau Bolte kommt soeben;
Angewurzelt stand sie da,
Als sie nach der Pfanne sah.

Alle Hühner waren fort –
„Spitz!!“ – das war ihr erstes Wort. –

„Oh, du Spitz, du Ungetüm!!
Aber wart! ich komme ihm!!!“
Mit dem Löffel, groß und schwer,
Geht es über Spitzen her;

Laut ertönt sein Wehgeschrei,
Denn er fühlt sich schuldenfrei. –

– Max und Moritz im Verstecke
Schnarchen aber an der Hecke,
Und vom ganzen Hühnerschmaus
Guckt nur noch ein Bein heraus.

Dieses war der zweite Streich,
Doch der dritte folgt sogleich.

Dritter Streich

Jedermann im Dorfe kannte
Einen, der sich Böck benannte. –

– Alltagsröcke, Sonntagsröcke,
Lange Hosen, spitze Fräcke,
Westen mit bequemen Taschen,
Warme Mäntel und Gamaschen –
Alle diese Kleidungssachen
Wußte Schneider Böck zu machen. –
Oder wäre was zu flicken,
Abzuschneiden, anzustücken,
Oder gar ein Knopf der Hose
Abgerissen oder lose –
Wie und wo und was es sei,
Hinten, vorne, einerlei –
Alles macht der Meister Böck,
Denn das ist sein Lebenszweck. –
– Drum' so hat in der Gemeinde
Jedermann ihn gern zum Freunde. –
– Aber Max und Moritz dachten,
Wie sie ihn verdrießlich machten. –

Nämlich vor des Meisters Hause
Floß ein Wasser mit Gebrause.

Übers Wasser führt ein Steg
Und darüber geht der Weg. –

Max und Moritz, gar nicht träge,
Sägen heimlich mit der Säge,
Ritzeratze! voller Tücke,
In die Brücke eine Lücke. –

Als nun diese Tat vorbei,
Hört man plötzlich ein Geschrei:

„He, heraus! du Ziegen-Böck!
Schneider, Schneider, meck, meck, meck!!" –
– Alles konnte Böck ertragen,
Ohne nur ein Wort zu sagen;
Aber wenn er dies erfuhr,
Ging's ihm wider die Natur.

Schnelle springt er mit der Elle
Über seines Hauses Schwelle,
Denn schon wieder ihm zum Schreck
Tönt ein lautes: „Meck, meck, meck!!"

Und schon ist er auf der Brücke,
Kracks! die Brücke bricht in Stücke;

Wieder tönt es: „Meck, meck, meck!"
Plumps! Da ist der Schneider weg!

Grad als dieses vorgekommen,
Kommt ein Gänsepaar geschwommen,
Welches Böck in Todeshast
Krampfhaft bei den Beinen faßt.

Beide Gänse in der Hand,
Flattert er auf trocknes Land. –

Übrigens bei alle dem
Ist so etwas nicht bequem;

Wie denn Böck von der Geschichte
Auch das Magendrücken kriegte.

Hoch ist hier Frau Böck zu preisen!
Denn ein heißes Bügeleisen,
Auf den kalten Leib gebracht,
Hat es wieder gut gemacht. –

– Bald im Dorf hinauf, hinunter
Hieß es: Böck ist wieder munter!!

Dieses war der dritte Streich,
Doch der vierte folgt sogleich.

Vierter Streich

Also lautet ein Beschluß:
Daß der Mensch was lernen muß. –
– Nicht allein das A-B-C
Bringt den Menschen in die Höh';
Nicht allein im Schreiben, Lesen
Übt sich ein vernünftig Wesen;
Nicht allein in Rechnungssachen
Soll der Mensch sich Mühe machen;
Sondern auch der Weisheit Lehren
Muß man mit Vergnügen hören. –

Daß dies mit Verstand geschah,
War Herr Lehrer Lämpel da. –

– Max und Moritz, diese beiden,
Mochten ihn darum nicht leiden;
Denn wer böse Streiche macht,
Gibt nicht auf den Lehrer acht. –

Nun war dieser brave Lehrer
Von dem Tobak ein Verehrer,
Was man ohne alle Frage
Nach des Tages Müh und Plage
Einem guten, alten Mann
Auch von Herzen gönnen kann. –

– Max und Moritz, unverdrossen,
Sinnen aber schon auf Possen,
Ob vermittelst seiner Pfeifen
Dieser Mann nicht anzugreifen. –

– Einstens, als es Sonntag wieder
Und Herr Lämpel brav und bieder

In der Kirche mit Gefühle
Saß vor seinem Orgelspiele,

Schlichen sich die bösen Buben
In sein Haus und seine Stuben,
Wo die Meerschaumpfeife stand;
Max hält sie in seiner Hand;

Aber Moritz aus der Tasche
Zieht die Flintenpulverflasche,
Und geschwinde, stopf, stopf, stopf!
Pulver in den Pfeifenkopf. –
Jetzt nur still und schnell nach Haus,
Denn schon ist die Kirche aus. –

– Eben schließt in sanfter Ruh'
Lämpel seine Kirche zu;

Und mit Buch und Notenheften,
Nach besorgten Amtsgeschäften,

Lenkt er freudig seine Schritte
Zu der heimatlichen Hütte,

Und voll Dankbarkeit sodann
Zündet er sein Pfeifchen an.

„Ach!" – spricht er – „die größte Freud'
Ist doch die Zufriedenheit!! –"

Rums!! – Da geht die Pfeife los
Mit Getöse, schrecklich groß.
Kaffeetopf und Wasserglas,
Tabaksdose, Tintenfaß,
Ofen, Tisch und Sorgensitz –
Alles fliegt im Pulverblitz. –

Als der Dampf sich nun erhob,
Sieht man Lämpel, der – gottlob!
Lebend auf dem Rücken liegt;
Doch er hat was abgekriegt.

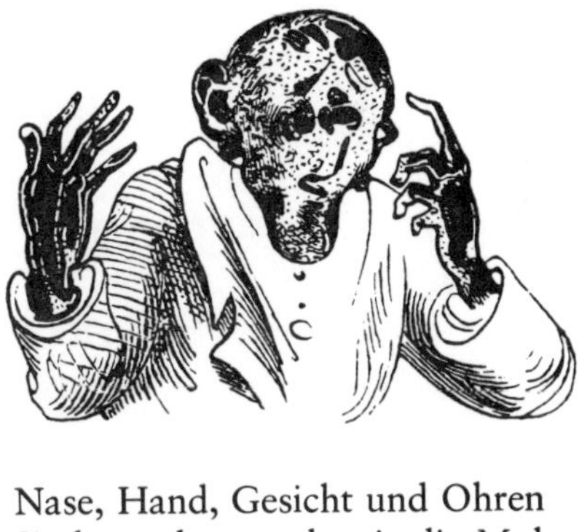

Nase, Hand, Gesicht und Ohren
Sind so schwarz als wie die Mohren,
Und des Haares letzter Schopf
Ist verbrannt bis auf den Kopf. –

Wer soll nun die Kinder lehren
Und die Wissenschaft vermehren?
Wer soll nun für Lämpel leiten
Seine Amtestätigkeiten?
Woraus soll der Lehrer rauchen,
Wenn die Pfeife nicht zu brauchen??

Mit der Zeit wird alles heil,
Nur die Pfeife hat ihr Teil.

Dieses war der vierte Streich,
Doch der fünfte folgt sogleich.

Fünfter Streich

Wer im Dorfe oder Stadt
Einen Onkel wohnen hat,
Der sei höflich und bescheiden,
Denn das mag der Onkel leiden. –
– Morgens sagt man: „Guten Morgen!
Haben Sie was zu besorgen?"
Bringt ihm, was er haben muß:
Zeitung, Pfeife, Fidibus. –
Oder sollt' es wo im Rücken
Drücken, beißen oder zwicken,
Gleich ist man mit Freudigkeit
Dienstbeflissen und bereit. –
Oder sei's nach einer Prise,
Daß der Onkel heftig niese,
Ruft man: „Prosit!" allsogleich,
„Danke, wohl bekomm' es Euch?" –
Oder kommt er spät nach Haus,
Zieht man ihm die Stiefel aus,
Holt Pantoffel, Schlafrock, Mütze,
Daß er nicht im Kalten sitze –
Kurz, man ist darauf bedacht,
Was dem Onkel Freude macht. –

– Max und Moritz ihrerseits
Fanden darin keinen Reiz. –
– Denkt euch nur, welch' schlechten Witz
Machten sie mit Onkel Fritz! –

Jeder weiß, was so ein Mai-
Käfer für ein Vogel sei.
In den Bäumen hin und her
Fliegt und kriecht und krabbelt er.

Max und Moritz, immer munter,
Schütteln sie vom Baum herunter.

In die Tüte von Papiere
Sperren sie die Krabbeltiere. –

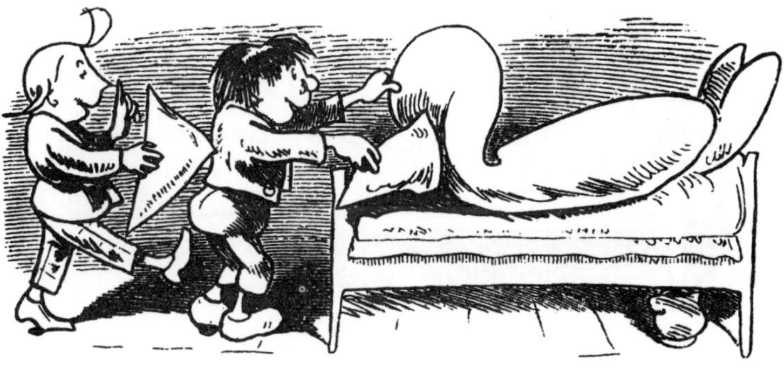

Fort damit, und in die Ecke
Unter Onkel Fritzens Decke!

Bald zu Bett geht Onkel Fritze
In der spitzen Zippelmütze;

Seine Augen macht er zu,
Hüllt sich ein und schläft in Ruh.

Doch die Käfer, kritze, kratze!
Kommen schnell aus der Matratze.

Schon faßt einer, der voran,
Onkel Fritzens Nase an.

„Bau!!“ schreit er – „Was ist das hier?!!“
Und erfaßt das Ungetier.

Und den Onkel, voller Grausen,
Sieht man aus dem Bette sausen.

„Autsch!!" – Schon wieder hat er einen
Im Genicke, an den Beinen;

Hin und her und rundherum
Kriecht es, fliegt es mit Gebrumm.

Onkel Fritz, in dieser Not,
Haut und trampelt alles tot.

Guckste wohl! Jetzt ist's vorbei
Mit der Käferkrabbelei!!

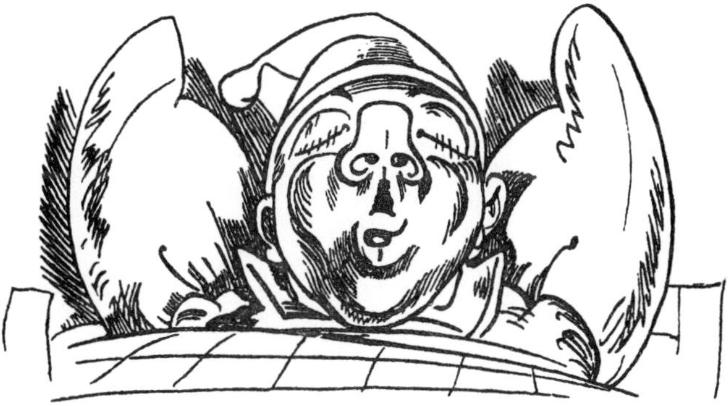

Onkel Fritz hat wieder Ruh'
Und macht seine Augen zu.

Dieses war der fünfte Streich,
Doch der sechste folgt sogleich.

Sechster Streich

In der schönen Osterzeit,
Wenn die frommen Bäckersleut'
Viele süße Zuckersachen
Backen und zurechte machen,
Wünschten Max und Moritz auch
Sich so etwas zum Gebrauch. –

Doch der Bäcker, mit Bedacht,
Hat das Backhaus zugemacht.

Also, will hier einer stehlen,
Muß er durch den Schlot sich quälen. –

Ratsch!! – Da kommen die zwei Knaben
Durch den Schornstein, schwarz wie Raben.

Puff! – Sie fallen in die Kist',
Wo das Mehl darinnen ist.

Da! Nun sind sie alle beide
Rund herum so weiß wie Kreide.

Aber schon mit viel Vergnügen
Sehen sie die Brezeln liegen.

Knacks!! – Da bricht der Stuhl entzwei.

Schwapp!! – Da liegen sie im Brei.

Ganz von Kuchenteig umhüllt
Stehn sie da als Jammerbild. –

Gleich erscheint der Meister Bäcker
Und bemerkt die Zuckerlecker.

Eins, zwei, drei! – eh' man's gedacht,
Sind zwei Brote draus gemacht.

In dem Ofen glüht es noch –
Ruff!!̀ – damit ins Ofenloch!

Ruff!! Man zieht sie aus der Glut;
Denn nun sind sie braun und gut. –

Jeder denkt: „die sind perdü!“
Aber nein! – noch leben sie! –

Knusper knasper! – Wie zwei Mäuse
Fressen sie durch das Gehäuse;

Und der Meister Bäcker schrie:
„Ach herrje! da laufen sie!!“ –

Dieses war der sechste Streich,
Doch der letzte folgt sogleich.

Letzter Streich

Max und Moritz, wehe euch!
Jetzt kommt euer letzter Streich! –

Wozu müssen auch die beiden
Löcher in die Säcke schneiden?? –

– Seht, da trägt der Bauer Mecke
Einen seiner Maltersäcke. –

Aber kaum, daß er von hinnen,
Fängt das Korn schon an zu rinnen.

Und verwundert steht und spricht er:
„Zapperment! Dat Ding werd lichter!"

Hei! Da sieht er voller Freude
Max und Moritz im Getreide.

Rabs!! – In seinen großen Sack
Schaufelt er das Lumpenpack.

Max und Moritz wird es schwüle,
Denn nun geht es nach der Mühle. –

„Meister Müller, he, heran!
Mahl' er das, so schnell er kann!“

„Her damit!!" Und in den Trichter
Schüttelt er die Bösewichter. –

Rickeracke! Rickeracke!
Geht die Mühle mit Geknacke.

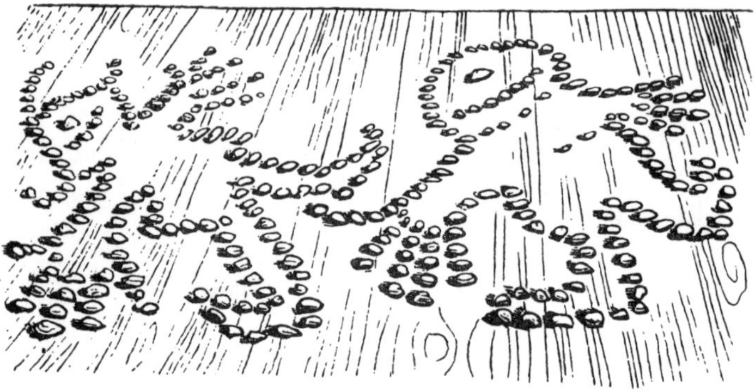

Hier kann man sie noch erblicken
Fein geschroten und in Stücken.

Doch sogleich verzehret sie

Meister Müllers Federvieh.

Schluß

Als man dies im Dorf erfuhr,
War von Trauer keine Spur.
Witwe Bolte, mild und weich,
Sprach: „Sieh da, ich dacht es gleich!“
„Ja, ja, ja!“ rief Meister Böck,
„Bosheit ist kein Lebenszweck!“
Drauf, so sprach Herr Lehrer Lämpel:
„Dies ist wieder ein Exempel!“
„Freilich!“ meint der Zuckerbäcker,
„Warum ist der Mensch so lecker?!“
Selbst der gute Onkel Fritze
Sprach: „Das kommt von dumme Witze!“
Doch der brave Bauersmann
Dachte: „Wat geiht meck dat an?!“
Kurz, im ganzen Ort herum
Ging ein freudiges Gebrumm:
„Gott sei Dank! Nun ist's vorbei
Mit der Übeltäterei!!“

Hans Huckebein

der Unglücksrabe

1867

Hier sieht man Fritz, den muntern Knaben,
Nebst Huckebein, dem jungen Raben.

Und dieser Fritz, wie alle Knaben,
Will einen Raben gerne haben.

Schon rutscht er auf dem Ast daher,
Der Vogel, der mißtraut ihm sehr.

Schlapp! macht der Fritz von seiner Kappe
Mit Listen eine Vogelklappe.

Beinahe hätt' er ihn! – Doch ach!
Der Ast zerbricht mit einem Krach.

In schwarzen Beeren sitzt der Fritze,
Der schwarze Vogel in der Mütze.

Der Knabe Fritz ist schwarz betupft;
Der Rabe ist in Angst und hupft.

Der schwarze Vogel ist gefangen,
Er bleibt im Unterfutter hangen.

„Jetzt hab' ich dich, Hans Huckebein,
Wie wird sich Tante Lotte freun!"

Die Tante kommt aus ihrer Tür;
„Ei!" spricht sie, „welch ein gutes Tier!"

Kaum ist das Wort dem Mund entflohn,
Schnapp! – hat er ihren Finger schon.

„Ach!“ ruft sie, „er ist doch nicht gut!
Weil er mir was zuleide tut!!“

Hier lauert in des Topfes Höhle
Hans Huckebein, die schwarze Seele.

Den Knochen, den der Spitz gestohlen,
Will dieser jetzt sich wieder holen.

So ziehn mit Knurren und Gekrächz
Der eine links, der andre rechts.

Schon denkt der Spitz, daß er gewinnt,
Da zwickt der Rabe ihn von hint'.

O weh! Er springt auf Spitzens Nacken,
Um ihm die Haare auszuzwacken.

Der Spitz, der ärgert sich bereits
Und rupft den Raben seinerseits.

Derweil springt mit dem Schinkenbein
Der Kater in den Topf hinein.

Da sitzen sie und schaun und schaun. –
Dem Kater ist nicht sehr zu traun.

Der Kater hakt den Spitz, der schreit,
Der Rabe ist voll Freudigkeit.

Schnell faßt er, weil der Topf nicht ganz,
Mit schlauer List den Katerschwanz.

Es rollt der Topf. Es krümmt voll Quale
Des Katers Schweif sich zur Spirale.

Und Spitz und Kater fliehn im Lauf. –
Der größte Lump bleibt obenauf!! –

Nichts Schönres gab's für Tante Lotte
Als schwarze Heidelbeerkompotte.

Doch Huckebein verschleudert nur
Die schöne Gabe der Natur.

Die Tante naht voll Zorn und Schrecken;
Hans Huckebein verläßt das Becken.

Und schnell betritt er, angstbeflügelt,
Die Wäsche, welche frisch gebügelt.

O weh! Er kommt ins Tellerbord;
Die Teller rollen rasselnd fort.

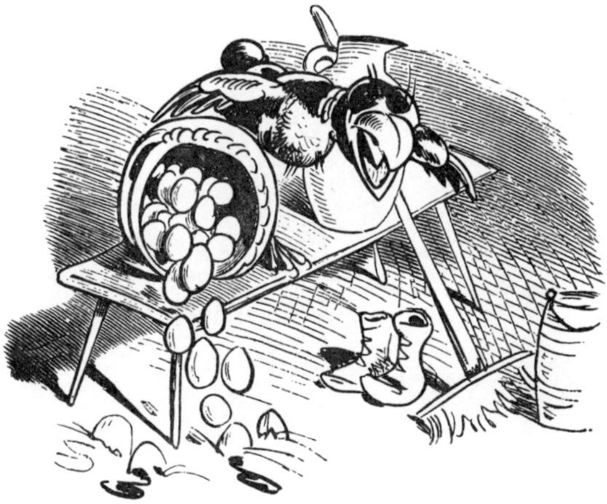

Auch fällt der Korb, worin die Eier –
Ojemine! – und sind so teuer!

Patsch! fällt der Krug. Das gute Bier
Ergießt sich in die Stiefel hier.

Und auf der Tante linken Fuß
Stürzt sich des Eimers Wasserguß.

Sie hält die Gabel in der Hand,
Und auch der Fritz kommt angerannt.

Perdums! Da liegen sie. – Dem Fritze
Dringt durch das Ohr die Gabelspitze.

Dies wird des Raben Ende sein –
So denkt man wohl – doch leider nein!

Denn – schnupp! – der Tante Nase faßt er;
Und nochmals triumphiert das Laster!

Jetzt aber naht sich das Malheur,
Denn dies Getränke ist Likör.

Es duftet süß. – Hans Huckebein
Taucht seinen Schnabel froh hinein.

Und läßt mit stillvergnügtem Sinnen
Den ersten Schluck hinunterrinnen.

Nicht übel! Und er taucht schon wieder
Den Schnabel in die Tiefe nieder.

Er hebt das Glas und schlürft den Rest,
Weil er nicht gern was übrig läßt.

Ei, ei! Ihm wird so wunderlich,
So leicht und doch absunderlich.

Er krächzt mit freudigem Getön
Und muß auf einem Beine stehn.

Der Vogel, welcher sonsten fleucht,
Wird hier zu einem Tier, was kreucht.

Und Übermut kommt zum Beschluß,
Der alles ruinieren muß.

Er zerrt voll roher Lust und Tücke
Der Tante künstliches Gestricke.

Der Tisch ist glatt – der Böse taumelt –
Das Ende naht – sieh da! Er baumelt.

„Die Bosheit war sein Hauptpläsier,
Drum“, spricht die Tante, „hängt er hier!“

Das Pusterohr

1867

Hier sitzt Herr Bartelmann im Frei'n
Und taucht sich eine Brezel ein.

Der Franz mit seinem Pusterohr
Schießt Bartelmann ans linke Ohr.

„Ei, Zapperment" – so denkt sich der –
„Das kam ja wohl von unten her!"

„Doch nein" – denkt er – „es kann nicht sein!"
Und taucht die Brezel wieder ein.

Und – witsch – getroffen ist die Brezen,
Herrn Bartelmann erfaßt Entsetzen.

Und – witsch – jetzt trifft die Kugel gar
Das Aug', das sehr empfindlich war,

So daß dem braven Bartelmann
Die Träne aus dem Auge rann.

„Ei, Zapperment“ – so denkt sich der –
„Das kommt ja wohl von oben her!“ –

Aujau! Er fällt – denn mit Geblase
Schießt Franz den Pfeil ihm in die Nase.

Da denkt Herr Bartelmann: „Aha!
Dies spitze Ding, das kenn' ich ja!"

Und freudig kommt ihm der Gedanke:
Der Franz steht hinter dieser Planke!

Und – klapp! schlägt er mit seinem Topf
Das Pusterohr tief in den Kopf!

Drum schieß mit deinem Püstericht
Auf keine alten Leute nicht!

Das Bad am Samstagabend

1868

Hier sieht man Bruder Franz und Fritzen
Zu zweit in einer Wanne sitzen.

Die alte Lene geht; – und gleich
Da treibt man lauter dummes Zeug.

Denn Reinlichkeit ist für die zwei
Am Ende doch nur Spielerei. –

Jetzt will der Fritz beim Untertauchen
Nur seinen einen Finger brauchen.

Natürlich läuft ihm was ins Ohr,
Dem Franz kommt dieses lustig vor.

Das ärgert aber Bruder Fritzen,
Drum fängt er an den Franz zu spritzen.

Doch der mit seiner großen Zehe
Tut Fritzen an der Nase wehe;

Dafür taucht Fritz den Kopf ihm nieder,
Was so im Wasser sehr zuwider.

Franz aber zieht an Fritzens Bein;
Der zappelt sehr und kann nicht schrein.

In Mund und Auge, zornentbrannt,
Greift jetzt die rachbegier'ge Hand.

Die Wanne wird zu enge
Für dieses Kampfgedränge.

Perdatsch!! – Die alte, brave Lene
Kommt leider grad' zu dieser Szene.

Sie spricht voll Würde und voll Schmerz:
„Die Reinlichkeit ist nicht zum Scherz!!“

Und die Moral von der Geschicht':
Bad zwei in einer Wanne nicht!

Schnurrdiburr
oder
Die Bienen

1869

O Muse! Reiche mir den Stift, den Faber
In Nürnberg fabrizieren muß!
Noch einmal sattle mir den harten Traber;
Den alten Stecken-Pegasus!

Nu jüh! – So reiten wir zu Imker Drallen
Und zu Christinen, welche schön,
Und zu Herrn Knörrje, dem sie sehr gefallen,
Und dessen Neffen, dem Eugen!

Erstes Kapitel

Sei mir gegrüßt, du lieber Mai,
Mit Laub und Blüten mancherlei!
Seid mir gegrüßt, ihr lieben Bienen,
Vom Morgensonnenstrahl beschienen!
Wie fliegt ihr munter ein und aus
In Imker Dralles Bienenhaus

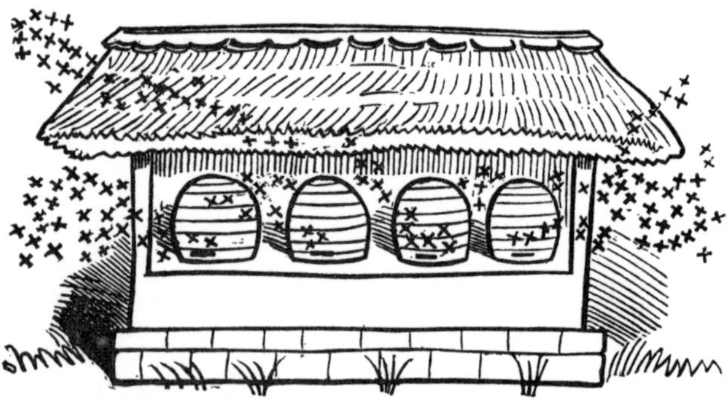

Und seid zu dieser Morgenzeit
So früh schon voller Tätigkeit.

Für Diebe ist hier nichts zu machen,
Denn vor dem Tore stehn die Wachen.

Und all' die wackern Handwerksleute
Die hauen, messen stillvergnügt,
Bis daß die Seite sich zur Seite
Schön sechsgeeckt zusammenfügt.

Schau! Bienenlieschen in der Frühe
Bringt Staub und Kehricht vor die Tür;
Ja! Reinlichkeit macht viele Mühe,
Doch später macht sie auch Pläsier.

Wie zärtlich sorgt die Tante Linchen
Für's liebe, kleine Wickelkind!
„Hol Wasser!" ruft sie, „liebes Minchen,
Und koch den Brei und mach geschwind!"

Auch sieht die Zofen man, die guten,
Schon emsig hin- und wiedergehn;
Denn Ihre Majestät geruhten
Höchstselbst soeben aufzustehn.

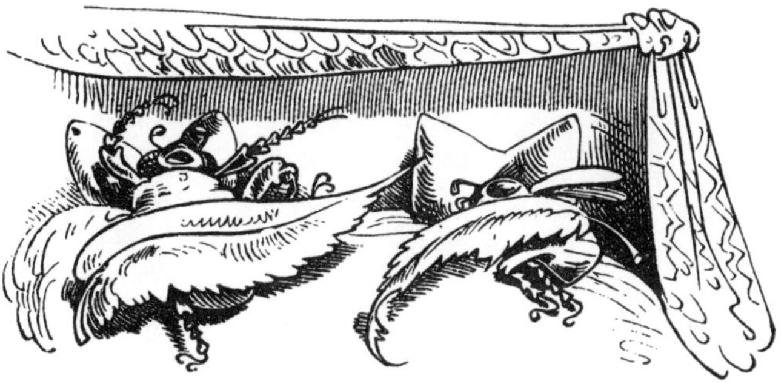

Und nur die alten Brummeldrohnen,
Gefräßig, dick und faul und dumm,
Die ganz umsonst im Hause wohnen,
Faulenzen noch im Bett herum.

„Hum!“ brummelt so ein alter Brummer,
„Was, Dunner! ist es schon so spät!?
He, Trine! lauf einmal herummer,
Und bring’ uns Honigbrot und Met!“ –
„Geduld!“ ruft sie, „ihr alten Schlecker!“
Und fliegt zu Krokus, dem Bienenbäcker. –

„Hier diese Kringel, frisch und süße“ –
So lispelt Krokus, „nimm sie hin;
Doch höre, sei so gut und grüße
Aurikelchen, die Kellnerin!“

Hier steht Aurikel in der Schenke
Und zapft den Gästen das Getränke.

Als sie den Brief gelesen hat,
Da schrieb sie auf ein Rosenblatt:

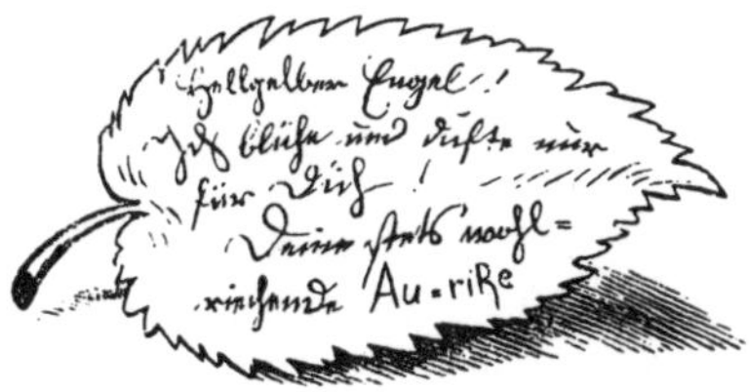

Schnell fliegt das Bienchen von Aurikel
Zu Krokus mit dem Herzartikel.

Jetzt heim! – Denn schon mit Zorngebrumme
Rumort und knurrt die Drohnenbrut:

„Du dumme Trine! Her die Mumme!
Wenn man nicht alles selber tut!“

Zweites Kapitel

Hans Dralle hat ein Schwein gar nett,

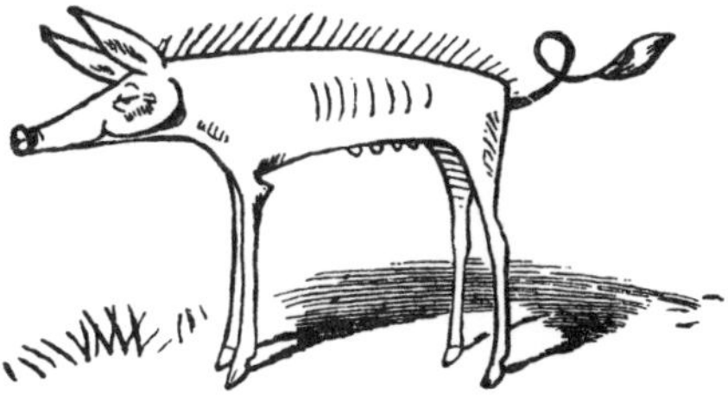

Nur ist's nicht fett.

Es schnuppert keck in allen Ecken
Und schabt sich an den Bienenstöcken.

Die Bienen kommen schnell herfür
Und sausen auf das Borstentier.

U, ik! U, ik! – So hat's geschrien. –
Hans Dralle denkt: „Was hat das Swien?!"

Wie staunt Hans Dralle, als er's da
Schön abgerundet stehen sah!

Der Schweinekäufer geht vorüber:
„Was wollt Ihr für das Schwein, mein Lieber?"

„So'n twintig Daler, heb ick dacht!"
Hier sind sie, fertig, abgemacht!

Hans Dralle denkt sich still und froh:
„Wat schert et meck! Hei woll dat jo!“

Er stellt sich flugs vor seine Bienen
Und pfeift ein altes Lied von ihnen:

Fliege, liebe Biene, fliege
Über Berg und Tal

Auf die Blumen hin und wiege
Dich im Sonnenstrahl!

Kehre wieder, kehre wieder,
Wenn die Kelche zu;
Leg die süße Bürde nieder
Und geh auch zur Ruh'!

Ei, ei! Was soll denn dieses geben?!
Zwei Bienen schon mit Wanderstäben?!

Hans Dralle schaut ins Immenloch:
„Wat Deuker! Hüte swarmt se noch!"

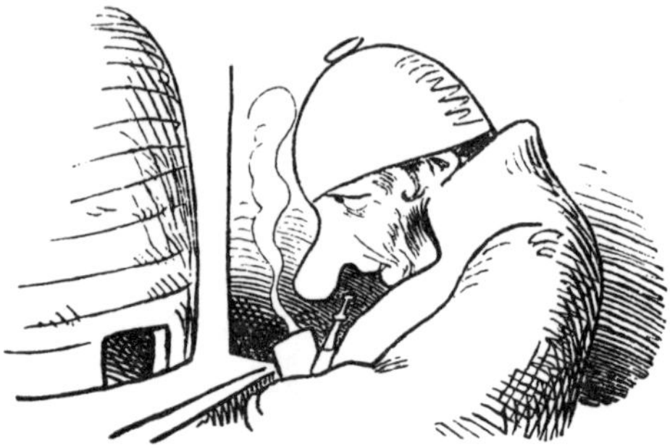

Die Luft ist klar, die Luft ist warm;
Hans Dralle wartet auf den Schwarm.

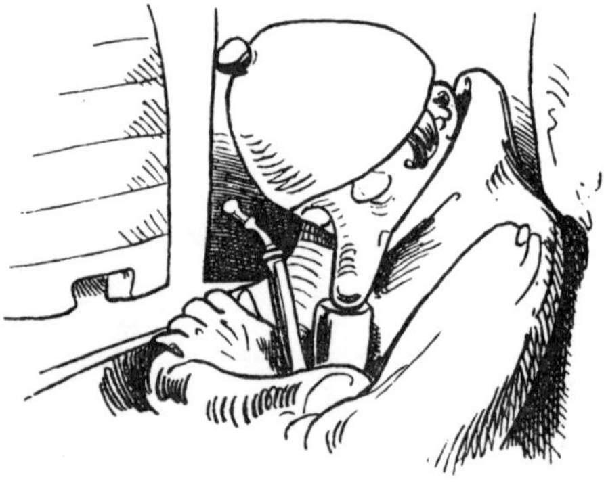

Ihm wird so dumm und immer dummer;
Hans Dralle sinkt in sanften Schlummer.

Tüt, tüt! Sim, sim! So tönt es leise
Im Bienenstocke her und hin;
Es sammelt sich das Volk im Kreise,
Denn also spricht die Königin:

„Auf, Kinder! Schnürt die Bündel zu!
Er schnarcht, der alte Staatsfilou!
Nennt sich gar noch Bienenvater!
Ein schöner Vater! Sagt, was tat er?
Und wozu taugt er?
Aus seinem Stinkehaken raucht er!
Ist ein Gequalm und ein Geblase,
Ewig hat man den Dampf in der Nase!
Da hält man sich nun im Sommer knapp,
Schleppt und quält und rackert sich ab;
Denkt sich was zurückzulegen,
In alten Tagen den Leib zu pflegen...
Jawohl!
Kaum sind Kisten und Kasten voll,
Trägt uns der Schelm den Schwefel ins Haus
Und räuchert und bläst uns das Leben aus.
Kurzum! Er ist ein Schwerenöter!
Ein Honigdieb und Bienentöter!
Drum auf und folgt der Königin!!“

Schnurrdiburr! Da geht er hin!

Drittes Kapitel

Zuweilen brauchet die Familie
Als Suppenkraut die Petersilie.
Und da nun grad Christine Dralle
Heut' morgen auch in diesem Falle,
So sieht man sie mit Wohlgefallen

In ihres Vaters Garten wallen.
Herrn Knörrjes Garten liegt daneben;
Und ach! sie denkt an Knörrje eben.
Zu Anfang schätzt sie ihn als Lehrer,
Dann aber immer mehr und mehrer;
Und also schlich die süße Pein
Sich peu à peu ins Herz hinein.
Die Liebe – meistens schmerzlich heiter –
Vergißt gar leicht die Suppenkräuter;

Sie liebt vielmehr die Blumenkelche,
Und auch Christine pflückt sich welche.

Aurikel – Krokus – diese Guten
Sind so vereint, eh sie's vermuten.

Christine aber läßt sich nieder
Unterm Flieder.
Herrn Knörrjes Neffe, der Eugen,
Hat dies mit Freuden angesehn;
Denn dieser Knab' von vierzehn Jahren,
So jung er ist und unerfahren,
Fühlt doch, obschon noch unbewußt,
Ein süßes Ahnen in der Brust.

Behutsam schleichend, auf der Lauer,
Drückt er sich an die Gartenmauer;

Dann plötzlich macht er einen Satz,
Und – pitsch! – Christine kriegt 'n Schmatz.

Und – schwapp! – da tönt's im tiefen Baß:
„Ha, Ungetüm, was ist denn das?!!"
Herr Knörrje schlägt mit seinem Stabe
Und tief gekränkt entflieht der Knabe.

Herr Knörrje aber faßt ans Kinn
Christinen, seiner Nachbarin.
Er hebt es leise in die Höh' –
Ach ja! und sie errötete! –

„Hier diese Blumen, darf ich's wagen?"
Christine wagt nicht nein zu sagen.

Jetzt faßt er sanft ihr um das Mieder,
Ach ja! und sie errötet wieder.

Und jetzt, da gibt er gar zum Schluß
Dem guten Mädchen einen Kuß.

„Ade! Und also so um zehn
Beim Bienenhaus! Auf Wiedersehn!"
Eugen, der horcht, bemerkt mit Schmerzen
Das Einverständnis dieser Herzen. –

Nun steht er da und schreit und lärmt:
„He! Nachbar, he! Der Imme schwärmt!"

Viertes Kapitel

Hans Dralle, der noch immer schlief,
Als ihn Eugen so heftig rief,
Erwacht aus seinem sanften Traum –

Da hängt der Schwarm im Apfelbaum!

Schnell Kappe her und Korb und Leiter,
Sonst fliegt er noch am Ende weiter!

Gar wohl vermummt, doch ohne Bangen
Hat er den Schwarm bereits gefangen;

Hoch oben steht er kühn und grade,
Da sticht's ihn in die linke Wade.

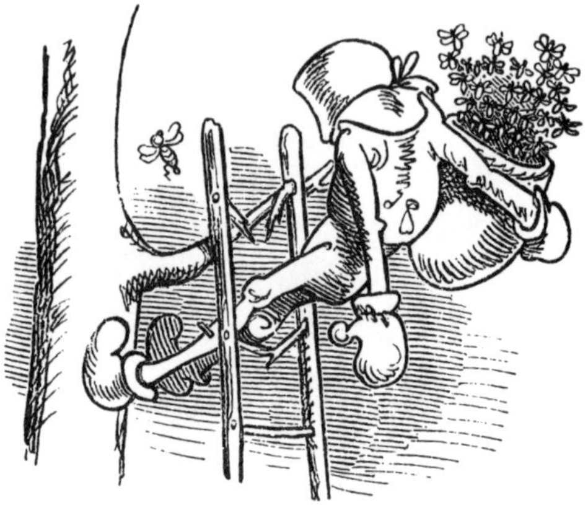

Au, jau! – Die erste Sprosse bricht,
Denn viel zu groß ist das Gewicht;

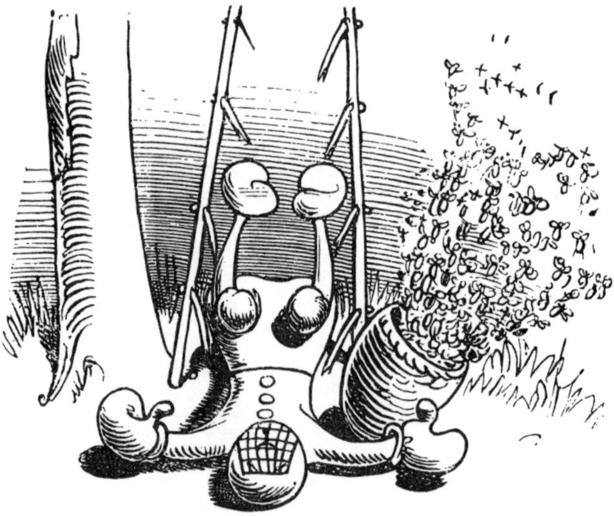

Und – kracks! – ist er herabgeschossen
Durch alle sieben Leitersprossen.

Die Bienen aber mit Gebraus
Sausen ums Haus.

Zwei Knaben sitzen an der Pfütze
Und spritzen mit der Wasserspritze. –

Die Bienen kümmern sich nicht drum,
Sie sausen weiter mit Gebrumm.

Den Besen schwingt die alte Grete,
Der Kirmesanton bläst Trompete.

Ernst, Fritz und Wilhelm pfeifen, schrein;
Der Schwarm läßt sich darauf nicht ein.

Jetzt ist er oben am Kamin,
Der Schornsteinfeger sieht ihn ziehn.

Jetzt geht er übers Kirchendach;
Krach! – schießt der Förster hinten nach.

Jetzt hinkt Hans Dralle auch daher;
Und jetzo sieht man gar nichts mehr. –

„Mi ärgert man“ – denkt er – „datt dat
Min Nawer Knörrje seihen hat.“

Fünftes Kapitel

So machet dem Apistikus
Die Schwärmerei gar viel Verdruß;
Und ganz besonders hat sie Drallen
Seit der Geschichte sehr mißfallen.
Doch solcherlei Verdrüsse pflegen
Die Denkungskräfte anzuregen.

„Platz mot'r sin!" – So denkt er weise,
Und macht zwo große Strohgehäuse.
„Recht guten Morgen auch, mein Lieber!"
Ruft Knörrje da zu ihm herüber.
„So fleißig?! Nun, wie geht es Ihnen?
Und dann, wie geht's den lieben Bienen?"
„Ja, ja, de Minsche mot sick plagen!"
„Mein Freund, das müssen Sie nicht sagen!
Die Immen sind ja ein Vergnügen,
Wie sie so umeinander fliegen;
Und standen auch in großem Ruhme
Bereits im grauen Heidentume.
So zum Exempel hielt Virgil,
Der ein Poet, von ihnen viel;

Denn als die römischen Legionen,
Die ja bekanntlich nichts verschonen,
Am Ende auch bei ihm erschienen,
Wer half ihm da, wie seine Bienen?"

Friedlich lächelt Virgil, umsäuselt von sumsenden Bienen;
Aber die runzlichte Schar bärtiger Krieger entfleucht!

„Wenn man de Schwarmeri nich wör!“
Sagt Dralle – „Datt is dat Malheur!“
„Mein lieber Freund, das ist zum Lachen;
Ableger, Nachbar, müßt Ihr machen;
So habt Ihr, ehe man's gedacht,
Aus einem Stocke zwei gemacht;
Ableger, Freund, das heißt Methode!!“

„Adje! Dat is de nie Mode!!“

Sechstes Kapitel

Eugen, der nach dem Mittagessen
Im schattenkühlen Wald gesessen,

Sieht hier mit herzlichem Vergnügen
Aus einem Baume Bienen fliegen. –
Aha, das müssen wir versuchen,
Da drinnen gibt es Honigkuchen! –

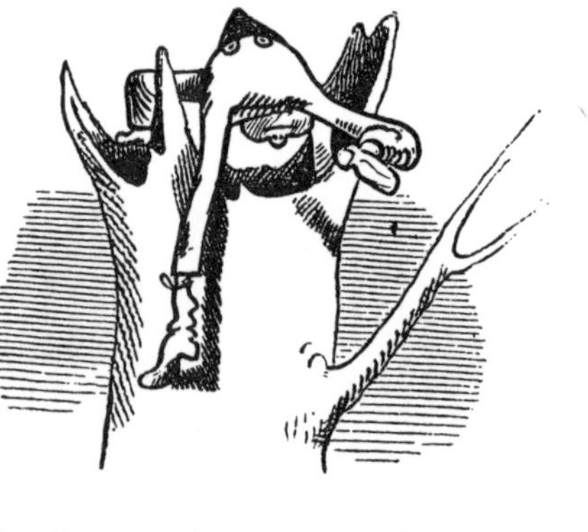

Schnell steigt der Eugen auf den Baum,
Von oben in den hohlen Raum.

Nur Vorsicht, immer leise! – Schrapp!! –

Da rutscht er auf den Grund hinab.

Da sitzt er nun im Baume fest,
Die Beine stehn im Immen-Nest,

Und leider haben auch nach oben
Die Hosenschläuche sich verschoben,

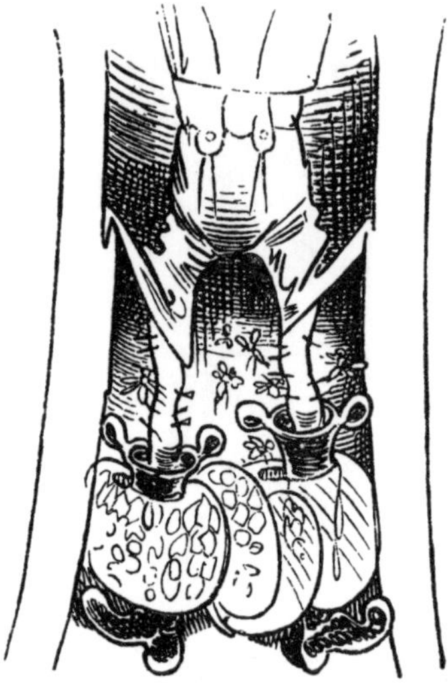

So daß auf seine bloße Waden
Die Bienen ihren Zorn entladen. –

Ein alter, rupp'ger Tanzebär,
Der durchgebrannt, kommt auch daher.

„Da muß ich wohl von oben kommen!“

Denkt er – und ist hinaufgeklommen.

Ach! – Wie erschrak der Jüngling da,
Als er das Tier von hinten sah.

Uhuu! – Mit schrecklichem Geheul
Faßt er des Bären Hinterteil.

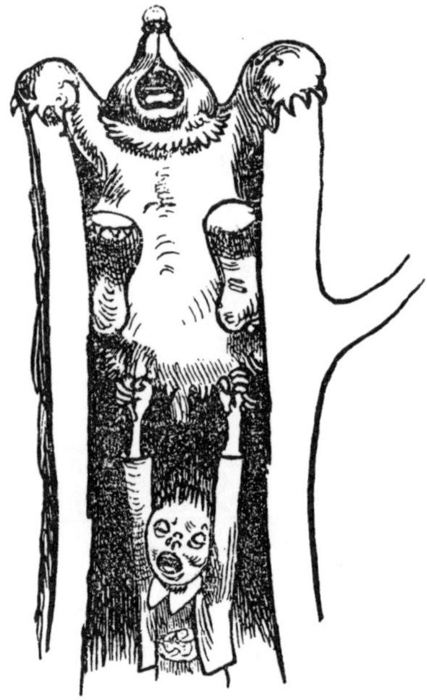

Dem Bären fährt es durch die Glieder,
Der Schreck treibt ihn nach oben wieder.

Er reißt den Knaben aus den Ritzen,

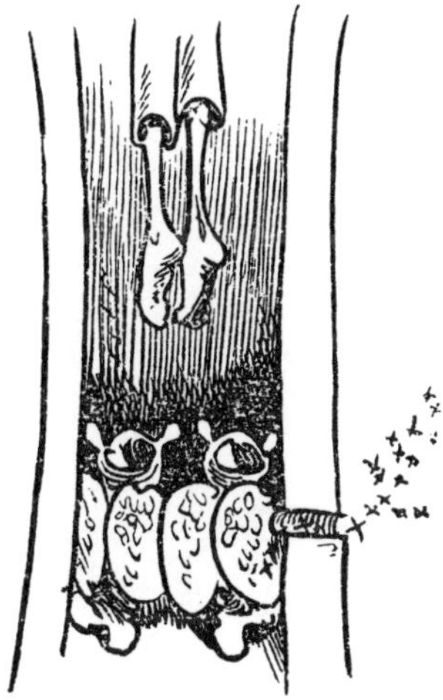

Doch beide Stiefel bleiben sitzen.

Grad' ist Hans Dralle hergekommen
Und auch auf diesen Baum geklommen.

Habuh! – Was war das für ein Graus –

Grad' krabbelt da der Bär heraus.

Und alle drei kopfüber purzeln

Hernieder auf des Baumes Wurzeln,

Und grad' kommt Förster Stakelmann
Und legt die lange Flinte an.

Fürwahr! Er hätte ihn getroffen,
Wär' nur der Bär nicht fortgeloffen.

Jetzt eins, zwei, drei, geht man dabei
Und sägt den Honigbaum entzwei

Und denkt nicht dran, daß man durchbohre
Des Jünglings beide Stiefelrohre.

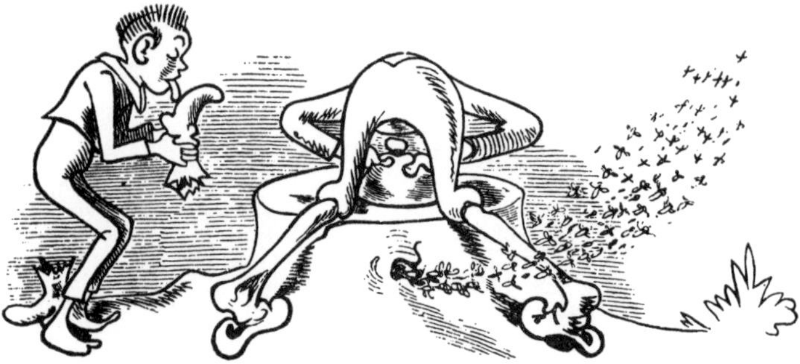

Hans Dralle aber trägt Verlangen,
Das Bienenvolk sich einzufangen.
„Nu sühst du woll! Nu heb ick deck!"
Schnurr! Geht der Schwarm von unten weg.

Siebentes Kapitel

Der Knabe Eugen, der indessen
Aufs Honigessen ganz versessen,

Gedenkt denselben ganz verstohlen
Aus Dralles Körben sich zu holen.

Ojemine! Ein ganzes Korps
Von Bienen rückt auf einmal vor,

Und pudelrauh ist der Eugen
Vom Kopf herab bis zu den Zeh'n.

Zum Glück ist Wasser in der Näh'. –
Perdums! Kopfüber in den See!

Sieh da! Er taucht schon wieder auf
Und eilt nach Haus in schnellem Lauf.

Dem guten Knaben ist recht übel!
Drum schnell mit ihm zu Doktor Siebel!
Der Doktor Siebel horcht am Magen:
„Da murkst ja einer, möcht' ich sagen!

Und judizier' ich, daß der Knabe
Ein Ungetier im Leibe habe;

Als welches wir sogleich mit Listen
Gewissermaßen fangen müßten!

Schau, schau! Da ist der Bösewicht!

Allez! – Der Schönste bist du nicht!"

Schnell huckt der Frosch zum nahen Teich
Und nimmt ein kühles Bad sogleich.
Er rüttelt sich, er schüttelt sich:
„Quarks dreckeckeck! Da danke ich!"

Achtes Kapitel

Man sollte denken, daß nach allen
Verdrüssen, welche vorgefallen,
Am Ende dieser gute Knabe
Vor Süßigkeiten Abscheu habe!
Ach nein! – Schon spekuliert der Tropf
Auf Vater Dralles Honigtopf,
Der, wie er weiß, auf einem Brett
Dicht über dessen Bette steht.

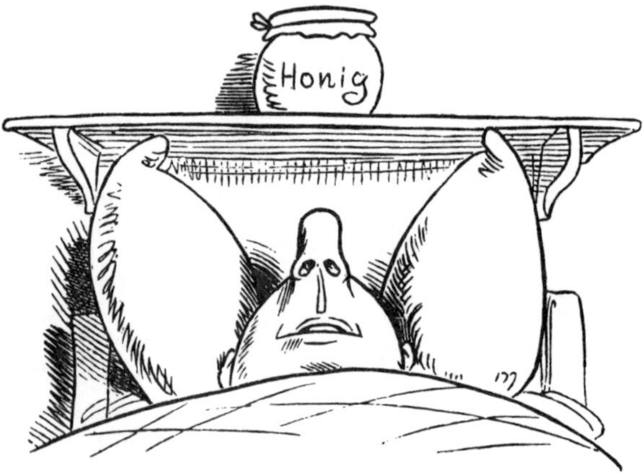

Als heut' nun Dralle lag und schlief,
So gegen zehn recht fest und tief,

Da ist's ihm so, als ob was rauscht.
Hans Dralle spitzt das Ohr und lauscht.

Ha! Schleicht nicht dort aus jener Tür
Ein greulich Phänomen herfür??!!

In seinen Augen kann man's lesen:
„Dies ist fürwahr kein menschlich Wesen!!"

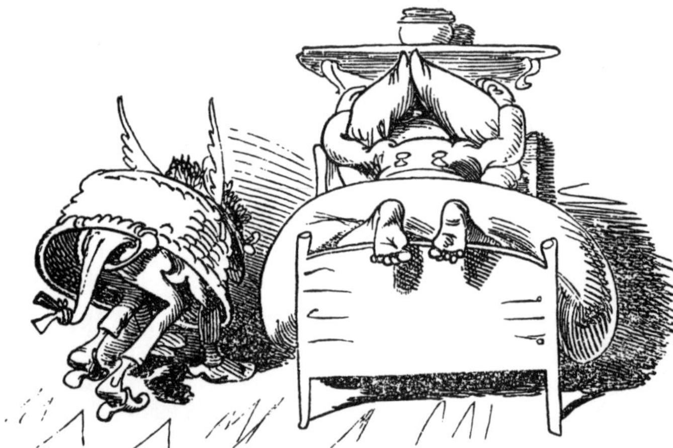

Ein Quadruped ist hier zu schauen,
Ein Flügeltier mit Schweif und Klauen.

Hans Dralle steht das Haar nach oben,
Die Zipfelhaube wird gehoben.

Schon kommt's mit fürchterlichen Sprüngen,
Den Bienenvater zu verschlingen.

Und dumpf ertönt's wie Geisterstimmen:
„Hans Dralle, kiek na dinen Immen!"

Es hebt sich auf die Hintertatzen,
Man hört es an den Wänden kratzen.

Gottlob! Jetzt kehrt es wieder um!
Hans Dralle ist vor Schrecken stumm.

Ihm hängt der Schweiß an jedem Haar,
Bis das Phantom verschwunden war.

Bald drauf sitzt der Eugen zu Haus
Und schleckt den Topf voll Honig aus.

Neuntes Kapitel

Die Blumen, die Christine pflückte,
Womit sie Knörrje hochbeglückte,

Sie hängen auf dem Fensterbord
Und sind verdorrt.

Herr Knörrje nimmt und legt sie nieder
Und preßt sie in sein Buch der Lieder,

Wo diese treuen Seelen nun
Auf ewig beieinander ruhn.

Vom Kirchenturme tönt es zehn,
Für Knörrje ist es Zeit zum Gehn.
Er eilt aus seiner stillen Klause
Zum Rendezvous beim Bienenhause.

Wo schon Christine harrend weilt
Und ihrem Freund entgegeneilt.

Doch horch! Was hör' ich dort sich regen?!

Es ist ein Dieb auf bösen Wegen.

Der Bienenraub ist sein Gewerbe;
Nur schnell hier in die großen Körbe!!

„Ja“, spricht der Dieb, „da ist's am besten,
Ich nehme gleich den allergrößten!“

Er packt sich richtig Knörrjen auf
Und eilt davon im Dauerlauf.

„Hoho!“ – schreit Knörrje – „wart’, du Tropf!“
Und stülpt den Korb ihm übern Kopf.

Vergebens sucht er sich zu sträuben.
Er muß im Korbe sitzen bleiben.

Doch ach! Was muß Christine schaun?!

Der Zottelbär steigt übern Zaun,

Riecht in den Korb, und mit Geblase

Steckt er durchs Spundloch seine Nase.

Hier diesen Pflock, nur flink, nur flink!
Quer durch des Bären Nasenring!

Ja, brülle nur!
Die Nase geht nicht mehr retour!

So wär' nun alles wohlgelungen;

Die Liebenden stehn fest umschlungen.

Da naht Hans Dralle. – Die Geschichte
Sieht er mit staunendem Gesichte.

Er steht und staunt und wundert sich:
„Ne Kinders, düt verstah eck nich!"

Doch Knörrje, der das Wort genommen,
Erzählt, wie alles so gekommen.

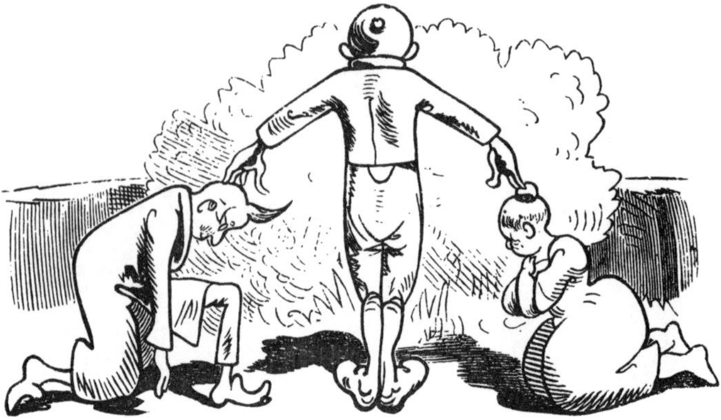

„No ja!" – spricht Dralle – „Minetwegen!"
Und gibt dem Paare seinen Segen.

Schon stehn umher voll Schreckensfreude
Des Dorfes wack're Biederleute.

Der Förster will den Bären schießen,
Wenn sie ihn nur zufrieden ließen.

Die Wache naht. – Sie trägt sofort
Den Dieb an einen stillen Ort.

Und auch der Bärenführer kommt
Und nimmt den Bären, welcher brommt.

Der Anton stößt in die Trompete
Und „Vivat!“ schreit die alte Grete;

Und „Vivat!“ schreien sie nun alle,
„Vivat, es lebe unser Dralle!!“ –

Zehntes Kapitel

Die Nacht ist warm, die Menschen träumen,
Und leise flüstert's in den Bäumen,
Und leise schleicht der Mondenschein
In Dralles Garten sich herein.

Von seinem Dämmerlicht beschienen,
In Gras und Blüten, summen Bienen.
Die feiern heut bei des Mai's Beginn
Das Hochzeitsfest der Königin.

Schon sitzen im hohen Rosensaal
Die Königin und der Prinzgemahl.

Sie winkt – da schießet mit Getos
Der Bombardist den Böller los.

Zing, zing, traromm! – Und auf der Stelle
Ertönen die Klänge der Hofkapelle.

Die Fliege blus Trompete,
Der Mück Klarinette,
Die Hummel die Trummel,
Der Heuschreck die Geigen;
Das gab fürwahr einen lustigen Reigen.

Schau! Holzbock, der Lange,
Ist eifrig im Gange
Mit Bienenlieschen
Auf zierlichen Füßchen,

Und da der Kleine
Mit Minchen, dem Bienchen,
Rührt auch die Beine.

Und seht mir nur das nette Trinchen!

Da macht ja wohl Herr Schröter
Den angenehmen Schwerenöter!

Im Apfelbaum sitzt auch der Mond
Und hat dem Feste beigewohnt.

Nun waren da auch zwei Maienkäfer,
Recht nette Bübchen,
Doch blöde Schäfer;
Die rauchen und trinken im Nebenstübchen,

Bis sie im nassen Grase liegen
Und können nicht mehr nach Hause fliegen.

Der Wächter Schuhu findet sie.
Er spricht: „Aha, das sind ja die!! –
Schon wieder mal!!" –

Und bringt sie in sein Wachtlokal.

Der Mond, der auch nicht recht mehr munter,
Hüllt sich in Wolken und geht unter.

Inhaltsübersicht: Erster Band

Einzelbilder

Spiegl Andrea

Wilhelm Busch
Gesamtwerk in sechs Bänden
Zweiter Band

Wilh. Busch.

WILHELM BUSCH

GESAMMELTE WERKE IN SECHS BÄNDEN

2

XENOS Verlagsgesellschaft m.b.H.
Hamburg

Herausgegeben und eingeleitet von Hugo Werner.
Für die Wiedergabe der Zeichnungen stellte das Wilhelm-Busch-Museum, Hannover, die Vorlagen zur Verfügung.

ISBN-Nr. 3-8212-0259-9

Lizenzausgabe 1986 für die
XENOS Verlagsgesellschaft mbH, Hamburg
mit Genehmigung des Füllhorn Sachbuchverlages
Herausgeber: XENOS Verlagsgesellschaft mbH., Am Hehsel 42, 2000 Hamburg 63
Printed in Finland

Münchener Bilderbogen

1859–1871

Die kleinen Honigdiebe
Erster der Münchener Bilderbogen 1859

„Du“, sagt der Peterl zum Hansel, „gehn wir ’nüber zu dem Nachbar seinen Bienenstock, der ist bis obenauf voll von schönstem Honig!“

Und richtig, sie gehen ’nüber und begucken lüstern des Nachbars Bienenstock.

„Den werden wir gleich haben“, sagt’s Peterl, packt den Bienenstock und hebt ihn, aber im Nu spürt jeder von den zwei Schleckern einen Stich auf der Nase, der nicht von ungefähr zu kommen scheint.

„Ha, ha“, sagte der Nachbar, der auf das Zetergeschrei herbeikommt, „habt ihr’s gemerkt, wie es beim Honigstehlen zugeht, jetzt lauft nur heim mit eurem Denkzettel.“

Und einen ordentlichen Denkzettel haben sie davongetragen, so daß keiner mehr den andern gekannt hat.

Und die Mutter hat geschaut, wie's heimgekommen sind!

Der Vater hat erst gewaltig gezankt, dann hat er aber helfen wollen, allein es war umsonst, und die zwei haben alleweil geschrien, als ob sie am Spieße stäken.

Jammernd saßen sie vor ihrem Lieblingsessen, einer Schüssel voll duftender Knödel. Der Vater aber überlegte hin und her, wie man die zwei Stacheln, welche die Bienen zurückgelassen, wieder herausziehen und dadurch helfen möchte.

Da der Schmied im Dorfe der Gescheiteste ist, so führt der Vater den Peterl und das Hanserl zu ihm. Der Schmied aber ist ein resolvierter Mann, packt die Bienenstachel gleich mit der großen Zange und zieht sie auch wirklich glücklich heraus.

Jetzt war allerdings die Hauptsache geschehen, allein die Wunden, welche die Stacheln hinterlassen, mußten erst geheilt werden, und da mußte der Bader Dr. Bauxel kommen und auf jede Nase ein großes Pflaster legen, damit sind die zwei drei Wochen im Bette gelegen, bis die Sache wieder gut war.–

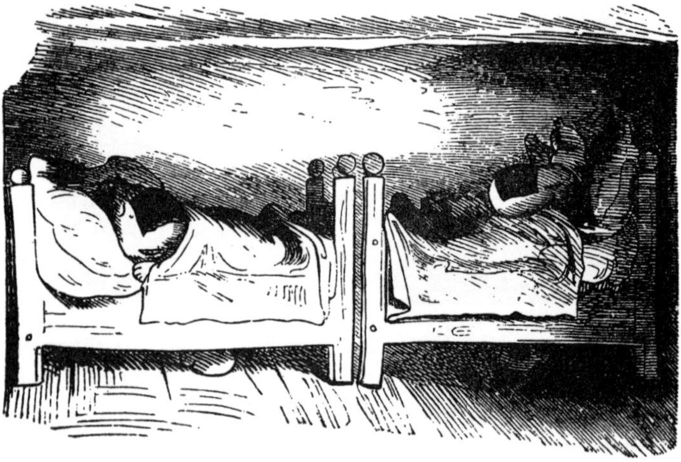

Endlich aber sind sie wieder gesund geworden und haben vor einer großen Schüssel voll Knödel feierlichst gelobt, nie mehr zu einem Bienenstock zu geh'n. Und das sollen sich alle Kinder merken, denn die Bienen stechen noch alle Tage, und nicht immer ist ein so resolvierter Mann, wie der Schmied, bei der Hand, der von den Folgen des Naschens helfen kann.

Die Maus

„Horch! e Maus! – Hörst du nix krabbeln? –
Es ist e Maus!“

„Ach herrje! ich bin ja die Maus nit!!“

„Wart! dich werden wir gleich haben!“

„Jetzt paß auf, jetzt hab'n wir's!“

„Aha! jetzt geht sie 'nein!!“

„Hat ihm schon – hat ihm schon!“

„Mach nur, daß sie dir jetzt nimmer auskommt!“

„Ach herrje! jetzt ist sie schon wieder da!“

„Halt dich mäuselstad; sie beißt dir in die Schlafhaube!“

„Laß nit los, laß nit los!"
„Ja, wenn's nur mich losließ!"

„Ach herrje! jetzt geht alles zugrund!"

„Ich hab' die Ehre, mich ganz gehorsamst zu empfehlen, Herr und Madame Fischer!"

Naturgeschichtliches Alphabet
für größere Kinder und solche, die es werden wollen

A

Im Ameisenhaufen wimmelt es,
Der Aff' frißt nie Verschimmeltes.

B

Die Biene ist ein fleißig Tier,
Dem Bären kommt das g'spaßig für.

C

Die Ceder ist ein hoher Baum,
Oft schmeckt man die Citrone kaum.

D

Das wilde Dromedar man koppelt,
Der Dogge wächst die Nase doppelt.

E

Der Esel ist ein dummes Tier,
Der Elefant kann nichts dafür.

F

Im Süden fern die Feige reift,
Der Falk am Finken sich vergreift.

G

Die Gams' im Freien übernachtet,
Martini man die Gänse schlachtet.

H

Der Hopfen wächst an langer Stange,
Der Hofhund macht den Wandrer bange.

I

Trau ja dem Igel nicht, er sticht,
Der Iltis ist auf Mord erpicht.

J

Johanniswürmchen freut uns sehr,
Der Jaguar weit weniger.

K

Den Kakadu man gern betrachtet,
Das Kalb man ohne weiters schlachtet.

L

Die Lerche in die Lüfte steigt,
Der Löwe brüllt, wenn er nicht schweigt.

M

Die Maus tut niemand was zu Leide,
Der Mops ist alter Damen Freude.

N

Die **N**achtigall singt wunderschön,
Das **N**ilpferd bleibt zuweilen stehn.

O

Der **O**rang-Utan ist possierlich,
Der **O**chs benimmt sich unmanierlich.

P

Der Papagei hat keine Ohren,
Der Pudel ist meist halb geschoren.

Q

Das Quarz sitzt tief in Berges Schacht,
Die Quitte stiehlt man bei der Nacht.

R

Der **R**ehbock scheut den Büchsenknall,
Die **R**att' gedeihet überall.

S

Der Steinbock lange Hörner hat,
Auch gibt es Schweine in der Stadt.

T

Die Turteltaube Eier legt,
Der Tapir nachts zu schlafen pflegt.

U

Die Unke schreit im Sumpfe kläglich,
Der Uhu schläft zwölf Stunden täglich.

V

Das Vieh sich auf der Weide tummelt,
Der Vampir nachts die Luft durchbummelt.

W

Der Walfisch stört des Herings Frieden,
Des Wurmes Länge ist verschieden.

Z

Die Zwiebel ist der Juden Speise,
Das Zebra trifft man stellenweise.

Der kleine Pepi und die neue Hose

Dem kleinen Pepi, welcher eine neue Hose braucht, wird eine solche von seinem Herrn Paten angemessen.

Als die Hose fertig ist, wird sie auf einer Landpartie probiert.

Die Probe fällt schlecht aus und der kleine Pepi kommt in große Gefahr.

Ganz durchnäßt setzt sich der Pepi zum Trocknen vor den Laden des Schusters Knieriem, fühlt sich aber auf einmal an der neuen Hose festgehalten.

Da der kleine Pepi von seinem Sitze nicht loskann, so müssen freundliche Menschen den Herrn Paten holen, welcher ihn mit großer Sorgfalt frei macht und den Schaden kunstverständig ausbessert.

Der Vater zieht den Pepi übrigens noch zur strengen Verantwortung, denn eine jede neue Hose, selbst wenn der Herr Pate für Macherlohn nichts berechnet, kostet viel Geld.

Der Pepi ist aber ein Sapperlotskerl und hat das erste Unglück nur zu schnell vergessen. Und da er einmal gehört hat, daß der Mensch sich das Leben so süß als möglich machen soll, so geht er über des Nachbars Sirupfaß.

Mit dem Naschen hat aber schon so mancher ein Unglück gehabt. Der Pepi kriegt das Übergewicht und purzelt mit der neuen Hose in das Faß.

Der Nachbar hört, daß an seinem Sirupfasse etwas vorgeht und zieht ein Wesen aus der Tiefe, von dem er gar nicht weiß, was er draus machen soll. Doch scheint es ihm ein Mensch und zwar ein kleiner zu sein.

Er stellt also das sonderbare Geschöpf in den Hof, um zu sehen, was draus wird. Der Pepi aber kann weder sehen noch hören und spürt nur von allen Seiten ein höchst unangenehmes Stechen, als wenn ihn hundert Schneidergesellen mit Nadeln bearbeiteten.

Endlich legt sich das Stechen und der Pepi fühlt, daß ihn jemand mit großem Eifer abwischt und von seinem Überzuge auf die uneigennützigste Weise befreit. – Als er aber sehen kann, schreit er laut auf, als er entdeckt, daß ihn der große Hofhund in der Arbeit habe.

Den Lärm hört am allerersten die Frau Mutter und macht sogleich energische Versuche zur Wiederherstellung der äußern Ansicht ihres einzigen Sohnes.

Allein erst nach Anwendung der kräftigsten Wasch- und Schönheitsmittel bekommt der Pepi seine vorige Gestalt wieder; der Herr Vater aber läßt es an den eindringlichsten moralischen Ermahnungen nicht fehlen, damit der Pepi nicht vergißt, daß, wenn auch der Herr Pate auf Macherlohn verzichtet, doch jede neue Hose viel Geld kostet.

Die beiden Enten und der Frosch

Sieh da, zwei Enten jung und schön,
Die wollen an den Teich hin gehn.

Zum Teiche geh'n sie munter
Und tauchen die Köpfe unter.

Die eine in der Goschen
Trägt einen grünen Froschen.

Sie denkt allein ihn zu verschlingen,
Das soll ihr aber nicht gelingen.

Die Ente und der Enterich,
Die ziehn den Frosch ganz fürchterlich.

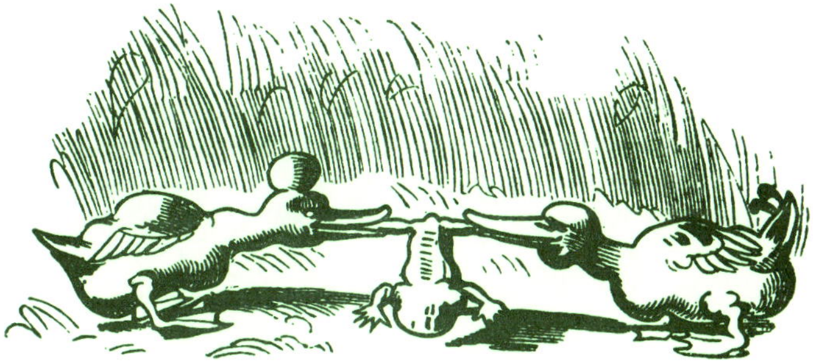

Sie ziehn ihn in die Quere,
Das tut ihm weh gar sehre.

Der Frosch kämpft tapfer wie ein Mann,
Ob das ihm wohl was helfen kann?

Schon hat die eine ihn beim Kopf,
Die andre hält ihr zu den Kropf.

Die beiden Enten raufen,
Da hat der Frosch gut laufen.

Die Enten haben sich besunnen
Und suchen den Frosch im Brunnen.

Sie suchen ihn im Wasserrohr,
Der Frosch springt aber schnell hervor.

Die Enten mit Geschnatter
Stecken die Köpfe durchs Gatter.

Der Frosch ist fort – die Enten,
Wenn die nur auch fort könnten!

Da kommt der Koch herbei sogleich
Und lacht: „Hehe, jetzt hab ich euch!“

Drei Wochen war der Frosch so krank!
Jetzt raucht er wieder. Gott sei Dank!

Die Fliege

Dem Herrn Inspektor tut's so gut,
Wenn er nach Tisch ein wenig ruht.

Da kommt die Fliege mit Gebrumm
Und surrt ihm vor dem Ohr herum.

Und aufgeschreckt aus halbem Schlummer,
Schaut er verdrießlich auf den Brummer.

Die böse Fliege! Seht, nun hat se
Sich festgesetzt auf seiner Glatze.

„Wart nur, du unverschämtes Tier!
Anitzo aber komm ich dir!!“

Behutsam schleicht er nach der Tasse,
Daß er die Fliege da erfasse.

Perdauz! – Darin ist er gewandt –
Er hat sie wirklich in der Hand.

Hier schaut er nun mit großer List,
Wo sie denn eigentlich wohl ist.

Surr! – Da! – Sie ist schon wieder frei.
Ein Bein, das ist ihr einerlei.

Jetzt aber kommt er mit der Klappe,
Daß er sie so vielleicht ertappe,

Und um sie sicher zu bekommen,
Hat er den Sorgenstuhl erklommen.

Rumbums! Da liegt der Stuhl und er.
Die Fliege flattert froh umher.

Da holt er aus mit voller Kraft,
Die Fliege wird dahingerafft.

Und fröhlich sieht er das Insekt
Am Boden leblos ausgestreckt.

Erquicklich ist die Mittagsruh,
Nur kommt man oftmals nicht dazu.

Der Bauer und der Windmüller

Die Luft ist kühl, es weht der Wind;
Der Bauer zieht zur Mühl' geschwind.

Ei, denkt der brave Bauersmann,
Da bind ich meinen Esel an.

Der böse Müller hat's gesehn
Und läßt sogleich die Mühle gehn.

Den Esel zieht es fort, o Graus!
Der Müller guckt zum Loch heraus.

Am Schwanz hängt sich der Bauer an,
Was ihm jedoch nichts helfen kann;

Denn sieh! die Haare halten nicht.
Bums! liegt er da, der arme Wicht.

Der Müller aber mit Vergnügen
Sieht in der Luft den Esel fliegen.

Indessen haut dem Bäuerlein
Ein Flügel an das rechte Bein.

Jetzt endlich bleibt die Mühle stehn,
Doch um den Esel ist's geschehn.

Hier siehst du nun auf einem Karr'n
Den Abgeschied'nen heimwärts fahr'n.

Und als der Bauer kam nach Haus,
Fuhr seine Frau zur Tür heraus.

Mit einem Besen, groß und lang,
Macht sie dem Bauern angst und bang.

Der Bauer nimmt die Säge
Und wehrt sich ab die Schläge.

Ein Sägezahn trifft ganz genau
Ins Nasenloch der Bauersfrau.

Die Nase blutet fürchterlich,
Der Bauer denkt: „Was kümmert's mich?"

Zur Mühle geht der Bauersmann
Und fängt sogleich zu sägen an.

Racknacks! Da bricht die Mühle schon.
Das war des bösen Müllers Lohn.

Der böse Müller aber kroch
Schnell aus dem off'nen Mühlenloch.

Das Rabennest

Zwei Knaben, jung und heiter,
Die tragen eine Leiter.

Im Nest die jungen Raben,
Die werden wir gleich haben.

Da fällt die Leiter um im Nu,
Die Raben sehen munter zu.

Sie schreien im Vereine,
Man sieht nur noch die Beine!

Der Jäger kommt an diesen Ort
Und spricht zu seinem Hund: „Apport!“

Den Knaben apportiert der Hund,
Der Jäger hat die Pfeif' im Mund.

„Nun hole auch den andern her!“
Der Schlingel aber will nicht mehr.

Der Jäger muß sich selbst bemühn,
Den Knaben aus dem Sumpf zu ziehn.

Zur Hälfte sind die Knaben
So schwarz als wie die Raben.

Der Hund und auch der Jägersmann,
Die haben schwarze Stiefel an.

Die Raben in dem Rabennest
Sind aber kreuzfidel gewest.

Der hohle Zahn

Oftmalen bringt ein harter Brocken
Des Mahles Freude sehr ins Stocken.

So geht's nun auch dem Friedrich Kracke;
Er sitzt ganz krumm und hält die Backe.

Um seine Ruhe ist's getan;
Er biß sich auf den hohlen Zahn.

Nun sagt man zwar: es hilft der Rauch!
Und Friedrich Kracke tut es auch.

Allein schon treiben ihn die Nöten,
Mit Schnaps des Zahnes Nerv zu töten.

Er taucht den Kopf mitsamt dem Übel
In einen kalten Wasserkübel.

Jedoch das Übel will nicht weichen,
Auf andre Art will er's erreichen.

Umsonst! – Er schlägt, vom Schmerz bedrängt,
Die Frau, die einzuheizen denkt.

Auch zieht ein Pflaster hinterm Ohr
Die Schmerzen leider nicht hervor.

„Vielleicht“ – so denkt er – „wird das Schwitzen
Möglicherweise etwas nützen.“

Indes die Hitze wird zu groß,
Er strampelt sich schon wieder los;

Und zappelnd mit den Beinen
Hört man ihn bitter weinen.

Jetzt sucht er unterm Bette
Umsonst die Ruhestätte.

Zuletzt fällt ihm der Doktor ein.
Er klopft. – Der Doktor ruft: „Herein!“

„Ei, guten Tag, mein lieber Kracke,
Nehmt Platz! Was ist's denn mit der Backe?

Laßt sehn! Ja, ja! Das glaub ich wohl!
Der ist ja in der Wurzel hohl!“

Nun geht der Doktor still beiseit.
Der Bauer ist nicht sehr erfreut.

Und lächelnd kehrt der Doktor wieder,
Dem Bauern fährt es durch die Glieder.

Ach! wie erschrak er, als er da
Den wohlbekannten Haken sah!

Der Doktor, ruhig und besonnen,
Hat schon bereits sein Werk begonnen.

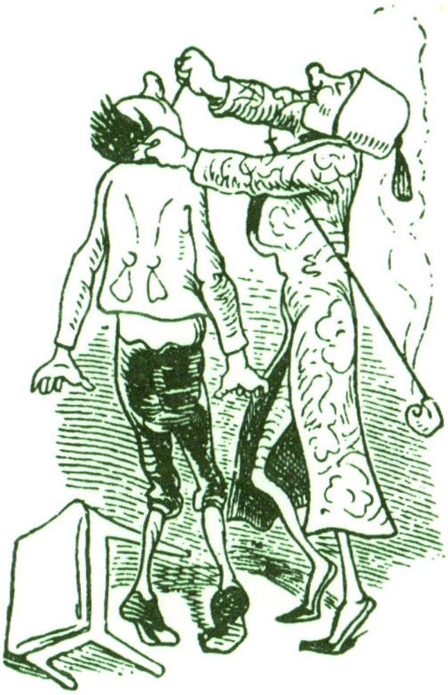

Und unbewußt nach oben
Fühlt Kracke sich gehoben.

Und – rack! – da haben wir den Zahn,
Der so abscheulich weh getan!

Mit Staunen und voll Heiterkeit
Sieht Kracke sich vom Schmerz befreit.

Der Doktor, würdig wie er war,
Nimmt in Empfang sein Honorar.

Und Friedrich Kracke setzt sich wieder
Vergnügt zum Abendessen nieder.

Diogenes und die bösen Buben von Korinth

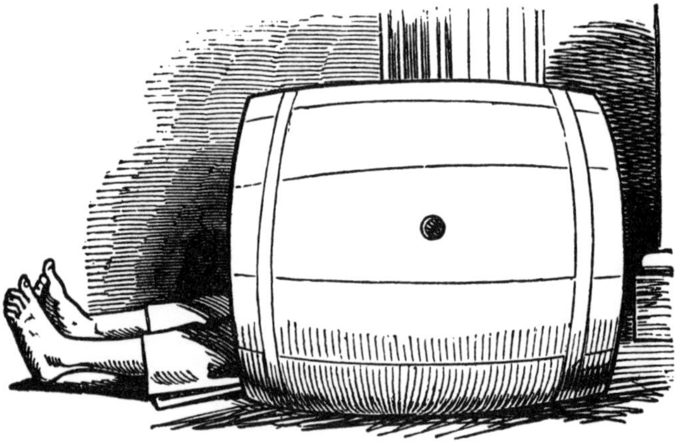

Nachdenklich liegt in seiner Tonne
Diogenes hier an der Sonne.

Ein Bube, der ihn liegen sah,
Ruft seinen Freund; gleich ist er da.

Nun fangen die zwei Tropfen
Am Fasse an zu klopfen.

Diogenes schaut aus dem Faß
Und spricht: „Ei, ei! Was soll denn das!?"

Der Bube mit der Mütze
Holt seine Wasserspritze.

Er spritzt durchs Spundloch in das Faß.
Diogenes wird pudelnaß.

Kaum legt Diogenes sich nieder,
So kommen die bösen Buben wieder.

Sie gehen ans Faß und schieben es;
„Halt, halt!“ schreit da Diogenes.

Ganz schwindlig wird der Brave.
Paßt auf! Jetzt kommt die Strafe.

Zwei Nägel, die am Fasse stecken,
Fassen die Buben bei den Röcken.

Die bösen Buben weinen
Und zappeln mit den Beinen.

Da hilft kein Weinen und kein Schrei'n,
Sie müssen unters Faß hinein.

Die bösen Buben von Korinth
Sind platt gewalzt, wie Kuchen sind.

Diogenes der Weise aber kroch ins Faß
Und sprach: „Ja, ja, das kommt von das!!“

Der Hahnenkampf

Der Gickerich, ein Gockel fein,
Schaut in den Topf voll Brüh' hinein.

Ein zweiter, Gackerich genannt,
Kommt auch zugleich herzugerannt.

Und jeder langt mit Mühe
Im Topfe nach der Brühe.

Der Gicker- und der Gackerich
Betrachten und fixieren sich.

Zum Kampf gerüstet und ganz nah,
So stehn sie Aug' in Auge da.

Sie fangen mit den Tatzen
Entsetzlich an zu kratzen

Und schlagen sich die Sporen
Um ihre roten Ohren.

Jetzt rupft der Gickerich, o Graus,
Dem Gackerich die schönste Feder aus.

Doch Gackerich, der erst entfloh,
Macht's jetzt dem andern ebenso

Und zieht den Gickerich noch obendrein
Beim Schopfe in den Topf hinein.

Da kämpfen sie noch ganz erhitzt,
Daß rund umher die Brühe spritzt.

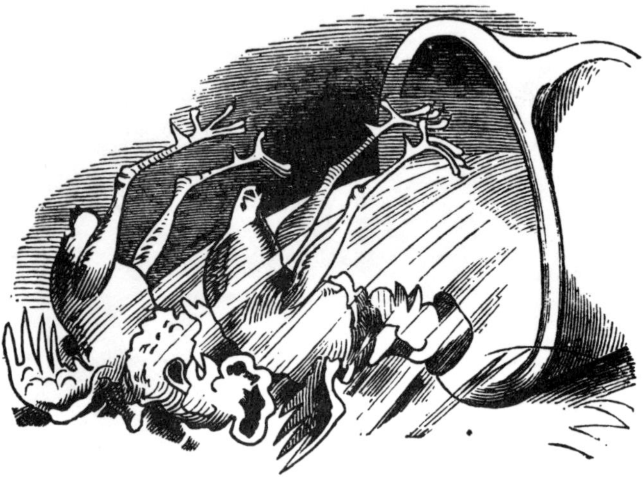

Und keiner hält sich für besiegt,
Obschon der Topf am Boden liegt.

Jetzt kommt der Schnauzel hergerennt
Und macht dem ganzen Streit ein End'.

Sieh da, die Hähne gehn nach Haus
Und sehen ganz erbärmlich aus.

Der Schnauzel frißt den Rest der Brüh',
Den Schaden hat das Federvieh.

Die Rache des Elefanten

Den Elefanten sieht man da
Spazierengehn in Afrika.

Gemütlich geht er zur Oase
Und trinkt vermittelst seiner Nase.

Ein Mohr, aus Bosheit und Pläsier,
Schießt auf das Elefantentier.

Da dreht der Elefant sich um
Und folgt dem Neger mit Gebrumm.

Vergebens rennt der böse Mohr,
Der Elefant faßt ihn beim Ohr.

Er zieht ihn unter Weh und Ach
Zu einem nahen Wasserbach.

Da taucht er ihn ganz munter
Mit seinem Rüssel unter.

Den Mohren hätte unterdessen
Beinah das Krokodil gefressen.

Nun aber spritzt den Negersmann
Der Elefant mit Wasser an.

Er hebt ihn bei den Hosen auf
Und trägt ihn fort in schnellem Lauf

Und wirft ihn in ein Kaktuskraut;
Der Kaktus sticht, der Mohr schreit laut.

Der Elefant geht still nach Haus,
Der Mohr sieht wie ein Kaktus aus.

Der Bauer und sein Schwein

Ein Bauer treibt in guter Ruh
Sein fettes Schwein der Heimat zu.

Bei einem Wirte kehrt er ein
Und kauft sich einen Branntewein.

Da zieht das Schwein, der Bauer fällt,
Weil er sich auf das Seil gestellt.

Des Wirtes Nachbar und sein Sohn,
Die warten auf die Knödel schon.

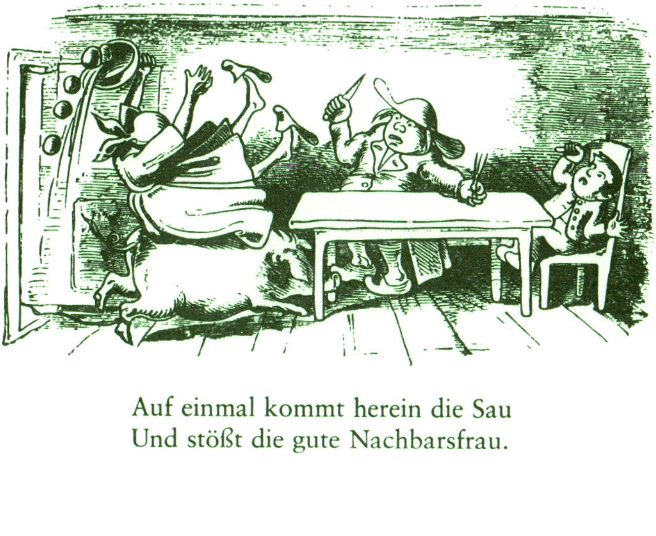

Auf einmal kommt herein die Sau
Und stößt die gute Nachbarsfrau.

Sie stößt mit schrecklichem Gebrumm
Das Kind, den Tisch und Nachbarn um.

Heraußen steht das Bäuerlein
Und wartet auf sein fettes Schwein.

Das Schwein läuft aus der Tür heraus,
Der Bauer reitet fort im Saus.

Dem Schweine kommt das lästig vor,
Drum wälzt es sich im feuchten Moor.

Ans Ufer springt das böse Schwein,
Der Bauer mühsam hinterdrein.

Ins Schilderhaus verkriecht es sich;
Der Bauer spricht: „Jetzt hab ich dich!“

Er setzt sich auf das Schilderhaus,
Da schaut des Schweines Schwanz heraus.

Der Wirt, Soldat und Nachbarsmann,
Die greifen jetzt den Bauern an.

Doch endlich schlachtet man das Schwein,
Da freute sich das Bäuerlein.

Müller und Schornsteinfeger

Schau, schau – Der Müller, dick und rund,
Küßt Jungfer Nanni auf den Mund.

Und bald nach diesem – ei, ei, ei! –
Schwört er der Fanny ew'ge Treu'.

Der Schornsteinfeger, gleich darnach,
Klagt dieser auch sein Liebesach;

Doch ungeachtet solcher Schmerzen
Küßt er die Nanni recht von Herzen.

Nun sehen Nan- und Fanny beid'
Die Spuren dieser Zärtlichkeit.

Sogleich gießt Nanni aus dem Topf
Das Wasser über Fannys Kopf;

Worauf dieselbe sehr empört
Die Nanni mit dem Besen kehrt.

Der Schornsteinfeger folgt derweile
Dem Müller nach in Zorn und Eile.

Der will im Kasten sich verstecken
Und kann sich doch nicht ganz bedecken

Die Ofengabel faßt er kühn;
Der Schwarze hupft in den Kamin.

Schnell klettert auf des Daches Giebel
Der Müller mit dem Wasserkübel.

Da langt in Eile und in Not
Der Schornsteinfeger aus dem Schlot.

Schurr! – sausen beide nun herunter;
Die Mädeln lachen froh und munter.

Nun setzen sich auf die Kiste gar
Das schadenfrohe Mädchenpaar.

Indes – man lache nicht zu früh!
Denn – schlapp! – hier unten liegen sie.

Man sieht, daß es Spektakel gibt,
Wenn man sich durcheinander liebt.

Zum Schluß ist Zank und Streit vorbei;
Sie lieben sich zu zwei und zwei.

Der Bauer und das Kalb

Ein Bauer, der kein Geld mehr hat,
Der brächte gern sein Kalb zur Stadt.

Doch schau: wie dieses Tier sich sträubt
Und widerspenstig stehen bleibt!

Der liebenswürdige Bauersmann
Bietet umsonst ihm Kräuter an.

Vegebens druckt er es und schiebt,
Das Kalb bleibt stehn, wie's ihm beliebt.

Und ganz vergeblich ebenfalls
Sucht er es fortzuziehn am Hals.

Jetzt schau, wie er's mit Disteln sticht!
Das Kalb schreit: „Bäh!" Doch geht es nicht.

Er nimmt das Kalb bei Schweif und Ohr,
Doch bleibt es störrig wie zuvor.

Mit Drohen und Mit Lehren
Sucht er es zu bekehren.

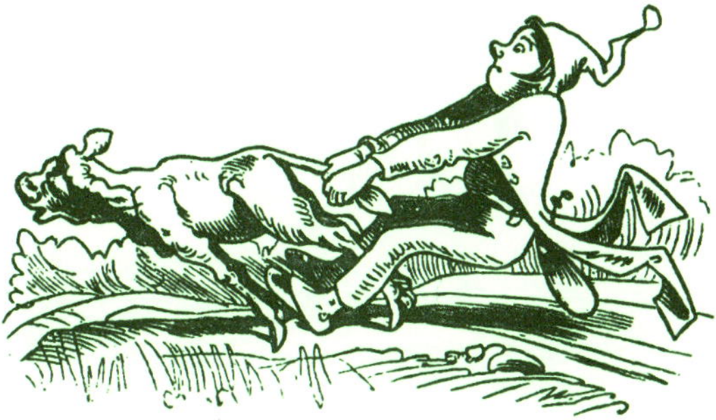

Doch schon im nächsten Augenblick
Möcht' es durchaus zum Stall zurück.

Da denkt er es mit Schlägen
Zum Gehen zu bewegen.

Allein trotz allem Schlagen
Muß er das Kalb noch tragen.

Weil das ihm aber lästig ist,
Besinnt er sich auf eine List.

Er hängt die Glocke um, schreit: „Muh!"
Da glaubt das Kalb, er sei die Kuh.

Der hinterlistige Heinrich

Die Mutter sprach: „O Heinrich mein!
Nimm diese Brezen, sie sei dein!"

Der böse Heinrich denkt sich gleich:
„Jetzt fang ich Gänse auf dem Teich."

Ein junges Gänslein schwamm ans Land;
Schnapp! hat es Heinrich in der Hand.

Es schreit und zappelt fürchterlich;
Die Alten sind ganz außer sich.

Jetzt faßt die Gans den Heinrich an,
Wo sie zunächst ihn fassen kann.

Der Heinrich fällt auf seinen Rücken;
Am Ohr tun ihn die Gänse zwicken.

Sie fliegen dann, o weh! o weh!
Mit Heinrich fort und in die Höh'.

Hoch über seiner Mutter Haus
Da lassen sie den Heinrich aus.

Der fällt ganz schwarz und über Kopf
Der Mutter in den Suppentopf.

Mit einer Gabel und mit Müh'
Zieht ihn die Mutter aus der Brüh'.

Hier sieht man ihn am Ofen stehn. –
Dem Schlingel ist ganz recht geschehn!

Die Gänse aber voll Ergötzen
Verzehren Heinrichs braune Brezen.

Der Affe und der Schusterjunge

Der Affe sitzt in sanfter Ruh –
Der Schusterbube schleicht herzu.

Der tupft ihn voller Übermut
Mit der Zigarre, die in Glut.

Schnell springt der Affe in die Höh',
Denn die Geschichte tut ihm weh.

Er springt herab und faßt und rupft
Den Buben, welcher ihn getupft,

Eilt dann zurück mit raschem Schritt
Und nimmt auch noch die Flasche mit.

Der Affe steht auf einem Bein
Und trinkt den guten Branntewein.

Der Schusterbub will's ihm verwehren,
Der Affe läßt sich ungern stören;

Und auf dem Buben mit Geklirr
Zertrümmert er das Trinkgeschirr.

Des Schusterbuben Wehgeschrei
Lockt einen dicken Herrn herbei.

Kaum daß der Herr sich dreingemischt,
So hat der Aff' den Hut erwischt.

Dem Herrn sein Hut ist noch ganz neu,
Dem Affen ist das einerlei.

Der Herr schlägt mit dem span'schen Rohr,
Der Affe hält den Hut davor.

Und eh' es sich versieht der Dicke,
Nimmt ihm der Affe die Perücke.

Jetzt hat er auch den Stock gepackt
Und biegt ihn, bis er abgeknackt.

Fort schleicht der Bube und der Dicke,
Der Aff' zerstückelt die Perücke.

Der Affe schlummert ruhig ein
Voll Seelenruh' und Branntewein.

Die Rutschpartie

Da kommt der Hans auf seinem Schlitten
Vergnügt den Berg herabgeritten.

Grad' geht der Küster da vorbei
Und friert und denkt sich allerlei.

Schnupp! hat der Schlitten ihn gefaßt.
Warum hat er nicht aufgepaßt?!

Ein Jäger raucht und geht nach Haus;
Der Schlitten kommt in vollem Saus.

Schau! schau! den Hund, den hat's bereits,
Der Jäger spränge gern abseits.

Jedoch der Schlitten faßt ihn schon;
Die Tabakspfeife fliegt davon.

Nun kommt trotz Ach- und Wehgeschrei
Die Botenfrau auch an die Reih'.

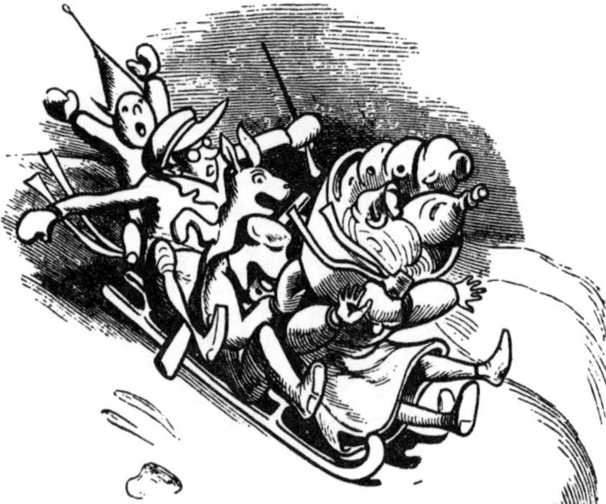

So saust man unaufhaltsam fort
Bis zu dem steilen Abhang dort.

Ein jeder fliegt von seinem Sitze;
Der Schuß geht los und durch die Mütze.

Hier steckt ein jeder tief im Schnee
Und reckt die Beine in die Höh'.

Doch gleich hat man sich aufgerafft
Und prügelt sich mit aller Kraft.

Zum Schluß geht man voll Schmerz beiseit.
Das macht die Unvorsichtigkeit.

Adelens Spaziergang

Ein Mädchen, schön und voll Gemüt,
Geht hier spazieren, wie man sieht.

Sie pflückt auf frühlingsgrüner Au
Vergißmeinnicht, das Blümlein blau.

Ach Gott! da hupft ein grüner, nasser,
Erschrecklich großer Frosch ins Wasser.

Adele, die ihn hupfen sah,
Fällt um und ist der Ohnmacht nah.

Ameisenbisse tun gar weh;
Schnell springt Adele in die Höh'.

Ein Schäfer weidet in der Fern'.
Den Ziegenbock hat man nicht gern.

Es stößt der Bock; Adele schreit;
Der Hirt ist in Verlegenheit.

Auf seine Hörner nimmt der Bock
Adelens Krinolinenrock.

Hund, Hirt und Herde stehen stumm
Um diesen Unglücksfall herum.

Der Schäfer trägt Adelen fort;
Ein Storch kommt auch an diesen Ort.

Schnapp! faßt der Storch die Krinoline
Und fliegt davon mit froher Miene.

Hier sitzt das Ding im Baume fest
Als wunderschönes Storchennest.

Der Virtuos
Ein Neujahrskonzert

Zum neuen Jahr begrüßt euch hier
Ein Virtuos auf dem Klavier.
Er führ' euch mit Genuß und Gunst
Durch alle Wunder seiner Kunst.

Silentium

Introduzione

Scherzo

Adagio

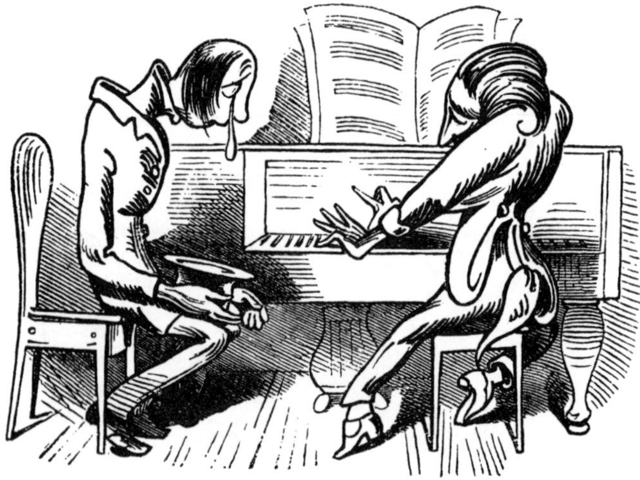

Adagio con sentimento

Piano

Smorzando

Maëstoso

Capriccioso

Passagio chromatico

Fuga del diavolo

Forte vivace

Fortissimo vivacissimo

Finale furioso

Bravo-bravissimo!

Die Strafe der Faulheit

Das Fräulein Ammer kost allhier
Mit Schnick, dem allerliebsten Tier.

Sie füttert ihn, soviel er mag,
Mit Zuckerbrot den ganzen Tag.

Und nachts liegt er sogar im Bett, –
Da wird er freilich dick und fett.

Einstmals, als sie spazieren gehen,
Sieht man den Hundefänger stehen.

Er lockt den Schnick mit einer Brezen.
Das Fräulein ruft ihn voll Entsetzen.

Doch weil er nicht gehorchen kann,
Fängt ihn – gripsgraps! – der böse Mann.

Seht, wie er läuft, der Hundehäscher!
Und trägt im Sack den dicken Näscher.

Gern lief er fort, der arme Schnick,
Doch ist er viel zu dumm und dick.

„Den schlacht' ich!" spricht der böse Mann,
„Weil er so fett und gar nichts kann."

Das Fräulein naht und jammert laut,
Es ist zu spät: da liegt die Haut.

Zwei Gülden zahlt sie in der Stille
Für Schnickens letzte Außenhülle.

Hier steht der ausgestopfte Schnick.
Wer dick und faul, hat selten Glück.

Der Lohn des Fleißes

„Komm, Nero!" spricht Herr Bartel ernst,
„Es wird nun Zeit, daß du was lernst!

Du willst nicht? – Gut! So hau' ich dich
Mit einem Stecken fürchterlich!"

Drauf sitzt der Nero mäuschenstill
Und hört, was man ihm sagen will.

„Hut ab!" das ist das erste Stück,
Der Nero macht es mit Geschick.

Zum zweiten: „Jenen Stecken dort!
Nur munter, Nero! Such! Apport!"

Und jetzt: „Die Tür auf! – So, so, so!
Das geht ja schon! Bravissimo!"

„Ach!" denkt der Nero, „ach, wozu
Läßt mich mein Herr doch nicht in Ruh?!"

Da kommt, als sie spazieren gingen,
Der Hundefänger mit den Schlingen.

„Hut ab!“ ruft schnell Herr Bartel jetzt,
Der Hundefänger ist entsetzt

Und läßt, dieweil der Schreck so groß,
Die festgemachte Schlinge los.

Gleich sitzt der Nero mit der Mütze
In einer tiefen Wasserpfütze.

Der böse Mann, gar sehr gewandt,
Fischt aber Nero an das Land

Und sperrt ihn in den Gitterkasten
Und schreit: „Jetzt soll der Schlingel fasten!"

Doch kaum hat sich der Mann entfernt,
Zeigt Nero, daß er was gelernt.

Er macht die Türe auf und dann
Läuft er nach Haus, so schnell er kann.

Hier kehrt heim und ist erfreut.
Das macht allein die Fleißigkeit.

Die Entführung aus dem Serail

Der Sultan winkt – Zuleima schweigt
Und zeigt sich gänzlich abgeneigt.

„Ha!“ ruft der Sultan zorn'gen Muts,
„Führt sie hinweg!!“ – Der Sklave tut's.

Der Ritter Arthur sucht voll Tücken
Des Hauses Wächter zu berücken.

Schon trinkt die Wache ziemlich viel,
Herr Arthur stimmt sein Lautenspiel.

Jetzt ist die Schildwach' schon betrunken,
Und schau! Zuleima hat gewunken.

Hier grüßt man sich voll Zärtlichkeit.
– Gebt acht! Der Aga ist nicht weit!

Der ruft: „Herr Sultan, kommt in Eil'!
Grad' steigt da wer in das Serail!"

Die beiden Türken steigen nach
Bis zu Zuleimas Vorgemach.

Kaum sind die beiden Türken oben,
Da wird die Leiter umgeschoben.

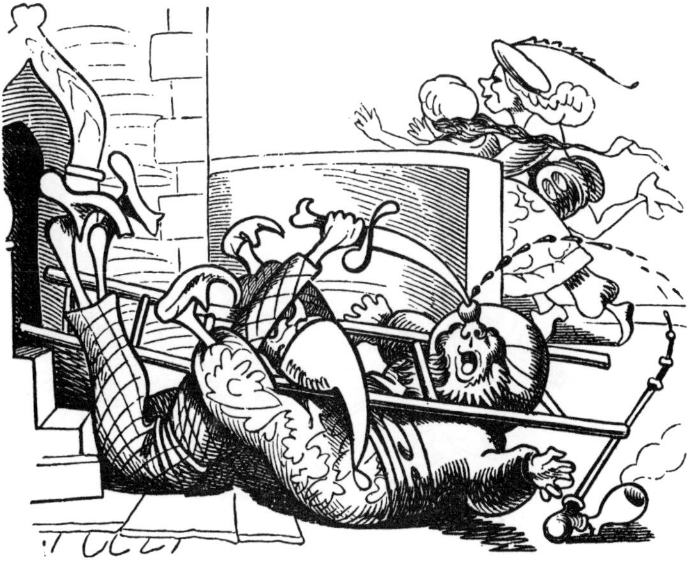

Der Aga sticht in großer Hitze
Dem Sultan in die Nasenspitze.

Dem Sultan aber klopft das Herz
Vor Herzenspein und Nasenschmerz.

Das Pärchen aber, froh und heiter,
Entflieht per Schiff und segelt weiter.

Die feindlichen Nachbarn
oder
Die Folgen der Musik

Ein Maler und ein Musikus,
So Wand an Wand, das gibt Verdruß.

Besonders wird das Saitenspiel
Dem Nebenmenschen oft zuviel.

Schon hat der Maler, sehr verdrossen,
Sich die Ohren zugeschlossen.

Doch so ein rechtes Flageolett
Dringt durch. – Der Maler kriecht ins Bett. –

Jetzt kommt vermittelst einer Pfeife
Des Malers Racheplan zur Reife.

Das Wasser rinnt ins Instrument;
Der Musikus schreit Zapperment!

Er kommt, von Rachedurst durchdrungen,
Ins Atelier hereingesprungen;

Und packt – ritsch, ratsch! – mit kühner Hand
Den Maler durch die Leinewand.

Nun geht es los! – Der Pudel naht
Und mischt sich in das Attentat.

Der Musikus kämpft unverdrossen
Und wird mit Sikkativ begossen. –

Am Ende läßt man ab vom Streite;
Der Pudel freut sich seiner Beute.

Verruiniert stehn beide da,
Das tatest du, Frau Musika!

Vetter Franz auf dem Esel

Die hübschen Bäschen bitten sehr:
„Ach, Vetter Franz! reit mal umher!"

Und Franz, natürlich gleich bereit,
Gewinnt das Tier durch Freundlichkeit.

Schon sitzt er drauf und kommt nicht weiter,
Worob die Basen äußerst heiter.

Er denkt: „Ja, wart! du wirst schon gehn!
Ich muß dich mal beim Schwanze drehn!“

Jetzt brennt er ihm am Kreuz herum;
Den Esel ziehn die Schmerzen krumm.

Und er, der eben noch verstockt,
Ermuntert sich und springt und bockt.

Im Eck, wo die Geräte hängen,
Sucht er den Vetter zu bedrängen.

Nun druckt er gar nach hint' hinaus
Ins glasbedeckte Blumenhaus.

Da steht die bittre Aloë,
Setzt man sich drauf, so tut es weh.

Die treibt durch ihre Dorne
Den Esel schnell nach vorne.

Und – schwupp – kommt Vetter Franz im Bogen
Auf die Cousinen zugeflogen.

Und – plautz perdautz! – geht's über Kopf
Durch Butter und durch Millichtopf.

Am Schluß bemüht ein jeder sich
Hinwegzutun, was hinderlich.

Die Brille

Des Mittags, als es zwölfe war,
Setzt sich zu Tisch der Herr Aktuar.

Er schaut bedenklich, ernst und stille
Die Suppe an durch seine Brille.

Und durch die Brille, scharf und klar,
Entdeckt er gleich ein langes Haar.

„Nun!“ – sprach die Frau – „das kann wohl mal passieren!
Hast du mich lieb, so wird's dich nicht genieren!“

Er aber kehrt sich schleunigst um
Und holt die Flasche, die voll Rum.

Er trinkt und ist so sehr verstockt,
Daß selbst die Wurst ihn nicht verlockt.

„Ach“ denkt die Frau, „wie wird das enden!“
Und sucht die Flasche zu entwenden.

Doch hierin kennt er keinen Spaß:
„Gleich stell sie her! Sonst gibt es was!“

Und schon ergreift er mit der Hand
Den Stock, der in der Ecke stand.

Die Frau versucht zu fliehn; indes
Der Hakenstock verhindert es.

Ein Schlag, gar wohl gezielt und tüchtig,
Trifft und zerbricht die Flasche richtig.

Nun nimmt die Frau die Sache krumm
Und kehrt sich zur Attacke um.

Sie hat die Brill' und freut sich sehr,
Der Mann steht da und sieht nichts mehr.

Er tappt herum als blinder Mann,
Ob er den Feind nicht finden kann

Und tappt in seiner blinden Wut –
Autsch! – an des Ofens heiße Glut.

Er dreht sich um und allbereits
Brennt ihn der Ofen anderseits.

Nun aber wird die Wut erst groß –
Was es auch sei – er haut drauf los.

Die Suppenschüssel, Wurst und Glas
Wird ruiniert, der Hund wird naß.

Und Frau und Hund entfliehn; doch er
Fällt mit dem Stuhl schnell hinterher.

Voll Eifer will er nach, und ach!
Rennt an die Tür mit großem Krach.

Nun ist's zu Ende mit dem Rasen!
Das rote Blut rinnt aus der Nasen.

Und demutsvoll und flehentlich
Bemüht er um die Brille sich.

Er nimmt mit Freud' und Dankgefühl
Die Brille von dem Besenstiel.

So triumphiert das brave Weib. –
Die Wurst hat Tapp, der Hund, im Leib.

Die Folgen der Kraft

Mit kühnem Mut aus seinem Bett
Schwingt sich der Turner Hoppenstedt.

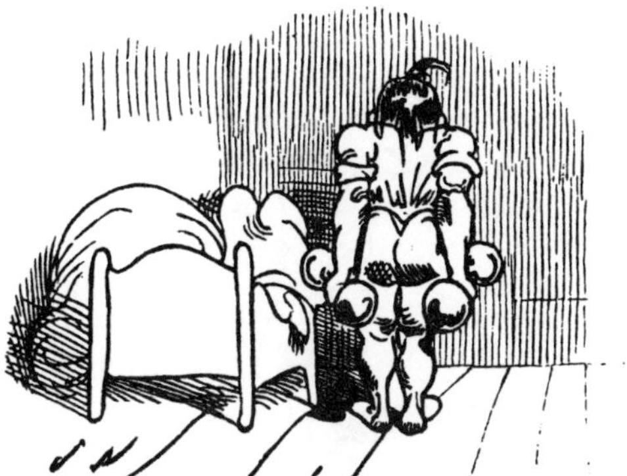

Schon ist das Hantelpaar bereit
Zu frisch-fromm-freier Tätigkeit.

Der Bizeps wird zuerst geübt,
Er, der dem Arm die Spannkraft gibt.

Einseitig aber ist der Mann,
Der's nicht mit beiden Händen kann.

Stramm sei der Nacken, daß man trage
Das Vollgewicht in kühner Waage.

Besonders auch versäumt er nie
Des Beines Muskelenergie.

Derweil sitzt unten beim Kaffee
Herr Meck und deutet in die Höh'.

Es wächst die Kraft. – Doch unten hier
Liest Vater Meck in dem Kurier.

Und kracks! – zu groß wird das Gewicht;
Die Decke trägt es nicht – und – bricht.

Und Hoppenstedt, wie er sich stemme,
Saust schon in Topf und Butterbemme.

Man läuft, man fällt nach allen Seiten,
Und Hoppenstedt fängt an zu reiten.

Er eilt hinaus mit schnellem Schritt
Und Topf und Butter eilen mit.

Am schlimmsten aber – oh! oh! oh! –
Erging es dem guten Fidelio.

Die kühne Müllerstochter

1868

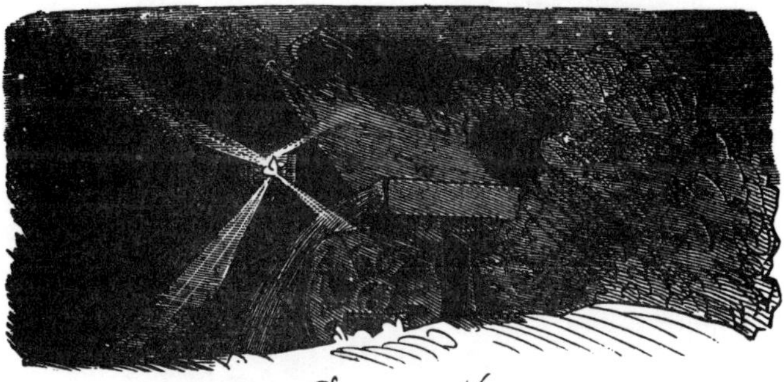

Es heult der Sturm, die Nacht ist graus,
Die Lampe schimmert im Müllerhaus.

Da schleichen drei Räuber wild und stumm
– Husch, husch! pist, pist! – um's Haus herum.

Die Müllertochter spinnt allein,
Drei Räuber schaun zum Fenster herein.

Der zweite will Blut, der dritte will Gold,
Der erste der ist dem Mädel hold.

Und als der erste ſteigt herein
Da hebt das Mädchen den Mühlenstein.

Und – patsch! – der Räuber lebt nicht mehr
Der Mühlstein druckt ihn gar zu sehr

Doch ſchon erſcheint mordgierig=heiter
Und ſteigt durch's Loch der Räuber zweiter.

Ha! Hu! – Er ist, eh er's gewollt
Wie Rollenknaster aufgerollt

Jetzt aber naht mit kühnem Schritte
Voll Goldbegierigkeit der dritte.

Schnapp! - ist der Hals ihm eingeklommen;
Er stirbt, weil ihm die Luft benommen.

So starben die drei ganz unverhofft.
O, Jüngling! da schau her!!!
So bringt ein einzig Mädchen oft
Drei Männer in's Malheur !!!! .

Die Prise

1868

Der Herr Direktor sitzt beim Wein
Und schaut gar recht verdrießlich drein.

Das Auge schweift ins Grenzenlose;
Die Hand greift nach der Tabaksdose.

Das wohlgeübte Fingerpaar
Erfaßt so viel, als möglich war.

Und sparsam, selbst im Überfluß,
Vertieft er sich in den Genuß.

Zwar fühlt er sich zunächst geniert,
Weil er nur halbe Wirkung spürt.

Doch soll ein mildes Nasenreiben
Die Sache fördern und betreiben.

Auch wird das Sacktuch, blaugeblümt,
Als Nasenfeile sehr gerühmt.

Und hilft auch alles dieses nicht,
So hilft ein Blick ins Sonnenlicht.

Die Spannung steigt, der Drang wird groß –
Nur still! gebt acht! – gleich drückt er los!

Haptschih! – Wer schnupft und dieses hört,
Der findet es beneidenswert.

Denn was die Seele dumpf umhüllt,
Wird plötzlich heiter, klar und mild.

Ja! – Sehr erheitert uns die Prise,
Vorausgesetzt, daß man auch niese!

Der Wurstdieb

1868

Hier hängt die Wurst – dort an der Mauer
Steht Louis heimlich auf der Lauer.

Und schon bemerkt man sein Bestreben,
Sich eine Wurst herauszuheben.

Jetzt hat er sie und schleicht davon;
Doch Graps, der Hund, erblickt ihn schon.

Eh' Louis denkt, daß er ihn packe,
Hat Graps ihn hinten bei der Jacke.

Die zwei, die schaun sich ins Gesicht,
Der eine froh, der andre nicht.

Graps aber trägt mit sanftem Schritte
Die Wurst zu seiner stillen Hütte.

Indessen Graps sich so ergötzt,
Hat Louis aufrecht sich gesetzt.

Und will ganz heimlich sich soeben
Aus dieser Gegend fortbegeben.

Doch Graps, der wachsam, zieht ihn wieder
Mit kühnem Griff nach hinten nieder.

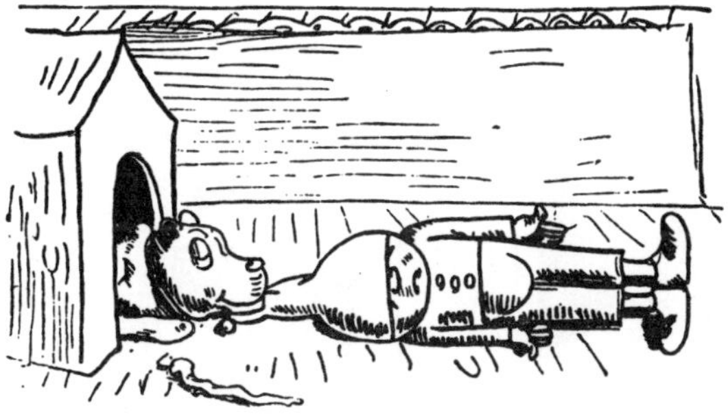

Er legt sich klüglich auf die Spitze
Von Louis seiner Zipfelmütze.

Der treue Graps, der denkt sich: „Nun
Kann ich getrost ein wenig ruhn!“

Doch Louis zog ganz in der Stille
Den Kopf aus seiner spitzen Hülle;

Und wäre glücklich fast entkommen,
Hätt' ihn der Graps nicht festgenommen.

Er steht und darf sich nicht bewegen;
Von oben strömt ein kühler Regen.

Der Regen wird zu kaltem Reif;
Der Louis friert ganz starr und steif.

Der gute Nachbar sah ihn stehn
Und will mit ihm zum Ofen gehn.

Bauz! Klirr! – Er stolpert an der Schwelle;
Der Louis ist ein Eisgerölle.

Da nimmt der gute Nachbar schnell den Besen
Und fegt hinaus, was Louis einst gewesen.

Der Schreihals

1869

„Da, Lina, zieh ihm's Nachtzeug an,
Daß ich die Flasche wärmen kann."

Die Mutter geht, und eh' sie scheidet,
Wird Willi schon des Hemds entkleidet.

Die Wäscherei gefällt ihm nicht,
Vor allen Dingen im Gesicht.

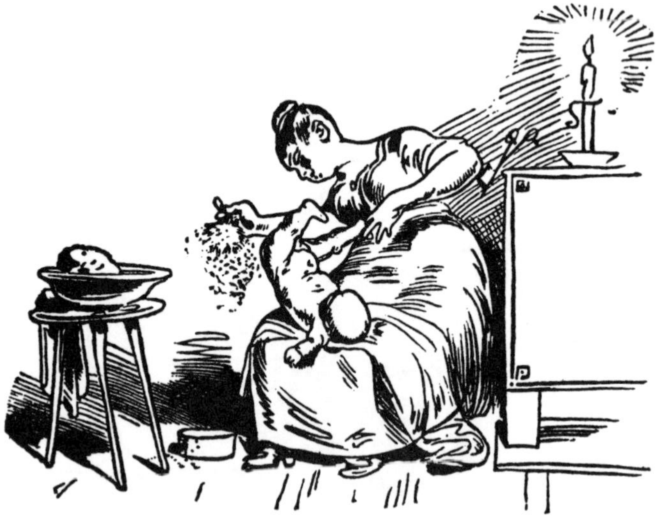

Doch schreit er nicht und hält ganz still,
Und läßt sich pudern, wo man will.

Kaum aber schnüret man ihn ein,
So fängt er auch schon an zu schrein.

Habäh! – So tönt sein Wehgeschrei
Und lockt den Vater selbst herbei.

„Hier, halt ihn eben mal, Papa!
Ich geh und rufe die Mama!“

Der Vater trommelt an den Scheiben,
Um Willis Trauer zu vertreiben.

Er läßt ihn in den Spiegel schaun. –
Der Willi schreit, bis daß er braun.

„Horch, Willi, horch, die Ticktackuhr!" –
Der Willi schreit noch ärger nur.

„Susu, mein Herz! Schlaf ein, schlaf ein!“ –
Er fängt noch lauter an zu schrein.

Mit List zeigt er die Zipfelhauben –
Umsonst! – der Willi will's nicht glauben.

Jetzt macht er einen Butzemann –
O weh! – nun geht's noch schlimmer an.

Die Mutter öffnet grad die Tür:
„Mein Herz! Was machen sie mit dir?!!"

Die Mutter macht ein ernst Gesicht:
„Ja, was ist das? – Auch dieses nicht?!!"

Grad kommt die Tante auf Visite
Und ruft erschreckt: „Du meine Güte!!" –

Voll Weisheit öffnet sie den Bund. –
„Da haben wir's! – Das war der Grund!"

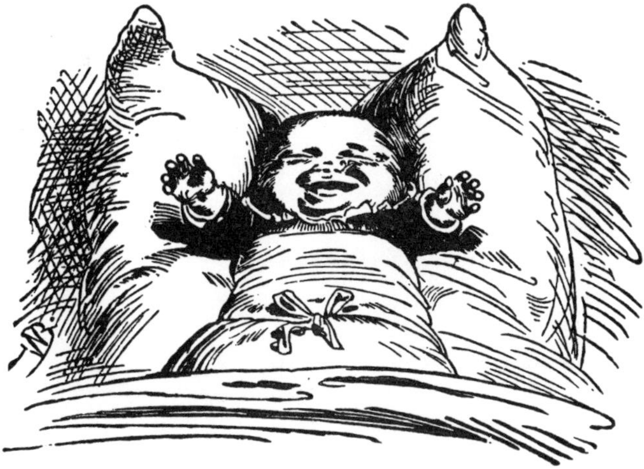

Und Willi, der vom Schmerz befreit,
Lacht laut vor lauter Heiterkeit.

Der heilige
Antonius von Padua

1870

Vorwort

Ach, ja, ja! – so seufz' ich immer –;
Denn die Zeit wird schlimm und schlimmer.
Oder kann in unsern Tagen
Einer wagen, nein! zu sagen,
Der mit kindlichem Gemüt
Morgens in die Zeitung sieht?

Hier Romane, dort Gedichte,
Malzextrakt und Kursberichte,
Näh- und Mäh- und Waschmaschinen,
Klauenseuche und Trichinen – –
Dieses druckt man groß und breit –
Aber wo ist Frömmigkeit???
Hält denn nicht, o Sünd und Schand,
Weltlicher Arm die geistliche Hand,

Daß man also frech und frei
Greife den Beutel der Klerisei?!

Wehe! Selbst im guten Öster-
Reiche tadelt man die Klöster – –

Und so weiter und so weiter – –
Doch das Ende ist nicht heiter!!!

Ja, es ist abscheulich, greulich!!!
Aber siehe! wie erfreulich
Ist's dagegen, wenn wir lesen,
Wie man sonsten fromm gewesen;
Wie z. B. Sankt Anton,
Unsrer Kirche großer Sohn,
Litt und stritt und triumphierte –
Kurz! – ein christlich Leben führte –
Dieses laß uns mit Bemühen
Heute in Erwägung ziehen.

Erstens
Frühe Talente

Wennschon der Mensch, eh' er was wird,
Zuweilen strauchelt oder irrt,
Wennschon die Heiligen vor allen
Mitunter in Versuchung fallen –
So gilt doch dies Gesetz auf Erden:
Wer mal so ist, muß auch so werden!
Auch unser Toni zeigte früh
Zum Heil'gen mancherlei Genie. –
Man rechnet meistens zu den Lasten
Das kirchliche Gebot der Fasten;
Man fastet, weil man meint, man muß.
Für Toni aber war's Genuß!
Bouillon und Fleisch und Leberkloß,
Das war ihm alles tutmämschos.
Dagegen jene milden Sachen,
Die wir aus Mehl und Zucker machen,
Wozu man auch wohl Milch und Zimt
Und gute, sanfte Butter nimmt – –
Ich will mal sagen: Mandeltorten,
Dampfnudeln, Krapfen aller Sorten,
Auch Waffel-, Honig-, Pfannenkuchen –
Dies pflegt' er häufig aufzusuchen.

Den Freitag war er gern allein,
Um sich besonders zu kastein.
Der Tag war ihm besonders heilig. –
Früh stund er auf und schlich sich eilig
Zur Scheune auf die kühle Tenne,
Denn Piccola, die kluge Henne,
Legt' hier, versteckt in frisches Heu,
Behutsam schon ihr Morgenei.

Er trank es aus. – Hier sehen wir,
Daß selbst das unvernünft'ge Tier
Mit sonst gedankenlosen Werken
Den Frommen fördern muß und stärken. –

Ein Gärtner wohnt ganz nahebei,
Der, im Besitz der Fischerei,
Doch, immer nur auf Fleisch bedacht,
Sich aus dem Freitag wenig macht

Und als ein pflichtvergess'ner Greis
Den christlichen Familienkreis
An diesem Tag beharrlich flieht,
In dunkle Ketzerkneipen zieht
Und da, als wär's am Kirchweihfest,
Sich Wurst und Braten geben läßt.

O pfui! – – Doch sieh! Der Toni kam,
Sobald der Fischer Abschied nahm.
Im traulich stillen Gartentraume
Pflückt er die Kirsche und die Pflaume,
Geht dann hinab zum Murmelbach
Und sieht des Fischers Angel nach;
So daß er manchen Fisch sodann
Der guten Mutter bringen kann. –

Gesegnet sind die Frommen! Ihnen
Muß jedes Ding zum Besten dienen!

Doch nicht allein die Fastenzeit
Fand ihn stets willig und bereit.
Nein! Auch die vielen Feiertage
Trug er geduldig ohne Klage.
So wie die braven, guten Alten
Pflegt' er die Kirchweih streng zu halten.

In allen Kirchen nah und fern
Ging er zur Beichte oft und gern,
Und gab der Beichte Zettel willig
An andre Knaben – aber billig.

Wenn Messe war, stets war er da;
Wo Julchen kniete, stand er nah;
Denn dieses Mädchen, ob es gleich
Schon älter war und etwas bleich,
Zog doch durch andachtsvollen Sinn
Den frommen Knaben zu sich hin.

Ihr guten Mädchen! Ach wie schön
Ist dieses Beispiel anzusehn! –

Zuweilen auch, bei kühler Zeit,
Trieb ihn der Geist der Einsamkeit,

So daß er morgens auf dem Pfühle,
Entfernt von Schul- und Weltgewühle,
Bis in den hellen Wintertag,
Ein stiller Klausner, sinnend lag. –

Kurzum! Man sah an diesem Knaben
Schon früh die Keime jener Gaben,
Die er in gnadenvoller Zeit
Gepflegt zum Ruhm der Christenheit.

Zweitens
Liebe und Bekehrung

Ein Irrtum, welcher sehr verbreitet
Und manchen Jüngling irreleitet,
Ist der: daß Liebe eine Sache,
Die immer viel Vergnügen mache.

Antonio meinte dieses, als
Er größer wurde, ebenfalls. –

Denn ach! noch immer liebt' er ja
Die schon erwähnte Julia,
Selbst dann noch, als die Auserwählte
Sich einem Manne anvermählte. –

An einem Abend, kalt und bitter,
Als er, wie öfters schon, die Zither
Vor ihrem Fenster klagend schlägt,
Ob er vielleicht ihr Herz bewegt,

Pst! pst! ertönt es da hernieder –
Daß durch die halberstarrten Glieder
Ein wonnevoller Schrecken dringt. –
Pst! pst! Sieh da! Sie winkt, sie winkt! –
Von Hoffnungsflügeln sanft gehoben
Schwebt er treppauf und fliegt nach oben.

Wer möchte nicht, wenn er durchfroren,
Die halbverglasten, steifen Ohren
An einen warmen Busen drücken
Und so allmählich sich erquicken?

Antonio hoffte dieses, als
Er hergekommen, ebenfalls.
Doch ach! kaum hat er Platz genommen,
Da hört man draußen schon was kommen.
Mit Husten und mit Sporenklang
Klirrt der Gemahl den Gang entlang.

„Schnell unters Faß!" – so ruft das Weib
Und stülpt's Antonio auf den Leib,
Und auch die Katze wird erschreckt,
Wird in der Hast mit zugedeckt.

Der Hausherr fängt als Biedermann
Mit seiner Frau zu kosen an.

Antonio aber, sehr beengt,
Hat seine Finger eingezwängt.

Derweil verspüret hinterwärts
Am Schwanz die Katze großen Schmerz.

Sie meint: Antonio hat's getan!
Die Kralle kratzt, es beißt der Zahn.

Das Faß fällt um, der Lärm wird groß,
Die Katze läßt so leicht nicht los.

Mit seinem Degen stößt der Mann,
Antonio drückt sich, wie er kann,

Und kommt gekrochen und gefroren
Zu eines Klosters ernsten Toren.

O Welt, mit uns ist's nun vorbei!
Ihr Weiber, fahrt mir aus dem Sinn!
Du, Königin, des Himmels, sei
Auch meines Herzens Königin!
Salve Regina!

Drittens
Unserer Frauen Bildnis

Ein hoffnungsvoller , junger Mann
Gewöhnt sich leicht das Malen an! –
Auch Bruder Antonio, welcher nun,
Von seinen Sünden auszuruhn,
Zu Padua im Kloster lebt
Und geistlicher Bildung sich bestrebt,
Hat es gar bald herausgebracht,
Wie man die schönen Bilder macht,
Und malt auf Gold schön rot und blau
Das Bildnis unsrer lieben Frau.
Umflattert von der Englein Chor
Tritt sie hervor aus des Himmels Tor.

Den blauen Mantel faßt die Linke;
Die Rechte sieht man sanft erhoben,
Halb drohend, halb zum Gnadenwinke,
So kommt die Königin von oben.

Doch ihr zu Füßen windet sich
Der Teufel schwarz und fürchterlich.
Dem Teufel war's nicht einerlei,
Daß er so gar abscheulich sei.
Er fängt alsbald das Grübeln an,
Wie er den Bruder kränken kann.

Ein Kloster lag nicht weit von hinnen,
Besetzt mit Karmeliterinnen,
Und war als Kustorin allda
Die fromme Jungfrau Laurentia. –
Bescheiden, still und glaubensfroh,
Hat sie der gute Antonio,
Den alles Gute stets ergötzt,
Schon längst von Herzen hochgeschätzt.
Natürlich im allgemeinen und überhaupt,
Wie's unsere heilige Kirche erlaubt.

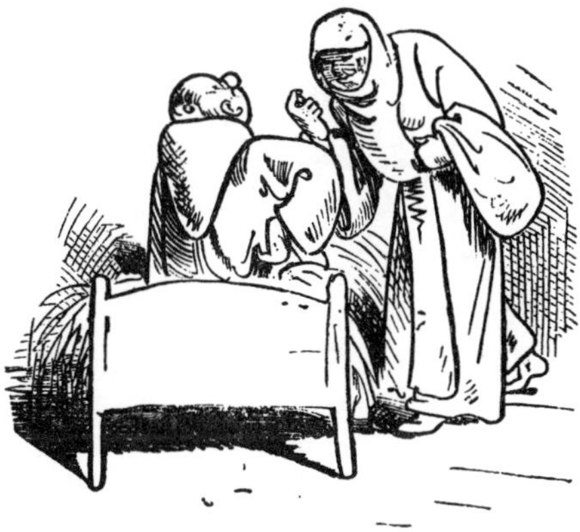

Einst, als er so in stiller Nacht,
Von Träumen umgaukelt, halb schläft, halb wacht,
Tritt bei des Mondes Dämmerhelle
Schwester Laurentia in seine Zelle

Und beugt sich nieder und seufzt und spricht:
„Antonio, Lieber, kennst du mich nicht?
Ich bin entflohn aus des Klosters Zwang,
Konnt' nicht widerstehn meines Herzens Drang,
Bin aus Liebe zu dir und großem Verlangen
Mit dem Silbergerät davongegangen.
Auf, auf, Antonio! Tue desgleichen
Und laß uns in fremde Lande entweichen!"

Dem Bruder tät die Sache scheinen,
Nimmt die heiligen Gefäße aus den Schreinen,
Packt's in die Kutten emsiglich
Und läßt das Kloster hinter sich.

Aber da draußen im freien Feld
Ward ihm die Lieb' und Lust vergällt.
Statt der guten Jungfrau Laurentia
War plötzlich der leidige Satan da.

„Hei, hei!“ – lacht der Teufel, „so ist’s der Brauch.
Du maltest den Teufel, nun zahlt er auch.

Flugs flog er auf, dem Kloster zu,
Und rüttelt die Patres aus ihrer Ruh.

Bruder Antonio wär' schier verzagt,
Ringt seine Hände, weint und klagt,

Vermeinend, daß aus dieser Beschwer
Nirgends ein Ausgang zu finden wär'!
Doch sieh! Aus dunklem Wolkenflor
Tritt unsre liebe Frau hervor.

„Sei getrost, Antonio, ich bin voller Gnaden,
Der böse Feind soll dir nicht schaden.
Mein Bildnis in des Klosters Hallen

Sah ich mit gnädigem Wohlgefallen!“
Sprach’s und winkte mit der Hand,
Schwebte nach oben und entschwand.
Alsbald, so kommt der ganze Haufen
Der Klosterbrüder zugelaufen
Und führen mit vielem Heh! und Hoh!
Zum Kerker den guten Antonio.

Doch in der Früh, als das Glöcklein läutet
Und jeder hinab zur Metten schreitet, –
O Wunder! – da sitzt schon emsig und frei
Bruder Antonio vor seiner Staffelei!
Im Gefängnis aber in einer Ecken

Hockt der Teufel mit Knurren und Zähneblecken,
Der Prior tunkt ein den langen Wedel
Und besprengt ihm den harten Teufelsschädel,

Und plärrend und mit Ach! und Krach!
Fährt er ab mitsamt dem Fensterfach.
Recht nützlich ist die Malerei,
Wenn etwas Heiligkeit dabei.

Viertens
Zwei Stimmen von oben

In Sachen des Klosters ausgesandt,
Kam Bruder Antonio einst über Land.
Und ihm zur Seite, mit leichtem Fuß,
Schritt Doktor Alopecius.

(Ach! das war auch so einer von denen!)
Rechts und links begrüßt er die ländlichen Schönen,
Faßt sie beim Kinn, anmutig-milde,
Schenkt ihnen gar schöne Heiligenbilde,
Und macht auch wohl so hin und wieder
Dominus vobiscum! über das Mieder.

Wie man denn meistens auf der Reis'
Die Schönheit der Natur erst recht zu würdigen weiß.
Bruder Antonio aber dagegen,
Dem nichts an irdischer Liebe gelegen,
Trug einzig allein in Herz und Sinn
Die süße Himmelskönigin.

Er wandelt abseits und schaut sich nicht um,
Er spricht das Salve und Sub tuum präsidium.
So zogen sie weiter. Der Tag verstrich.
Der Abend wird schwül. Es türmet sich
Ein grau Gewölk am Horizonte,
Worin's schon ferne zu donnern begonnte.

Doktor Alopecius, in diesen Sachen
Ein arger Spötter, spricht mit Lachen:
„Na, was hat denn wieder der alte Brummer?
Rumort ja schrecklich in den Wolken rummer?"

Und näher wälzt sich der Wolkenballen.
Gewaltig braust der Sturm. Die Donner schallen.
Bruder Antonio schaut sich nicht um,
Er spricht das Salve und Sub tuum präsidium.

Der Doktor aber nimmt sein Paraplü,
Spannt's auf und spricht: „Jetzt kommt die Brüh!!"
Horch! – Plötzlich wie des Gerichts Trompete,
Donnert von oben eine Stimme: „Töte!! Töte!!"

– „Schon recht!!!“ – ertönt voll Grimme
Eine zweite Stimme.

Huit! – Knatteradoms! – Ein Donnerkeil –

Und Alopecius hat sein Teil.
Bruder Antonio schaut sich nicht um,

Er betet das Salve und Sub tuum präsidium.
So wandelt er weiter in stillem Gebete. –

Und wieder donnert die erste Stimme: „Töte!! Töte!!“

„Ja, töte, töte!! Sie leid’t’s halt nit!!!“
So ruft voll Grimme
Die zweite Stimme.

Und grollend zog das Wetter hinunter. –
– Antonio aber, getrost und munter,
Zieht seines Weges fürderhin,

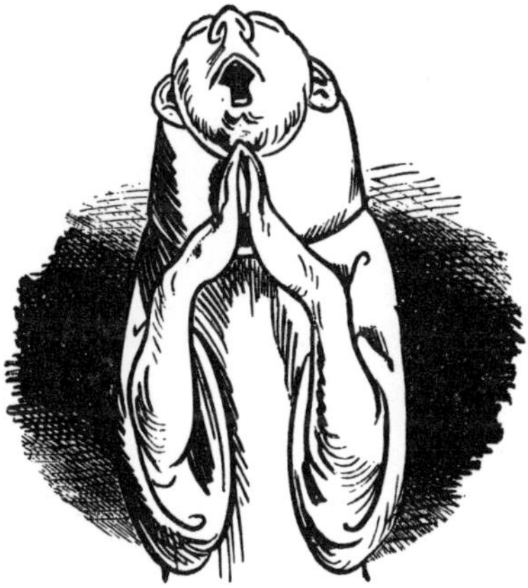

(Dank dir, o Himmelskönigin!)
Bis Padua, die werte Stadt,
Ihn wieder aufgenommen hat.

Fünftens
Kirchweih

Gen Padua, wenn Kirchweih ist,
Wallfahrten die Bruderschaften;
Denn da erlangt der fromme Christ
Einen Ablaß von großen Kraften.

Die Bruderschaft und den Jungfernverband,
Die tut es gewaltig dürsten;
Drum ist ein Wirtshaus allda zur Hand
Mit Bier und schweinernen Würsten.

Und als man nachts zu Bette ging,
Nahm man sich nicht in achte,
Das Wirtshaus, welches Feuer fing,
Brannt' hell, als man erwachte.

Das Kloster mit seiner Kellerei
Liegt nahe in großen Nöten;
Die Mönche erhuben ein groß Geschrei,
Antonio hub an zu beten:

„Ave Maria, mundi spes!
Erhalt uns armen Mönchen –
Du weißt es ja, wir brauchen es –
Den Wein in unsern Tönnchen!“

Und sieh! Erloschen ist die Glut
Der gier'gen Feuerzungen;

Die frommen Brüder fassen Mut,
Sie waren so fröhlich und sungen:
„Der Saft, der aus der Traube quoll,
Kann heut ja wohl nicht schaden!
Juchhe! Wir sind ja wieder voll,
Ja wieder voller Gnaden!“ –

Sechstens
Bischof Rusticus

Zu Padua war groß Gedränge
Der andachtsvollen Christenmenge.
Man eilt zu Kanzeln und Altären,
Den frommen Antonius zu hören,
Der sich alldorten seiner Predigt
Mit wunderbarer Kraft entledigt.
Auch tät er oft, vom Geist getrieben,
Herrliche Zeichen und Wunder verüben.
Jedoch die Kinder dieser Welt,
Denen so etwas selten gefällt,
Murren und munkeln so allerlei
Von Teufelskünsten und Zauberei
Und verklagen den frommen Antonius
Beim guten Bischof Rusticus.

Der Bischof läßt den Bruder kommen:

„Ich hab' von deiner Kunst vernommen!
Allein, mein Freund, wie ist der Glaube?"

Flugs nimmt Antonius seine Haube
Und hängt sie, wie an einen Pfahl,
An einen warmen Sonnenstrahl.

Der Bischof sprach: „Bravo! – Allein!
Dies kann auch Teufelsblendwerk sein!"
Nun spielte da im Sand herum
Ein Findelknabe, taub und stumm,
Und keiner hatte je erfahren,
Wer Vater oder Mutter waren. –
Antonius sprach: „Sag an, mein Kind,
Wer deine lieben Eltern sind!!"
O Wunder! Der bis diese Stund'
Nicht sprechen konnte, sprach jetzund:

„Der Bischof Rusticus, der ist . . .“
„Ps-s-s-s-s-st!!!“
Sprach der Bischof – „Es ist schon recht!!!

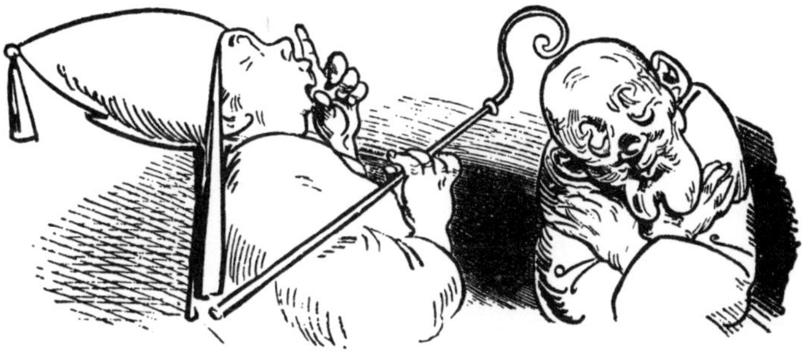

Antonius, du bist ein Gottesknecht!!!“

Seit dieser Zeit sah groß und klein
Antonius mit Heiligenschein.

Siebtens
Die Beichte

Es wohnte zu Padua ein Weib,
Bös von Seele, gut von Leib,
Genannt die schöne Monika. –
Als die den frommen Pater sah,
Verspürte sie ein groß Verlangen,
Auch ihn in ihre Netze zu fangen,
„Geht, rufet mir den heiligen Mann", –
So sprach sie – „daß ich beichten kann!"
Er kam und trat ins Schlafgemach.
Sie war so krank, sie war so schwach.

„Sei mir gegrüßt, o heil'ger Mann!
Und höre meine Beichte an!"

Antonius sprach mit ernstem Ton:
„Fahre fort, meine Tochter, ich höre schon!"
„Am Freitag war es, vor acht Tagen –
Ach Gott! ich wag' es kaum zu sagen!
Es war schon spät, ich lag allein –
Da trat ein Freund zu mir herein.
– Gewiß, ich konnte nichts dafür!
Er setzte sich ans Bett zu mir . . – . .
Ach, frommer Pater Antonio!
Wie Ihr da sitzt! Gerade so!"

Antonius sprach mit ernstem Ton:
„Fahre fort, meine Tochter, ich höre schon!"

„So saß er da und sprach kein Wort
Und sah mich an in einem fort
Und sah so fromm und freundlich drein –
Ich konnte ihm nicht böse sein!
Die Finger waren schlank und zart.
Blau war sein Auge, blond sein Bart . . .
– Ach, guter Vater Antonio!
Gerade wie Eurer! Gerade so!“

Antonius sprach mit ernstem Ton:
„Fahre fort, meine Tochter, ich höre schon!“

„Und leise tändelnd mit der Rechten
Berührt er meine losen Flechten,
Zieht meine Hand an seine Lippen,
Gar lieb und kosend dran zu nippen . . .
Ach, bester Vater Antonio,
So nippte er, gerade so!!!“

Antonius sprach mit ernstem Ton:
„Fahre fort, meine Tochter, ich höre schon!“

„So nippte er – und nippt nicht lange –
Er preßt' den Mund an meine Wange.
Geliebte, sprach er, liebst du mich??

Ja, sprach ich, rasend lieb ich dich!!
Ja. liebster, bester Antonio!

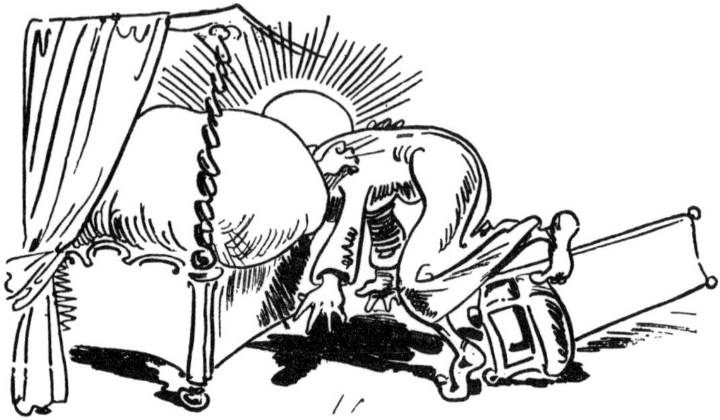

Ich lieb dich rasend, gerade so!!!"
Da sprach Antonius mit barschem Ton:

„Verruchtes Weib! Jetzt merk! ich's schon!"

Kehrt würdevoll sich um – und klapp!! –
Die Türe zu – geht er treppab.

Da sprach die schöne Monika,
Die dieses mit Erstaunen sah:
„Ich kenne doch so manchen Frommen,
So was ist mir nicht vorgekommen!!“

Achtens
Wallfahrt

Ein Christ verspüret großen Drang,
Das heil'ge Grab zu sehn,
Drum will Antonius schon lang
Dahin wallfahren gehn.

Es schickt sich, daß ein frommer Mann
Die Sache überlegt;
Er schafft sich einen Esel an,
Der ihm den Ranzen trägt.

So zogen sie hinaus zum Tor
Und fürder allgemach;
Der Heilige, der ging her vor,
Der Esel hinten nach.

Da kam aus seinem Hinterhalt
Ein Bär in schnellem Lauf;

Und greift den Esel alsobald
Und zehrt ihn mählich auf.

Antonius als guter Christ
Schaut's an mit Seelenruh:
„He, Alter! Wenn du fertig bist, –
Wohlan! – so trage du!"

Der heilige Antonius macht
Sich bald das Ding bequem,

Er setzt sich auf und reitet sacht
Bis nach Jerusalem.
Wo Salomonis Tempel stand,
Liegt mancher dicke Stein,

Den allerdicksten, den er fand,
Packt St. Antonius ein.

Er sprach: „Den Stein, den nehm' ich mit!"
Der Bär, der macht: Brumm, brumm!

Das hilft ihm aber alles nit,
Wir kümmern uns nicht drum.

Der Bär, obschon ganz krumm und matt,
Setzt sich in kurzen Trab

Bis hin nach Padua, der Stadt;,
Da stieg Antonius ab.

Und milde sprach der heil'ge Mann:

„Mein Freund, du kannst nun gehn!
Und wie es einem gehen kann,
Das hast du nun gesehn!"
Der Bär, als er zum Walde schlich,
Der brummte vor sich her:

„Mein Leben lang bekümmr' ich mich
Um keinen Esel mehr!"

Neuntens
Letzte Versuchung

Der heilige Antonius von Padua
Saß oftmals ganz alleinig da
Und las bei seinem Heiligenschein
Meistens bis tief in die Nacht hinein. –

Einst, als er wieder so sitzt und liest –
– Auf einmal, so räuspert sich was und niest;

Und wie er sich umschaut, der fromme Mann,
Schaut ihn ein hübsches Mädchen an. – –
Der heilige Antonius von Padua
War aber ganz ruhig, als dies geschah.
Er sprach: „Schau du nur immer zu,
Du störst mich nicht in meiner christlichen Ruh!"

Als er nun wieder so ruhig saß
Und weiter in seinem Buche las –

Husch, husch! – so spürt er auf der Glatzen
Und hinterm Ohr ein Kribbelkratzen,
Daß ihm dabei ganz sonderbar,
Bald warm, bald kalt zumute war. –

Der heilige Antonius von Padua
War aber ganz ruhig, als dies geschah.
Er sprach: „So krabble du nur zu,
Du störst mich nicht in meiner christlichen Ruh!“

„Na! – – Na!“ –

„Na, na! – sag' ich!!!"

„Hm! hm! – – hm!!!“

Auf einmal – er wußte selber nicht wie –
Setzt sich das Mädel ihm gar aufs Knie

Und gibt dem heil'gen Antonius
Links und rechts einen herzhaften Kuß.

Der heilige Antonius von Padua
War aber nicht ruhig, als dies geschah.
Er sprang empor, von Zorn entbrannt;

Er nahm das Kreuz in seine Hand:
„Laß ab von mir, unsaubrer Geist!
Sei, wie du bist, wer du auch seist!“

Puh!! – Da sauste mit großem Rumor
Der Satanas durchs Ofenrohr.

Der heilige Antonius, ruhig und heiter,
Las aber in seinem Buche weiter! –

O, heil'ger Antonius von Padua,
Du kennst uns ja!
So laß uns denn auf dieser Erden
Auch solche fromme Heil'ge werden!

Zehntens
Klausnerleben und Himmelfahrt

Der heilige Antonius – so wird berichtet –
Hat endlich ganz auf die Welt verzichtet;

Ist tief, tief hinten im Wald gesessen,
Hat Tau getrunken und Moos gegessen,
Und sitzt und sitzt an diesem Ort
Und betet, bis er schier verdorrt
Und ihm zuletzt das wilde Kraut
Aus Nase und aus Ohren schaut.
Er sprach: „Von hier will ich nicht weichen,
Es käm' mir denn ein glaubhaft Zeichen!"

Und siehe da! – Aus Waldes Mitten
Ein Wildschwein kommt dahergeschritten,

Das wühlet emsig an der Stelle
Ein Brünnlein auf, gar rein und helle.

Und wühlt mit Schnauben und mit Schnüffeln
Dazu hervor ein Häuflein Trüffeln. –

Der heilige Antonius, voll Preis und Dank,
Setzte sich nieder, aß und trank
Und sprach gerührt: „Du gutes Schwein,
Du sollst nun ewig bei mir sein!"

So lebten die zwei in Einigkeit
Hienieden auf Erden noch lange Zeit,

Und starben endlich und starben zugleich,
Und fuhren zusammen vors Himmelreich. –
„Au weih geschrien! Ein Schwein, ein Schwein!"
So huben die Juden an zu schreien.
Und auch die Türken kamen in Scharen
Und wollten sich gegen das Schwein verwahren. –

Doch siehe! – Aus des Himmels Tor
Tritt unsre liebe Frau hervor.
Den blauen Mantel hält die Linke,
Die Rechte sieht man sanft erhoben

Halb drohend, halb zum Gnadenwinke;
So steht sie da, von Glanz umwoben.
„Willkommen! Gehet ein in Frieden!
Hier wird kein Freund vom Freund geschieden.
Es kommt so manches Schaf herein,
Warum nicht auch ein braves Schwein!!“

Da grunzte das Schwein, die Englein sangen;
So sind beide hineingegangen.

Inhaltsübersicht: Zweiter Band

Spiegl Andreas

Wilhelm Busch
Gesamtwerk in sechs Bänden
Dritter Band

Wilh. Busch.

WILHELM BUSCH

GESAMMELTE WERKE IN SECHS BÄNDEN

3

XENOS Verlagsgesellschaft m.b.H.
Hamburg

Herausgegeben und eingeleitet von Hugo Werner.
Für die Wiedergabe der Zeichnungen stellte das Wilhelm-Busch-Museum, Hannover, die Vorlagen zur Verfügung.

ISBN-Nr. 3-8212-0259-9

Lizenzausgabe 1986 für die
XENOS Verlagsgesellschaft mbH, Hamburg
mit Genehmigung des Füllhorn Sachbuchverlages
Herausgeber: XENOS Verlagsgesellschaft mbH., Am Hehsel 42, 2000 Hamburg 63
Printed in Finland

Die Fromme Helene

1872

Erstes Kapitel
Lenchen kommt aufs Land

Wie der Wind in Trauerweiden
Tönt des frommen Sängers Lied,
Wenn er auf die Lasterfreuden
In den großen Städten sieht.

Ach, die sittenlose Presse!
Tut sie nicht in früher Stund
All die sündlichen Exzesse
Schon den Bürgersleuten kund?

Offenbach ist im Thalia,
Hier sind Bälle, da Konzerts.
Annchen, Hannchen und Maria
Hüpft vor Freuden schon das Herz.

Kaum trank man die letzte Tasse,
Putzt man schon den ird'schen Leib.
Auf dem Walle, auf der Gasse
Wimmelt man zum Zeitvertreib.

Wie sie schauen, wie sie grüßen!
Hier die zierlichen Mosjös,
Dort die Damen mit den süßen,
Himmlisch hohen Prachtpopös.

Und der Jud mit krummer Ferse,
Krummer Nas' und krummer Hos'
Schlängelt sich zur hohen Börse
Tiefverderbt und seelenlos.

Schweigen will ich von Lokalen,
Wo der Böse nächtlich praßt,
Wo im Kreis der Liberalen
Man den Heil'gen Vater haßt.

Schweigen will ich von Konzerten,
Wo der Kenner hoch entzückt
Mit dem seelenvoll-verklärten
Opernglase um sich blickt,

Wo mit weichen Wogebusen
Man schön warm beisammen sitzt,
Wo der hehre Chor der Musen,
Wo Apollo selber schwitzt.

Schweigen will ich vom Theater,
Wie von da, des Abends spät,
Schöne Mutter, alter Vater
Arm in Arm nach Hause geht.

Zwar man zeuget viele Kinder,
Doch man denket nichts dabei.
Und die Kinder werden Sünder,
Wenn's den Eltern einerlei.

„Komm Helenchen!“ sprach der brave
Vormund – „Komm, mein liebes Kind!
Komm auf's Land, wo sanfte Schafe
Und die frommen Lämmer sind.

Da ist Onkel, da ist Tante,
Da ist Tugend und Verstand,
Da sind deine Anverwandte!“

So kam Lenchen auf das Land.

Zweites Kapitel
Des Onkels Nachthemd

„Helene!“ – sprach der Onkel Nolte –
„Was ich schon immer sagen wollte!
Ich warne dich als Mensch und Christ:
Oh, hüte dich vor allem Bösen!
Es macht Pläsier, wenn man es ist,
Es macht Verdruß, wenn man's gewesen!“

„Ja, leider!“ – sprach die milde Tante –
„So ging es vielen, die ich kannte!
Drum soll ein Kind die weisen Lehren
Der alten Leute hochverehren!
Die haben alles hinter sich
Und sind, gottlob! recht tugendlich!

Nun gute Nacht! Es ist schon späte!
Und, gutes Lenchen, bete! bete!“

Helene geht. – Und mit Vergnügen
Sieht sie des Onkels Nachthemd liegen.

Die Nadel her, so schnell es geht!
Und Hals und Ärmel zugenäht!

Darauf begibt sie sich zur Ruh
Und deckt sich warm und fröhlich zu.

Bald kommt der Onkel auch herein
Und scheint bereits recht müd zu sein.

Erst nimmt er seine Schlummerprise,
Denn er ist sehr gewöhnt an diese.

Und nun vertauscht er mit Bedacht
Das Hemd des Tags mit dem der Nacht.

Doch geht's nicht so, wie er wohl möcht,
Denn die Geschichte will nicht recht.

„Potztausend, das ist wunderlich!"
Der Onkel Nolte ärgert sich.

Er ärgert sich, doch hilft es nicht.
Ja siehste wohl! Da liegt das Licht!

Stets größer wird der Ärger nur,
Es fällt die Dose und die Uhr.

Rack! – Stößt er an den Tisch der Nacht,
Was einen großen Lärm gemacht.

Hier kommt die Tante mit dem Licht. –
Der Onkel hat schon Luft gekriegt.

„Oh, sündenvolle Kreatur!
Dich mein' ich dort! – Ja, schnarche nur!“

Helene denkt: „Dies will ich nun
Auch ganz gewiß nicht wieder tun.“

Drittes Kapitel
Vetter Franz

Helenchen wächst und wird gescheit

Und trägt bereits ein langes Kleid. –
„Na, Lene! hast du's schon vernommen?
Der Vetter Franz ist angekommen."
So sprach die Tante früh um achte,
Indem sie gerade Kaffee machte.
„Und hörst du, sei fein hübsch manierlich
Und zeige dich nicht ungebührlich,
Und sitz bei Tische nicht so krumm
Und gaffe nicht soviel herum.
Und ganz besonders muß ich bitten:
Das Grüne, was so ausgeschnitten –
Du ziehst mir nicht das Grüne an,
Weil ich's nun mal nicht leiden kann."

„Ei!" – denkt Helene – „Schläft er noch?"
Und schaut auch schon durchs Schlüsselloch.

Der Franz, ermüdet von der Reise,
Liegt tief versteckt im Bettgehäuse.

„Ah, ja, ja, jam!“ – so gähnt er eben –
„Es wird wohl Zeit, sich zu erheben

Und sich allmählich zu bequemen,
Die Morgenwäsche vorzunehmen.“

Zum ersten: ist es mal so schicklich,

Zum zweiten: ist es sehr erquicklich;

Zum dritten: ist man sehr bestaubt

Und viertens: soll man's überhaupt,

Denn fünftens: ziert es das Gesicht

Und schließlich: schaden tut's mal nicht.

Wie fröhlich ist der Wandersmann,
Zieht er das reine Hemd sich an.

Und neugestärkt und friedlich-heiter
Bekleidet er sich emsig weiter

Und erntet endlich stillerfreut

Die Früchte seiner Reinlichkeit.

Jetzt steckt der Franz die Pfeife an,
Helene eilt, so schnell sie kann.

Plemm!! – Stößt sie an die alte Brause,
Die oben steht im Treppenhause.

Sie kommt auf Hannchen hergerollt,
Die Franzens Stiefel holen wollt.

Die Lene rutscht, es rutscht die Hanne;
Die Tante trägt die Kaffeekanne.

Da geht es klirr! und klipp! und klapp!
Und auch der Onkel kriegt was ab.

Viertes Kapitel
Der Frosch

Der Franz, ein Schüler hochgelehrt,
Macht sich gar bald beliebt und wert.
So hat er einstens in der Nacht
Beifolgendes Gedicht gemacht:

Als ich so von ungefähr
Durch den Wald spazierte,
Kam ein bunter Vogel, der
Pfiff und quinquilierte.

Was der bunte Vogel pfiff,
Fühle und begreif' ich:
Liebe ist der Inbegriff,
Auf das andre pfeif' ich.

Er schenkt's Helenen, die darob
Gar hocherfreut und voller Lob.

Und Franz war wirklich angenehm,
Teils dieserhalb, teils außerdem.

Wenn in der Küche oder Kammer
Ein Nagel fehlt – Franz holt den Hammer!

Wenn man den Kellerraum betritt,
Wo's öd und dunkel – Franz geht mit!

Wenn man nach dem Gemüse sah
In Feld und Garten – Franz ist da! –

Oft ist z. B. an den Stangen
Die Bohne schwierig zu erlangen.

Franz aber faßt die Leiter an,
Daß Lenchen ja nicht fallen kann.

Und ist sie dann da oben fertig –
Franz ist zur Hilfe gegenwärtig.

Kurzum! Es sei nun, was es sei –
Der Vetter Franz ist gern dabei.

Indessen ganz insonderheit
Ist er voll Scherz und Lustbarkeit.

Schau, schau! Da schlupft und hupft im Grün
Ein Frosch herum! – Gleich hat er ihn!

Und setzt ihn heimlich nackt und bloß
In Nolten seine Tobaksdos'.

Wie nun der sanfte Onkel Nolte
Sich eine Prise schöpfen wollte –

Hucks da! Mit einem Satze saß
Der Frosch an Nolten seiner Nas'.

Platsch! Springt er in die Tasse gar,
Worin noch schöner Kaffee war.

Schlupp! Sitzt er in der Butterbemme
Ein kleines Weilchen in der Klemme.

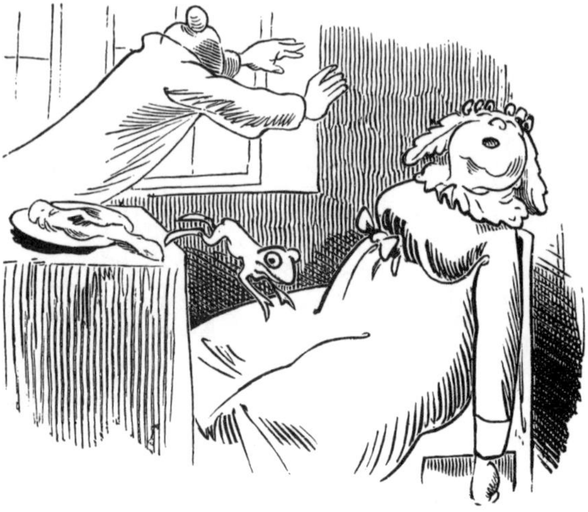

Putsch!! – Ach, der Todesschreck ist groß!
Er hupft in Tante ihren Schoß.

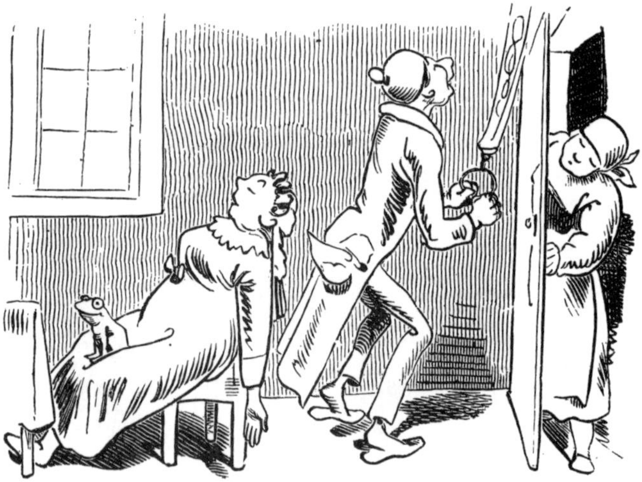

Der Onkel ruft und zieht die Schelle:
„He, Hannchen, Hannchen, komme schnelle!“

Und Hannchen ohne Furcht und Bangen
Entfernt das Scheusal mit der Zangen.

Nun kehrt die Tante auch zum Glück
Ins selbstbewußte Sein zurück.

Wie hat Helene da gelacht,
Als Vetter Franz den Scherz gemacht!

Eins aber war von ihm nicht schön:
Man sah ihn oft bei Hannchen stehn!
Doch jeder Jüngling hat wohl mal
'n Hang fürs Küchenpersonal,

Und sündhaft ist der Mensch im ganzen!
Wie betet Lenchen da für Franzen!!

Nur einer war, der heimlich grollte:
Das ist der ahnungsvolle Nolte.
Natürlich tut er dieses bloß
In Anbetracht der Tobaksdos'.
Er war auch wirklich voller Freud,
Als nun vorbei die Ferienzeit
Und Franz mit Schrecken wiederum
Zurück muß aufs Gymnasium.

Fünftes Kapitel
Der Liebesbrief

„Und wenn er sich auch ärgern sollte,
Was schert mich dieser Onkel Nolte!“

So denkt Helene, leider Gotts!
Und schreibt dem Onkel grad zum Trotz:

„Geliebter Franz!
Du weißt es ja, Dein bin ich ganz!

Wie reizend schön war doch die Zeit,
Wie himmlisch war das Herz erfreut,

Als in den Schnabelbohnen drin
Der Jemand eine Jemandin,

Ich darf wohl sagen: herzlich küßte. –
Ach Gott, wenn das die Tante wüßte!

Und ach! wie ist es hierzuland
Doch jetzt so schrecklich anigant!

Der Onkel ist, gottlob, recht dumm,
Die Tante nöckert so herum,

Und beide sind so furchtbar fromm;
Wenn's irgend möglich, Franz, so komm
Und trockne meiner Sehnsucht Träne!
10000 Küsse von

Helene."

Jetzt Siegellack! – Doch weh! alsbald

Ruft Onkel Nolte donnernd: „Halt!“

Und an Helenes Nase stracks
Klebt das erhitzte Siegelwachs.

Sechstes Kapitel
Eine unruhige Nacht

In der Kammer, still und donkel,
Schläft die Tante bei dem Onkel.

Mit der Angelschnur versehen
Naht sich Lenchen auf den Zehen.

Zupp! – Schon lüftet sich die Decke
Zu des Onkels großem Schrecke.

Zupp! – Jetzt spürt die Tante auch
An dem Fuß den kalten Hauch.

„Nolte!“ – ruft sie – „Lasse das,
Denn das ist ein dummer Spaß!“

Und mit Murren und Gebrumm
Kehrt man beiderseits sich um.

Schnupp! – Da liegt man gänzlich bloß
Und die Zornigkeit wird groß;

Und der Schlüsselbund erklirrt,
Bis der Onkel flüchtig wird.

Autsch! Wie tut der Fuß so weh!
An der Angel sitzt die Zeh.

Lene hört nicht auf zu zupfen,
Onkel Nolte, der muß hupfen.

Lene hält die Türe zu.
Oh, du böse Lene du!

Stille wird es nach und nach,
Friede herrscht im Schlafgemach.

Am Morgen aber ward es klar,
Was nachts im Rat beschlossen war.
Kalt, ernst und dumpf sprach Onkel Nolte:
„Helene, was ich sagen wollte: –“

„Ach!“ – rief sie – „Ach! Ich will es nun
Auch ganz gewiß nicht wieder tun!“

„Es ist zu spät! – drum stantepeh
Pack deine Sachen! – So! – Ade!“

Siebentes Kapitel
Interimistische Zerstreuung

Ratsam ist und bleibt es immer
Für ein junges Frauenzimmer,
Einen Mann sich zu erwählen
Und wo möglich zu vermählen.

Erstens: will es so der Brauch.
Zweitens: will man's selber auch.
Drittens: man bedarf der Leitung
Und der männlichen Begleitung;

Weil bekanntlich manche Sachen,
Welche große Freude machen,
Mädchen nicht allein verstehn;
Als da ist: ins Wirtshaus gehn. –

Freilich oft, wenn man auch möchte,
Findet sich nicht gleich der Rechte;
Und derweil man so allein,
Sucht man sonst sich zu zerstreun.

Lene hat zu diesem Zwecke
Zwei Kanari in der Hecke,

Welche Niep und Piep genannt.
Zierlich fraßen aus der Hand
Diese goldignetten Mätzchen;

Aber Mienzi hieß das Kätzchen.

Einstens kam auch auf Besuch
Kater Munzel, frech und klug.

Alsobald so ist man einig. –
Fest entschlossen, still und schleunig

Ziehen sie voll Mörderdrang
Niep und Piep die Hälse lang.

Drauf so schreiten sie ganz heiter
Zu dem Kaffeetische weiter. –

Mienzi mit den sanften Tätzchen
Nimmt die guten Zuckerplätzchen.
Aber Munzels dicker Kopf
Quält sich in den Sahnetopf.

Grad kommt Lene, welche drüben
Eben einen Brief geschrieben,
Mit dem Licht und Siegellack
Und bemerkt das Lumpenpack.

Mienzi kann noch schnell enteilen,
Aber Munzel muß verweilen;

Denn es sitzt an Munzels Kopf
Festgeschmiegt der Sahnetopf.

Blindlings stürzt er sich zur Erd'.
Klacks! – Der Topf ist nichts mehr wert.

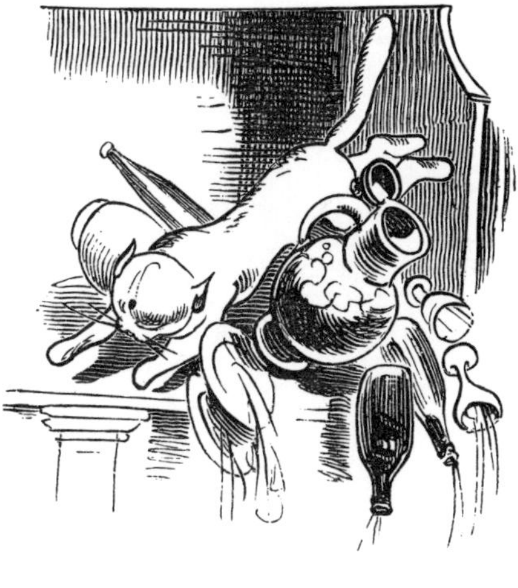

Aufs Büfett geht es jetzunder;
Flaschen, Gläser – alles runter!

Sehr in Ängsten sieht man ihn

Aufwärts sausen am Kamin.

Ach! – Die Venus ist perdü –
Klickeradoms! – von Medici!

Weh! Mit einem Satze ist er
Vom Kamine an dem Lüster;

Und da geht es Klingelingelings!
Unten liegt das teure Dings.

Schnell sucht Munzel zu entrinnen,
Doch er kann nicht mehr von hinnen. –

Wehe, Munzel! – Lene kriegt
Tute, Siegellack und Licht.

Allererst tut man die Tute
An des Schweifs behaarte Rute;

Dann das Lack, nachdem's erhitzt,
Auf die Tute, bis sie sitzt.

Drauf hält man das Licht daran,
Daß die Tute brennen kann.

Jetzt läßt man den Munzel los. –
Mau! – Wie ist die Hitze groß!

Achtes Kapitel
Der Heiratsentschluß

Wenn's einer davon haben kann,
So bleibt er gerne dann und wann
Des Morgens, wenn das Wetter kühle,
Noch etwas liegen auf dem Pfühle.
Und denkt sich so in seinem Sinn:
Na, dämm're noch'n bissel hin!
Und denkt so hin und denkt so her,
Wie dies wohl wär, wenn das nicht wär. –
Und schließlich wird es ihm zu dumm. –
Er wendet sich nach vorne um,
Kreucht von der warmen Lagerstätte
Und geht an seine Toilette.

Die Propertät ist sehr zu schätzen,
Doch kann sie manches nicht ersetzen. –

Der Mensch wird schließlich mangelhaft.

Die Locke wird hinweggerafft. –

Mehr ist hier schon die Kunst zu loben,

Denn Schönheit wird durch Kunst gehoben. –

Allein auch dieses, auf die Dauer,
Fällt doch dem Menschen schließlich sauer. –

„Es sei!“ sprach Lene heute früh –
„Ich nehme Schmöck und Kompanie!“

G. J. C. Schmöck, schon längst bereit,
Ist dieserhalb gar hoch erfreut.
Und als der Frühling kam ins Land,
Ward Lene Madam Schmöck genannt.

Neuntes Kapitel
Die Hochzeitsreise

's war Heidelberg, das sich erwählten
Als Freudenort die Neuvermählten. –

Wie lieblich wandelt man zu zwein
Zum Schloß hinauf im Sonnenschein.

„Ach, sieh nur mal, geliebter Schorsch!
Hier diese Trümmer, alt und morsch!“

„Ja!“ – sprach er – „Aber diese Hitze!
Und fühle nur mal, wie ich schwitze!“

Ruinen machen vielen Spaß. –
Auch sieht man gern das große Faß.

Und – alle Ehrfurcht! – muß ich sagen.

Alsbald, so sitzt man froh im Wagen

Und sieht das Panorama schnelle
Vorüberziehn bis zum Hotelle;

Denn Spargel, Schinken, Koteletts
Sind doch mitunter auch was Nett's.

„Pist! Kellner! Stell'n Sie eine kalt!
Und, Kellner! Aber möglichst bald!"

Der Kellner hört des Fremden Wort.
Es saust der Frack. Schon eilt er fort.

Wie lieb und luftig perlt die Blase
Der Witwe Klicko in dem Glase.

Gelobt seist du viel tausendmal!
Helene blättert im Journal.

„Pist! Kellner! Noch einmal so eine!" –
– Helenen ihre Uhr ist neune. –

Der Kellner hört des Fremden Wort.
Es saust der Frack. Schon eilt er fort.

Wie lieb und luftig perlt die Blase
Der Witwe Klicko in dem Glase. –

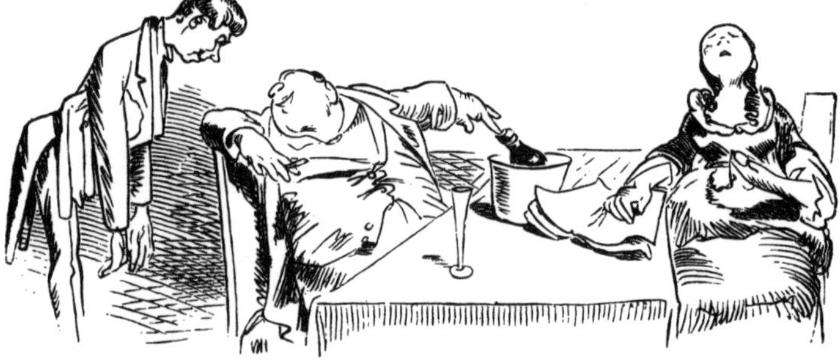

„Pist! Kellner! Noch so was von den!“ –
– Helenen ihre Uhr ist zehn. –

Schon eilt der Kellner emsig fort. –
Helene spricht ein ernstes Wort. –

Der Kellner leuchtet auf der Stiegen.
Der fremde Herr ist voll Vergnügen.

Pitsch! – Siehe da! Er löscht das Licht.

Plums! Liegt er da und rührt sich nicht.

Zehntes Kapitel
Löbliche Tätigkeit

Viele Madams, die ohne Sorgen,
In Sicherheit und wohlgeborgen,
Die denken: Pah! Es hat noch Zeit! –
Und bleiben ohne Frömmigkeit. –

Wie lobenswert ist da Helene!
Helene denkt nicht so wie jene. –
Nein, nein: sie wandelt oft und gerne
Zur Kirche hin, obschon sie ferne.

Und Jean mit demutsvollem Blick,
Drei Schritte hinterwärts zurück,
Das Buch der Lieder in der Hand,
Folgt seiner Herrin unverwandt.

Doch ist Helene nicht allein
Nur auf sich selbst bedacht. – O nein! –
Ein guter Mensch gibt gerne acht,
Ob auch der andre was Böses macht;
Und strebt durch häufige Belehrung
Nach seiner Bessrung und Bekehrung.

„Schang!“ – sprach sie einstens – „Deine Taschen
Sind oft so dick! Schang! Tust du naschen?

Ja, siehst du wohl! Ich dacht' es gleich!
O Schang! Denk an das Himmelreich!"

Dies Wort drang ihm in die Natur,
So daß er schleunigst Bessrung schwur.

Doch nicht durch Worte nur allein
Soll man den andern nützlich sein. –

Helene strickt die guten Jacken,
Die so erquicklich für den Nacken;
Denn draußen wehen rauhe Winde. –
Sie fertigt auch die warme Binde;
Denn diese ist für kalte Mägen
Zur Winterszeit ein wahrer Segen. –
Sie pflegt mit herzlichem Pläsier
Sogar den fränk'schen Offizier,
Der noch mit mehren dieses Jahr
Im Deutschen Reiche seßhaft war. –

Besonders aber tat ihr leid
Der armen Leute Bedürftigkeit. –
Und da der Arzt mit Ernst geraten,
Den Leib in warmem Wein zu baden,

So tut sie's auch.

Oh, wie erfreut
Ist nun die Schar der armen Leut',

Die, sich recht innerlich zu laben,
Doch auch mal etwas Warmes haben.

Elftes Kapitel
Geistlicher Rat

Viel Freude macht, wie männiglich bekannt,
Für Mann und Weib der heilige Ehestand!
Und lieblich ist es für den Frommen,
Der die Genehmigung dazu bekommen,
Wenn er sodann nach der üblichen Frist
Glücklicher Vater und Mutter ist. –
– Doch manchmal ärgert man sich bloß,
Denn die Ehe bleibt kinderlos. –

– Dieses erfuhr nach einiger Zeit
Helene mit großer Traurigkeit. –

Nun wohnte allda ein frommer Mann,
Bei Sankt Peter dicht nebenan,
Von Fraun und Jungfraun weit und breit
Hochgepriesen ob seiner Gelehrsamkeit. –
(Jetzt war er freilich schon etwas kränklich.)

„O meine Tochter!“ – sprach er bedenklich –
„Dieses ist ein schwierig' Kapitel;
Da helfen allein die geistlichen Mittel!
Drum, meine Beste, ist dies mein Rat:
Schreite hinauf den steilen Pfad
Und folge der seligen Pilgerspur
Gen Chosemont de bon secours,
Denn dorten, berühmt seit alter Zeit,
Stehet die Wiege der Fruchtbarkeit.

Und wer allda sich hinverfügt,
Und wer allda die Wiege gewiegt,
Der spürete bald nach selbigter Fahrt,
Daß die Geschichte anders ward.

Solches hat noch vor etzlichen Jahren
Leider Gotts! eine fromme Jungfer erfahren,
Welche, indem sie bis dato in diesen
Dingen nicht sattsam unterwiesen,
Aus Unbedacht und kindlichem Vergnügen
Die Wiege hat angefangen zu wiegen. –
Und ob sie schon nur ein wenig gewiegt,
Hat sie dennoch ein ganz kleines Kind gekriegt. –

Auch kam da ein frecher Pilgersmann,
Der rühret aus Vorwitz die Wiegen an.
Darauf nach etwa etzlichen Wochen,
Nachdem er dieses verübt und verbrochen,
Und – – Doch, meine Liebe, genug für heute!
Ich höre, daß es zur Metten läute.
Addio! Und – Trost sei Dir beschieden!
Zeuge hin in Frieden!“

Zwölftes Kapitel
Die Wallfahrt

Hoch von gnadenreicher Stelle
Winkt die Schenke und Kapelle. –

Aus dem Tale zu der Höhe,
In dem seligen Gedränge
Andachtsvoller Christenmenge
Fühlt man froh des andern Nähe;
Denn hervor aus Herz und Munde,
Aus der Seele tiefstem Grunde
Haucht sich warm und innig an
Pilgerin und Pilgersmann. –

Hier vor allen, schuhbestaubt,
Warm ums Herze, warm ums Haupt,
Oft erprobt in ernster Kraft,
Schreitet die Erzgebruderschaft.

Itzo kommt die Jungferngilde,
Auf den Lippen Harmonie, –
In dem Busen Engelsmilde,
In der Hand das Paraplü. –
Oh, wie lieblich tönt der Chor!
Bruder Jochen betet vor. –

Aber dort im Sonnenscheine
Geht Helene traurig-heiter,

Sozusagen, ganz alleine,

Denn ihr einziger Begleiter,
Stillverklärt im Sonnenglanz,
Ist der gute Vetter Franz,
Den seit kurzem die Bekannten
Nur den „heil'gen" Franz benannten. –
Traulich wallen sie zu zweit
Als zwei fromme Pilgersleut.

Gott sei Dank, jetzt ist man oben!
Und mit Preisen und mit Loben
Und mit Eifer und Bedacht
Wird das Nötige vollbracht.

Freudig eilt man nun zur Schenke,
Freudig greift man zum Getränke,
Welches schon seit langer Zeit
In des Klosters Einsamkeit
Ernstbesonnen, stillvertraut,
Bruder Jakob öfters braut.

Hierbei schaun sich innig an
Pilgerin und Pilgersmann.

Endlich nach des Tages Schwüle
Naht die sanfte Abendkühle.

In dem gold'nen Mondenscheine
Geht Helene froh und heiter,
Sozusagen, ganz alleine,
Denn ihr einziger Begleiter,
Stillverklärt im Mondesglanz,
Ist der heil'ge Vetter Franz.
Traulich ziehn sie heim zu zweit
Als zwei gute Pilgersleut. –

Doch die Erzgebruderschaft
Nebst den Jungfern tugendhaft,
Die sich etwas sehr verspätet,
Kommen jetzt erst angebetet.
Oh, wie lieblich tönt der Chor!
Bruder Jochen betet vor.

Schau, da kommt von ungefähr
Eine Droschke noch daher. –

Er, der diese Droschke fuhr,
Frech und ruchlos von Natur,
Heimlich denkend: papperlapp!
Tuet seinen Hut nicht ab. –

Weh! Schon schaun ihn grollend an
Pilgerin und Pilgersmann. –
Zwar der Kutscher sucht mit Klappen
Anzuspornen seinen Rappen,

Aber Jochen schiebt die lange
Jungfernbundesfahnenstange
Durch die Hinterräder quer –

Schrupp! – und 's Fuhrwerk geht nicht mehr. –

Bei den Beinen, bei dem Rocke
Zieht man ihn von seinem Bocke;

Jungfer Nanni mit der Krücke
Stößt ihn häufig ins Genicke.
Aber Jungfer Adelheid
Treibt die Sache gar zu weit,

Denn sie sticht in Kampfeshitze
Mit des Schirmes scharfer Spitze;

Und vor Schaden schützt ihn bloß
Seine warme Lederhos'. –

Drauf so schaun sich fröhlich an

Pilgerin und Pilgersmann,

Fern verklingt der Jungfernchor,
Bruder Jochen betet vor. –

Doch der böse Kutscher, dem

Alles dieses nicht genehm,

Meldet eilig die Geschichte
Bei dem hohen Stadtgerichte.
Dieses ladet baldigst vor
Jochen und den Jungfernchor.

Und das Urteil wird gesprochen:
Bruder Jochen kriegt drei Wochen,
Aber Jungf- und Bruderschaften
Sollen für die Kosten haften. –

Ach! Da schaun sich traurig an
Pilgerin und Pilgersmann.

Dreizehntes Kapitel
Die Zwillinge

Wo kriegten wir die Kinder her,
Wenn Meister Klapperstorch nicht wär?

Er war's, der Schmöcks in letzter Nacht
Ein kleines Zwillingspaar gebracht.

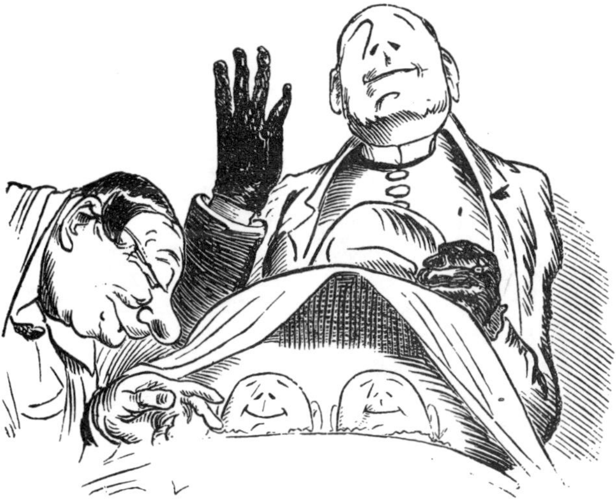

Der Vetter Franz, mit mildem Blick,
Hub an und sprach: „Oh, welches Glück!
Welch' kleine, freundliche Kollegen!
Das ist fürwahr zwiefacher Segen!
Drum töne zwiefach Preis und Ehr!
Herr Schmöck, ich gratuliere sehr!"

Bald drauf um zwölf kommt Schmöck herunter,

So recht vergnügt und frisch und munter.
Und emsig setzt er sich zu Tische,
Denn heute gibt's Salat und Fische.

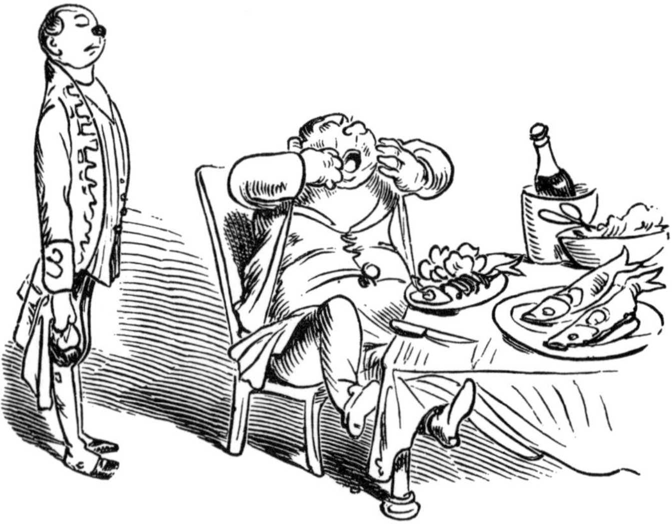

Autsch! – Eine Gräte kommt verquer,
Und Schmöck wird blau und hustet sehr;

Und hustet, bis ihm der Salat
Aus beiden Ohren fliegen tat.

Bums! Da! Er schließt den Lebenslauf.
Der Jean fängt schnell die Flasche auf.

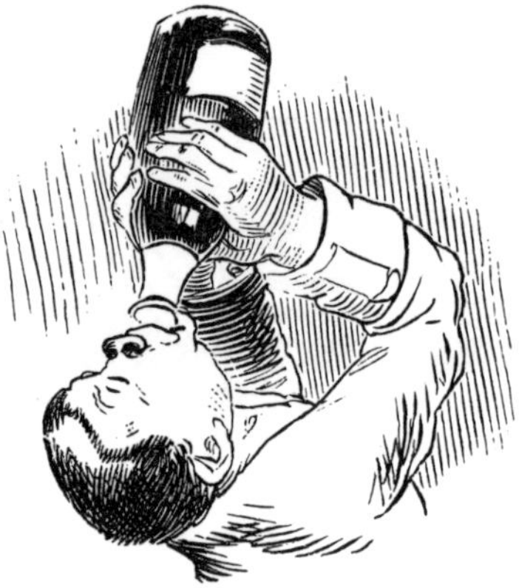

„Oh!“ – sprach der Jean – „es ist ein Graus!
Wie schnell ist doch das Leben aus!“

Vierzehntes Kapitel
Ein treuloser Freund

„O Franz!“ – spricht Lene – und sie weint –
„O Franz! Du bist mein einz’ger Freund!“
„Ja!“ – schwört der Franz mit mildem Hauch –
„Ich war’s, ich bin’s und bleib’ es auch!

Nun gute Nacht! Schon tönt es zehn!
Will’s Gott! Auf baldig Wiedersehn!“

Die Stiegen steigt er sanft hinunter. –
Schau, schau! Die Kathi ist noch munter.

Das freut den Franz. – Er hat nun mal
'n Hang fürs Küchenpersonal.

Der Jean, der heimlich näher schlich,
Bemerkt die Sache zorniglich.

Von großer Eifersucht erfüllt,
Hebt er die Flasche rasch und wild.

Und – Kracks! es dringt der scharfe Schlag
Bis tief in das Gedankenfach.

’s ist aus! – Der Lebensfaden bricht. –
Helene naht. – Es fällt das Licht.

Fünfzehntes Kapitel
Die Reue

Ach, wie ist der Mensch so sündig! –
Lene, Lene, Gehe in dich! –

Und sie eilet tieferschüttert
Zu dem Schranke schmerzdurchzittert.

Fort! Ihr falschgesinnten Zöpfe,
Schminke und Pomadetöpfe!

Fort! Du Apparat der Lüste,
Hochgewölbtes Herzgerüste!

Fort vor allem mit dem Übel
Dieser Lust- und Sündenstiebel!

Trödelkram der Eitelkeit,
Fort, und sei der Glut geweiht!

O wie lieblich sind die Schuhe
Demutsvoller Seelenruhe!

Sieh, da geht Helene hin,
Eine schlanke Büßerin!

Sechzehntes Kapitel
Versuchung und Ende

Es ist ein Brauch von alters her:
Wer Sorgen hat, hat auch Likör!

„Nein!" – ruft Helene – „Aber nun
Will ich's auch ganz – und ganz – und ganz –
und ganz gewiß nicht wieder tun!"

Sie kniet von ferne fromm und frisch.
Die Flasche stehet auf dem Tisch.

Es läßt sich knien auch ohne Pult.
Die Flasche wartet mit Geduld

Man liest nicht gerne weit vom Licht.
Die Flasche glänzt und rührt sich nicht.

Oft liest man mehr als wie genug.
Die Flasche ist kein Liederbuch.

Gefährlich ist des Freundes Nähe.
O Lene, Lene! Wehe, wehe!

O sieh! – Im sel'gen Nachtgewande
Erscheint die jüngstverstorb'ne Tante.

Mit geisterhaftem Schmerzgetöne –
„Helene!“ – ruft sie – „Oh, Helene!!!“

Umsonst! – Es fällt die Lampe um,
Gefüllt mit dem Petroleum.

Und hilflos und mit Angstgewimmer
Verkohlt dies fromme Frauenzimmer.

Hier sieht man ihre Trümmer rauchen,
Der Rest ist nicht mehr zu gebrauchen.

Siebzehntes Kapitel
Triumph des Bösen

Hu! Draußen welch ein schrecklich Grausen!
Blitz, Donner, Nacht und Sturmesbrausen! –

Schon wartet an des Hauses Schlote
Der Unterwelt geschwänzter Bote.

Zwar Lenens guter Genius
Bekämpft den Geist der Finternus,

Doch dieser kehrt sich um und packt
Ihn mit der Gabel zwiegezackt.

O weh, o weh! Der Gute fällt!
Es siegt der Geist der Unterwelt.

Er faßt die arme Seele schnelle

Und fährt mit ihr zum Schlund der Hölle.

Hinein mit ihr! – Huhu! Haha!
Der heil'ge Franz ist auch schon da.

Schluß

Als Onkel Nolte dies vernommen,
War ihm sein Herze sehr beklommen.

Doch als er nun genug geklagt:
„Oh!“ – sprach er – „Ich hab’s gleich gesagt!

Das Gute – dieser Satz steht fest –
Ist stets das Böse, was man läßt!

Ei, ja! – Da bin ich wirklich froh!
Denn, Gott sei Dank! ich bin nicht so!!“

Bilder zur Jobsiade

1872

An
Karl Arnold Kortum
Verfasser der Jobsiade

Hier sitz ich auf dem Meilenstein
Und sehe froh-verwundert,
Wie Du auf Deinem Rößlein fein
Hertrabst durch das Jahrhundert.

Jetzt bist Du da. – Ich zieh den Hut,
Du ziehst den vollen Säckel
Und wirfst die Batzen wohlgemut
In meinen alten Deckel.

Das Rößlein schüttelt mit dem Kopf,
Es sitzt so stramm der Reiter;
Wie lustig wackelt ihm der Zopf!
Zack zack! So geht es weiter.

Erstes Kapitel

Sintemalen denn alles beisammen allhier:
Feder, Tinte, Tobak und Papier;
So wollen wir dem Hieronymus Jobsen –
Nachdem wir uns eine Pfeife gestopsen –
Sein Leben, Lernen, Leiden und Lieben
Und was er sonsten allhier getrieben,
Mit allem Fleiße aufnotieren
Und standesgemäß zu skizzieren
probieren. –

Dies hier ist Jobs, der Herr Senater,
Des Hieronymus zukünftiger Vater. –

Die Frau Senaterin aber war

Eine geborene Plappelplar,
Mit welcher indessen der treue Gatte
Bis dato nur weibliche Kinder hatte. –
Darum so war ihr Streben und Sinnen,
Demnächst einen Knaben sich zu gewinnen.
Einst, als die Frau Senaterin Jobs
Im Bette schlief, recht sanft gottlobs!
Da war ihr so, als wenn ihr so wär,
Als hätte sie mit vieler Beschwer

Ein großes allmächtiges Tutehorn
Statt eines kleinen Kindes geborn. –

– Drei Wochen nach diesem Traumgesicht
Begab sich ein kleiner Jobs ans Licht. –
Wie freut sich der betreffende Vater,
Nämlich Jobs, der alte Senater.

Es eilten herbei mit freudigem Schnattern
Alle die Tanten, Basen, Gevattern.
Sie sagten, daß es auf ihre Ehre
Ein ganzer reizender Knabe wäre. –

Drauf, als Frau Jobs in ihrer Art
Den neulich gehabten Traum offenbart,
Hub alles die Hände in die Höh:
„Grundgütiger, o jemine!
Was wäre denn das? Was wäre denn das?
So was bedeutet sicher was!“
Frau Schnepperle sprach mit weisem Ton:
„Ja, ja! Da bringt mich keiner von!
Frau Schnatrin? glauben Sie es nur:
Ein Traum, der kommt aus der Natur!“

Zweites Kapitel

Nach allgemeinem Familienbeschluß
Nennt man den Knaben Hieronymus. –

Meistens war er ganz gut zufrieden,
Besonders, wenn ihm ein Schnuller beschieden.

Aber dann kamen die bösen Insekten,
Welche ihn immer so leckten und neckten,

Daß er sich nicht zu helfen wußte
Und seinen Schnuller entlassen mußte.

Weithin erscholl sein Wehgeschrei
Und lockte die guten Eltern herbei.

Die gaben dann manchen zärtlichen Kuß
Ihrem lieben kleinen Hieronymus.

Als nun Hieronymus sieben Jahr
Und auch bereits in der Schule war,
Da hat es sich leider Gottes gezeigt,
Daß er dem Lernen sehr abgeneigt.

Statt dessen fing er häufig mit Spucke
Zwischen den Fingern sich eine Mucke,
Und tat's auch dann noch, wenn es hieß:
„Hieronymus, unterlasse dies!"

Auch trieb er noch manch' andere Possen,
Die den Herrn Rektor sehr verdrossen.

Zum Beispiel stutzt er sich seinen Zopf

Und stopft das in den Pfeifenkopf.

Der gute Rektor kommt gegangen,
Greift nach der Pfeife voll Verlangen,

Und, da er sie noch geladen findet,
Hat er sie baldigst angezündet.

Aber schon nach den ersten Zügen
Macht ihm die Sache kein rechtes Vergnügen.

„Bäbä!" – so spuckt er. – „Ich glaube gar,
Dies schmeckt wie gebratenes Menschenhaar!

Ei, ei! Hieronymus, du Tropf!
Da fehlt ja was hinten an deinem Zopf!“

Der Rektor, welcher in heftigem Zorn,
Schlägt nach hinten und zieht nach vorn.

Des Rektors Pfeife ist ruiniert;
Hieronymus ist mit Tinte beschmiert. –
Hieraus ziehet der Rektor den Schluß:
's wird nichts aus diesem Hieronymus.

Drittes Kapitel

Öfters noch sprach der Rektor Bax:
„Der Junge, der bleibt ein fauler Lachs!"
Aber die Eltern blieben dabei,
Daß Hieronymus dieses nicht sei. –
Frau Jobs, die noch ihren Traum im Sinn,
Befraget die alte Zigeunerin.
Die sprach: „Aus diesem Horn zum Tuten
Kann man mit Sicherheit vermuten,
Dereinst wird der Herr Sohn auf Erden
Ein Mann von großem Ruhme werden.

Er wird ermahnen, er wird belehren;
Einer wird reden und viele hören.
Die Schläfer wird er auferwecken,
Den Kranken ein Tröster, den Bösen ein Schrecken."

Demnach so ist es denn fest beschlossen,
Obschon es den Rektor heftig verdrossen,
Hieronymus soll das Studieren erlernen,
Sich Ostern zur Universität entfernen
Und dorten verbleiben zu Nutz und Ehr,
Bis daß er ein geistlicher Herre wär. –

Den Beutel mit schönen Dukaten gespickt,
Ist er richtig zu Ostern ausgerückt

Und, von dem alten Hausknecht beglitten,
Recht heiter zur nächsten Post geritten.

In der Stube der Passagiere
Befand sich ein Herr von feiner Turnüre,

Bekleidet mit einer großen Perücke;
Der tät ihn begrüßen mit freundlichem Blicke
Und sagte so unter anderen Sachen,
Sie wollten ein kleines Spielchen machen. –

Anfangs ging die Sache recht gut,
Hieronymus war froh und faßte Mut.
Als aber das Posthorn lustig erklang,
Ward es ihm in der Seele bang.

Mit Schmerzen läßt er sein Geld zurücke
Dem fremden Herrn mit der großen Perücke.
So sitzt er nun im Wageneck,
Gedenkt an seine Dukaten, die weg,

Und ist voll tiefer Melancholie. –
Ein hübsches Mamsellchen sitzt vis-à-vis.

Diese gute Demoiselle
Tröstet den armen Jüngling schnelle.

Dem Mitleid folgt in kurzer Zeit
Die Liebe und dieser die Zärtlichkeit.

Und auch der Schwager seinerseits
Findet die Sache nicht ohne Reiz. –

Ach, aber kaum lernt man sich kennen,
So muß man sich schon wieder trennen.
Der Schwager bläst trara, trara!
Und fort muß die Amalia.

Wie nun Hieronymus weiter fuhr,
Denkt er sich so: Was ist wohl die Uhr?
Er sucht sie vorne, er sucht sie hinten,
Aber er kann die Uhr nicht finden.

Auweh! Jetzt fällt's ihm plötzlich ein:
Man soll mit Vorsicht zärtlich sein.

Viertes Kapitel

Die erste Pflicht der Musensöhne
Ist, daß man sich ans Bier gewöhne.

Hieronymus ward dieses nicht schwer;
Er konnte es schon von der Schule her.

Im goldenen Engel auf der Bank
Saß er fleißig und sang und trank.

Und wenn es dann Feierabend hieß,
Und jeder den goldenen Engel verließ,
War's ihm nicht recht. Denn saß er mal,

So verließ er nur ungern das schöne Lokal.

Die Rinnen des Daches, nützlich und gut,
Biegt er nach außen, bis alles kaputt.

Dahingegen leeret die Dame vom Haus
Die Schale des Zornes über ihn aus.

Gibt's irgendwo 'ne Paukerei,
Natürlich, Hieronymus ist dabei,

Und kriegt denn auch eine schöne Quarte
In seine dicke, fette Schwarte.

Oft wandelt er mit Schmitts Karlinen,
Selbst wenn der Mond auch nicht geschienen,

In traulich stillem Wechselverkehr
Auf dem Walle der Stadt umher. –
Dieses war stets ein großer Genuß
Für den guten Hieronymus. –

Übrigens hat er unterdessen
Seine guten Alten auch nicht vergessen:

„Liebe Eltern!" – (so schrieb er oft) – „Ich melde
Hiebei, daß es mir fehlet an Gelde,
Habet also die Gewogenheit
Und schicket mir bald eine Kleinigkeit.

Nämlich etwa zwanzig Dukaten,
Denn ich weiß mich kaum mehr zu raten,
Weil es alles so knapp geht hier,
Drum sendet doch dieses Geld bald mir.

Kaum begreift Ihr die starke Ausgabe,
Welche ich auf der Universität habe,
Für so viele Bücher und Kollegia;
Ach, wären die zwanzig Dukaten da!

Hiemit will ich also mein Schreiben beschließen.
Meine Geschwister tu ich freundlich grüßen,
Und verharre hierauf zum Schluß
Euer gehorsamer Sohn
Hieronymus.

Ich setze noch eilig zum Postskripte:
Meine hochgeehrte und sehr geliebte
Eltern, ich bitte kindlich,
Schicket doch bald das Geld an mich."

Was hierauf des Vaters Antwort gewesen,
Das kann man folgendermaßen lesen:
„Mein herzvielgeliebtester Sohn!
Dein Schreiben hab ich erhalten schon.

Es sind noch nicht drei Monat vergangen,
Daß Du hundertundfünfzig Taler empfangen;
Fast weiß ich nicht, wo in der Welt
Ich hernehmen solle all das Geld.

Ich höre gerne, daß Du studierest
Und dich fleißig und ordentlich aufführest;
Aber höchst ungern vernehme ich von Dir,
Daß Du zwanzig Dukaten forderst von mir.

Ich werde es also sehr gern sehen,
Wenn Du von der Universität tust gehen,
Denn es fällt mir wahrlich gar schwer,
Alle die Gelder zu nehmen woher.

Ich verharre übrigens
Dein treuer Vater,
Hans Jobs, pro tempore Senater.

N. S. Dein Schreiben mir zwar gefällt,
Aber verschone mich weiter mit Geld."

Um demnach seiner Eltern Verlangen und Willen,
Die seine Heimkunft begehrten, zu erfüllen,
Tut Hieronymus zu dieser Frist
Was zum Abmarsche nötig ist.

Fünftes Kapitel

Grad als die Mutter, Frau Senaterin Jobsen,
Ein wenig zankte, weil sie's verdrobsen,
Daß schon wieder in selbigter Wochen

Ein Kaffeetopf entzweigebrochen –
Grad als der Vater im Lehnstuhl saß
Und nach Tisch in der Zeitung las –

Vernahm man draußen ein heftiges Knallen.

Der Vater lässet die Zeitung fallen;
Und jeder eilt mit Schrecken herbei,
Zu sehn, was das für ein Lümmel sei.

Zwar erst erkannte man ihn nicht
Vor seinem dicken Bauch und Gesicht;
Dann aber war die Freude groß. –
Nur tadelnswert fand man es bloß,
Daß Kleidung sowohl wie der Stoppelbart
Nicht passend für seine geistliche Art.

Hieronymus überlegte es auch
Und tät sich bekleiden nach Standesgebrauch. –
Er hatte mit klugem Vorbedacht
Bereits eine Predigt mitgebracht,
Welche ein Freund in der Musenstadt
Fleißig für ihn verfertigt hat. –

Schon am nächsten Sonntag betrat
Hieronymus die Kanzel als Kandidat.

Er sagt es klar und angenehm,
Was erstens, zweitens und drittens käm.

„Erstens, Geliebte, ist es nicht so?
Oh, die Tugend ist nirgendwo!

Zweitens, das Laster dahingegen
Übt man mit Freuden allerwegen.

Wie kommt das nur? So höre ich fragen.
O Geliebte, ich will es Euch sagen.

Das machet, drittens, die böse Zeit.
Man höret nicht auf die Geistlichkeit.

Wehehe denen, die dazu raten;
Sie müssen all in der Hölle braten!!

Zermalmet sie! Zermalmet sie!
Nicht eher wird es anders allhie!

Aber Geduld, geliebte Freunde!
Sanftmütigkeit ziert die Gemeinde!“

Als Hieronymus geredet also,
Stieg er herab und war sehr froh.

Die Bürger haben nur grad geschaut
Und wurde ein großes Gemurmel laut:

„Diesem Jobs sein Hieronymus,
Der erregt ja Verwundernus!“

Sechstes Kapitel

Es blieb aber nunmehro noch etwas zurücke
Als Erfordernis zum geistlichen Glücke –
Nämlich das Examen – welches zwar
Dem Hieronymus fast zuwider war;

Indes ist doch schließlich das Zögern vergebens.
Die fürchterlichste Stunde seines Lebens
Naht anitzo ernstlich herzu.

Ach, du armer Hieronymus, du!

Der Herr Inspektor machte den Anfang,
Hustete viermal mit starkem Klang,
Schneuzte und räusperte auch viermal sich
Und sagte, indem er den Bauch sich strich:

„Ich, als zeitlicher pro tempore Inspektor
Und der hiesigen Geistlichkeit Direktor,

Frage Sie: Quid sit episcopus?“
Alsbald antwortete Hieronymus:

„Ein Bischof ist, wie ich denke,
Ein sehr angenehmes Getränke
Aus rotem Wein, Zucker und Pomeranzensaft
Und wärmet und stärket mit großer Kraft.“

Über diese Antwort des Kandidaten Jobses
Geschah allgemeines Schütteln des Kopfes.
Der Inspektor sprach zuerst hem! hem!
Drauf die andern secundum ordinem.

Nun hub der Assessor an zu fragen:
„Herr Hieronymus, tun Sie mir sagen,

Wer die Apostel gewesen sind?“
Hieronymus antwortete geschwind:

„Apostel nennet man große Krüge,
Darin gehet Wein und Bier zur Genüge;
Auf den Dörfern und sonst beim Schmaus
Trinken die durstigen Burschen daraus.“

Über diese Antwort des Kandidaten Jobses
Geschah allgemeines Schütteln des Kopfes.
Der Inspektor sprach zuerst hem! hem!
Drauf die andern secundum ordinem.

Nun traf die Reihe den Herrn Krager,
Und er sprach: „Herr Kandidat, sag er,

Wer war der heilige Augustin?"
Hieronymus antwortete kühn:

„Ich habe nie gehört oder gelesen,
Daß ein andrer Augustin gewesen
Als der Universitätspedell Augustin,
Er zitierte mich oft zum Prorektor hin."

Über diese Antwort des Kandidaten Jobses
Geschah allgemeines Schütteln des Kopfes;
Der Inspektor sprach zuerst hem! hem!
Drauf die andern secundum ordinem.

Nun folgte Herr Krisch ohn' Verweilen
Und fragte: „Aus wie viel Teilen

Muß eine gute Predigt bestehn,
Wenn sie nach Regeln soll geschehn?"

Hieronymus, nachdem er sich eine Weile
Bedacht, sprach: „Die Predigt hat zwei Teile.
Den einen Teil niemand verstehen kann,
Den andern Teil aber verstehet man."

Über diese Antwort des Kandidaten Jobses
Geschah allgemeines Schütteln des Kopfes;
Der Inspektor sprach zuerst hem! hem!
Drauf die andern secundum ordinem.

Nun fragte Herr Beff, der Linguiste,
Ob Herr Hieronymus auch wohl wüßte,

Was das hebräische Kübbuz sei? –
Und Hieronymus antwortete frei:

„Das Buch, genannt Sophiens Reisen
Von Memel nach Sachsen, tut es weisen,
Daß sie den mürrischen Kübbuz bekam,
Weil sie den reichen Puff früher nicht nahm."

Über diese Antwort des Kandidaten Jobses
Geschah allgemeines Schütteln des Kopfes;
Der Inspektor sprach zuerst hem! hem!
Drauf die andern secundum ordinem.

Nun kam auch an den Herrn Schreie,
Den Hieronymus zu fragen, die Reihe.

Er fragte also: Wie mancherlei
Die Gattung der Engel eigentlich sei?

Hieronymus tat die Antwort geben:
Er kenne zwar nicht alle Engel eben,
Doch wär ihm ein goldner Engel bekannt,
Auf dem Schild an der Schenke „Zum Engel“ genannt.

Über diese Antwort des Kandidaten Jobses
Geschah allgemeines Schütteln des Kopfes;
Der Inspektor sprach zuerst hem! hem!
Drauf die andern secundum ordinem.

Herr Plotz hat nun fortgefahren
Zu fragen: „Herr Kandidate, wie viele waren

Concilia oecumenica?" –
Und Hieronymus antwortete da:

„Als ich auf der Universität studieret,
Ward ich oft vors Konzilium zitieret,
Doch betraf solches Konzilium nie
Sachen aus der Ökonomie."

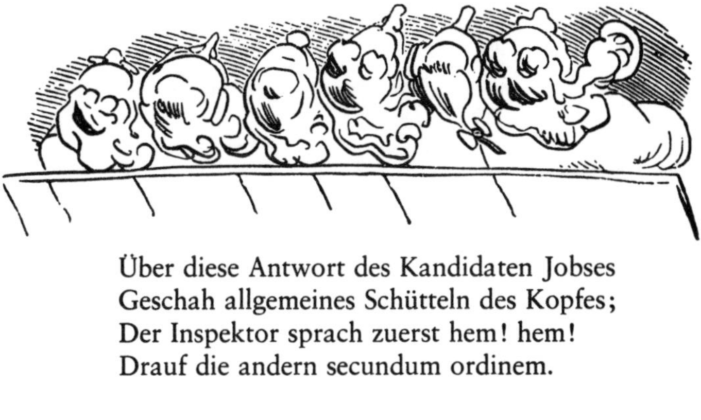

Über diese Antwort des Kandidaten Jobses
Geschah allgemeines Schütteln des Kopfes;
Der Inspektor sprach zuerst hem! hem!
Drauf die andern secundum ordinem.

Nun folgte Herr Keffer, der geistliche Herre;
Seine Frage schien zu beantworten schier schwere.

Sie betraf der Manichäer Ketzerei
Und was ihr Glaube gewesen sei?

Antwort: „Ja, diese einfältigen Teufel
Glaubten, ich würde sie ohne Zweifel
Vor meiner Abreise bezahlen noch;
Ich habe sie aber geprellet doch."

Über diese Antwort des Kandidaten Jobses
Geschah allgemeines Schütteln des Kopfes;
Der Inspektor sprach zuerst hem! hem!
Drauf die andern secundum ordinem.

Als nun die Prüfung zu Ende gekommen,
Hat Hieronymus seinen Abtritt genommen;

Damit man die Sache nach Kirchenrecht
In reife Überlegung nehmen möcht;

Ob es mit gutem Gewissen zu raten,
Daß man in die Klasse der Kandidaten
Des heiligen Ministerii den
Hieronymum aufnehmen könn'.

Es ging also an ein Votieren.
Doch ohne vieles Disputieren
Lautet der Spruch des geistlichen Gerichts:
Mit Herrn Hieronymus ist es nichts.

Siebentes Kapitel

Die Hoffnung, dereinst ein Pfarrer zu werden,
Ist also vergeblich auf dieser Erden. –
Hieronymus findet es nötig nun,
Anderswohin sich umzutun. –
Es macht sich auch. – Von da nicht fern
Auf dem Gut eines alten gnädigen Herrn
Suchte man längst schon hin und her
Einen passenden Sekretär.

Und, richtig, unser Hieronymus
Wird wirklich Herr Sekretarius.

Eine Kammerjungfer ist auch noch da. –
Schau, schau! Es ist die Amalia! –
Das mit der Uhr war freilich abscheulich,
Aber Hieronymus fand es verzeihlich,
Denn Amalia war sehr betrübt,
Machte sich, wo sie konnte, beliebt

Und half ihm mit allen ihren Kräften
Bei seinen schwierigen Amtsgeschäften. –

Aber die Sache wird bald sehr peinlich,
Denn der Alte benimmt sich kleinlich;
Und Hieronymus, ohne Lohn,
Verläßt die bisherige Kondition.

Einem frommen Fräulein, bedeutend bemittelt,
Die längst ihre Jugend abgeschüttelt,

Fehlt eben ein kräftiger Assistente,
Der mit ihr beten und singen könnte. –
Von allen, die kamen, schien ihr am meisten
Hieronymus geeignet dieses zu leisten.

Drum hieß sie ihn zu Nutz und Frommen
Als Mitgehilfen hochwillkommen.

Als er nun aber singen sullt,
Da fehlt ihm die christliche Geduld. –

So mußte die Alte wieder allein
Bei ihrer Andacht tätig sein. –

Hieronymus, in einer Spelunke,
Findet zwo Lumpen bei ihrem Trunke;

Und ist ihm auch der eine von ihnen
Gewissermaßen bekannt erschienen. –
Hieronymus legt sich bald aufs Ohr.

Die Lumpen ziehen die Börse hervor,
Und als der Morgen kommt, o Schreck!
Ist die Börse mitsamt den Lumpen weg. –

Der Wirt, der großes Mitleid hat,
Nimmt sich den Rock an Zahlungsstatt. –
So irret Hieronymus sorgenschwer
Kreuz und quer in einem Walde umher. –

Auf einmal, so höret er Jammern und Klagen
Und Degengeklirr und Knittelschlagen,

Und siehe da, eine Equipage
Ist überfallen von Räuberbagage.

Der Kutscher ist auf der Erde gelegen,
Der Herr, der wehrt sich mit seinem Degen,
Die gnädige Frau steht auch dabei
Und machet ein großes Wehgeschrei. –

Hieronymus aber eilet sofort
An diesen Jammer- und Schreckensort
Und entscheidet die Sache vermittels
Seines kräftig geschwungenen Knittels.

Die Räuber kommen in große Not!
Der eine muß laufen, der andre bleibt tot.
Und schau, der hier zu Tode gekommen,
Hat ihm zu Nacht den Beutel genommen.
Auch fällt dem alten Bösewicht
Sein schwarzes Pflaster vom Gesicht;
Und schau, da ist's der Perückenmann,
Der einst auf der Post die Dukaten gewann.

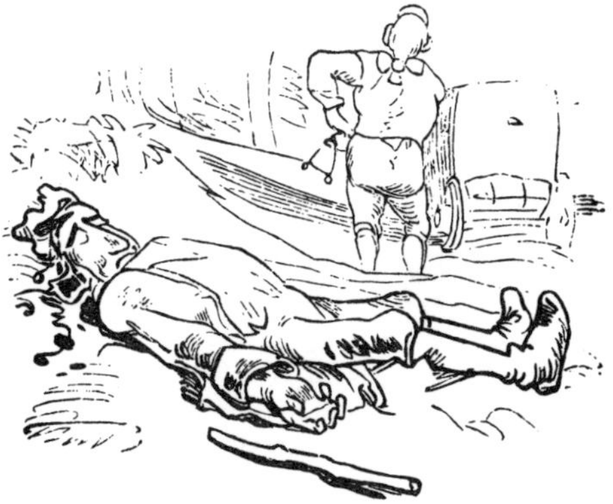

Hieronymus tut ihn nicht beklagen,
Nimmt die Börse und folgt dem Herrschaftswagen.
Die Herrschaft aber preist die Götter
Und ihren mutigen Lebensretter.

Achtes Kapitel

Es war aber grade da zu Land
Die Dorfschulmeisterstelle vakant,
Und hat darüber die Disposition
Der gnädige Herr als Schutzpatron.

Aus Dankbarkeit auf höchsten Beschluß
Kriegt diese Stelle Hieronymus. –
So hat er nun die Schulmeisterei
Und sieht, was hierbei zu machen sei.

Zuvörderst findet er in der Fibel
Manche veraltete Mängel und Übel;
Wie er dann gleich mit Schrecken sah,
Daß das ff und ph nicht da. –

Auch scheint ihm gar nicht wohlgetan
Der abgemalete Gockelhahn. –
Er streichet ihm hinweg zuvoren
Die überflüssigen Reitersporen.

Er füget ihm aber dagegen bei
Ein Nest mit eingelegtem Ei;
Damit man sehe, daß eigentlich dies
Der Segen und Nutzen des Federviehs.

Nachdem er also die Lehre verbessert,
Bedenkt er, wie man die Strafe vergrößert.
Nämlich im Schulvermögen war
Ein Eselskopf als Inventar.

Hieronymus, zu größerer Schand und Graus,
Macht einen ganzen Esel daraus. –

Die Bauern aber murren sehr
Über die neu erfundene Lehr.

Sie taten sich hoch und heilig vereiden,
Sie wollten und wollten dieses nicht leiden
Und wollten den neuen Meister der Schule
Herunterstoßen von seinem Stuhle.

Eines Morgens in aller Früh
Wohl ausgerüstet marschieren sie.

Hieronymus schlummert noch sanft und gut,
Da tönet die Stimme: „Kum man mal rut!"

Alsbald so fühlt er sich fortgeschoben,
Schwupp da! – Er wird seines Amtes enthoben.

Die Bauern, geschmückt mit vielen Trophä'n,
Machen ein großes Siegesgetön.

Sie füllen die Gläser und stoßen an:
„Prost, vivat! Düt hett gude gan!"

Als aber vorüber das erste Feuer,
Ist manchem doch nicht so recht geheuer.

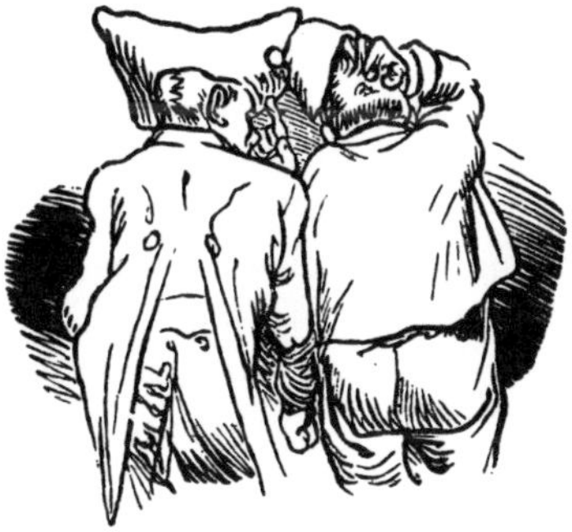

Ja, wenn der gnädige Herr nicht wär!
Der gnädige Herr, was sagt aber der??

„Mal fünfundzwanzig! Nach altem Brauch!“
Richtig geraten! – So kommt es auch. –

Neuntes Kapitel

Hieronymus, nach diesem Mißgeschicke,
Will nicht wieder ins Amt zurücke. –
Er hat seinen Wanderstab genommen
Und sucht sich sonstwo ein Unterkommen.

Wie's nun so geht! – Einstmalen hat er
Sich hinbegeben ins Theater,
Und ist da eben auf der Szene
Eine Prinzessin wunderschöne.
Ach Gott! Wie wird ihm zu Mute da!
's ist seine geliebte Amalia!

Das Stück ist endlich zu Ende gegangen.
Die Liebenden halten sich fest umfangen. –

Hieronymus aber war es zur Stund,
Als riefe in seines Leibes Grund
Der innern Stimme ernster Baß:
Hieronymus, werde auch so was! –

Es ging nicht lange Zeit herum,
So zeigt er sich schon dem Publikum
Als ein verliebter ländlicher Schäfer.

In anderen Rollen ist er noch bräver,
Und überhaupt sehr löb- und preislich.

Aber Amalia benahm sich scheußlich. –

Drum entfernt sich mit Weh und Ach
Hieronymus aus dem Künstlerfach.
Und da man grad in der Vaterstadt
Einen Nachtwächter nötig hat,
So erwirbt er sich diesen schönen Posten
Und stößt ins Horn auf städtische Kosten.

Das mütterliche Traumgebild
Vom großen Horn ist nun erfüllt. –

Hieronymus blus auch wirklich gut:
Kaum schlägt es zehn, so geht's Tu-huth!

Und ruft er dann das: Hört ihr Herrn!
Wacht jeder auf und hört es gern.

Einst, da er in einer heftig kalten
Nacht, sein schwieriges Amt zu verwalten,
Den Mund er öffnet, um zwölfe zu schrein,
Bläst ihm der nördliche Wind hinein. –

Zwar um eins geht's noch: tu-huth!
Um zwei aber ist's ihm schon gar nicht gut,
Glock drei bereits legt er sich nieder
Mit Schmerzen des Leibes und der Glieder.

Um acht Uhr kommt die Medizin,
Wonach es auch etwas besser schien.
Doch sah man etwa gegen zehn:
Hieronymus wird von dannen gehn!

Punkt zwölf erscheint der Knochenmann
Und hält das Perpendikel an. –

Also geht alles zu Ende allhier:
Feder, Tinte, Tobak und auch wir.
Zum letztenmal wird eingetunkt,
Dann kommt der große
schwarze

Pater Filucius

Allegorisches Zeitbild

1872

Höchst erfreulich und belehrend
Ist es doch für jedermann,
Wenn er allerlei Geschichten
Lesen oder hören kann.

So zum Beispiel die Geschichte
Von dem Gottlieb Michael,
Der bis dato sich beholfen
So la la als Junggesell.

Zwo bejahrte fromme Tanten
Lenken seinen Hausbestand;

Und Petrine und Pauline
Werden diese zwo benannt.

Außerdem, muß ich bemerken,
Ist noch eine Base da,
Hübsch gestaltet, kluggelehrig,
Nämlich die Angelika.

Wo viel zarte Hände walten –
Na, das ist so, wie es ist!

Kellerschlüssel, Bodenschlüssel
Führen leicht zu Zank und Zwist.

Ebenso in Kochgeschichten
Einigt man sich öfters schwer.

Gottlieb könnte lange warten,
Wenn Angelika nicht wär.

Sie besorgt die Abendsuppe
Still und sorgsam und geschwind;

Gottlieb zwickt sie in die Backe:
„Danke sehr, mein gutes Kind!“

Grimmig schauen itzt die Tanten
Dieses liebe Mädchen an:
„Ei, was muß man da bemerken?
Das tut ja wie Frau und Mann!“

Dennoch und trotz allediesem
Geht die Wirtschaft doch so so. –

Aber aber, aber aber
Jetzt kommt der Filuzio.

Nämlich dieser Jesuiter
Merkt schon längst mit Geldbegier
Auf den Gottlieb sein Vermögen,
Denkend: „Ach, wo krieg ich dir?“

Allererst pirscht er sich leise
Hinter die Angelika,

Die er, Äpfelmus bereitend,
An dem Herde stehen sah.
Und er spricht mit Vaterstimme:
„Meine Tochter, Gott zum Gruß!"

Schlapp! da hat er im Gesichte
Einen Schleef von Appelmus.
Dieses plötzliche Ereignis
Tut ihm in der Seele leid. –

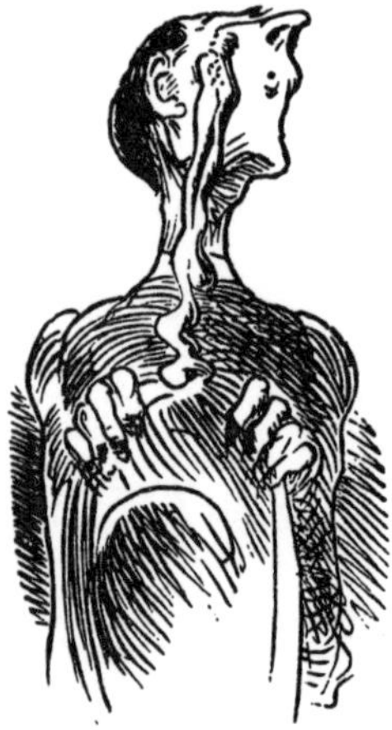

Ach, man will auch hier schon wieder
Nicht so wie die Geistlichkeit!! –

Doch die gute Tante Trine
Sehnt sich ja so lange schon
Nach dem Troste einer frommen,
Klerikalen Mannsperson. –

Da ist eher was zu machen. –
Luzi macht sich lieb und wert,

Weil er ihr als Angebinde
Schrupp, den kleinen Hund, beschert.

Schrupp ist wirklich auch possierlich.
Er gehorchet auf das Wort,

Holt herbei, was ihm befohlen,
Wenn es heißet: „Schrupp, apport!"

Heißt es: „Liebes Schrupperl, singe!"
Fängt er schön zu singen an;

Spielt man etwas auf der Flöte,
Hupft er, was er hupfen kann.

Wenn es heißet: „Wo ist's Ketzerl?"
Wird er wie ein Borstentier;

Und vor seinem Knurren eilet
Tante Line aus der Tür.

Spricht man aber diese Worte:
„Schrupp, was tun die schönen Herrn?"

Gleich küßt er die Tante Trine,
Und sie lacht und hat es gern.

Eines nur erzeugt Bedenken.
Schrupp entwickelt letzterzeit

Mit dem Hinterfuße eine
Merkliche Geschäftigkeit.

Mancher hat in diesen Dingen
Eine glückliche Natur.
Tante Trine, zum Exempel,
Fühlt von allem keine Spur,

Wohingegen Tante Line
Keine rechte Ruh genießt,

Wenn sie abends, wie gewöhnlich,
In der Hauspostille liest.

Und auch Gottlieb muß verspüren,
Ganz besonders in der Nacht,

Daß es hier

und da

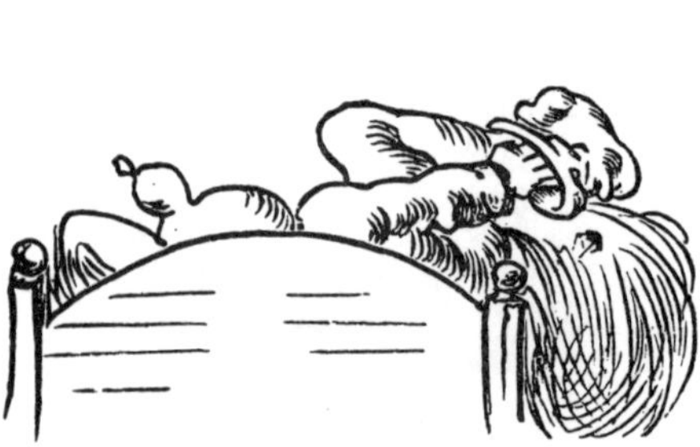

und dorten

Immer kribbelkrabbel macht.

Prickeln ist zwar auch zuwider,
Doch zumeist die Jagderei;
Und mit Recht soll man bedenken,
Wie dies zu verhindern sei.

Mancher liebt das Exmittieren;
Und die Sache geht ja auch.

Aber sicher und am besten –
Knacks! – ist doch der alte Brauch.

Freilich ist hier gar kein Ende.
Man gelanget nicht zum Ziel.
Jeder ruft: „Wie ist es möglich?“
Bis man auf den Schrupp verfiel.

Zwar die Tante und Filuzi
Rufen beide tief gekränkt:

„Engelrein ist sein Gefieder!" –
Aber Schrupp wird eingezwängt.

In ein Faß voll Tobakslauge
Tunkt man ihn mit Haut und Haar,

Ob er gleich sich heftig sträubte
Und durchaus dagegen war.

Drauf so wird in einem Stalle
Er mit Vorsicht interniert,

Bis, was man zu tadeln findet,
So allmählich sich verliert.

Anderseits bemerkt man dieses
Unter großem Herzeleid.

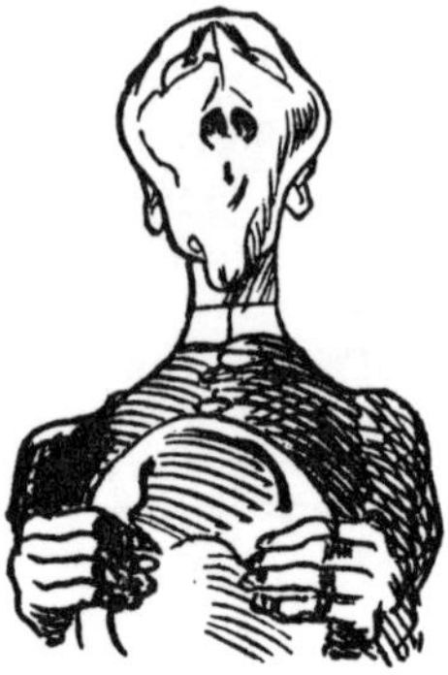

Ach, man will auch hier schon wieder
Nicht so wie die Geistlichkeit!!

Jetzt wär alles gut gewesen,
Wäre Schrupp kein Bösewicht. –
Er gewöhnt sich an das Kauen,
Und das läßt und läßt er nicht.

Hat er Gottlieb seine Stiefel
Nicht zur Hälfte aufgezehrt?
Tante Linens Hauspostille,
Hat er die nicht auch zerstört?

Zwar die Tante und Filuzi
Blicken mitleidsvoll empor:

„Armes gutes Schruppuppupperl!
Immer haben sie was vor!!“
Ja, es ließe sich ertragen,
Täte Schrupp nur dieses bloß;

Würde Schrupp nicht augenscheinlich
Scham- und ruch- und rücksichtslos.

Und so muß er denn empfinden,
Daß zuletzt die böse Tat

Für den Übeltäter selber
Unbequeme Folgen hat.

Anderseits bemerkt man dieses
Nur mit tiefem Herzeleid.
Ach, man will auch hier schon wieder
Nicht so wie die Geistlichkeit!

Leichter schmiegt sich Seel an Seele
In der schmerzensreichen Stund,
Und man schwört in der Bergère
Sich den ew'gen Freundschaftsbund.

Aber wie sie da so sitzen,
Öffnet plötzlich sich die Tür.

Gottlieb ruft mit rauher Stimme:
„Ei, ei, ei! was macht man hier?“

Freilich hüllen sich die beiden
Schnell in fromme Lieder ein;

Doch nur kurze Zeit erschallen
Diese schönen Melodein.

Ach, die weltlichen Gewalten! –

Durch des Armes Muskelkraft
Wird der fromme Pater Luzi
Wirbelartig fortgeschafft.

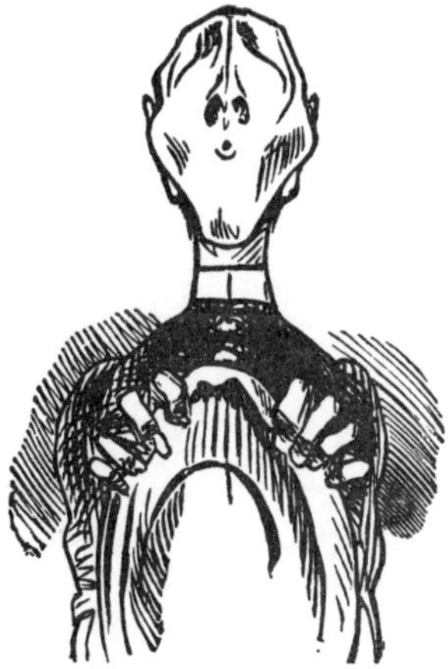

Dieses plötzliche Ereignis
Tut ihm in der Seele leid.

Ach, man will auch hier schon wieder
Nicht so wie die Geistlichkeit!!

Schlimm ist's Schrupp dabei ergangen,
Weil er sich hineingemengt;

Mit dem Fuße unvermutet
Fühlt er sich zurückgedrängt.

Pater Luzi aber schleichet
Heimlich lauschend um das Haus.
Ein pechschwarzes Ei der Rache

Brütet seine Seele aus.

Gottlieb seine Abendsuppe
Stehet am gewohnten Ort. –

Husch! da steigt wer durch das Fenster;
Husch! Jetzt ist er wieder fort.

Gottlieb, der im Nebenzimmer
Eben seine Hände wusch,

Sieht's zum Glück und daß der Täter
Lauschend sitzt im Fliederbusch.

Jetzt hebt Gottlieb, friedlich lächelnd,
Von dem Tisch den Suppentopf.

Bratsch! – die Brühe samt der Schale
Kommt Filuzi auf den Kopf.

Diese eklige Geschichte
Tut ihm in der Seele leid.
Ach, man will auch hier schon wieder
Nicht so wie die Geistlichkeit!

Schrupp, der nur ein wenig leckte,
Zieht es alle Glieder krumm;
Denn ein namenloser Jammer
Wühlt in seinem Leib herum.

Pater Luzi, finster blickend,
Heimlich schleichend um das Haus,
Wählt zu neuem Rachezwecke
Zwo verwogne Lumpen aus. –

Einer heißt der Inter-Nazi
Und der zweite Jean Lecaq,
Alle beide wohl zu brauchen,
Denn es mangelt Geld im Sack.

Eben wandelt in der stillen
Abendkühle der Natur

Base Gelika im Garten –
Horch! da tönt der Racheschwur!
Tieferschrocken, angstbeflügelt,
Eilet sie ins Haus geschwind.

Gottlieb küßt sie auf die Backe:
„Danke sehr, mein gutes Kind!“

Schleunig sucht er seine Freunde,
Glücklich trifft er sie zu Haus.

Wächter Hiebel ist der erste,
Freudig ruft er: „Sabel raus!“

Meister Fibel, als der zweite,
Vielerprobt im Amt der Lehr,

Greift in die bekannte Ecke
Mit den Worten: „Knüppel her!“

Bullerstiebel ist der dritte. –
Kaum vernimmt er so und so,
Faßt er auch schon nach der Gabel
Mit dem Rufe: „Nu man to!“

Nun hat Schrupp, dieweil er leidend,
Sich in Gottliebs Bett gelegt,

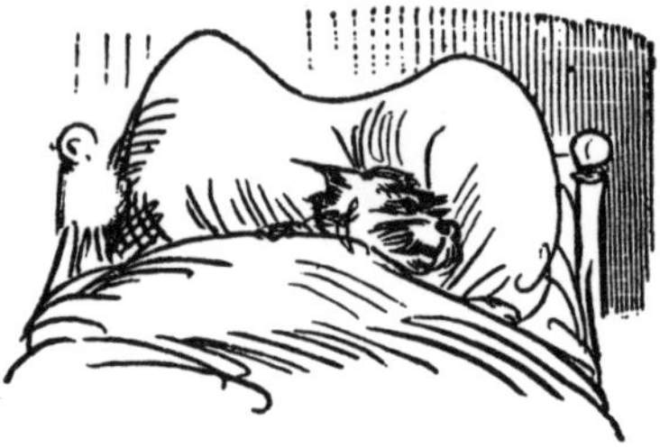

Wie er, wenn man nicht zugegen,
Auch wohl sonst zu tuen pflegt.

Zwölfe dröhnt es auf dem Turme. –
Leise macht man: Pistpistpist!

Drei Gestalten huschen näher
An das Bett voll Hinterlist.

Weh, jetzt trifft der Dolch, der spitze,
Und der Knüppel, dick und rauh,

Und die Taschenmitraljöse –
Aber Schrupp macht: „Auwauwau!"
In demselbigten Momente
Donnert es von hinten: „Drauf!!"

Und ein blasser Todesschrecken
Hindert jeden Weiterlauf.

Pater Luzi ganz besonders
Macht sich ahnungsvoll bereit.

Ach, man will auch hier schon wieder
Nicht so wie die Geistlichkeit!!

Hei! Wie Fibels Waffe sauset!

Heißa! Wie der Sabel blitzt! –

Zwiefach ist der Stich der Gabel,

Weil sie zweifach zugespitzt. –

Motten fliegen; Haare sausen;
Das gibt Leben in das Haus.

Hulterpulter! Durch das Fenster
Springt man in die Nacht hinaus.

Klacks! da stecken sie im Drecke.
Ängstlich zappelt noch der Fuß. –
Eine Stimme hört man klagen:
„Oh, Filu – Filucius!“ –

„Kinder, das hat gut gegangen!“
Rufet Gottlieb hocherfreut;
„Wein herbei! Denn zu vermelden
Hab ich eine Neuigkeit.

Länger will ich nicht mehr hausen
Wie seither als Junggesell.

Hier Angelika, die gute,
Werde Madam Michael.“

Drauf ergreift das Wort Herr Fibel,
Und er spricht: „Eiei! Sieh da!
Ich erlaube mir zu singen:
Vivat Hoch! Halleluja!“

Der Geburtstag
oder
Die Partikularisten

1873

Erstes Kapitel
Im weißen Pferd

Wer Bildung und Moral besitzt,
Der wird bemerken, daß anitzt
Fast nirgends mehr zu finden sei
Die sogenannte Lieb und Treu. –

Man sieht zuerst mit Angstgefühlen
Herunterfallen von den Stühlen
Die angestammten Landesväter –
Sodann, als kühler Hochverräter,
Zieht man die Tobaksdos' hervor,
Blickt sanft und seelenvoll empor,
Streckt sich auf weichem Kanapee,
Schlürft mit Behagen den Kaffee –
Und ist man so aufs neu erfrischt,
Dann denkt man: „Na, die hat's erwischt!"

So denkt der böse Mensch. – Jedoch
Es gibt auch gute Menschen noch. –

Zu Milbenau im weißen Pferd
Bei Mutter Köhm, die jeder ehrt,
Da sitzen, eng vereint und bieder,
Auch diesen Sonntagabend wieder
Nach altem Brauch im Freundschaftskreise
Die Männer und die Mümmelgreise.
„Et blivt nich so! – Et blivt nich so!!"
So murmelt jeder hoffnungsfroh. –

„Et schall nich bliben ans et is!
Et schall weer weren anse süß!!"

„Un dat seg eck! Un dat seg eck!"
So spricht entschieden Schneider Böck. –
Hierauf spricht lächelnd Krischan Stinkel
Und zwinkert mit dem Augenwinkel:

„Eck segge man, vor min Pläsier,
Gottlof! Wat is de Botter dür!!"

Dagegen ruft der lange Korte
Mit Zorneseifer diese Worte:

„Kreuzhimmeltausenddonnerwär,
Uns' olle König mot weer her!!“

Jetzt sieht sich Bürgermeister Mumm
Bedenklich nach der Seite um.

„Pist!!“ – ruft er – „Ruhig, liebe Leut!
Seid untertan der Obrigkeit!!“

„Ja, aber man bis insoweit!
Seggt unse olle Herr Pastor.“

„Dat hat he seggt!!!“ – so tönt's im Chor.
Hierauf, so wird es etwas stille,
Und grad kommt Herr Aptheker Pille.

„Ihr Leute, daß ich's bloß man sage!
Denn morgen ist der Tag der Tage,
Da er geboren, der – – ihr wißt! – –“

„Ja, ja, so is't! Ja, ja, so is't!!"
„Nun ist Euch allen wohlbekannt
Der Busenfreund, den ich erfand,

Der segensreiche Labetrank,
Der, sei man munter oder krank,
Erwärmend dringt bei hoch und nieder
Durch Kopf, Herz, Magen und die Glieder – –

Wie wär es, hochverehrte Freunde,
Wenn man im Namen der Gemeinde
Ein Dutzend Flaschen oder so – –"
„Ja, ja, man to! Ja, ja, man to!!"

So tönt es laut im treuen Kreise
Der Männer und der Mümmelgreise.
Und jeder ruft: „He, Mutter Köhmen!
Up düt will wi noch Einen nöhmen!!"

Gesagt, getan. – Für Mutter Köhm
Ist dies natürlich angenehm.

Zweites Kapitel
Nächtliche Politik

In seinem Bett um Mitternacht,
Voll Sorgen, die er sich gemacht,
Liegt hier des Dorfes Bürgermeister.

Die aufgestörten Lebensgeister
Befassen sich beim Kerzenlichte
Noch immer mit der Weltgeschichte,

Wie sie getreu vermeldet hat
Das angestammte Wochenblatt;

Daß nämlich, wie die Sachen liegen,
Die Preußen nächstens Schläge kriegen. –

Nur einer macht ihm stilles Graun –
Der Bismarck, dem ist nicht zu traun!

So liegt er da und ballt die Rechte
Und täte gerne, was er möchte;

Bis ihn in Schlummer wiegt um eins
Der Genius des Branntenweins. –

Na, na! Das gibt noch ein Malheur! –
Die Zipfelkappe neigt sich sehr. –

Es kommen in Berührung fast
Die Flamme und der Mützenquast. –

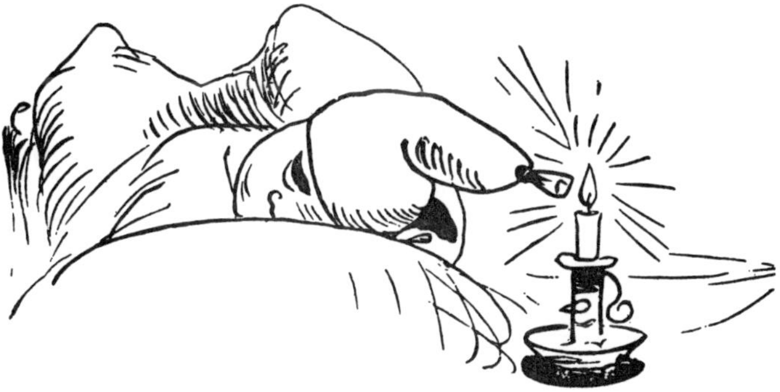

Schon brennt der Zipfel wie ein Licht.
Die Obrigkeit bemerkt es nicht. –

Bald aber dringt die Glut und Hitze
Zum schlummernden Gedankensitze. –

Potzsapperment: hier heißt es schnelle!
Die Kopfbedeckung leuchtet helle.

Kreuzdunnerschlag! Ich dacht es ja!
's ist wieder mal kein Wasser da!!

In Ängsten findet manches statt,
Was sonst nicht stattgefunden hat.

Da liegt die Mütze sehr versehrt.
Das Haar ist meistens weggezehrt. –
Doch kann ein Sacktuch auch zu Zeiten
In kühler Nacht das Haupt bekleiden;

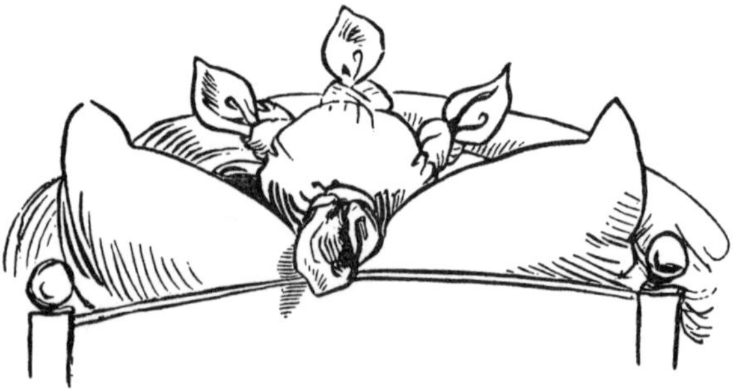

Nur hat sodann die Zippelmütze
Vier Spitzen statt der einen Spitze.

Drittes Kapitel
Der Busenfreund

Es war ein schönes Morgenrot.
Die Hähne krähn, es dampft der Schlot.
Schon hörte man wie Müseling,
Der Kuhhirt, an zu tuten fing.

Und jeder holet aus dem Stalle
Bei lustigem Trompetenschalle
Die krummgehörnten Buttertiere,
Daß Müseling sie weiterführe.

Wer auch schon munter, das ist Pille.
Er bürstet seine Sonntagshülle.

Und rüstet sich beizeiten schon
Zu seiner hohen Staatsmission.

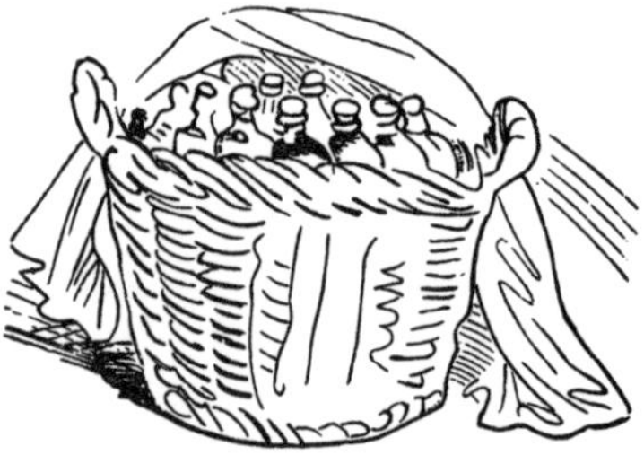

Allhier im Korbe, eng vereint,
Sind zwanzig Flaschen Busenfreund.

Und hier der Nachbar Fritze Jost
Befördert sie zur nächsten Post.
„Nur ja recht sachte und gemach!"
Ruft Pille – „Gleich, gleich komm ich nach!"

Schon hinter Meiers alter Planke
Kommt Fritze Josten ein Gedanke.

Verlockend ist der äußre Schein.
Der Weise dringet tiefer ein.

Hier trägt er neugestärkt und heiter
Die süße Bürde emsig weiter.

Doch allbereits an Müllers Hecke
Verweilt er zu demselben Zwecke.

Bald treibt ein süßes Hochgefühl
Ihn weiter fort zu seinem Ziel.

Nur an der ernsten Kirchhofsmauer
Nimmt er es noch einmal genauer.

Zum Schlusse sieht er sich genötigt,
Hinwegzuschaffen, was erledigt. –

Nun aber zeigt er sich alsbald
Als eine schwankende Gestalt,

Die an der Mauer festbegründet
Bis jetzt noch eine Stütze findet.

Indessen bald so fehlt die Stütze –
Der Busenfreund rinnt in die Pfütze. –

Mit viel Geschrei in einer Reih
Kommt eine Gänseschar herbei.

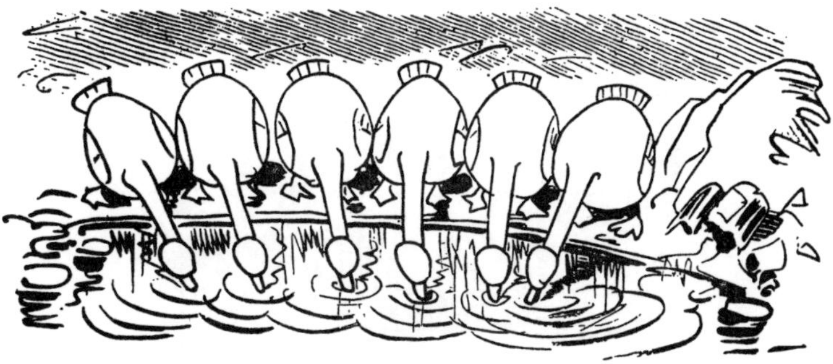

Als nun die Schnabelei begann,

Schaut eine Gans die andre an.

Sie tauchen froh nach kurzer Zeit

Sich tiefer in die Süßigkeit,

Derweil die Frösche schnell und grün
Aus tiefem Grund ans Ufer fliehn. –

Grad kommen, denn es ist halb neune,

Der Schweinehirt und seine Schweine.

Nun wird es lustig allerseits,
Die Gänse wackeln schon bereits.

Dem Hirt sein Bock fängt an zu springen,
Die Schweine wälzen sich und singen.

Viel Kurzweil treibt man anderweitig
Sowohl allein wie gegenseitig.

Jetzt eilt die Bauernschaft herbei
Und wundert sich, was dieses sei.

Bald ist auch Pille reisefertig
Bei diesem Schauspiel gegenwärtig.

Zuerst erfaßt zu aller Schreck
Der Ziegenbock den Meister Böck.

Auf seinem zackigen Gehörne
Trägt er denselben in die Ferne.

Der Bürgermeister, ängstlich blau,
Bewegt sich fort auf Kanters Sau.

Jetzt kommen, Pille in der Mitten,
Zwei alte Weiber angeritten.

Herr Pille aber wird zuletzt
Vor einer Stalltür abgesetzt.

Hierbei verlieret seinen Glanz
Der schöne Sonntagsschwalbenschwanz. –

Als man hierauf verwundersam
In einem Kreis zusammenkam,
Da hieß es: „Kommt na Mutter Köhmen,
Up düt da will wi Einen nöhmen!!“

Gesagt, getan! – Für Mutter Köhm
Ist dies natürlich angenehm.

Viertes Kapitel
Die Eier

Das weiß ein jeder, wer's auch sei,
Gesund und stärkend ist das Ei –
Nicht nur in allerlei Gebäck,
Wo es bescheiden im Versteck;
Nicht nur in Soßen ist's beliebt,
Weil es denselben Rundung gibt;
Nicht eben dieserhalben nur –
Nein, auch in leiblicher Statur,
Gerechtermaßen abgesotten,
Zu Pellkartoffeln, Butterbroten,
Erregt dasselbe fast bei allen
Ein ungeteiltes Wohlgefallen;
Und jeder rückt den Stuhl herbei
Und spricht: „Ich bitte um ein Ei!" –
Daß dieses wahr, das fühlte klar
Sogar die treue Bauernschar. –

Der Plan mit Pillens Busenfreund,
So wohlbedacht, so gut gemeint –
Man kann wohl sagen – ist mißraten,
Doch Treue sinnt auf neue Taten. –
Denn daß zu diesem hohen Tage
Etwas geschieht, ist keine Frage. –
Der sanfte Johann Heinrich Dreier,
Der sprach: „Wo dünket jük de Eier?"
„Kein besser Ding vor diesen Zweck!"
Rief Schneider Böck, – „Und dat seg eck!"
„Ick ok!" – schreit Korte – „Dunnerslag!
Keen Minsche, de nich Eier mag!"
Und alle riefen laut und froh:
„Ja, ja, man to! Ja, ja, man to!"

Bald ist im Dorfe weit und breit
Mann, Weib und Kind in Tätigkeit,
Um zu den obgedachten Zwecken
In Scheunen, Ställen und Verstecken,

In unwirtsamen dunklen Ecken
Des Huhnes Eier zu entdecken. –

Die Hühner machen groß Geschrei;
Denn auch das Huhn verehrt das Ei,
Was es im stillen treu gelegt
Und gerne weiter hegt und pflegt,
Bis nach den vorgeschriebnen Wochen
Ein Pieperich hervorgekrochen. –
Jedoch nicht jedes ist so gut. –
Es gibt auch welche, die die Brut
Treulos verlassen – und so eins
Ist leider Krischan Stinkel seins. –

„Du wutt nich sitten, Lork?“ denkt Stinkel
Und zwinkert mit dem Augenwinkel –
„Na, denn loop hen! Na, denn man to!
Ok recht! Ick weit wohl, wat ick do!!“

Nachdem er so in seiner Mütze
Die Eier, daß er sie benütze,

Mit etwas Häckerling vermengt,
Behutsam leise eingezwängt,
Trägt er dieselben zu dem Orte,
Wo dieses Mal der lange Korte,
Der ehedem und hierzuvor
Gestanden bei dem Gardekorps,
Die Gaben gern entgegennimmt.
Ja, dieser Korte ist bestimmt,
Als Ehrengreis und Biedermann,
Der so etwas am besten kann,
Begleitet von zwei Ehrendamen,
Natürlich in Gemeinde Namen,
Das Festgeschenk noch diesen Morgen
An hoher Stelle zu besorgen.

Hier steht die Kutsche vom Pastor
Und Kortens Ochse steht davor.

Daneben stehet Kortens Sohn. –
Zwei Stunden ist's zur Bahnstation. –

Mit Vorsicht wird zuerst placiert
Der Eierkorb, wie sich's gebührt.

Sogleich nach diesem, wie sich's schickt,

Die Ehrenjungfern, reich geschmückt.

Mit Ruh und Würde und zuletzt
Hat Korte sich hineingesetzt.

„Nu, Kunrad, jüh! Wi wünschet Glücke!!" –
Nicht weit davon ist eine Brücke.

Es rutscht das Rad. – Herrje! Schrumbum!
Da fällt die alte Kutsche um. –

Bestürzt ist jedes Angesicht.
Wie's drinnen ist, das weiß man nicht.

Nun hebt nach oben, ohne Worte.
Sich Korte aus der Kutschenpforte.

Nun kommt ein Ehrenjungfernbild,
In Eigelb merklich eingehüllt.

O weh! Es fehlt noch immer eine! –
Gottlob! Hier sieht man ihre Beine! –

Die Jungfern und der Ehrengreis
Sind alle drei ganz gelb und weiß.

Man ist bemüht, sie abzuwischen. –
„Puh!" – hieß es – „Hier sind fule twischen!!"

Hier schlich beiseite Krischan Stinkel
Und zwinkert mit dem Augenwinkel,

Und spricht zu seiner Frau Christine:
„De fulen, Stine, dat sind mine!!" –

Als man darauf verwundersam
In einem Kreis zusammenkam,
Da hieß es: „Kommt na Mutter Köhmen!
Up düt, da möt wi Einen nöhmen!!“

Gesagt, getan. – Für Mutter Köhm
Ist dies natürlich angenehm. –

Fünftes Kapitel
Die Butterhenne

Das wäre also auch mißraten.
Doch ist's noch Zeit zu neuen Taten. –

Hierauf bezüglich mit Gefühl
Sprach Herr Adjunktus Klingebühl:

„Geliebte! So wie ich erachte,
Indem ich diesen Fall betrachte,
Bedenke, prüfe, überlege
Und mit Bedachtsamkeit erwäge –
So ist gewiß für treue Liebe
Und sonsten eingepflanzte Triebe
Das schönste Beispiel, so ich kenne,
Das Mutterhuhn, genannt die Henne. –
Ich weiß nicht, ob Ihr dieses wißt – –"
„Ja, ja" – rief jeder – „ja, so is't!!"
„– – – – Nun wohl!
So lasse man, als ein Symbol,

Durch unsern Bäcker und Konditer –
Ich meine hier Herrn Knickebieter –
Aus Butter und dergleichen Sachen
Ein Ebenbild der Henne machen.“ –
„Ja, ja“ – rief jeder laut und froh –
„Ja, ja! man to! Ja, ja! man to!!“

Bald ist im Dorfe weit und breit
Manch treues Weib in Tätigkeit,

Die Butter durch ein rastlos Wälzen
Und Kneten innig zu verschmelzen.

Und alle diese schöne Butter
Legt freudig Tochter oder Mutter

Als eine tiefempfundne Spende
In Knickebieters Künstlerhände.

Mit Freuden tut er sie begucken
Und denkt: „Das ist ein schöner Hucken!“

Sogleich, nachdem er sich geschneuzt,
Wird er zum Schaffen angereizt.

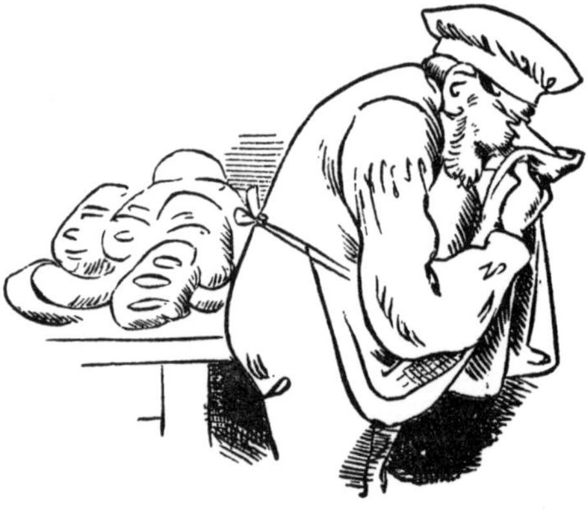

„Sieh, sieh! Da ist ja eine bei,
Die innen voll Kartoffelbrei.

„Oh!“ – sprach er – „O du alter Schlinkel,
Die ist gewiß von Krischan Stinkel!!“

Zuerst mit großem Vorbedacht
Wird Kopf und Leib und Schwanz gemacht.

Die Augen macht man mit dem Daumen
Vermittelst zwo gedörrter Pflaumen.

Als Schnabel wird die rote Rüben
Zweckmäßig in den Kopf getrieben.

Nun wirft man mit geheimer Wonne
Den Überrest in seine Tonne.

Nicht übel! Nur erscheint mir bloß
Das ganze Bildnis etwas groß.

Noch mal gemacht! – Und zwei Rosinen
Die können auch als Augen dienen.
Und, da das Ganze ein Symbol,
So kann's nicht schaden, wenn es hohl.

Und wieder mit geheimer Wonne
Wirft er, was übrig, in die Tonne.

Er steht und sieht sein Werk von ferne
Und spricht: „Na, so hab ich dich gerne!“

Er schafft die Tonne fort verstohlen.
Man kommt, die Glucke abzuholen.

„Willkommen! Eure Meinung bitt ich!"
„Gott ja! Man bloß 'n beten lüttich!"

Der Wagen steht und wartet schon. –
Der Bürgermeister in Person
Wird dieses Mal (und zwar allein)
Der Fest- und Ehrenbote sein.

Bei jedem ist die Freude groß,
Denn gleich geht die Geschichte los.
Und jeder ruft: „Wi wünschet Glücke!" –

Den Gaul umschwirrt die Stachelmücke.

„Oha!“ schrie alles voller Not –
„Herrgott! He sit de Glucken dot!“

Er sitzt am Boden sehr erschreckt.
Das Festgeschenk ist fast verdeckt.

Du liebe Zeit! Welch ein Malheur!
Man kennt das schöne Bild nicht mehr.

Sechstes Kapitel
Finale

Die Zeit ist um, der Tag vergeht.
Für dieses Jahr ist es zu spät.
Und stumm und in sich selbst gekehrt

Begibt man sich ins weiße Pferd. –
„Ja ja! De Botter de is dür!“
Sprach Krischan Stinkel, als man hier. –
„Nu is’t to late!“ – meinte Böck –
„Ich schäme mir vor diesen Zweck!“
„Dat hat Aptheker Pille schuld!“
Schrie Korte voller Ungeduld.

„Da muß ich bitten! Liebster, Bester!"
„Ne – Korte!" – „Ne – de Burgemester!"

So schrie man laut und fürchterlich.
Der Tisch fällt um. Man prügelt sich. –

Als man hierauf verwundersam
In einem Kreis zusammenkam,

Da hieß es: „Heda, Mutter Köhmen!
Up düt da will wi Einen nöhmen!!“

Gesagt, getan. –

Für Mutter Köhm
War alles dieses angenehm.

Dideldum!

1874

Individualität

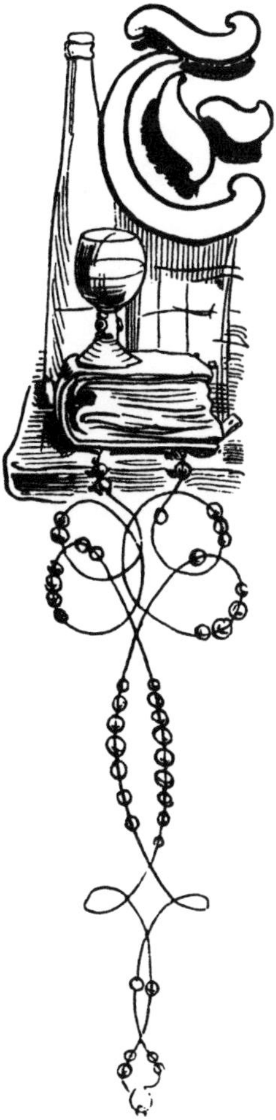

Es ist mal so, daß ich so bin.
Weiß selber nicht warum.
Hier ist die Schenke. Ich bin drin
Und denke mir: Dideldum!

Daß das so ist, das tut mir leid.
Mein Individuum
Hat aber mal die Eigenheit,
Drum denk ich mir: Dideldum!

Und schaut die Jungfer Kellnerin
Sich auch nach mir nicht um;
Ich weiß ja doch, wie schön ich bin,
Und denke mir: Dideldum!

Und säße einer da abseit
Mit Knurren und Gebrumm
Und meint, ich wäre nicht gescheit,
So denk ich mir: Dideldum!

Doch kommt mir wer daher und spricht,
Ich wäre gar nicht frumm
Und hätte keine Tugend nicht,
Das nehm ich krumm. – Dideldum!

Wankelmut

Was bin ich alter Bösewicht
So wankelig von Sinne.
Ein leeres Glas gefällt mir nicht,
Ich will, daß was darinne.

Das ist mir so ein dürr Geklirr;
He, Kellnerin, erscheine!
Laß dieses öde Trinkgeschirr
Befeuchtet sein von Weine!

Nun will mir aber dieses auch
Nur kurze Zeit gefallen;
Hinunter muß es durch den Schlauch
Zur dunklen Tiefe wallen. –

So schwank ich ohne Unterlaß
Hinwieder zwischen beiden.
Ein volles Glas, ein leeres Glas
Mag ich nicht lange leiden.

Ich bin gerade so als wie
Der Erzbischof von Köllen,
Er leert sein Gläslein wuppheidi
Und läßt es wieder völlen.

Trinklied

Gestern ging ich wieder mal
In die Schenke schnelle,
Wie der durst'ge Pilgersmann
Eilt aus der Kapelle.

Alldieweil der Durst so groß,
Trink ich etwas eil'ger
Und erglänze alsobald
Wie ein neuer Heil'ger.

Wie der Pater Gabriel
Werd ich allnachgrade;
Zwicke schon der Kellnerin
Listig in die Wade. –

Beim Getränke lieb ich mir
So ein Spiel ein kleines;
Ach, mein Geld ist hin wie einst
Kozmianen seines.

Da der Wirt auf Zahlung dringt,
Fang ich an zu tosen.
Drauf ergeht's mir wie dem Erz-
Bischof hint in Posen.

Meinen Rock verwahrt der Wirt
Und die Schelle zieht er:

„Heda, Hausel! Schiebe fort
Diesen Jesuiter!"

Als ich auf der Gasse lag,

Schlägt die Glocke zwölfe,
Und ich grolle tiefempört
Wie ein alter Welfe.

Gleich so fragt mich ein Gendarm,
Was ich hier bezweckte.

Keine Auskunft geben wir
Seminarpräfekte!

Darum sitz ich heut im Loch. –
Ach! und dieser Kater!
Fluchend geh ich auf und ab,
Wie ein heil'ger Vater.

Anleitung zu historischen Porträts

I.

Zum Beispiel machen wir zum Spaß

Mal erstens das!

Dann zweitens zur Erheiterung

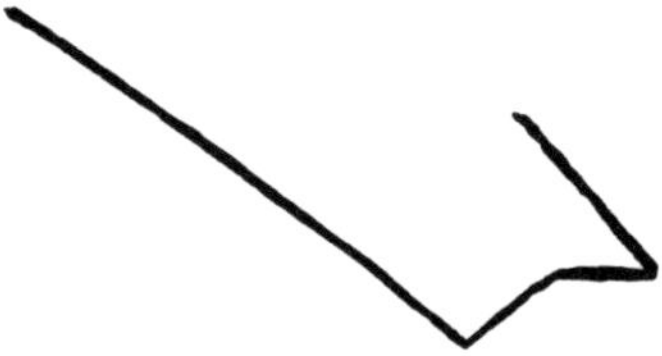

Kommt dieses als Erweiterung.

Zum dritten, wie auch zum Vergnügen,

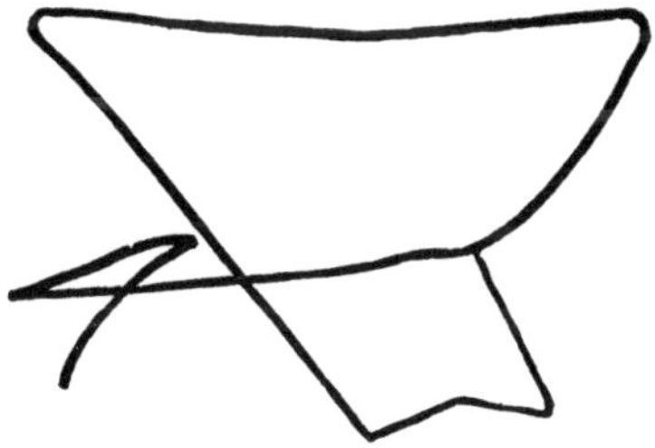

Ist folgendes hinzuzufügen.

Hierauf noch viertens mit Pläsier

Gelangen wir zu diesem hier.

Zum Schluß noch dieses! – Ei Potzblitz!

Da haben wir den alten Fritz.

II.

Mach still und froh

Mal so

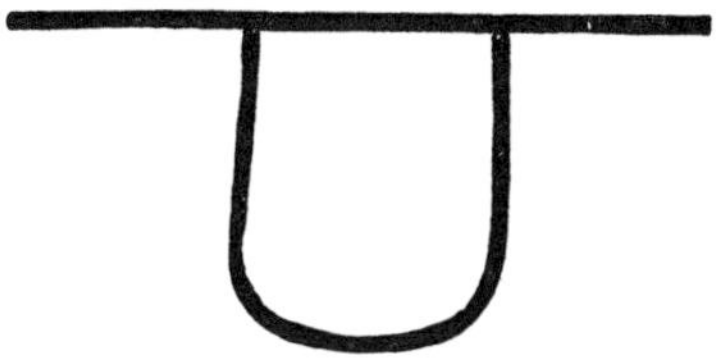

und so,

Gleich steht er do

bei Austerlitz

und Waterloo.

III.

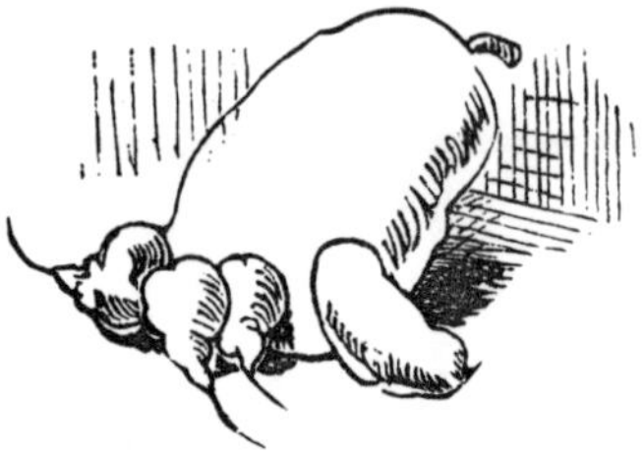

Gesetzt, daß dies ein Kürbis sei,
Eine Gurke und drei Radi dabei;

So wär's nicht übel, sollt ich meinen,
Kürbis und Gurke zu vereinen;

Denn setzen wir jetzt die Radi dran,

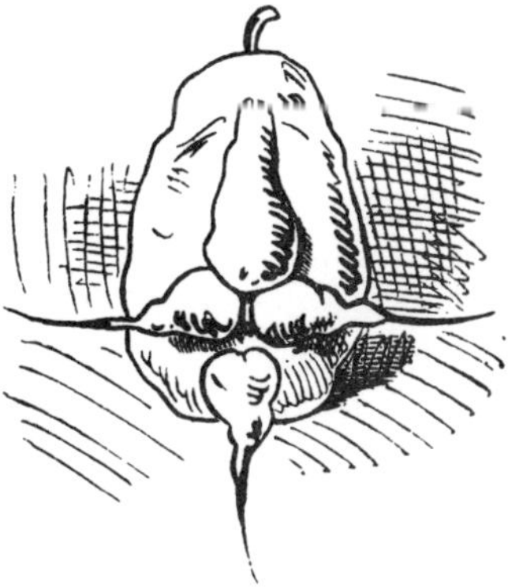

So haben wir noch einen großen Mann.

Idiosynkrasie

Der Tag ist grau. Die Wolken ziehn,
Es saust die alte Mühle.
Ich schlendre durch das feuchte Grün
Und denke an meine Gefühle.

Die Sache ist mir nicht genehm.
Ich ärgre mich fast darüber.
Der Müller ist gut; trotz alledem
Ist mir die Müllerin lieber.

Trübe Aussicht

Nein, höre mal! – so sprach mein Vetter –
Es wirkt doch nicht erhebend aufs Gemüt,
Wenn man bei Regenwetter

So etwas sieht.

Der Maulwurf

In seinem Garten freudevoll
Geht hier ein Gärtner namens Knoll.

Doch seine Freudigkeit vergeht;
Ein Maulwurf wühlt im Pflanzenbeet.

Schnell eilt er fort und holt die Hacke,
Daß er den schwarzen Wühler packe.

Jetzt ist vor allem an der Zeit
Die listige Verschwiegenheit.

Aha! Schon hebt sich was im Beet,
Und Knoll erhebt sein Jagdgerät.

Schwupp! Da – und Knoll verfehlt das Ziel
Die Hacke trennt sich von dem Stiel.

Das Instrument ist schnell geheilt;
Ein Nagel wird hineingekeilt.

Und wieder steht er ernst und krumm
Und schaut nach keiner Seite um.

Klabumm! So krieg die Schwerenot! –
Der Nachbar schießt die Spatzen tot.

Doch immerhin und einerlei!
Ein Flintenschuß ist schnell vorbei.

Schon wieder wühlt das Ungetier.
„Wart!“ – denkt sich Knoll – „Jetzt kommen wir.“

Er schwingt die Hacke voller Hast –
Radatsch! – o schöner Birnenast!

Die Hacke ärgert ihn doch sehr,
Drum holt er jetzt den Spaten her.

Nun, Alter, sei gescheit und weise,
Und mache leise, leise, leise!

Schnarräng!! – Da tönt ihm in das Ohr
Ein Bettelmusikantenchor.

Musik wird oft nicht schön gefunden,
Weil stets sie mit Geräusch verbunden.

Kaum ist's vorbei mit dem Trara,
So ist der Wühler wieder da.

Schnupp! Dringt die Schaufel, wie der Blitz,
Dem Maulwurf unter seinen Sitz.

Und mit Hurra in einem Bogen
Wird er herauf ans Licht gezogen.

Aujau! Man setzt sich in den Rechen
Voll spitzer Stacheln, welche stechen.

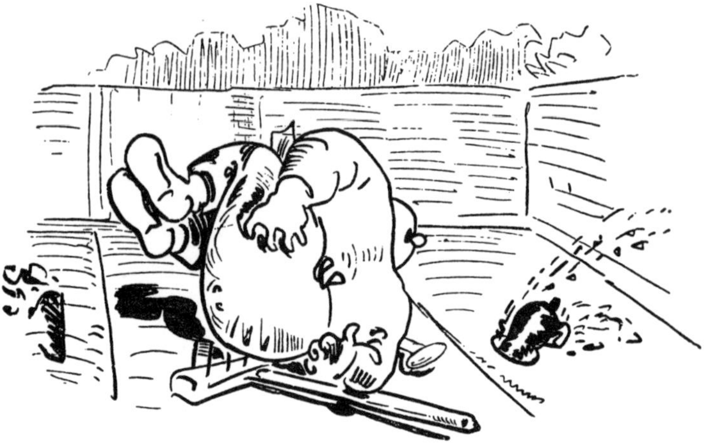

Und Knoll zieht für den Augenblick
Sich schmerzlich in sich selbst zurück.

Schon hat der Maulwurf sich derweil
Ein Loch gescharrt in Angst und Eil.

Doch Knoll, der sich emporgerafft,
Beraubt ihn seiner Lebenskraft.

Da liegt der schwarze Bösewicht.
Und wühlte gern und kann doch nicht;
Denn hinderlich, wie überall,
Ist hier der eigne Todesfall.

Romanze

Es war einmal ein Schneiderlein
Mit Nadel und mit Scher,
Der liebt ein Mädel hübsch und fein
So sehr, ach Gott, so sehr.

Er kam zu ihr in später Stund
Und red't so hin und her,
Ob er ihr etwa helfen kunnt
Mit Nadel und mit Scher.

Da dreht das Mädel sich herum!
„O je, o jemine!
Deine Nadel ist ja schon ganz krumm,
Geh geh, mein Schneider, geh!"

Der Schneider schrie: „Du falsche Dirn,
Hätt ich Dich nie gekannt!"

Er kauft sich einen Faden Zwirn

Und hängt sich an die Wand.

Die Kirmes

Fest schlief das gute Elternpaar
Am Abend, als die Kirmes war.

Der Vater hält nach seiner Art
Des Hauses Schlüssel wohl verwahrt;

Indem er denkt: „Auf die Manier
Bleibt mein Herminchen sicher hier! –“

Ach, lieber Gott, ja, ja, so ist es!
Nicht wahr, ihr guten Mädchen wißt es:

Kaum hat man was, was einen freut,
So macht der Alte Schwierigkeit!

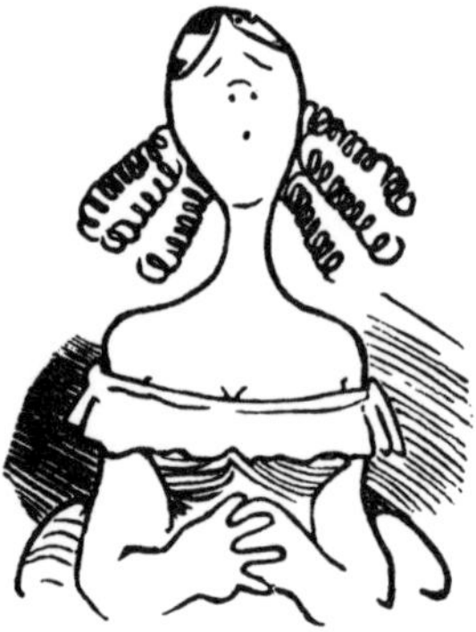

Hermine seufzt. –
Dann denkt sie: „Na!
Es ist ja noch das Fenster da!“

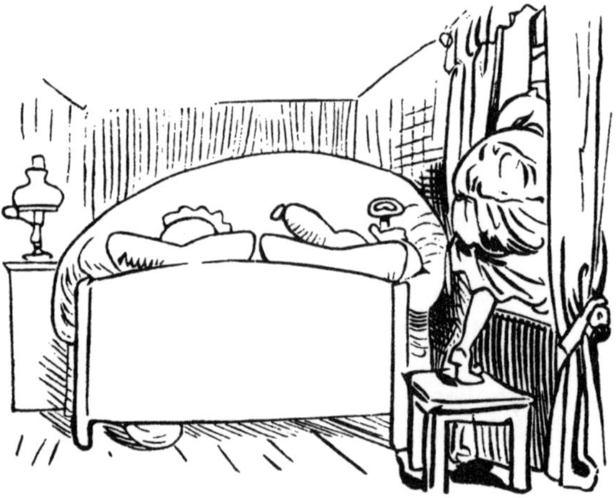

Durch dieses eilt sie still behende

Hierauf hinab am Weingelände

Und dann durchs Tor voll frohen Drangs
Im Rosakleid mit drei Volangs. –

Grad rüsten sich zum neuen Reigen
Rumbumbaß, Tutehorn und Geigen.

Tihumtata humtata humtatata!
Zupptrudiritirallala rallalala!

's ist doch ein himmlisches Vergnügen,
Sein rundes Mädel herzukriegen

Und rund herum und auf und nieder
Im schönen Wechselspiel der Glieder

Die ahnungsvolle Kunst zu üben,
Die alle schätzen, welche lieben. –

Hermine tanzt wie eine Sylphe,
Ihr Tänzer ist der Forstgehilfe. –

Auch dieses Paar ist flink und niedlich,
Der Herr benimmt sich recht gemütlich.

Hier sieht man zierliche Bewegung,
Doch ohne tiefre Herzensregung.

Hingegen diese, voll Empfindung,
Erstreben herzliche Verbindung.

Und da der Hans, der gute Junge,
Hat seine Grete sanft im Schwunge;

Und inniglich, in süßem Drange,
Schmiegt sich die Wange an die Wange;

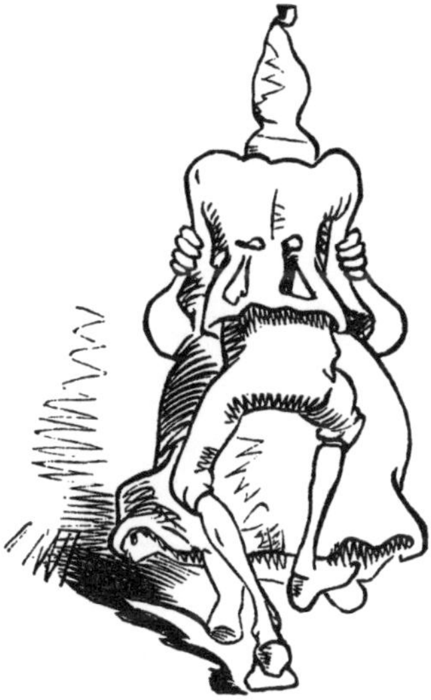

Und dann mit fröhlichem Juchhe,
Gar sehr geschickt, macht er Schaßeh.

Der blöde Konrad steht von fern
Und hat die Sache doch recht gern.

Der Konrad schaut genau hinüber.
Die Sache wird ihm immer lieber.

Der Konrad leert sein fünftes Glas,
Die Schüchternheit verringert das.

Flugs engagiert er die bewußte
Von ihm so hochverehrte Guste.

Die Seele schwillt, der Mut wird groß.
Heidi! Da saust der Konrad los.

Zu große Hast macht ungeschickt. –
Hans kommt mit Konrad in Konflikt.

Und – hulterpulter rumbumbum! –
Stößt man die Musikanten um.

Am meisten litt das Tongeräte. –
Und damit ist die schöne Fete
Zu jedermanns Bedauern aus. –

Hermine eilt zum Elternhaus

Und denkt, wie sie herabgeklommen,
Auch wieder so hinauf zu kommen.

O weh! Da bricht ein Stab der Reben.
Nun fängt Hermine an zu schweben.

Die Luft weht kühl. Der Morgen naht. –
Die gute Mutter, welche grad,

Das Waschgeschirr in allen Ehren
Gewohntermaßen auszuleeren,

Das Fenster öffnet, sieht mit Beben
Herminen an der Stange schweben.

Und auch die Jugend, die sich sammelt,
Ist froh, daß da wer bimmelbammelt.
Doch sieh, da zeigt der Vater sich
Und schneidet weg, was hinderlich.

Und mit gedämpftem Schmerzenshauch
Senkt sie sich in den Rosenstrauch.

Der Zylinder

Josephitag ist, wie du weißt,
Ein Fest für den, der Joseph heißt.
Drum bürstet, weil er fromm und gut,
Auch dieser Joseph seinen Hut

Und macht sich überhaupt recht schön,
Wie alle, die zur Metten gehn.

Hier geht er aus der Türe schon
Und denkt an seinen Schutzpatron. –

Heraußen weht nicht sehr gelind
Von Osten her ein kühler Wind,
So daß die beiden langen Spitzen,

Die hinten an dem Fracke sitzen,
Mit leichtem Schwunge sich erheben
Und brüderlich nach Westen streben. –

Jetzt kommt die Ecke.

Immer schlimmer
Weht hier der Wind. – Ein Frauenzimmer,
Obschon von Wuchse schön und kräftig,
Ist sehr bewegt und flattert heftig,
So daß man wohl bemerken kann – – –
O Joseph, was geht dich das an?

Ja, siehst du wohl, das war nicht gut!
Jetzt nimmt der Wind dir deinen Hut!

Schnell legt der Joseph sein Brevier
Auf einen Stein vor einer Tür,

Um so erleichtert ohne Weilen
Dem schönen Flüchtling nachzueilen. –

O weh, da trifft und faßt ihn grad,

Doch nur am Rand, ein Droschkenrad.

Jetzt eilt er wieder schnell und heiter
In schönen Kreisen emsig weiter,
Und Joseph eilet hinterdrein.

Hopsa! Da liegt ja wohl ein Stein.

Wutschi – Der Joseph liegt im Saft.

Der Hut entfernt sich wirbelhaft.

Dies sieht aus frohem Hintergrund
Ein alter Herr mit seinem Hund,

Und grade kommen auch daher
Die andern frommen Josepher
Und denken sich mit frohem Graus:
„Wie schauderhaft sieht Joseph aus!“

Und Josephs Hut,. wo wäre der,
Wenn der Soldat allhier nicht wär

Und nicht mit seinem Bajonett
Ihn mutig aufgehalten hätt. –

Nun hat ihn doch der Joseph wieder. –
Stolz geht der Krieger auf und nieder. –

Der Joseph aber schaut geschwind,
Wo seine andern Sachen sind.

Gottlob, sie sind noch alle dort. –
Der Herr mit seinem Hund geht fort,

Und Joseph schreitet auch nach Haus. –
Er sieht nicht mehr so stattlich aus

Und muß nun leider dessentwegen
Privatim seiner Andacht pflegen.

Drum soll man nie bei Windeswehen
Auf weibliche Gestalten sehen.

Summa Summarum

Sag, wie wär es, alter Schragen,
Wenn du mal die Brille putztest,
Um ein wenig nachzuschlagen,
Wie du deine Zeit benutztest.

Oft wohl hätten dich so gerne
Weiche Arme warm gebettet;
Doch du standest kühl von ferne,
Unbewegt, wie angekettet.

Oft wohl kam's, daß du die schöne
Zeit vergrimmtest und vergrolltest,
Nur weil diese oder jene
Nicht gewollt, so wie du wolltest.

Demnach hast du dich vergebens
Meistenteils herumgetrieben;
Denn die Summe unsres Lebens
Sind die Stunden, wo wir lieben.

Dilemma

Das glaube mir – so sagte er –
Die Welt ist mir zuwider,
Und wenn die Grübelei nicht wär,
So schöß ich mich darnieder.

Was aber wird nach diesem Knall
Sich späterhin begeben?
Warum ist mir mein Todesfall
So eklig wie mein Leben?

Mir wäre doch, potzsapperlot,
Der ganze Spaß verdorben,
Wenn man am Ende gar nicht tot,
Nachdem daß man gestorben.

Schlußchor

Was mit dieser Welt gemeint,
Scheint mir keine Frage.
Alle sind wir hier vereint
Froh beim Festgelage.

Setzt Euch her und schaut Euch um,
Voll sind alle Tische;
Keiner ist von uns so dumm,
Daß er nichts erwische.

Jeder schau der Nachbarin
In die Augensterne,
Daß er den geheimen Sinn
Dieses Lebens lerne.

Stoßet an! Die Wonnekraft
Möge selig walten,
Bis die Zeit uns fortgerafft
Zu dem Chor der Alten;

Bis in süßem Unverstand
Unsre Lippen lallen,
Bis das Auge und die Hand,
Bis wir selber fallen. –

Dann so tragt mich nur beiseit
In die dunkle Kammer,
Auszuruhn in Ewigkeit
Ohne Katzenjammer.

Inhaltsübersicht: Dritter Band

Spiegl Andrea

Wilhelm Busch
Gesamtwerk in sechs Bänden
Vierter Band

Wilh. Busch.

WILHELM BUSCH

GESAMMELTE WERKE IN SECHS BÄNDEN

4

XENOS Verlagsgesellschaft m.b.H.
Hamburg

Herausgegeben und eingeleitet von Hugo Werner.
Für die Wiedergabe der Zeichnungen stellte das Wilhelm-Busch-Museum, Hannover, die Vorlagen zur Verfügung.

ISBN-Nr. 3-8212-0259-9

Lizenzausgabe 1986 für die
XENOS Verlagsgesellschaft mbH, Hamburg
mit Genehmigung des Füllhorn Sachbuchverlages
Herausgeber: XENOS Verlagsgesellschaft mbH., Am Hehsel 42, 2000 Hamburg 63
Printed in Finland

Knopp-Trilogie

Abenteuer eines Junggesellen
Herr und Frau Knopp
Julchen

Abenteuer eines Junggesellen

1875

Die Sache wird bedenklich

Sokrates, der alte Greis,
Sagte oft in tiefen Sorgen:
„Ach, wie viel ist doch verborgen,
Was man immer noch nicht weiß.“

Und so ist es. – Doch indessen
Darf man eines nicht vergessen:
Eines weiß man doch hienieden,
Nämlich, wenn man unzufrieden. –

Dies ist auch Tobias Knopp,

Und er ärgert sich darob.

Seine zwei Kanarienvögel

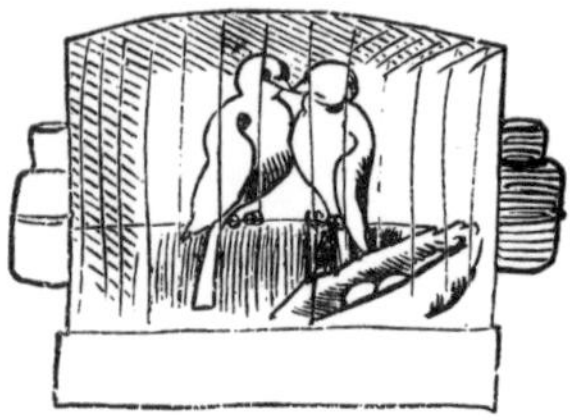

Die sind immer froh und kregel,
Während ihn so manches quält,
Weil es ihm bis dato fehlt.

Ja, die Zeit entfliehet schnell;
Knopp, du bist noch Junggesell! –

Zwar für Stiefel, Bett, Kaffee
Sorgt die gute Dorothee;
Und auch, wenn er dann und wann
Etwas nicht alleine kann,

Ist sie gleich darauf bedacht,
Daß sie es zurechte macht.
Doch ihm fehlt Zufriedenheit. –
Nur mit großer Traurigkeit
Bleibt er vor dem Spiegel stehn,

Um sein Bildnis zu besehn.

Vornerum ist alles blank;
Aber hinten, Gott sei Dank!
Denkt er sich mit frohem Hoffen,
Wird noch manches angetroffen.

Oh, wie ist der Schreck so groß!

Hinten ist erst recht nichts los;

Und auch hier tritt ohne Frage
Nur der pure Kopf zutage. –

Auch bemerkt er außerdem,
Was ihm gar nicht recht bequem,

Daß er um des Leibes Mitten
Längst die Wölbung überschritten,
Welche für den Speiseschlauch,
Bei natürlichem Gebrauch,
Wie zum Trinken, so zum Essen,
Festgesetzt und abgemessen. –
Doch es bietet die Natur
Hierfür eine sanfte Kur.

Draußen, wo die Blumen sprießen,
Karrelsbader Salz genießen
Und melodisch sich bewegen,
Ist ein reicher Himmelssegen;
Und es steigert noch die Lust,
Wenn man immer sagt: du mußt.

Knopp, der sich dazu entschlossen,

Wandelt treu und unverdrossen.

Manchmal bleibt er sinnend stehn,

Manchmal kann ihn keiner sehn.

Aber bald so geht er wieder
Treubeflissen auf und nieder. –

Dieses treibt er vierzehn Tage;
Danach steigt er auf die Waage,

Und da wird es freudig kund:
Heißa, minus zwanzig Pfund!

Wieder schwinden vierzehn Tage,
Wieder sitzt er auf der Waage,
Autsch, nun ist ja offenbar

Alles wieder, wie es war.
Ach, so denkt er, diese Welt
Hat doch viel, was nicht gefällt.

Rosen, Tanten, Basen, Nelken
Sind genötigt zu verwelken;

Ach – und endlich auch durch mich
Macht man einen dicken Strich.
Auch von mir wird man es lesen:
Knopp war da und ist gewesen.
Ach, und keine Träne fließt
Aus dem Auge, das es liest;
Keiner wird, wenn ich begraben,
Unbequemlichkeiten haben;
Keine Seele wird geniert,
Weil man keinen Kummer spürt.
Dahingegen spricht man dann:
Was geht dieser Knopp uns an?

Dies mag aber Knopp nicht leiden;
Beim Gedanken, so zu scheiden
In ein unverziertes Grab,
Drückt er eine Träne ab.

Sie liegt da, wo er gesessen,
Seinem Schmerze angemessen.

Dieses ist ja fürchterlich.
Also, Knopp, vermähle dich.
Mach dich auf und sieh dich um,
Reise mal 'n bissel rum.
Sieh mal dies und sieh mal das,
Und paß auf, du findest was.

Einfach ist für seine Zwecke
Das benötigte Gepäcke;

Und die brave Dorothee
Ruft: „Herr Knopp, nanu adjeh!“

Eine alte Flamme

Allererst und allsofort
Eilet Knopp an jenen Ort,
Wo sie wohnt, die Wohlbekannte,
Welche sich Adele nannte;
Jene reizende Adele,
Die er einst mit ganzer Seele
Tiefgeliebt und hochgeehrt,
Die ihn aber nicht erhört,
So daß er, seit dies geschah,
Nur ihr süßes Bildnis sah.

Transpirierend und beklommen
Ist er vor die Tür gekommen,
Oh, sein Herze klopft so sehr,
Doch am Ende klopft auch er.

„Himmel“ – ruft sie – „welches Glück!!“
(Knopp sein Schweiß, der tritt zurück)

„Komm, geliebter Herzensschatz,
Nimm auf der Berschäre Platz!

Nur an dich bei Tag und Nacht,
Süßer Freund, hab ich gedacht.

Unaussprechlich inniglich,
Freund und Engel, lieb ich dich!“

Knopp, aus Mangel an Gefühl,
Fühlt sich wieder äußerst schwül,
Doch in dieser Angstsekunde
Nahen sich drei fremde Hunde.

„Hilfe, Hilfe!“ – ruft Adele –
„Hilf, Geliebter meiner Seele!!!“

Knopp hat keinen Sinn dafür.
Er entfernt sich durch die Tür. –

Schnell verläßt er diesen Ort
Und begibt sich weiter fort.

Ein schwarzer Kollege

Knopp verfügt sich weiter fort
Bis an einen andern Ort.
Da wohnt einer, den er kannte,
Der sich Förster Knarrtje nannte. –

Unterwegs bemerkt er bald
Eine schwärzliche Gestalt,

Und nun biegt dieselbe schräg
Ab auf einen Seitenweg.

Sieh, da kommt ja Knarrtje her!

„Alter Knopp, das freut mich sehr!“

Traulich wandeln diese zwei
Nach der nahen Försterei.

„So, da sind wir, tritt hinein;
Meine Frau, die wird sich freun!“

„He, zum Teufel, was ist das?
Allez, Waldmann, allez faß!

Oh, tu tu verruchtes Weib,
Jetzt kommt Knarrtje dir zu Leib!“

Knopps Vermittlung will nicht glücken,
Wums! da liegt er auf dem Rücken.

Schnell verläßt er diesen Ort.
Und begibt sich weiter fort.

Rektor Debisch

Knopp begibt sich weiter fort

Bis an einen andern Ort.
Da wohnt einer, den er kannte,
Der sich Rektor Debisch nannte.

Er erteilet seinem Sohn
Eben eine Lektion,

Die er aber unterbricht,
Als er Knopp zu sehen kriegt.

Zu dem Sohne spricht er dann:
„Kuno, sag ich, sieh mich an!
Höre zu und merke auf!
Richte itzo deinen Lauf
Dahin, wo ich dir befehle,
Nämlich in die Kellerhöhle.
Dorten lieget auf dem Stroh
Eine Flasche voll Bordeaux.

Diese Flasche, sag ich dir,
Zieh herfür und bringe mir!“
Kuno eilet froh und prompt,
Daß er in den Keller kommt,
Wo er still und wohlgemut
Etwas von dem Traubenblut

In sich selbst herüberleitet,
Was ihm viel Genuß bereitet.

Die dadurch entstandne Leere
Füllt er an der Regenröhre. –

Rotwein ist für alte Knaben
Eine von den besten Gaben.

Gern erhebet man das Glas.
Aber Knopp, der findet was.

„Ei“ – spricht Debisch – „dieses ist
Sozusagen Taubenmist.

Ei, wie käme dieses dann?
Kuno, sag ich, sieh mich an!!“

Drauf nach diesem strengen Blick
Kommt er auf den Wein zurück.

Aber Knopp verschmäht das Glas,
Denn schon wieder sieht er was.

„Dies“ – spricht Debisch – „scheint mir ein
Neugeborner Spatz zu sein.

Ei, wie käme dieses dann?
Kuno, sag ich, sieh mich an!!
Deiner Taten schwarzes Bild
Ist vor meinem Blick enthüllt;
Und nur dieses sage ich:

Pfui, mein Sohn, entferne dich!! –“

Das ist Debisch sein Prinzip:
Oberflächlich ist der Hieb.
Nur des Geistes Kraft allein
Schneidet in die Seele ein.

Knopp vermeidet diesen Ort
Und begibt sich weiter fort.

Ländliches Fest

Knopp begibt sich weiter fort
Bis an einen andern Ort.
Da wohnt einer, den er kannte,
Der sich Meister Druff benannte.

Druff hat aber diese Regel:
Prügel machen frisch und kregel
Und erweisen sich probat
Ganz besonders vor der Tat.

Auch zum heut'gen Schützenfeste
Scheint ihm dies für Franz das beste.
Drum hört Knopp von weitem schon

Den bekannten Klageton.

Danach wandelt man hinaus
Schön geschmückt zum Schützenhaus. –

Gleich verschafft sich hier der Franz
Eines Schweines Kringelschwanz,
Denn er hat es längst beachtet,
Daß der Wirt ein Schwein geschlachtet;

Und an Knoppens Fracke hing
Gleich darauf ein krummes Ding. –

Horch, da tönet Horngebläse
Und man schreitet zur Française.

Keiner hat so hübsch und leicht
Sich wie unser Knopp verbeugt;

Keiner weiß sich so zu wiegen
Und den Tönen anzuschmiegen;

Doch die höchste Eleganz
Zeiget er im Solotanz.
Hoch erfreut ist jedermann,
Daß Herr Knopp so tanzen kann.

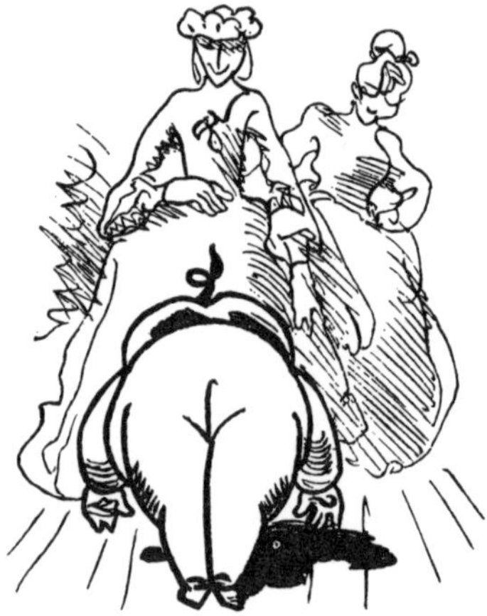

Leider ist es schon vorbei.

Und er schreitet stolz und frei
Wiederum zu seinem Tische,

Daß er etwas sich erfrische.

Rums! – Der Franz entfernt die Bank,
So daß Knopp nach hinten sank! –
Zwar er hat sich aufgerafft,
Aber doch nur mangelhaft.
Und er fühlt mit Angst und Beben:

Knopp, hier hat es Luft gegeben! –

Schnell verläßt er diesen Ort
Und begibt sich weiter fort.

Die stille Wiese

Knopp begibt sich weiter fort
Bis an einen stillen Ort.

Hier auf dieser Blumenwiese,
Denn geeignet scheinet diese,

Kann er sich gemütlich setzen,
Um die Scharte auszuwetzen

Und nach all den Angstgefühlen
Sich ein wenig abzukühlen.

Hier ist alles Fried und Ruh,
Nur ein Häslein schauet zu.

Sieh, da kommt der Bauer Jochen.
Knopp hat sich nur leicht verkrochen,

Doch mit Jochen seiner Frau
Nimmt er es schon mehr genau.

Kurz war dieser Aufenthalt.
Und mit Eifer alsobald
Richtet Knopp sein Augenmerk
Auf das angefangne Werk. –
Kaum hat er den Zweck erreicht,
Wird er heftig aufgescheucht,

Und es zeigt sich, ach herrje,
Jetzt sind Damen in der Näh.
Plumps! – Man kommt. – Indes von Knopp

Sieht man nur den Kopf, gottlob! –
Wie erschrak die Gouvernante,
Als sie die Gefahr erkannte.

Ängstlich ruft sie: „O mon dieu!
C'est un homme, fermez les yeux!“

Knopp, auf möglichst schnelle Weise,
Schlüpfet in sein Beingehäuse.

Dann verläßt er diesen Ort
Und begibt sich weiter fort.

Babbelmann

Knopp begibt sich weiter fort
Bis an einen andern Ort.

Da wohnt einer, den er kannte,
Der sich Babbelmann benannte,
Der ihm immer so gefallen
Als der Lustigste von allen.

Schau, da tritt er aus der Tür.

„Na", ruft Knopp, „jetzt bleib ich hier!"
Worauf Babbelmann entgegnet:

„Werter Freund, sei mir gesegnet!

Erstens in betreff Logis,
Dieses gibt es nicht allhie,
Denn ein Pater hochgelehrt
Ist soeben eingekehrt.

Zweitens dann: für Essen, Trinken
Seh ich keine Hoffnung blinken.
Heute mal wird nur gebetet,
Morgen wird das Fleisch getötet,
Übermorgen beichtet man,
Und dann geht das Pilgern an.

Ferner drittens, teurer Freund, –

Pist! – denn meine Frau erscheint!“

Knopp, dem dieses ungelegen,
Wünscht Vergnügen, Heil und Segen
Und empfiehlt sich alsobald

Äußerst höflich, aber kalt. –

Schnelle flieht er diesen Ort
Und begibt sich weiter fort.

Wohlgemeint wird abgelehnt

Knopp verfügt sich weiter fort
Bis an einen andern Ort.
Da wohnt einer, den er kannte,
Der sich Küster Plünne nannte.

Knopp, der tritt durchs Gartengatter.
Siehe, da ist Hemdgeflatter,
Woraus sich entnehmen läßt:
Plünnens haben Wäschefest.

Dieses findet Knopp bekräftigt
Dadurch, wie der Freund beschäftigt.

Herzlich wird er aufgenommen.
Plünne rufet: „Ei, willkommen!

Gleich besorg ich dir zu essen,
Halte mal das Kind indessen."

Knopp ist dieses etwas peinlich,
Plünne machet alles reinlich.

Knopp, der fühlt sich recht geniert.
Plünne hat derweil serviert.
Jetzt eröffnet er das Bette
Der Familienlagerstätte.

In dem Bette, warm und schön,
Sieht man eine Schale stehn.

Nämlich dieses weiß ein jeder:
Wärmehaltig ist die Feder.

Hat man nun das Mittagessen
Nicht zu knappe zugemessen,
Und, gesetzt den Fall, es wären
Von den Bohnen oder Möhren,
Oder, meinetwegen, Rüben
Ziemlich viel zurückgeblieben,
Dann so ist das allerbeste,
Daß man diese guten Reste
Aufbewahrt in einem Hafen,

Wo die guten Eltern schlafen,
Weil man, wenn der Abend naht,
Dann sogleich was Warmes hat.
Diese praktische Methode
Ist auch Plünnens ihre Mode.

„So“ – ruft Plünne – „Freund, nanu
Setz dich her und lange zu!“

Knopp hat aber, wie man sieht,
Keinen rechten Appetit.

Schnell verläßt er diesen Ort
Und begibt sich weiter fort.

Freund Mücke

Knopp begibt sich weiter fort
Bis an einen andern Ort.
Da wohnt einer, den er kannte,
Welcher Mücke sich benannte.

Wie es scheint, so lebt Herr Mücke
Mit Frau Mücke sehr im Glücke.

Eben hier, bemerken wir,
Küßt er sie und spricht zu ihr:

„Also Schatz, ade derweil!
Ich und Knopp, wir haben Eil.
Im historischen Verein
Wünscht er eingeführt zu sein.“

Bald so öffnet sich vor ihnen
Bei der Kirche der Kathrinen

Im Hotel zum blauen Aal
Ein gemütliches Lokal.

Mücke scheinet da nicht fremd,
Er bestellt, was wohlbekömmt.

Junge Hähnchen, sanft gebraten,
Dazu kann man dringend raten,

Und man darf getrost inzwischen
Etwas Rheinwein druntermischen.

Nötig ist auf alle Fälle,
Daß man dann Mussö bestelle.

Nun erfreut man sich selbdritt,
Denn Kathinka trinket mit!

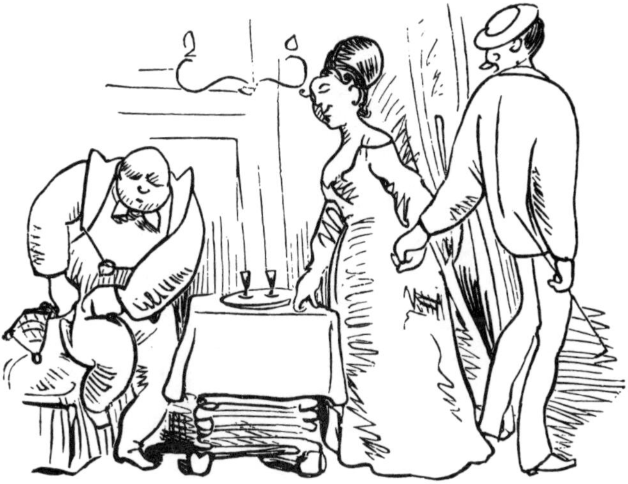

„So, jetzt wären wir so weit,
Knopp, du machst wohl Richtigkeit."

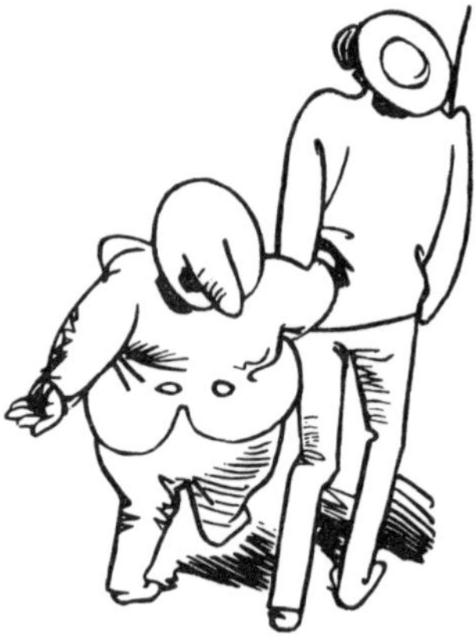

Lustig ist man fortspaziert
Zum Hotel, wo Knopp logiert.

Heftig bollert man am Tor,
Der Portier kommt nicht hervor.

„Komm“, – ruft Mücke – „Knopp, komm hier,
Du logierst die Nacht bei mir!“

Schwierig, aus verschiednen Gründen,
Ist das Schlüsselloch zu finden.

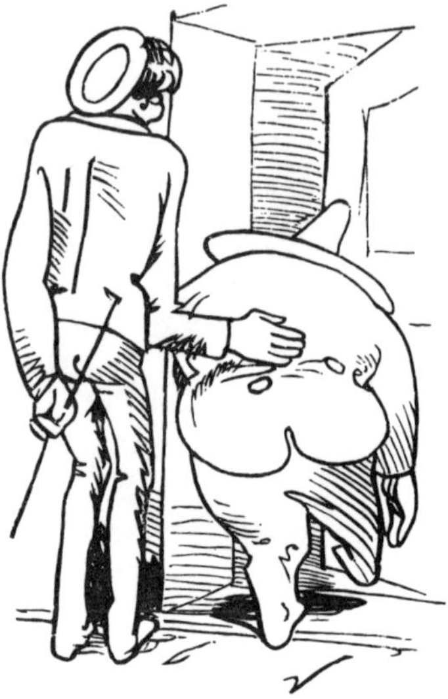

So, so, so! Jetzt nur gemach,
Tritt hinein, ich komme nach.

Knopp schiebt los. Indessen Mücke
Bleibt mit Listigkeit zurücke.

Schrupp! – Wie Knopp hineingekommen,
Wird er an die Wand geklommen.
„Wart!“ ruft Mückens Ehgemahl –
„Warte, Lump, schon wieder mal!?“

Weil sie ihn für Mücken hält,
Hat sie ihm so nachgestellt.

Hei! Wie fühlt sich Knopp erfrischt,
Als der Besen saust und zischt.

Bums! Er fällt in einen Kübel
Angefüllt mit dem, was übel.

Oh, was macht der Besenstiel
Für ein schmerzliches Gefühl!

Und als regellose Masse
Findet Knopp sich auf der Gasse.

Schnell verläßt er diesen Ort
Und begibt sich weiter fort.

Ein frohes Ereignis

Knopp verfügt sich weiter fort
Bis an einen andern Ort.
Da wohnt einer, den er kannte,
Der sich Sauerbrot benannte.

Sauerbrot, der fröhlich lacht,
Hat sich einen Punsch gemacht.

„Heißa!!" – rufet Sauerbrot –
„Heißa! meine Frau ist tot!!

Hier in diesem Seitenzimmer
Ruhet sie bei Kerzenschimmer.

Heute stört sie uns nicht mehr,
Also, Alter, setz dich her,

Nimm das Glas und stoße an.
Werde niemals Ehemann,
Denn als solcher, kann man sagen,
Muß man viel Verdruß ertragen.

Kauf Romane und Broschüren,
Zahle Flechten und Turnüren,
Seidenkleider, Samtjackets,
Zirkus- und Konzertbilletts –
Ewig hast du Nöckerei.
Gott sei Dank! Es ist vorbei!!“

Es schwellen die Herzen,
Es blinkt der Stern.
Gehabte Schmerzen,
Die hab ich gern.

Knarr! – da öffnet sich die Tür.

Wehe! Wer tritt da herfür!?
Madam Sauerbrot, die schein-
Tot gewesen, tritt herein.

Starr vor Schreck wird Sauerbrot,

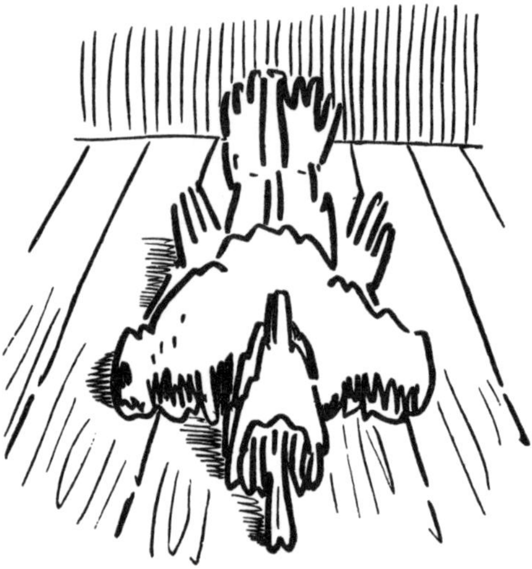

Und nun ist er selber tot. –

Knopp vermeidet diesen Ort
Und begibt sich eilig fort.

O weh!

Knopp verfügt sich weiter fort
Bis an einen andern Ort.
Da wohnt einer, den er kannte,
Welcher Piepo sich benannte.

Aus dem Garten tönt Gelächter,
Piepo ist's und seine Töchter.

„Dies, mein lieber Knopp, ist Hilda,
Dort die ältre heißt Klotilda.
Hilda hat schon einen Freier,
Morgen ist Verlobungsfeier,
Doch Klotilda, ei, ei, ei,
Die ist noch bis dato frei." –

Oh, wie ist der Abend milde!
Knopp, der wandelt mit Klotilde,
Die ihm eine Rose pflückt. –
Und er fühlt es tief beglückt:
Knopp, in diesem Augenblick
Da erfüllt sich dein Geschick. –

Drauf hat Piepo ihn geleitet,
Wo sein Lager zubereitet.

„Hier“ – so spricht er – „dieser Saal
Ist für morgen Festlokal.

Hier zur Rechten ist die Klause,
Stillberühmt im ganzen Hause;

Und hier links da schlummerst du.
Wünsche recht vergnügte Ruh!“

Knopp ist durch und durch Gedanke
An Klotilde, jene Schlanke,
Und er drückt in süßem Schmerz
Ihre Rose an sein Herz.

„O Klotilde, du allein
Sollst und mußt die Meine sein.“ –
Darauf ist ihm so gewesen:
Knopp, du mußt noch etwas lesen. –
Gern erfüllt er sein Verlangen;
Still ist er hinausgegangen

Und bei seiner Kerze Strahl
Hingewandelt durch den Saal. –

Oftmals kann man müde sein,
Setzt sich hin und schlummert ein.

Erst des Morgens so um achte,
Als die Sonne freundlich lachte,
Dachte Knopp an sein Erwachen.
Er erwacht durch frohes Lachen. –
Dieses tut die Mädchenschar,
Welche schon beschäftigt war,

Um an dieses Festes Morgen

Für des Saales Schmuck zu sorgen.

„Ewig kannst du hier nicht sein" –
Denket Knopp voll Seelenpein.

Und so strömt er wohlverdeckt
Da hervor, wo er gesteckt.

Groß ist seines Laufes Schnelle;
Aber ach, die Kammerschwelle
Ist ihm äußerst hinderlich.

Hopsa! – Er entblättert sich. –

Heimlich flieht er diesen Ort
Und begibt sich weiter fort.

Abschreckendes Beispiel

Knopp begibt sich eilig fort

Bis zum höchsten Bergesort.

Hier in öder Felsenritzen
Sieht er einen Klausner sitzen.

Dieser Klausner, alt und greis,
Tritt aus seinem Steingehäus.

Und aus Knoppen seiner Tasche
Hebt er ernst die Wanderflasche.

„Ich“ – so spricht er – „heiße Krökel
Und die Welt ist mir zum Ekel.

Alles ist mir einerlei.
Mit Verlaub, ich bin so frei.

O ihr Bürsten, o ihr Kämme,
Taschentücher, Badeschwämme,

Seife und Pomadebüchse,
Strümpfe, Stiefel, Stiefelwichse,
Hemd und Hose, alles gleich,
Krökel, der verachtet euch.

Mir ist alles einerlei.
Mit Verlaub, ich bin so frei.

O ihr Mädchen, o ihr Weiber,
Arme, Beine, Köpfe, Leiber,
Augen mit den Feuerblicken,
Finger, welche zärtlich zwicken

Und was sonst für dummes Zeug –
Krökel, der verachtet euch.

Mir ist alles einerlei.
Mit Verlaub, ich bin so frei.

Nur die eine, himmlisch Reine,
Mit dem goldnen Heilgenscheine,
Ehre, liebe, bet ich an;
Dich, die keiner kriegen kann,

Dich du süße, ei, ja, ja,
Heil'ge Emmerenzia.

Sonst ist alles einerlei.
Mit Verlaub, ich bin so frei."

Hiermit senkt der Eremit
Sich nach hinten. – Knopp entflieht.

Knopp, der denkt sich: dieser Krökel
Ist ja doch ein rechter Ekel;
Und die Liebe per Distanz,
Kurz gesagt, mißfällt mir ganz.

Schnell verlassend diesen Ort
Eilet er nach Hause fort.

Heimkehr und Schluß

Knopp, der eilt nach Hause fort,
Und, sieh da, schon ist er dort.

Grade lüftet seine nette,
Gute Dorothee das Bette.

„Mädchen“ – spricht er – „sag mir, ob –“
Und sie lächelt: „Ja, Herr Knopp!“

Bald so wird es laut verkündet:
Knopp hat ehlich sich verbündet,

Tobias Knopp

Dorothea Lickefett

Erst nur flüchtig und zivil,
Dann mit Andacht und Gefühl. –

Na, nun hat er seine Ruh.
Ratsch! – Man zieht den Vorhang zu.

Herr und Frau Knopp

1876

Ermahnungen und Winke

O wie lieblich, o wie schicklich,
Sozusagen herzerquicklich,
Ist es doch für eine Gegend,
Wenn zwei Leute, die vermögend,
Außerdem mit sich zufrieden,
Aber von Geschlecht verschieden,
Wenn nun diese, sag ich, ihre
Dazu nötigen Papiere,
Sowie auch die Haushaltsachen
Endlich mal in Ordnung machen
Und in Ehren und beizeiten
Hin zum Standesamte schreiten,
Wie es denen, welche lieben,
Vom Gesetze vorgeschrieben;
Dann ruft jeder freudiglich:
„Gott sei Dank, sie haben sich!"

Daß es hierzu aber endlich
Kommen muß, ist selbstverständlich. –
Oder liebt man Pfänderspiele?
So was läßt den Weisen kühle.
Oder schätzt man Tanz und Reigen?
Von Symbolen laßt uns schweigen.
Oder will man unter Rosen
Innig miteinander kosen? –
Dies hat freilich seinen Reiz;
Aber elterlicherseits
Stößt man leicht auf so gewisse
Unbequeme Hindernisse,
Und man hat, um sie zu heben,
Als verlobt sich kundzugeben. –

Das ist allerdings was Schönes;
Dennoch mangelt dies und jenes.
Traulich im Familienkreise
Sitzt man da und flüstert leise,
Drückt die Daumen, küßt und plaudert,
Zehne schlägt's, indes man zaudert,
Mutter strickt und Vater gähnt,
Und, eh man was Böses wähnt,
Heißt es: „Gute Nacht, bis morgen!"

Tief im Paletot verborgen,
Durch die schwarzen, nassen Gassen,
Die fast jeder Mensch verlassen,
Strebt man unmutsvoll nach Hause
In die alte, kalte Klause,
Wühlt ins Bett sich tief und tiefer,
Schnatteratt! so macht der Kiefer,
Und so etwa gegen eine
Kriegt man endlich warme Beine.
Kurz, Verstand sowie Empfindung
Dringt auf ehliche Verbindung. –

Dann wird's aber auch gemütlich.
Täglich, stündlich und minütlich
Darf man nun vereint zu zween
Arm in Arm spazieren gehen!
Ja, was irgend schön und lieblich,
Segensreich und landesüblich
Und ein gutes Herz ergetzt,
Prüft, erfährt und hat man jetzt.

Eheliche Ergötzlichkeiten

Ein schönes Beispiel, daß obiges wahr,
Bieten Herr und Frau Knopp uns dar.

Hier ruht er mit seiner getreuen Dorette
Vereint auf geräumiger Lagerstätte.

Früh schon erhebt man die Augenlider,

Lächelt sich an und erkennt sich wieder,

Um alsobald mit einem süßen
Langwierigen Kusse sich zu begrüßen.

Knopp aber, wie er gewöhnlich pflegt,
Ist gleich sehr neckisch aufgelegt.

Ganz unvermutet macht er: Kieks!
Hierauf erhebt sich ein lautes Gequieks.
Dorette dagegen weiß auch voll List,
Wo Knopp seine lustige Stelle ist.

Nämlich er hat sie unten am Hals.
Kiewieks! Jetzt meckert er ebenfalls.

Nun freilich möchte sich Knopp erheben
Und schnell vom Lager hinwegbegeben,
Wird aber an seines Kleides Falten

Spiralenförmig zurückgehalten.
Husch! Er nicht faul, eh man sich's denkt,
Hat sich nach hinten herumgeschwenkt
Und unter die Decke eingebohrt,

Wo man recht fröhlich herumrumort. –

Nach diesen gar schönen Lustbarkeiten
Wird's Zeit, zur Toilette zu schreiten.

Gern wendet Frau Doris anitzo den Blick
Auf Knopp sein Beinbekleidungsstück,
Welches ihr immer besonders gefiel
Durch Ausdruck und wechselndes Mienenspiel.

Bald schaut's so drein mit Grimm und Verdruß,

Bald voller Gram und Bekümmernus.

Bald zeigt dies edle Angesicht
Nur Stolz und kennt keinen Menschen nicht.

Aber bald schwindet der Übermut;
Es zeigt sich von Herzen sanft und gut,

Und endlich nach einer kurzen Zeit
Strahlt es in voller Vergnüglichkeit. –

Dorettens Freude hierüber ist groß.
Knopp aber ist auch nicht freudenlos;

Denn ihm lächelt friedlich und heiter,
Nach unten spitzig, nach oben breiter,
Weißlich blinkend und blendend schön,
Ein hocherfreuliches Phänomen.
Besonders zeigt sich dasselbe beim Sitzen,

In der Mädchensprache nennt man's Blitzen. –
„Madam, es blitzt!" ruft Knopp und lacht.

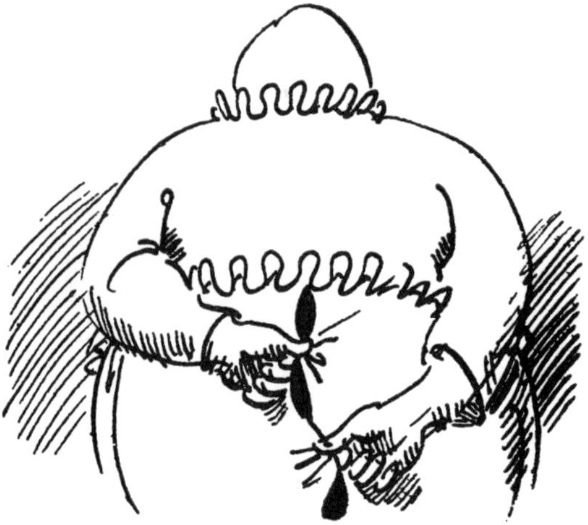

Schlupp! wird die Sache zugemacht.

Der alte Junge hat's gut

Die Frühstückszeit hat Knopp vor allen,
Weil sehr behaglich, sehr gefallen.

Nachdem die Liese aufgetischt,

Hat Doris ihm den Trank gemischt.
Und außerdem genießt er heute

Noch eine ganz besondre Freude.

Frau Doris schenkt ihm eine Mütze,
Die rings mit Perlen und mit Litze
In Form von einem Kranz der Reben
Gar schön umwunden und umgeben.

Sehr freut ihn dieser Kopfbehälter,
Denn nach Micheli wird es kälter
Und weht schon oft ein herber Hauch,
Und außerdem verziert es auch.

Stolz sitzt er da auf seinem Sitze;
Das Haupt verschönt die Morgenmütze,

Die Pfeife ist ihm Hochgenuß,
Und Doris hält den Fidibus.

Schnell flieht der Morgen. – Unterdessen
Bereitet man das Mittagessen. –
Was dies betrifft, so muß man sagen,
Kann Knopp sich wirklich nicht beklagen.
Zum Beispiel könnt er lange suchen
Nach solchem guten Pfannekuchen.
Hierin ist Doris ohne Fehl.
Stets nimmt sie einen Löffel Mehl,
Die nöt'ge Milch, dazu drei Eier,
Ja vier sogar, wenn sie nicht teuer,
Quirlt dies sodann und backt es braun
Mit Sorgfalt und mit Selbstvertraun;

Und jedesmal spricht Knopp vergnüglich:
„Der Pfannekuchen ist vorzüglich!"

O wie behaglich kann er nun
An Doris' treuem Busen ruhn.
Gern hat er hierbei auf der Glatze
Ein loses, leises Kribbelkratze.
So schläft er mit den Worten ein:
„Wie schön ist's, Herr Gemahl zu sein!“

Ein Mißgriff

Der Samstag ist meistens so ein Tag,
Den der Vater nicht leiden mag.
Es wirbelt der Staub, der Besen schwirrt,
Man irrt umher und wird verwirrt.

Hier oben auf der Fensterbank
Steht Liese und macht die Scheiben blank.

Knopp, welcher seine Pfeife vermißt
Und gar nicht weiß, wo sie heute ist,
Schweift sorgenschwer im Haus umher,
Ob sie nicht wo zu finden wär.

Er denkt: „Wo mag die Pfeife sein?"
Und zwickt die Liese ins Bein hinein.

Obgleich dies nur ganz unten geschehen,
Frau Doris hat es nicht gern gesehen.

Sie ruft: „Das bitt ich mir aber aus!
Abscheuliches Mädchen, verlasse das Haus!“

So wären denn Knoppens also mal
Ohne weibliches Dienstpersonal,

Und morgens in früher Dämmerung
Hat Knopp eine schöne Beschäftigung. –

Alsbald so steht es im Wochenblatt,
Daß man Bedienung nötig hat.

Infolgedessen mit sanfter Miene
Erscheint eine Jungfrau namens Kathrine,

Welche hochheilig und teuer versprochen,
Stets fleißig zu putzen, beten, backen und kochen.
Hierin ist sie auch einerseits rühmlich,
Anderseits aber recht eigentümlich!

Erglänzt zum Beispiel am Sirupstopfe
Der unvermeidliche zähe Tropfe –

Schluppdiwutsch! – so schafft sie ihn dort
Mit schnellem Schwunge der Zunge fort.

Oder wenn sich beim Backen vielleicht
Irgendwo irgendwie irgendwas zeigt –

Schluppdiwutsch! sie entfernt es gleich
Durch einen doppelten Bogenstreich. –
Obschon dies sehr geschickt geschehen,
Frau Knoppen hat es nicht gern gesehen.
Sie ruft: „Das bitt ich mir aber aus!
Abscheuliches Mädchen, verlasse das Haus!"

So wären denn Knoppens zum andern Mal
Ohne weibliches Dienstpersonal.

Knopp aber in früher Dämmerung
Hat eine schöne Beschäftigung.

Alsbald so setzt man ins Wochenblatt,
Daß man ein Mädchen nötig hat!

Hierauf erscheint nach kurzer Zeit
Eine Jungfrau mit Namen Adelheid,

Welche hochheilig und teuer versprochen,
Stets fleißig zu putzen, beten, backen und kochen.
Auch kann sie dieses; und augenscheinlich
Ist sie in jeder Beziehung sehr reinlich.

Pünktlich pflegt sie und ohne Säumen
Die ehliche Kammer aufzuräumen.

Recht angenehm ist dann der Kamm,
Pomade und Seife von Madam.

Doch für die Zähne verwendet sie gern
Den Apparat des gnädigen Herrn. –

Obgleich dies zu guten Zwecken geschehen,
Frau Knoppen hat es nicht gern gesehen.
Sie ruft: „Das bitt ich mir aber aus!
Abscheuliches Mädchen, verlasse das Haus!“

Knopp aber in früher Dämmerung
Hat eine neue Beschäftigung.

Knopp geht mal aus

Bekanntlich möchte in dieser Welt
Jeder gern haben, was ihm gefällt.
Gelingt es dann mal dem wirklich Frommen,
An die gute Gabe dranzukommen,
Um die er dringend früh und spat
Aus tiefster Seele so inniglich bat,
Gleich steht er da, seufzt, hustet und spricht:
„Ach Herr, nun ist es ja doch so nicht!“
Auch Knopp ist heute etwas ergrimmt
Und über sein ehliches Glück verstimmt.

Grad gibt es den Abend auch Frikadellen,
Die unbeliebt in den meisten Fällen.

Er lehnt sie ab mit stillem Dank,
Zieht seinen Frack aus dem Kleiderschrank,

Und ohne sich weiter an was zu kehren,
Wandelt er trotzig zum goldenen Bären! –

„Potztausend, also auch mal hier!"
So rufen freudig beim Öffnen der Tür
Der kunstreiche Doktor Pelikan
Und Bello, der Förster und Jägersmann.

Knopp aber redet nicht eben viel;
Hat auch nicht Lust zum Solospiel;

Sondern tief in sich selbst gekehrt
Hat er sein Schöppchen Bier geleert.

Punkt zehn schließt er die Rechnung ab

Und begibt sich zu Haus in gelindem Trab.

Unfreundlicher Empfang

Grollend hat Madam soeben
Sich bereits zur Ruh begeben.

Freundlich naht sich Knopp und bang –

Bäh! – nicht gut ist der Empfang.

Demutsvoll und treu und innig
Spricht er: „Doris, schau, da bin ich!“

Aber heftig stößt dieselbe –
Bubb! – ihn auf sein Leibgewölbe.

Dieses hat ihn sehr verdrossen.

Tiefgekränkt, doch fest entschlossen,
Schreitet er mit stolzem Blick

Wieder ins Hotel zurück.
Heißa, jetzt ist Knopp dabei,
Kartenspiel und was es sei.

Elfe, zwölfe schlägt die Glocke;
Man genießt verschiedene Groge,

Dreimal kräht des Hauses Hahn,
Bis der letzte Trunk getan.

Heimkehr

Knopp ist etwas schwach im Schenkel,
Drum so führt man ihn am Henkel.

Glücklich hat es sich getroffen,
Daß das Küchenfenster offen.

Man erhebt ihn allgemach
Und dann schiebt man etwas nach.

Düster ist der Küchenraum;

Platsch! Man fällt und sieht es kaum.

Ratsam ist es nachzuspähen,
Wo die Schwefelhölzer stehen.

Kracks! Da stößt das Nasenbein
Auf den offnen Küchenschrein.

Peinlich ist ihm das Gefühl;

Aber er verfolgt sein Ziel.

Oha! – Wieder geht er irr.
Dieses ist das Milchgeschirr.

Dies dagegen ist die volle,
Sanftgeschmeidge Butterstolle.

Doch hier hinten in der Ecke
Kommt er jetzt zu seinem Zwecke.

Autsch! – Er schreit mit lautem Schalle
Und sitzt in der Mausefalle.

Jetzo kommt ihm der Gedanke,
Nachzuspüren auf dem Schranke.

Ach! Vom Kopfe bis zum Fuß
Rinnt das gute Zwetschenmus.

Doch zugleich mit dieser Schwärze
Kriegt er Feuerzeug und Kerze.

Freilich muß er häufig streichen,
Ohne etwas zu erreichen.

Aber endlich und zuletzt
Hat er's richtig durchgesetzt.

Jetzt zur Ruh sich zu begeben,

Ist sein sehnlichstes Bestreben.

Hier ist nun die Kammertür.
Ach, man schob den Riegel für.

Demnach muß er sich bequemen,
Auf der Schwelle Platz zu nehmen.

So ruht Knopp nach alledem
Fest, doch etwas unbequem.

Donner und Blitz

Hier sitzt Knopp am selbigen Morgen
Greulich brütend im Stuhl der Sorgen;
Tyrann vom Scheitel bis zur Zeh;
Und heftig tut ihm der Daumen weh.

Ei, schau! Die Liese ist wieder gekommen!
Ist Knopp egal. Man hört ihn brommen.

Reumütig nahet Frau Doris sich.
Knopp zeigt sich als schrecklicher Wüterich.

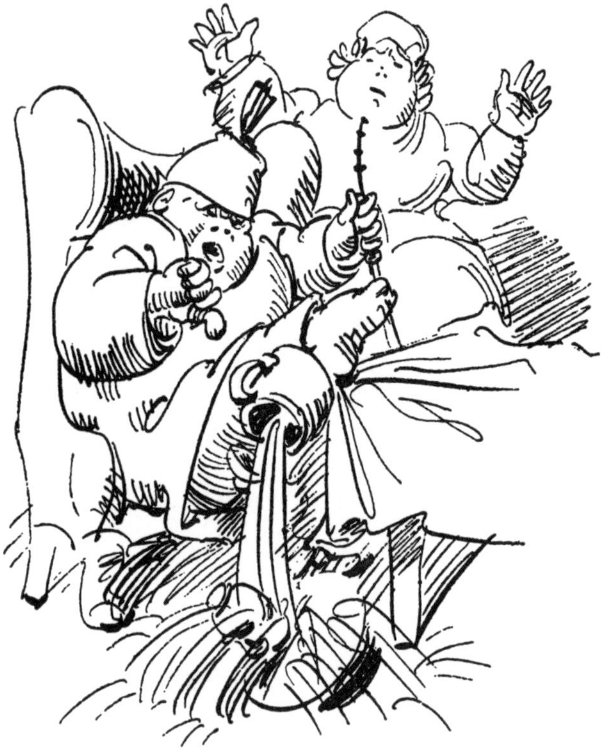

Perdatsch! – Mit einem großen Geklirr
Entfernt er das schöne Porzlangeschirr.

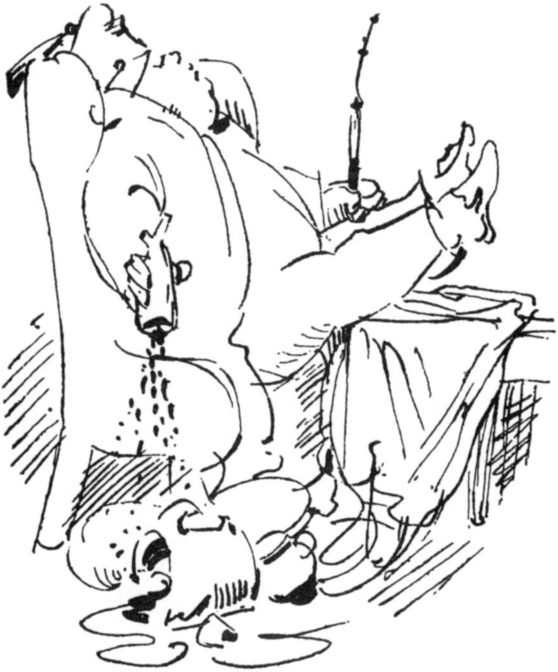

Dann klopft er über den ganzen Graus,
Ohne Rücksicht zu nehmen, die Pfeife aus.

Mit Tränen tritt Frau Doris hervor
Und sagt ihm ein leises Wörtchen ins Ohr.

Dies Wort fährt ihm wie Donner und Blitz
Durch Kopf, Herz, Leib in den Sorgensitz.

Und tief erschüttert und allsogleich
Zeigt er sich milde, gerührt und weich.

Ängstlicher Übergang und friedlicher Schluß

Wohlbekannt im ganzen Orte,
Mit der Klingel an der Pforte,

Ist die Brave, Ehrenwerte,
Ofterprobte, Vielbegehrte,

Welche sich Frau Wehmut schrieb;
Und ein jeder hat sie lieb. –

Mag es regnen oder schneen,
Mag der Wind auch noch so wehen,
Oder wär sie selbst nicht munter,
Denn das kommt ja mal mitunter –
Kaum ertönt an ihrer Klingel
Das bekannte: Pingelpingel!
Gleich so ist Frau Wehmut wach
Und geht ihrer Nahrung nach.

Heute ist sie still erschienen,
Um bei Knoppens zu bedienen.

Auf dem Antlitz Seelenruhe,
An den Füßen milde Schuhe,
Wärmt sie sorglich ihre Hände,
Denn der Sommer ist zu Ende.

Also tritt sie sanft und rein
Leise in die Kammer ein.

Auch den Doktor Pelikan
Sieht man ernst bedächtig nahn,

Und es sagt sein Angesicht:
Wie es kommt, das weiß man nicht. –

Oh, was hat in diesen Stunden

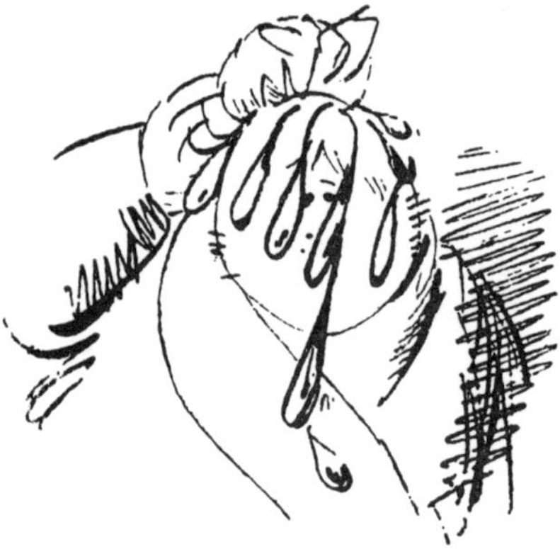

Knopp für Sorgen durchempfunden!

Rauchen ist ihm ganz zuwider.
Seine Pfeife legt er nieder.

Ganz vergebens tief im Pult
Sucht er Tröstung und Geduld.

Oben auf dem hohen Söller,

Unten in dem tiefen Keller –
Wo er sich auch hinverfüge,
Angst verkläret seine Züge.

Ja, er greifet zum Gebet,
Was er sonst nur selten tät. –

Endlich öffnet sich die Türe –
Und es heißt: ich gratuliere!

Friedlich lächelnd, voller Demut,
Wie gewöhnlich, ist Frau Wehmut. –
Stolz ist Doktor Pellkan,
Weil er seine Pflicht getan. –

Aber unser Vater Knopp
Ruft in einem fort: Gottlob!

Na, jetzt hat er seine Ruh. –

Ratsch! Man zieht den Vorhang zu.

Julchen

1877

Vorbemerk

Vater werden ist nicht schwer,
Vater sein dagegen sehr. –

Ersteres wird gern geübt,
Weil es allgemein beliebt.
Selbst der Lasterhafte zeigt,
Daß er gar nicht abgeneigt;
Nur will er mit seinen Sünden
Keinen guten Zweck verbinden,
Sondern, wenn die Kosten kommen,
Fühlet er sich angstbeklommen.
Dieserhalb besonders scheut
Er die fromme Geistlichkeit,
Denn ihm sagt ein stilles Grauen:
Das sind Leute, welche trauen. –
So ein böser Mensch verbleibt
Lieber gänzlich unbeweibt. –

Ohne einen hochgeschätzten,
Tugendsamen Vorgesetzten
Irrt er in der Welt umher,
Hat kein reines Hemde mehr,
Wird am Ende krumm und faltig,
Grimmig, greulich, ungestaltig,
Bis ihn dann bei Nacht und Tag
Gar kein Mädchen leiden mag.
Onkel heißt er günst'gen Falles,
Aber dieses ist auch alles. –

Oh, wie anders ist der Gute!
Er erlegt mit frischem Mute
Die gesetzlichen Gebühren,
Läßt sich redlich kopulieren,
Tut im stillen hocherfreut
Das, was seine Schuldigkeit,
Steht dann eines Morgens da
Als ein Vater und Papa
Und ist froh aus Herzensgrund,
Daß er dies so gut gekunnt.

Julchen als Wickelkind

Also, wie bereits besprochen:
Madame Knoppen ist in Wochen,
Und Frau Wehmut, welche kam
Und das Kind entgegennahm,
Rief und hub es in die Höh:
„Nur ein Mädel, ach herrje!"
(Oh, Frau Wehmut, die ist schlau;
So was weiß sie ganz genau!)
Freilich Knopp, der will sich sträuben,
Das Gesagte gleich zu gläuben;
Doch bald überzeugt er sich,

Lächelt etwas säuerlich
Und mit stillgefaßten Zügen
Spricht er: „Na, denn mit Vergnügen!!"

Dieses Kind hat eine Tante,
Die sich Tante Julchen nannte;

Demnach kommt man überein,
Julchen soll sein Name sein.

Julchen, als ein Wickelkind,
Ist so, wie so Kinder sind.

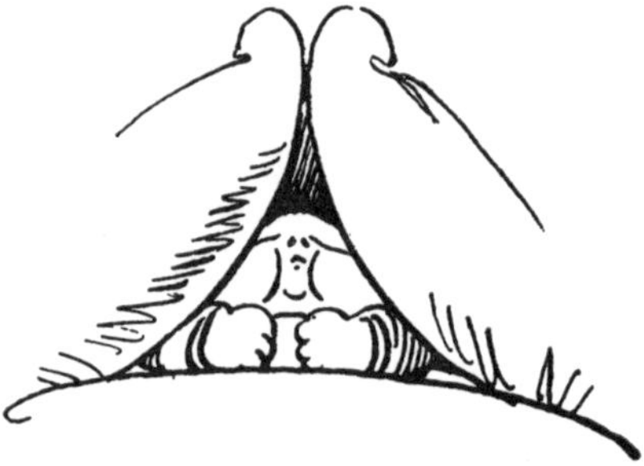

Manchmal schläft es lang und feste,
Tief versteckt in seinem Neste.

Manchmal mit vergnügtem Sinn
Duselt es so für sich hin.

Manchmal aber wird es böse,

Macht ein lautes Wehgetöse

Und gibt keine Ruhe nicht,
Bis es was zu lutschen kriegt. –

Sein Prinzip ist überhaupt:
Was beliebt, ist auch erlaubt,

Denn der Mensch als Kreatur
Hat von Rücksicht keine Spur. –

O ihr, die ihr Eltern seid,
Denkt doch an die Reinlichkeit!

Wahrlich, hier gebührt Frau Knopp
Preis und Ehre, Dank und Lob.

Schon in früher Morgenstund
Öffnet sie den Wickelbund,

Gleichsam wie ein Postpaket,
Worauf Knopp beiseite geht.

Mit Intresse aber sieht
Er, was fernerhin geschieht.

Macht man Julchens Nase reinlich,
So erscheint ihm dieses peinlich.

Wie mit Puder man verfährt,
Dünkt ihm höchst bemerkenswert.

Freudevoll sind alle drei,
Wenn die Säuberung vorbei.

Nun mag Knopp sich gern bequemen,
Julchen auch mal hinzunehmen.

Flötend schöne Melodien,
Schaukelt er es auf den Knien.

Auf die Backe mit Genuß
Drückt er seinen Vaterkuß.

Eine unruhige Nacht

Einszweidrei, im Sauseschritt
Läuft die Zeit; wir laufen mit. –

Julchen ist hübsch kugelrund
Und schon ohne Wickelbund.

Es ist Nacht. – Frau Doris ruht,
Während Knopp das Seine tut.

Aber Julchen in der Wiegen
Will partout nicht stille liegen.

Er bedenkt, daß die Kamille
Manchmal manche Schmerzen stille.

Wirkungslos ist dieser Tee.
Julchen macht: rabäh, rabäh!

Lieber Gott, wo mag's denn fehlen?
Oder sollte sonst was quälen?

O wie gern ist Knopp erbötig
Nachzuhelfen, wo es nötig.

Aber weh, es will nicht glücken,
Und nun klopft er sanft den Rücken. –

Oder will's vielleicht ins Bette,
Wo auf warmer Lagerstätte

Beide Eltern in der Näh?
Nein, es macht: rabäh, rabäh!

Schau! Auf einmal wird es heiter. –
Knopp begibt sich eilig weiter

Und bemerkt nur dieses noch:
„Ei potztausend! Also doch!!"

Ein festlicher Morgen

Einszweidrei, im Sauseschritt
Läuft die Zeit; wir laufen mit. –

Julchen ist schon sehr verständig
Und bewegt sich eigenhändig. –

Heute ist Feiertag; und siehe!
Schon streicht Knopp in aller Frühe
Luftiglosen Seifenschaum
Auf des Bartes Stachelflaum.
Heut will er zur Messe gehn,
Denn da singt man doch so schön.

Frau Dorette trägt getreu
Frack und Biberhut herbei.

Julchen gibt indessen acht,
Was der gute Vater macht.

Bald ist seine Backe glatt,
Weil er darin Übung hat.

In die Kammer geht er nun,
Julchen macht sich was zu tun.

Gern ergreifet sie die Feder
An des Vaters Schreibkatheder.

Reizend ist die Kunstfigur
Einer Ticktacktaschenuhr.

Ach herrje! Es geht klabum!
Julchen schwebt; der Stuhl fällt um.

Allerdings kriegt Julchen bloß
Einen leichten Hinterstoß,

Doch die Uhr wird sehr versehrt
Und die Tinte ausgeleert. –

Schmiegsam, biegsam, mild und mollig
Ist der Strumpf, denn er ist wollig.

Drum wird man ihn gern benutzen,
Um damit was abzuputzen. –

Wohlbesorgt ist dieses nun.
Julchen kann was andres tun.

Keine Messer schneiden besser,
Wie des Bartes Putzemesser.
Wozu nützen, warum sitzen
An dem Frack die langen Spitzen??
Hier ein Schnitt und da ein Schnitt,
Ritscheratsche, weg damit. –

Wohlbesorgt ist dieses nun.
Julchen kann was andres tun. –

In des Vaters Pfeifenkopf
Setzt sich oft ein fester Propf,

Ja, was schlimmer, die bewußte
Alte, harte, schwarze Kruste;

Und der Raucher sieht es gerne,
Daß man sie daraus entferne.

Wohlbesorgt ist dieses nun.
Julchen kann was andres tun. –

Stattlich ist der Biberhut;
Manchmal paßt er nur nicht gut.

Niemals soll man ihn benützen,
Um bequem darauf zu sitzen.

Seht, da kommt der Vater nun,
Um den Frack sich anzutun.

Schmerzlich sieht er, was geschehn,
Und kann nicht zur Messe gehn.

Böse Knaben

Einszweidrei, im Sauseschritt
Läuft die Zeit; wir laufen mit. –

Unsre dicke, nette Jule
Geht bereits schon in die Schule,

Und mit teilnahmsvollem Sinn
Schaut sie gern nach Knaben hin.

Einer, der ihr nicht gefiel,
Das ist Dietchen Klingebiel.

Ferdinandchen Mickefett
Scheint ihr nicht besonders nett.

Peter Sutitt, frech und dick,
Hat natürlich auch kein Glück.

Försters Fritze, blond und kraus,
Ja, der sieht schon besser aus.

Keiner kann wie er so schön
Grade auf dem Kopfe stehn;

Und das Julchen lacht und spricht:
„So wie Fritze könnt ihr's nicht!"

Kränkend ist ein solches Wort.
Julchen eilt geschwinde fort.

Knubbs! Da stoßen die drei Knaben
Julchen in den feuchten Graben

Und sie fühlen sich entzückt,
Daß der Streich so gut geglückt.

Wartet nur, da kommt der Fritze!
Schwapp, sie liegen in der Pfütze.

Fritz ist brav und sanft und spricht:
„Gutes Julchen, weine nicht!"

Julchens Kleid ist zu beklagen.
Knopp, der muß die Kosten tragen.

Vatersorgen

Einszweidrei, im Sauseschritt
Läuft die Zeit; wir laufen mit. –

Julchen ist nun wirklich groß,
Pfiffig, fett und tadellos,

Und der Vater ruft: „Was seh ich?
Die Mamsell ist heiratsfähig!“

Dementsprechend wäre ja
Mancher gute Jüngling da.

Da ist Sutitt; aber der
Praktiziert als Vetrinär.

Da ist Mickefett; doch dieser
Ist Apothekereiproviser.

Da ist Klingebiel; was ist er?
Sonntags Kanter, alltags Küster.

Und dann Fritz, der Forstadjunkt,
Das ist auch kein Anhaltspunkt.
Einfach bloß als Mensch genommen
Wäre dieser höchst willkommen;

Nur muß Knopp sich dann entschließen,
Ganz bedeutend zuzuschießen. – –
Kurz gesagt mit wenig Worten,
Ob auch Knopp nach allen Orten
Seine Vaterblicke richte,

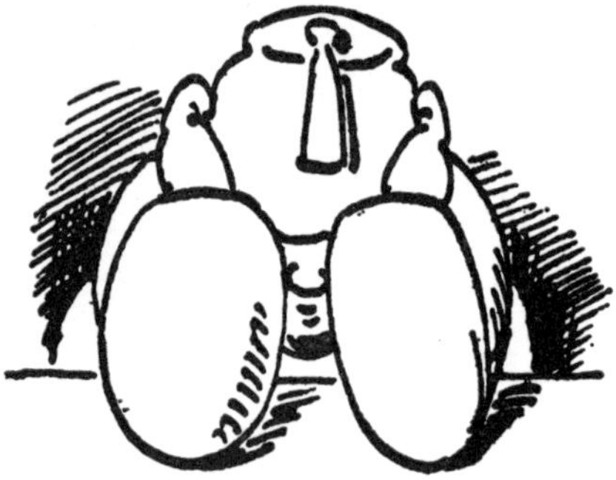

Nirgends paßt ihm die Geschichte. –

Anderseits, wie das so geht,
Mangelt jede Pietät.
Man ist fürchterlich verliebt,
Ohne daß man Achtung gibt
Oder irgendwie bedenkt,
Ob man alte Leute kränkt.
Selten fragt sich so ein Tor:
Was geht in den Eltern vor?? –
Ja, so ist die Jugend heute! –
Schrecklich sind die jungen Leute
Hinter Knoppens Julchen her,
Und recht sehr gefällt es der. –

Was hat Knopp doch für Verdruß,
Wenn er das bemerken muß! –

Hier zum Beispiel abends spät,
Wie er still nach Hause geht,
Sieht er nicht mit Stirnefalten,
Wie drei männliche Gestalten

Emsig spähend da soeben
Starr vor Julchens Fenster kleben?

Zornig mit dem Wanderstab
Stochert er sie da herab.
Er verursacht großen Schreck,
Doch den Ärger hat er weg.

Herzverlockende Künste

Wohl mit Recht bewundert man
Einen Herrn, der reiten kann. –
Herzgewinnend zeigt sich hier
Sutitt auf dem Satteltier. –

Doch die Wespen in der Mauer
Liegen heimlich auf der Lauer;
Sie sind voller Mißvertrauen,
Als sie einen Reiter schauen.

Hopps! Der Rappe springt und schnaubt,
Hebt den Schwanz und senkt das Haupt;

Und am Halse hängt der Reiter. –
Er ist ängstlich, Knopp ist heiter. –

Dahingegen Klingebiel
Hofft vermittelst Saitenspiel
Julchens Seele zu entzücken
Und mit Tönen zu umstricken.

Dazu hat er sich gedichtet,
Aufgesetzt und hergerichtet

Ein gar schönes Schlummerlied,
Horch! er singt es voll Gemüt.

Ständchen

Der Abend ist so mild und schön.
Was hört man da für ein Getön??
Sei ruhig, Liebchen, das bin ich,
Dein Dieterich,
Dein Dietrich singt so inniglich!!
Nun kramst du wohl bei Lampenschein
Herum in deinem Kämmerlein;
Nun legst du ab der Locken Fülle,
Das Oberkleid, die Unterhülle;
Nun kleidest du die Glieder wieder
In reines Weiß und legst dich nieder.
Oh, wenn dein Busen sanft sich hebt,
So denk, daß dich mein Geist umschwebt.
Und kommt vielleicht ein kleiner Floh
Und krabbelt so –
Sei ruhig, Liebchen, das bin ich,
Dein Dieterich.
Dein Dietrich, der umflattert dich!!

Platsch! – Verstummt ist schnell und bang
Nachtgesang und Lautenklang.

Eilig strömt der Sänger weiter;
Er ist traurig, Knopp ist heiter. –

Die Tante auf Besuch

Unvermutet, wie zumeist,
Kommt die Tante zugereist.
Herzlich hat man sie geküßt,
Weil sie sehr vermöglich ist.

Unser Julchen, als es sah,
Daß die gute Tante da,

Weiß vor Freude nicht zu bleiben
Und hat allerlei zu schreiben. –

Sutitt hielt vor großem Kummer
Grade einen kleinen Schlummer.
Froh wird er emporgeschnellt,
Als er dies Billett erhält:

„Weißt du, wo die Rose blüht???
Komm zu mir, wenn's keiner sieht!!"

Stolz und schleunig diese Zeilen
Mickefetten mitzuteilen,
Eilt er zur Aptheke hin.

Ach, wie wurde dem zu Sinn;
Plump! so fällt ihm wie ein Stein
Neidgefühl ins Herz hinein.
Aber sagen tut er nichts. –
Scheinbar heitern Angesichts

Mischt er mancherlei Essenzen,

Ums dem Freunde zu kredenzen
Unter Glück- und Segenswunsch;

Und dem Freunde schmeckt der Punsch. –
Hoffnungsvoll, beredt und heiter
Schlürft er arglos immer weiter.

Aber plötzlich wird er eigen,
Fängt sehr peinlich an zu schweigen

Und erhebt sich von dem Sitz.
„Ei“, ruft Mickefett, „potzblitz!
Bleib doch noch ein wenig hier!“

Schnupp! Er ist schon aus der Tür. –
Mickefett voll List und Tücke
Wartet nicht bis er zurücke,

Sondern schleicht als falscher Freund,
Wo ihm Glück zu winken scheint. –

Seht, da steigt er schon hinein.
Freudig zittert sein Gebein.

Und er küßt die zarte Hand,
Die er da im Dunkeln fand.

Und er hält mit Liebeshast
Eine Nachtgestalt umfaßt. –

Mickefett! Das gibt Malheur,
Denn die Tante liebt nicht mehr! –

Ängstlichschnelle, laut und helle
Schwingt sie in der Hand die Schelle.

Schwer bewaffnet kommt man jetzt.
Mickefett ist höchst entsetzt.

Schamverwirrt und voller Schrecken
Will er sich sogleich verstecken.

Aber autsch! Der Säbel ritzt,
Weil er vorne zugespitzt.

Schmerzgefühl bei großer Enge
Wirkt ermüdend auf die Länge.

Bratsch! Mit Rauschen und Geklirr
Leert sich jedes Waschgeschirr.

Man ist sehr verwirrt und feucht.
Mickefett entschwirrt und fleucht.

Schmerzlich an den Stoff der Hose
Heftet sich die Dornenrose.

Das Gartenhaus

Liebe – sagt man schön und richtig –
Ist ein Ding, was äußerst wichtig.
Nicht nur zieht man in Betracht,
Was man selber damit macht,
Nein, man ist in solchen Sachen
Auch gespannt, was andre machen. –

Allgemein von Mund zu Munde
Geht die ahnungsvolle Kunde,
Sozusagen ein Gemunkel,
Daß im Garten, wenn es dunkel,
Julchen Knopp mit Försters Fritze
Heimlich wandle oder sitze. –

Diese Sage hat vor allen
Drei Personen sehr mißfallen,
Die sich leider ganz entzweit
Durch die Eifersüchtigkeit.

Jeder hat sich vorgenommen:
Ei, da muß ich hinterkommen.

Hier schleicht Sutitt schlau heraus
Zu Herrn Knoppens Gartenhaus,
Wo das Gartenbaugerät
Wohlverwahrt und trocken steht.

Husch! Er schlüpft in das Sallett,
Denn es naht sich Mickefett.

Husch! Der zögert auch nicht viel,
Denn es naht sich Klingebiel.

Husch! Auch der drückt sich hinein,
Denn hier naht im Mondenschein,
Wie wohl zu vermuten war,
Das bewußte Liebespaar.

O wie peinlich muß es sein,
Wenn man so als Feind zu drein
Engbedrückt zusammensitzt
Und vor Zorn im Dunkeln schwitzt! –

Siehste wohl! Da geht es plötzlich
Rumpelpumpel, ganz entsetzlich.

Alles Gartenutensil
Mischt sich in das Kampfgewühl;

Und, rabum! zum Überfluß
Löst sich laut der Flintenschuß.

Husch! Da schlupfen voller Schreck
Fritz und Julchen ins Versteck;
Denn schon zeigt sich in der Ferne
Vater Knopp mit der Laterne.

Knipp, der Hund, kratzt an der Tür.
Knopp, der denkt: „Was hat er hier?"

Starr und staunend bleibt er stehn
Mit dem Ruf: „Was muß ich sehn??"
Dann mit Fassung in den Zügen
Spricht er: „Na, ihr könnt euch kriegen!!"

Jetzt kommt Mutter, jetzt kommt Tante,
Beide schon im Nachtgewande.

Oh, das war mal eine schöne,
Rührende Familienszene!!! –

Ende

Feierlich, wie sich's gebührt,
Ward die Trauung ausgeführt. –

Hierbei leitet Klingebiel
Festgesang und Orgelspiel
Unter leisem Tränenregen,
Traurig, doch von Amtes wegen;

Während still im Kabinett
Sutitt und Herr Mickefett
Hinter einer Flasche Wein
Ihren Freundschaftsbund erneun.

Knopp, der hat hienieden nun
Eigentlich nichts mehr zu tun. –
Er hat seinen Zweck erfüllt. –
Runzlig wird sein Lebensbild. –

Mütze, Pfeife, Rock und Hose
Schrumpfen ein und werden lose,
So daß man bedenklich spricht:
„Hört mal, Knopp gefällt mir nicht!“

In der Wolke sitzt die schwarze
Parze mit der Nasenwarze,

Und sie zwickt und schneidet, schnapp!!
Knopp sein Lebensbändel ab.

Na, jetzt hat er seine Ruh!
Ratsch! Man zieht den Vorhang zu.

Die Haarbeutel

1878

Einleitung

er Weise, welcher sitzt und denkt
Und tief sich in sich selbst versenkt,
Um in der Seele Dämmerschein
Sich an der Wahrheit zu erfreun,
Der leert bedenklich seine Flasche,
Hebt seine Dose aus der Tasche,
Nimmt eine Prise, macht habschih!
Und spricht: „Mein Sohn, die Sach ist die:

Eh man auf diese Welt gekommen
Und noch so still vorlieb genommen,
Da hat man noch bei nichts was bei;
Man schwebt herum, ist schuldenfrei,
Hat keine Uhr und keine Eile
Und äußerst selten Langeweile.
Allein man nimmt sich nicht in acht,
Und schlupp! ist man zur Welt gebracht.

Zuerst hast du es gut, mein Sohn,
Doch paß mal auf, man kommt dir schon!

Bereits dein braves Elternpaar
Erscheint dir häufig sonderbar.
Es saust der Stab, dann geht es schwapp!
Sieh da, mein Sohn, du kriegst was ab!
Und schon erscheint dir unabwendlich
Der Schmerzensruf: Das ist ja schändlich!

Du wächst heran, du suchst das Weite,
Jedoch die Welt ist voller Leute;
Vorherrschend Juden, Weiber, Christen,
Die dich ganz schrecklich überlisten,
Und die, anstatt dir was zu schenken,
Wie du wohl möchtest, nicht dran denken.
Und wieder scheint dir unabweislich
Der Schmerzensruf: Das ist ja scheußlich!

Doch siehe da, im trauten Kreis
Sitzt Jüngling, Mann und Jubelgreis,
Und jeder hebt an seinen Mund
Ein Hohlgefäß, was meistens rund,
Um draus, in ziemlich kurzer Zeit,
Die drin enthaltene Flüssigkeit
Mit Lust und freudigem Bemühn
Zu saugen und herauszuziehn.
Weil jeder dies mit Eifer tut,
So sieht man wohl, es tut ihm gut.
Man setzt sich auch zu diesen Herrn,
Man tut es häufig, tut es gern,
Und möglichst lange tut man's auch;
Die Nase schwillt, es wächst der Bauch,
Und bald, mein Sohn, wirst du mit Graun
Im Spiegelglas dein Bildnis schaun,
Und wieder scheint dir unerläßlich
Der Schmerzensruf: Das ist ja gräßlich!!

Mein lieber Sohn, du tust mir leid.
Dir mangelt die Enthaltsamkeit.
Enthaltsamkeit ist das Vergnügen
An Sachen, welche wir nicht kriegen.
Drum lebe mäßig, denke klug.
Wer nichts gebraucht, der hat genug!“

So spricht der Weise, grau von Haar,
Ernst, würdig, sachgemäß und klar,
Wie sich's gebührt in solchen Dingen;
Läßt sich ein Dutzend Austern bringen,
Ißt sie, entleert die zweite Flasche,
Hebt seine Dose aus der Tasche,
Nimmt eine Prise, macht habschüh!
Schmückt sich mit Hut und Paraplü,
Bewegt sich mit Bedacht nach Haus
Und ruht von seinem Denken aus.

Silen

Siehe, da sitzet Silen bei der wohlgebildeten Nymphe.
Gern entleert er den Krug, was er schon öfters getan.

Endlich aber jedoch erklimmt er den nützlichen Esel,
Wenn auch dieses nicht ganz ohne Beschwerde geschah.

Fast vergißt er den Thyrsus, woran er sein Lebtag gewöhnt ist;
Käme derselbe ihm weg, wär' es ihm schrecklich fatal. –

Also reitet er fort und erhebt auf Kunst keinen Anspruch;
Bald mal sitzet er so, bald auch wieder mal so.

Horch, wer flötet denn da? Natürlich Amor, der Lausbub;
Aber der Esel erhebt äußerst bedenklich das Ohr.

Schlimmer als Flötengetön ist das lautlos wirkende Pustrohr;
Pustet man hinten, so fliegt vorne was Spitzes heraus.

Ungern empfindet den Schmerz das redlich dienende Lasttier;
Aber der Reiter hat auch manche Geschichten nicht gern.

Leicht erwischt man den Vogel durch List und schlaue Beschleichung;

Wenn er es aber bemerkt, flieget er meistens davon.
Mancher erreichet den Zweck durch täuschend geübte
Verstellung;

Scheinbar schlummert der Leib, aber die Seele ist wach.

Schnupp! Er hat ihn erwischt. Laut kreischt der lästige Vogel,
Während der handliche Stab tönend die Backe berührt.

Übel wird es vermerkt, entrupft man dem Vogel die Feder,
Erstens scheint sie ihm schön, zweitens gebraucht er sie auch.

Heimwärts reitet Silen und spielt auf der lieblichen Flöte,
Freilich verschiedenerlei, aber doch meistens düdellütt!

Eine milde Geschichte

Selig schwanket Bauer Bunke
Heim von seinem Abendtrunke.

Zwar es tritt auf seinen Wegen
Ihm ein Hindernis entgegen,

Und nicht ohne viel Beschwerden
Kann es überwunden werden.

Aber, siehst du, es gelingt
Schneller, als ihm nötig dünkt.

Pfeife läßt er Pfeife sein,
Drückt sich in sein Haus hinein

Und begibt sich ohne Säumen
Hin zu seinen Zimmerräumen,
Wo Frau Bunke für die Nacht
Einen Teig zurecht gemacht.

Unverzüglich, weil er matt,
Sucht er seine Lagerstatt.

Diese kommt ihm sehr gelegen,
Um darin der Ruh zu pflegen.

Oh, wie wonnig schmiegt das Mus
Sich um Kopf, Leib, Hand und Fuß.

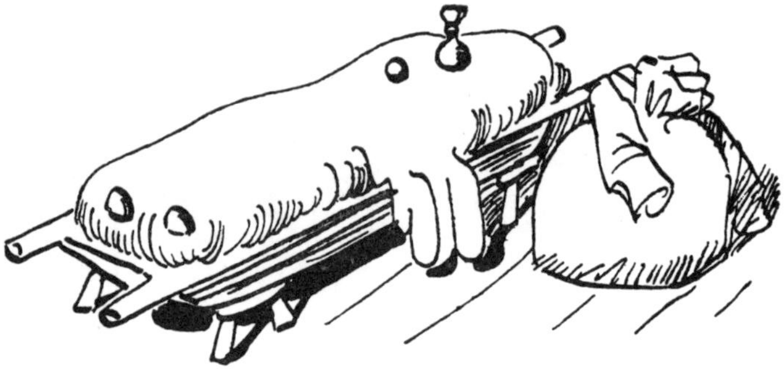

Doch wie sich der Mund bedeckt,

Wird er ängstlich aufgeschreckt.

Schnell, mit unterdrückter Klage,
Sucht er eine andre Lage.

Auf dem Bauche ruht er milde,
Wie die Kröte mit dem Schilde.

Lange bleibt er so nicht liegen.
Ihn verlangt es, Luft zu kriegen.

Ach, Frau Bunke steht erschrocken;
Ihre Lebensgeister stocken.

Traurig führet sie den Besen.
Kummer füllt ihr tiefstes Wesen;
Weinen kann ihr Angesicht,
Aber backen kann sie nicht.

Der Undankbare

Einen Menschen, namens Meier,
Schubst man aus des Hauses Tor,
Und man spricht, betrunken sei er;
Selber kam's ihm nicht so vor.

Grade auf des Weges Mitte,
Frisch mit spitzem Kies belegt,
Hat er sich im Schlürferschritte
Knickebeinig fortbewegt.

Plötzlich will es Meier scheinen,
Als wenn sich die Straße hebt,
So daß er mit seinen Beinen
Demgemäß nach oben strebt.

Aber Täuschung ist es leider.
Meier fällt auf seinen Bauch,
Wirkt zerstörend auf die Kleider
Und auf die Zigarre auch.

Schnell sucht er sich aufzurappeln.
Weh, jetzt wird die Straße krumm,

Und es drehn sich alle Pappeln,
Und auch Meier dreht es um.

Knacks, er fällt auf seine Taschen,
Worin er mit Vorbedacht
Noch zwei wohlgefüllte Flaschen
Klug verwahrt und mitgebracht.

Hilfsbedürftig voller Schmerzen
Sitzt er da in Glas und Kies,
Doch ein Herr mit gutem Herzen
Kam vorbei und merkte dies.

Voller Mitleid und Erbarmen
Sieht er, wie es Meiern geht,
Hebt ihn auf in seinen Armen,
Bis er wieder grade steht.

Puff! Da trifft ein höchst geschwinder
Schlag von Meiern seiner Hand
Auf des Fremden Prachtzylinder,
Daß der Mann im Dunkeln stand.

Ohne Hören, ohne Sehen
Steht der Gute sinnend da;
Und er fragt, wie das geschehen,
Und warum ihm das geschah.

Fritze

Fritze war ein Ladenjüngling,
Dazu braver Eltern Sohn,
Und er stand bei Kaufmann Kunze
Schon ein Jahr in Konditschon.

„Fritze", sagte einstens Kunze,
„Ich muß eben mal wohin;
Mache keine dummen Streiche,
Wenn ich nicht zugegen bin."

Hiermit geht er aus der Türe.
Fritze hält das für ein Glück.
Er ergreift die Kümmelflasche
Und dann beugt er sich zurück.

Sieh, da naht die alte Grete,
Eine Jungfer ernst und still;
Sie verlangt nach grüner Seife,
Weil sie morgen waschen will.

Auch erhub sie eine Klage,
Daß sie's so im Leibe hat,
Weshalb sie vor allen Dingen
Erst um einen Kümmel bat.

Fritze zeigt sich dienstbeflissen.
Ihm ist recht konfus und wohl.
Statt der großen Kümmelflasche
Nimmt er die mit Vitriol.

Jungfer Grete, voller Freuden,
Greift begierig nach dem Glas;
Fritz, der grünen Seife wegen,
Beugt sich übers Seifenfaß.

Weh, was muß man nun erblicken?
Wo ist Fritzens Gleichgewicht?
Was sind dies für Angstgebärden
Hier auf Gretens Angesicht?

Fritze strampelt mit den Beinen,
Doch die Seife wird sein Grab;
Greten nagt die scharfe Säure
Ihre Mädchenseele ab.

Kümmel zieret keinen Jüngling,
Dazu ist er noch zu klein;
Und ein braves altes Mädchen
Muß nicht mehr so happig sein.

Nur leise

Sehr häufig traf Studiosus Döppe
Paulinen auf des Hauses Treppe,
Wenn sie als Witwe tugendsam
Des Morgens aus der Stube kam.

Da sie Besitzerin vom Haus,
So sprach sich Döppe schließlich aus
Und bat mit Liebe und Empfindung
Um eine dauernde Verbindung.

„Herr Döppe", sprach Pauline kühl,
„Ich ehr und achte Ihr Gefühl,
Doch dies Gepolter auf der Treppe
Fast jede Nacht ist bös, Herr Döppe!"

Worauf denn Döppe fest beschwor,
Die Sache käme nicht mehr vor.

Dies Schwören sollte wenig nützen.
Nachts hat er wieder einen sitzen.

Er kommt nach Haus in später Stund
Mit Pfeife, Rausch und Pudelhund.

Behutsam zieht er auf dem Gang
Die Stiefel aus, die schwer und lang,

Um auf den Socken, auf den weichen,
Geräuschlos sich emporzuschleichen.

Fast ist er schon dem Gipfel nah
Und denkt, der letzte Tritt ist da.

Dies denkt er aber ohne Grund.
Die Pfeife bohrt sich in den Schlund;

Die alte Treppe knackt und knirrt,
Die Pfeife löst sich auf und klirrt;

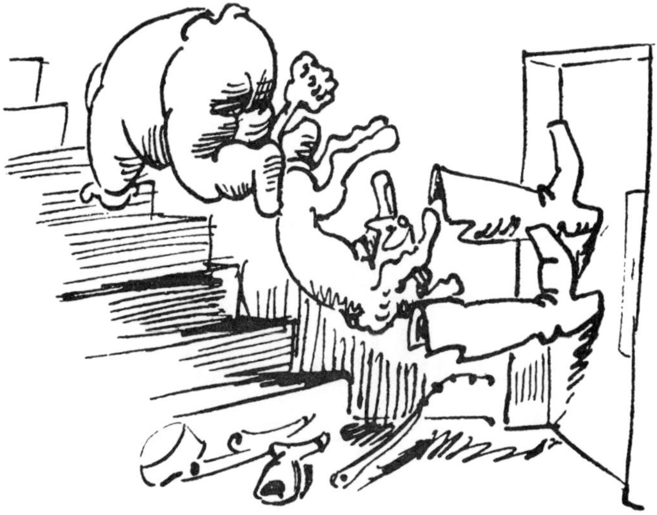

Erschrecklich tönt der Stiefel Krach,
Dumpf rumpelt Döppe hinten nach.

Der Pudel heult und ist verletzt,
Weil Döppe seinen Schwanz besetzt.
Pauline kommt mit Kerzenlicht;

Beschämt verbirgt er sein Gesicht.
Man hört nichts weiter von Paulinen,
Als: „Döppe, ich verachte Ihnen!“

Vierhändig

Der Mensch, der hier im Schlummer liegt,
Hat seinen Punsch nicht ausgekriegt.

Dies ist dem Affen äußerst lieb;
Er untersucht, was übrig blieb.

Der Trank erscheint ihm augenblicklich
Beachtenswert und sehr erquicklich.

Drum nimmt er auch die Sache gründlich.
Der Schwanz ist aber recht empfindlich.

Der Hauch ist kühlend insoweit,

Doch besser wirkt die Flüssigkeit.

Begierig wird der Rest getrunken

Und froh auf einem Bein gehunken.

Das Trinkgeschirr, sobald es leer,
Macht keine rechte Freude mehr.

Jetzt können wir, da dies geschehn,
Zu etwas anderm übergehn.

Zum Beispiel mit gelehrten Sachen
Kann man sich vielfach nützlich machen.

Hiernach, wenn man es nötig glaubt,
Ist die Zigarre wohl erlaubt.

Man zündet sie behaglich an,

Setzt sich bequem und raucht sodann.

Oft findet man nicht den Genuß,
Den man mit Recht erwarten muß.

So geht es mit Tabak und Rum:
Erst bist du froh, dann fällst du um.

Hier ruhn die Schläfer schön vereint,
Bis daß die Morgensonne scheint.

Im Kopf ertönt ein schmerzlich Summen,
Wir Menschen sagen: „Schädelbrummen.“

Eine kalte Geschichte

Der Wind, der weht, die Nacht ist kühl.
Nach Hause wandelt Meister Zwiel.

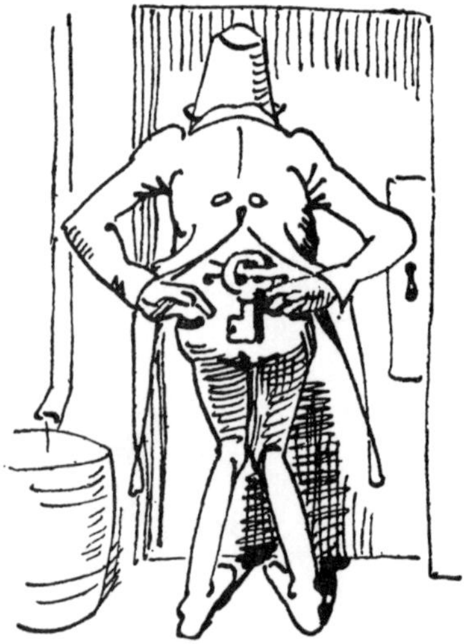

Verständig, wie das seine Art,
Hat er den Schlüssel aufbewahrt.

Das Schlüsselloch wird leicht vermißt,
Wenn man es sucht, wo es nicht ist.

Allmählich schneit es auch ein bissel;
Der kalten Hand entfällt der Schlüssel.

Beschwerlich ist die Bückerei;
Es lüftet sich der Hut dabei.

Der Hut ist naß und äußerst kalt;
Wenn das so fortgeht, friert es bald.

Noch einmal bückt der Meister sich
Doch nicht geschickt erweist er sich.

Das Wasser in dem Fasse hier
Hat etwa null Grad Reaumur.

Es bilden sich in diesem Falle
Die sogenannten Eiskristalle.

Der Wächter singt: Bewahrt das Licht!
Der kalte Meister hört es nicht.

Er sitzt gefühllos, starr und stumm;
Der Schnee fällt drauf und drum herum.

Der Morgen kommt so trüb und grau;
Frau Pieter kommt, die Millichfrau;

Auch kommt sogleich mit ihrem Topf
Frau Zwiel heraus und neigt den Kopf.

„Schau, schau!“ ruft sie in Schmerz versunken,
„Mein guter Zwiel hat ausgetrunken!

Von nun an, liebe Madam Pieter,
Bitt ich nur um ein Viertel Liter!“

Eine ängstliche Nacht

Heut bleibt der Herr mal wieder lang.
Still wartet sein Amöblemang.

Da kommt er endlich angestoppelt.
Die Möbel haben sich verdoppelt.

Was wär denn dieses hier? Ei, ei!
Aus einem Beine werden zwei.

Der Kleiderhalter, sonst so nütze,
Zeigt sich als unbestimmte Stütze.

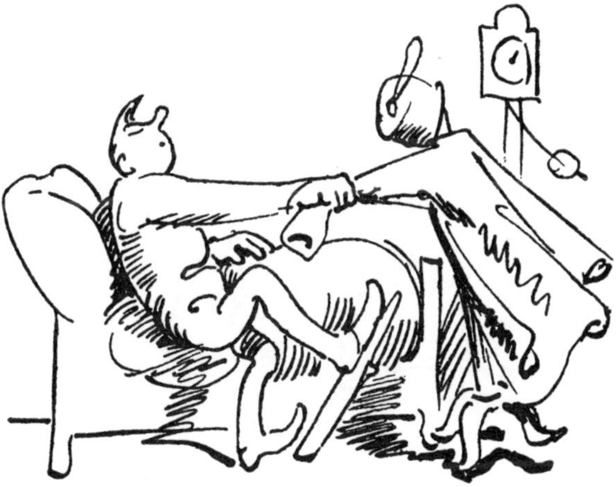

Oha! Jetzt wird ihm aber schwach.
Die Willenskräfte lassen nach.

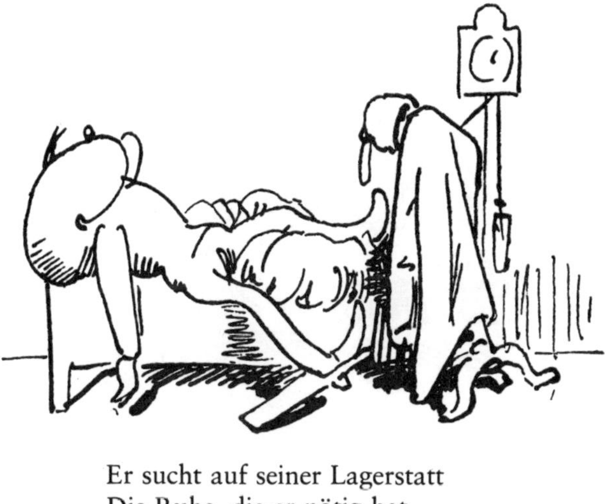

Er sucht auf seiner Lagerstatt
Die Ruhe, die er nötig hat.

Auweh! Der Fuß ist sehr bedrückt;
Ein harter Käfer beißt und zwickt.

Der Käfer zwickt, der Käfer kneift;
Mit Mühe wird er abgestreift.

Jedoch die Ruhe währt nicht lange;
Schon wieder zwickt die harte Zange.

Er dreht sich um, so schnell er kann;
Da stößt ihn wer von hinten an.

Habuh! Da ist er! Steif und kalt;
Ein Kerl von scheußlicher Gestalt.

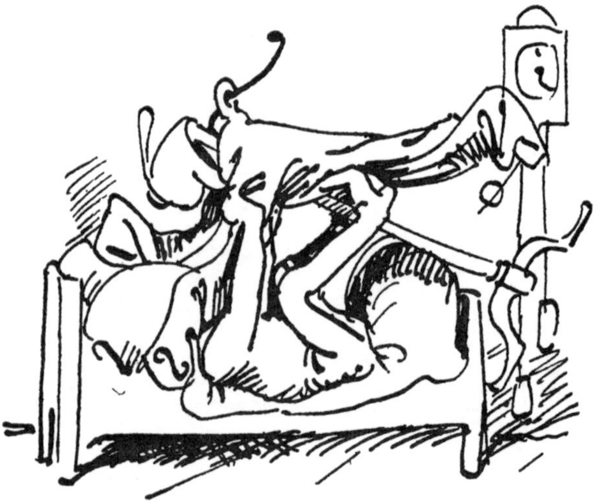

Ha, drauf und dran! Du oder ich!

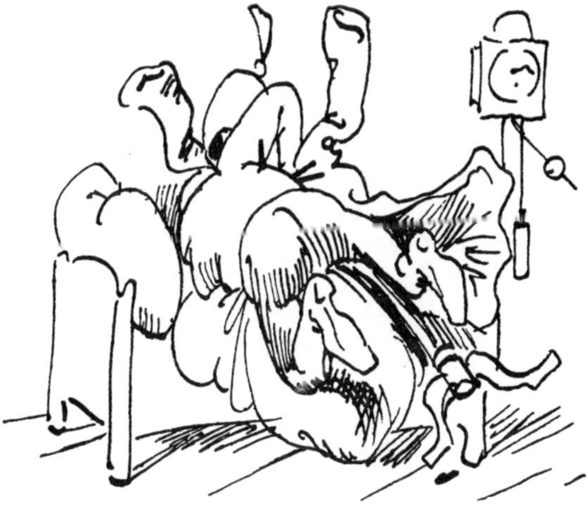

Jetzt heißt es, Alter, wehre dich!
Heiß tobt der Kampf, hoch saust das Bein;

Es mischt sich noch ein Dritter drein.

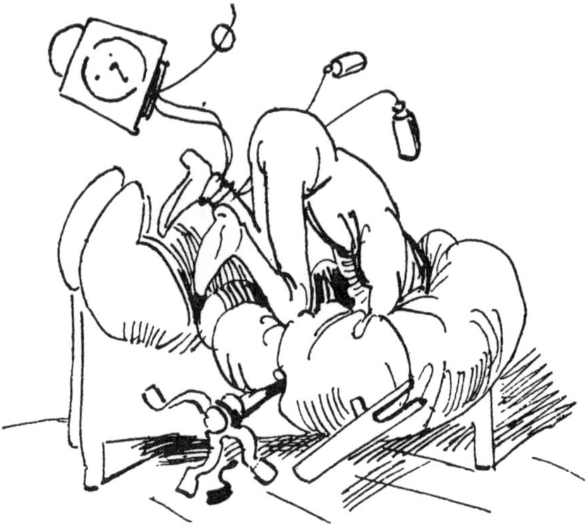

Doch siehe da, der Feind erliegt.
Der Kampf ist aus, er hat gesiegt.

Gottlob, so kommt er endlich nun
Doch mal dazu, sich auszuruhn.

Doch nein, ihm ist so dumpf und bang;
Die Nase wird erstaunlich lang.

Und dick und dicker schwillt der Kopf;
Er ist von Blech, er wird zum Topf;

Wobei ein Teufel voller List
Als Musikus beschäftigt ist.

Wie er erwacht, das sieht man hier:
Ein jedes Haar ein Propfenziehr.

Fipps der Affe

1879

Anfang

Pegasus, du alter Renner,
Trag mich mal nach Afrika,
Alldieweil so schwarze Männer
Und so bunte Vögel da.

Kleider sind da wenig Sitte;
Höchstens trägt man einen Hut,
Auch wohl einen Schurz der Mitte;
Man ist schwarz und damit gut. –

Dann ist freilich jeder bange,
Selbst der Affengreis entfleucht,
Wenn die lange Brillenschlange
Zischend von der Palme kreucht.

Kröten fallen auf den Rücken,
Ängstlich wird das Bein bewegt;
Und der Strauß muß heftig drücken,
Bis das große Ei gelegt.

Krokodile weinen Tränen,
Geier sehen kreischend zu;
Sehr gemein sind die Hyänen;
Schäbig ist der Marabu.

Nur die Affen, voller Schnacken,
Haben Vor- und Hinterhand;
Emsig mümmeln ihre Backen;
Gerne hockt man beieinand.

Papa schaut in eine Stelle,
Onkel kratzt sich sehr geschwind,
Tante kann es grad so schnelle,
Mama untersucht das Kind;

Fipps – so wollen wir es nennen.
Aber wie er sich betrug,
Wenn wir ihn genauer kennen,
Ach, das ist betrübt genug. –

Selten zeigt er sich beständig,
Einmal hilft er aus der Not;
Anfangs ist er recht lebendig,
Und am Schlusse ist er tot.

Erstes Kapitel

Der Fipps, das darf man wohl gestehn,
Ist nicht als Schönheit anzusehn.
Was ihm dagegen Wert verleiht,
Ist Rührig- und Betriebsamkeit.

Wenn wo was los, er darf nicht fehlen;
Was ihm beliebt, das muß er stehlen;
Wenn wer was macht, er macht es nach;
Und Bosheit ist sein Lieblingsfach.

Es wohnte da ein schwarzer Mann,
Der Affen fing und briet sie dann.

Besonders hat er junge gern,
Viel lieber als die ältern Herrn.

„Ein alter Herr ist immer zäh!"
So spricht er oft und macht „Bebä!"

Um seine Zwecke zu erfüllen,
Wählt er drei leere Kürbishüllen.

Für auf den Kopf die große eine,
Für an die Hände noch zwei kleine.

So kriecht er in ein Bündel Stroh,
Macht sich zurecht und wartet so. –

Dies hat nun allerdings den Schein,
Als ob hier schöne Früchte sei'n.

Fipps, der noch nie so große sah,
Kaum sieht er sie, so ist er da.

Er wählt für seinen Morgenschmaus
Sich gleich die allergrößte aus.

Doch wie er oben sich bemüht,
Erfaßt ihn unten wer und zieht,
Bis daß an jeder Hinterhand
Ringsum ein Kürbis sich befand.

So denkt ihn froh und nach Belieben
Der böse Mann nach Haus zu schieben.

An dieses Mannes Nase hing
Zu Schmuck und Zier ein Nasenring.

Fipps faßt den Reif mit seinem Schweif.
Der Schwarze wird vor Schrecken steif.

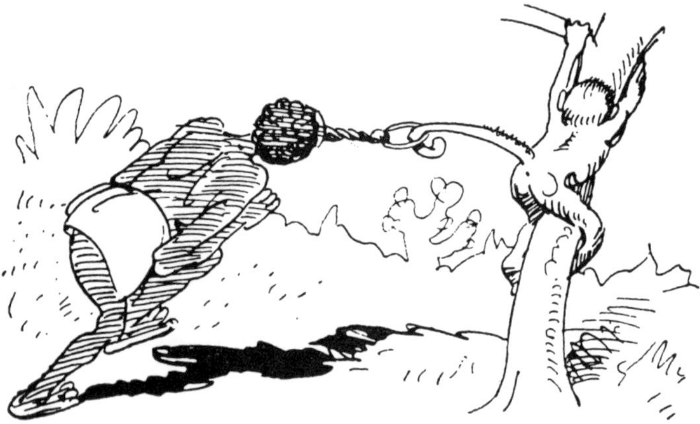

Die Nase dreht sich mehre Male
Und bildet eine Qualspirale.

Jetzt biegt der Fipps den langen Ast,
Bis er den Ring der Nase faßt.

Dem Neger wird das Herze bang,
Die Seele kurz, die Nase lang.

Am Ende gibt es einen Ruck,
Und oben schwebt der Nasenschmuck.

Der Schwarze aber aß seit dieser
Begebenheit fast nur Gemüser.

Zweites Kapitel

Natürlich läßt Fipps die ekligen Sachen,
Ohne neidisch zu sein, von anderen machen.
Dagegen aber, wenn einer was tut,
Was den Anschein hat, als tät es ihm gut,
Gleich kommt er begierig und hastig herbei,
Um zu prüfen, ob's wirklich so angenehm sei.

Mal saß er an des Ufers Rand
Auf einer Palme, die dorten stand.
Ein großes Schiff liegt auf dem Meer;
Vom Schiffe schaukelt ein Kahn daher.

Im kleinen Kahn da sitzt ein Mann,
Der hat weder Schuhe noch Stiefel an;

Doch vor ihm steht ganz offenbar
Ein großes und kleines Stiefelpaar.

Das kleine, das er mit sich führt,
Ist innen mit pappigem Pech beschmiert;

Und wie der Mann an das Ufer tritt,
Bringt er die zwei Paar Stiefel mit.

Er trägt sie sorglich unter dem Arm
Und jammert dabei, daß es Gott erbarm.
Kaum aber ziehet der Trauermann

Sich einen von seinen Stiefeln an,
So mildern sich schon ganz augenscheinlich
Die Schmerzen, die noch vor kurzem so peinlich,

Und gar bei Stiefel Numero zwei
Zeigt er sich gänzlich sorgenfrei.
Dann sucht er in fröhlichem Dauerlauf

Den kleinen Nachen wieder auf
Und läßt aus listig bedachtem Versehn
Das kleine Paar Stiefel am Lande stehn.

Ratsch, ist der Fipps vom Baum herunter,
Ziehet erwartungsvoll und munter
Die Stiefel an seine Hinterglieder,

Und schau! Der lustige Mann kommt wieder.

O weh! Die Stiefel an Fippsens Bein
Stören die Flucht. Man holt ihn ein.
Vergebens strampelt er ungestüm,

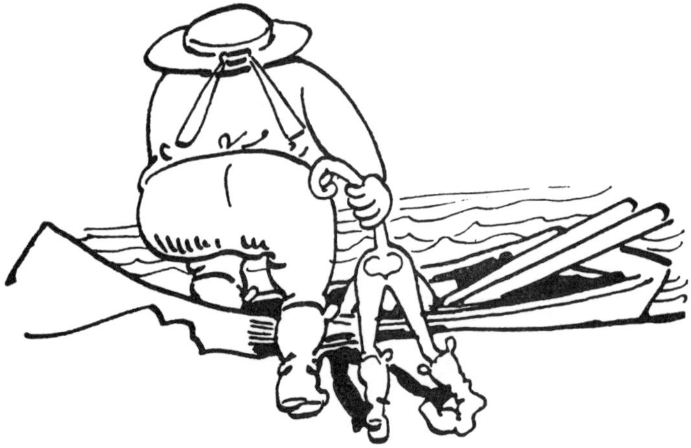

Der Schiffer geht in den Kahn mit ihm.

Zum Schiffe schaukelt und strebt der Kahn,
Das Schiff fährt über den Ozean,
Und selbiger Mann (er schrieb sich Schmidt)
Nimmt Fipps direkt nach Bremen mit.

Drittes Kapitel

Zu Bremen lebt gewandt und still
Als ein Friseur der Meister Krüll,
Und jedermann in dieser Stadt,
Wer Haare und wer keine hat,
Geht gern zu Meister Krüll ins Haus
Und kommt als netter Mensch heraus.

Auch Schmidt läßt sich die Haare schneiden.
Krüll sieht den Affen voller Freuden,
Er denkt: „Das wäre ja vor mir
Und meine Kunden ein Pläsier."

Und weil ihn Schmidt veräußern will,
So kauft und hat ihn Meister Krüll.

Es kam mal so und traf sich nun,
Daß Krüll, da anders nichts zu tun,
In Eile, wie er meistens tat,
Das Seitenkabinett betrat,

Wo er die Glanzpomade kocht,
Perücken baut und Zöpfe flocht,
Kurz, wo die kunstgeübte Hand
Vollendet, was der Geist erfand.

Zur selben Zeit erscheint im Laden,
Mit dünnem Kopf und dick'en Waden,

Der schlichtbehaarte Bauer Dümmel,
Sitzt auf den Sessel, riecht nach Kümmel
Und hofft getrost, daß man ihn schere,
Was denn auch wirklich nötig wäre.

Wipps! sitzt der Fipps auf seinem Nacken,
Um ihm die Haare abzuzwacken.

Die Schere zwickt, die Haare fliegen;
Dem Dümmel macht es kein Vergnügen.

Oha! das war ein scharfer Schnitt,
Wodurch des Ohres Muschel litt.

„Hör upp!“ schreit Dümmel schmerzensbange;
Doch schon hat Fipps die Kräuselzange.

Das Eisen glüht, es zischt das Ohr,
Ein Dampfgewölk steigt draus hervor.

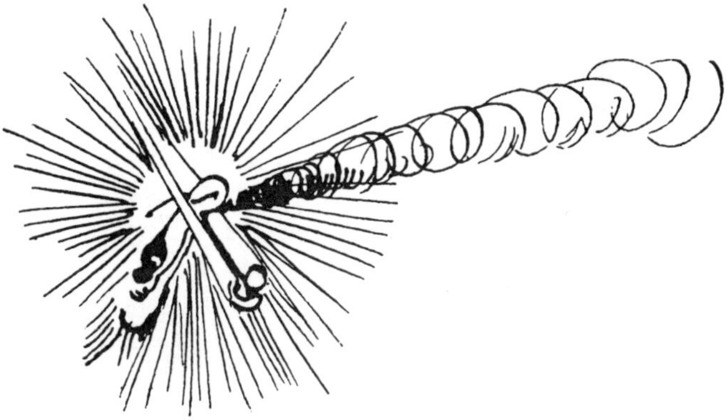

Die Schönheit dieser Welt verschwindet,
Und nur der Schmerz zieht, bohrt und mündet
In diesen einen Knotenpunkt,

Den Dümmel hier ins Wasser tunkt. –

Der Meister kommt. – Hoch schwingt die Rechte,
Wie zum Gefechte, eine Flechte.

Der Spiegel klirrt, die Hand erlahmt;
Der Meister Krüll ist eingerahmt.

„Mir scheint, ich bin hier unbeliebt!“
Denkt Fipps, der sich hinwegbegibt.

Viertes Kapitel

Dämmrung war es, als Adele
Mit dem Freunde ihrer Seele,
Der so gerne Pudding aß,
Traulich bei der Tafel saß.

„Pudding", sprach er, „ist mein Bestes!"
Drum zum Schluß des kleinen Festes

Steht der wohlgeformte große
Pudding mit der roten Sauce
Braun und lieblich duftend da,
Was der Freund mit Wonne sah.
Aber, ach du meine Güte,
Plötzlich stockt das Herzgeblüte. –

Angelockt von Wohlgerüchen
Hat sich Fipps herbeigeschlichen,
Um mit seinen gier'gen Händen
Diesen Pudding zu entwenden,
Hergestellt mit großem Fleiß.

Ätsch! die Sache ist zu heiß! –

Ärgerlich ist solche Hitze.
Schlapp! der Freund hat eine Mütze
Tief bis über beide Backen.

Platsch! und in Adelens Nacken,
Tief bis unten in das Mieder,
Rinnt die rote Sauce nieder.

So wird oft die schönste Stunde
In der Liebe Seelenbunde
Durch Herbeikunft eines Dritten
Mitten durch- und abgeschnitten;
Und im Innern wehmutsvoll
Tönt ein dumpfes: kolleroll!

Fünftes Kapitel

Für Fipps wird es dringende Essenszeit. –

Mit fröhlicher Gelenkigkeit
Durch eine Seitengasse entflieht er
Und schleicht in den Laden von einem Konditer.

Da gibt es schmackhafte Kunstgebilde,
Nicht bloß härtliche, sondern auch milde;
Da winken Krapfen und Mohrenköpfe,
Künstlich geflochtene Brezen und Zöpfe;
Auch sieht man da für gemischtes Vergnügen
Mandeln, Rosinen et cetera liegen. –

„Horch!" ruft voll Sorge Konditer Köck,
„Was rappelt da zwischen meinem Gebäck?!"

Die Sorge wandelt sich in Entsetzen,
Denn da steht Fipps mit Krapfen und Brezen.

Die Brezen trägt er in einer Reih
Auf dem Schwanz, als ob es ein Stecken sei,
Und aufgespießt, gleich wie auf Zapfen,
An allen vier Daumen sitzen die Krapfen.

Zwar Köck bemüht sich, daß er ihn greife
Hinten bei seinem handlichen Schweife,

Doch weil er soeben den Teig gemischt,
So glitscht er ab und der Dieb entwischt.

Nichts bleibt ihm übrig als lautes Gebröll,
Und grad kommt Mieke, die alte Mamsell.

Unter hellem Gequieke fällt diese Gute
Platt auf die Steine mit Topf und Tute.
Durch ihre Beine eilt Fipps im Sprunge.
Ihn wirft ein schwärzlicher Schusterjunge

Mit dem Stulpenstiefel, der frisch geschmiert,
So daß er die schönen Krapfen verliert.

Auch wartet ein Bettelmann auf der Brücken
Mit einem Buckel und zween Krücken.

Derselbe verspürt ein großes Verlangen,
Die Brezeln vermittels der Krücke zu fangen.

Dies kommt ihm aber nicht recht zu nütze,
Denn Fipps entzieht ihm die letzte Stütze. –
Da liegt er nun, wie ein Käfer, am Rücken –
Fipps aber begibt sich über die Brücken
Und eilet gar sehr beängstigt und matt
Mit der letzten Brezel aus dieser Stadt. –

Schon ist es dunkel und nicht geheuer.
Er schwingt sich über ein Gartengemäuer.
Hier hofft er auf angenehm nächtliche Ruh. –

Klapp! schnappt die eiserne Falle zu. –

Sofort tritt aus dem Wohngebäude
Ein Herr und äußert seine Freude.

„Aha!“ so ruft er, „du bist wohl der,
Der Hühner stiehlt? Na, denn komm’ her!!“

Hiermit schiebt er ihn vergnüglich
In einen Sack. Und unverzüglich

Ohne jede weitre Besichtigung
Beginnt er die schmerzhafte Züchtigung.

Drauf schließt er ihn für alle Fälle
In einen der leeren Hühnerställe,

Damit er am andern Morgen sodann
Diesen Bösewicht näher besichtigen kann.

Sechstes Kapitel

Wer vielleicht zur guten Tat
Keine rechte Neigung hat,
Dem wird Fasten und Kastein
Immerhin erfrischend sein. –

Als der Herr von gestern abend,
Fest und wohl geschlafen habend,
(Er heißt nämlich Doktor Fink)
Morgens nach dem Stalle ging,
Um zu sehn, wen er erhascht –
Ei, wie ist er überrascht,
Als bescheiden, sanft und zahm,
Demutsvoll und lendenlahm,

Fipps aus seinem Sacke steigt,
Näher tritt und sich verneigt.

Lächelnd reicht Frau Doktorin
Ihm den guten Apfel hin,
Und das dicke, runde, fette,
Nette Kindermädchen Jette
Mit der niedlichen Elise,
Ei, herrje, wie lachten diese. –

Zwei nur finden's nicht am Platze;
Schnipps der Hund und Gripps die Katze,

Die nicht ohne Mißvertrauen
Diesen neuen Gast beschauen.

Fipps ist aber recht gelehrig
Und beträgt sich wie gehörig.

Morgens früh, so flink er kann,
Steckt er Fink die Pfeife an.
Fleißig trägt er dürre Reiser,
Ja, Kaffee zu mahlen weiß er,
Und sobald man musiziert,
Horcht er still, wie sich's gebührt.
Doch sein innigstes Vergnügen
Ist, Elisen sanft zu wiegen,
Oder, falls sie mal verdrossen,
Zu erfreun durch schöne Possen.
Kurz, es war sein schönster Spaß,
Wenn er bei Elisen saß. –

Dafür kriegt er denn auch nun
Aus verblümtem Zitzkattun
Eine bunte und famose
Hinten zugeknöpfte Hose;
Dazu, reizend von Geschmack,
Einen erbsengrünen Frack;

Und so ist denn gegenwärtig
Dieser hübsche Junge fertig.

Siebentes Kapitel

Elise schläft in ihrer Wiegen.
Fipps paßt geduldig auf die Fliegen.
Indessen denkt die runde Jette,
Was sie wohl vorzunehmen hätte;
Sieht eine Wespe, die verirrt
Am Fenster auf- und niederschwirrt,

Und treibt das arme Stacheltier
In eine Tute von Papier.

Sanft lächelnd reicht sie ihm die Tute,
Damit er Gutes drin vermute.

Er öffnet sie geschickt und gern,
Denn jeder Argwohn liegt ihm fern.

Schnurr pick! Der Stachel sitzt im Finger.
Der Schmerz ist gar kein so geringer.

Doch Fipps hat sich alsbald gefaßt,
Zermalmt das Ding, was ihm verhaßt,

Setzt sich dann wieder an die Wiegen
Und paßt geduldig auf die Fliegen. –

Vor allen eine ist darunter,
Die ganz besonders frech und munter.
Jetzt sitzt sie hier, jetzt summt sie da,
Bald weiter weg, bald wieder nah.

Jetzt krabbelt sie auf Jettens Jacke,

Jetzt wärmt sie sich auf Jettens Backe.
Das gute Kind ist eingenickt.

Kein Wunder, wenn sie nun erschrickt,
Denn, schlapp! die Fliege traf ein Hieb,

Woran sie starb und sitzen blieb. –

Fipps aber hockt so friedlich da,
Als ob dies alles nicht geschah,
Und schließet seine Augen zu
Mit abgefeimter Seelenruh.

Achtes Kapitel

Kaum hat mal einer ein bissel was,
Gleich gibt es welche, die ärgert das. –

Fipps hat sich einen Knochen stibitzt,
Wo auch noch ziemlich was drannen sitzt.

Neidgierig hocken im Hintergrund
Gripps der Kater und Schnipps der Hund.

Wauwau! Sie sausen von ihrem Platze.

Happs! macht der Hund, kritzekratze! die Katze;
Daß Fipps in ängstlichem Seelendrang

Eilig auf einen Schrank entsprang,
Allwo man aufbewahren tät
Mancherlei nützliches Handgerät.

Und Gripps der Kater und Schnipps der Hund
Schleichen beschämt in den Hintergrund.
Fipps aber knüpft mit der Hand gewandt
Den Knochen an ein Band, das er fand,

Und schlängelt dasselbe voller List
Durch einen Korb, welcher löchricht ist.

Sogleich folgt Gripps dem Bratengebein

Bis tief in das Korbgeflecht hinein.

Schwupp! hat ihn der Fipps drin festgedrückt,
Und mit der Zange, die beißt und zwickt,
Entfernt er sorgsam die scharfen Klauen.

Ach, wie so kläglich muß Gripps miauen,
Denn grade in seinen Fingerspitzen
Hat er die peinlichsten Nerven sitzen.

Jetzt wird auch noch der Schweif gebogen
Und durch des Korbes Henkel gezogen.
Mit einer Klammer versieht er ihn,
Damit er nicht leichtlich herauszuziehn.
Schnipps der Hund schnappt aber derweilen
Den Knochen und möchte von dannen eilen.

Dieses gelingt ihm jedoch nicht ganz,
Denn Fipps erwischt ihn bei seinem Schwanz

Und schwingt ihn solchermaßen im Kreis,
Bis er nichts Gescheits mehr zu denken weiß.

Hiernach, gewissermaßen als Schlitten,
Zieht er ihn durch des Hofes Mitten

Und läßt ihn dorten mal soeben
Über dem Abgrund des Brunnens schweben,
Wo ein schwäch- und ängstlich Gemüt
Nur ungern hängt und hinunter sieht.

Drauf so führt er ihn hinten nach
An des Daches Rinne bis auf das Dach

Und lehnt ihn über den Schlot allhier.
Daraus gehet ein merklicher Dampf herfür. –
Dem Auge höchst peinlich ist der Rauch,
Auch muß man niesen und husten auch,
Und schließlich denkt man nichts weiter als bloß:

„Jetzt wird's mir zu dumm und ich lasse los!"
So wird dieser Rauch immer stärker und stärker,
Schnipps fällt rückiiber und auf den Erker,

Und Gripps, der grad aus der Luke fährt,
Fühlt plötzlich, ihm wird der Korb beschwert.

Hulterpulter, sie rumpeln in großer Hast
Vom Dach und baumeln an einem Ast.

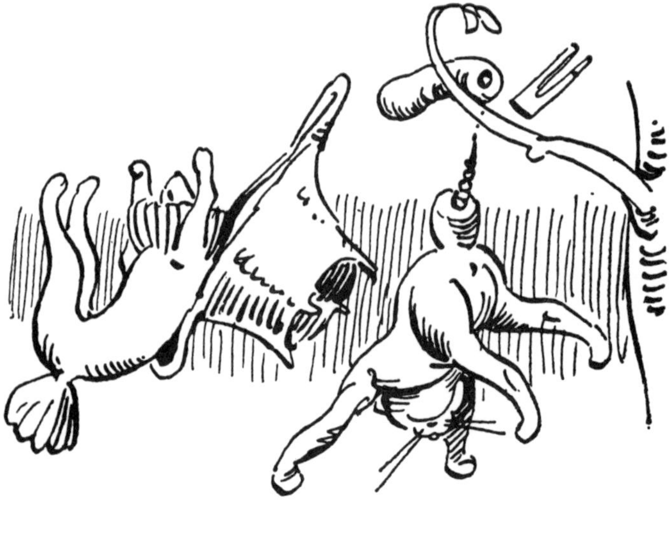

Hier trennt man sich nicht ohne Pein

Und jeder ist wieder

für sich allein.

Seitdem ward Fipps von diesen zween
Als Meister verehrt und angesehn.

Neuntes Kapitel

Mit Recht erscheint uns das Klavier,
Wenn's schön poliert, als Zimmerzier.
Ob's außerdem Genuß verschafft,
Bleibt hin und wieder zweifelhaft.

Auch Fipps fühlt sich dazu getrieben,
Die Kunst in Tönen auszuüben.

Er zeigt sich wirklich recht gewandt,
Selbst mit der linken Hinterhand.

Und braucht er auch die Rechte noch,
Den Apfel, den genießt er doch.

Zu Kattermäng gehören zwei,
Er braucht sich bloß allein dabei.

Piano klingt auf diese Weise
Besonders innig, weich und leise.

Jetzt stimmen ein mit Herz und Mund
Der Kater Gripps und Schnipps der Hund.

Bei dem Duett sind stets zu sehn
Zwei Mäuler, welche offen stehn.

Oft wird es einem sehr verdacht,
Wenn er Geräusch nach Noten macht.

Der Künstler fühlt sich stets gekränkt,
Wenn's anders kommt, als wie er denkt.

Zehntes Kapitel

Wöhnlich im Wechselgespräch beim angenehm schmeckenden Portwein
Saßen Professor Klöhn und Fink, der würdige Doktor.
Aber jener beschloß, wie folgt, die belehrende Rede:
„. . . Oh, verehrtester Freund! Nichts gehet doch über die hohe
Weisheit der Mutter Natur. – Sie erschuf ja so mancherlei Kräuter,

Harte und weiche zugleich, doch letztere mehr zu Gemüse.

Auch erschuf sie die Tiere, erfreulich, harmlos und nutzbar;
Hüllte sie außen in Häute, woraus man Stiefel verfertigt,
Füllte sie innen mit Fleisch von sehr beträchtlichem Nährwert;
Aber erst ganz zuletzt, damit er es dankend benutze,
Schuf sie des Menschen Gestalt und verlieh ihm die Öffnung des Mundes.

Aufrecht stehet er da, und alles erträgt er mit Würde.“

Also sprach der Professor, erhub sich und setzte den Hut auf.

Wehe, die Nase hernieder, ins Mundloch rieselt die Tinte.

Wehe, durch Gummi verklebt, fest haftet das nützliche
Sacktuch.

Drohend mit Zorngebärde erhebt er den schlanken
Spazierstock.

Autsch! Ein schmerzlich Geflecht umschlingt den schwellenden Daumen.

Hastig begibt er sich fort; indessen die Würde ist mäßig.

Elftes Kapitel

Wie gewöhnlich liest die Jette
Wieder nachts in ihrem Bette.
Auf dem Kopf hat sie die Haube,
In der Hand die Gartenlaube.
Hieran will sie sich erfreun,

Duselt, nickt und schlummert ein.
An das Unschlittkerzenlicht
Daran freilich denkt sie nicht. –
Erst brennt nur die Zeitungsecke,

Dann der Vorhang, dann die Decke.
Schließlich brennt das ganze Haus;

Unten läuft man schon heraus. –

Vater Fink, er läuft nicht schlecht,
Trägt den treuen Stiefelknecht.

Mutter Fink, besorgt vor allen,
Rettet ihre Mäusefallen.

Jette schwebt vom Fensterrand;
Sie ist etwas angebrannt.

Doch sie sinkt ins Regenfaß,

Wo es drinnen kühl und naß. –

Also sicher wären diese. –

Aber ach, wo ist Elise??!

Seht nach oben! Fipps, der Brave,
Hält das Kind, was fest im Schlafe.

Aus dem Fenster, hoch im Raume,
Schwingt er sich zum nächsten Baume.

Höchst besorgt wie eine Amme,
Rutscht er abwärts an dem Stamme.

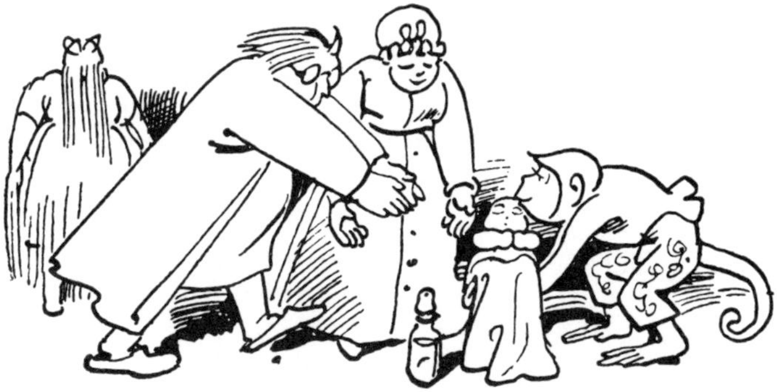

Sanft legt er Elisen nieder.
Sie hat ihre Eltern wieder;
Und die Flasche steht dabei,
Falls Elise durstig sei. –

Zwölftes Kapitel

Fink hat versichert, Gott Lob und Dank!
Bei der Aachener Feuerversicherungs-Bank,
Und – nach zwei Jahren so ungefähr –
Wohnt er weit schöner als wie vorher.

Fipps natürlich, der hat es seitdem
In jeder Hinsicht sehr angenehm. –

Dies aber wird ihm im höchsten Grad
Unerträglich und wirklich fad.
Denn, leider Gottes, so ist der Schlechte,
Daß er immer was anderes möchte,
Auch hat er ein höchst verruchtes Gelüst,
Grad so zu sein, wie er eben ist.

Mal traf es sich, daß die Familie Fink
Zusammen aus- und spazierenging,
Um nebst Besorgung von anderen Sachen
Professor Klöhn einen Besuch zu machen. –

Fipps sehnt sich förmlich nach bösen Streichen.
Sein Plan steht fest. Er will entweichen.

Schon ist er im Feld. Die Hasen fliehn.
Einen Wanderer sieht man des Weges ziehn.

Sehr heftig erschrickt der Wandersmann.
Die Töpfersfrau geht still voran.

Zuweilen fällt das Topfgeschirr,
Und dann zerbricht es mit großem Geklirr.
In jenem Haus da, so fügt's der Himmel,
Wohnt grad der bewußte Bauer Dümmel;

Und Dümmels Küchlein piepsen bang,
Denn Fipps zieht ihnen die Hälse lang.

Da steht auch Dümmels kleiner Sohn
Mit dem Butterbrot. –

Fipps hat es schon.

Des kleinen Dümmels durchdringender Schrei
Lockt seine erschrockene Mutter herbei.

Mit den Schreckensworten: „Da kummt de Dübel!!"
Fällt sie in einen dastehenden Kübel.

Doch Dümmel schreit und kennt ihn gleich wieder:
„Dat is de verdammtige Haresnieder!"

Schnell faßt er die Flinte, ein Schießeding,
Was da seit Anno funfzehn hing.

Auch versammeln sich eilig von jeglicher Seite
Die Nachbarsleute, gerüstet zum Streite.

Sie alle machen großmächtige Schritte,

Und plötzlich ruft einer: „Kiek, kiek, da sitt'e!"
Jetzt harrt ein jeglicher ängstlich und stumm.

Dümmel legt an. – Er zielt. – Er drückt. –

Dann geht es: Wumm!!
Groß ist der Knall und der Rückwärtsstoß,
Denn jahrelang ging diese Flinte nicht los.

Ende

Wehe! Wehe! Dümmel zielte wacker.
Fipps muß sterben, weil er so ein Racker. –

Wie durch Zufall kommen alle jene,
Die er einst gekränkt, zu dieser Szene.

Droben auf Adelens Dienersitze
Thront der Schwarze mit dem Nasenschlitze.
Mieke, Krüll und Köck mit seinem Bauch,
Wandrer, Töpfersfrau, der Bettler auch;
Alle kommen; doch von diesen allen
Läßt nicht einer eine Träne fallen.
Auch ist eine solche nicht zu sehn
In dem Auge von Professor Klöhn,
Der mit Fink und Frau und mit Elisen
Und mit Jetten wandelt durch die Wiesen.
Nur Elise faßte Fippsens Hand,
Während ihr das Aug voll Tränen stand.

„Armer Fipps!“ so spricht sie herzig treu.
Damit stirbt er. Alles ist vorbei.

Man begrub ihn hinten in der Ecke,
Wo in Finkens Garten an der Hecke
All die weißen Doldenblumen stehn.
Dort ist, sagt man, noch sein Grab zu sehn.
Doch daß Kater Gripps und Schnipps der Hund
Ganz untröstlich, sagt man ohne Grund.

Inhaltsübersicht: Vierter Band

Spiegl Andrea

Wilhelm Busch
Gesamtwerk in sechs Bänden
Fünfter Band

Wilh. Busch.

WILHELM BUSCH

GESAMMELTE WERKE IN SECHS BÄNDEN

5

XENOS Verlagsgesellschaft m.b.H.
Hamburg

Herausgegeben und eingeleitet von Hugo Werner.
Für die Wiedergabe der Zeichnungen stellte das Wilhelm-Busch-Museum, Hannover, die Vorlagen zur Verfügung.

ISBN-Nr. 3-8212-0259-9

Lizenzausgabe 1986 für die
XENOS Verlagsgesellschaft mbH, Hamburg
mit Genehmigung des Füllhorn Sachbuchverlages
Herausgeber: XENOS Verlagsgesellschaft mbH., Am Hehsel 42, 2000 Hamburg 63
Printed in Finland

Stippstörchen
für
Äuglein und Öhrchen

1881

Rotkehlchen

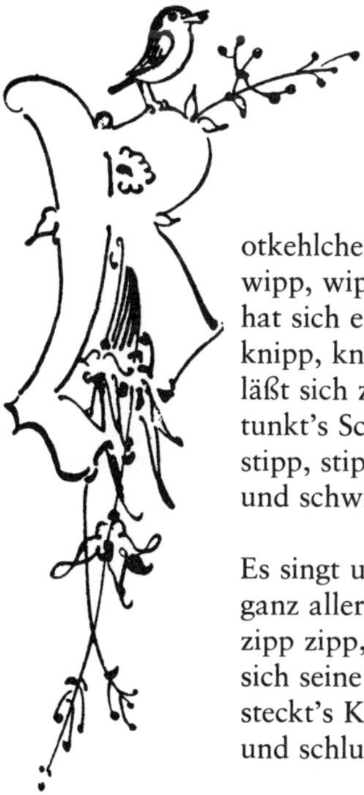

Rotkehlchen auf dem Zweige hupft,
wipp, wipp!
hat sich ein Beerlein abgezupft,
knipp, knipp!
läßt sich zum klaren Bach hernieder,
tunkt's Schnäblein ein und hebt es wieder,
stipp, stipp, nipp, nipp!
und schwingt sich wieder in den Flieder.

Es singt und piepst
ganz allerliebst,
zipp zipp, zipp zipp trili!
sich seine Abendmelodie,
steckt's Köpfchen dann ins Federkleid
und schlummert bis zur Morgenzeit.

Das Häschen

Das Häschen saß im Kohl und fraß und war ihm wohl.

Nicht weit auf einem Rasen geht ganz gemütlich grasen
ein Lämmlein weiß und schön.
Da ist der böse Wolf gekommen
und hat das Lämmlein mitgenommen;

Das Häslein hat's gesehn.

Das Häschen sprang und lief zum Bauer hin und rief:
„O weh, o weh! He, Bauer, he!

Grad ist der böse Wolf gekommen und hat dein Lämmlein mitgenommen!“

Da nahm der Bauer Rüppel
den dicken harten Knüppel,
sprach: „Danke, lieber Hase!“

und schlug ihn auf die Nase.
Dann spricht er mit Gekicher: „Mein Kohl ist sicher!"

Und wer noch fragt,
was dies besagt,
ist offenbar
so klug als wie das
Häschen war.

Das brave Lenchen

Auf einem Schlosse fern im Holz
wohnt eine Frau gar reich und stolz.
In einem Hüttchen arm und klein
wohnt Lenchen und ihr Mütterlein.
Das Mütterlein ist schwach und krank
und ohne Geld und Speis und Trank.
Da denkt das Lenchen: „Ach ich lauf
um Hilfe nach dem Schloß hinauf!"
Es nimmt sich nichts wie einen Schnitt
vom allerletzten Brote mit.

Und wie es kommt bis an den Steg,
sitzt da ein armer Hund am Weg.
„Ach!“ ruft der Hund – „mein Herr ist tot;
hätt’ ich doch nur ein Stückchen Brot!“
„Hier!“ – spricht das Lenchen – „hast du was!“
zieht’s Brot hervor und gibt ihm das.
Und wie es weiter fortgerannt,

liegt da ein Fisch auf trocknem Sand.
„Ach!“ – ruft der Fisch und zappelt sehr –
„Wenn ich doch nur im Wasser wär!“

Gleich bückt das Lenchen sich danach
und trägt ihn wieder in den Bach.

Dann ist es weiter fortgerannt,
bis es die Frau im Schlosse fand. –

„Ach, liebe Frau, erbarmt euch mein,
ich hab ein krankes Mütterlein!"

„Fort!“ – schreit die Frau – „nichts gibt es hier!“
und jagt das Lenchen vor die Tür.
Das Lenchen sieht vor Tränen kaum
und setzt sich stumm an einen Baum.

Und horch, im hohlen Baum erklingt
ein feines Stimmlein, welches singt:
„Mach auf, mach auf, ich bitt gar schön,
möcht gern die liebe Sonne sehn!“

Im Baum da ist ein Löchlein rund,
ist zugesteckt mit einem Spund.
Den zieht das Lenchen aus und spricht:
„So komm ans Licht du armer Wicht!“
Sieh da, und eine Schlange schmiegt
sich aus dem Baum hervor und kriecht
und schlingt und schlängelt mit Gezisch
sich in das dichte Waldgebüsch,
und raschelt da herum und kam
und bracht ein Blümlein wundersam.

O Krankentrost, du Blümlein rot,
Herztulipan, hilf aus der Not!

Das Lenchen nimmt das Blümlein an
und eilt nach Haus, so schnell es kann.
Und wie es kommt bis über'n Steg,

tritt ihm ein Räuber in den Weg.
Dem armen Lenchen stockt das Blut,
läßt's Blümlein fallen in die Flut.

Da kommt der Hund und jagt zum Glück
den Räuber in den Wald zurück.

Und unser Fisch ist auch nicht faul;
er trägt die Blume in dem Maul.

Jetzt läuft das Lenchen schnell hinein
zum lieben, kranken Mütterlein,
legt's Blümlein ihr auf Herz und Mund,
macht's Mütterlein sogleich gesund;
heilt auch noch sonst viel kranke Leut
und ist aus aller Not befreit.

Der Räuber aber hat bei Nacht
die Frau im Schlosse totgemacht.

Der Sack und die Mäuse

Ein dicker Sack voll Weizen stand
auf einem Speicher an der Wand. –
Da kam das schlaue Volk der Mäuse
und pfiff ihn an in dieser Weise:

„O du da in der Ecke,
großmächtigster der Säcke!
Du bist ja der gescheiteste,
der dickste und der breiteste!
Respekt und Reverenz
vor Eurer Exzellenz!“

Mit innigem Behagen hört
der Sack, daß man ihn so verehrt.

Ein Mäuslein hat ihm unterdessen
ganz unbemerkt ein Loch gefressen.

Es rinnt das Korn in leisem Lauf.
Die Mäuse knuspern's emsig auf.

Schon wird er faltig, krumm
und matt.
Die Mäuse werden fett und glatt.

Zuletzt, man kennt ihn kaum noch mehr,
ist er kaputt und hohl und leer.

Jetzt ziehn sie ihn von seinem Thron;
Ein jedes Mäuslein spricht ihm Hohn;

und jedes, wie es geht, so spricht's:
„Empfehle mich, Herr Habenichts!"

Die beiden Schwestern

Es waren einmal zwei Schwestern,
ich weiß es noch wie gestern.
Die eine namens Adelheid
war faul und voller Eitelkeit.
Die andre, die hieß Käthchen
und war ein gutes Mädchen.
Sie quält sich ab von früh bis spät,
wenn Adelheid spazieren geht.
Die Adelheid trank roten Wein,
dem Käthchen schenkt sie Wasser ein.

Einst war dem Käthchen anbefohlen,
im Walde dürres Holz zu holen.
Da saß an einem Wasser
ein Frosch, ein grüner, nasser;
der quakte ganz unsäglich,
gottsjämmerlich und kläglich:
„Erbarme dich, erbarme dich,
ach, küsse und umarme mich!"

Das Käthchen denkt: „Ich will's nur tun,
sonst kann der arme Frosch nicht ruhn!"
Der erste Kuß schmeckt recht abscheulich.
Der gräsiggrüne Frosch wird bläulich.

Der zweite schmeckt schon etwas besser;
der Frosch wird bunt und immer größer.
Beim dritten gibt es ein Getöse,
als ob man die Kanonen löse.
Ein hohes Schloß steigt aus dem Moor,
ein schöner Prinz steht vor dem Tor.

Er spricht: „Lieb Käthchen, du allein
sollst meine Herzprinzessin sein!“
Nun ist das Käthchen hochbeglückt,
kriegt Kleider schön mit Gold gestickt
und trinkt mit ihrem Prinzgemahl
aus einem goldenen Pokal.

Indessen ist die Adelheid
in ihrem neusten Sonntagskleid
herumspaziert an einem Weiher,
da saß ein Knabe mit der Leier.
Die Leier klang, der Knabe sang:
„Ich liebe dich, bin treu gesinnt;
komm küsse mich, du hübsches Kind!"

Kaum küßt sie ihn, so wird er grün,
so wird er struppig, eiskalt und schuppig.

Und ist, o Schreck!
der alte, kalte Wasserneck.

„Ha“ – lacht er – „diese hätten wir!!“
Und fährt bis auf den Grund mit ihr.

Da sitzt sie nun bei Wasserratzen,
muß Wassernickels Glatze kratzen,
trägt einen Rock von rauhen Binsen,
kriegt jeden Mittag Wasserlinsen;
und wenn sie etwas trinken muß,
ist Wasser da im Überfluß.

Hänschen Däumeling

Es lebt ein Schneider, leicht und dünn,
mit seiner Frau gemütlich hin.
Sie hatten auch ein Söhnchen schon,
sehr klein und zierlich von Person.
Er war nicht dicker wie die Pflaumen
und grad so lang als wie ein Daumen.
Drum, weil er so ein kleines Ding,
nennt man ihn Hänschen Däumeling.

Sein Mut jedoch ist ohne Tadel,
sein Degen spitz wie eine Nadel;
damit hat er an einer Wand
drei Fliegen durch und durch gerannt.

Drauf legt er sich im grünen Grase,
um auszuruhn, auf Bauch und Nase.

Ein Rabe, der spazierengeht,
hat ihn mit einem Aug' erspäht.
Er denkt: „Was ist das für ein Käfer?"

Und rupft und zupft den kleinen Schläfer.

Der dreht sich um und will den Frechen
in seine dürren Waden stechen.
„Kraha!" – lacht dieser – „wär nit übel!
Gottlob! ich habe dicke Stiebel!"

Graps packt er ihn, fliegt in die Höh
und weit, weit über einen See.
Die Eltern aber fragen bange:
„Wo bleibt denn Hänschen nur so lange?"

Sie suchen ihn in allen Taschen,
in Stiefeln, Hauben, Büchsen, Flaschen.
Sie rufen: „Herzchen!" rufen: „Liebchen!"
Allein es kommt und kommt kein Bübchen.

Der Rabe mit dem Hänschen flog
auf einen Baum, erschrecklich hoch.
Hier wünscht er ihm recht guten Morgen
und läßt ihn für sich selber sorgen.

Uhu! Im Astloch mit Geheule
hockt eine alte Schleiereule.

Und über ihm die dicke Spinne
hat auch nichts Gut's mit ihm im Sinne.

Schon sträubt die Eule sich und droht;
das Hänschen sticht die Spinne tot.

Schnell läßt er sich an ihrem Faden
vom Baum herunter ohne Schaden.
Juchhe! Hier unten in dem Moos
geht's lustig her und ist was los.

Drei muntre Käfer trinken Met
von allerbester Qualität.
Da heißt es: Prost! und: Was wir lieben!
Das Hänschen trinkt so viel wie sieben.
Der Kopf wird schwer, die Beine knicken,

bums! liegt das Hänschen auf dem Rücken.

Das gibt'n Spaß! Die Käfer laufen
mit ihm zu einem Ameisenhaufen.

So was macht munter. O wie schnelle
verläßt er diese Wimmelstelle!

Er läuft und schlupft mit großer Freude
in ein sehr enges Wohngebäude.

„Nun ja!“ – denkt sich der Jägersmann –
„Jetzt zieh ich meine Handschuh an!“

Auweh! – Was war das für ein Stich?!
Der Jägersmann schreit jämmerlich.

Dem Hänschen wird's bedenklich doch;
er möchte in ein Mäuseloch.
„Ein Dieb, ein Dieb!“ so schreit die Maus
und zieht ihn hinterwärts heraus.
Und plötzlich geht's: Kraha, Kraha!!
Der böse Rab ist wieder da.

Er faßt die Maus bei ihrem Schwänzchen
und flattert weg mit Maus und Hänschen.

„Die" – ruft der Jäger – „muß ich haben!"
Bauz! – richtig trifft er Maus und Raben.
Und Rabe, Maus und Hänselein
plumbumsen in den See hinein.

Sofort erscheint die kleine Sylphe
Zephire, Königin im Schilfe,
reicht ihm die Hand und lispelt fein:
„Sprich, Prinz, willst du mein Liebster sein?“

„Schön Dank!“ – spricht er – „o Königin!
Ich muß zu meinen Eltern hin!“
„So geh ich mit dir!“ – haucht Zephire –
„mein Schifflein wartet vor der Türe!“

Und wie sie so dahingefahren
und mitten auf dem Wasser waren,
da kommt ein dicker Hecht und: schwapp!
schluckt er sie in den Bauch hinab.

Ein Fischer, welcher grade fischt,
hat aber gleich den Hecht erwischt.

Er überbringt ihn Hänschens Mutter,
die denkt: „Den braten wir in Butter!"

Ratsch! wird der Bauch ihm aufgeschnitten,
und sieh! wer kommt herausgeschritten?
Ei! unser Hänschen, und galant
führt er Zephiren an der Hand.
Das wurde mal ein hübsches Paar!
Sie lebten fröhlich manches Jahr.
Und Hänschen ward ein Damenschneider
und machte wunderschöne Kleider.
Und was er machte, saß.
Er stieg auf eine Leiter
und nahm genau das Maß.

Der weise Schuhu

Der Schuhu hörte stets mit Ruh,
wenn zwei sich disputierten, zu. –
Mal stritten sich der Storch und Rabe,
was Gott der Herr zuerst erschaffen habe,
ob erst den Vogel oder erst das Ei.
„Den Vogel!" – schrie der Storch – „das ist so klar
wie Brei!"

Der Rabe krächzt: „Das Ei, wobei ich bleibe;
wer's nicht begreift, hat kein Gehirn im Leibe!"
Da fingen an zu quaken
zwei Frösch in grünen Jacken.
Der eine quakt: „Der Storch hat recht!"
Der zweite quakt: „Der Rab hat recht!"

„Was?“ – schrien die beiden Disputaxe –
„was ist das da für ein Gequakse??“ –
Der Streit erlosch. –
Ein jeder nimmt sich seinen Frosch,
der schmeckt ihm gar nicht schlecht.

„Ja", – denkt der Schuhu – „so bin ich!
Der Weise schweigt und räuspert sich!"

Der Fuchs
Die Drachen

Zwei lustige Sachen

1881

Der Fuchs

Die Bäurin hat ein Huhn erstochen
Um Supp mit Huhn davon zu kochen.
Der Bauer sprach: das giebt 'n Jux!
Mit diesem Huhn fang ich den Fuchs!

Vor's Loch der Mauer
stellt er schlau
die Schlinge heimlich
und genau

Grad denkt der Fuchs:
Was ist zu thun?
Ich stehle irgendwo
ein Huhn!

Und wie er da was
Gutes riecht
und durch das Loch der
Mauer kriecht –
O weh! der Schreck ist
nicht geringe –
Er hat das Huhn, ihn
hat die Schlinge. ~
Schon kommt in froher
Hast und Eile
der Bauer mit dem
langen Beile.

Indessen kroch und
schlüpfte flugs
durch's Loch zurück
der schlaue Fuchs.
Draus sitzt der Fuchs,
drin steht der Bauer,
dazwischen steht die
Gartenmauer.

Er steigt hinauf; er hat
von oben
Zum wucht'gen Hieb das
Beil erhoben.

Doch unbedacht, weil er
in Zorn,
zieht ihn der Hieb zu
sehr nach vorn.

Drin sitzt der Fuchs,
draus liegt der Bauer,
dazwischen steht die
Gartenmauer.

Er läuft nach innen
durch das Thor.
Das Ding ist wieder
wie zuvor.

Er sieht, es geht nicht
so allein;
drum fängt er heftig
an zu schrein:
Catrine, Catrine!
Komm 'raus, wir
haben ihne!!

Sie kommt begierig
angerannt,
die Ofengabel in der
Hand.
Jetzt, Meister Fuchs,
mußt du erliegen,
wenn sie dich in die
Mitte kriegen.

Schnell fährt er auf
die Bäurin los:
Zu langsam war der
Gabelstoß
„Weh, aber, wenn sie
noch mal sticht!

Der Fuchs kehrt um und
wartet nicht. —
Der Bauer faßt mit aller
Kraft
das Beil und zielt ge=
wissenhaft.

Trotzalledem zerhaut er
bloß
die Schlinge, und der
Fuchs ist los.
Der Fuchs beschleunigt
seinen Schritt
und nimmt auch noch das
Hühnchen mit.

Verdonnert sehen hinterher
Sowohl die Bäurin wie auch Er.

Sie sahen, wie der Fuchs entrann,
dann sahen sie sich selber an.
Du dumme Gans! sprach er zu ihr.
Du Schafskopf! nennt sie ihn dafür.

Die Drachen

Schon seit mehren Wochen
haben
drei intim bekannte Knaben –
Fritz, Franz, Conrad hießen sie
mit Verstand Geduld u. Müh
schöne Drachen sich gepappt
und zum Flug bereit gehabt,
So daß sie bis auf den Wind
mit der Sache fertig sind.

Endlich weht 'ne frische Briese,
und fort geht es auf die
Wiese.
Conrad wandelt an der Spitze,
dann kommt Franz und
schließlich Fritze.

Freund! sprach plotzlich
Franz zu Fritzen –
Siehst du Zöpfels
Äpfel sitzen?

und als Fritze dies bejaht
schreitet man sofort zur That.
Doch was Conrad anbetraf
der geht weiter klug und brav.

Trefflich gut ging die Geschichte.
Franz hat Äpfel seine Früchte.
Lirum larum! – dachte er –
Fritze hin und Fritze her!
Ich genieße was ich habe! –
Damit ist der freche Knabe
grad als wäre nichts passirt.
Äpfel essend fortmarschiert.
Saftig kann man's knirschen hören.
Soll das Fritzen nicht empören??

Mit dem Fuße und mit
Krachen,
gradesweges durch den
Drachen,
giebt er Franzen rücksichtslos
einen wirkungsvollen
Stoß.

Franz, der dieses krumm
genommen,
ist sofort herum gekommen.

Und es hebt sich und es saust
seine zorngeballte Faust
durch den vorgeschnitzten
Drachen,
gleichfalls unter großem
Krachen,
dergestalt in Fritzen's Nacken,
daß er meint, er muß
zerknacken.

Jetzt sucht jeder sich zu decken,
und es wird so mit den Pflöcken,
wo die Schnur herum gewickelt,
emsig hin und her geprickelt.

Franz zuerst durch
kühnes Wagen
trifft genau auf
Fritzens Magen.

Dafür sticht ihn
Fritz der flinke
in das Nasenloch
das linke.

So entspinnt sich auf die Länge
ein direktes Handgemenge,
was zunächst und augenscheinlich
für die Ohren äußerst peinlich.

Dennoch wird der
Kampf zuletzt
noch am Boden
fortgesetzt.

Grad kommt Zöpfel wie gewöhnlich,
um sich wieder mal persönlich
und gewiß zu überzeugen,
daß sein Obst noch an den Zweigen.
Wer – ruft er – hat dies gethan??
Damit stockt sein Sprachorgan.

Ha! jetzt wird er
grausam heiter.
Er entdeckt die beiden
Streiter.

Fritze kriegt den ersten
Schlag,
weil er am bequemsten
lag.

Und der Franz war schon vergnügt,
daß er siegt und oben liegt;
bis die Peitsche wieder pfiff
und auch ihn empfindlich kniff.

Gern entronnen nun
die beiden,
um das Weitre zu
vermeiden,
wären nicht die nöthigen
Beine
tief verwickelt in die Leine. –
Also folgt der Rest der Hiebe. –
Zöpfel thut's mit Lust
und Liebe.

Sorgsam sammelt hierauf
seine hochgeschätzten Äpfel.
Einer nur ist angenagt,
was jedoch nicht viel besagt;
und so kehrt er hocherfreut
heim in seine Häuslichkeit.

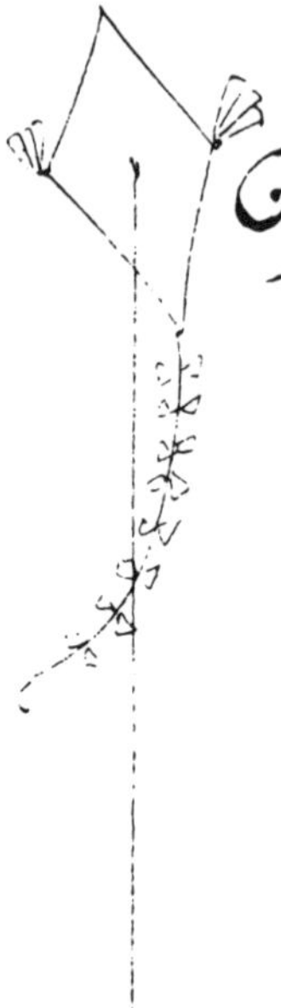

Aber ach, wie traurig stand's
um den Fritze und den Franz.
So viel ist gewiß für sie:
ihre Drachen steigen nie,
während Conrad seiner schon,
dieser Erdenwelt entflohn,
höher stets und höher steigt,
bis man vor Erstaunen
schweigt.

Plisch und Plum

1882

Erstes Kapitel

Eine Pfeife in dem Munde,
Unterm Arm zwei junge Hunde

Trug der alte Kaspar Schlich. –
Rauchen kann er fürchterlich.
Doch, obschon die Pfeife glüht,
Oh, wie kalt ist sein Gemüt! –

„Wozu" – lauten seine Worte –
„Wozu nützt mir diese Sorte?

Macht Sie mir vielleicht Pläsier?
Einfach nein! erwid'r ich mir.
Wenn mir aber was nicht lieb,
Weg damit! ist mein Prinzip."

An dem Teiche steht er still,
Weil er sie ertränken will.

Ängstlich strampeln beide kleinen
Quadrupeden mit den Beinen;
Denn die innre Stimme spricht:
Der Geschichte trau ich nicht! –

Hubs! fliegt einer schon im Bogen.

Plisch! da glitscht er in die Wogen.

Hubs! der zweite hinterher.

Plum!! damit verschwindet er.

„Abgemacht!“ rief Kaspar Schlich,
Dampfte und entfernte sich.
Aber hier, wie überhaupt,
Kommt es anders, als man glaubt.

Paul und Peter, welche grade
Sich entblößt zu einem Bade,
Gaben stillverborgen acht,
Was der böse Schlich gemacht.

Hurtig und den Fröschen gleich
Hupfen beide in den Teich.

Jeder bringt in seiner Hand
Einen kleinen Hund ans Land.

„Plisch“ – rief Paul – „so nenn ich meinen.“
Plum – so nannte Peter seinen.

Und so tragen Paul und Peter
Ihre beiden kleinen Köter
Eilig, doch mit aller Schonung,
Hin zur elterlichen Wohnung.

Zweites Kapitel

Papa Fittig, treu und friedlich,
Mama Fittig, sehr gemütlich,
Sitzen, Arm in Arm geschmiegt,

Sorgenlos und stillvergnügt
Kurz vor ihrem Abendschmause
Noch ein wenig vor dem Hause
Denn der Tag war ein gelinder,
Und erwarten ihre Kinder.

Sieh, da kommen alle zwei,
Plisch und Plum sind auch dabei. –
Dies scheint aber nichts für Fittig.

Heftig ruft er: „Na, da bitt ich!"
Doch Mama mit sanften Mienen:
„Fittig!!" – bat sie – „gönn' es ihnen!!"

Angerichtet stand die frische
Abendmilch schon auf dem Tische.

Freudig eilen sie ins Haus;
Plisch und Plum geschwind voraus.

Ach, da stehn sie ohne Scham
Mitten in dem süßen Rahm
Und bekunden ihr Behagen
Durch ein lautes Zungenschlagen.

Schlich, der durch das Fenster sah,
Ruft verwundert: „Ei, sieh da!

Das ist freilich ärgerlich,
Hehe! aber nicht für mich!!“

Drittes Kapitel

Paul und Peter, ungerührt,
Grad als wäre nichts passiert,
Ruhn in ihrem Schlafgemach;
Denn was fragen sie darnach.
Ein und aus durch ihre Nasen
Säuselt ein gelindes Blasen.

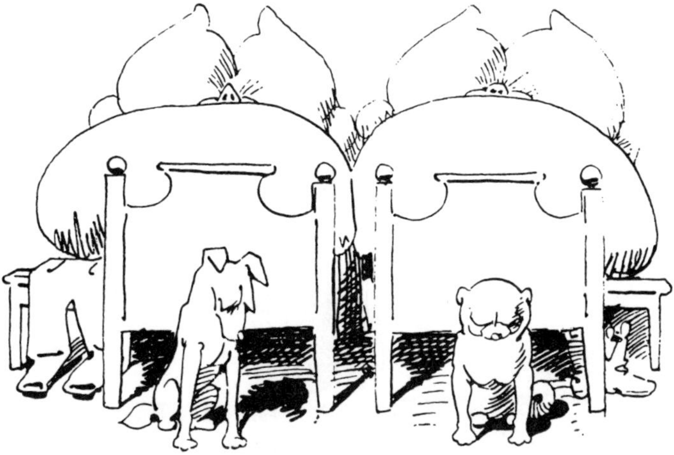

Plisch und Plum hingegen scheinen

Noch nicht recht mit sich im reinen

In betreff der Lagerstätte.

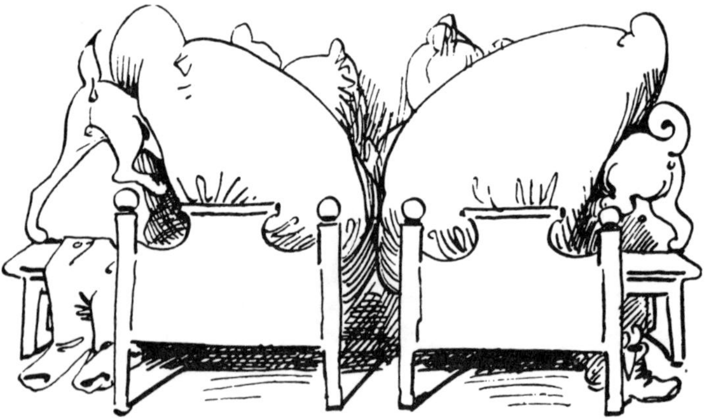

Schließlich gehn sie auch zu Bette.

Unser Plisch, gewohnterweise,
Dreht sich dreimal erst im Kreise.

Unser Plum dagegen zeigt
Sich zur Zärtlichkeit geneigt.

Denen, die der Ruhe pflegen,
Kommen manche ungelegen.

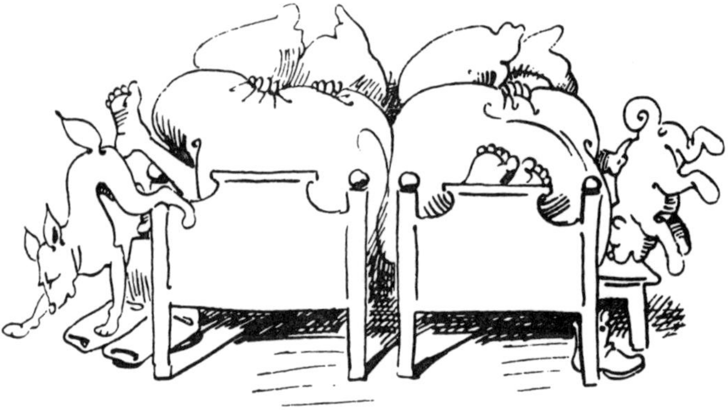

„Marsch!" – Mit diesem barschen Wort
Stößt man sie nach außen fort. –

Kühle weckt die Tätigkeit;
Tätigkeit verkürzt die Zeit.

Sehr willkommen sind dazu
Hier die Hose, da der Schuh;
Welche, eh der Tag beginnt,

Auch bereits verändert sind.

Für den Vater, welch ein Schrecken,
Als er kam und wollte wecken.

Der Gedanke macht ihn blaß,
Wenn er fragt: Was kostet das?

Schon will er die Knaben strafen,
Welche tun, als ob sie schlafen.

Doch die Mutter fleht: „Ich bitt dich,
Sei nicht grausam, bester Fittig!!“
Diese Worte liebevoll
Schmelzen seinen Vatergroll.

Paul und Peter ist's egal.
Peter geht vorerst einmal
In zwei Schlapp-Pantoffeln los,
Paul in seiner Zackenhos'.

Plisch und Plum, weil ohne Sitte,
Kommen in die Hundehütte.

„Ist fatal!“ – bemerkte Schlich –
„Hehe! aber nicht für mich!“

Viertes Kapitel

Endlich fing im Drahtgehäuse
Sich die frechste aller Mäuse,

Welche Mama Fittig immer,
Bald im Keller, bald im Zimmer,
Und besonders bei der Nacht,
Fürchterlich nervös gemacht.

Dieses gibt für Plisch und Plum
Ein erwünschtes Gaudium;
Denn jetzt heißt es: „Mal heraus,
Alte, böse Knuspermaus!“
Husch! des Peters Hosenbein,

Denkt sie, soll ihr Schutz verleihn.

Plisch verfolgt sie in das Rohr;
Plum steht anderseits davor.

Knipp! in sein Geruchsorgan
Bohrt die Maus den Nagezahn.

Plisch will sie am Schwanze ziehn,

Knipp! am Ohre hat sie ihn.

Siehst du wohl, da läuft sie hin
In das Beet der Nachbarin.
Kritzekratze, wehe dir,
Du geliebte Blumenzier!

Madam Kümmel will soeben
Öl auf ihre Lampe geben.
Fast wär ihr das Herz geknickt,
Als sie in den Garten blickt.

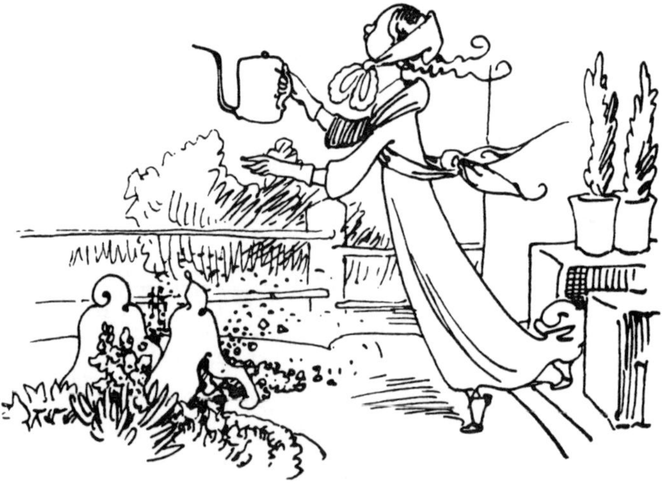

Sie beflügelt ihren Schritt,
Und die Kanne bringt sie mit.

Zornig, aber mit Genuß
Gibt sie jedem einen Guß;
Erst dem Plisch und dann dem Plumm.
Scharf ist das Petroleum;

Und die Wirkung, die es macht,
Hat Frau Kümmel nicht bedacht.

Aber was sich nun begibt,
Macht Frau Kümmel so betrübt,
Daß sie, wie von Wahn umfächelt,
Ihre Augen schließt und lächelt.

Mit dem Seufzerhauche: U!
Stößt ihr eine Ohnmacht zu.

Paul und Peter, frech und kühl,
Zeigen wenig Mitgefühl;
Fremder Leute Seelenschmerzen
Nehmen sie sich nicht zu Herzen.

„Ist fatal“ bemerkte Schlich –
„Hehe! aber nicht für mich.“

Fünftes Kapitel

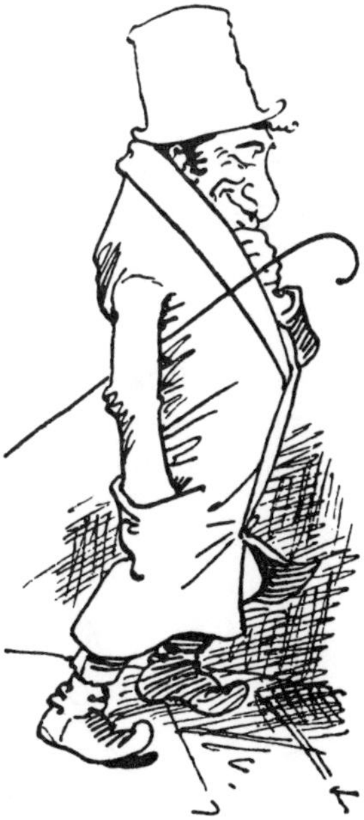

Kurz die Hose, lang der Rock,
Krumm die Nase und der Stock,
Augen schwarz und Seele grau,
Hut nach hinten, Miene schlau –
So ist Schmulchen Schievelbeiner.
(Schöner ist doch unsereiner!)

Er ist grad vor Fittigs Tür;
Rauwauwau! erschallt es hier. –
Kaum verhallt der rauhe Ton,

So erfolgt das Weitre schon.

Und, wie schnell er sich auch dreht,
Ach, er fühlt, es ist zu spät;

Unterhalb des Rockelores
Geht sein ganze Sach kapores.

Soll ihm das noch mal passieren?
Nein, Vernunft soll triumphieren.

Schnupp! Er hat den Hut im Munde.
Staunend sehen es die Hunde,

Wie er so als Quadruped
Rückwärts nach der Türe geht,

Wo Frau Fittig nur mal eben
Sehen will, was sich begeben. –
Sanft, wie auf die Bank von Moos,

Setzt er sich in ihren Schoß.

Fittig eilte auch herbei. –
„Wai“ – rief Schmul – „ich bin entzwei!
Zahlt der Herr von Fittig nicht,
Werd ich klagen bei's Gericht!“

Er muß zahlen. – Und von je
Tat ihm das doch gar so weh.

Auf das Knabenpaar zurück
Wirft er einen scharfen Blick,
So, als ob er sagen will:
„Schämt euch nur, ich schweige still!“
Doch die kümmern sich nicht viel
Um des Vaters Minenspiel. –

„Ist fatal!“ – bemerkte Schlich –
„Hehe! aber nicht für mich.“

Sechstes Kapitel

Plisch und Plum, wie leider klar,
Sind ein niederträchtig Paar;
Niederträchtig, aber einig,
Und in letzter Hinsicht, mein' ich,
Immerhin noch zu verehren;
Doch wie lange wird es währen?
Bösewicht mit Bösewicht –
Auf die Dauer geht es nicht.

Vis-à-vis im Sonnenschein
Saß ein Hündchen hübsch und klein,
Dieser Anblick ist für beide
Eine unverhoffte Freude.

Jeder möchte vorne stehen,
Um entzückt hinaufzuspähen.

Hat sich Plisch hervorgedrängt,
Fühlt der Plum sich tief gekränkt.

Drängt nach vorne sich der Plum,
Nimmt der Plisch die Sache krumm.

Schon erhebt sich dumpfes Grollen,
Füße scharren, Augen rollen,

Und der heiße Kampf beginnt;

Plum muß laufen, Plisch gewinnt.

Mama Fittig machte grad
Pfannenkuchen und Salat,
Das bekannte Leibgericht,
Was so sehr zum Herzen spricht.

Hurr! da kommt mit Ungestüm
Plum, und Plisch ist hinter ihm.

Schemel, Topf und Kuchenbrei
Mischt sich in die Beißerei. –
„Warte, Plisch! du Schwerenöter!"
Damit reichte ihm der Peter
Einen wohlgezielten Hieb. –
Das ist aber Paul nicht lieb.

„Warum schlägst du meinen Köter?"
Ruft der Paul und haut den Peter.

Dieser, auch nicht angefroren,
Klatscht dem Paul um seine Ohren.

Jetzt wird's aber desperat. –
Ach, der köstliche Salat
Dient den aufgeregten Geistern,
Sich damit zu überkleistern.

Papa Fittig kommt gesprungen
Mit dem Stocke hochgeschwungen.
Mama Fittig, voller Güte,
Daß sie dies Malheur verhüte:
„Bester Fittig“ – ruft sie – „faß dich!“
Dabei ist sie etwas hastig.

Ihre Haube, zart umflort,
Wird von Fittigs Stock durchbohrt.
„Hehe!“ – lacht der böse Schlich –
„Wie ich sehe, hat man sich!“

Wer sich freut, wenn wer betrübt,
Macht sich meistens unbeliebt.

Lästig durch die große Hitze
Ist die Pfannenkuchenmütze.

„Höchst fatal!“ – bemerkte Schlich –
„Aber diesmal auch für mich!“

Siebentes Kapitel

Seht, da sitzen Plisch und Plum
Voll Verdruß und machen brumm!
Denn zwei Ketten, gar nicht lang,
Hemmen ihren Tatendrang.

Und auch Fittig hat Beschwerden.
„Dies" – denkt er – „muß anders werden!
Tugend will ermuntert sein,
Bosheit kann man schon allein!"

Daher sitzen Paul und Peter
Jetzt vor Bokelmanns Katheder;
Und Magister Bokelmann
Hub, wie folgt, zu reden an:

„Geliebte Knaben, ich bin erfreut,
Daß ihr nunmehro gekommen seid,
Um, wie ich hoffe, mit allen Kräften
Augen und Ohren auf mich zu heften. –
Zum ersten: Lasset uns fleißig betreiben
Lesen, Kopf-, Tafelrechnen und Schreiben,
Alldieweil der Mensch durch sotane Künste
Zu Ehren gelanget und Brotgewinste.

Zum zweiten: Was würde das aber besagen
Ohne ein höfliches Wohlbetragen;
Denn wer nicht höflich nach allen Seiten,
Hat doch nur lauter Verdrießlichkeiten,

Darum zum Schlusse, – denn sehet, so bin ich –
Bitt' ich euch dringend, inständigst und innig,
Habt ihr beschlossen in eurem Gemüte,
Meiner Lehre zu folgen in aller Güte,
So reichet die Hände und blicket mich an
Und sprechet: Jawohl, Herr Bokelmann!“

Paul und Peter denken froh:
„Alter Junge, bist du so??“
Keine Antwort geben sie,
Sondern machen bloß hihi!

Worauf er, der leise pfiff,
Wiederum das Wort ergriff.

„Dieweil ihr denn gesonnen“ – so spricht er –
„Euch zu verhärten als Bösewichter,
So bin ich gesonnen, euch dahingegen
Allhier mal über das Pult zu legen,
Um solchermaßen mit einigen Streichen
Die harten Gemüter euch zu erweichen.“

Flugs hervor aus seinem Kleide,
Wie den Säbel aus der Scheide,

Zieht er seine harte, gute,
Schlanke, schwanke Haselrute,
Faßt mit kund'ger Hand im Nacken
Paul und Peter bei den Jacken

Und verklopft sie so vereint,
Bis es ihm genügend scheint.

„Nunmehr“ – so sprach er in guter Ruh –
„Meine lieben Knaben, was sagt ihr dazu??

Seid ihr zufrieden und sind wir einig??“
„Jawohl, Herr Bokelmann!“ riefen sie schleunig.

Dies ist Bokelmanns Manier.
Daß sie gut, das sehen wir.
Jeder sagte, jeder fand:

„Paul und Peter sind scharmant!!"
Aber auch für Plisch und Plum
Nahte sich das Studium
Und die nötige Dressur,
Ganz wie Bokelmann verfuhr.

Bald sind beide kunstgeübt,
Daher allgemein beliebt,

Und, wie das mit Recht geschieht,
Auf die Kunst folgt der Profit.

Schluß

Zugereist in diese Gegend,
Noch viel mehr als sehr vermögend,
In der Hand das Perspektiv,
Kam ein Mister namens Pief.
„Warum soll ich nicht beim Gehen“ –
Sprach er – „in die Ferne sehen?
Schön ist es auch anderswo,
Und hier bin ich sowieso“

Hierbei aber stolpert er
In den Teich und sieht nichts mehr.

„Paul und Peter, meine Lieben,
Wo ist denn der Herr geblieben?“

Fragte Fittig, der mit ihnen
Hier spazierengeht im Grünen.

Doch wo der geblieben war,
Wird ihm ohne dieses klar.

Ohne Perspektiv und Hut
Steigt er ruhig aus der Flut.

„Allez, Plisch und Plum, apport!“
Tönte das Kommandowort.

Streng gewöhnt an das Parieren,
Tauchen sie und apportieren
Das Vermißte prompt und schnell.
Mister Pief sprach: „Weriwell!
Diese zwei gefallen mir!

Wollt ihr hundert Mark dafür?“
Drauf erwidert Papa Fittig
Ohne weiters: „Ei, da bitt ich.“

Er fühlt sich wie neugestärkt,
Als er soviel Geld bemerkt.

„Also, Plisch und Plum, ihr beiden,
Lebet wohl, wir müssen scheiden,
Ach, an dieser Stelle hier,
Wo vor einem Jahr wir vier
In so schmerzlich süßer Stunde
Uns vereint zum schönen Bunde;
Lebt vergnügt und ohne Not,
Beefsteak sei euer täglich Brot!“

Schlich, der auch herbeigekommen,
Hat dies alles wahrgenommen.
Fremdes Glück ist ihm zu schwer.
„Recht erfreulich!“ murmelt er –
„Aber leider nicht für mich!!“

Plötzlich fühlt er einen Stich,
Kriegt vor Neid den Seelenkrampf,
Macht geschwind noch etwas Dampf,

Fällt ins Wasser, daß es zischt,

Und der Lebensdocht erlischt. –

Einst belebt von seinem Hauche,
Jetzt mit spärlich mattem Rauche
Glimmt die Pfeife noch so weiter
Und verzehrt die letzten Kräuter.
Noch ein Wölkchen blau und kraus –
Phütt! ist die Geschichte

Balduin Bählamm

der verhinderte Dichter

1883

Erstes Kapitel

Wie wohl ist dem, der dann und wann
Sich etwas Schönes dichten kann!

Der Mensch, durchtrieben und gescheit,
Bemerkte schon seit alter Zeit,
Daß ihm hinieden allerlei
Verdrießlich und zuwider sei.

Die Freude flieht auf allen Wegen;
Der Ärger kommt uns gern entgegen.
Gar mancher schleicht betrübt umher;
Sein Knopfloch ist so öd und leer.

Für manchen hat ein Mädchen Reiz,
Nur bleibt die Liebe seinerseits.
Doch gibt's noch mehr Verdrießlichkeiten.
Zum Beispiel läßt sich nicht bestreiten:

Die Sorge, wie man Nahrung findet,
Ist häufig nicht so unbegründet.
Kommt einer dann und fragt: Wie geht's?
Steht man gewöhnlich oder stets

Gewissermaßen peinlich da,
Indem man spricht: Nun, so lala!
Und nur der Heuchler lacht vergnüglich
Und gibt zur Antwort: Ei, vorzüglich!

Im Durchschnitt ist man kummervoll
Und weiß nicht, was man machen soll. –

Nicht so der Dichter. Kaum mißfällt
Ihm diese altgebackne Welt,
So knetet er aus weicher Kleie
Für sich privatim eine neue

Und zieht als freier Musensohn
In die Poetendimension,
Die fünfte, da die vierte jetzt
Von Geistern ohnehin besetzt.

Hier ist es luftig, duftig, schön,
Hier hat er nichts mehr auszustehn,
Hier aus dem mütterlichen Busen
Der ewig wohlgenährten Musen

Rinnt ihm der Stoff beständig neu
In seine saubre Molkerei
Gleichwie die brave Bauernmutter,
Tagtäglich macht sie frische Butter.

Des Abends spät, des Morgens frühe
Zupft sie am Hinterleib der Kühe
Mit kunstgeübten Handgelenken
Und trägt, was kommt, zu kühlen Schränken,

Wo bald ihr Finger, leicht gekrümmt,
Den fetten Rahm, der oben schwimmt,
Beiseite schöpft und so in Masse
Vereint im hohen Butterfasse.

Jetzt mit durchlöchertem Pistille
Bedrängt sie die geschmeid'ge Fülle
Es kullert, bullert, quietscht und quatscht,
Wird auf und nieder durchgematscht,

Bis das geplagte Element
Vor Angst in dück und dünn sich trennt.
Dies ist der Augenblick der Wonne.
Sie hebt das Dicke aus der Tonne,

Legt's in die Mulde, flach von Holz,
Durchknetet es und drückt und rollt's,
Und sieh, in frohen Händen hält se
Die wohlgeratne Butterwälze.

So auch der Dichter. – Stillbeglückt
Hat er sich was zurechtgedrückt
Und fühlt sich nun in jeder Richtung
Befriedigt durch die eigne Dichtung.

Doch guter Menschen Hauptbestreben
Ist, andern auch was abzugeben.
Der Dichter, dem sein Fabrikat
So viel Genuß bereitet hat,

Er sehnt sich sehr, er kann nicht ruhn,
Auch andern damit wohlzutun;
Und muß er sich auch recht bemühn,
Er sucht sich wen und findet ihn;

Und sträubt sich der vor solchen Freuden,
Er kann sein Glück nicht mal vermeiden.
Am Mittelknopfe seiner Weste
Hält ihn der Dichter dringend feste,

Führt ihn beiseit zum guten Zwecke
In eine lauschig stille Ecke,
Und schon erfolgt der Griff, der rasche,
Links in die warme Busentasche,

Und rauschend öffnen sich die Spalten
Des Manuskripts, die viel enthalten.
Die Lippe sprüht, das Auge leuchtet,
Des Lauschers Bart wird angefeuchtet,

Denn nah und warm, wie sanftes Flöten,
Ertönt die Stimme des Poeten. –
Vortrefflich! ruft des Dichters Freund;
Dasselbe, was der Dichter meint;

Und was er sicher weiß zu glauben
Darf sich doch jeder wohl erlauben.
Wie schön, wenn dann, was er erdacht,
Empfunden und zurechtgemacht,

Wenn seines Geistes Kunstprodukt,
In Morgenblättchen abgedruckt,
Vom treuen Kolporteur geleitet,
Sich durch die ganze Stadt verbreitet.

Das Wasser kocht. – In jedem Hause,
Hervor aus stiller Schlummerklause,
Eilt neugestärkt und neugereinigt,
Froh grüßend, weil aufs neu vereinigt,

Hausvater, Mutter, Jüngling, Mädchen
Zum Frühkaffee mit frischen Brötchen.
Sie alle bitten nach der Reihe
Das Morgenblatt sich aus, das neue

Und jeder stutzt und jeder spricht:
Was für ein reizendes Gedicht!
Durch die Lorgnetten, durch die Brillen,
Durch weit geöffnete Pupillen,

Erst in den Kopf, dann in das Herz,
Dann kreuz und quer und niederwärts
Fließt's und durchweicht das ganze Wesen
Von allen denen, die es lesen.

Nun lebt in Leib und Seel der Leute,
Umschlossen vom Bezirk der Häute
Und andern warmen Kleidungsstücken,
Der Dichter fort, um zu beglücken,

Bis daß er schließlich abgenützt,
Verklungen oder ausgeschwitzt.
Ein schönes Los! Indessen doch
Das allerschönste blüht ihm noch.

Denn Laura, seine süße Qual,
Sein Himmelstraum, sein Ideal,
Die glühend ihm entgegenfliegt,
Besiegt in seinen Armen liegt,

Sie flüstert schmachtend inniglich:
„Göttlicher Mensch, ich schätze dich!
Und daß du so mein Herz gewannst,
Macht bloß, weil du so dichten kannst!!"

Oh, wie beglückt ist doch ein Mann,
Wenn er Gedichte machen kann!

Zweites Kapitel

Ein guter Mensch, der Bählamm hieß
Und Schreiber war, durchschaute dies.

Nicht, daß es ihm an Nahrung fehlt.
Er hat ein Amt, er ist vermählt.
Und nicht bloß dieses ist und hat er;
Er ist bereits auch viermal Vater.
Und dennoch zwingt ihn tiefes Sehnen,
Sein Glück noch weiter auszudehnen.

Er möchte dichten, möchte singen,
Er möchte was zuwege bringen
Zur Freude sich und jedermannes;
Er fühlt, er muß und also kann es.

Die Muße froh, im Paletot,
Verläßt er abends sein Büro.

Er eilt zum Park, um hier im Freien
Den holden Musen sich zu weihen.

Natürlich einer, der wie er
Gefühlvoll und gedankenschwer,
Mag sich an weihevollen Plätzen
Beim Dichten gern auch niedersetzen.

Doch schon besetzt ist jeder Platz
Von Leuten mit und ohne Schatz.

Da lenkt er doch die Schritte lieber
Zum Keller, der nicht fern, hinüber.

Er wählt sich unter vielen Bänken
Die Bank, die angenehm zum Denken.

Zwar erst verwirrte seinen Sinn
Das Nahgefühl der Kellnerin;

Doch führt ihn bald ein tiefer Zug
Zu höherem Gedankenflug.
Schon brennt der Kopf, schon glüht der Sitz,
Schon sprüht ein heller Geistesblitz;

Schon will der Griffel ihn notieren;
Allein es ist nicht auszuführen,

Der Hut als Dämpfer der Ekstase,
Sinkt plötzlich tief auf Ohr und Nase.

Ein Freund, der viel Humor besaß,
Macht sich von hinten diesen Spaß.

Empört geht Bählamm fort nach Haus.
Der Freund trinkt seinen Maßkrug aus.

Zu Hause hängt er Hut und Rock
An den gewohnten Kleiderstock

Und schmückt in seinem Kabinett
Mit Joppe sich und Samtbarett,
Die, wie die Dichtung Vers und Reim,
Den Dichter zieren, der daheim.

Scharfsinnend geht er hin und wider,
Bald schaut er auf, bald schaut er nieder

Jetzt steht er still und ruft: „Aha!"
Denn schon ist ein Gedanke da.

Schnell tritt Frau Bählamm in die Tür,
Sie hält in Händen ein Papier.

Sie ruft: „Geliebter Balduin!
Du mußt wohl mal den Beutel ziehn.
Siehst du die Rechnung breit und lang?
Der Schuster wartet auf dem Gang.“

Besonders tief und voll Empörung
Fühlt man die pekuniäre Störung.

’s ist abgetan. – Das Haupt gesenkt,
Steht er schon wieder da und denkt.
Begeistert blickt er in die Höh:
„Willkommen, herrliche Idee!“

Auf springt die Tür. – An Bein und Arm

Geräuschvoll hängt der Kinderschwarm. –
„Ho!" – ruft der Franzel – „Kinder hört!
Jetzt spielen wir mal Droschkenpferd!
Papa ist Gaul und Kutscher ich."
„Ja!" – ruft die Gustel – „fahre mich!"
„Ich" – ruft der Fritz– „will hinten auf!
Hopp, hopp, du altes Pferdchen, lauf!"

„Hüh!" – ruft der kleine Balduin –
„Will er nicht ziehn, so hau ich ihn!" –

Wer kann bei so bewandten Dingen
Ein Dichterwerk zustande bringen? –

Nun meint man freilich, sei die Nacht,
Um nachzudenken, wie gemacht.
Doch oh! wie sehr kann man sich täuschen!
Es fehlt auch ihr nicht an Geräuschen.

Der Papa hat sich ausgestreckt,
Gewissenhaft sich zugedeckt!
Warm wird der Fuß, der Kopf denkt nach;
Da geht es: Bäh! – vielleicht nur schwach.

Doch dieses Bäh erweckt ein zweites,
Dann bäh aus jeder Kehle schreit es.

Aus Mamas Mund ein scharfes Zischen,
Bedrohlich schwellend, tönt dazwischen,
Und Papas Baß, der grad noch fehlte,
Verstärkt zuletzt das Tongemälde.

Wie peinlich dies, ach, das ermißt
Nur der, der selber Vater ist.

Drittes Kapitel

Ein großer Geist, wie Bählamm seiner,
Ist nicht so ratlos wie ein kleiner.
Er sieht, ihm mangelt bloß im Grunde
Der stille Ort, die stille Stunde,
Um das, was nötig ist zum Dichten,
Gemächlich einsam zu verrichten;
Und allsogleich spricht der Verstand:
Verlaß die Stadt und geh aufs Land!
Wo Biederkeit noch nicht veraltet,
Wo Ruhe herrscht und Friede waltet! –

Leicht reisefertig ist zumeist
Ein Mensch, wenn er als Dichter reist.

Die kleine Tasche, buntgestickt,
Ist schnell gefüllt und zugedrückt.
Ein Hut von Stroh als Sommerzier,
Ein Dichterkragen von Papier,
Das himmelblaue Flattertuch,
Der Feldstuhl, das Notizenbuch,
Ein Bleistift Nr. 4 und endlich
Das Paraplü sind selbstverständlich.

Zum Bahnhof führt ihn die Familie.

Hier spricht er: „Lebe wohl, Cäcilie!
Ich bring euch auch was Schönes mit!“
Dann schwingt er sich mit leichtem Schritt,
Damit er nicht die Zeit verpasse,
In die bekannte Dichterklasse.
Der Pfiff ertönt, die Glocke schlug.

Fort schlängelt sich der Bummelzug.

Vorüber schnell und schneller tanzen,
Durch Draht verknüpft zu einem Ganzen,
Die schwesterlich verwandten, langen,
Zahlreichen Telegraphenstangen.
Der Wald, die Wiesen, das Gefilde
Als unstet wirbelnde Gebilde,
Sind lästig den verwirrten Sinnen.
Gern richtet sich der Blick nach innen.
Ein leichtes Rütteln, sanftes Schwanken
Erweckt und sammelt die Gedanken.
Manch Bild, was sich versteckt vielleicht,
Wird angeregt und aufgescheucht.

Bald fühlt auch Bählamm süßbeklommen
Die herrlichsten Gedanken kommen. –

Ein langer Pfiff. – Da hält er schon
Auf der ersehnten Bahnstation. –

Ein wohlgenährter Passagier

In Nagelschuhen wartet hier.

Er zwängt sich hastig ins Coupé.

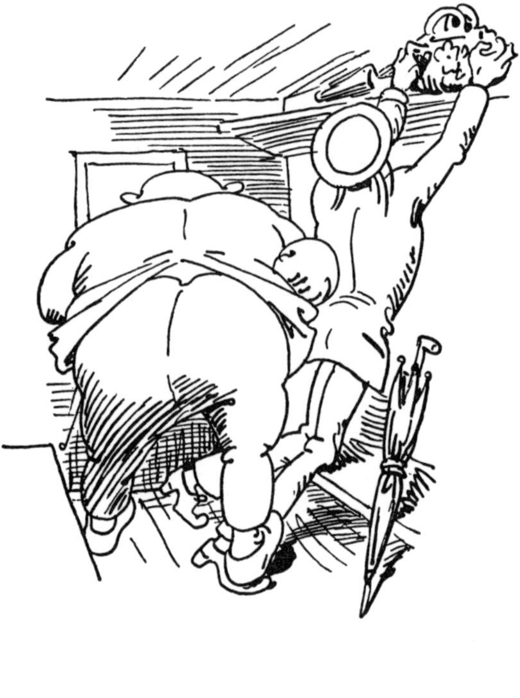

Pardon! – Er tritt auf Bählamms Zeh. –

Des Lebens Freuden sind vergänglich;
Das Hühnerauge bleibt empfänglich.

Wie dies sich äußert, ist bekannt.

Krumm wird das Bein und krumm die Hand;
Die Augenlöcher schließen sich,
Das linke ganz absonderlich;
Dagegen öffnet sich der Mund,
Als wollt' er flöten, spitz und rund.

Zwar hilft so eine Angstgebärde
Nicht viel zur Lindrung der Beschwerde;
Doch ist sie nötig jederzeit
Zu des Beschauers Heiterkeit.

Viertes Kapitel

Wie lieb erscheint, wie freundlich winkt
Dem Dichter, der noch etwas hinkt,

Des Dörfleins anspruchsloses Bild,
In schlichten Sommerstaub gehüllt.

Hier reitet Jörg, der kleine Knabe,
Auf seinem langen Hakenstabe,

Die Hahnenfeder auf der Mütze,
Kindlich naiv durch eine Pfütze.

Dort mit dem kurzen Schmurgelpfeifchen
Auf seinem trauten Düngerhäufchen
Steht Krischan Bopp und füllt die Luft
Mit seines Krautes Schmeichelduft.

Er blickt nach Rike Mistelfink,
Ein Mädel sauber, stramm und flink.
Sie reinigt grad den Ziegenstall;
Und Friede waltet überall.

Sofort im ländlichen Logis
Geht Bählamm an die Poesie.
Er schwelgt im Sonnenuntergang,

Er lauscht dem Herdenglockenklang,
Und ahnungsfroh empfindet er's:
Glück auf! Jetzt kommt der erste Vers!

Klirrbatsch! – da liegt der Blumentopf.
Es zeigt sich ein gehörnter Kopf,
Das Maulwerk auf, die Augen zu,
Und plärrt posaunenhaft: Ramuh!!

Erschüttert gehen Vers und Reime
Mitsamt dem Kunstwerk aus dem Leime.
Das tut die Macht der rauhen Töne.
Die Sängerin verläßt die Szene.

Fünftes Kapitel

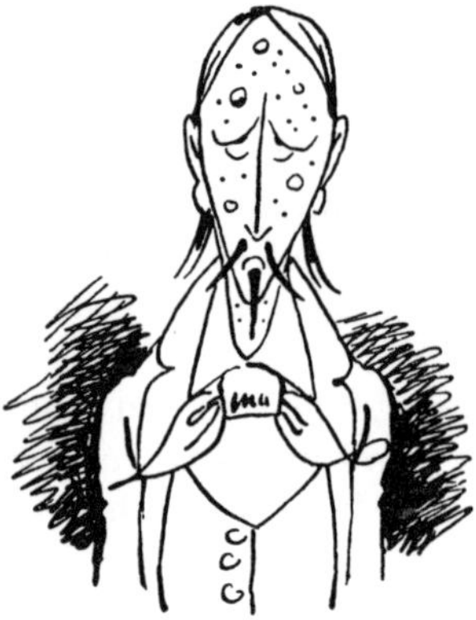

Die Nacht verstrich. Der Morgen schummert.
Hat unser Bählamm süß geschlummert?
Kennst du das Tierlein leicht beschwingt,
Was, um die Nase schwebend, singt?
Kennst du die andern, die nicht fliegen,
Die leicht zu Fuß und schwer zu kriegen?
Betrachte Bählamm sein Gesicht,
Du weißt Bescheid, drum frage nicht.

Hier auf dem Dreifuß unterm Flieder
Sitzt er bereits und dichtet wieder.

Der Knabe Jörg, in froher Laune,
Bemerkt ihn durch ein Loch im Zaune,

Er zieht die Nadel aus der Mütze,
Durchbohrt damit die Hakenspitze,

Und hat verschmitzt auch schon begonnen
Den kleinen Scherz, den er ersonnen.

Der Dichter greift sich ins Genicke.
Mal wieder, denkt er, eine Mücke.

Er nimmt die Hand in Augenschein.
Es mußte doch wohl keine sein.

Kaum hat er dies als wahr befunden,
So kommt ein Stich direkt von unten.

Um diese Gegend zu beschützen,
Kann man das Sacktuch auch benützen.

Insoweit wäre alles gut.
O weh! Wohin entschwebt der Hut?

„Ein leichtes Kräusellüftchen!“ rief er,
Holt seinen Hut und setzt ihn tiefer.
Ganz arglos will er sich soeben
Zurück auf seinen Sitz begeben.
Doch die gewohnte Stütze mangelt.

Der Dreifuß wird hinweggeangelt.
Anstatt in den bequemen Sessel,
Setzt er sich in die scharfe Nessel.

Und hell durchblitzt ihn der Gedanke:
Es sitzt wer hinter dieser Planke!

Sehr gut in solchen Fällen ist
Bedachtsamkeit, gepaart mit List.

Verlockend und zugleich gespannt
Setzt er sich wieder vor die Wand.

Aha! Und jetzt wird zugefaßt,
Und trefflich hat er's abgepaßt;

Denn grad im Zentrum bohrte sich
Durch seine Hand der Nadelstich.

Natürlich macht ihn das nervos.
Der Jörg entfernt sich sorgenlos.

Sechstes Kapitel

In freier Luft, in frischem Grün,
Da, wo die bunten Blumen blühn,
In Wiesen, Wäldern, auf der Heide,
Entfernt von jedem Wohngebäude,
Auf rein botanischem Gebiet
Weilt jeder gern, der voll Gemüt.

Hier legt sich Bählamm auf den Rücken
Und fühlt es tief und mit Entzücken,
Nachdem er Bein und Blick erhoben:
Groß ist die Welt, besonders oben!

Wie klein dagegen und beschränkt
Zeigt sich der Ohrwurm, wenn er denkt.

Engherzig schleicht er durch das Moos,
Beseelt von dem Gedanken bloß,
Wo's dunkel sei und eng und hohl,
Denn da nur ist ihm pudelwohl.

Grad wie er wünscht und sehr gelegen
Blinkt ihm des Dichters Ohr entgegen.

In diesen wohlerwärmten Räumen,
So denkt er, kann ich selig träumen.

Doch wenn er glaubt, daß ihm hienieden
Noch weitre Wirksamkeit beschieden,
So irrt er sich. – Ein Winkelzug
Von Bählamms Bein, der fest genug,

Zerstört die Form, d. h. so ziemlich,
Die diesem Wurme eigentümlich,
Und seinem Dasein als Subjekt
Ist vorderhand ein Ziel gesteckt.

Sogleich und mit gewisser Schnelle
Vertauscht der Dichter diese Stelle
Für eine andre, mehr erhöht,
Allwo ein Bäumlein winkend steht.

Ein Vöglein zwitschert in den Zweigen;
Dem Dichter wird so schwül und eigen.
Die Stirn umsäuseln laue Lüfte;
Es zuckt der Geist im Faberstifte.

Pitschkleck! – Ein Fleck. Ein jäher Schreck. –
Erleichtert fliegt das Vöglein weg.

Indessen auch der andre Sänger
Verweilt an diesem Ort nicht länger.

Den Himmel, der noch eben blau,
Umwölkt ein ahnungsvolles Grau.

Vor Regen schützt die Scheidewand
Des Schirmes, wenn er aufgespannt.

Verquer durch Regen und Gestrüppe
Kommt Krischan mit der scharfen Hippe.
Vom Regen ist sein Blick umflort,

Und richtig wird der Schirm durchbohrt.

Betrübend ist und wenig nütze
Das Parapluie mit einem Schlitze;

Doch ist noch Glück bei jedem Hieb,
Wobei der Kopf heroben blieb.
Auch braucht man, läßt der Regen nach,
Ja sowieso kein Regendach.

Und hier, begleitet von der Ziege,
Kommt Rike über eine Stiege;

Und Bählamm, wie die Dichter sind,
Will diesem anmutsvollen Kind

Als Huldigung mit Scherz und Necken
Ein Sträußlein an den Busen stecken.

Ein Prall – ein Schall – dicht am Gesicht –

Verloren ist das Gleichgewicht.

So töricht ist der Mensch. – Er stutzt,
Schaut dämisch drein und ist verdutzt,

Anstatt sich erst mal solche Sachen
In aller Ruhe klarzumachen. –

Hier strotzt die Backe voller Saft;
Da hängt die Hand, gefüllt mit Kraft.
Die Kraft, infolge von Erregung,
Verwandelt sich in Schwungbewegung.
Bewegung, die in schnellem Blitze
Zur Backe eilt, wird hier zur Hitze.
Die Hitze aber, durch Entzündung
Der Nerven, brennt als Schmerzempfindung
Bis in den tiefsten Seelenkern,
Und dies Gefühl hat keiner gern.

Ohrfeige heißt man diese Handlung,
Der Forscher nennt es Kraftverwandlung.

Siebentes Kapitel

Der Mond. Dies Wort so ahnungsreich,
So treffend, weil es rund und weich –
Wer wäre wohl so kaltbedächtig,
So herzlos und so niederträchtig,
Daß es ihm nicht, wenn er es liest,
Sanftschauernd durch die Seele fließt?

Das Dörflein ruht im Mondenschimmer,
Die Bauern schnarchen fest wie immer;
Es ruh'n die Ochsen und die Stuten
Und nur der Wächter muß noch tuten,
Weil ihn sein Amt dazu verpflichtet,

Der Dichter aber schwärmt und dichtet.

Was ist da drüben für ein Wink?
Ist das nicht Rike Mistelfink?

Ja, wie es scheint, hat sie bereut
Die rücksichtslose Sprödigkeit.
Der Dichter fühlt sein Herz erweichen
Er folgt dem liebevollen Zeichen.

Er drängt sich, nicht ganz ohne Qual,
In ein beschränktes Stallokal.

Mit einem Mäh! (mit einem langen)

Sieht er sich unverhofft empfangen.
Doch nur ein kurzes Meck begleitet

Den Seitenstich, der Schmerz bereitet.

Ein Stoß grad in die Magengegend

Ist aber auch sehr schmerzerregend.

Daß selbst ein Korb in solcher Lage
Erwünscht erscheint, ist keine Frage.

Bedeckung findet sich gar leicht;
Es fragt sich nur, wie weit sie reicht. –

Und grade kommt die Rike hier,
Der Krischan emsig hinter ihr;

Sie mit vergnügtem Mienenspiel,
Er mit dem langen Besenstiel.

Er schiebt ihn durch des Korbes Henkel
Und zwischen Bähلamm seine Schenkel.

Nachdem er sicher eingesackt,
Wird er gelupft und aufgepackt.

Er strampelt sehr, denn schwer im Sinn
Liegt ihm die Frage: „Ach, wohin?

Ein Wasser, mondbeglänzt und kühl,
Ist das erstrebte Reiseziel,

Und angelangt bei diesem Punkt
Wird fleißig auf und ab getunkt;

Worauf, nachdem der Korb geleert,
das Liebespaar nach Hause kehrt.

Achtes Kapitel

Es tut nicht gut, wenn man im Bad,
Und nur die Füße draußen hat. –

Auch Bählamm hat's nicht wohlgetan.
Es zog ihm in den Backenzahn. –

Das Zahnweh, subjektiv genommen,
Ist ohne Zweifel unwillkommen;
Doch hat's die gute Eigenschaft,
Daß sich dabei die Lebenskraft,
Die man nach außen oft verschwendet,
Auf einen Punkt nach innen wendet
Und hier energisch konzentriert.
Kaum wird der erste Stich verspürt,
Kaum fühlt man das bekannte Bohren,
Das Rucken, Zucken und Rumoren –
Und aus ist's mit der Weltgeschichte,

Vergessen sind die Kursberichte,
Die Steuern und das Einmaleins.
Kurz, jede Form gewohnten Seins,
Die sonst real erscheint und wichtig,
Wird plötzlich wesenlos und nichtig.
Ja, selbst die alte Liebe rostet –
Man weiß nicht, was die Butter kostet –
Denn einzig in der engen Höhle
Des Backenzahnes weilt die Seele,
Und unter Toben und Gesaus
Reift der Entschluß: Er muß heraus!! –

Noch eh' der neue Tag erschien,
War Bählamm auch so weit gediehn.

Er steht und läutet äußerst schnelle
An Doktor Schmurzel seiner Schelle.

Der Doktor wird von diesem Lärme
Emporgeschreckt aus seiner Wärme.

Indessen kränkt ihn das nicht weiter;
Ein Unglück stimmt ihn immer heiter.

Er ruft: „Seid mir gegrüßt, mein Lieber!

Lehnt Euch gefälligst hintenüber!
Gleich kennen wir den Fall genauer!“

(Der Finger schmeckt ein wenig sauer.)

„Nun stützt das Haupt auf diese Lehne

Und denkt derweil an alles Schöne!

Holupp!!
Wie ist es? Habt Ihr nichts gespürt?“
„Ich glaub, es hat sich was gerührt!“

„Da dies der Fall, so gratulier ich!
Die Sache ist nicht weiter schwierig!

Hol – – – upp!!!“
Vergebens ist die Kraftentfaltung;
Der Zahn verharrt in seiner Haltung.

„Hab's mir gedacht!" sprach Doktor Schmurzel,

„Das Hindernis liegt in der Wurzel.
Ich bitte bloß um drei Mark zehn!

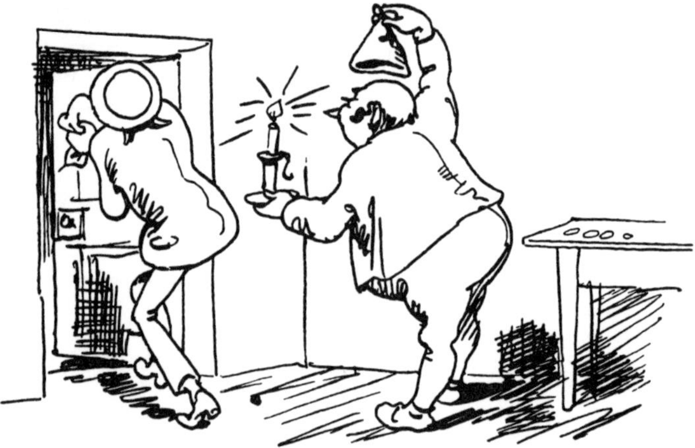

Recht gute Nacht! Auf Wiedersehn!"

Neuntes Kapitel

Dem hohen lyrischen Poeten
Ist tiefer Schmerz gewiß vonnöten;
Doch schwerlich, ach, befördert je
Das ganz gewöhnliche Wehweh,
Wie Bählamm seines zum Exempel,
Den Dichter in den Ruhmestempel.
Die Backe schwillt. – Die Träne quillt.
Ein Tuch umrahmt das Jammerbild.

Verhaßt ist ihm die Ländlichkeit
Mit Riken ihrer Schändlichkeit,
Mit Doktor Schmurzels Chirurgie,
Mit Bäumen, Kräutern, Mensch und Vieh,
Und schmerzlich dringend mahnt die Backe:
Oh, kehre heim! Doch vorher packe! –

Gern möcht er still von dannen scheiden,
Gern jede Ovation vermeiden,
Allein ihm bleibt bei seiner Fahrt
Ein Lebewohl nicht ganz erspart.

Meckmeck! so schallt's aus jener Ecke;
Meckmeck! ruft einer durch die Hecke,

Meckmeck! so schmettert's in der Näh,
Und Rikens Ziege macht mähhäh! –

Da wundert sich wohl mancher sehr,
Wie's möglich sei, daß ein Malheur
So schleunige Verbreitung finde.
Der Weise schweigt. Er kennt die Gründe. –

Als Bählamm sein Coupé erreicht,
Wird ihm verhältnismäßig leicht.

'ne Frau, 'n Kind und eine Tasche,
Worin die Gummistöpselflasche,
Sind unsers Reisenden Begleiter.
Der Säugling zeigt sich äußerst heiter.
Er strebt und webt mit Händ und Füßen,
Er läßt sein Mäulchen überfließen;
Er ist so süß, daß fast mit Recht
Ein Junggesell ihn küssen möcht.

O weh! die Fröhlichkeit entweicht.
Wohlmeinend wird ihm dargereicht
Das Glas, woraus er sich ernährt;

Er lehnt es ab; er ist empört;
Und penetrant, gleich der Trompete,
Klagt er in Tönen seine Nöte. –
Die Mutter seufzt. Der Trank ist kalt.
Wohl uns! Hier hat man Aufenthalt.

„Ach!“ – bat sie – „halten S’ ihn mal eben,
Ich muß ihm etwas Warmes geben!“

Sie eilt hinaus ins Restaurant.
Der Zug hält drei Minuten lang.

Einsteigen! Fertig! – Pfüt! – Und los!
Mit seinem Säugling auf dem Schoß,
Mit dicker Backe, wehem Zahn,
Rollt er dahin per Eisenbahn
Der Heimat zu und trifft um neun
Präzise auf dem Bahnhof ein. –
Der Säugling, des Gesanges müde,
Ruht aus von seinem Klageliede,
Umhüllt mit einer warmen Windel,
Auf Bählamms Arm als stilles Bündel.
Trotzdem hat Bählamm das Bestreben,
Ihn möglichst baldig abzugeben.

Der Schaffner, ohne Mitgefühl,
Bedankt sich höflich, aber kühl.

Desgleichen auch der Bahnverwalter;

Desgleichen auch der Mann am Schalter.

So muß er sich denn wohl bequemen,
Sein Bündel mit nach Haus zu nehmen.

„Der Papa kommt!“ so rufen hier
Die frohen Kinder alle vier.

„Und“ – sprach die Mutter – „gebt mal acht!
Er hat was Schönes mitgebracht!“

Jedoch bei näherer Belehrung,
Wie wenig schätzt sie die Bescherung.

„Oh“ ruft sie – „Aber Balduin!“
Dann wird's ihr vor den Augen grün.

Zum Glück in diesem Ungemach
Kommt bald des Knaben Mutter nach.

Zwar ist die Flasche kalt wie nie,
Doch weil's pressiert, so nimmt er sie. –
Der Abschied war nicht sehr beschwerlich,
Was auch bei Bählamm sehr erklärlich;

Denn gerne gibt man aus der Hand
Den Säugling, der nicht stammverwandt.

Schluß

Sofort legt Bählamm sich zur Ruh.
Die Hand der Gattin deckt ihn zu.
Der Backe Schwulst verdünnert sich;
Sanft naht der Schlaf, der Schmerz entwich,

Und vor dem innern Seelenraum
Erscheint ein lockend süßer Traum. –

Ihm war als ob, ihm war als wie,
So unaussprechlich wohl wie nie. –
Hernieder durch das Dachgebälke,
Auf rosenrotem Duftgewölke,
Schwebt eine reizend wundersame
In Weiß gehüllte Flügeldame,
Die winkt und lächelt wie zum Zeichen,
Als sollt' er ihr die Hände reichen;
Und selbstverständlich wunderbar
Erwächst auch ihm ein Flügelpaar;

Und selig will er sich erheben,
Um mit der Dame fortzuschweben.

Doch ach! Wie schaudert er zusammen!
Denn wie mit tausend Kilogrammen

Hängt es sich plötzlich an die Glieder,
Hemmt das entfaltete Gefieder
Und hindert, daß er weiterfliege.
Hohnlächelnd meckert eine Ziege.
Die himmlische Gestalt verschwindet,
Und nur das eine ist begründet,
Frau Bählamm ruft, als er erwacht:

„Heraus, mein Schatz! Es ist schon acht!“

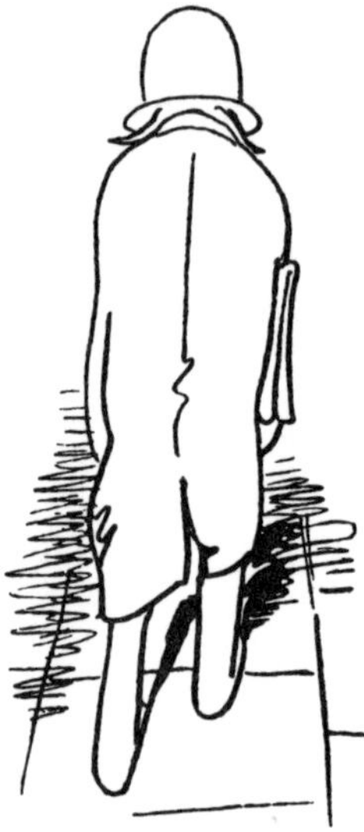

Um neune wandelt Bählamm so
Wie ehedem auf sein Büro. –
So steht zum Schluß am rechten Platz
Der unumstößlich wahre Satz:
Die Schwierigkeit ist immer klein,
Man muß nur nicht verhindert sein.

Maler Klecksel

1884

Erstes Kapitel

Das Reden tut dem Menschen gut,
Wenn man es nämlich selber tut;
Von Angstprodukten abgesehn,
Denn so etwas bekommt nicht schön.

Die Segelflotte der Gedanken,
Wie fröhlich fährt sie durch die Schranken
Der aufgesperrten Mundesschleuse
Bei gutem Winde auf die Reise
Und steuert auf des Schalles Wellen
Nach den bekannten offnen Stellen
Am Kopfe, in des Ohres Hafen
Die Menschen, die mitunter schlafen.

Vor allen der Politikus
Gönnt sich der Rede Vollgenuß;
Und wenn er von was sagt, so sei's,
Ist man auch sicher, daß er's weiß.

Doch andern, darin mehr zurück,
Fehlt dieser unfehlbare Blick.
Sie lockt das zartere Gemüt
Ins anmutreiche Kunstgebiet,
Wo grade, wenn man nichts versteht,

Der Schnabel um so leichter geht.
Fern liegt es mir, den Freund zu rügen,
Dem Tee zu kriegen ein Vergnügen
Und im Salon mit geistverwandten
Ästhetisch durchgeglühten Tanten
Durch Reden bald und bald durch Lauschen
Die Seelen säuselnd auszutauschen.

Auch tadl' ich keinen, wenn's ihn gibt,
Der diese Seligkeit nicht liebt,
Der keinen Tee mag, selbst von Engeln,
Dem's da erst wohl, wo Menschen drängeln.
Ihn fährt die Droschke, zieht das Herz
Zu schönen Opern und Konzerts,
Die auch im Grund, was nicht zu leugnen,
Zum Zwiegespräch sich trefflich eignen.
Man sitzt gesellig unter vielen
So innig nah auf Polsterstühlen,
Man ist so voll humaner Wärme;
Doch ewig stört uns das Gelärme,
Das Grunzen, Plärren und Gegirre
Der musikalischen Geschirre,
Die eine Schar im schwarzen Fracke
Mit krummen Fingern, voller Backe,
Von Meister Zappelmann gehetzt,
Hartnäckig in Bewegung setzt.
So kommt die rechte Unterhaltung
Nur ungenügend zur Entfaltung.

Ich bin daher, statt des Gewinsels,
Mehr für die stille Welt des Pinsels;
Und, was auch einer sagen mag,
Genußreich ist der Nachmittag,
Den ich inmitten schöner Dinge
Im lieben Kunstverein verbringe;
Natürlich meistenteils mit Damen.
Hier ist das Reich der goldnen Rahmen,
Hier herrschen Schönheit und Geschmack,
Hier riecht es angenehm nach Lack;

Hier gibt die Wand sich keine Blöße,
Denn Prachtgemälde jeder Größe
Bekleiden sie und warten ruhig,
Bis man sie würdigt, und das tu ich.
Mit scharfem Blick, nach Kennerweise,
Seh ich zunächst mal nach dem Preise,
Und bei genauerer Betrachtung
Steigt mit dem Preise auch die Achtung.
Ich blicke durch die hohle Hand,
Ich blinzle, nicke: „Ah, scharmant!
Das Kolorit, die Pinselführung,
Die Farbentöne, die Gruppierung,
Dies Lüster, diese Harmonie,
Ein Meisterwerk der Phantasie.
Ach, bitte, sehn Sie nur, Komteß!“
Und die Komteß, sich unterdeß
Im duftigen Batiste schneuzend,
Erwidert schwärmerisch: “Oh, wie reizend!“

Und wahrlich! Preis und Dank gebührt
Der Kunst, die diese Welt verziert.

Der Architekt ist hochverehrlich,
(Obschon die Kosten oft beschwerlich),
Weil er uns unsre Erdenkruste,
Die alte, rauhe und berußte,
Mit saubern Baulichkeiten schmückt,
Mit Türmen und Kasernen spickt.

Der Plastiker, der uns ergötzt,
Weil er die großen Männer setzt,
Grauschwärzlich, grünlich oder weißlich,
Schon darum ist er löb- und preislich,
Daß jeder, der z. B. fremd,
Soeben erst vom Bahnhof kömmt,
In der ihm unbekannten Stadt
Gleich den bekannten Schiller hat.
Doch größern Ruhm wird der verdienen,
Der Farben kauft und malt mit ihnen.

Wer weiß die Hallen und dergleichen
So welthistorisch zu bestreichen?
Al fresco und für ewig fast,
Wenn's mittlerweile nicht verblaßt.

Wer liefert uns die Genresachen,
So rührend oder auch zum Lachen?
Wer schuf die grünen Landschaftsbilder,
Die Wirtshaus- und die Wappenschilder?
Wer hat die Reihe deiner Väter
Seit tausend Jahren oder später
So meisterlich in Öl gesetzt?
Wer wird vor allen hochgeschätzt?
Der Farbenkünstler! Und mit Grund!
Er macht uns diese Welt so bunt.

Darum, o Jüngling, fasse Mut;
Setz auf den hohen Künstlerhut
Und wirf dich auf die Malerei;
Vielleicht verdienst du was dabei.

Nach diesem ermunterungsvollen Vermerke
Fahren wir fort im löblichen Werke.

Zweites Kapitel

Nachdem die Welt so manches Jahr
Im alten Gleis gegangen war,
Erfuhr dieselbe unvermutet,
Daß, als der Wächter zwölf getutet,
Bei Klecksels, wohnhaft Nr. 3,
Ein Knäblein angekommen sei. –
Bald ist's im Kirchenbuch zu lesen;
Denn wer bislang nicht dagewesen,
Wer so als gänzlich Unbekannter,
Nunmehr als neuer Anverwandter,
Ein glücklich Elternpaar besucht,
Wird flugs verzeichnet und gebucht.
Kritzkratz! Als kleiner Weltphilister
Steht Kuno Klecksel im Register. –

Früh zeigt er seine Energie,
Indem er aus dermaßen schrie;
Denn früh belehrt ihn die Erfahrung:
Sobald er schrie, bekam er Nahrung.

Dann lutscht er emsig und behende,
Bis daß die Flüssigkeit zu Ende.

Auch schien's ihm höchst verwundersam,
Wenn jemand mit der Lampe kam.
Er staunt, er glotzt, er schaut verquer,
Folgt der Erscheinung hin und her

Und weidet sich am Lichteffekt.
Man sieht bereits, was in ihm steckt.

Schnell nimmt er zu, wird stark und feist,
An Leib nicht minder, wie an Geist,
Und zeigt bereits als kleiner Knabe

Des Zeichnens ausgeprägte Gabe.
Zunächst mit einem Schieferstiele
Macht er Gesichter im Profile;

Zwei Augen aber fehlen nie,
Denn die, das weiß er, haben sie.
Durch Übung wächst der Menschenkenner.
Bald macht er auch schon ganze Männer
Und zeichnet fleißig, oft und gern
Sich einen wohlbeleibten Herrn.

Und nicht nur, wie er außen war,
Nein, selbst das Innre stellt er dar.

Hier thront der Mann auf seinem Sitze
Und ißt z. B. Hafergrütze.
Der Löffel führt sie in den Mund,
Sie rinnt und rieselt durch den Schlund,
Sie wird, indem sie weiterläuft,
Sichtbar im Bäuchlein angehäuft. –

So blickt man klar, wie selten nur,
Ins innre Walten der Natur. –

Doch ach! wie bald wird uns verhunzt
Die schöne Zeit naiver Kunst;
Wie schnell vom elterlichen Stuhle
Setzt man uns auf die Bank der Schule!

Herr Bötel nannte sich der Lehrer,
Der, seinerseits kein Kunstverehrer,
Mehr auf das Praktische beschränkt,
Dem Kuno seine Studien lenkt.

Einst an dem schwarzen Tafelbrett
Malt Kuno Böteln sein Portrett,

Herr Bötel, der es nicht bestellt,
Auch nicht für sprechend ähnlich hält,

Schleicht sich herzu in Zornerregung;
Und unter heftiger Bewegung
Wird das Gemälde ausgeputzt.

Der Künstler wird als Schwamm benutzt.

Bei Kuno ruft dies Ungemach
Kein Dankgefühl im Busen wach. –

Ein Kirchenschlüssel, von Gestalt
Ehrwürdig, rostig, lang und alt,
Durch Kuno hinten angefeilt,
Wird fest mit Pulver vollgekeilt.
Zu diesem ist er im Besitze
Von einer oft bewährten Spritze;
Und da er einen Schlachter kennt,
Füllt er bei ihm sein Instrument.

Die Nacht ist schwarz, Herr Bötel liest.

Bums! hört er, daß man draußen schießt.

Er denkt: „Was mag da vor sich gehn?

Ich muß mal aus dem Fenster sehn."
Es zischt der Strahl, von Blut gerötet;

Herr Bötel ruft: „Ich bin getötet!"

Mit diesen Worten fällt er nieder
Und streckt die schreckgelähmten Glieder.

Frau Bötel war beim Tellerspülen;
Sie kommt und schreit mit Angstgefühlen:
„Ach, Bötel! lebst du noch, so sprich!"

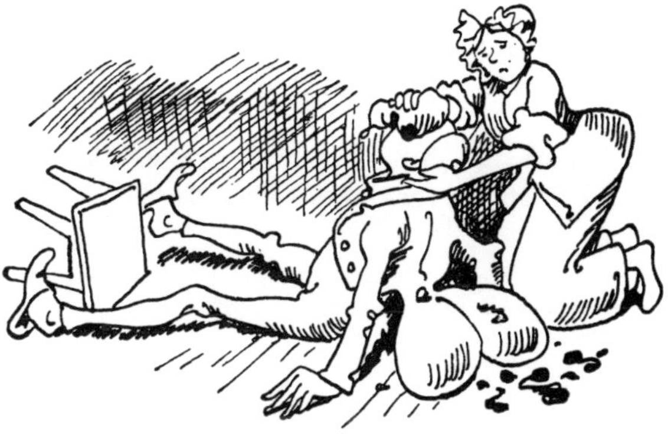

„Kann sein!" – sprach er – „Man wasche mich!"

Bald zeigt sich, wie die Sache steht.
Herr Bötel lebt und ist komplett.
Er ruft entrüstet und betrübt:
„Das hat der Kuno ausgeübt!" –

Wenn wer sich wo als Lump erwiesen,
So bringt man in der Regel diesen
Zum Zweck moralischer Erhebung
In eine andere Umgebung.
Der Ort ist gut, die Lage neu,
Der alte Lump ist auch dabei. –

Nach diesem schon öfters erprobten Vermerke
Fahren wir fort im löblichen Werke.

Drittes Kapitel

Alsbald nach dieser Spritzaffäre
Kommt unser Kuno in die Lehre
Zum braven Malermeister Quast;
Ein Mann, der seine Kunst erfaßt,
Ein Mann, der trefflich tapeziert
Und Ofennischen marmoriert,
Und dem für künstlerische Zwecke
Erreichbar selbst die höchste Decke.

Der Kunstbetrieb hat seine Plagen,
Viel Töpfe muß der Kuno tragen.

Doch gerne trägt er einen Kasten
Mit Vesperbrot für sich und Quasten.

Es fiel ihm auf, daß jeder Hund
Bei diesem Kasten stille stund.

„Ei!“ – denkt er – „das ist ja famos!“

Und macht den Deckel etwas los.

Ein Teckel, der den Deckel lupft,
Wird eingeklemmt und angetupft,

So daß er buntgefleckt ward,
Fast wie ein junger Leopard.

Ein Windspiel, das des Weges läuft
Und naschen will, wird quer gestreift;

Es ist dem Zebra ähnlich,
Nur schlanker, als wie dies gewöhnlich.

Ein kleiner Bulldogg, der als dritter
Der Meinung ist, daß Wurst nicht bitter,

Wird reizend grün und gelb kariert,
Wie's einem Inglischmän gebührt.

Ungern bemerkt dies Meister Quast.
Ihm ist die Narretei verhaßt!

Er liebte keine Zeitverschwendung
Und falsche Farbestoffverwendung.
Er schwieg. Doch als die Stunde kam,
Wo man die Vespermahlzeit nahm,
Da sprach er mild und guten Mutes:

„Ein guter Mensch kriegt auch was Gutes!“

Er schnitt vom Brot sich einen Fladen.
Der Kuno wird nicht eingeladen.

Er greift zur Wurst. Er löst die Haut.
Der Kuno steht dabei und schaut.

Die Wurst verschwindet allgemach.
Der Kuno blickt ihr schmachtend nach. –

Die Wurst verschwand bis auf die Schläue.
Der Kuno weint der Tränen zweie.

Doch Meister Quast reibt frohbedächtig
Den Leib und spricht: „Das schmeckte prächtig!
Heut abend laß ich nichts mehr kochen!" –

Er hält getreu, was er versprochen;
Geht ein durch seine Kammerpforte
Und spricht gemütlich noch die Worte:

„Sei mir willkommen, süßer Schlaf!
Ich bin zufrieden, weil ich brav!"

Der Kuno denkt noch nicht zu ruhn.
Er hat was Wichtiges zu tun.

Zunächst vor jeder andern Tat
Legt er sein Ränzel sich parat.
Sodann erbaut er auf der Diele
Aus Töpfen, Gläsern und Gestühle
Ein Werk im Stil der Pyramiden
Zum Denkmal, daß er abgeschieden.
Apart jedoch von der Verwirrnis
Stellt er den Topf, gefüllt mit Firnis.

Zuletzt ergreift er, wie zur Wehre,
Die mächtige Tapetenschere.

Quasts Deckbett ist nach altem Brauch
Ein stramm gestopfter Federschlauch.

Mit einem langen, leisen Schnitte
Schlitzt es der Kuno in der Mitte.

Rasch leert er jetzt den Firnistopf
Auf Quastens ahnungslosen Kopf.

Quast fährt empor voll Schreck und Staunen,
Greift, schlägt und tobt und wird voll Daunen.

Er springt hinaus in großer Hast,
Von Ansehn wie ein Vogel fast,

Und stößt mit schrecklichem Rumbum
Die neuste Pyramide um.

Froh schlägt das Herz im Reisekittel,
Vorausgesetzt, man hat die Mittel.

Nach diesem ahnungsvollen Vermerke
Fahren wir fort im löblichen Werke.

Viertes Kapitel

Recht gern empfängt die Musenstadt
Den Fremdling, welcher etwas hat. –
Kuno ist da. – Gedankentief
Verfaßt derselbe diesen Brief:
„Geehrter Herr Vater! Bei Meister Quast
Hat es mir leider nicht recht gepaßt.
Seit vorigen Freitag bin ich allhie,
Um zu besuchen die Akademie.
Geld hab' ich bereits schon gar nicht mehr.
Um solches, o Vater, ersuch' ich Euch sehr.
Logieren tu' ich auf hartem Gestrüppe.
Euer Sohn, das Hunger- und Angstgerippe."

Der Vater, kratzend hinterm Ohr,
Sucht hundert Gulden bang hervor.
Eindringlich warnt er vor Verschwendung,
Macht er dem Sohn die schwere Sendung.

Jetzt hat der Kuno Geld in Masse,
Stolz geht er in die Zeichenklasse.

Von allen Schülern, die da sitzen,
Kann keiner so den Bleistift spitzen.
Auch sind nur wenige dazwischen,
Die so wie er mit Gummi wischen.
Und im Schraffieren, was das Schwerste,
Da wird er unbedingt der Erste.

Jedoch zur Nacht, wenn er sich setzte,
Beim Schimmelwirt, blieb er der Letzte.

Mit Leichtigkeit genießt er hier
So seine ein, zwei, drei Glas Bier.

Natürlich, da er so vorzüglich,
Sitzt er zu Ostern schon vergnüglich
Im herrlichen Antikensaale,
Dem Sammelplatz der Ideale.

Der Alten ewig junge Götter –
Wenn mancher auch in Wind und Wetter

Und sonst durch allerlei Verdrieß
Kopf, Arm und Bein im Stiche ließ –
Ergötzen Kuno unbeschreiblich,
Besonders, wenn die Götter weiblich.

Er ahmt sie nach in schwarzer Kreide.

Doch kann er sich auch diese Freude
An schönen Sommernachmittagen,
Wenn's grade nötig, mal versagen
Und eilt mit brennender Havanna
Zum Schimmelwirt zu der Susanna.

Hier in des Gartens Lustrevier
Trinkt er so zwei, drei, vier Glas Bier.
Daher man denn auch bald erfuhr,
Der Klecksel malt nach der Natur.

Am linken Daumen die Palette,
Steht er schon da vor seinem Brette
Und malt die alte Runzeltante,
Daß sie fast jeder wiederkannte.

Doch eh die Abendglocke klang,
Macht er den hergebrachten Gang

Zur Susel und vertilgt bei ihr
So seine vier, fünf, sechs Glas Bier.
Da eines Abends sagt ganz plötzlich,
Grad als der Kuno recht ergötzlich,
Dies sonst so nette Frauenzimmer:
„Jetzt zahlen, oder Bier gibt's nimmer!"

Ach! reines Glück genießt doch nie,
Wer zahlen soll und weiß nicht wie!

Nach diesem mit Wehmut gemachten Vermerke
Fahren wir fort im löblichen Werke.

Fünftes Kapitel

Ganz arglos auf dem Schillerplatzel
Geht Kunos Freund, der Herr v. Gnatzel,

Ein netter Herr, ein lieber Mann.
Der Kuno pumpt ihn freudig an.

Freund Gnatzels Züge werden schmerzlich.

Er spricht gerührt: „Bedaure herzlich!
Recht dumm! Vergaß mein Portemonnaie!

Geduld bis morgen früh! Adieu!“

Von nun an ist es sonderbar,
Wie Gnatzel schwer zu treffen war.

Oft naht sich dieser Freund von ferne
Und Kuno grüßte ihn so gerne;

Doch kommt er nie zu seinem Zwecke;
Freund Gnatzel biegt um eine Ecke.

Oft sucht ihn Kuno zu beschleichen,
Um ihn von hinten zu erreichen;

Freund Gnatzel merkt es aber richtig,
Grad so, als ob er hintersichtig,

Schlüpft in die Droschke mit Geschick
Und läßt den Kuno weit zurück.

Der Kuno blickt in eine Schenke.
Sieh da! Freund Gnatzel beim Getränke!

Doch schnell entschlüpft er dem Lokal
Durchs Hinterpförtchen, wie ein Aal. –

Der Kuno sieht in dieser Not
Nur noch ein einzig Rettungsboot.

Er hat, von Schöpfungsdrang erfüllt,
Verfertigt ein historisch Bild:

Wie Bertold Schwarz vor zwei Sekunden
Des Pulvers große Kraft erfunden.
Dies Bildnis soll der Retter sein.
Er bringt es auf den Kunstverein.

Leicht kommt man an das Bildermalen,
Doch schwer an Leute, die's bezahlen.
Statt ihrer ist, als ein Ersatz,
Der Kritikus sofort am Platz.

Nach diesem, ach leider! so wahren Vermerke
Fahren wir fort im löblichen Werke.

Sechstes Kapitel

In selber Stadt ernährte sich
Ganz gut ein Dr. Hinterstich
Durch Kunstberichte von Bedeutung
In der von ihm besorgten Zeitung,
Was manchen das Geschäft verdirbt,
Der mit der Kunst sein Brot erwirbt.

Das Blatt hat Klecksel mit Behagen
Von jeher eifrig aufgeschlagen.
Auch heute hält er's in der Hand
Und ist auf den Erfolg gespannt.

Wie düster wird sein Blick umnebelt!
Wie hat ihn Hinterstich vermöbelt!

Sogleich in eigener Person
Fort stürmt er auf die Redaktion.

Des Autors Physiognomie
Bedroht er mit dem Parapluie.

Der Kritikus, in Zornekstase,
Spießt mit der Feder Kunos Nase;

Ein Stich, der um so mehr verletzt,
Weil auch zugleich die Tinte ätzt.

Stracks wird der Regenschirm zur Lanze.

Flugs dient der Tisch als eine Schanze.

Vergeblich ist ein hoher Stoß,

Auch bleibt ein tiefer wirkungslos.

Jetzt greift der Kritikus voll Haß
Als Wurfgeschoß zum Tintenfaß.
Jedoch der Schaden bleibt gering,
Weil ihn das Parapluie empfing.

Der Kritikus braucht eine Finte.

Er zieht den Kuno durch die Tinte.
Der Tisch fällt um. Höchst penetrant

Wirkt auf das Augenlicht der Sand.

Indessen zieht der Kuno aber
Den Bleistift Numro 5 von Faber;

Und Hinterstich, der sehr rumort,
Wird mehrfach peinlich angebohrt.

Der Kuno, seines Sieges froh,
Verläßt das Redaktionsbüro.

Ein rechter Maler, klug und fleißig,
Trägt stets 'n spitzen Bleistift bei sich.

Nach diesem beherzigenswerten Vermerke
Fahren wir fort im löblichen Werke.

Siebentes Kapitel

So ist denn also, wie das vorige
Ereignis lehrt, die Welthistorie
Wohl nicht das richtige Gebiet,
Wo Kunos Ruhm und Nutzen blüht.
Vielleicht bei näherer Bekanntschaft
Schuf die Natur ihn für die Landschaft,
Die jedem, der dazu geneigt,
Viel nette Aussichtspunkte zeigt.

Zum Beispiel dieses Felsenstück
Gewährt ihm einen weiten Blick.

Wer kommt denn über jenen Bach?
Das ist das Fräulein von der Ach,
Vermögend zwar, doch etwas ältlich,
Halb geistlich schon und halb noch weltlich,
Lustwandelt sie mit Seelenruh
Und ihrem Spitz dem Kloster zu.

Zwei Hunde kommen angehüpft,
Die man durch eine Schnur verknüpft.

Der Spitz, gar ängstlich, retiriert,

Das gute Fräulein wird umschnürt.

Der Spitz enteilt, die Hunde nach;

Mit ihnen Fräulein von der Ach.

Der Kuno springt von seinem Steine.
Ein Messerschnitt zertrennt die Leine.

Der Kuno zeigt sich höchst galant.

Das Fräulein fragt, eh sie verschwand:
„Darf man Ihr Atelier nicht sehn?" –
„Holzgasse 5." – „Ich danke schön!" –

Vielleicht, daß diese gute Tat
Recht angenehme Folgen hat!

Nach diesem hoffnungsvollen Vermerke
Fahren wir fort im löblichen Werke.

Achtes Kapitel

Sie blieb nicht aus. Sie kam zu ihm.
Hold lächelnd sprach sie und intim:
„Mein werter Freund! Seit längst erfüllt
Mich schon der Wunsch, ein lieblich Bild
Zu stiften in die Burgkapelle,
Was ich bei Ihnen nun bestelle.
So legendarisch irgendwie.
Vorläufig dies für Ihre Müh!"

Mit sanftem Druck legt sie in seine
Entzückte Hand zwei größre Scheine. –

Der Kuno, fremd in der Legende,
Verwendet sich zu diesem Ende
An einen grundgelehrten Greis,
Der folgende Geschichte weiß:

Der kühne Ritter
und
der greuliche Lindwurm

Es kroch der alte Drache
Aus seinem Felsgemache
Mit grausigem Randal.
All' Jahr ein Mägdlein wollt' er,
Sonst grollt er und radollt er,
Fraß alles ratzekahl.

Was kommt da aus dem Tore
In schwarzem Trauerflore
Für eine Prozession?
Die Königstochter Irme
Bringt man dem Lindgewürme;
Das Scheusal wartet schon.

Hurra! Wohl aus dem Holze
Ein Ritter keck und stolze
Sprengt her wie Wettersturm.
Er sticht dem Untier schnelle
Durch seine harte Pelle;
Tot liegt und schlapp der Wurm.

Da sprach der König freudig:
„Wohlan, Herr Ritter schneidig,
Setzt Euch bei uns zur Ruh.
Ich geb Euch sporenstreiches
Die Hälfte meines Reiches,
Mein Töchterlein dazu!"

„Mau, mau!" so rief erschrocken
Mit aufgesträubten Locken
Der Ritter stolz und keck.
„Ich hatte schon mal eine,
Die sitzt mir noch im Beine!
Ade!" und ritt ums Eck.

O altes blaues Wunder!
Da han wir doch jetzunder
Mehr Herz im Kamisol.
Wir ziehen unsre Kappe
Vor solchem Schwiegerpappe
Und sprechen: Ei, jawohl!

Der Stoff ist Kuno sehr willkommen,
Die zweite Hälfte ausgenommen,
Um ihn mit Kohle zu skizzieren
Und dann in Farben auszuführen. –

Gar oft erfreut das Fräulein sich
An Kunos kühnem Kohlstrich,
Obgleich ihr eigentlich nicht klar,
Wie auch dem Künstler, was es war.
Wie's scheint, will ihm vor allen Dingen
Das Bild der Jungfrau nicht gelingen.
„Nur schwach, Natur, wirst du verstanden" –
Seufzt er – „wenn kein Modell vorhanden!"

„Kann ich nicht dienen?“ lispelt sie.
„Schön!“ – rief er – „Mittwoch in der Früh!“

Als nun die Abendglocke schlug,
Zieht ihn des Herzens süßer Zug
Zum Schimmelwirt, wie ehedem;
Und Susel macht sich angenehm.
Denn alte Treu, sofern es nur
Rentabel ist, kommt gern retour.
Ja, dies Verhältnis hier gedieh
Zu ungeahnter Harmonie. –

Mit zween Herrn ist schlecht zu kramen;
Noch schlechter, fürcht' ich, mit zwo Damen.

Nach diesem mit Zittern gemachten Vermerke
Fahren wir fort im löblichen Werke.

Neuntes Kapitel

Es war im schönen Karneval,
Wo, wie sonst und überall,
Der Mensch ist ungemeiner List
Zu scheinen sucht, was er nicht ist.
Dem Kuno scheint zu diesem Feste
Ein ritterlich Gewand das beste.

Schön Suschen aber schwebt dahin
Als holdnaive Schäferin.

Schon schwingt das Bein, das graziöse,
Sich nach harmonischem Getöse

Bei staubverklärtem Lichterglanze
Im angenehmsten Wirbeltanze. –

Doch ach! die schöne Nacht verrinnt.
Der Morgen kommt; kühl weht der Wind.

Zwei Menschen wandeln durch den Schnee
Vereint in Kunos Atelier.

Und hier besiegeln diese zwei
Sich dauerhafte Lieb und Treu. –

Hoch ist der Liebe süßer Traum
Erhaben über Zeit und Raum. –
Der Kuno, davon auch betäubt,
Vergaß, daß man heut Mittwoch schreibt. –
Es rauscht etwas im Vorgemach.
O weh! Das Fräulein von der Ach!

„Herzallerliebster Schatz, allons!
Verbirg dich hinter dem Karton!“

„Willkommen, schönste Gönnerin!
Hier, bitte, treten Sie mal hin!“

Begonnen wird das Konterfei.
Der Spitz schaut hinter die Stafflei.

Der Künstler macht sein Sach genau.
Der Spitz, bedenklich, macht wau, wau!

Entrüstet aber wird der Spitz
Infolge eines Seitentritts.

Die Haare sträuben sich dem Spitze,
Die Staffel schwankt. Ausrutscht die Stütze;

Und mit Gerassel wird enthüllt
Der Schäferin verschämtes Bild.

Nach dieser Krisis, wie ich bemerke,
Geht es zu End' mit dem löblichen Werke.

Schluß

Hartnäckig weiter fließt die Zeit;
Die Zukunft wird Vergangenheit.
Von einem großen Reservoir
Ins andre rieselt Jahr um Jahr;
Und aus den Fluten taucht empor
Der Menschen buntgemischtes Korps.
Sie plätschern, traurig oder munter,
'n bissel 'rum, dann gehen's unter
Und werden, ziemlich abgekühlt,
Für läng're Zeit hinweggespült. –

Wie sorglich blickt das Aug' umher!
Wie freut man sich, wenn der und der,
Noch nicht versunken oder matt,
Den Kopf vergnügt heroben hat.

Der alte Schimmelwirt ist tot.
Ein neuer trägt das Reichskleinod.

Derselbe hat, wie seine Pflicht,
Dies Inserat veröffentlicht:

Kund sei es dem hohen Publiko,
Daß meine Frau Suse, des bin ich froh,
Hinwiederum eines Knäbleins genesen,
Als welches bis dato das fünfte gewesen.
Viel Gutes bringet der Jahreswechsel
Dem Schimmelwirte – Kuno Klecksel. –

So tut die vielgeschmähte Zeit
Doch mancherlei, was uns erfreut;
Und, was das Beste, sie vereinigt
Selbst Leute, die sich einst gepeinigt. –

Das Fräulein freilich, mit erboster
Entsagung, ging vorlängst ins Kloster.
Doch Bötel, wenn er in den Ferien
Die Stadt besucht und Angehörigen,
Und Meister Quast, der allemal
Von hier entnimmt sein Material,
Wie auch der vielgewandte Gnatzel,
(Jetzt schon bedeckt mit einer Atzel),
Ja, selbst der Dr. Hinterstich,
Dem alter Groll nicht hinderlich,

Sie alle trinken unbeirrt
Ihr Abendbier beim Schimmelwirt.

Oft sprach dann Bötel mit Behagen:
„Herr Schimmelwirt, ich kann wohl sagen:
Wär nicht die rechte Bildung da,
Wo wären wir? Ja ja, ja ja!!“

Nach diesem von Bötel gemachten Vermerk
Schließen wir freudig das löbliche Werk.

Was mich betrifft

1886

Es scheint wunderlich; aber weil andre über mich geschrieben, muß ich's auch einmal tun. Daß es ungern geschähe, kann ich dem Leser, einem tiefen Kenner auch des eigenen Herzens, nicht weismachen, daß es kurz geschieht, wird ihm eine angenehme Enttäuschung sein.

Ich bin geboren am 15. April 1832 zu Wiedensahl als der erste von sieben.

Mein Vater war Krämer; klein, kraus, rührig, mäßig und gewissenhaft; stets besorgt, nie zärtlich; zum Spaß geneigt, aber ernst gegen Dummheiten. Er rauchte beständig Pfeifen, aber, als Feind aller Neuerungen, niemals Zigarren, nahm daher auch niemals Reibhölzer, sondern blieb bei Zunder, Stahl und Stein, oder Fidibus. Jeden Abend spazierte er allein durchs Dorf; zur Nachtigallenzeit in den Wald. Meine Mutter, still, fleißig, fromm, pflegte nach dem Abendessen zu lesen. Beide lebten einträchtig und so häuslich, daß einst über zwanzig Jahre vergingen, ohne daß sie zusammen ausfuhren.

Was weiß ich denn noch aus meinem dritten Jahr? Knecht Heinrich macht schöne Flöten für mich und spielt selbst auf der Maultrommel, und im Garten ist das Gras so hoch und die Erbsen sind noch höher; und hinter dem strohgedeckten Hause, neben dem Brunnen, stand ein Kübel voll Wasser, und ich sah mein Schwesterchen drin liegen, wie ein Bild unter Glas und Rahmen, und als die Mutter kam, war sie kaum noch ins Leben zu bringen. Heut (1886) wohne ich bei ihr.

Gesangbuchverse, biblische Geschichten und eine Auswahl der Märchen von Andersen waren meine früheste Lektüre. Als ich neun Jahre alt geworden, beschloß man, mich dem Bruder meiner Mutter in Ebergötzen zu übergeben. Ich freute mich drauf; nicht ohne Wehmut. Am Abend vor der Abreise plätscherte ich mit der Hand in der Regentonne, über die ein Strauch von weißen Rosen hing, und sang Christine! Christine! versimpelt für mich hin. Früh vor Tag wurde das dicke Pommerchen in die Scherdeichsel des Leiterwagens gedrängt. Das Gepäck ist aufgeladen; als ein Hauptstück der wohlverwahrte Leib eines alten Zinkedings von Klavier, dessen lästig gespreiztes Beingestell in der Heimat blieb; ein

Letztes Selbstbildnis

ahnungsvolles Symbol meiner musikalischen Zukunft. Die Reisenden steigen auf: Großmutter, Mutter, vier Kinder und ein Kindermädchen, Knecht Heinrich zuletzt. Fort rumpelts durch den Schaumburger Wald. Ein Rudel Hirsche springt über den Weg; oben ziehen die Sterne; im Klavierkasten tunkt es. Nach zweimaligem Übernachten bei Verwandten wurde das Ebergötzener Pfarrhaus erreicht.

Der Onkel (jetzt über 80 und frisch) war ein stattlicher Mann, ein ruhiger Naturbeobachter und äußerst milde; nur ein einziges Mal, obwohl schon öfters verdient, gab's Hiebe; mit einem trocknen Georginenstengel; weil ich den Dorftrottel geneckt.

Gleich am Tage der Ankunft schloß ich Freundschaft mit dem Sohne des Müllers. Sie ist von Dauer gewesen. Alljährlich besuch ich ihn und schlafe noch immer sehr gut beim Rumpumpeln des Mühlwerks und dem Rauschen des Wassers.

Einen älteren Freund gewann ich in dem Wirt und Krämer des Orts. Haarig bis an die Augen und hinein in die Halsbinde und wieder heraus unter den Rockärmeln bis an die Fingernägel; angetan mit gelblichgrüner Juppe, die das hintere Mienenspiel einer blauen Hose nur selten zu bemänteln suchte; stets in ledernen Klapp-Pantoffeln; unklar, heftig, nie einen Satz zu Ende sprechend; starker Schnupfer; geschmackvoller Blumenzüchter; dreimal vermählt; ist er mir bis zu seinem Tode ein lieber und ergötzlicher Mensch gewesen.

Bei ihm fand ich einen dicken Liederband, welcher durchgeklimpert, und viele der freireligiösen Schriften jener Zeit, die begierig verschlungen wurden.

Der Lehrer der Dorfjugend, weil nicht der meinige, hatte keine Gewalt über mich – solange er lebte. Aber er hing sich auf, fiel herunter, schnitt sich den Hals ab und wurde auf dem Kirchhof dicht unter meinem Kammerfenster begraben. Und von nun an zwang er mich allnächtlich, auch in der heißesten Sommerzeit, ganz unter der Decke zu liegen. Bei Tage ein Freigeist, bei Nacht ein Geisterseher.

Meine Studien teilten sich naturgemäß in beliebte und unbeliebte. Zu den ersten rechne ich Märchenlesen, Zeichnen, Forellenfischen und Vogelstellen. Zwischen all dem herum aber schwebte beständig das anmutige Bildnis eines blonden Kindes, dessen Neigung zu fesseln, oder um die eigene glänzen zu lassen, ein fabelhafter Reichtum, eine übernatürliche Gewandtheit und selbst die bekannte Rettung aus Feuersgefahr mit nachfolgendem Tode zu den Füßen der Geliebten sehr dringend zu wünschen schien. –

Schwester Fanny

Etwa ums Jahr 45 bezogen wir die Pfarre zu Lüthorst. – Vor meinem Fenster murmelt der Bach; dicht drüben steht ein Haus; eine Schaubühne des ehelichen Zwistes; der sogenannte Hausherr spielt die Rolle des besiegten Tyrannen. Ein hübsches, natürliches Stück; zwar das Laster unterliegt, aber die Tugend triumphiert nicht. – In den Stundenplan

schlich sich nun auch die Metrik ein. Die großen heimatlichen Dichter wurden gelesen; ferner Shakespeare. Zugleich fiel mir „die Kritik der reinen Vernunft“ in die Hände, die wenn auch noch nicht ganz verstanden, doch eine Neigung erweckte, in den Laubengängen des intimeren Gehirns zu lustwandeln, wo's bekanntlich schön schattig ist.
Sechzehn Jahre alt, ausgerüstet mit einem Sonett nebst zweifelhafter Kenntnis der vier Grundrechnungsarten, erhielt ich Einlaß zur polytechnischen Schule in Hannover, allwo ich mich in der reinen Mathematik bis zu Nr. 1 mit Auszeichnung emporschwang. – Im Jahr 48 trug auch ich mein gewichtiges Kuhbein, welches nie scharf geladen werden durfte, und erkämpfte mir in der Wachtstube die bislang noch nicht geschätzten Rechte des Rauchens und des Biertrinkens; zwei Märzerrungenschaften, deren erste mutig bewahrt, deren zweite durch die Reaktion des Alters jetzt merklich verkümmert ist. –
Nachdem ich drei bis vier Jahre in Hannover gehaust, verfügte ich mich, von einem Maler ermuntert, in den Düsseldorfer Antikensaal. Unter Anwendung von Gummi, Semmel und Kreide übte und erlernte ich daselbst die beliebte Methode des Tupfens, mit der man das reizende lithographische „Korn“ erzeugt. –
Von Düsseldorf geriet ich nach Antwerpen in die Malschule. – Ich wohnte am Eck der Käsbrücke bei einem Bartscherer. Er hieß Jan und sie hieß Mie. Zu gelinder Abendstunde saß ich mit ihnen vor der Haustüre, im grünen Schlafrock, die Tonpfeife im Munde; und die Nachbarn kamen auch herzu; der Korbflechter, der Uhrmacher, der Blechschläger; die Töchter in schwarzlackierten Holzschuhen. Jan und Mie waren ein zärtliches Pärchen, sie dick, er dünn; sie balbierten mich abwechselnd, verpflegten mich in einer Krankheit und schenkten mir beim Abschied in kühler Jahreszeit eine warme, rote Jacke nebst drei Orangen. – Wie war mir's traurig zumut, als ich voll Neigung und Dankbarkeit nach Jahren dies Eck wieder aufsuchte, und alles war neu, und Jan und Mie gestorben, und nur der Blechschläger pickte noch in seinem alten, eingeklemmten Häuschen und sah mich trüb und verständnislos über die Brille an.

Den deutschen Künstlerverein, bestehend aus einigen Malern, aus politischen Flüchtlingen und Auswanderungsagenten, besucht ich selten, fühlte mich aber geehrt durch Aufnahme einiger Scherze in die Kneipzeitung.

In Antwerpen sah ich zum erstenmal im Leben die Werke alter Meister: Rubens, Brouwer, Teniers; später Frans Hals. Ihre göttliche Leichtigkeit der Darstellung, die nicht patzt und kratzt und schabt, diese Unbefangenheit eines guten Gewissens, welches nichts zu vertuschen braucht, dabei der stoffliche Reiz eines schimmernden Juwels, haben für immer meine Liebe und Bewunderung gewonnen; und gern verzeih ich's ihnen, daß sie mich zu sehr geduckt haben, als daß ich's je recht gewagt hätte, mein Brot mit Malen zu verdienen, wie manch anderer auch. Die Versuche, freilich, sind nicht ausgeblieben; denn geschafft muß werden, und selbst der Taschendieb geht täglich auf Arbeit aus; ja, ein wohlmeinender Mitmensch darf getrost voraussetzen, daß diese Versuche, deren Resultate zumeist für mich abhanden gekommen, sich immerfort durch die Verhältnisse hindurchziehen, welche mir schließlich meinen bescheidenen Platz anwiesen.

Nach Antwerpen hielt ich mich in Wiedensahl auf. Was sich die Leute „ut ôler welt erzählten, klang mir sonderbar ins Ohr. Ich horchte genauer. Am meisten wußte ein alter, stiller, für gewöhnlich wortkarger Mann. Einsam saß er abends im Dunkeln. Klopft ich ans Fenster, so steckte er freudig den Trankrüsel an. In der Ofenecke steht sein Sorgensitz. Rechts von der Wand langte er sich die sinnreich senkrecht im Kattunbeutel hängende kurze Pfeife, links vom Ofen den Topf voll heimischen Tabaks, und nachdem er gestopft, gesogen und Dampf gemacht, fängt er seine vom Mütterlein ererbten Geschichten an. Er erzählt gemächlich; wird's aber dramatisch, so steht er auf und wechselt den Platz, je nach den redenden Personen; wobei denn auch die Zipfelmütze, die sonst nur leis nach vorne nickte, in mannigfachen Schwung gerät.

Von Wiedensahl aus besuchte ich den Onkel in Lüthorst. Ein Liebhabertheater im benachbarten Städtchen zog mich in den angenehmen Kreis seiner Tätigkeit; aber ernsthafter fesselte mich das wundersame Leben des Bienenvolkes und der damals wogende Kampf um die Parthenogenesis, den mein Onkel als gewandter Schriftsteller und Beobachter entscheidend mit durchfocht. Der Wunsch und Plan, nach Brasilien auszuwandern, dem Eldorado der Imker, blieb unerfüllt. Daß ich überhaupt praktischer Bienenzüchter geworden, ist freundlicher Irrtum.

Bei Gelegenheit dieser naturwissenschaftlichen Liebhaberei wurde unter andern auch der Darwin gelesen, der unvergessen blieb, als ich mich nach Jahren mit Leidenschaft und Ausdauer in den Schopenhauer vertiefte. Die Begeisterung für dieselben hat etwas nachgelassen. Ihr Schlüssel scheint mir wohl zu mancherlei Türen zu passen in dem verwunschenen Schloß dieser Welt, nur nicht zur Ausgangstür. –

Von Lüthorst trieb mich der Wind nach München, wo bei der grad herrschenden akademischen Strömung das kleine, nicht eben geschickt gesteuerte Antwerpener Schifflein gar bald auf dem Trockenen saß. – Um so verlockender winkte der Künstlerverein. – DieVeröffentlichung der dort verübten Späße, besonders der persönlichen Verhohnhacklungen, ist mir unerwünscht. Was hilft's? Dummheiten, wenn auch vertraulich in die Welt gesetzt, werden früher oder später doch leicht ihren Vater erwischen, mag er's wollen oder nicht. – Es kann 59 gewesen sein, als die „Fliegenden" meinen ersten Beitrag erhielten: zwei Männer auf dem Eise, von denen einer den Kopf verliert. – Ich hatte auf Holz zu erzählen. Der alte, praktische Strich stand mir wie andern zur Verfügung; die Lust am Wechselspiel der Wünsche, am Wachsen und Werden war auch bei mir vorhanden. So nahmen denn bald die kontinuierlichen Bildergeschichten ihren Anfang, welche, mit der Zeit sich unwillkürlich erweiternd, mehr Beifall gefunden, als der Verfasser erwarten durfte. Wer sie freundlich in die Hand nimmt, etwa wie Spieluhren, wird vielleicht finden, daß sie, trotz bummlichten Aussehens, doch teilweise im Leben geglüht, mit Fleiß gehämmert und nicht unzweckmäßig zusammengesetzt sind. Fast sämtlich sind sie in Wiedensahl gemacht, ohne wen zu fragen und, ausgenommen ein allegorisches Tendenzstück und einige Produkte des drängenden Ernährungstriebes, zum Selbstpläsier. Hätte jedoch die sorglos in Holzschuhen tanzende Muse den einen

Buschs Kammer in Wiedensahl

oder andern der würdigen Zuschauer auf die Zehe getreten, so wird das bei ländlichen Festen nicht weiter entschuldigt. Ein auffällig tugendsames Frauenzimmer ist's freilich nicht. Aber indem sie einerseits den Myrtenzweig aus der Hand des übertriebenen Wohlwollens errötend von sich ablehnt, hält sie anderseits gemütlich den verschleierten Blick eines alten Ästhetikers aus, dem bei der Bestellung des eigenen Ackers ein Stäubchen Guano ins Auge geflogen. – Man hat den Autor, den diese Muse begeistert, für einen Bücherwurm und Absonderling gehalten. Das erste ohne Grund, das zweite ein wenig mit Recht. Seine Nachlässigkeit im schriftlichen Verkehr mit Fremden ist schon mehrfach gerüchtweise mit dem Tod bestraft. Für die Gesellschaft ist er nicht genugsam dressiert, um ihre Freuden geziemend zu würdigen und behaglich genießen zu können. Zu einer Abendunterhaltung jedoch, unter vier bis höchstens sechs Augen, in einer neutralen Rauchecke, bringt er noch immer eine Standhaftigkeit mit, die kaum dem anrückenden Morgen weicht. –

So viel wollt ich von mir selber sagen. – Das Geklage über alte Bekannte hab ich schon längst den Basen anheimgestellt, und selbst über manche zu schweigen, die ich liebe und verehre, kam mir hier passend vor.

Wer grad in ein Ballett vertieft ist, wer eben seinen Namenstag mit Champagner feiert, wer zufällig seine eigenen Gedichte liest, wer Skat spielt oder Tarock, dem ist freilich geholfen. Leider stehen diese mit Recht beliebten Mittel temporärer Erlösung nicht immer jedem zur Verfügung. Oft muß man schon froh sein, wenn nur einer, der Wind machen kann, mal einen kleinen philosophisch angehauchten Drachen steigen läßt, aus altem Papier geklebt. Man wirft sein Bündel ab, den Wanderstab daneben, zieht den heißen Überrock des Daseins aus, setzt sich auf den Maulwurfshügel allerschärfster Betrachtung und schaut dem langgeschwänzten Dinge nach, wie's mehr und mehr nach oben strebt, sodann ein Weilchen in hoher Luft sein stolzes Wesen treibt, bis die Schnur sich verkürzt, bis es tiefer und tiefer sinkt, um schließlich matt und flach aufs dürre Stoppelfeld sich hinzulegen, von dem es aufgeflogen.

Wenigstens was mich betrifft, so mag nur einer kommen und mir beweisen, daß die Zeit und dies und das bloß ideal ist, ein angeerbtes Kopfübel, hartnäckig, inkurabel, bis der letzte Schädel ausgebrummt; er soll mich nur aufs Eis führen, seine blanken Schlittschuhe anschnallen, auf der gefrorenen Ebene seine sinnreichen Zahlen und Schnörkel beschreiben; ich will ihn gespannt begleiten, ich will ihm dankbar sein; nur darf es nicht gar so kühl werden, daß mir die Nase friert, sonst drücke ich mich lieber hinter irgendeinen greifbaren Ofen, wär es auch nur ein ganz bescheidener von schlichten Kacheln, bei dem man sich ein bissel wärmen kann. Ja, die Zeit spinnt luftige Fäden; besonders die in Vorrat, welche wir oft weit hinausziehen in die sogenannte Zukunft, um unsere Sorgen und Wünsche aufzuhängen wie die Tante ihre Wäsche, die der Wind zerstreut. – Als ob's mit dem Gedrängel des gegenwärtigen Augenblicks nicht grad genug wäre. Und dann dies liebe, trauliche, teilweis grauliche, aber durchaus putzwunderliche Polterkämmerchen der Erinnerung, voll

scheinbar welken, abgelebten Zeugs; das dennoch weiter wirkt, drückt, zwickt, erfreut; oft ganz, wie's ihm beliebt, nicht uns; das sitzen bleibt, obwohl nicht eingeladen, das sich empfiehlt, wenn wir es halten möchten. Ein Kämmerchen, in Fächer eingeteilt, mit weißen, roten Türen, ja selbst mit schwarzen, wo die alten Dummheiten hinter sitzen.
Vielleicht ist's grade Winter. Leise wimmeln die Flocken vor deinem Fenster nieder. Ein weißes Türchen tut sich auf. Sieh nur, wie deutlich alles dasteht; wie in einem hellerleuchteten Puppenstübchen. – Der Lichterbaum, die Rosinengirlanden,

Bockmühle in Wiedensahl

die schaumvergoldeten Äpfel und Nüsse, die braungebackenen Lendenkerle; glückliche Eltern, selige Kinder. – Freundlich betrachtest du das Bübchen dort, denn das warst du, und wehmütig zugleich, daß nichts Besseres und Gescheiteres aus ihm geworden, als was du bist.
Mach wieder zu. – Öffne das rote Türchen. – Ein blühendes Frauenbild. Ernst, innig schaut's dich an; als ob's noch wäre, und ist doch nichts wie ein Phantom von dem, was längst gewesen.
Laß sein. – Paß auf das schwarze Türchen. – Da rumort's hinter.

– Halt zu! – Ja, schon recht; solange wie's geht. – Du kriegst, wer weiß woher, einen Stoß auf Herz, Leber, Magen oder Geldbeutel. Du läßt den Drücker los. Es kommt die stille, einsame, dunkle Nacht. Da geht's um in der Gehirnkapsel und spukt durch alle Gebeine, und du wirfst dich vor dem heißen Zipfel deines Kopfkissens auf den kalten und her und hin, bis dir der Lärm des aufdämmernden Morgens wie ein musikalischer Genuß erscheint.

Nicht du, mein süßer Backfisch! Du liegst da in deinem weißen Häubchen und weißen Hemdchen, du faltest deine schlanken Finger, schließest die blauen, harmlos-träumerischen Augen und schlummerst seelenfriedlich deiner Morgenmilch mit Brötchen entgegen, und selbst deiner Klavierstunde, denn du hast fleißig geübt.

Aber ich, Madam! und Sie, Madam; und der Herr Gemahl, der abends noch Hummer ißt, man mag sagen, was man will. – Doch nur nicht ängstlich. Die bösen Menschen brauchen nicht gleich alles zu wissen. Zum Beispiel ich, ich werde mich wohl hüten; ich lasse hier nur ein paar kümmerliche Gestalten heraus, die sich so gelegentlich in meinem Gehirn eingenistet haben, als ob sie mit dazu gehörten.

Es ist Nacht in der kunst- und bierberühmten Residenz. Ich komme natürlich aus dem Wirtshause, bin aber bereits in der Vorstadt und strebe meinem einsamen Lager zu. Links die Planke, rechts der Graben. Hinter mir eine Stadt voll leerer Maßkrüge, vor mir die schwankende Nebelsilhouette eines betagten Knickebeins. Bald drückt er zärtlich die Planke, bald zieht ihn der Graben an; bis endlich die Planke, des falschen Spieles müde, ihm einen solch verächtlichen Schubs gibt, daß er dem Graben, mit Hinterlassung des Linken Filzschuhs, sofort in die geschmeidigen Arme sinkt. Ich ziehe ihn heraus bei den Beinen, wie einen Schubkarrn. Er wischt sich die Ohren und wimmert kläglich: „Wissen's, i siech halt nimma recht!“ – Gewiß häufig eine zutreffende Ausrede für ältere Herrn in verwickelten Umständen.

Ein andermal derselbe Weg. – Vor mir ein zärtliches Pärchen. Ihr schleift, am Bändel hängend, die Schürze nach. Ich wirble sie auf mit dem Stock und sage in gefälligem Ton: „Fräulein, Sie verlieren etwas.“ Sie hört es nicht. Es ist der Augenblick vor einem Liebeskrach. Er schlägt sie zu Boden, tritt ihr dreimal hörbar auf die Brust, und fort ist er. – Schnell ging's. – Und was für einen sonderbaren Ton das gibt, so ein Fußtritt auf ein weibliches Herz. Hohl, nicht hell. Nicht Trommel, nicht Pauke. Mehr lederner Handkoffer; voll Lieb und Treu vielleicht. – Ich gebe ihr meinen Arm, daß sie sich aufrichten und erholen kann; denn man ist oft gerührt und galant, ohne betrunken zu sein.

Ein andermal ein andrer Weg. – Ein berühmter Maler hat mich zu Mittag geladen. Stolz auf ihn und meine silbervergoldete Dose, geh ich durch eine einsame Straße und drehe mir vorher noch eben eine Zigarette. Hinter mir kommt wer angeschlürft; er schlürft an mir vorbei: „Ja, Bedelleit, die hat koana gern; die mag neamed„. Er spricht es leise und bescheiden. Er schaut nicht seitwärts, er schaut nicht um; er schlürft so weiter. Hände im schwärzlichgrauen Paletot; schwärzlichgrauer Hut im Nacken, Hose schwärzlichgrau, unten mit Fransen dran; da, wo Hut und Paletotkragen ihre Winkel bilden, je ein Stückchen blasses Ohr zu sehn. Ein armer farbloser Kerl. Schon zehn Mark vermutlich würden ihm recht sein. Freilich – der Schneider – die Fahrt ins Tirol – am End versäuft er's nur. – Macht nichts. Gib's ihm halt! – Inzwischen ist er weg ums Eck, für immer unerwischbar. Schnell eine andere Tür. – Schau, schau! – Zwischen zwei Hügeln, mitten hindurch der Bach, das Dörflein meiner Kindheit. Vieles im scharfen Sonnenlicht früher Eindrücke; manches überschattet von mehr als vierzig vergangenen Jahren; einiges nur sichtbar durch den Lattenzaun des Selbsterlebten und des Hörensagens. Alles so heiter, als hätt' es damals nie geregnet.

Aber auch hier gibt's arme Leutchen. – Es ist noch die gute alte Zeit, wo man den kranken Handwerksburschen über die Dorfgrenze schiebt und sanft in den Chausseegraben legt, damit er ungeniert sterben kann; obschon der unbemittelte Tote immerhin noch einen positiven Wert hat; unter anderm für den Fuhrmann, der ihn zur Anatomie bringt.

Im Dörflein seitab, hier hinter den trüben Fensterscheiben, da sitzt vielleicht das „Puckelriekchen". Sie spinnt und spinnt. Auf die Lebensfreuden hat sie verzichtet. Aber drei Tage

Waldinneres

nach ihrem Tode, da wenigstens möchte sie sich mal ein recht gemütliches Fest bereiten, nämlich ein ehrliches Begräbnis mit heilen Gliedmaßen, im schwarzlackierten Sarge, auf dem heimatlichen Kirchhofe. Nach dem Professor, der die toten Leute kaputtschneidet, will sie nicht hin; und dann müßte sie sich ja auch so schämen vor den Herren Studenten, weil sie gar so klein und mager und bucklicht ist. Darum bettelt sie und sinnt und spinnt von früh bis spät. – O weh! Zu früh schneidet die Parze den Flachs- und Lebensfaden ab. Es hat nicht gelangt. Nun heißt es doch: „Hinein in die ungehobelte Kiste“ und „Krischan, spann an“. Und dort fährt er hin mit ihr in der frühen Dämmerung, und wer grad verreisen muß, der kann mit aufsitzen. (Das wäre was gewesen für Tante Malchen, die immer so gern per Gelegenheit fuhr!)

Der dort langsam und verdrießlich Holz sägt, das scheint der „Pariser“ zu sein. „Eine kalte Winternacht“ – so pflegt er auf Plattdeutsch zu sagen – „ein Grenzstein im freien Feld und eine Pulle voll Schluck, das müßte einen bequemen Tod abgeben.“ Oder: “Hätt ich nur erst eine Viertelstunde gehängt, mich dünkt, so wollt’ ich gleich mit einem um die Wette hängen, der schon ein ganzes Jahr gehängt hat.“ Gegen die erste Manier schützt er Geldmangel vor, gegen die zweite den bedenklichen Anfang. Er zögert und zögert und muß sich zuletzt mit einem gewöhnlichen Tode begnügen, wie er grad vorkommt.

Hier im Hof, auf dem Steintritt vor der Tür, steht eine hübsche Frau. Sagen wir, Kreuzbänder an den Schuhen, Locken an den Schläfen, Schildpattkamm im Flechtennest. Ein fremder Betteljunge kommt durch die Pforte. Haare wie trockner Strohlehm; Hemd und Haut aus einem Topf gemalt; Hose geräumig, vermutlich das Geschenk eines mildtätigen Großvaters; Bettelsack mit scheinbar knolligem Inhalt; Stock einfach, zweckentsprechend. „Heut kriegst du nichts; wir haben selbst Arme genug.“ „So bra’r jöck de Düwel wat ower, dat je’r anne sticket!“ Nach Abgabe dieses Segenswunsches entfernt er sich, um sein Sammelwerk anderweitig fortzusetzen. Nicht mit Erfolg. Hinter der Mauer hervor, bewehrt mit kurzem Spieß, tritt ihm unerwartet ein kleiner Mann

entgegen, entledigt ihn, listig lächelnd, doch rücksichtslos, seiner Vorräte und zeigt ihm so dann, unter Zuhilfenahme der umgekehrten Waffe, durch stoßweise Andeutungen auf der Kehrseite, den richtigen Weg zum Dorfe hinaus.
Dieser Wachsame und Gewaltige ist der „alte Danne“. Da er körperlich und geistig zu schwach geworden, um Tagelöhner zu sein, so hat man ihm ein Amt verliehn, mit dem Titel „Bettelvogt“, und als Zeichen seiner Würde den Speer, „dat Baddelspeit“. Kraft dessen ist er Herzog und Schirmherr aller einheimischen Bettler. – Er ißt „reihrund“. Er schläft nachts im Pferdestall, nachmittags, bei günstiger Witterung, im Baumgarten hinter dem Hause. – Und hier kann man am besten seine Eigentümlichkeit an ihm beobachten, welche hauptsächlich bei alten, unbemittelten Leuten vorzukommen scheint, die versäumt haben, sich ein neues Gebiß zu kaufen. – Atmet er ein – ein lautes Schnarchen; atmet er aus – ein leises Flöten. Erst dieser alte, faltige, grauborstige Mümmelmund, hübsch weit abgerundet nach innen gezogen, dann plötzlich bei hohlen Backen hübsch zugespitzt nach außen getrieben und nur ein ganz feins Löchlein drin. – Für den Naturforscher, selbst bei häufiger Wiederholung, ein interessantes Phänomen. – Leider geht der alte Danne nur noch kurze Zeit seinen Erholungen und Amtsgeschäften nach. Es kommt so ein gewisser schöner, ausdermaßen warmer Nachmittag. Zwei flachsköpfige Buben, sehr bewandert in Obstangelegenheiten, besuchen grad zufällig in einem schattigen Garten einen berühmten Sommerbirnenbaum, um eben mal nachzusehen, wie die Sachen da liegen. – Der alte Danne liegt darunter. – Speer im Arm; still, bleich, gradausgestreckt; die Augen starr nach oben in die vollen Birnen gerichtet; Mund offen; zwei Fliegen kriechen aus und ein. Der alte Danne ist tot. – Und schlau hat er's abgepaßt, denn der neue Kirchhof wird nächstens eingeweiht. Er kommt noch auf den alten und kann ruhig weiter liegen, ohne von später kommenden Schlafgästen gestört zu werden. – Eine geschmackvolle Garnitur von Brennesseln steht um sein Grab herum. –
Ja, mein guter, wohlsituierter und lebendiger Leser! So muß man überall bemerken, daß es Verdrießlichkeiten gibt in die-

ser Welt und daß überall gestorben wird. Du aber sei froh. Du stehst noch da, wie selbstverständlich, auf deiner angestammten Erde. Und wenn du dann dahinwandelst, umbraust von den ahnungsvollen Stürmen des Frühlings, und deine Seele schwillt mutig auf, als solltest du ewig leben; wenn dich der wonnige Sommer umblüht und die liebevollen Vöglein in allen Zweigen singen; wenn deine Hand im goldenen Herbst die wallenden Ähren streift; wenn nur hellglänzenden Winterzeit dein Fuß über blitzende Diamanten knistert – hoch über dir die segensreiche Sonne oder der unendliche Nachthimmel voll winkender Sterne – und doch, durch all die Herrlichkeit hindurch, allgegenwärtig, ein feiner, peinlicher Duft, ein leiser, zitternder Ton – und wenn du dann nicht so was wie ein heiliger Franziskus bist – sondern wenn du wohlgemut nach Hause gehst zum gutgekochten Abendschmaus und zwinkerst deiner reizenden Nachbarin zu und kannst schäkern und lustig sein, als ob sonst nichts los wäre, dann darf man dich wohl einen recht natürlichen und unbefangenen Humoristen nennen.

Fast wir alle sind welche. – Auch du, mein kleines, drolliges Hänschen, mit deinem Mums, deiner geschwollenen Backe, wie du mich anlächelst durch Tränen aus deinem dicken, blanken, schiefen Gesicht heraus, auch du bist einer; und wirst du vielleicht später mal gar ein Spaßvogel von Metier, der sich berufen fühlt, unsere ohnehin schon große Heiterkeit noch künstlich zu vermehren, so komm nur zu uns, guter Hans; wir werden dir gern unsere alten Anekdoten erzählen, denn du bist es wert.

„Ahem! – Wie war denn das Diner bei dem berühmten Maler?“ so unterbrichst du mich, mein Wertester mit dem Doppelkinn. Nun! Kurz aber gut; Wein süperb; Schnepfen exquisit. – Doch ich sehe, du hast dich gelangweilt. Das beleidigt mich. Aber ich bin dir unverwüstlich gut. Ich werde sonstwie für dich sorgen; ich verweise dich auf den vielsagenden Ausspruch eines glaubwürdigen Blattes: “Il faut louer Busch pour ce qu’il a fait, et pour ce qu’il n’a pas fait.“*)

*) „Man muß Busch für das loben, was er gemacht hat, und für das, was er nicht gemacht hat.“

Wohlan, mein Freund! Wende deinen Blick von links nach rechts, und vor dir ausgebreitet liegt das gelobte Land aller guten Dinge, die ich nicht gemacht habe.

Liebst du herz- und sonnenwarme Prosa, lies Werther. – Suchst du unverwelklichen Scherz, der wohl dauern wird, solange noch eine sinnende Stirn über einem lachenden Mund sitzt, begleite den Ritter von der Mancha auf seinen ruhmreichen Fahrten. – Willst du in einem ganzen Spiegel sehn, nicht in einer Scherbe, wie Menschen jeder Sorte sich lieben, necken, raufen, bis jeder sein ordnungsmäßiges Teil gekriegt, schlag Shakespeare auf. – Trägst du Verlangen nach entzückend mutiger Farbenlust, stelle dich vor das Flügelbild Peterpauls in der Scheldestadt und laß dich anglänzen von der jungfräulichen Mutter mit dem Kinde. – Oder sehnst du dich mehr nach den feierlichen Tönen einer durchleuchteten Dämmerung, besuch den heiligen Vater in seinem beneidenswerten Gefängnis und schau den Sebastian an. – Und ist dir auch das noch nicht hinreichend, so zieh meinetwegen an den Arno, wo eine gedeckte Brücke zwei wundersame Welten der Kunst verbindet.

Damit, denk ich, wirst du für acht Tage genug haben, und wärst du so genußfähig wie ein Londoner Schneidermeister auf Reisen.

Inhaltsübersicht: Fünfter Band

Spiegl Andrea

Wilhelm Busch
Gesamtwerk in sechs Bänden
Sechster Band

Wilh. Busch.

WILHELM BUSCH

GESAMMELTE WERKE IN SECHS BÄNDEN

6

XENOS Verlagsgesellschaft m.b.H.
Hamburg

Herausgegeben und eingeleitet von Hugo Werner.
Für die Wiedergabe der Zeichnungen stellte das Wilhelm-Busch-Museum, Hannover, die Vorlagen zur Verfügung.

ISBN-Nr. 3-8212-0259-9

Lizenzausgabe 1986 für die
XENOS Verlagsgesellschaft mbH, Hamburg
mit Genehmigung des Füllhorn Sachbuchverlages
Herausgeber: XENOS Verlagsgesellschaft mbH., Am Hehsel 42, 2000 Hamburg 63
Printed in Finland

Hernach

1908

Prosaischer Kauz

Der holde Mond erhebt sich leise.
Ein alter Kauz denkt nur an Mäuse.

Schnauz

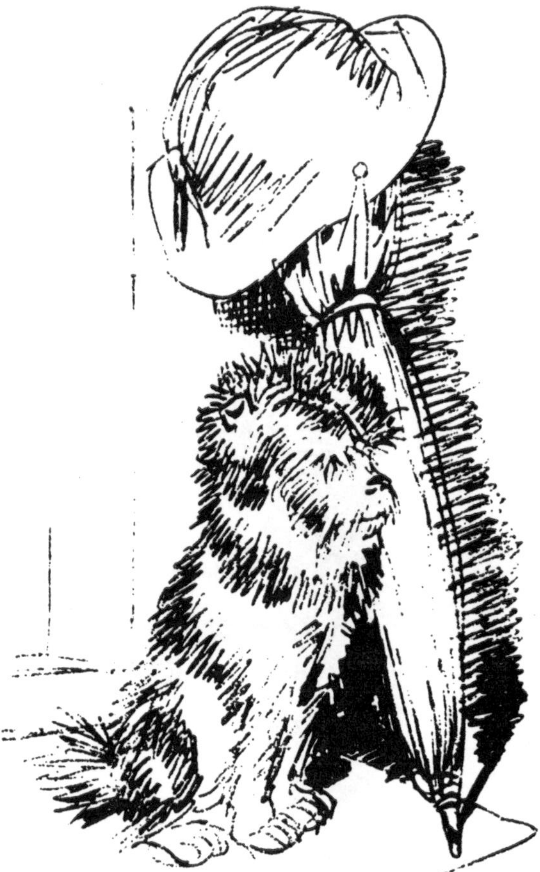

Derweil sein Herr Besuche macht,
Hält Schnauz bei Hut und Schirm die Wacht.

Eule und Star

Guten Tag, Frau Eule!
Habt Ihr Langeweile?
Ja, eben jetzt,
Solang Ihr schwätzt!

Sorglos

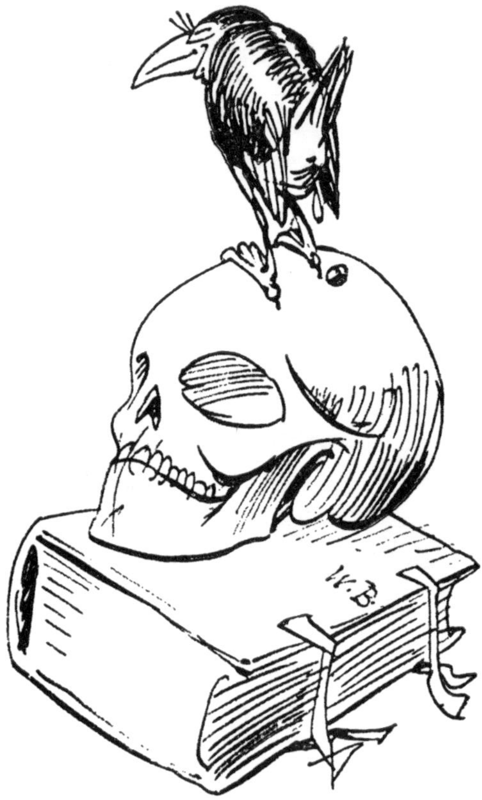

Selbst mancher Weise
Besieht ein leeres Denkgehäuse
Mit Ernst und Bangen. –
Der Rabe ist ganz unbefangen.

Der fliegende Frosch

Wenn einer, der mit Mühe kaum
Gekrochen ist auf einen Baum,

Schon meint, daß er ein Vogel wär,

So irrt sich der.

Der unverschämte Igel

In einem Baumstamm, unten hohl,
Da sitzt der Has und fühlt sich wohl.

Ein Igel, dem der Ort gefiel,
Möcht auch hinein, weil's draußen kühl.

Der Hase, voller Gütigkeit,
Macht höflich Platz und rückt beiseit.

Doch kaum ist er beiseitgerückt,
Fühlt er bereits, daß ihn was prickt.

Und plötzlich so geprickelt hat's,
Er muß heraus mit einem Satz.

Oh, unverschämtes Stacheltier!
Aha, der Fuchs ist auch schon hier.

Zwar gleich macht sich der Igel dick
Und zieht sich in sich selbst zurück.

Der Fuchs, der gern den Igel frißt,
Weiß aber, was zu machen ist.

Und weiß, wie man ihn fassen kann,
Und schüttelt und verzehrt ihn dann.

Hier liegt die Haut, ganz hohl und leer.
Den Hasen, scheint's, erfreut es sehr.

Doch innerlich, so wie man sieht,
Ging ihm die Sache zu Gemüt.

Gottlob! nun sitzt der gute Has
Gemütlich wieder, wo er saß.

Die Zeit

So ist nun mal die Zeit allhie,
Erst trägt sie dich,

– – Dann trägst du sie;

Und wann's vorüber, weißt du nie.

Der Dorfpolitiker

Altenteiler liest mit Ruh
In der Landeszeitung;
Friedlich grast die treue Kuh
Unter seiner Leitung.

Wenn sich zwei so einig sind
Und sich lange kennen,
Ach, wie kommt dann oft geschwind
Einer, sie zu trennen.

Daß die Trennung möglichst kurz,
Die die zwei betroffen,
Daß nicht gar zu hart der Sturz,
Nun, wir wollen's hoffen.

Der Gefällige

Die Grete steigt zum Hühnernest.
Der Hansel hält die Leiter fest.

Die Leiter bricht von dem Gewicht.
Erfreulich ist's für beide nicht.

Kühlung

Es ging Professor Schretter
Ins Feld bei schlechtem Wetter.

Er bückt sich tief, auf daß er
Mal tränke, übers Wasser.

Da kam die Geiß, und bubbs!
Gibt sie ihm einen Schubbs.

Und wer es sieht, der fühlt:
Jetzt ist er abgekühlt.

Überraschung

Stets findet Überraschung statt
Da, wo man's nicht erwartet hat;

Doch daß dieselbe überall
Grad angenehm, ist nicht der Fall.

Gar oft erschreckt uns eine sehr,
Und eine andre noch viel mehr.

Gestörtes Duett

Melodisch sangen Katz und Kater
Ihr zärtlich Lied des Abends spät.
Den Stock ergreift des Hauses Vater,
Die Mutter nimmt das Waschgerät.

Die sanften Liebestöne schwiegen;
Es zischt und kracht im Treppenhaus.
Der Vater purzelt von der Stiegen,
Die Mutter gießt die Schale aus.

Die böse Ziege

Ein Sträußlein, abgepflückt,
Damit es schmücke,

Wird oft, eh' daß es schmückt,
Ein Raub der Zicke.

Alter schützt vor Torheit nicht

Nein so was! Ein altes verständiges Schwein,
Und fällt kopfüber ins Faß hinein!!

Rast im Walde

Es hielten mal Wandrer
Im Walde Ruh,
Da kamen zwei Häslein
Und schauten zu.

Ständchen

Ein Ständchen in der Frühlingsnacht
Ist leicht gebracht.
Nur ist es fraglich, ob's gelingt,
Daß es zu Röschens Herzen dringt.

Der Verdächtige

Trau keinem Filou,
Und hätt' er auch beide Augen zu.

Unwillkommener Besuch

Wird man im Mittagsschlaf gestört,
Das ist verdrießlich, das empört.

Drohendes Verhängnis

Es machen sich die Fliegen
Ein lustig Tanzvergnügen.
Der Frosch, der denkt: Nur munter!
Ihr kommt schon noch herunter!

Messerschleifen

Der Vater schleift das Messer schön,
Gemütlich tut er das.
Das Hänschen muß den Schleifstein drehn,
Tät lieber anders was.

Zerstörte Hoffnung

Mutter und Sohn mit frohem Gesichte
Gingen zu Markt. – Es sind die Eier
Heuer hübsch teuer,
Das Stück zwei Dreier. –
Perdatsch! Da liegt die ganze Geschichte!

Die brave Großmutter

Großmütterchen tut alles gern
Für Hänschen, ihren kleinen Herrn.

Osterhas

Es ist das Osterfest alljährlich
Doch für den Hasen recht beschwerlich.

Innerer Wert

Ein kluger Mann verehrt das Schwein;
Er denkt an dessen Zweck.
Von außen ist es ja nicht fein,
Doch drinnen sitzt der Speck.

Komm, komm!

Mit Güte lockt fast überall
Die Frau ihr Schweinchen in den Stall.

Nachhilfe

Dem Esel, störrisch im Geschäfte,
Verleiht der Knittel neue Kräfte.

Kartoffelidyll

Drohendes Verhängnis

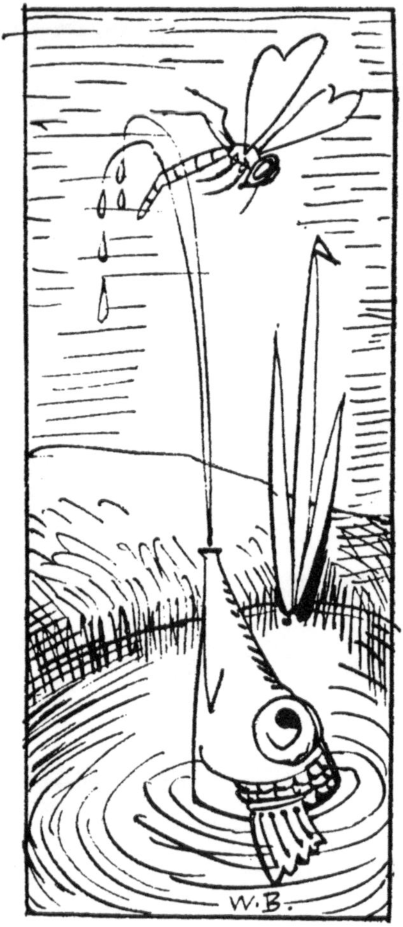

Der Spritzefisch ist ein
Gar listiger Geselle.
Gib acht und hüt' dich fein,
Leichtsinnige Libelle!!

Glück im Unglück

„Das war noch 'n Glück!"
Rief der Heuschreck. Da ließ er ein Bein zurück.

Unverhofft

Der Negerknabe ging so still
Am Nil dahin. Plötzlich erblickt er
Ein unverhofftes Krokodil.
Oh, wie erschrickt er!!

Gefahr im Verzuge

Wenn das Rhinozeros, das schlimme,
Dich kriegen will in seinem Grimme,
Dann steig auf einen Baum beizeiten,
Sonst hast du Unannehmlichkeiten.

Ein Muster der Schnelligkeit

Die Panzerkröte sprach zur Schnecke:
Pfui! Schäme dich!
Du kommst ja gar nicht recht vom Flecke!
Da sieh mal mich!!

Das Nilpferd

Das Nilpferd pflückt sich oft gemütlich
Ein Blümchen ab. Das macht sich niedlich!

Idyll

Maitanz

Fritz Heuschreck spielte Schrippdiddellitt
Auf seinem Violinchen;
Der Käferkasperl tanzte mit
Dem Schmetterlingskathrinchen.

Abendkonzert

Ein Konzert von Dilettanten,
Stimmt auch grad nicht jeder Ton,
Wie bei rechten Musikanten,
Ihnen selbst gefällt es schon.

Künstlers Hoffnung

Armer Künstler hat es sauer,
Doch Erfolg kommt allgemach!
Zeigt sich nur erst ein Beschauer,
Folgen wohl die andern nach.

Schnitzeln

Schnitzeln

Schnitzeln

Schnitzeln

Schnitzeln

Der Gratulant

Zu spät, mein Lieber!
Der Namenstag ist längst vorüber.

Prosit Neujahr

I.

Da steht und kräht er.
Vielleicht gerät er.

II.

Geld laßt von Herzen allen uns gönnen,
So viel die Esel nur tragen können.

III.

Das alte Jahr gar schnell entwich.
Es konnte sich kaum gedulden
Und ließ mit Freuden hinter sich
Den dicken Sack voll Schulden.

IV.

Das Schwein
Sei dein!

Kritik des Herzens

1874

Es wohnen die hohen Gedanken
In einem hohen Haus.
Ich klopfte, doch immer hieß es:
Die Herrschaft fuhr eben aus!

Nun klopf ich ganz bescheiden
Bei kleineren Leuten an.
Ein Stückel Brot, ein Groschen
Ernähren auch ihren Mann.

Der Hausknecht in dem „Weidenbusch“
Zu Frankfurt an dem Main,
Der war Poet, doch immer kurz,
Denn wenig fiel ihm ein.

Ja, sprach er, Freund, wir leben jetzt
In der Depeschenzeit,
Und Schiller, käm er heut zurück,
Wär auch nicht mehr so breit.

Die Selbstkritik hat viel für sich.
Gesetzt den Fall, ich tadle mich,
So hab ich erstens den Gewinn,
Daß ich so hübsch bescheiden bin;
Zum zweiten denken sich die Leut,
Der Mann ist lauter Redlichkeit;
Auch schnapp ich drittens diesen Bissen
Vorweg den andern Kritiküssen;
Und viertens hoff ich außerdem
Auf Widerspruch, der mir genehm.
So kommt es denn zuletzt heraus,
Daß ich ein ganz famoses Haus.

Mein Freund, an einem Sonntagmorgen,
Tät sich ein hübsches Rößlein borgen.
Mit frischem Hemd und frischem Mute,
In blanken Stiefeln, blankem Hute,
Die Haltung stramm und stramm die Hose,
Am Busen eine junge Rose,
So reitet er durch die Alleen,
Wie ein Adonis anzusehen.

Die Reiter machen viel Vergnügen,
Wenn sie ihr stolzes Roß bestiegen.

Nun kommt da unter sanftem Knarren
Ein milchbeladner Eselskarren.
Das Rößlein, welches sehr erschrocken,
Fängt an zu trappeln und zu bocken,
Und, hopp, das war ein Satz, ein weiter!
Dort rennt das Roß, hier liegt der Reiter,
Entfernt von seinem hohen Sitze,
Platt auf dem Bauche in der Pfütze.

Die Reiter machen viel Vergnügen,
Besonders, wenn sie drunten liegen.

Die Rose sprach zum Mägdelein:
Ich muß dir ewig dankbar sein,
Daß du mich an den Busen drückst
Und mich mit deiner Huld beglückst.

Das Mägdlein sprach: O Röslein mein,
Bild dir nur nicht zuviel drauf ein,
Daß du mir Aug und Herz entzückst.
Ich liebe dich, weil du mich schmückst.

Du fragtest mich früher nach mancherlei.
Ich sagte dir alles frank und frei.
Du fragtest, wann ich zu reisen gedächte,
Welch ein Geschäft ich machen möchte.
Ich sagte dir offen: dann und dann;
Ich gab dir meine Pläne an.
Oft hat die Reise mir nicht gepaßt;
Dann nanntest du mich n' Quirlequast.
Oft ging's mit dem Geschäfte krumm;
Dann wußtest du längst, es wäre dumm.
Oft kamst du mir auch mit List zuvor;
Dann schien ich mir selber ein rechter Tor.
Nun hab ich, weil mich dieses gequält,
Mir einen hübschen Ausweg erwählt.
Ich rede, wenn ich reden soll,
Und lüge dir die Jacke voll.

Vor Jahren waren wir mal entzweit
Und taten uns manches zum Torte;
Wir sagten uns beide zu jener Zeit
Viel bitterböse Worte.

Drauf haben wir uns ineinander geschickt;
Wir schlossen Frieden und haben
Die bitterbösen Worte erstickt
Und fest und tief begraben.

Jetzt ist es wirklich recht fatal,
Daß wieder ein Zwist notwendig.
O weh! Die Worte von dazumal,
Die werden nun wieder lebendig.

Die kommen nun erst in offnen Streit
Und fliegen auf alle Dächer;
Nun bringen wir sie in Ewigkeit
Nicht wieder in ihre Löcher.

Ich kam in diese Welt herein,
Mich baß zu amüsieren,
Ich wollte gern was Rechtes sein
Und mußte mich immer genieren.
Oft war ich hoffnungsvoll und froh,
Und später kam es doch nicht so.

Nun lauf ich manchen Donnerstag
Hienieden schon herummer,
Wie ich mich drehn und wenden mag,
's ist immer der alte Kummer.
Bald klopft vor Schmerz und bald vor Lust
Das rote Ding in meiner Brust.

Sehr tadelnswert ist unser Tun,
Wir sind nicht brav und bieder. –
Gesetzt den Fall, es käme nun
Die Sündflut noch mal wieder.

Das wär ein Zappeln und Geschreck!
Wir tauchten alle unter;
Dann kröchen wir wieder aus dem Dreck
Und wären, wie sonst, recht munter.

Es kam ein Lump mir in die Quer
Und hielt den alten Felbel her.
Obschon er noch gesund und stark,
Warf ich ihm dennoch eine Mark
Recht freundlich in den Hut hinein.
Der Kerl schien Philosoph zu sein.
Er sprach mit ernstem Bocksgesicht:
Mein Herr, Sie sehn, ich danke nicht.
Das Danken bin ich nicht gewohnt.
Ich nehme an, Sie sind gescheit
Und fühlen sich genug belohnt
Durch Ihre Eitelkeit.

Sei ein braver Biedermann,
Fange tüchtig an zu loben!
Und du wirst von uns sodann
Gerne mit emporgehoben.

Wie, du ziehst ein schiefes Maul?
Willst nicht, daß dich andre adeln?
Na, denn sei mir nur nicht faul
Und verlege dich aufs Tadeln.

Gelt, das ist ein Hochgenuß,
Schwebst du so mit Wohlgefallen
Als ein sel'ger Kritikus
Hocherhaben über allen.

Ich habe von einem Vater gelesen:
Die Tochter ist beim Theater gewesen.
Ein Schurke hat ihm das Mädchen verdorben,
So daß es im Wochenbette gestorben.
Das nahm der Vater sich tief zu Gemüte.
Und als er den Schurken zu fassen kriegte,
Verzieh er ihm nobel die ganze Geschichte.
Ich weine ob solcher Güte.

Kennt der Kerl denn keine Gnade?
Soll er uns mit seiner Suade,
Durch sein breites Explizieren,
Schwadronieren, Disputieren,
Soll er uns denn stets genieren,
Dieser säuselnde Philister,
Beim Genuß des edlen Weins?
Pump ihn an, und plötzlich ist er
Kurz und bündig wie Glock Eins.

Man wünschte sich herzlich gute Nacht;
Die Tante war schrecklich müde;
Bald sind die Lichter ausgemacht,
Und alles ist Ruh und Friede.

Im ganzen Haus sind nur noch zween,
Die keine Ruhe finden,
Das ist der gute Vetter Eugen
Mit seiner Base Lucinden.

Sie wachten zusammen bis in die Früh,
Sie herzten sich und küßten.
Des Morgens beim Frühstück taten sie,
Als ob sie von nichts was wüßten.

Wenn alles sitzen bliebe,
Was wir in Haß und Liebe
So voneinander schwatzen;
Wenn Lügen Haare wären,
Wir wären rauh wie Bären
Und hätten keine Glatzen.

Mich wurmt es, wenn ich nur dran denke. –
Es saß zu München in der Schenke
Ein Protz mit dunkelroter Nase
Beim elften oder zwölften Glase.
Da schlich sich kümmerlich heran
Ein armer alter Bettelmann,
Zog vor dem Protzen seinen Hut
Und fleht: Gnä Herr, ach sein S' so gut!
Der Protz jedoch, fuchsteufelswild,
Statt was zu geben, flucht und schilt:
Gehst raus, du alter Lump, du schlechter!
Nix möcht' er, als grad saufen möcht er!

Es sassen einstens beieinand
Zwei Knaben, Fritz und Ferdinand.
Da sprach der Fritz: Nun gib mal acht,
Was ich geträumt vergangne Nacht.
Ich stieg in einen schönen Wagen,
Der Wagen war mit Gold beschlagen.
Zwei Englein spannten sich davor,
Die zogen mich zum Himmelstor.
Gleich kamst du auch und wolltest mit
Und sprangest auf den Kutschentritt,
Jedoch ein Teufel, schwarz und groß,
Der nahm dich hinten bei der Hos
Und hat dich in die Höll getragen.
Es war sehr lustig, muß ich sagen. –
So hübsch nun dieses Traumgesicht,
Dem Ferdinand gefiel es nicht.
Schlapp! schlug er Fritzen an das Ohr,
Daß er die Zippelmütz verlor.
Der Fritz, der dies verdrießlich fand,
Haut wiederum den Ferdinand;
Und jetzt entsteht ein Handgemenge,
Sehr schmerzlich und von großer Länge. –
So geht durch wesenlose Träume
Gar oft die Freundschaft aus dem Leime.

Zwischen diesen zwei gescheiten
Mädchen, Anna und Dorette,
Ist zu allen Tageszeiten
Doch ein ewiges Gekrette,

Noch dazu um Kleinigkeiten –
Gestern gingen sie zu Bette,
Und sie fingen an zu streiten,
Wer die dicksten Waden hätte.

Es sitzt ein Vogel auf dem Leim,
Er flattert sehr und kann nicht heim.
Ein schwarzer Kater schleicht herzu,
Die Krallen scharf, die Augen gluh.
Am Baum hinauf und immer höher
Kommt er dem armen Vogel näher.

Der Vogel denkt: Weil das so ist
Und weil mich doch der Kater frißt,
So will ich keine Zeit verlieren,
Will noch ein wenig quinquilieren
Und lustig pfeifen wie zuvor.
Der Vogel, scheint mir, hat Humor.

Lass doch das ew'ge Fragen,
Verehrter alter Freund.
Ich will von selbst schon sagen,
Was mir vonnöten scheint.

Du sagst vielleicht dagegen:
Man fragt doch wohl einmal.
Gewiß! Nur allerwegen
Ist mir's nicht ganz egal.

Bei deinem Fragestellen
Hat eines mich frappiert:
Du fragst so gern nach Fällen,
Wobei ich mich blamiert.

Ein dicker Sack – den Bauer Bolte,
Der ihn zur Mühle tragen wollte,
Um auszuruhn, mal hingestellt
Dicht an ein reifes Ährenfeld –
Legt sich in würdevolle Falten
Und fängt 'ne Rede an zu halten.

Ich, sprach er, bin der volle Sack.
Ihr Ähren seid nur dünnes Pack,
Ich bin's, der euch auf dieser Welt
In Ewigkeit zusammenhält.
Ich bin's, der hoch vonnöten ist,
Daß euch das Federvieh nicht frißt;
Ich, dessen hohe Fassungskraft
Euch schließlich in die Mühle schafft.
Verneigt euch tief, denn ich bin Der!
Was wäret ihr, wenn ich nicht wär?

Sanft rauschen die Ähren:
Du wärst ein leerer Schlauch, wenn wir nicht wären.

Ihr kennt ihn doch schon manches Jahr,
Wißt, was es für ein Vogel war;
Wie er in allen Gartenräumen
Herumgeflattert auf den Bäumen;

Wie er die hübschen roten Beeren,
Die andern Leuten zugehören,
Mit seinem Schnabel angepickt
Und sich ganz lasterhaft erquickt.

Nun hat sich dieser böse Näscher,
Gardinenschleicher, Mädchenhäscher,
Der manchen Biedermann gequält,
Am Ende selber noch vermählt.

Nun legt er seine Stirn in Falten,
Fängt eine Predigt an zu halten
Und möchte uns von Tugend schwatzen.

Ei, so ein alter Schlingel! Kaum
Hat er 'nen eignen Kirschenbaum,
So schimpft er auf die Spatzen.

ICH MEINE DOCH, SO SPRACH ER MAL,
Die Welt ist recht pläsierlich.
Das dumme Geschwätz von Schmerz und Qual
Erscheint mir ganz ungebührlich.

Mit reinem, kindlichem Gemüt
Genieß ich, was mir beschieden,
Und durch mein ganzes Wesen zieht
Ein himmlischer Seelenfrieden. –

Kaum hat er diesen Spruch getan,
Aujau! so schreit er kläglich.
Der alte hohle Backenzahn
Wird wieder mal unerträglich.

FERNE BERGE SEH ICH GLÜHEN!
Unruhvoller Wandersinn!
Morgen will ich weiterziehen,
Weiß der Teufel, wohin!

Ja, ich will mich nur bereiten,
Will – was hält mich nur zurück?
Nichts wie dumme Kleinigkeiten!
Zum Exempel, dein Blick!

ICH WUSSTE, SIE IST IN DER KÜCHEN,
Ich bin ihr leise nachgeschlichen.
Ich wollt' ihr ew'ge Treue schwören
Und fragen: Willst du mir gehören?
Auf einmal aber stutzte ich.
Sie kramte zwischen dem Gewürze;
Dann schneuzte sie und putzte sich
Die Nase mit der Schürze.

Ich hab in einem alten Buch gelesen
Von einem Jüngling, welcher schlimm gewesen.
Er streut sein Hab und Gut in alle Winde.
Von Lust zu Lüsten und von Sünd zu Sünde,
In tollem Drang, in schrankenlosem Streben
Spornt er sein Roß hinein ins wilde Leben,
Bis ihn ein jäher Sturz vom Felsenrand
Dahingestreckt in Sand und Sonnenbrand,
Daß Ströme Bluts aus seinem Munde dringen
Und jede Hoffnung fast erloschen ist.
Ich aber hoffe – sagt hier der Chronist –,
Die Gnade leiht dem Jüngling ihre Schwingen.

Im selben Buche hab ich auch gelesen
Von einem Manne, der honett gewesen.
Es war ein Mann, den die Gemeinde ehrte,
Der so von sechs bis acht sein Schöppchen leerte,
Der aus Prinzip nie einem etwas borgte,
Der emsig nur für Frau und Kinder sorgte;
Dazu ein proprer Mann, der nie geflucht,
Der seine Kirche musterhaft besucht.
Kurzum, er hielt sein Rößlein stramm im Zügel
Und war, wie man so sagt, ein guter Christ.
Ich fürchte nur – bemerkt hier der Chronist –,
Dem Biedermanne wachsen keine Flügel.

Selig sind die Auserwählten,
Die sich liebten und vermählten;
Denn sie tragen hübsche Früchte.
Und so wuchert die Geschichte
Sichtbarlich von Ort zu Ort.
Doch die braven Junggesellen,
Jungfern ohne Ehestellen,
Welche ohne Leibeserben
So als Blattgewächse sterben,
Pflanzen sich durch Knollen fort.

Es ging der fromme Herr Kaplan,
Nachdem er bereits viel Gutes getan,
In stiller Betrachtung der schönen Natur
Einst zur Erholung durch die Flur.
Und als er kam an den Waldessaum,
Da rief der Kuckuck lustig vom Baum:
Wünsch guten Abend, Herr Kollege!
Der Storch dagegen, nicht weit vom Wege,
Steigt in der Wiese auf und ab
Und spricht verdrießlich: Plapperpapp!
Gäb's lauter Pfaffen lobesam,
Ich wäre längst schon flügellahm!

Man sieht, daß selbst der frömmste Mann
Nicht allen Leuten gefallen kann.

Ach, wie geht's dem Heiligen Vater!
Groß und schwer sind seine Lasten,
Drum, o Joseph, trag den Gulden
In Sankt Peters Sammelkasten!

So sprach im Seelentrauerton
Die Mutter zu dem frommen Sohn.
Der Joseph, nach empfangner Summe,
Eilt auch sogleich ums Eck herumme,
Bis er das Tor des Hauses fand,
Wo eines Bockes Bildnis stand,
Was man dahin gemalt mit Fleiß
Zum Zeichen, daß hier Bockverschleiß.
Allhier in einem kühlen Hof
Setzt sich der Joseph hin und sof;
Und aß dazu, je nach Bedarf,
Die gute Wurst, den Radi scharf,
Bis er, was nicht gar lange währt,
Sankt Peters Gulden aufgezehrt.
Nun wird's ihm trauriglich zu Sinn,
Und stille singt er vor sich hin:

Ach, der Tugend schöne Werke,
Gerne möcht ich sie erwischen,
Doch ich merke, doch ich merke,
Immer kommt mir was dazwischen.

Wirklich, er war unentbehrlich!
Überall, wo was geschah
Zu dem Wohle der Gemeinde,
Er war tätig, er war da.

Schützenfest, Kasinobälle,
Pferderennen, Preisgericht,
Liedertafel, Spritzenprobe,
Ohne ihn, da ging es nicht.

Ohne ihn war nichts zu machen,
Keine Stunde hatt' er frei.
Gestern, als sie ihn begruben,
War er richtig auch dabei.

Er stellt sich vor sein Spiegelglas
Und arrangiert noch dies und das.
Er dreht hinaus des Bartes Spitzen,
Sieht zu, wie seine Ringe blitzen,
Probiert auch mal, wie sich das macht,
Wenn er so herzgewinnend lacht,
Übt seines Auges Zauberkraft,
Legt die Krawatte musterhaft,
Wirft einen süßen Scheideblick
Auf sein geliebtes Bild zurück,
Geht dann hinaus zur Promenade,
Umschwebt vom Dufte der Pomade,
Und ärgert sich als wie ein Stint,
Daß andre Leute eitel sind.

Da kommt mir eben so ein Freund
Mit einem großen Zwicker.
Ei, ruft er, Freundchen, wie mir scheint,
Sie werden immer dicker.

Ja, ja, man weiß oft selbst nicht wie,
So kommt man in die Jahre;
Pardon, mein Schatz, hier haben Sie
Schon eins, zwei graue Haare! –

Hinaus, verdammter Kritikus,
Sonst schmeiß ich dich in Scherben.
Du Schlingel willst mir den Genuß
Der Gegenwart verderben!

Was ist die alte Mamsell Schmöle
Für eine liebe, treue Seele!
Sie spricht zu ihrer Dienerin:
Ach, Rike, geh Sie da nicht hin!
Was will Sie da im goldnen Löben
Heut abend auf und nieder schweben?
Denn wedelt nicht bei Spiel und Tanz
Der Teufel fröhlich mit dem Schwanz?
Und überhaupt, was ist es nütz?
Sie quält sich ab, sie kommt in Schwitz,
Sie geht hinaus, erkältet sich
Und hustet dann ganz fürchterlich.
Drum bleibe Sie bei mir nur lieber!
Und, Rike, geh Sie mal hinüber
Und hole Sie von Kaufmann Fräse
Ein Viertel guten Schweizerkäse,
Und sei Sie aber ja ja ja
Gleich zur Minute wieder da!
So ist die gute Mamsell Schmöle
Besorgt für Rikens Heil der Seele.
Ja später noch, in stiller Nacht,
Ist sie auf diesen Zweck bedacht

Und schleicht an Rikens Kammertür
Und schaut, ob auch die Rike hier,
Und ob sie auch in Frieden ruht
Und daß ihr ja nicht wer was tut,
Was sich nun einmal nicht gehört,
Was gottlos und beneidenswert.

Die erste alte Tante sprach:
Wir müssen nun auch dran denken,
Was wir zu ihrem Namenstag
Dem guten Sophiechen schenken.

Drauf sprach die zweite Tante kühn:
Ich schlage vor, wir entscheiden
Uns für ein Kleid in Erbsengrün,
Das mag Sophiechen nicht leiden.

Der dritten Tante war das recht:
Ja, sprach sie, mit gelben Ranken!
Ich weiß, sie ärgert sich nicht schlecht
Und muß sich auch noch bedanken.

Es stand vor eines Hauses Tor
Ein Esel mit gespitztem Ohr,
Der käute sich ein Bündel Heu
Gedankenvoll und still entzwei. –
Nun kommen da und bleiben stehn
Der naseweisen Buben zween,
Die auch sogleich, indem sie lachen,
Verhaßte Redensarten machen,
Womit man denn bezwecken wollte,
Daß sich der Esel ärgern sollte. –
Doch dieser hocherfahrne Greis
Beschrieb nur einen halben Kreis,
Verhielt sich stumm und zeigte itzt
Die Seite, wo der Wedel sitzt.

Es wird mit Recht ein guter Braten
Gerechnet zu den guten Taten;
Und daß man ihn gehörig mache,
Ist weibliche Charaktersache.
Ein braves Mädchen braucht dazu
Mal erstens reine Seelenruh,
Daß bei Verwendung der Gewürze
Sie sich nicht hastig überstürze.
Dann zweitens braucht sie Sinnigkeit,
Ja, sozusagen Innigkeit,
Damit sie alles appetitlich,
Bald so, bald so und recht gemütlich
Begießen, drehn und wenden könne,
Daß an der Sache nichts verbrenne.
In Summa braucht sie Herzensgüte,
Ein sanftes Sorgen im Gemüte,
Fast etwas Liebe insofern,
Für all die hübschen, edlen Herrn,
Die diesen Braten essen sollen
Und immer gern was Gutes wollen.
Ich weiß, daß hier ein jeder spricht:
Ein böses Mädchen kann es nicht.
Drum hab ich mir auch stets gedacht
Zu Haus und anderwärts:
Wer einen guten Braten macht,
Hat auch ein gutes Herz.

Wer möchte diesen Erdenball
Noch fernerhin betreten,
Wenn wir Bewohner überall
Die Wahrheit sagen täten.

Ihr hießet uns, wir hießen euch
Spitzbuben und Halunken,
Wir sagten uns fatales Zeug,
Noch eh wir uns betrunken.

Und überall im weiten Land,
Als langbewährtes Mittel,
Entsproßte aus der Menschenhand
Der treue Knotenknittel.

Da lob ich mir die Höflichkeit,
Das zierliche Betrügen.
Du weißt Bescheid, ich weiß Bescheid,
Und allen macht's Vergnügen.

Es sprach der Fritz zu dem Papa:
Was sie nur wieder hat?
Noch gestern sagte mir Mama:
Du fährst mit in die Stadt.

Ich hatte mich schon so gefreut
Und war so voll Pläsier.
Nun soll ich doch nicht mit, denn heut,
Da heißt es: Fritz bleibt hier!

Der Vater saß im Sorgensitz.
Er sagte ernst und still:
Trau Langhals nicht, mein lieber Fritz,
Der hustet, wann er will!

Die Tante winkt, die Tante lacht:
He, Fritz, komm mal herein!
Sieh, welch ein hübsches Brüderlein
Der gute Storch in letzter Nacht
Ganz heimlich der Mama gebracht.
Ei ja, das wird dich freun!
Der Fritz, der sagte kurz und grob:
Ich hol 'n dicken Stein
Und schmeiß ihn an den Kopp!

Du willst sie nie und nie mehr wiedersehen?
Besinne dich, mein Herz, noch ist es Zeit.
Sie war so lieb. Verzeih, was auch geschehen.
Sonst nimmt dich wohl beim Wort die Ewigkeit
Und zwingt dich mit Gewalt zum Weitergehen
Ins öde Reich der Allvergessenheit.
Du rufst und rufst; vergebens sind die Worte;
Ins feste Schloß dumpf dröhnend schlägt die Pforte.

Es flog einmal ein muntres Fliegel
Zu einem vollen Honigtiegel.
Da tunkt es mit Zufriedenheit
Den Rüssel in die Süßigkeit.
Nachdem es dann genug geschleckt,
Hat es die Flügel ausgereckt
Und möchte sich nach oben.schwingen.
Allein das Bein im Honigseim
Sitzt fest als wie in Vogelleim.
Nun fängt das Fliegel an zu singen:
Ach, lieber Himmel, mach mich frei
Aus dieser süßen Sklaverei!

Ein Freund von mir, der dieses sah,
Der seufzte tief und rief: Ja, ja!

Was soll ich nur von eurer Liebe glauben?
Was kriecht ihr immer so in dunkle Lauben?
Wozu das ew'ge Flüstern und Gemunkel?
Das scheinen höchst verdächtige Geschichten.
Und selbst die besten ehelichen Pflichten,
Von allem Tun die schönste Tätigkeit,
In Tempeln von des Priesters Hand geweiht,
Ihr hüllt sie in ein schuldbewußtes Dunkel.

Der alte Förster Püsterich,
Der ging nach langer Pause
Mal wieder auf den Schnepfenstrich
Und brachte auch eine nach Hause.

Als er sie nun gebraten hätt,
Da tät ihn was verdreußen;
Das Tierlein roch wie sonst so nett,
Nur konnt er's nicht recht mehr beißen.

Ach ja! so seufzt er wehgemut
Und wischt sich ab die Träne,
Die Nase wär so weit noch gut,
Nur bloß, es fehlen die Zähne.

Ich weiss noch, wie er in der Juppe
Als rauhbehaarte Bärenpuppe
Vor seinem vollen Humpen saß
Und hoch und heilig sich vermaß,
Nichts ginge über rechten Durst,
Und Lieb und Ehr wär gänzlich Wurst.

Darauf verging nicht lange Zeit,
Da sah ich ihn voll Seligkeit,
Gar schön gebürstet und gekämmt,
Im neuen Frack und reinem Hemd,
Aus Sankt Micheli Kirche kommen,
Allwo er sich ein Weib genommen.

Nun ist auch wohl, so wie mir scheint,
Die Zeit nicht ferne, wo er meint,
Daß so ein kleines Endchen Ehr
Im Knopfloch gar nicht übel wär.

Es sass in meiner Knabenzeit
Ein Fräulein jung und frisch
Im ausgeschnittnen grünen Kleid
Mir vis-à-vis bei Tisch.

Und wie's denn so mit Kindern geht,
Sehr frömmig sind sie nie,
Ach, dacht ich oft beim Tischgebet,
Wie schön ist doch Marie!

Kinder, lasset uns besingen,
Aber ohne allen Neid,
Onkel Kaspers rote Nase,
Die uns schon so oft erfreut.

Einst ward sie als zarte Pflanze
Ihm von der Natur geschenkt;
Fleißig hat er sie begossen,
Sie mit Wein und Schnaps getränkt.

Bald bemerkte er mit Freuden,
Daß die junge Knospe schwoll,
Bis es eine Rose wurde,
Dunkelrot und wundervoll.

Alle Rosen haben Dornen,
Diese Rose hat sie nicht,
Hat nur so ein Büschel Haare,
Welches keinen Menschen sticht.

Ihrem Kelch entströmen süße
Wohlgerüche, mit Verlaub:
Aus der wohlbekannten Dose
Schöpft sie ihren Blütenstaub.

Oft an einem frischen Morgen
Zeigt sie uns ein duftig Blau,
Und an ihrem Herzensblatte
Blinkt ein Tröpflein Perlentau.

Wenn die andern Blumen welken,
Wenn's im Winter rauh und kalt,
Dann hat diese Wunderrose
Erst die rechte Wohlgestalt.

Drum zu ihrem Preis und Ruhme
Singen wir dies schöne Lied.
Vivat Onkel Kaspers Nase,
Die zu allen Zeiten blüht!

WENN ICH DEREINST GANZ ALT UND SCHWACH,
Und 's ist mal ein milder Sommertag,
So hink ich wohl aus dem kleinen Haus
Bis unter den Lindenbaum hinaus.
Da setz ich mich denn im Sonnenschein
Einsam und still auf die Bank von Stein,
Denk an vergangene Zeiten zurücke
Und schreibe mit meiner alten Krücke
Und mit der alten zitternden Hand

So vor mir in den Sand.

Die Liebe war nicht geringe.
Sie wurden ordentlich blaß;
Sie sagten sich tausend Dinge
Und wußten noch immer was.

Sie mußten sich lange quälen,
Doch schließlich kam's dazu,
Daß sie sich konnten vermählen.
Jetzt haben die Seelen Ruh.

Bei eines Strumpfes Bereitung
Sitzt sie im Morgenhabit;
Er liest in der Kölnischen Zeitung
Und teilt ihr das Nötige mit.

Früher, da ich unerfahren
Und bescheidner war als heute,
Hatten meine höchste Achtung
Andre Leute.

Später traf ich auf der Weide
Außer mir noch mehre Kälber,
Und nun schätz ich, sozusagen,
Erst mich selber.

Gott ja, was gibt es doch für Narren!
Ein Bauer schneidet sich 'n Knarren
Vom trocknen Brot und kaut und kaut.
Dabei hat er hinaufgeschaut
Nach einer Wurst, die still und heiter
Im Rauche schwebt, dicht bei der Leiter.
Er denkt mit heimlichem Vergnügen:
Wenn ick man woll, ick könn di kriegen!

Es sass ein Fuchs im Walde tief.
Da schrieb ihm dér Bauer einen Brief:
So und so, und er sollte nur kommen,
's wär alles verziehn, was übelgenommen.
Der Hahn, die Hühner und Gänse ließen
Ihn alle zusammen auch vielmals grüßen.
Und wann ihn denn erwarten sollte
Sein guter, treuer Krischan Bolte.
Drauf schrieb der Fuchs mit Gänseblut:
Kann nicht gut.
Meine Alte mal wieder
Gekommen nieder!
Im übrigen von ganzer Seele
Dein Fuchs in der Höhle.

Sie stritten sich beim Wein herum,
Was das nun wieder wäre;
Das mit dem Darwin wär gar zu dumm
Und wider die menschliche Ehre.

Sie tranken manchen Humpen aus,
Sie stolperten aus den Türen,
Sie grunzten vernehmlich und kamen zu Haus
Gekrochen auf allen vieren.

Ach, ich fühl es! Keine Tugend
Ist so recht nach meinem Sinn;
Stets befind ich mich am wohlsten,
Wenn ich damit fertig bin.

Dahingegen so ein Laster,
Ja, das macht mir viel Pläsier;
Und ich hab die hübschen Sachen
Lieber vor als hinter mir.

Ich sah dich gern im Sonnenschein,
Wenn laut die Vöglein sangen,
Wenn durch die Wangen und Lippen dein
Rosig die Strahlen drangen.

Ich sah dich auch gern im Mondenlicht
Beim Dufte der Jasminen,
Wenn mir dein freundlich Angesicht
So silberbleich erschienen.

Doch, Mädchen, gern hätt' ich dich auch,
Wenn ich dich gar nicht sähe
Und fühlte nur deines Mundes Hauch
In himmlisch warmer Nähe.

Denkst du dieses alte Spiel
Immer wieder aufzuführen?
Willst du denn mein Mitgefühl
Stets durch Tränen ausprobieren?

Oder möchtest du vielleicht
Mir des Tanzes Lust versalzen?
Früher hast du's oft erreicht;
Heute werd ich weiter walzen.

Sie hat nichts und du desgleichen;
Dennoch wollt ihr, wie ich sehe,
Zu dem Bund der heil'gen Ehe
Euch bereits die Hände reichen.

Kinder, seid ihr denn bei Sinnen?
Überlegt euch das Kapitel!
Ohne die gehör'gen Mittel
Soll man keinen Krieg beginnen.

Sahst du das wunderbare Bild von Brouwer?
Es zieht dich an wie ein Magnet.
Du lächelst wohl, derweil ein Schreckensschauer
Durch deine Wirbelsäule geht.

Ein kühler Doktor öffnet einem Manne
Die Schwäre hinten im Genick;
Daneben steht ein Weib mit einer Kanne,
Vertieft in dieses Mißgeschick.

Ja, alter Freund, wir haben unsre Schwäre
Meist hinten. Und voll Seelenruh
Drückt sie ein andrer auf. Es rinnt die Zähre,
Und fremde Leute sehen zu.

Du warst noch so ein kleines Mädchen
Von acht, neun Jahren ungefähr,
Da fragtest du mich vertraut und wichtig:
Wo kommen die kleinen Kinder her?

Als ich nach Jahren dich besuchte,
Da warst du schon über den Fall belehrt,
Du hattest die alte vertrauliche Frage
Hübsch praktisch gelöst und aufgeklärt.

Und wieder ist die Zeit vergangen.
Hohl ist der Zahn und ernst der Sinn.
Nun kommt die zweite wichtige Frage:
Wo gehen die alten Leute hin?

Madam, ich habe mal vernommen,
Ich weiß nicht mehr so recht, von wem:
Die praktische Lösung dieser Frage
Sei eigentlich recht unbequem.

Das Bild des Manns in nackter Jugendkraft,
So stolz in Ruhe und bewegt so edel,
Wohl ist's ein Anblick, der Bewundrung schafft;
Drum Licht herbei! Und merke dir's, o Schädel!

Jedoch ein Weib, ein unverhülltes Weib –
Da wird dir's doch ganz anders, alter Junge.
Bewundrung zieht sich durch den ganzen Leib
Und greift mit Wonneschreck an Herz und Lunge.

Und plötzlich jagt das losgelaßne Blut
Durch alle Gassen, wie die Feuerreiter.
Der ganze Kerl ist eine helle Glut;
Er sieht nichts mehr und tappt nur noch so weiter.

Er war ein grundgescheiter Mann,
Sehr weise und hocherfahren;
Er trug ein graumeliertes Haar,
Dieweil er schon ziemlich bei Jahren.

Er war ein abgesagter Feind
Des Lachens und des Scherzens –
Und war doch der größte Narr am Hof
Der Königin seines Herzens.

Hoch verehr ich ohne Frage
Dieses gute Frauenzimmer.
Seit dem segensreichen Tage,
Da ich sie zuerst erblickt,
Hat mich immer hoch entzückt
Ihre rosenfrische Jugend,
Ihre Sittsamkeit und Tugend
Und die herrlichen Talente.
Aber dennoch denk ich immer,
Daß es auch nicht schaden könnte,
Wäre sie ein bissel schlimmer.

Ich weiss ein Märchen hübsch und tief.
Ein Hirtenknabe lag und schlief.
Da sprang heraus aus seinem Mund
Ein Mäuslein auf den Heidegrund.
Das weiße Mäuslein lief sogleich
Nach einem Pferdeschädel bleich,
Der da schon manchen lieben Tag
In Sonnenschein und Regen lag.
Husch! ist das kleine Mäuslein drin,
Läuft hin und her und her und hin,
Besieht sich all die leeren Fächer,
Schaut listig durch die Augenlöcher
Und raschelt so die Kreuz und Quer
Im alten Pferdekopf umher. –
Auf einmal kommt ’ne alte Kuh,
Stellt sich dahin und macht Hamuh!
Das Mäuslein, welches sehr erschreckt,
Daß da auf einmal wer so blökt,
Springt, hutschi, übern Heidegrund
Und wieder in des Knaben Mund. –

Der Knab erwacht und seufzte: Oh,
Wie war ich doch im Traum so froh!
Ich ging in einen Wald hinaus,
Da kam ich vor ein hohes Haus,
Das war ein Schloß von Marmelstein.
Ich ging in dieses Schloß hinein.
Im Schloß sah ich ein Mädchen stehn,
Das war Prinzessin Wunderschön.
Sie lächelt freundlich und bekannt,
Sie reicht mir ihre weiße Hand,
Sie spricht: „Schau her, ich habe Geld,
Und mir gehört die halbe Welt;
Ich liebe dich nur ganz allein,
Du sollst mein Herr und König sein.“
Und wie ich fall in ihren Schoß,
Ratuh! kommt ein Trompetenstoß.
Und weg ist Liebchen, Schloß und alles
Infolge des Trompetenschalles.

Wärst du ein Bächlein, ich ein Bach,
So eilt ich dir geschwinde nach.
Und wenn ich dich gefunden hätt'
In deinem Blumenuferbett:
Wie wollt ich mich in dich ergießen
Und ganz mit dir zusammenfließen,
Du vielgeliebtes Mädchen du!
Dann strömten wir bei Nacht und Tage
Vereint in süßem Wellenschlage
Dem Meere zu.

Es hatt' ein Müller eine Mühl
An einem Wasser kühle;
Da kamen hübscher Mädchen viel
Zu mahlen in der Mühle.

Ein armes Mädel war darunt,
Zählt sechzehn Jahre eben;
Allwo es ging, allwo es stund,
Der Müller stund daneben.

Er schenkt ein Ringlein ihr von Gold,
Daß er in allen Ehren
Sie ewig immer lieben wollt;
Da ließ sie sich betören.

Der Müller, der war falsch von Sinn:
„Wenn ich mich tu vermählen,
So will ich mir als Müllerin
Wohl eine Reiche wählen."

Da 's arme Mädel das vernahm,
Wird's blaß und immer blasser
Und red't nit mehr und ging und kam
Und sprang ins tiefe Wasser. –

Der Müller kümmert sich nicht viel,
Tät Hochzeitsleut bestellen
Und fährt mit Sang und Saitenspiel
'ne andre zur Kapellen.

Doch als man auf die Brücke kam,
Fängt's Wasser an zu wogen
Und zischt und rauscht verwundersam
Herauf bis an den Bogen.

Die weiße Wassernixe stand
Auf schaumgekrönter Welle;
Sie hält in ihrer weißen Hand
Von Gold ein Ringlein helle.

Du Falscher, deine Zeit ist aus!
Beeile dich geschwinde!
Dich ruft hinab ins kalte Haus
Die Mutter mit dem Kinde.

MEIN KLEINSTER FEHLER IST DER NEID.
Aufrichtigkeit, Bescheidenheit,
Dienstfertigkeit und Frömmigkeit,
Obschon es herrlich schöne Gaben,
Die gönn' ich allen, die sie haben.
Nur wenn ich sehe, daß der Schlechte
Das kriegt, was ich gern selber möchte;
Nur wenn ich leider in der Nähe
So viele böse Menschen sehe,
Und wenn ich dann so oft bemerke
Wie sie durch sittenlose Werke
Den lasterhaften Leib ergötzen,
Das freilich tut mich tief verletzen.
Sonst, wie gesagt, bin ich hienieden
Gottlobunddank so recht zufrieden.

Der alte Junge ist gottlob
Noch immer äußerst rührig;
Er läßt nicht nach, er tut als ob,
Wenn schon die Sache schwierig.

Wie wonnig trägt er Bart und Haar,
Wie blinkt der enge Stiefel.
Und bei den Damen ist er gar
Ein rechter böser Schliefel.

Beschließt er dann des Tages Lauf,
So darf er sich verpusten,
Setzt seine Zipfelkappe auf
Und muß ganz schrecklich husten.

Gerne wollt ihr Gutes gönnen
Unserm Goethe, unserm Schiller,
Nur nicht Meier oder Müller,
Die noch selber lieben können.

Denn durch eure Männerleiber
Geht ein Konkurrenzgetriebe,
Sei es Ehre, sei es Liebe;
Doch dahinter stecken Weiber.

Wie schad, dass ich kein Pfaffe bin.
Das wäre so mein Fach.
Ich bummelte durchs Leben hin
Und dächt' nicht weiter nach.

Mich plagte nicht des Grübelns Qual,
Der dumme Seelenzwist,
Ich wüßte ein für allemal,
Was an der Sache ist.

Und weil mich dann kein Teufel stört,
So schlief ich recht gesund,
Wär wohlgenährt und hochverehrt
Und würde kugelrund.

Käm dann die böse Fastenzeit,
So wär ich fest dabei,
Bis ich mich elend abkasteit
Mit Lachs und Hühnerei.

Und dich, du süßes Mägdelein,
Das gern zur Beichte geht,
Dich nähm ich dann so ganz allein
Gehörig ins Gebet.

Du hast das schöne Paradies verlassen,
Tratst ein in dieses Labyrinthes Gassen,
Verlockt von lieblich winkenden Gestalten,
Die Schale dir und Kranz entgegenhalten;
Und unaufhaltsam zieht's dich weit und weiter.
Wohl ist ein leises Ahnen dein Begleiter,
Ein heimlich Graun, daß diese süßen Freuden
Dich Schritt um Schritt von deiner Heimat scheiden,
Daß Irren Sünde, Heimweh dein Gewissen;
Doch ach, umsonst! Der Faden ist zerrissen.
Hohläugig faßt der Schmerz dich an und warnt,
Du willst zurück, die Seele ist umgarnt.
Vergebens steht ob deinem Haupt der Stern.
Einsam, gefangen, von der Heimat fern,
Ein Sklave, starrst du in des Stromes Lauf
Und hängst an Weiden deine Harfe auf.
Nun fährst du wohl empor, wenn so zuzeiten
Im stillen Mondlicht durch die Saiten
Ein leises wehmutsvolles Klagen geht
Von einem Hauch, der aus der Heimat weht.

Wärst du wirklich so ein rechter
Und wahrhaftiger Asket,
So ein Welt- und Kostverächter,
Der bis an die Wurzel geht,

Dem des Goldes freundlich Blinken,
Dem die Liebe eine Last,
Der das Essen und das Trinken,
Der des Ruhmes Kränze haßt –

Das Gekratze und Gejucke,
Aller Jammer hörte auf;
Kracks! Mit einem einz'gen Rucke
Hemmtest du den Weltenlauf.

Nun, da die Frühlingsblumen wieder blühen,
In milder Luft die weißen Wolken ziehen,
Denk ich mit Wehmut deiner Lieb und Güte,
Du süßes Mädchen, das so früh verblühte.
Du liebtest nicht der Feste Lärm und Gaffen,
Erwähltest dir daheim ein stilles Schaffen,
Die Sorge und Geduld, das Dienen, Geben,
Ein inniglich es Nurfürandreleben.
So teiltest du in deines Vaters Haus
Den Himmelsfrieden deiner Seele aus.
Bald aber kamen schwere, schwere Zeiten.
Wir mußten dir die Lagerstatt bereiten;
Wir sahn, wie deine lieben Wangen bleichten,
Sahn deiner Augen wundersames Leuchten;
Wir weinten in der Stille, denn wir wußten,
Daß wir nun bald auf ewig scheiden mußten.
Du klagtest nicht. Voll Milde und Erbarmen
Gedachtest du der bittern Not der Armen,
Gabst ihnen deine ganze kleine Habe
Und seufztest tief, daß so gering die Gabe.
Es war die letzte Nacht und nah das Ende;
Wir küßten dir die zarten weißen Hände;

Du sprachst: lebt wohl, in deiner stillen Weise,
Und: oh, die schönen Blumen! riefst du leise.

Dann war's vorbei. Die großen Augensterne,
Weit, unbeweglich, starrten in die Ferne,
Indes um deine Lippen, halbgeschlossen,
Ein kindlichernstes Lächeln ausgegossen.
So lagst du da, als hättest du entzückt
Und staunend eine neue Welt erblickt.
Wo bist du nun, du süßes Kind, geblieben?
Bist du ein Bild im Denken deiner Lieben?
Hast du die weißen Schwingen ausgebreitet
Und zogst hinauf, von Engelshand geleitet,
Zu jener Gottesstadt im Paradiese,
Wo auf der heiligstillen Blütenwiese
Fernher in feierlichem Zug die Frommen
Anbetend zu dem Bild des Lammes kommen?
Wo du auch seist; im Herzen bleibst du mein.
Was Gutes in mir lebt, dein ist's allein.

GESTERN WAR IN MEINER MÜTZE
Mir mal wieder was nicht recht;
Die Natur schien mir nichts nütze
Und der Mensch erbärmlich schlecht.

Meine Ehgemahlin hab ich
Ganz gehörig angeplärrt,
Drauf aus purem Zorn begab ich
Mich ins Symphoniekonzert.

Doch auch dies war nicht so labend,
Wie ich eigentlich gedacht,
Weil man da den ganzen Abend
Wieder mal Musik gemacht.

Also hat es dir gefallen
Hier in dieser schönen Welt,
So daß das Vondannenwallen
Dir nicht sonderlich gefällt.

Laß dich das doch nicht verdrießen.
Wenn du wirklich willst und meinst,
Wirst du wieder aufersprießen;
Nur nicht ganz genau wie einst.

Aber, Alter, das bedenke,
Daß es hier doch manches gibt,
Zum Exempel Gicht und Ränke,
Was im ganzen unbeliebt.

Strebst du nach des Himmels Freude
Und du weißt's nicht anzufassen,
Sieh nur, was die andern Leute
Mit Vergnügen liegen lassen.

Dicke Steine, altes Eisen
Und mit Sand gefüllte Säcke
Sind den meisten, welche reisen,
Ein entbehrliches Gepäcke.

Laß sie laufen, laß sie rennen;
Nimm, was bleibt, zu deinem Teile.
Nur was sie dir herzlich gönnen,
Dient zu deinem ew'gen Heile.

Als er noch krause Locken trug,
War alles ihm zu dumm,
Stolziert daher und trank und schlug
Sich mit den Leuten herum.

Die hübschen Weiber schienen ihm
Ein recht beliebtes Spiel;
An Seraphim und Cherubim
Glaubt er nicht sonderlich viel.

Jetzt glaubt er, was der Pater glaubt,
Blickt nur noch niederwärts,
Hat etwas Haar am Hinterhaupt
Und ein verprömmeltes Herz.

Sie war ein Blümlein hübsch und fein,
Hell aufgeblüht im Sonnenschein.
Er war ein junger Schmetterling,
Der selig an der Blume hing.
Oft kam ein Bienlein mit Gebrumm
Und nascht und säuselt da herum.
Oft kroch ein Käfer kribbelkrab
Am hübschen Blümlein auf und ab.
Ach Gott, wie das dem Schmetterling
So schmerzlich durch die Seele ging.
Doch was am meisten ihn entsetzt,
Das Allerschlimmste, kam zuletzt:
Ein alter Esel fraß die ganze
Von ihm so heiß geliebte Pflanze.

Wenn mir mal ein Malheur passiert,
Ich weiß, so bist du sehr gerührt.
Du denkst, es wäre doch fatal,
Passierte dir das auch einmal.
Doch weil das böse Schmerzensding
Zum Glück an dir vorüberging,
So ist die Sache anderseits
Für dich nicht ohne allen Reiz.
Du merkst, daß die Bedaurerei
So eine Art von Wonne sei.

Ich sass vergnüglich bei dem Wein
Und schenkte eben wieder ein.
Auf einmal fuhr mir in die Zeh
Ein sonderbar pikantes Weh.
Ich schob mein Glas sogleich beiseit
Und hinkte in die Einsamkeit
Und wußte, was ich nicht gewußt:
Der Schmerz ist Herr und Sklavin ist die Lust.

Seid mir nur nicht gar zu traurig,
Daß die schöne Zeit entflieht,
Daß die Welle kühl und schaurig
Uns in ihre Wirbel zieht;

Daß des Herzens süße Regung,
Daß der Liebe Hochgenuß,
Jene himmlische Bewegung,
Sich zur Ruh begeben muß.

Laßt uns lieben, singen, trinken,
Und wir pfeifen auf die Zeit;
Selbst ein leises Augenwinken
Zuckt durch alle Ewigkeit.

O du, die mir die Liebste war,
Du schläfst nun schon so manches Jahr.
So manches Jahr, da ich allein,
Du gutes Herz, gedenk ich dein.
Gedenk ich dein, von Nacht umhüllt,
So tritt zu mir dein treues Bild.
Dein treues Bild, was ich auch tu,
Es winkt mir ab, es winkt mir zu.
Und scheint mein Wort dir gar zu kühn,
Nicht gut mein Tun,
Du hast mir einst so oft verziehn,
Verzeih auch nun.

Zu guter Letzt

1904

Beschränkt

Halt dein Rößlein nur im Zügel,
Kommst ja doch nicht allzuweit
Hinter jedem neuen Hügel
Dehnt sich die Unendlichkeit.

2

Nenne Niemand dumm und säumig,
Der das Nächste recht bedenkt.
Ach, die Welt ist so geräumig,
Und der Kopf ist so beschränkt.

W. B.

Geschmacksache

Dies für den und das für jenen.
Viele Tische sind gedeckt.
Keine Zunge soll verhöhnen,
Was der andern Zunge schmeckt.

Lasse jedem seine Freuden,
Gönn ihm, daß er sich erquickt,
Wenn er sittsam und bescheiden
Auf den eignen Teller blickt.

Wenn jedoch bei deinem Tisch er
Unverschämt dich neckt und stört,
Dann so gib ihm einen Wischer,
Daß er merkt, was sich gehört.

Die Seelen

Der Fährmann lag in seinem Schiff
Beim Schein des Mondenlichts,
Als etwas kam und rief und pfiff;
Doch sehen tat er nichts.

Ihm war, als stiegen hundert ein.
Das Schifflein wurde schwer.
Flink, Fährmann, fahr uns übern Rhein,
Die Zahlung folgt nachher.

Und als er seine Pflicht getan,
Da ging es klinglingling,
Da warf ein Goldstück in den Kahn
Jedwedes Geisterding.

Husch, weg und weiter zog die Schar.
Verwundert steht der Mann:
So Seelen sind zwar unsichtbar,
Und doch ist etwas dran.

Unberufen

Gestützt auf seine beiden Krücken,
Die alte Kiepe auf dem Rücken,
Ging durch das Dorf ein Bettelmann
Und klopfte stets vergeblich an.
Erst aus dem allerletzten Haus
Kam eine gute Frau heraus,
Die grad den dritten Mann begraben,
Daher geneigt zu milden Gaben,
Und legt in seines Korbes Grund
Ein Brot von mehr als sieben Pfund.
Ein schmaler Steg führt gleich danach
Ihn über einen Rauschebach.
Jetzt hab ich Brot, jetzt bin ich glücklich!
So rief er froh, und augenblicklich
Fiel durch den Korb, der nicht mehr gut,
Sein Brot hinunter in die Flut.
Das kommt von solchem Übermut.

Durchweg lebendig

Nirgend sitzen tote Gäste.
Allerorten lebt die Kraft.
Ist nicht selbst der Fels, der feste,
Eine Kraftgenossenschaft?

Durch und durch aus Eigenheiten,
So und so zu sein bestrebt,
Die sich lieben, die sich streiten,
Wird die bunte Welt gewebt.

Hier gelingt es, da mißglückt es.
Wünsche finden keine Rast.
Unterdrücker, Unterdrücktes,
Jedes Ding hat seine Last.

Nachruhm

Ob er gleich von hinnen schied,
Ist er doch geblieben,
Der so manches schöne Lied
Einst für uns geschrieben.

Unser Mund wird ihn entzückt
Lange noch erwähnen,
Und so lebt er hochbeglückt
Zwischen hohlen Zähnen.

Nicht beeidigt

Willst du gelobt sein, so verzichte
Auf kindlich blödes Wesen.
Entschließ dich, deine himmlischen Gedichte
Den Leuten vorzulesen.

Die Welt ist höflich und gesellig,
Und eh man dich beleidigt,
Sagt wohl ein jeder leicht, was dir gefällig,
Denn keiner ist beeidigt.

Kränzchen

In der ersten Nacht des Maien
Läßt's den Hexen keine Ruh.
Sich gesellig zu erfreuen,
Eilen sie dem Brocken zu.

Dorten haben sie ihr Kränzchen.
Man verleumdet, man verführt,
Macht ein lasterhaftes Tänzchen,
Und der Teufel präsidiert.

Die Tute

Wenn die Tante Adelheide
Als Logierbesuch erschien,
Fühlte Fritzchen große Freude,
Denn da gab es was für ihn.

Immer hat die liebe Gute
Tief im Reisekorb versteckt
Eine angenehme Tute,
Deren Inhalt köstlich schmeckt.

Täglich wird dem braven Knaben
Draus ein hübsches Stück beschert,
Bis wir schließlich nichts mehr haben
Und die Tante weiterfährt.

Mit der Post fuhr sie von hinnen.
Fritzchens Trauer ist nur schwach.
Einer Tute, wo nichts drinnen,
Weint man keine Träne nach.

Die Affen

Der Bauer sprach zu seinem Jungen:
Heut in der Stadt, da wirst du gaffen.
Wir fahren hin und seh'n die Affen.
Es ist gelungen
Und um sich schief zu lachen,
Was die für Streiche machen
Und für Gesichter
Wie rechte Bösewichter.
Sie krauen sich,
Sie zausen sich,
Sie hauen sich,
Sie lausen sich,
Beschnuppern dies, beknuppern das,

Und keiner gönnt dem andern was,
Und essen tun sie mit der Hand,
Und alles tun sie mit Verstand,
Und jeder stiehlt als wie ein Rabe.
Paß auf, das siehst du heute.
O Vater, rief der Knabe,
Sind Affen denn auch Leute?
Der Vater sprach: Nun ja,
Nicht ganz, doch so beinah.

Die Schändliche

Sie ist ein reizendes Geschöpfchen,
Mit allen Wassern wohl gewaschen;
Sie kennt die süßen Sündentöpfchen
Und liebt es, häufig draus zu naschen.

Da bleibt den sittlich Hochgestellten
Nichts weiter übrig, als mit Freuden
Auf diese Schandperson zu schelten
Und sie mit Schmerzen zu beneiden.

Seelenwanderung

Wohl tausendmal schon ist er hier
Gestorben und wieder geboren,
Sowohl als Mensch wie auch als Tier,
Mit kurzen und langen Ohren.

Jetzt ist er ein armer blinder Mann,
Es zittern ihm alle Glieder,
Und dennoch, wenn er nur irgend kann,
Kommt er noch tausendmal wieder.

Die Schnecken

Rötlich dämmert es im Westen,
Und der laute Tag verklingt,
Nur daß auf den höchsten Ästen
Lieblich noch die Drossel singt.

Jetzt in dichtbelaubten Hecken,
Wo es still verborgen blieb,
Rüstet sich das Volk der Schnecken
Für den nächtlichen Betrieb.

Tastend streckt sich ihr Gehörne.
Schwach nur ist das Augenlicht.
Dennoch schon aus weiter Ferne
Wittern sie ihr Leibgericht.

Schleimig, säumig, aber stete,
Immer auf dem nächsten Pfad,
Finden sie die Gartenbeete
Mit dem schönen Kopfsalat.

Hier vereint zu ernsten Dingen
Bis zum Morgensonnenschein,
Nagen sie geheim und dringen
Tief ins grüne Herz hinein.

Darum braucht die Köchin Jettchen
Dieses Kraut nie ohne Arg.
Sorgsam prüft sie jedes Blättchen,
Ob sich nichts darin verbarg.

Sie hat Furcht, den Zorn zu wecken
Ihres lieben gnäd'gen Herrn.
Kopfsalat vermischt mit Schnecken
Mag der alte Kerl nicht gern.

Bewaffneter Friede

Ganz unverhofft an einem Hügel
Sind sich begegnet Fuchs und Igel.
Halt, rief der Fuchs, du Bösewicht!
Kennst du des Königs Ordre nicht?
Ist nicht der Friede längst verkündigt,
Und weißt du nicht, daß jeder sündigt,
Der immer noch gerüstet geht?
Im Namen seiner Majestät,
Geh her und übergib dein Fell.
Der Igel sprach: Nur nicht so schnell.
Laß dir erst deine Zähne brechen,
Dann wollen wir uns weiter sprechen!
Und allsogleich macht er sich rund,
Schließt seinen dichten Stachelbund
Und trotzt getrost der ganzen Welt,
Bewaffnet, doch als Friedensheld.

Zauberschwestern

Zwiefach sind die Phantasien,
Sind ein Zauberschwesternpaar,
Sie erscheinen, singen, fliehen
Wesenlos und wunderbar.

Eine ist die himmelblaue,
Die uns froh entgegenlacht;
Doch die andre ist die graue,
Welche angst und bange macht.

Jene singt von lauter Rosen,
Singt von Liebe und Genuß,
Diese stürzt den Hoffnungslosen
Von der Brücke in den Fluß.

Sehnsucht

Schon viel zu lang
Hab ich der Bosheit mich ergeben.
Ich lasse töten, um zu leben,
Und bös macht bang.

Denn niemals ruht
Die Stimme in des Herzens Tiefe,
Als ob es zärtlich klagend riefe:
Sei wieder gut.

Und frisch vom Baum
Den allerschönsten Apfel brach ich.
Ich biß hinein, und seufzend sprach ich
Wie halb im Traum:

Du erstes Glück,
Du alter Paradiesesfrieden,
Da noch kein Lamm den Wolf gemieden,
O komm zurück!

Strebsam

Mein Sohn, hast du allhier auf Erden
Dir vorgenommen, was zu werden,
Sei nicht zu keck;
Und denkst du, sei ein stiller Denker.
Nicht leicht befördert wird der Stänker.
Mit Demut salbe deinen Rücken,
Voll Ehrfurcht hast du dich zu bücken,
Mußt heucheln, schmeicheln, mußt dich fügen;
Denn selbstverständlich nur durch Lügen
Kommst du vom Fleck.
O tu's mit Eifer, tu's geduldig,
Bedenk, was du dir selber schuldig.
Das Gönnerherz wird sich erweichen,
Und wohlverdient wirst du erreichen
Den guten Zweck.

Glaube

Stark in Glauben und Vertrauen,
Von der Burg mit festen Türmen
Kannst du dreist herniederschauen,
Keiner wird sie je erstürmen.

Laß sie graben, laß sie schanzen,
Stolze Ritter, grobe Bauern,
Ihre Flegel, ihre Lanzen
Prallen ab von deinen Mauern.

Aber hüte dich vor Zügen
In die Herrschaft des Verstandes,
Denn sogleich sollst du dich fügen
Den Gesetzen seines Landes.

Bald umringen dich die Haufen,
Und sie ziehen dich vom Rosse,
Und du mußt zu Fuße laufen
Schleunig heim nach deinem Schlosse.

Noch zwei?

Durch das Feld ging die Familie,
Als mit glückbegabter Hand
Sanft errötend Frau Ottilie
Eine Doppelähre fand.

Was die alte Sage kündet,
Hat sich öfter schon bewährt:
Dem, der solche Ähren findet,
Wird ein Doppelglück beschert.

Vater Franz blickt scheu zur Seite.
Zwei zu fünf, das wäre viel.
Kinder, sprach er, aber heute
Ist es ungewöhnlich schwül.

Die Meise

Auguste, wie fast jede Nichte,
Weiß wenig von Naturgeschichte.
Zu bilden sie in diesem Fache,
Ist für den Onkel Ehrensache.
Auguste, sprach er, glaub es mir,
Die Meise ist ein nettes Tier.
Gar zierlich ist ihr Leibesbau,
Auch ist sie schwarz, weiß, gelb und blau,
Hell flötet sie und klettert munter
Am Strauch kopfüber und kopfunter.
Das härt'ste Korn verschmäht sie nicht,
Sie hämmert, bis die Schale bricht.
Mohnköpfen bohrt sie mit Verstand
Ein Löchlein in den Unterrand,
Weil dann die Sämerei gelind
Von selbst in ihren Schnabel rinnt.
Nicht immer liebt man Fastenspeisen,
Der Grundsatz gilt auch für die Meisen.
Sie gucken scharf in alle Ritzen,
Wo fette Käferlarven sitzen,
Und fangen sonst noch Myriaden
Insekten, die dem Menschen schaden,
Und hieran siehst du außerdem,
Wie weise das Natursystem. –
So zeigt er, wie die Sache lag.
Es war kurz vor Martinitag.
Wer dann vernünftig ist und kann's
Sich leisten, kauft sich eine Gans.
Auch an des Onkels Außengiebel
Hing eine solche, die nicht übel,
Um, nackt im Freien aufgehangen,
Die rechte Reife zu erlangen.
Auf diesen Braten freute sich
Der Onkel sehr und namentlich
Vor allem auf die braune Haut,
Obgleich er sie nur schwer verdaut.

Martini kam, doch kein Arom
Von Braten spürt der gute Ohm.
Statt dessen trat voll Ungestüm
Die Nichte ein und zeigte ihm
Die Gans, die kaum noch Gans zu nennen,
Ein Scheusal, nicht zum Wiederkennen,
Zernagt beinah bis auf die Knochen.
Kein Zweifel war, wer dies verbrochen,
Denn deutlich lehrt der Augenschein,
Es konnten nur die Meisen sein.
Also ade! du braune Kruste.
Ja, lieber Onkel, sprach Auguste,
Die gern, nach weiblicher Manier,
Bei einem Irrtum ihn ertappt:
Die Meise ist ein nettes Tier.
Da hast du wieder recht gehabt.

Der alte Narr

Ein Künstler auf dem hohen Seil,
Der alt geworden mittlerweil,
Stieg eines Tages vom Gerüst
Und sprach: Nun will ich unten bleiben
Und nur noch Hausgymnastik treiben,
Was zur Verdauung nötig ist.
Da riefen alle: Oh, wie schad!
Der Meister scheint doch allnachgrad
Zu schwach und steif zum Seilbesteigen!
Ha! denkt er, dieses wird sich zeigen!
Und richtig, eh der Markt geschlossen,
Treibt er aufs neu die alten Possen
Hoch in der Luft, und zwar mit Glück,
Bis auf ein kleines Mißgeschick.
Er fiel herab in großer Eile
Und knickte sich die Wirbelsäule.
Der alte Narr! Jetzt bleibt er krumm!
So äußert sich das Publikum.

Pfannkuchen und Salat

Von Fruchtomletts, da mag berichten
Ein Dichter aus den höhern Schichten.
Wir aber, ohne Neid nach oben,
Mit bürgerlicher Zunge loben
Uns Pfannekuchen und Salat.
Wie unsre Liese delikat
So etwas backt und zubereitet,
Sei hier in Worten angedeutet.
Drei Eier, frisch und ohne Fehl,
Und Milch und einen Löffel Mehl,
Die quirlt sie fleißig durcheinand
Zu einem innigen Verband.
Sodann, wenn Tränen auch ein Übel,
Zerstückelt sie und mengt die Zwiebel
Mit Öl und Salz zu einer Brühe,
Daß der Salat sie an sich ziehe.
Um diesen ferner herzustellen,
Hat sie Kartoffeln abzupellen.
Da heißt es, fix die Finger brauchen,
Den Mund zu spitzen und zu hauchen,
Denn heiß geschnitten nur allein
Kann der Salat geschmeidig sein.
Hierauf so geht es wieder heiter
Mit unserm Pfannekuchen weiter.
Nachdem das Feuer leicht geschürt,
Die Pfanne sorgsam auspoliert,
Der Würfelspeck hineingeschüttelt,
So daß es lustig brät und brittelt,
Pisch, kommt darüber mit Gezisch
Das ersterwähnte Kunstgemisch.
Nun zeigt besonders und apart
Sich Lieschens Geistesgegenwart,
Denn nur zu bald, wie allbekannt,
Ist solch ein Kuchen angebrannt.
Sie prickelt ihn, sie stockert ihn,
Sie rüttelt, schüttelt, lockert ihn
Und lüftet ihn, bis augenscheinlich

Die Unterseite eben bräunlich,
Die umgekehrt geschickt und prompt
Jetzt ihrerseits nach oben kommt.
Geduld, es währt nur noch ein bissel,
Dann liegt der Kuchen auf der Schüssel.
Doch späterhin die Einverleibung,
Wie die zu Mund und Herzen spricht,
Das spottet jeglicher Beschreibung,
Und darum endet das Gedicht.

Wie üblich

Suche nicht apart zu scheinen,
Wandle auf betretnen Wegen.
Meinst du, was die andern meinen,
Kommt man freundlich dir entgegen.

Mancher auf dem Seitensteige
Hat sich im Gebüsch verloren,
Und da schlugen ihm die Zweige
Links und rechts um seine Ohren.

Pst

Es gibt ja leider Sachen und Geschichten,
Die reizend und pikant,
Nur werden sie von Tanten und von Nichten
Niemals genannt.

Verehrter Freund, so sei denn nicht vermessen,
Sei zart und schweig auch du.
Bedenk: Man liebt den Käse wohl, indessen
Man deckt ihn zu.

Der kluge Kranich

Ich bin mal so, sprach Förster Knast,
Die Flunkerei ist mir verhaßt,
Doch sieht man oft was Sonderbares.
Im Frühling vor fünf Jahren war es,
Als ich stockstill, den Hahn gespannt,
Bei Mondschein vor dem Walde stand.
Da läßt sich plötzlich flügelsausend
Ein Kranichheer, wohl an die tausend,
Ganz dicht zu meinen Füßen nieder.
Sie kamen aus Ägypten wieder
Und dachten auf der Reise nun
Sich hier ein Stündchen auszuruhn.
Ich selbstverständlich, schlau und sacht,
Gab sehr genau auf alles acht.
Du, Hans, so rief der Oberkranich,
Hast heut die Wache, drum ermahn ich
Dich ernstlich, halt dich stramm und paß
Gehörig auf, sonst gibt es was.
Bald schlief ein jeder ein und sägte,
Hans aber stand und überlegte.
Er nahm sich einen Kieselstein,
Erhob ihn mit dem rechten Bein
Und hielt sich auf dem linken nur
In Gleichgewicht und Positur.
Der arme Kerl war schrecklich müd.
Erst fiel das linke Augenlid,
Das rechte blinzelt zwar noch schwach,
Dann aber folgt's dem andern nach.
Er schnarcht sogar. Ich denke schon:
Wie wird es dir ergehn, mein Sohn?
So denk ich, doch im Augenblick,
Als ich es dachte, geht es klick!
Der Stein fiel Hänschen auf die Zeh,
Das weckt ihn auf, er schreit auweh!
Er schaut sich um, hat mich gewittert,
Pfeift, daß es Mark und Bein erschüttert,
Und allsogleich im Winkelflug

Entschwebt der ganze Heereszug.
Ich rief hurra! und schwang den Hut.
Der Vogel, der gefiel mir gut.
Er lebt auch noch. Schon oft seither
Sah man ihn fern am Schwarzen Meer
Auf einem Bein auf Posten stehn.
Dies schreibt mein Freund, der Kapitän,
Und was er sagt, ist ohne Frage
So wahr, als was ich selber sage.

Ungenügend

Sei es freundlich, sei es böse,
Meist genügend klar und scharf
Klingt des Mundes Wortgetöse
Für den täglichen Bedarf.

Doch die Höchstgefühle heischen
Ihren ganz besondern Klang;
Dann sagt grunzen oder kreischen
Mehr als Rede und Gesang.

Der Wetterhahn

Wie hat sich sonst so schön der Hahn
Auf unserm Turm gedreht
Und damit jedem kundgetan,
Woher der Wind geweht.

Doch seit dem letzten Sturme hat
Er keinen rechten Lauf;
Er hängt so schief, er ist so matt,
Und keiner schaut mehr drauf.

Jetzt leckt man an den Finger halt
Und hält ihn hoch geschwind.
Die Seite, wo der Finger kalt,
Von daher weht der Wind.

Verwunschen

Geld gehört zum Ehestande,
Häßlichkeit ist keine Schande,
Liebe ist beinah absurd
Drum du nimmst den Junker Jochen
Innerhalb der nächsten Wochen.
Also sprach der Ritter Kurt.

Vater, flehte Kunigunde,
Schone meine Herzenswunde,
Ganz umsonst ist dein Bemühn.
Ja, ich schwör's bei Erd und Himmel,
Niemals nehm ich diesen Lümmel,
Ewig, ewig haß ich ihn.

Nun, wenn Worte nicht mehr nützen,
Dann so bleibe ewig sitzen,
Marsch mit dir ins Burgverlies.
Zornig sagte dies der Alte,
Als er in die feuchte, kalte
Kammer sie hinunterstieß.

Jahre kamen, Jahre schwanden,
Nichts im Schlosse blieb vorhanden
Außer Kunigundens Geist.
Dort, wo graue Ratten rasseln,
Sitzt sie zwischen Kellerasseln,
Von dem Feuermolch umkreist.

Heut noch ist es nicht geheuer
In dem alten Burggemäuer
Um die Mitternacht herum.
Wehe, ruft ein weißes Wesen,
Will denn niemand mich erlösen?
Doch die Wände bleiben stumm.

Drum

Wie dunkel ist der Lebenspfad,
Den wir zu wandeln pflegen.
Wie gut ist da ein Apparat
Zum Denken und Erwägen.

Der Menschenkopf ist voller List
Und voll der schönsten Kniffe;
Er weiß, wo was zu kriegen ist
Und lehrt die rechten Griffe.

Und weil er sich so nützlich macht,
Behält ihn jeder gerne.
Wer stehen will, und zwar bei Nacht,
Braucht eine Diebslaterne.

Querkopf

Ein eigner Kerl war Krischan Bolte.
Er tat nicht gerne, was er sollte.
Als Kind schon ist er so gewesen.
Religion, Rechtschreiben und Lesen
Fielen für ihn nicht ins Gewicht:
Er sollte zur Schule und wollte nicht.
Später kam er zu Meister Pfriem.
Der zeigte ihm redlich und sagte ihm,
Jedoch umsonst, was seine Pflicht:
Er sollte schustern und wollte nicht.
Er wollte sich nun mal nicht quälen,
Deshalb verfiel er auf das Stehlen.
Man faßt ihn, stellt ihn vor Gericht:
Er sollte bekennen und wollte nicht.
Trotzdem verdammt man ihn zum Tode.
Er aber blieb nach seiner Mode
Ein widerspenstiger Bösewicht:
Er sollte hängen und wollte nicht.

Unverbesserlich

Wer Bildung hat, der ist empört,
Wenn er so schrecklich fluchen hört.
Dies „Nasowolltich“, dies „Parblö“,
Dies ewige „Ojemine“,
Dies „Eipotztausendnocheinmal“,
Ist das nicht eine Ohrenqual?
Und gar „Daßdichdasmäusleinbeiß“,
Da wird mir's immer kalt und heiß.
Wie oft wohl sag ich: Es ist häßlich,
Ist unanständig, roh und gräßlich.
Ich bitt und flehe: Laßt es sein,
Denn es ist sündlich. Aber nein,
Vergebens ring ich meine Hände,
Die Flucherei nimmt doch kein Ende.

Fink und Frosch

Auf leichten Schwingen frei und flink
Zum Lindenwipfel flog der Fink
Und sang an dieser hohen Stelle
Sein Morgenlied so glockenhelle.
Ein Frosch, ein dicker, der im Grase
Am Boden hockt, erhob die Nase,
Strich selbstgefällig seinen Bauch
Und denkt: Die Künste kann ich auch.
Alsbald am rauhen Stamm der Linde
Begann er, wenn auch nicht geschwinde,
Doch mit Erfolg emporzusteigen,
Bis er zuletzt von Zweig zu Zweigen,
Wobei er freilich etwas keucht,
Den höchsten Wipfelpunkt erreicht
Und hier sein allerschönstes Quacken
Ertönen läßt aus vollen Backen.
Der Fink, dem dieser Wettgesang
Nicht recht gefällt, entfloh und schwang
Sich auf das steile Kirchendach.

Wart, rief der Frosch, ich komme nach.
Und richtig ist er fortgeflogen,
Das heißt, nach unten hin im Bogen,
So daß er schnell und ohne Säumen,
Nach mehr als zwanzig Purzelbäumen,
Zur Erde kam mit lautem Quack,
Nicht ohne großes Unbehagen.
Er fiel zum Glück auf seinen Magen,
Den dicken, weichen Futtersack,
Sonst hätt er sicher sich verletzt.
Heil ihm! Er hat es durchgesetzt.

Die Teilung

Es hat einmal, so wird gesagt,
Der Löwe mit dem Wolf gejagt.
Da haben sie vereint erlegt
Ein Wildschwein, stark und gut gepflegt.
Doch als es ans Verteilen ging,
Dünkt das dem Wolf ein mißlich Ding.
Der Löwe sprach: Was grübelst du?
Glaubst du, es geht nicht redlich zu?
Dort kommt der Fuchs, er mag entscheiden,
Was jedem zukommt von uns beiden.
Gut, sagt der Wolf, dem solch ein Freund
Als Richter gar nicht übel scheint.
Der Löwe winkt dem Fuchs sogleich:
Herr Doktor, das ist was für Euch.
Hier dieses jüngst erlegte Schwein,
Bedenkt es wohl, ist mein und sein.
Ich faßt es vorn, er griff es hinten;
Jetzt teilt es uns, doch ohne Finten.
Der Fuchs war ein Jurist von Fach.
Sehr einfach, spricht er, liegt die Sach.
Das Vorderteil, ob viel, ob wenig,
Erhält mit Fug und Recht der König.
Dir aber, Vetter Isegrim,
Gebührt das Hinterteil. Da nimm!

Bei diesem Wort trennt er genau
Das Schwänzlein hinten von der Sau.
Indes der Wolf verschmäht die Beute,
Verneigt sich kurz und geht beiseite.
Fuchs, sprach der Löwe, bleibt bei mir.
Von heut an seid Ihr Großvezier.

Nicht artig

Man ist ja von Natur kein Engel,
Vielmehr ein Welt- und Menschenkind,
Und ringsumher ist ein Gedrängel,
Von solchen, die dasselbe sind.

In diesem Reich geborner Flegel,
Wer könnte sich des Lebens freun,
Würd' es versäumt, schon früh die Regel
Der Rücksicht kräftig einzubleun.

Es saust der Stock, es schwirrt die Rute.
Du darfst nicht zeigen, was du bist.
Wie schad, o Mensch, daß dir das Gute
Im Grunde so zuwider ist.

Kopf und Herz

Wie es scheint, ist die Moral
Nicht so bald beleidigt,
Während Schlauheit allemal
Wütend sich verteidigt.

Nenn den Schlingel liederlich,
Leicht wird er's verdauen;
Nenn ihn dumm, so wird er dich,
Wenn er kann, verhauen.

Der Kohl

Unter all den hübschen Dingen
In der warmen Sommerzeit
Ist ein Korps von Schmetterlingen
Recht ergötzlich insoweit.

Bist du dann zu deinem Wohle
In den Garten hinspaziert,
Siehst du über deinem Kohle
Muntre Tänze aufgeführt.

Weiß gekleidet und behende
Flattert die vergnügte Schar,
Bis daß Lieb und Lust zu Ende
Wieder mal für dieses Jahr.

Zum getreuen Angedenken,
Auf den Blättern kreuz und quer,
Lassen sie zurück und schenken
Dir ein schönes Raupenheer.

Leidest du, daß diese Sippe
Weiterfrißt, wie sie begehrt,
Kriegst du nebst dem Blattgerippe
Nur noch Proben ohne Wert.

Also ist es zu empfehlen,
Lieber Freund, daß du dich bückst
Und sehr viele Raupenseelen,
Pitsch, aus ihren Häuten drückst.

Denn nur der ist wirklich weise,
Der auch in die Zukunft schaut.
Denk an deine Lieblingsspeise:
Schweinekopf mit Sauerkraut.

Sonst und jetzt

Wie standen ehedem die Sachen
So neckisch da in ihrem Raum;
Schwer war's, ein Bild davon zu machen,
Und selbst der Beste konnt es kaum.

Jetzt, ohne sich zu überhasten,
Stellt man die Guckmaschine fest
Und zieht die Bilder aus dem Kasten
Wie junge Spatzen aus dem Nest.

Das Brot

Er saß beim Frühstück äußerst grämlich,
Da sprach ein Krümchen Brot vernehmlich:
Aha, so ist es mit dem Orden
Für diesmal wieder nichts geworden.
Ja, Freund, wer seinen Blick erweitert
Und schaut nach hinten und nach vorn,
Der preist den Kummer, denn er läutert.
Ich selber war ein Weizenkorn.
Mit vielen, die mir anverwandt,
Lag ich im rauhen Ackerland.
Bedrückt von einem Erdenkloß,
Macht ich mich mutig strebend los.
Gleich kam ein alter Has gehupft
Und hat mich an der Nas gezupft;
Und als es Winter ward, verfror,
Was peinlich ist, mein linkes Ohr;
Und als ich reif mit meiner Sippe,
O weh, da hat mit seiner Hippe
Der Hans uns rutschweg abgesäbelt
Und zum Ersticken festgeknebelt
Und auf die Tenne fortgeschafft,
Wo ihrer vier mit voller Kraft
In regelrechtem Flegeltakte

Uns klopften, daß die Schwarte knackte.
Ein Esel trug uns nach der Mühle.
Ich sage dir, das sind Gefühle,
Wenn man, zerrieben und gedrillt
Zum allerfeinsten Staubgebild,
Sich kaum besinnt und fast vergißt,
Ob Sonntag oder Montag ist.
Und schließlich schob der Bäckermeister,
Nachdem wir erst als zäher Kleister
In seinem Troge baß gehudelt,
Vermengt, geknetet und vernudelt,
Uns in des Ofens höchste Glut.
Jetzt sind wir Brot. Ist das nicht gut?
Frischauf, du hast genug, mein Lieber,
Greif zu und schneide nicht zu knapp
Und streiche tüchtig Butter drüber
Und gib den andern auch was ab.

Befriedigt

Gehorchen wird jeder mit Genuß
Den Frauen, den hochgeschätzten,
Hingegen machen uns meist Verdruß
Die sonstigen Vorgesetzten.

Nur wenn ein kleines Mißgeschick
Betrifft den Treiber und Leiter,
Dann fühlt man für den Augenblick
Sich sehr befriedigt und heiter.

Als neulich am Sonntag der Herr Pastor
Eine peinliche Pause machte,
Weil er den Faden der Rede verlor,
Da duckt sich der Küster und lachte.

Scheu und treu

Er liebte sie in aller Stille.
Bescheiden, schüchtern und von fern
Schielt er nach ihr durch seine Brille
Und hat sie doch so schrecklich gern.

Ein Mücklein, welches an der Nase
Des schönen Kindes saugend saß,
Ertränkte sich in seinem Glase.
Es schmeckt ihm fast wie Ananas.

Sie hatte Haare wie 'ne Puppe,
So unvergleichlich blond und kraus.
Einst fand er eines in der Suppe
Und zog es hochbeglückt heraus.

Er rollt es auf zu einem Löckchen,
Hat's in ein Medaillon gelegt.
Nun hängt es unter seinem Röckchen
Da, wo sein treues Herze schlägt.

Der Schatz

Der Stoffel wankte frohbewegt
Spät in der Nacht nach Haus.
Da ging, wie das zu kommen pflegt,
Ihm seine Pfeife aus.

Wer raucht, der raucht nicht gerne kalt.
Wie freut sich Stoffel da,
Als er ganz dicht vor sich im Wald
Ein Kohlenfeuer sah.

Die Kohlen glühn in einem Topf.
Der frohe Stoffel drückt
Gleich eine in den Pfeifenkopf
Und zieht als wie verrückt.

Wohl sieht er, wie die Kohle glüht,
Nur daß sie gar nicht brennt.
Da überläuft es sein Gemüt,
Er flucht Potzsapperment.

Das Wort war hier nicht recht am Platz.
Es folgt ein Donnerschlag.
Versunken ist der Zauberschatz
Bis an den jüngsten Tag.

Die Pfeife fällt vor Schreck und Graus
Auf einen harten Stein.
Ein Golddukaten rollt heraus,
Blitzblank im Mondenschein.

Von nun an, denkt der Stoffel schlau,
Schweig ich am rechten Ort.
Er kehrte heim zu seiner Frau
Und sprach kein einzig Wort.

Gemartert

Ein gutes Tier
Ist das Klavier,
Still, friedlich und bescheiden,
Und muß dabei
Doch vielerlei
Erdulden und erleiden.

Der Virtuos
Stürzt darauf los
Mit hochgesträubter Mähne.
Er öffnet ihm
Voll Ungestüm
Den Leib, gleich der Hyäne.

Und rasend wild,
Das Herz erfüllt
Von mörderlicher Freude,
Durchwühlt er dann,
Soweit er kann,
Des Opfers Eingeweide.

Wie es da schrie,
Das arme Vieh,
Und unter Angstgewimmer
Bald hoch, bald tief
Um Hilfe rief,
Vergeß ich nie und nimmer.

Der gütige Wandrer

Fing man vorzeiten einen Dieb,
Hing man ihn auf mit Schnellbetrieb,
Und meinte man, er sei verschieden,
Ging man nach Haus und war zufrieden.
Ein Wandrer von der weichen Sorte
Kam einst zu solchem Galgenorte
Und sah, daß oben einer hängt,
Dem kürzlich man den Hals verlängt.
Sogleich, als er ihn baumeln sieht,
Zerfließt in Tränen sein Gemüt.
Ich will den armen Schelm begraben,
Denkt er, sonst fressen ihn die Raben.
Nicht ohne Müh, doch mit Geschick,
Klimmt er hinauf und löst den Strick;
Und jener, der im Wind geschwebt,
Liegt unten, scheinbar unbelebt.
Sieh da, nach Änderung der Lage
Tritt neu die Lebenskraft zutage,
So daß der gute Delinquent
Die Welt ganz deutlich wiederkennt.
Zärtlich, als wär's der eigne Vetter,

Umarmt er seinen Lebensretter,
Nicht einmal, sondern noch einmal,
Vor Freude nach so langer Qual.
Mein lieber Mitmensch, sprach der Wandrer,
Geh in dich, sei hinfür ein andrer.
Zum Anfang für dein neues Leben
Werd' ich dir jetzt zwei Gulden geben.
Das Geben tat ihm immer wohl.
Rasch griff er in sein Kamisol,
Wo er zur langen Pilgerfahrt
Den vollen Säckel aufbewahrt.
Er sucht und sucht und fand ihn nicht,
Und länger wurde sein Gesicht.
Er sucht und suchte wie ein Narr,
Weit wird der Mund, das Auge starr,
Bald ist ihm heiß, bald ist ihm kalt.
Der Dieb verschwand im Tannenwald.

Der innere Architekt

Wem's in der Unterwelt zu still,
Wer oberhalb erscheinen will,
Der baut sich, je nach seiner Weise,
Ein sichtbarliches Wohngehäuse.
Er ist ein blinder Architekt,
Der selbst nicht weiß, was er bezweckt.
Dennoch verfertigt er genau
Sich kunstvoll seinen Leibesbau,
Und sollte mal was dran passieren,
Kann er's verputzen und verschmieren,
Und ist er etwa gar ein solch
Geschicktes Tierlein wie der Molch,
Dann ist ihm alles einerlei,
Und wär's ein Bein, er macht es neu.
Nur schad, daß, was so froh begründet,
So traurig mit der Zeit verschwindet,
Wie schließlich jeder Bau hienieden,
Sogar die stolzen Pyramiden.

Der Begleiter

Hans, der soeben in der Stadt
Sein fettes Schwein verwertet hat,
Ging spät nach Haus bei Mondenschein.
Ein Fremder folgt und holt ihn ein.
Grüß Gott, rief Hans, das trifft sich gut,
Zu zweit verdoppelt sich der Mut.
Der Fremde denkt: Ha sapperlot!
Der Kerl hat Geld, ich schlag ihn tot,
Nur nicht von vorn, daß er es sieht,
Dagegen sträubt sich mein Gemüt.
Und weiter gehn sie allgemach,
Der Hans zuvor, der Fremde nach.
Jetzt, denkt sich dieser, mach ich's ab,
Er hob bereits den Knotenstab.
Was gilt die Butter denn bei euch?
Fragt Hans und dreht sich um zugleich.
Der Fremde schweigt, der Fremde stutzt,
Der Knittel senkt sich unbenutzt.
Und weiter gehn sie allgemach,
Der eine vor, der andre nach.
Hier, wo die dunklen Tannen stehn,
Hier, denkt der Fremde, soll's geschehn.
Spielt man auch Skat bei euch zuland?
Fragt Hans und hat sich umgewandt.
Der Fremde nickt und steht verdutzt,
Der Knittel senkt sich unbenutzt.
Und weiter gehn sie allgemach,
Der eine vor, der andre nach.
Hier, denkt der Fremde, wo das Moor,
Hier hau ich fest ihm hinters Ohr.
Und wieder dreht der Hans sich um.
Prost, rief er fröhlich, mögt ihr Rum?
Und zog ein Fläschlein aus dem Rock.
Der Fremde senkt den Knotenstock,
Tät einen Zug, der war nicht schwach,
Und weiter gehn sie allgemach.
Schon sind sie aus dem Wald heraus,

Und schau, da steht das erste Haus.
Es kräht der Hahn, es bellt der Spitz.
Dies, rief der Hans, ist mein Besitz.
Tritt ein, du ehrlicher Gesell,
Und nimm den Dank für dein Geleit.
Doch der Gesell entfernt sich schnell,
Vermutlich aus Bescheidenheit.

Bestimmung

Ein Fuchs von flüchtiger Moral
Und unbedenklich, wenn er stahl,
Schlich sich bei Nacht zum Hühnerstalle
Von einem namens Jochen Dralle,
Der, weil die Mühe ihn verdroß,
Die Tür mal wieder nicht verschloß.
Er hat sich, wie er immer pflegt,
So wie er war, zu Bett gelegt.
Er schlief und schnarchte auch bereits.
Frau Dralle, welche ihrerseits
Noch wachte, denn sie hat die Grippe,
Stieß Jochen an die kurze Rippe.
Du, rief sie flüsternd, hör doch bloß,
Im Hühnerstall, da ist was los;
Das ist der Fuchs, der alte Racker.
Und schon ergriff sie kühn und wacker,
Obgleich sie nur im Nachtgewand,
Den Besen, der am Ofen stand;
Indes der Jochen leise flucht
Und erst mal Licht zu machen sucht.
Sie ging voran, er hinterdrein.
Es pfeift der Wind, die Hühner schrein.
Nur zu, mahnt Jochen, sei nur dreist
Und sag Bescheid, wenn er dich beißt.
Umsonst sucht sich der Dieb zu drücken
Vor Madam Dralles Geierblicken.
Sie schlägt ihm unaussprechlich schnelle

Zwei-dreimal an derselben Stelle
Mit ihres Besens hartem Stiel
Aufs Nasenbein. Das war zuviel. –
Ein jeder kriegt, ein jeder nimmt
In dieser Welt, was ihm bestimmt.
Der Fuchs, nachdem der Balg herab,
Bekommt ein Armesündergrab.
Frau Dralle, weil sie leichtgesinnt
Sich ausgesetzt dem Winterwind
Zum Trotz der Selbsterhaltungspflicht,
Kriegt zu der Grippe noch die Gicht.
Doch Jochen kriegte hocherfreut
Infolge der Gelegenheit
Von Pelzwerk eine warme Kappe
Mit Vorder- und mit Hinterklappe.
Stets hieß es dann, wenn er sie trug:
Der ist es, der den Fuchs erschlug.

Der Kobold

In einem Häuschen sozusagen –
(Den ersten Stock bewohnt der Magen)
In einem Häuschen war's nicht richtig.
Darinnen spukt und tobte tüchtig
Ein Kobold wie ein wildes Bübchen
Vom Keller bis zum Oberstübchen.
Fürwahr, es war ein bös Getös.
Der Hausherr wird zuletzt nervös,
Und als ein desperater Mann
Steckt er kurzweg sein Häuschen an
Und baut ein Haus sich anderswo
Und meint, da ging es ihm nicht so.
Allein, da sieht er sich betrogen.
Der Kobold ist mit umgezogen
Und macht Spektakel und Rumor
Viel ärger noch, als wie zuvor.
Ha, rief der Mann, wer bist du, sprich!
Der Kobold lacht: Ich bin dein Ich.

Die Welt

Es geht ja leider nur soso
Hier auf der Welt, sprach Salomo.
Dies war verzeihlich. Das Geschnatter
Von tausend Frauen, denn die hatt' er,
Macht auch den Besten ungerecht.
Uns aber geht es nicht so schlecht.
Wer, wie es Brauch in unsern Tagen,
Nur eine hat, der soll nicht sagen
Und klagen, was doch mancher tut:
Ich bin für diese Welt zu gut.
Selbst wem es fehlt an dieser Einen,
Der braucht darob nicht gleich zu weinen
Und sich kopfüber zu ertränken.
Er hat, das mag er wohl bedenken,
Am Weltgebäude mitgezimmert
Und allerlei daran verschlimmert.
Und wenn er so in sich gegangen,
Gewissenhaft und unbefangen,
Dann kusch er sich und denke froh:
Gottlob, ich bin kein Salomo;
Die Welt, obgleich sie wunderlich,
Ist mehr als gut genug für mich.

Reue

Die Tugend will nicht immer passen,
Im ganzen läßt sie etwas kalt.
Und daß man eine unterlassen,
Vergißt man bald.

Doch schmerzlich denkt manch alter Knaster,
Der von vergangnen Zeiten träumt,
An die Gelegenheit zum Laster,
Die er versäumt.

Die Freunde

Zwei Knaben, Fritz und Ferdinand,
Die gingen immer Hand in Hand,
Und selbst in einer Herzensfrage
Trat ihre Einigkeit zutage.
Sie liebten beide Nachbars Käthchen,
Ein blondgelocktes, kleines Mädchen.
Einst sagte die verschmitzte Dirne:
Wer holt mir eine Sommerbirne,
Recht saftig, aber nicht zu klein?
Hernach soll er der Beste sein.
Der Fritz nahm seinen Freund beiseit
Und sprach: Das machen wir zu zweit;
Da drüben wohnt der alte Schramm,
Der hat den schönsten Birnenstamm;
Du steigst hinauf und schüttelst sacht,
Ich lese auf und gebe acht.
Gesagt, getan. Sie sind am Ziel.
Schon als die erste Birne fiel,
Macht Fritz damit sich aus dem Staube,
Denn eben schlich aus dunkler Laube,
In fester Faust ein spanisch Rohr,
Der aufmerksame Schramm hervor.
Auch Ferdinand sah ihn beizeiten
Und tät am Stamm heruntergleiten
In Ängstlichkeit und großer Hast;
Doch eh er unten Fuß gefaßt,
Begrüßt ihn Schramm bereits mit Streichen,
Als wollt er einen Stein erweichen.
Der Ferdinand, voll Schmerz und Hitze,
Entfloh und suchte seinen Fritze.
Wie angewurzelt blieb er stehn.
Ach, hätt' er es doch nie gesehn:
Die Käthe hat den Fritz geküßt,
Worauf sie eine Birne ißt.
Seit dies geschah, ist Ferdinand
Mit Fritz nicht mehr so gut bekannt.

Die Mücken

Dich freut die warme Sonne.
Du lebst im Monat Mai.
In deiner Regentonne
Da rührt sich allerlei.

Viel kleine Tierlein steigen
Bald auf-, bald niederwärts,
Und, was besonders eigen,
Sie atmen mit dem Sterz.

Noch sind sie ohne Tücken,
Rein kindlich ist ihr Sinn.
Bald aber sind sie Mücken
Und fliegen frei dahin.

Sie fliegen auf und nieder
Im Abendsonnenglanz
Und singen feine Lieder
Bei ihrem Hochzeitstanz.

Du gehst zu Bett um zehne,
Du hast zu schlafen vor,
Dann hörst du jene Töne
Ganz dicht an deinem Ohr.

Drückst du auch in die Kissen
Dein wertes Angesicht,
Dich wird zu finden wissen
Der Rüssel, welcher sticht.

Merkst du, daß er dich impfe,
So reib mit Salmiak
Und dreh dich um und schimpfe
Auf dieses Mückenpack.

Die Birke

Es wächst wohl auf der Heide
Und in des Waldes Raum
Ein Baum zu Nutz und Freude,
Genannt der Birkenbaum.

Die Schuh, daraus geschnitzet,
Sind freundlich von Gestalt.
Wohl dem, der sie besitzet,
Ihm wird der Fuß nicht kalt.

Es ist die weiße Rinde
Zu Tabaksdosen gut,
Als teures Angebinde
Für den, der schnupfen tut.

Man zapfet aus der Birke
Sehr angenehmen Wein,
Man reibt sich, daß es wirke,
Die Glatze damit ein.

Dem Birkenreiserbesen
Gebühret Preis und Ehr;
Das stärkste Kehrichtwesen,
Das treibt er vor sich her.

Von Birken eine Rute,
Gebraucht am rechten Ort,
Befördert oft das Gute
Mehr als das beste Wort.

Und kommt das Fest der Pfingsten,
Dann schmückt mir fein das Haus,
Ihr, meine liebsten Jüngsten,
Mit Birkenzweigen aus.

Es spukt

Abends, wenn die Heimchen singen,
Wenn die Lampe düster schwelt,
Hör ich gern von Spukedingen,
Was die Tante mir erzählt.

Wie es klopfte in den Wänden,
Wie der alte Schrank geknackt,
Wie es einst mit kalten Händen
Mutter Urschel angepackt,

Wie man oft ein leises Jammern
Grad um Mitternacht gehört
Oben in den Bodenkammern,
Scheint mir höchst bemerkenswert.

Doch erzählt sie gar das Märchen
Von dem Geiste ohne Kopf,
Dann erhebt sich jedes Härchen
Schaudervoll in meinem Schopf.

Und ich kann es nicht verneinen,
Daß es böse Geister gibt;
Denn ich habe selber einen,
Der schon manchen Streich verübt.

Tröstlich

Nachbar Nickel ist verdrießlich,
Und er darf sich wohl beklagen,
Weil ihm seine Pläne schließlich
Alle gänzlich fehlgeschlagen.

Unsre Ziege starb heut morgen.
Geh und sag's ihm, lieber Knabe!
Daß er nach so vielen Sorgen
Auch mal eine Freude habe.

Beiderseits

Frau Welt, was ist das nur mit Euch?
Herr Walter sprach's, der alte.
Ihr werdet grau und faltenreich
Und traurig von Gestalte.

Frau Welt darauf erwidert schnipp'sch:
Mein Herr, seid lieber stille!
Ihr scheint mir auch nicht mehr so hübsch
Mit Eurer schwarzen Brille.

Lache nicht

Lache nicht, wenn mit den Jahren
Lieb und Freundlichkeit vergehen;
Was Paulinchen ist geschehen,
Kann auch dir mal widerfahren.

Sieh nur, wie verändert hat sich
Unser guter Küchenbesen.
Er, der sonst so weich gewesen,
Ist jetzunder stumpf und kratzig.

Daneben

Stoffel hackte mit dem Beile.
Dabei tat er sich sehr wehe,
Denn er traf in aller Eile
Ganz genau die große Zehe.

Ohne jedes Schmerzgewimmer,
Nur mit Ruh, mit einer festen,
Sprach er: Ja, ich sag es immer,
Nebenzu trifft man am besten.

Gedichte von
Tildchen Lockenstaat.

Röschen

Als Kind von angenehmen Zügen
War Röschen ein gar lustig Ding.
Gern zupfte sie das Bein der Fliegen,
Die sie geschickt mit Spucke fing.

Sie wuchs, und größere Objekte
Lockt sie von nun an in ihr Garn,
Nicht nur die jungen, nein, sie neckte
Und rupft auch manchen alten Narrn.

Inzwischen tat in stillem Walten
Die Zeit getreulich ihre Pflicht.
Durch wundersame Bügelfalten
Verziert sie Röschens Angesicht.

Und locker wurden Röschens Zähne.
Kein Freier stellte sich mehr ein.
Und schließlich kriegt sie gar Migräne,
Und die pflegt dauerhaft zu sein.

Dies führte sie zum Aberglauben,
Obwohl sie sonst nicht gläubig schien;
Sie meinte fest, daß Turteltauben
Den Schmerz der Menschen an sich ziehn.

Zwei Stück davon hat sie im Bauer,
Ein Pärchen, welches zärtlich girrt;
Jetzt liegt sie täglich auf der Lauer,
Ob ihnen noch nicht übel wird.

Überliefert

Zu Olims Zeit, auf der Oase
Am Quell, wo schlanke Palmen stehen,
Saß einst das Väterchen im Grase
Und hatte allerlei Ideen.

Gern sprach davon der Hochverehrte
Zu seinen Söhnen, seinen Töchtern,
Und das Gelehrte, oft Gehörte
Ging von Geschlechte zu Geschlechtern.

Auch wir in mancher Abendstunde,
Wenn treue Liebe uns bewachte,
Vernehmen froh die gute Kunde
Von dem, was Väterchen erdachte.

Und sicher klingt das früh Gewußte
So lang in wohlgeneigte Ohren,
Bis auf der kalten Erdenkruste
Das letzte Menschenherz erfroren.

Im Herbst

Der schöne Sommer ging von hinnen,
Der Herbst, der reiche, zog ins Land.
Nun weben all die guten Spinnen
So manches feine Festgewand.

Sie weben zu des Tages Feier
Mit kunstgeübtem Hinterbein
Ganz allerliebste Elfenschleier
Als Schmuck für Wiese, Flur und Hain.

Ja, tausend Silberfäden geben
Dem Winde sie zum leichten Spiel,
Die ziehen sanft dahin und schweben
Ans unbewußt bestimmte Ziel.

Sie ziehen in das Wunderländchen,
Wo Liebe scheu im Anbeginn,
Und leis verknüpft ein zarten Bändchen
Den Schäfer mit der Schäferin

Der Asket

Im Hochgebirg vor seiner Höhle
Saß der Asket;
Nur noch ein Rest von Leib und Seele
Infolge äußerster Diät.
Demütig ihm zu Füßen kniet
Ein Jüngling, der sich längst bemüht,
Des strengen Büßers strenge Lehren
Nachdenklich prüfend anzuhören.
Grad schließt der Klausner den Sermon
Und spricht: Bekehre dich, mein Sohn!
Verlaß das böse Weltgetriebe.
Vor allem unterlaß die Liebe,
Denn grade sie erweckt aufs neue
Das Leben und mit ihm die Reue.
Da schau mich an. Ich bin so leicht,
Fast hab ich schon das Nichts erreicht.
Und bald verschwind ich in das reine
Zeit-, raum- und traumlos Allundeine.
Als so der Meister in Ekstase,
Sticht ihn ein Bienchen in die Nase.
Oh, welch ein Schrei!
Und dann das Mienenspiel dabei.
Der Jüngling stutzt und ruft: Was seh ich?
Wer solchermaßen leidensfähig,
Wer so gefühlvoll und empfindlich,
Der, fürcht ich, lebt noch viel zu gründlich
Und stirbt noch nicht zum letzten Mal.
Mit diesem kühlen Wort empfahl
Der Jüngling sich und stieg hernieder
Ins tiefe Tal und kam nicht wieder.

Der Philosoph

Ein Philosoph von ernster Art,
Der sprach und strich sich seinen Bart:
Ich lache nie. Ich lieb es nicht,
Mein ehrenwertes Angesicht

Durch Zähnefletschen zu entstellen
Und närrisch wie ein Hund zu bellen;
Ich lieb es nicht, durch ein Gemecker
Zu zeigen, daß ich Witzentdecker;
Ich brauche nicht durch Wertvergleichen
Mit andern mich herauszustreichen,
Um zu ermessen, was ich bin,
Denn dieses weiß ich ohnehin.
Das Lachen will ich überlassen
Den minder hochbegabten Klassen.
Ist einer ohne Selbstvertraun
In Gegenwart von schönen Fraun,
So daß sie ihn als faden Gecken
Abfahren lassen oder necken,
Und fühlt er drob geheimen Groll
Und weiß nicht, was er sagen soll,
Dann schwebt mit Recht auf seinen Zügen
Ein unaussprechliches Vergnügen.
Und hat er Kursverlust erlitten,
Ist er moralisch ausgeglitten,
So gibt es Leute, die doch immer
Noch dümmer sind als er und schlimmer.
Und hat er etwa krumme Beine,
So gibt's noch krümmere als seine.
Er tröstet sich und lacht darüber
Und denkt: Da bin ich mir doch lieber.
Den Teufel laß' ich aus dem Spiele.
Auch sonst noch lachen ihrer viele,
Besonders jene ewig Heitern,
Die unbewußt den Mund erweitern,
Die, sozusagen, auserkoren
Zum Lachen bis an beide Ohren.
Sie freuen sich mit Weib und Kind
Schon bloß, weil sie vorhanden sind.
Ich dahingegen, der ich sitze
Auf der Betrachtung höchster Spitze,
Weit über allem Was und Wie,
Ich bin für mich und lache nie.

Verstand und Leidenschaft

Es ist ein recht beliebter Bau.
Wer wollte ihn nicht loben?
Drin wohnt ein Mann mit seiner Frau,
Sie unten und er oben.

Er, als ein schlaugewiegter Mann,
Hält viel auf weise Lehren,
Sie, ungestüm und drauf und dran,
Tut das, was ihr Begehren.

Sie läßt ihn reden und begeht,
Blind, wie sie ist, viel Wüstes,
Und bringt sie das in Schwulität,
Na, sagt er kühl, da siehst es.

Vereinen sich jedoch die zwei
Zu traulichem Verbande,
Dann kommt die schönste Lumperei
Hübsch regelrecht zustande.

So geht's in diesem Hause her.
Man möchte fast erschrecken.
Auch ist's beweglich, aber mehr
Noch als das Haus der Schnecken.

Der Ruhm

Der Ruhm, wie alle Schwindelware,
Hält selten über tausend Jahre.
Zumeist vergeht schon etwas eh'r
Die Haltbarkeit und die Kulör.
Ein Schmetterling voll Eleganz,
Genannt der Ritter Schwalbenschwanz,
Ein Exemplar von erster Güte,
Begrüßte jede Doldenblüte
Und holte hier und holte da
Sich Nektar und Ambrosia.

Mitunter macht er sich auch breit
In seiner ganzen Herrlichkeit
Und zeigt den Leuten seine Orden
Und ist mit Recht berühmt geworden.
Die jungen Mädchen fanden dies
Entzückend, goldig, reizend, süß.
Vergeblich schwenkten ihre Mützen
Die Knaben, um ihn zu besitzen.
Sogar der Spatz hat zugeschnappt
Und hätt' ihn um ein Haar gehabt.
Jetzt aber naht sich ein Student,
Der seine Winkelzüge kennt.
In einem Netz mit engen Maschen
Tät er den Flüchtigen erhaschen,
Und da derselbe ohne Tadel,
Spießt er ihn auf die heiße Nadel.
So kam er unter Glas und Rahmen
Mit Datum, Jahreszahl und Namen
Und bleibt berühmt und unvergessen,
Bis ihn zuletzt die Motten fressen.
Man möchte weinen, wenn man sieht,
Daß dies das Ende von dem Lied.

Plaudertasche

Du liebes Plappermäulchen,
Bedenk dich erst ein Weilchen
Und sprich nicht so geschwind.
Du bist wie unsre Mühle
Mit ihrem Flügelspiele
Im frischen Sausewind.

Solang der Müller tätig
Und schüttet auf, was nötig,
Geht alles richtig zu;
Doch ist kein Korn darinnen,
Dann kommt das Werk von Sinnen
Und klappert so wie du.

Der Narr

Er war nicht unbegabt. Die Geisteskräfte
Genügten für die laufenden Geschäfte.
Nur hat er die Marotte,
Er sei der Papst. Dies sagt er oft und gern
Für jedermann zum Ärgernis und Spotte,
Bis sie zuletzt ins Narrenhaus ihn sperr'n.
Ein guter Freund, der ihn daselbst besuchte,
Fand ihn höchst aufgeregt. Er fluchte:
Zum Kuckuck, das ist doch zu dumm.
Ich soll ein Narr sein und weiß nicht warum.
Ja, sprach der Freund, so sind die Leute.
Man hat an einem Papst genug.
Du bist der zweite.
Das eben kann man nicht vertragen.
Hör zu, ich will dir mal was sagen:
Wer schweigt, ist klug.
Der Narr verstummt, als ob er überlege.
Der gute Freund ging leise seiner Wege.
Und schau, nach vierzehn Tagen grade,
Da traf er ihn schon auf der Promenade.
Ei, rief der Freund, wo kommst du her?
Bist du denn jetzt der Papst nicht mehr?
Freund, sprach der Narr und lächelt schlau,
Du scheinst zur Neugier sehr geneigt.
Das, was wir sind, weiß ich genau.
Wir alle haben unsern Sparren,
Doch sagen tun es nur die Narren.
Der Weise schweigt.

Erneuerung

Die Mutter plagte ein Gedanke.
Sie kramt im alten Kleiderschranke,
Wo kurz und lang, obschon gedrängt,
Doch friedlich beieinander hängt.
Auf einmal ruft sie: Ei, sieh da,

Der Schwalbenschwanz, da ist er ja!
Den blauen, längst nicht mehr benützten,
Den hinten zwiefach zugespitzten,
Mit blanken Knöpfen schön geschmückt,
Der einst so manches Herz berückt,
Ihn trägt sie klug und überlegt
Dahin, wo sie zu schneidern pflegt
Und trennt und wendet, näht und mißt,
Bis daß das Werk vollendet ist.
Auf die Art aus des Vaters Fracke
Kriegt Fritzchen eine neue Jacke.
Grad so behilft sich der Poet.
Du liebe Zeit, was soll er machen?
Gebraucht sind die Gedankensachen
Schon alle, seit die Welt besteht.

Duldsam

Des Morgens früh, sobald ich mir
Mein Pfeifchen angezündet,
Geh ich hinaus zur Hintertür,
Die in den Garten mündet.

Besonders gern betracht ich dann
Die Rosen, die so niedlich;
Die Blattlaus sitzt und saugt daran
So grün, so still, so friedlich.

Und doch wird sie, so still sie ist,
Der Grausamkeit zur Beute;
Der Schwebefliegen Larve frißt
Sie auf bis auf die Häute.

Schlupfwespchen flink und klimperklein,
So sehr die Laus sich sträube,
Sie legen doch ihr Ei hinein
Noch bei lebend'gem Leibe.

Sie aber sorgt nicht nur mit Fleiß
Durch Eier für Vermehrung;
Sie kriegt auch Junge hundertweis
Als weitere Bescherung.

Sie nährt sich an dem jungen Schaft
Der Rosen, eh sie welken;
Ameisen kommen, ihr den Saft
Sanft streichelnd abzumelken.

So seh ich in Betriebsamkeit
Das hübsche Ungeziefer
Und rauche während dieser Zeit
Mein Pfeifchen tief und tiefer.

Daß keine Rose ohne Dorn,
Bringt mich nicht aus dem Häuschen.
Auch sag ich ohne jeden Zorn:
Kein Röslein ohne Läuschen!

Ja ja!

Ein weißes Kätzchen voller Schliche
Ging heimlich, weil es gerne schleckt,
Des Abends in die Nachbarküche,
Wo man es leider bald entdeckt.

Mit Besen und mit Feuerzangen
Gejagt in alle Ecken ward's.
Es fuhr zuletzt voll Todesbangen
Zum Schlot hinaus und wurde schwarz.

Ja, siehst du wohl, mein liebes Herze?
Wer schlecken will, was ihm gefällt,
Der kommt nicht ohne Schmutz und Schwärze
Hinaus aus dieser bösen Welt.

Schreckhaft

Nachdem er am Sonntagmorgen
Vor seinem Spiegel gestanden,
Verschwanden die letzten Sorgen
Und Zweifel, die noch vorhanden.

Er wurde so verwegen,
Daß er nicht länger schwankte.
Er schrieb ihr. Sie dagegen
Erwidert: Nein! Sie dankte.

Der Schreck, den er da hatte,
Hätt' ihn fast umgeschmissen,
Als hätt' ihn eine Ratte
Plötzlich ins Herz gebissen.

Hund und Katze

Miezel, eine schlaue Katze,
Molly, ein begabter Hund,
Wohnhaft an demselben Platze,
Haßten sich aus Herzensgrund.

Schon der Ausdruck ihrer Mienen,
Bei gesträubter Haarfrisur,
Zeigt es deutlich: Zwischen ihnen
Ist von Liebe keine Spur.

Doch wenn Miezel in dem Baume,
Wo sie meistens hin entwich,
Friedlich dasitzt wie im Traume,
Dann ist Molly außer sich.

Beide lebten in der Scheune,
Die gefüllt mit frischem Heu.
Alle beide hatten Kleine,
Molly zwei und Miezel drei.

Einst zur Jagd ging Miezel wieder
Auf das Feld. Da geht es bumm!
Der Herr Förster schoß sie nieder.
Ihre Lebenszeit ist um.

Oh, wie jämmerlich miauen
Die drei Kinderchen daheim.
Molly eilt, sie zu beschauen,
Und ihr Herz geht aus dem Leim.

Und sie trägt sie kurzentschlossen
Zu der eignen Lagerstatt,
Wo sie nunmehr fünf Genossen
An der Brust zu Gaste hat.

Mensch mit traurigem Gesichte,
Sprich nicht nur von Leid und Streit,
Selbst in Brehms Naturgeschichte
Findet sich Barmherzigkeit.

Der Knoten

Als ich in Jugendtagen
Noch ohne Grübelei,
Da meint ich mit Behagen,
Mein Denken wäre frei.

Seitdem hab ich die Stirne
Oft auf die Hand gestützt
Und fand, daß im Gehirne
Ein harter Knoten sitzt.

Mein Stolz, der wurde kleiner.
Ich merkte mit Verdruß:
Es kann doch unsereiner
Nur denken, wie er muß.

Abschied

Ach, wie eilte so geschwinde
Dieser Sommer durch die Welt.
Herbstlich rauscht es in der Linde,
Ihre Blätter mit dem Winde
Wehen übers Stoppelfeld.

Hörst du in den Lüften klingend
Sehnlich klagend das Kuru?
Wandervögel, flügelschwingend,
Lebewohl der Heimat singend,
Ziehn dem fremden Lande zu.

Morgen muß ich in die Ferne.
Liebes Mädchen, bleib mir gut.
Morgen lebt in der Kaserne,
Daß er exerzieren lerne,
Dein dich liebender Rekrut.

Fuchs und Gans

Es war die erste Maiennacht.
Kein Mensch im Dorf hat mehr gewacht.
Da hielten, wie es stets der Fall,
Die Tiere ihren Frühlingsball.
Die Gans, die gute Adelheid,
Fehlt nie bei solcher Festlichkeit,
Obgleich man sie nach altem Brauch
Zu necken pflegt. So heute auch.
Frau Schnabel, nannte sie der Kater,
Frau Plattfuß, rief der Ziegenvater;
Doch sie, zwar lächelnd, aber kühl,
Hüllt sich in sanftes Selbstgefühl.
So saß sie denn in ödem Schweigen
Allein für sich bei Spiel und Reigen,
Bei Freudenlärm und Jubeljux.

Sieh da, zum Schluß hat auch der Fuchs
Sich ungeladen eingedrängelt.
Schlau hat er sich herangeschlängelt.
Ihr Diener, säuselt er galant,
Wie geht's der Schönsten in Brabant?
Ich küß der gnäd'gen Frau den Fittich.
Ist noch ein Tänzchen frei, so bitt ich.
Sie nickt verschämt: O Herr Baron!
Indem, so walzen sie auch schon.
Wie trippeln die Füße, wie wippeln die Schwänze
Im lustigen Kehraus, dem letzten der Tänze.
Da tönt es vier mit lautem Schlag.
Das Fest ist aus. Es naht der Tag. –
Bald drauf im frühsten Morgenschimmer
Ging Mutter Urschel aus, wie immer
Mit Korb und Sichel, um verstohlen
Sich etwas fremden Klee zu holen.
An einer Hecke bleibt sie stehn:
Herrje, was ist denn hier geschehn?
Die Füchse, sag ich, soll man rädern.
Das sind wahrhaftig Gänsefedern.
Ein frisches Ei liegt dicht daneben.
Ich bin so frei, es aufzuheben.
Ach, armes Tier, sprach sie bewegt,
Dies Ei hast du vor Angst gelegt.

Gut und Böse

Tugend will, man soll sie holen,
Ungern ist sie gegenwärtig;
Laster ist auch unbefohlen
Dienstbereit und fix und fertig.

Gute Tiere, spricht der Weise,
Mußt du züchten, mußt du kaufen;
Doch die Ratten und die Mäuse
Kommen ganz von selbst gelaufen.

Der Schadenfrohe

Ein Dornstrauch stand im Wiesental
An einer Stiege, welche schmal,
Und ging vorüber irgendwer,
Den griff er an und kratzte er.
Ein Lämmlein kam dahergehupft.
Das hat er ebenfalls gerupft.
Es sieht ihn traurig an und spricht:
Du brauchst doch meine Wolle nicht,
Und niemals tat ich dir ein Leid.
Weshalb zerrupfst du denn mein Kleid?
Es tut mir weh und ist auch schad.
Ei, rief der Freche, darum grad.

Hahnenkampf

Ach, wie vieles muß man rügen,
Weil es sündlich und gemein,
So zum Beispiel das Vergnügen,
Zuzusehn bei Prügelei'n.

Noch vor kurzem hab ich selber
Mir zwei Gockel angesehn,
Hier ein schwarzer, da ein gelber,
Die nicht gut zusammen stehn.

Plötzlich kam es zum Skandale,
Denn der schwarze macht die Kur,
Was dem gelben alle Male
Peinlich durch die Seele fuhr.

Mit den Krallen, mit den Sporen,
Mit dem Schnabel, scharf gewetzt,
Mit den Flügeln um die Ohren
Hat es Hieb auf Hieb gesetzt.

Manche Feder aus dem Leder
Reißen und zerschleißen sie,
Und zum Schlusse ruft ein jeder
Triumphierend Kikriki!

Voller Freude und mit wahrem
Eifer sah ich diesen Zwist,
Während jedes Huhn im Harem
Höchst gelassen weiterfrißt.

Solch ein Weibervolk mit Flügeln
Meint, wenn Gockel früh und spät
Seinetwegen sich verprügeln,
Daß sich das von selbst versteht.

Gestört

Um acht, als seine werte Sippe
Noch in den Federn schlummernd lag,
Begrüßt er von der Felsenklippe
Bereits den neuen Frühlingstag.

Und wie die angenehme Sonne
Liebreich zu ihm herniederschaut,
Da ist in süßer Rieselwonne
Sein ganzes Wesen aufgebaut.

Es schmilzt die schwere Außenhülle.
Ihm wird so wohl, ihm wird so leicht.
Er schwebt im Geist als freier Wille
Hinaus, so weit das Auge reicht.

Fort über Tal, zu fernen Hügeln,
Den Strom entlang, bis an das Meer,
Windeilig, wie auf Möwenflügeln,
Zieht er in hoher Luft einher.

Hier traf er eine Wetterwolke.
Die wählt er sich zum Herrschersitz.
Erhaben über allem Volke
Thront er in Regen, Sturm und Blitz.

O weh, der Zauber ist zu Ende.
Durchweicht vom Hut bis in die Schuh,
Der Buckel steif und lahm die Lende,
So schleicht er still der Heimat zu.

Zum Trost für seine kalten Glieder
Empfängt ihn gleich ein warmer Gruß.
Na, hieß es, jetzt bekommst du wieder
Dein Reißen in den Hinterfuß.

Verlust der Ähnlichkeit

Man sagt, ein Schnäpschen, insofern
Es kräftig ist, hat jeder gern.
Ganz anders denkt das Volk der Bienen.
Der Süffel ist verhaßt bei ihnen,
Sein Wohlgeruch tut ihnen weh.
Sie trinken nichts wie Blütentee,
Und wenn wer kommt, der Schnäpse trank,
Gleich ziehen sie den Stachel blank.
Letzthin hat einem Bienenstöckel
Der brave alte Schneider Böckel,
Der nicht mehr nüchtern in der Tat,
Aus Neubegierde sich genaht.
Sofort von einem regen Leben
Sieht Meister Böckel sich umgeben.
Es dringen giftgetränkte Pfeile
In seine nackten Körperteile,
Ja, manche selbst durch die nur lose
Und leichtgewirkte Sommerhose,
Besonders, weil sie stramm gespannt.
Zum Glück ist Böckel kriegsgewandt.

Er zieht sich kämpfend wie ein Held
Zurück ins hohe Erbsenfeld.
Hier hat er Zeit, an vielen Stellen
Des Leibes merklich anzuschwellen,
Und als er wiederum erscheint,
Erkennt ihn kaum sein bester Freund.
Natürlich, denn bei solchem Streit
Verliert man seine Ähnlichkeit.

Lebensfahrt

Lange warst du im Gedrängel
Aller Dinge tief versteckt,
Bis als einen kleinen Bengel
Unser Auge dich entdeckt.

Schreiend hast du Platz genommen,
Zum Genuß sofort bereit,
Und wir hießen dich willkommen,
Pflegten dich mit Zärtlichkeit.

Aber eh du recht empfunden,
Was daheim für Freuden blühn,
Hast dein Bündel du gebunden,
Um in fremdes Land zu ziehn.

Leichte, lustige Gesellen
Finden sich an jedem Ort.
Weiber schelten, Hunde bellen,
Lachend zogst du weiter fort.

Sahst die Welt an beiden Enden,
Hast genippt und hast genascht.
Endlich fest mit Klammerhänden
Hat die Liebe dich erhascht.

Und du zogst den Kinderwagen,
Und du trugst, was dir bestimmt,
Seelenlast und Leibesplagen,
Bis der Rücken sich gekrümmt.

Nur Geduld. Es steht ein Flieder
An der Kirche grau und alt.
Dort für deine müden Glieder
Ist ein kühler Aufenthalt.

Der Geist

Es war ein Mägdlein froh und keck,
Stets lacht ihr Rosenmund,
Ihr schien die Liebe Lebenszweck
Und alles andre Schund.

Sie denkt an nichts als an Pläsier,
Seitdem die Mutter tot,
Sie lacht und liebt, obgleich es ihr
Der Vater oft verbot.

Einst hat sie frech und unbedacht
Den Schatz, der ihr gefällt,
Sich für die Zeit um Mitternacht
Zum Kirchhof hinbestellt.

Und als sie kam zum Stelldichein,
O hört, was sich begab,
Da stand ein Geist im Mondenschein
Auf ihrer Mutter Grab.

Er steht so starr, er steht so stumm,
Er blickt so kummervoll.
Das Mägdlein dreht sich schaudernd um
Und rennt nach Haus wie toll.

Es wird, wer einen Geist gesehn,
Nie mehr des Lebens froh,
Er fühlt, es ist um ihn geschehn.
Dem Mägdlein ging es so.

Sie welkt dahin, sie will und mag
Nicht mehr zu Spiel und Tanz.
Man flocht ihr um Johannistag
Bereits den Totenkranz.

Höchste Instanz

Was er liebt, ist keinem fraglich;
Triumphierend und behaglich
Nimmt es seine Seele ein
Und befiehlt: So soll es sein.

Suche nie, wo dies geschehen,
Widersprechend vorzugehen,
Sintemalen im Gemüt
Schon die höchste Macht entschied.

Ungestört in ihren Lauben
Laß die Liebe, laß den Glauben,
Der, wenn man es recht ermißt,
Auch nur lauter Liebe ist.

Die Unbeliebte

Habt ihr denn wirklich keinen Schimmer
Von Angst, daß ihr noch ruhig schlaft?
Wird denn in dieser Welt nicht immer
Das Leben mit dem Tod bestraft?

Ihr lebt vergnügt, trotz dem Verhängnis,
Das näher stets und näher zieht.
So stiehlt der Dieb, dem das Gefängnis
Und später gar der Galgen blüht.

Hör auf, entgegnet frech die Jugend,
Du altes Jammerinstrument.
Man merkt es gleich: du bist die Tugend,
Die keinem sein Vergnügen gönnt.

Bedächtig

Ich ging zur Bahn. Der Abendzug
Kam erst um halber zehn.
Wer zeitig geht, der handelt klug.
Er kann gemütlich gehn.

Der Frühling war so warm und mild,
Ich ging wie neubelebt,
Zumal ein wertes Frauenbild
Mir vor der Seele schwebt.

Daß ich sie heut noch sehen soll,
Daß sie gewiß noch wach,
Davon ist mir das Herz so voll,
Ich steh und denke nach.

Ein Häslein, das vorüberstiebt,
Ermahnt ich: Laß dir Zeit.
Ein guter Mensch, der glücklich liebt,
Tut keinem was zuleid.

Von ferne aus dem Wiesenteich
Erklang der Frösche Chor,
Und überm Walde stieg zugleich
Der goldne Mond empor.

Da bist du ja, ich grüße dich,
Du traulicher Kumpan.
Bedächtig wandelst du wie ich
Dahin auf deiner Bahn.

Dies lenkte meinen Denkersinn
Auf den Geschäftsverlauf;
Ich überschlug mir den Gewinn.
Da hielt mich etwas auf.

Doch horch, da ist die Nachtigall,
Sie flötet wunderschön.
Ich flöte selbst mit sanftem Schall
Und bleib ein wenig stehn.

Und flötend kam ich zur Station,
Wie das bei mir Gebrauch.
O weh, was ist das für ein Ton?
Der Zug, der flötet auch.

Dort saust er hin. Ich stand versteint.
Dann sah ich nach der Uhr
Wie jeder, der zu spät erscheint.
So will es die Natur.

Die Trud

Wahrlich, sagte meine Tante,
Die fast alle Geister kannte,
Keine Täuschung ist die Trud.
Weißt du nicht, daß böse Seelen
Nächtlich aus dem Leibe rücken,
Um den Menschen zu bedrücken
Und zu treten und zu quälen,
Wenn er auf dem Rücken ruht?
Lautlos durch verschloss'ne Türen
Immer näher siehst du's kommen,
Zauberhaft und wunderlich.

Und dir graust es vor dem Dinge,
Und du kannst dich doch nicht rühren,
Und du fühlst dich so beklommen,
Möchtest rufen, wenn's nur ginge,
Und auf einmal hat es dich.
Doch wer klug, weiß sich zu schützen:
Abends beim Zurruhegehn
Brauchst du bloß darauf zu sehn,
Daß die Schuhe mit den Spitzen
Abgewandt vom Bette stehn.
Außerdem hab ich gehört:
Leichtes Herz und leichter Magen,
Wie in andern Lebenslagen,
Sind auch hier empfehlenswert.

Hinten herum

Ein Mensch, der etwas auf sich hält,
Bewegt sich gern in feiner Welt;
Denn erst in weltgewandten Kreisen
Lernt man die rechten Redeweisen,
Verbindlich, aber zugespitzt
Und treffend, wo die Schwäre sitzt.
Es ist so wie mit Rektor Knaut,
Der immer lächelt, wenn er haut.
Auch ist bei Knaben weit berüchtigt
Das Instrument, womit er züchtigt.
Zu diesem Zweck bedient er nämlich,
Als für den Sünder gut bekömmlich,
Sich einer schlanken Haselgerte,
Zwar biegsam, doch nicht ohne Härte,
Die sich, von rascher Hand bewegt,
Geschmeidig um die Hüfte legt.
Nur wer es fühlte, der begreift es:
Vorn schlägt er zu und hinten kneift es.

Die Kleinsten

Sag Atome, sage Stäubchen.
Sind sie auch unendlich klein,
Haben sie doch ihre Leibchen
Und die Neigung, da zu sein.

Haben sie auch keine Köpfchen,
Sind sie doch voll Eigensinn.
Trotzig spricht das Zwerggeschöpfchen:
Ich will sein so, wie ich bin.

Suche nur, sie zu bezwingen,
Stark und findig, wie du bist.
Solch ein Ding hat seine Schwingen,
Seine Kraft und seine List.

Kannst du auch aus ihnen schmieden
Deine Rüstung als Despot,
Schließlich wirst du doch ermüden,
Und dann heißt es: Er ist tot.

Dunkle Zukunft

Fritz, der mal wieder schrecklich träge,
Vermutet, heute gibt es Schläge,
Und knöpft zur Abwehr der Attacke
Ein Buch sich unter seine Jacke,
Weil er sich in dem Glauben wiegt,
Daß er was auf den Buckel kriegt.
Die Schläge trafen richtig ein.
Der Lehrer meint es gut. Allein
Die Gabe wird für heut gespendet
Mehr unten, wo die Jacke endet,
Wo Fritz nur äußerst leicht bekleidet
Und darum ganz besonders leidet.
Ach, daß der Mensch so häufig irrt
Und nie recht weiß, was kommen wird!

Teufelswurst

Das Pfäfflein saß beim Frühstücksschmaus.
Er schaut und zieht die Stirne kraus.
Wer, fragt er, hat die Wurst gebracht?
Die Köchin sprach: Es war die Liese,
Die Alte von der Gänsewiese.
Drum, rief er, sah ich in letzter Nacht,
Wie durch die Luft in feurigem Bogen
Der Böse in ihren Schlot geflogen.
Verdammte Hex,
Ich riech, ich schmeck's,
Der Teufel hat die Wurst gemacht.
Spitz, da geh her! – Der Hund nicht faul,
Verzehrt die Wurst und leckt das Maul.
Er nimmt das Gute, ohne zu fragen,
Ob's Beelzebub unter dem Schwanz getragen.

Der Einsame

Wer einsam ist, der hat es gut,
Weil keiner da, der ihm was tut.
Ihn stört in seinem Lustrevier
Kein Tier, kein Mensch und kein Klavier,
Und niemand gibt ihm weise Lehren,
Die gut gemeint und bös zu hören.
Der Welt entronnen, geht er still
In Filzpantoffeln, wann er will.
Sogar im Schlafrock wandelt er
Bequem den ganzen Tag umher.
Er kennt kein weibliches Verbot,
Drum raucht und dampft er wie ein Schlot.
Geschützt vor fremden Späherblicken,
Kann er sich selbst die Hose flicken.
Liebt er Musik, so darf er flöten,
Um angenehm die Zeit zu töten,
Und laut und kräftig darf er prusten,
Und ohne Rücksicht darf er husten,
Und allgemein vergißt man seiner.

Nur allerhöchstens fragt mal einer:
Was, lebt er noch? Ei Schwerenot,
Ich dachte längst, er wäre tot.
Kurz, abgesehn vom Steuerzahlen,
Läßt sich das Glück nicht schöner malen.
Worauf denn auch der Satz beruht:
Wer einsam ist, der hat es gut.

Spatz und Schwalben

Es grünte allenthalben.
Der Frühling wurde wach.
Bald flogen auch die Schwalben
Hell zwitschernd um das Dach.

Sie sangen unermüdlich
Und bauten außerdem
Am Giebel, rund und niedlich
Ihr Nest aus feuchtem Lehm.

Und als sie eine Woche
Sich redlich abgequält,
Hat nur am Eingangsloche
Ein Stückchen noch gefehlt.

Da nahm der Spatz, der Schlingel,
Die Wohnung in Besitz.
Jetzt hängt ein Strohgeklüngel
Hervor aus ihrem Schlitz.

Nicht schön ist dies Gebaren
Und wenig ehrenwert
Von einem, der seit Jahren
Mit Menschen viel verkehrt.

Immer wieder

Der Winter ging, der Sommer kam.
Er bringt aufs neue wieder
Den vielbeliebten Wunderkram
Der Blumen und der Lieder.

Wie das so wechselt Jahr um Jahr,
Betracht ich fast mit Sorgen.
Was lebte, starb, was ist, es war,
Und heute wird zu morgen.

Stets muß die Bildnerin Natur
Den alten Ton benützen
In Haus und Garten, Wald und Flur
Zu ihren neuen Skizzen.

Der Spatz

Ich bin ein armer Schreiber nur,
Hab weder Haus noch Acker,
Doch freut mich jede Kreatur,
Sogar der Spatz, der Racker.

Er baut von Federn, Haar und Stroh
Sein Nest geschwind und flüchtig,
Er denkt, die Sache geht schon so,
Die Schönheit ist nicht wichtig.

Wenn man den Hühnern Futter streut,
Gleich mengt er sich dazwischen,
Um schlau und voller Rührigkeit
Sein Körnlein zu erwischen.

Maikäfer liebt er ungemein,
Er weiß sie zu behandeln;
Er hackt die Flügel, zwackt das Bein
Und knackt sie auf wie Mandeln.

Im Kirschenbaum frißt er verschmitzt
Das Fleisch der Beeren gerne;
Dann hat, wer diesen Baum besitzt,
Nachher die schönsten Kerne.

Es fällt ein Schuß, der Spatz entfleucht
Und ordnet sein Gefieder.
Für heute bleibt er weg vielleicht,
Doch morgen kommt er wieder.

Und ist es Winterzeit und hat's
Geschneit auf alle Dächer,
Verhungern tut kein rechter Spatz,
Er kennt im Dach die Löcher.

Ich rief: Spatz komm, ich füttre dich!
Er faßt mich scharf ins Auge.
Er scheint zu glauben, daß auch ich
Im Grunde nicht viel tauge.

Der Wiedergänger

Es fand der geizige Bauer Kniep
Im Grabe keine Ruhe.
Die Sehnsucht nach dem Gelde trieb
Ihn wieder zu seiner Truhe.

Die Erben wollten diesen Gast
Im Haus durchaus nicht haben,
Weil ihnen der Verkehr verhaßt
Mit einem, der schon begraben.

Sie dachten, vor Drudenfuß und Kreuz
Ergebenst verschwinden sollt' er.
Er aber vollführte seinerseits
Nur um so mehr Gepolter.

Zum Glück kam gerade zugereist
Ein Meister, der vieles erkundet.
Der hat gar schlau den bösen Geist
In einem Faß verspundet.

Man fuhr es bequem, als wär es leer,
Bis an ein fließend Gewässer.
Da plötzlich machte sich Kniep so schwer
Wie zehn gefüllte Fässer.

Gottlieb, der Kutscher, wundert sich.
Nach rückwärts blickt er schnelle.
Wumm, knallt der Spund. Der Geist entwich
Und spukt an der alten Stelle.

Wie sonst besucht er jede Nacht
Die eisenbeschlagene Kiste
Und rumpelt, hustet, niest und lacht,
Als ob er von nichts was wüßte.

Kein Mittel erwies sich als probat.
Der Geist ward nur erboster.
Man trug, es blieb kein andrer Rat,
Den Kasten zum nächsten Kloster.

Der Pförtner sprach: Willkommen im Stift
Und herzlich guten Morgen!
Was Geld und böse Geister betrifft,
Das wollen wir schon besorgen.

Zu zweit

Frau Urschel teilte Freud und Leid
Mit ihrer lieben Kuh;
Sie lebten in Herzeinigkeit
Ganz wie auf du und du.

Wie war der Winter doch so lang,
Wie knapp war da das Heu;
Frau Urschel rief und seufzte bang:
O komm, du schöner Mai!

Komm schnell und lindre unsre Not,
Der du die Krippe füllst;
Wenn ich und meine Kuh erst tot,
Dann komme, wann du willst.

Der Traum

Ich schlief. Da hatt' ich einen Traum.
Mein Ich verließ den Seelenraum.
Frei vom gemeinen Tagesleben,
Vermocht ich leicht dahinzuschweben.
So, angenehm mich fortbewegend,
Erreicht ich eine schöne Gegend.
Wohin ich schwebte, wuchs empor
Alsbald ein bunter Blumenflor,
Und lustig schwärmten um die Dolden
Viel tausend Falter, rot und golden.
Ganz nah auf einem Lilienstengel,
Einsam und sinnend, saß ein Engel,
Und weil das Land mir unbekannt,
Fragt ich: Wie nennt sich dieses Land?
Hier, sprach er, ändern sich die Dinge.
Du bist im Reich der Schmetterlinge.
Ich aber, wohlgemut und heiter,
Zog achtlos meines Weges weiter.
Da kam, wie ich so weiter glitt,
Ein Frauenbild und schwebte mit
Als ein willkommenes Geleite,
Anmutig lächelnd mir zur Seite,
Und um sie nie mehr loszulassen,
Dacht ich die Holde zu umfassen;
Doch eh ich dazu Zeit gefunden,
Schlüpft sie hinweg und ist verschwunden.

Mir war so schwül. Ich mußte trinken.
Nicht fern sah ich ein Bächlein blinken.
Ich bückte mich hinab zum Wasser.
Gleich faßt ein Arm, ein kalter, blasser,
Vom Grund herauf mich beim Genick.
Zwar zog ich eilig mich zurück,
Allein der Hals war steif und krumm,
Nur mühsam dreht ich ihn herum,
Und ach, wie war es rings umher
Auf einmal traurig, öd und leer.
Von Schmetterlingen nichts zu sehn,
Die Blumen, eben noch so schön,
Sämtlich verdorrt, zerknickt, verkrumpelt.
So bin ich seufzend fortgehumpelt,
Denn mit dem Fliegen, leicht und frei,
War es nun leider auch vorbei.
Urplötzlich springt aus einem Graben,
Begleitet vom Geschrei der Raben,
Mir eine Hexe auf den Nacken
Und spornt mich an mit ihren Hacken
Und macht sich schwer wie Bleigewichte
Und drückt und zwickt mich fast zunichte,
Bis daß ich matt und lendenlahm
Zu einem finstern Walde kam.
Ein Jägersmann, dürr von Gestalt,
Trat vor und rief ein dumpfes Halt.
Schon liegt ein Pfeil auf seinem Bogen,
Schon ist die Sehne straff gezogen.
Jetzt trifft er dich ins Herz, so dacht ich,
Und von dem Todesschreck erwacht ich
Und sprang vom Lager ungesäumt,
Sonst hätt' ich wohl noch mehr geträumt.

Zu gut gelebt

Frau Grete hatt' ein braves Huhn,
Das wußte seine Pflicht zu tun.
Es kratzte hinten, pickte vorn,
Fand hier ein Würmchen, da ein Korn,

Erhaschte Käfer, schnappte Fliegen
Und eilte dann mit viel Vergnügen
Zum stillen Nest, um hier geduldig
Das zu entrichten, was es schuldig.
Fast täglich tönte sein Geschrei:
Viktoria, ein Ei, ein Ei!
Frau Grete denkt: O welch ein Segen,
Doch könnt es wohl noch besser legen.
Drum reicht sie ihm, es zu verlocken,
Oft extra noch die schönsten Brocken.
Dem Hühnchen war das angenehm.
Es putzt sich, macht es sich bequem,
Wird wohlbeleibt, ist nicht mehr rührig
Und sein Geschäft erscheint ihm schwierig.
Kaum daß ihm noch mit Drang und Zwang
Mal hie und da ein Ei gelang.
Dies hat Frau Gretchen schwer bedrückt,
Besonders wenn sie weiterblickt;
Denn wo kein Ei, da ist's vorbei
Mit Rührei und mit Kandisei.
Ein fettes Huhn legt wenig Eier.
Ganz ähnlich geht's dem Dichter Meier,
Der auch nicht viel mehr dichten kann,
Seit er das große Los gewann.

Oben und unten

Daß der Kopf die Welt beherrsche,
Wär zu wünschen und zu loben.
Längst vor Gründen wär die närr'sche
Gaukelei in Nichts zerstoben.

Aber wurzelhaft natürlich
Herrscht der Magen nebst Genossen,
Und so treibt, was unwillkürlich,
Täglich tausend neue Sprossen.

Ein Maulwurf

Die laute Welt und ihr Ergötzen,
Als eine störende Erscheinung,
Vermag der Weise nicht zu schätzen.
Ein Maulwurf war der gleichen Meinung.
Er fand an Lärm kein Wohlgefallen,
Zog sich zurück in kühle Hallen
Und ging daselbst in seinem Fach
Stillfleißig den Geschäften nach.
Zwar sehen konnt er da kein bissel,
Indessen sein getreuer Rüssel,
Ein Nervensitz von Zartgefühl,
Führt sicher zum erwünschten Ziel.
Als Nahrung hat er sich erlesen
Die Leckerbissen der Chinesen,
Den Regenwurm und Engerling,
Wovon er vielfach fette fing.
Die Folge war, was ja kein Wunder,
Sein Bäuchlein wurde täglich runder,
Und wie das häufig so der Brauch,
Der Stolz wuchs mit dem Bauche auch.
Wohl ist er stattlich von Person
Und kleidet sich wie ein Baron,
Nur schad, ihn und sein Sammetkleid
Sah niemand in der Dunkelheit.
So trieb ihn denn der Höhensinn,
Von unten her nach oben hin,
Zehn Zoll hoch oder gar noch mehr,
Zu seines Namens Ruhm und Ehr
Gewölbte Tempel zu entwerfen,
Um denen draußen einzuschärfen,
Daß innerhalb noch einer wohne,
Der etwas kann, was nicht so ohne.
Mit Baulichkeiten ist es mißlich.
Ob man sie schätzt, ist ungewißlich.
Ein Mensch von anderem Kunstgeschmacke,
Ein Gärtner, kam mit einer Hacke.
Durch kurzen Hieb nach langer Lauer

Zieht er ans Licht den Tempelbauer
Und haut so derb ihn übers Ohr,
Daß er den Lebensgeist verlor.
Da liegt er nun, der stolze Mann.
Wer tut die letzte Ehr ihm an?
Drei Käfer, schwarz und gelb gefleckt,
Die haben ihn mit Sand bedeckt.

Auf Wiedersehn

Ich schnürte meinen Ranzen
Und kam zu einer Stadt,
Allwo es mir im ganzen
Recht gut gefallen hat.

Nur eines macht beklommen,
So freundlich sonst der Ort:
Wer heute angekommen,
Geht morgen wieder fort.

Bekränzt mit Trauerweiden
Vorüber zieht der Fluß,
Den jeder beim Verscheiden
Zuletzt passieren muß.

Wohl dem, der ohne Grauen,
In Liebe treu bewährt,
Zu jenen dunklen Auen
Getrost hinüberfährt.

Zwei Blinde, müd vom Wandern,
Sah ich am Ufer stehn;
Der eine sprach zum andern:
Leb wohl, auf Wiedersehn.

Schein und Sein

1909

Schein und Sein.

Mein Kind, es sind allhier die Dinge,
Gleichviel, ob große, ob geringe,
Im wesentlichen so verpackt,
Daß man sie nicht wie Nüsse knackt.

Wie wolltest du dich unterwinden,
Kurzweg die Menschen zu ergründen.
Du kennst sie nur von außenwärts.
Du siehst die Weste, nicht das Herz.

W. B.

Woher, wohin?

Wo sich Ewigkeiten dehnen,
Hören die Gedanken auf,
Nur der Herzen frommes Sehnen
Ahnt, was ohne Zeitenlauf.

Wo wir waren, wo wir bleiben,
Sagt kein kluges Menschenwort;
Doch die Grübelgeister schreiben:
Bist du weg, so bleibe fort.

Laß dich nicht aufs neu gelüsten.
Was geschah, es wird geschehn.
Ewig an des Lebens Küsten
Wirst du scheiternd untergehn.

Abschied

Die Bäume hören auf zu blühn,
Mein Schatz will in die Fremde ziehn;
Mein Schatz, der sprach ein bittres Wort:
Du bleibst nun hier, aber ich muß fort.

Leb wohl, mein Schatz, ich bleib dir treu,
Wo du auch bist, wo ich auch sei.
Bei Regen und bei Sonnenschein,
Solang ich lebe, gedenk ich dein.

Solang ich lebe, lieb ich dich,
Und wenn ich sterbe, bet für mich,
Und wenn du kommst zu meinem Grab,
So denk, daß ich dich geliebet hab.

Einst in München geschrieben als Ergänzung zu der letzten Strophe, die Freund Kremplsetzer, der das Ganze komponierte, aus dem Volksmunde behalten hatte.

Unbeliebtes Wunder

In Tours, zu Bischof Martins Zeit,
Gab's Krüppel viel und Bettelleut.
Darunter auch ein Ehepaar,
Was glücklich und zufrieden war.
Er, sonst gesund, war blind und stumm;
Sie sehend, aber lahm und krumm
An jedem Glied, bis auf die Zunge
Und eine unverletzte Lunge.
Das paßte schön. Sie reitet ihn
Und, selbstverständlich, leitet ihn
Als ein geduldig Satteltier,
Sie obenauf, er unter ihr,
Ganz einfach mit geringer Müh,
Bloß durch die Worte Hott und Hü,
Bald so, bald so, vor allen Dingen
Dahin, wo grad die Leute gingen.
Fast jeder, der's noch nicht gesehn,
Bleibt unwillkürlich stille stehn,
Ruft: „Lieber Gott, was ist denn das?"
Greift in den Sack, gibt ihnen was
Und denkt noch lange gern und heiter
An dieses Roß und diesen Reiter.
So hätten denn gewiß die zwei
Durch fortgesetzte Bettelei,
Vereint in solcherlei Gestalt,
Auch ferner ihren Unterhalt,
Ja, ein Vermögen sich erworben,
Wär' Bischof Martin nicht gestorben.
Als dieser nun gestorben war,
Legt man ihn auf die Totenbahr
Und tät' ihn unter Weheklagen
Fein langsam nach dem Dome tragen
Zu seiner wohlverdienten Ruh.
Und sieh, ein Wunder trug sich zu.
Da, wo der Zug vorüberkam,
Wer irgend blind, wer irgend lahm,
Der fühlte sich sogleich genesen,

Als ob er niemals krank gewesen.
Oh, wie erschrak die lahme Frau!
Von weitem schon sah sie's genau,
Weil sie hoch oben, wie gewohnt,
Auf des Gemahles Rücken thront.
„Lauf", rief sie, „laufe schnell von hinnen,
Damit wir noch beizeit entrinnen."
Er läuft, er stößt an einen Stein,
Er fällt und bricht beinah ein Bein.
Die Prozession ist auch schon da.
Sie zieht vorbei. Der Blinde sah,
Die Lahme, ebenfalls kuriert,
Kann gehn, als wie mit Öl geschmiert,
Und beide sind wie neugeboren
Und kratzen sich verdutzt die Ohren.
Jetzt fragt es sich: Was aber nun?
Wer leben will, der muß was tun.
Denn wer kein Geld sein eigen nennt
Und hat zum Betteln kein Talent
Und hält zum Stehlen sich zu fein
Und mag auch nicht im Kloster sein,
Der ist fürwahr nicht zu beneiden.
Das überlegten sich die beiden.
Sie, sehr begabt, wird eine fesche
Gesuchte Plätterin der Wäsche.
Er, mehr beschränkt, nahm eine Axt
Und spaltet Klötze, daß es knackst,
Von morgens früh bis in die Nacht.
Das hat Sankt Martin gut gemacht.

Der Stern

Hätt einer auch fast mehr Verstand
Als wie die drei Weisen aus Morgenland
Und ließe sich dünken, er wär wohl nie
Dem Sternlein nachgereist wie sie;
Dennoch, wenn nun das Weihnachtsfest
Seine Lichtlein wonniglich scheinen läßt,
Fällt auch auf sein verständig Gesicht,
Er mag es merken oder nicht,
Ein freundlicher Strahl
Des Wundersternes von dazumal.

Leider

So ist's in alter Zeit gewesen,
So ist es, fürcht ich, auch noch heut.
Wer nicht besonders auserlesen,
Dem macht die Tugend Schwierigkeit.

Aufsteigend mußt du dich bemühen,
Doch ohne Mühe sinkest du.
Der liebe Gott muß immer ziehen,
Dem Teufel fällt's von selber zu.

Doppelte Freude

Ein Herr warf einem Bettelmann
Fünf Groschen in den Felber.
Das tat dem andern wohl, und dann
Tat es auch wohl ihm selber.

Der eine, weil er gar so gut,
Kann sich von Herzen loben;
Der andre trinkt sich frischen Mut
Und fühlt sich auch gehoben.

Der Renommist

In einem Winkel, genannt die Butze,
Wo allerlei Kram,
Der nichts mehr nutze,
Zusammenkam;
Bei alten Hüten, alten Vasen,
Bei Töpfen ohne Henkel und Nasen,
Befand sich ein Reiterstiefel auch,
Jetzt nur noch ein faltiger Lederschlauch.
Großmächtig hat er das Wort geführt
Und ganz gewaltiglich renommiert:
„Ha, damals! Ich und mein Kamerad!
Immer fein gewichst von hinten und vorn,
Blitzblank der Sporn,
Durch die Straßen geklirrt,
Alle Herzen verwirrt,
Es war ein Staat!
Hurra, der Krieg,
Maustot oder Sieg!
Unser Herr Leutenant,
Schneidig, Schwert in der Hand;
Doch hätt ich nicht gespornt sein Pferd,
Verloren wär die Schlacht von Wörth."
In dem Moment, zu aller Schrecke,
Trat plötzlich hervor aus seiner Ecke
Ein strammer Reiserbesen.
„Hinaus!" rief er, „du alter Renommist!
Was schert es uns, was du gewesen;
Wir sehen, was du bist!" –
Ein Schubs. Ein Schwung.
Der Stiefel liegt draußen auf dem Dung.

Greulich

Er hatte, was sich nicht gehört,
Drei Bräute an der Zahl
Und nahm, nachdem er sie betört,
'ne vierte zum Gemahl.

Allein, es war ein kurzes Glück.
Kaum waren sie getraut,
So hat der Hund auch diesen Strick
Schon wieder abgekaut.

Modern

Hinweg mit diesen alten Herrn,
Sie sind zu nichts mehr nütz!
So rufen sie und nähmen gern
Das Erbe in Besitz.

Wie andre Erben, die in Not,
Vergeblich warten sie.
Der alte reiche Hoffetot,
Der stirbt bekanntlich nie.

So war's

Der Teetopf war so wunderschön,
Sie liebt ihn wie ihr Leben.
Sie hat ihm leider aus Versehn
Den Todesstoß gegeben.

Was sie für Kummer da empfand,
Nie wird sie es vergessen.
Sie hielt die Scherben aneinand
Und sprach: So hat's gesessen!

Von selbst

Spare deine guten Lehren
Für den eigenen Genuß.
Kaum auch wirst du wen bekehren,
Zeigst du, wie man's machen muß.

Laß ihn im Galoppe tollen,
Reite ruhig deinen Trab.
Ein zu ungestümes Wollen
Wirft von selbst den Reiter ab.

Die Nachbarskinder

Wer andern gar zu wenig traut,
Hat Angst an allen Ecken;
Wer gar zu viel auf andre baut,
Erwacht mit Schrecken.

Es trennt sie nur ein leichter Zaun,
Die beiden Sorgengründer;
Zu wenig und zu viel Vertraun
Sind Nachbarskinder.

Auch er

Rührend schöne Herzgeschichten,
Die ihm vor der Seele schweben,
Weiß der Dichter zu berichten.
Wovon aber soll er leben?

Was er fein zusammenharkte,
Sauber eingebundne Werklein,
Führt er eben auch zu Markte
Wie der Bauer seine Ferklein.

Der fremde Hund

Was fällt da im Boskettgesträuch
Dem fremden Hunde ein?
Geht man vorbei, so bellt er gleich
Und scheint wie toll zu sein.

Der Gärtner holt die Flinte her.
Es knallt im Augenblick.
Der arme Hund, getroffen schwer,
Wankt ins Gebüsch zurück.

Vier kleine Hündchen liegen hier
Nackt, blind und unbewußt.
Sie saugen emsig alle vier
An einer toten Brust.

Beneidenswert

Sahst du noch nie die ungemeine
Und hohe Kunstgelenkigkeit,
Sowohl der Flügel wie der Beine,
Im Tierbereich mit stillem Neid?

Sieh nur, wie aus dem Felsgeklüfte
Auf seinen Schwingen wunderbar
Bis zu den Wolken durch die Lüfte
In stolzen Kreisen schwebt der Aar.

Sieh nur das Tierchen, das geringe,
Das zu benennen sich nicht ziemt,
Es ist durch seine Meistersprünge,
Wenn nicht beliebt, so doch berühmt.

Leicht zu erlegen diese beiden,
Das schlag dir lieber aus dem Sinn.
Wer es versucht, der wird bescheiden,
Sei's Jäger oder Jägerin.

Eitelkeit

Ein Töpfchen stand im Dunkeln
An stillverborgener Stelle.
Ha, rief es, wie wollt ich funkeln,
Käm ich nur mal ins Helle.

Ihm geht es wie vielen Narren.
Säß einer auch hinten im Winkel,
So hat er doch seinen Sparren
Und seinen aparten Dünkel.

Vielleicht

Sage nie: Dann soll's geschehen!
Öffne dir ein Hinterpförtchen
Durch „Vielleicht", das nette Wörtchen,
Oder sag: Ich will mal sehen!

Denk an des Geschickes Walten.
Wie die Schiffer auf den Plänen
Ihrer Fahrten stets erwähnen:
Wind und Wetter vorbehalten!

Niemals

Wonach du sehnlich ausgeschaut,
Es wurde dir beschieden.
Du triumphierst und jubelst laut:
Jetzt hab ich endlich Frieden!

Ach, Freundchen, rede nicht so wild,
Bezähme deine Zunge!
Ein jeder Wunsch, wenn er erfüllt,
Kriegt augenblicklich Junge.

Die alte Sorge

Er kriegte Geld. Die Sorge wich,
Die ihn bisher beklommen.
Er hat die Jungfer Fröhlich sich
Zu seinem Schatz genommen.

Sie tranken Wein, sie aßen fein,
Sie sangen zum Klaviere;
Doch wie sie sich so recht erfreun,
Da klopft es an die Türe.

Die alte Sorge war's, o weh,
Die magerste der Sorgen.
Sie setzte sich ins Kanapee
Und wünschte guten Morgen.

Beruhigt

Zwei mal zwei gleich vier ist Wahrheit.
Schade, daß sie leicht und leer ist,
Denn ich wollte lieber Klarheit
Über das, was voll und schwer ist.

Emsig sucht ich aufzufinden,
Was im tiefsten Grunde wurzelt,
Lief umher nach allen Winden
Und bin oft dabei gepurzelt.

Endlich baut ich eine Hütte.
Still nun zwischen ihren Wänden
Sitz ich in der Welten Mitte,
Unbekümmert um die Enden.

Gedankenvoll

Ich weiß ein stilles Fensterlein,
Liegt heimlich und versteckt,
Das hat mit Laub der grüne Wein
Und Ranken überdeckt.

Im Laube spielt der Sommerwind,
Die Rebe schwankt und nickt,
Dahinter sitzt ein hübsches Kind
Gedankenvoll und stickt.

Im jugendklaren Angesicht
Blüht wundersüß der Mund
Als wie ein Rosenknösplein licht
Früh in der Morgenstund.

Im Netzgeflecht das blonde Haar
Umfaßt ein braunes Band,
Das liebe blaue Augenpaar
Blickt sinnend auf die Hand.

Und 's Köpfchen scheint so still zu sein.
Ist doch ein Taubenschlag.
Gedanken fliegen aus und ein
Den lieben langen Tag.

Sie fliegen über Wald und Flur
Ins weite Land hinaus.
Ach, käm ein einzig Täubchen nur
Und flöge in mein Haus.

Unbillig

Nahmst du in diesem großen Haus
Nicht selbst Quartier?
Mißfällt es dir, so zieh doch aus.
Wer hält dich hier?

Und schimpfe auf die Welt, mein Sohn,
Nicht gar zu laut.
Eh du geboren, hast du schon
Mit dran gebaut.

Er ist mal so

Zwar mit seinem losen Mund
Neigt er zum Krakeele.
Dabei ist er doch im Grund
Eine treue Seele.

Die er seine Freunde nennt,
Dulden seine Witze,
Denn ein jeder, der ihn kennt,
Kennt auch seine Mütze.

Befriedigt

Er g'hört, als eines von den Lichtern,
Die höher stets und höher steigen,
Bereits zu unsern besten Dichtern,
Das läßt sich leider nicht verschweigen.

Was weiß man von den Sittenrichtern? –
Er lebt von seiner Frau geschieden,
Hat Schulden, ist nicht immer nüchtern –
Aha, jetzt sind wir schon zufrieden!

Fehlgeschossen

Fritz war ein kecker Junge
Und sehr geläufig mit der Zunge.
Einstmals ist er beim Ährenlesen
Draußen im Felde gewesen,
Wo die Weizengarben, je zu zehn,
Wie Häuslein in der Reihe stehn.
Ein Wetter zog herauf.
Da heißt es: Lauf!
Und flink wie ein Mäuslein
Schlüpft er ins nächste Halmenhäuslein.
Krach! – Potztausend nochmal!
Dicht daneben zündet der Wetterstrahl.
Ätsch! rief der Junge, der nicht bange,
Und streckt die Zunge aus, die lange:
Fehlgeschossen, Herr Blitz!
Hier saß der Fritz!

Verzeihlich

Er ist ein Dichter, also eitel.
Und, bitte, nehmt es ihm nicht krumm,
Zieht er aus seinem Lügenbeutel
So allerlei Brimborium.

Juwelen, Gold und stolze Namen,
Ein hohes Schloß im Mondenschein
Und schöne, höchstverliebte Damen,
Dies alles nennt der Dichter sein.

Indessen ist ein enges Stübchen
Sein ungeheizter Aufenthalt.
Er hat kein Geld, er hat kein Liebchen,
Und seine Füße werden kalt.

Armer Haushalt

Weh, wer ohne rechte Mittel
Sich der Poesie vermählt!
Täglich dünner wird der Kittel,
Und die Milch im Hause fehlt.

Ängstlich schwitzend muß er sitzen,
Fort ist seine Seelenruh,
Und vergeblich an den Zitzen
Zupft er seine magre Kuh.

Ärgerlich

Aus der Mühle schaut der Müller,
Der so gerne mahlen will.
Stiller wird der Wind und stiller,
Und die Mühle stehet still.

So geht's immer, wie ich finde,
Rief der Müller voller Zorn.
Hat man Korn, so fehlt's am Winde,
Hat man Wind, so fehlt das Korn.

Gedrungen

Schnell wachsende Keime
Welken geschwinde;
Zu lange Bäume
Brechen im Winde.

Schätz nach der Länge
Nicht das Entsprungne!
Fest im Gedränge
Steht das Gedrungne.

Gestört

Ich gedachte still zu sitzen,
Doch sogleich begann das Treiben:
Du mußt gehen, laufen, schwitzen,
Um so forsch wie wir zu bleiben.

Und sie wollten mir nach ihrer
Mode keine Ruhe gönnen,
Gleich wie Boten und Hausierer
Sollt ich hin und wieder rennen.

Ich besah mir diese Geister,
Diese ungestümen Treiber.
Oft sind solche weisen Meister
Grad die ärgsten Klageweiber.

Im Sommer

In Sommerbäder
Reist jetzt ein jeder
Und lebt famos.
Der arme Dokter,
Zu Hause hockt er
Patientenlos.

Von Winterszenen,
Von schrecklich schönen,
Träumt sein Gemüt,
Wenn, Dank, ihr Götter,
Bei Hundewetter
Sein Weizen blüht.

Künftig

O komm herbei, du goldne Zeit,
Wenn alle, die jetzt bummeln,
In schöner Unparteilichkeit
Sich bei der Arbeit tummeln.

Der Lärm, womit der Musikant
Uns stört, wird dann geringer.
Wer Dünger fuhr, wer Garben band,
Dem krümmen sich die Finger.

Vergeblich

Schon recht. Du willst als Philosoph
Die Wahrheit dir gewinnen;
Du machst mit Worten ihr den Hof,
Um so sie einzuspinnen.

Nur sage nicht, daß zwischen dir
Und ihr schon alles richtig.
Sie ist und bleibt, das wissen wir,
Jungfräulich, keusch und züchtig.

Versäumt

Zur Arbeit ist kein Bub geschaffen,
Das Lernen findet er nicht schön;
Er möchte träumen, möchte gaffen
Und Vogelnester suchen gehn.

Er liebt es, lang im Bett zu liegen.
Und wie es halt im Leben geht:
Grad zu den frühen Morgenzügen
Kommt man am leichtesten zu spät.

Wassermuhmen

In dem See die Wassermuhmen
Wollen ihr Vergnügen haben,
Fangen Mädchen sich und Knaben,
Machen Frösche draus und Blumen.

Wie die Blümlein zierlich knicksen,
Wie die Fröschlein zärtlich quacken,
Wie sie flüstern, wie sie schnacken,
So was freut die alten Nixen.

Das Blut

Wie ein Kranker, den das Fieber
Heiß gemacht und aufgeregt,
Sich herüber und hinüber
Auf die andre Seite legt –

So die Welt. Vor Haß und Hader
Hat sie niemals noch geruht.
Immerfort durch jede Ader
Tobt das alte Sünderblut.

Laß ihn

Er ist verliebt, laß ihn gewähren,
Bekümmre dich um dein Pläsier,
Und kommst du gar, ihn zu bekehren,
Wirft er dich sicher vor die Tür.

Mit Gründen ist da nichts zu machen.
Was einer mag, ist seine Sach,
Denn kurz gesagt: In Herzenssachen
Geht jeder seiner Nase nach.

So nicht

Ums Paradies ging eine Mauer,
Hübsch hoch, vom besten Marmelstein.
Der Kain, als ein Bub, ein schlauer,
Denkt sich: Ich komme doch hinein.

Er stieg hinauf zu diesem Zwecke
An einer Leiter mäuschenstumm.
Da schlich der Teufel um die Ecke
Und stieß ihn samt der Leiter um.

Der Vater Adam, der's gesehen,
Sprach, während er ihn liegen ließ:
Du Schlingel! Dir ist recht geschehen.
So kommt man nicht ins Paradies.

Gründer

Geschäftig sind die Menschenkinder,
Die große Zunft von kleinen Meistern,
Als Mitbegründer, Miterfinder
Sich diese Welt zurechtzukleistern.

Nur leider kann man sich nicht einen,
Wie man das Ding am besten mache.
Das Bauen mit belebten Steinen
Ist eine höchst verzwickte Sache.

Welch ein Gedrängel und Getriebe
Von Lieb und Haß bei Nacht und Tage,
Und unaufhörlich setzt es Hiebe,
Und unaufhörlich tönt die Klage.

Gottlob, es gibt auch stille Leute,
Die meiden dies Gewühl und hassen's
Und bauen auf der andern Seite
Sich eine Welt des Unterlassens.

Bis auf weiteres

Das Messer blitzt, die Schweine schrein,
Man muß sie halt benutzen,
Denn jeder denkt: Wozu das Schwein,
Wenn wir es nicht verputzen?

Und jeder schmunzelt, jeder nagt
Nach Art der Kannibalen,
Bis man dereinst: „Pfui Teufel!" sagt
Zum Schinken aus Westfalen.

Entrüstet

Zu gräßlich hatt' er mich geneckt.
Wie weh war mir zu Sinn!
Und tief gekränkt und aufgeschreckt
Zum Kirchhof lief ich hin.

Ich saß auf einem Leichenstein,
Die Augen weint ich rot.
Ach, lieber Gott, erbarm dich mein
Und mach mich endlich tot.

Sieht er mich dann in meinem Sarg,
So wird er lebenssatt
Und stirbt vor Gram, weil er so arg
Mein Herz behandelt hat.

Kaum war's gesagt, so legten sich
Zwei Arme um mich her,
Und auf der Stelle fühlte ich,
Wer das getan, war er.

Wir kehrten Arm in Arm zurück.
Ich sah ihn an bei Licht.
Nein, solchen treuen Liebesblick
Hat doch kein Bösewicht.

Wiedergeburt

Wer nicht will, wird nie zunichte,
Kehrt beständig wieder heim.
Frisch herauf zum alten Lichte
Dringt der neue Lebenskeim.

Keiner fürchte zu versinken,
Der ins tiefe Dunkel fährt.
Tausend Möglichkeiten winken
Ihm, der gerne wiederkehrt.

Dennoch seh ich dich erbeben,
Eh du in die Urne langst.
Weil dir bange vor dem Leben,
Hast du vor dem Tode Angst.

Verfrüht

Papa, nicht wahr,
Im nächsten Jahr,
Wenn ich erst groß
Und lesen kann und schreiben kann,
Dann krieg ich einen hübschen Mann
Mit einer Ticktackuhr
An einer goldnen Schnur.
Der nimmt mich auf den Schoß
Und sagt zu mir: Mein Engel,
Und gibt mir Zuckerkrengel
Und Kuchen und Pasteten.
Nicht wahr, Papa?
Der Vater brummt: Na, na,
Was ist das für Gefabel!
Die Vögel, die dann flöten,
Die haben noch keinen Schnabel.

Glückspilz

Geboren ward er ohne Wehen
Bei Leuten, die mit Geld versehen.
Er schwänzt die Schule, lernt nicht viel,
Hat Glück bei Weibern und im Spiel,
Nimmt eine Frau sich, eine schöne,
Erzeugt mit ihr zwei kluge Söhne,
Hat Appetit, kriegt einen Bauch,
Und einen Orden kriegt er auch,
Und stirbt, nachdem er aufgespeichert
Ein paar Milliönchen, hochbetagt;
Obgleich ein jeder weiß und sagt:
Er war mit Dummerjan geräuchert!

Immerfort

Das Sonnenstäubchen fern im Raume,
Das Tröpfchen, das im Grase blinkt,
Das dürre Blättchen, das vom Baume
Im Hauch des Windes niedersinkt –

Ein jedes wirkt an seinem Örtchen
Still weiter, wie es muß und mag,
Ja, selbst ein leises Flüsterwörtchen
Klingt fort bis an den Jüngsten Tag.

Nörgeln

Nörgeln ist das Allerschlimmste,
Keiner ist davon erbaut;
Keiner fährt, und wärs der Dümmste,
Gern aus seiner werten Haut.

Vertraut

Wie liegt die Welt so frisch und tauig
Vor mir im Morgensonnenschein.
Entzückt vom hohen Hügel schau ich
Ins frühlingsgrüne Tal hinein.

Mit allen Kreaturen bin ich
In schönster Seelenharmonie.
Wir sind verwandt, ich fühl es innig,
Und eben darum lieb ich sie.

Und wird auch mal der Himmel grauer;
Wer voll Vertraun die Welt besieht,
Den freut es, wenn ein Regenschauer
Mit Sturm und Blitz vorüberzieht.

Tröstlich

Die Lehre von der Wiederkehr
Ist zweifelhaften Sinns.
Es fragt sich sehr, ob man nachher
Noch sagen kann: Ich bin's.

Allein was tut's, wenn mit der Zeit
Sich ändert die Gestalt?
Die Fähigkeit zu Lust und Leid
Vergeht wohl nicht so bald.

Unfrei

Ganz richtig, diese Welt ist nichtig.
Auch du, der in Person erscheint,
Bist ebenfalls nicht gar so wichtig,
Wie deine Eitelkeit vermeint.

Was hilft es dir, damit zu prahlen,
Daß du ein freies Menschenkind?
Mußt du nicht pünktlich Steuern zahlen,
Obwohl sie dir zuwider sind?

Wärst du vielleicht auch, sozusagen,
Erhaben über gut und schlecht,
Trotzdem behandelt dich dein Magen
Als ganz gemeinen Futterknecht.

Lang bleibst du überhaupt nicht munter.
Das Alter kommt und zieht dich krumm
Und stößt dich rücksichtslos hinunter
Ins dunkle Sammelsurium.

Daselbst umfängt dich das Gewimmel
Der Unsichtbaren, wie zuerst,
Eh du erschienst, und nur der Himmel
Weiß, ob und wann du wiederkehrst.

Bös und gut

Wie kam ich nur aus jenem Frieden
Ins Weltgetös?
Was einst vereint, hat sich geschieden,
Und das ist bös.

Nun bin ich nicht geneigt zum Geben,
Nun heißt es: Nimm!
Ja, ich muß töten, um zu leben,
Und das ist schlimm.

Doch eine Sehnsucht blieb zurücke,
Die niemals ruht.
Sie zieht mich heim zum alten Glücke,
Und das ist gut.

Zwei Jungfern

Zwei Jungfern gibt es in Dorf und Stadt,
Sie leben beständig im Kriege,
Die Wahrheit, die niemand gerne hat,
Und die scharmante Lüge.

Vor jener, weil sie stolz und prüd
Und voll moralischer Nücken,
Sucht jeder, der sie nur kommen sieht,
Sich schleunigst wegzudrücken.

Die andre, obwohl ihr nicht zu traun,
Wird täglich beliebter und kecker,
Und wenn wir sie von hinten beschaun,
So hat sie einen Höcker.

Rechthaber

Seine Meinung ist die rechte,
Wenn er spricht, müßt ihr verstummen,
Sonst erklärt er euch für Schlechte
Oder nennt euch gar die Dummen.

Leider sind dergleichen Strolche
Keine seltene Erscheinung.
Wer nicht taub, der meidet solche
Ritter von der eignen Meinung.

Immerhin

Mein Herz, sei nicht beklommen,
Noch wird die Welt nicht alt.
Der Frühling ist wiedergekommen,
Frisch grünt der deutsche Wald.

Seit Urururvätertagen
Stehen die Eichen am See,
Die Nachtigallen schlagen,
Zur Tränke kommt das Reh.

Die Sonne geht auf und unter
Schon lange vieltausendmal,
Noch immer eilen so munter
Die Bächlein ins blühende Tal.

Hier lieg ich im weichen Moose
Unter dem rauschenden Baum,
Die Zeit, die wesenlose,
Verschwindet als wie ein Traum.

Von kühlen Schatten umdämmert,
Versink ich in selige Ruh;
Ein Specht, der lustig hämmert,
Nickt mir vertraulich zu.-

Mir ist, als ob er riefe:
Heija, mein guter Gesell,
Für ewig aus dunkler Tiefe
Sprudelt der Lebensquell.

Erbauliche Bescheidenheit

Sehr schlecht befand sich Mutter Klöhn.
Sie kann nicht gehn,
Ist krumm und lahm
Und liegt zu Bett und rührt sich nicht.
Seit zwanzig Jahren hat sie schon die Gicht.
Herr Küster Bötel, welcher häufig kam,
Um gute Beßrung ihr zu wünschen,
Erzählt ihr auch des weitern,
Um sie ein wenig zu erheitern,
Die Mordgeschichte, die man jüngst verbrochen.

Ja, denken Sie nur mal,
Der Präsident von Frankreich ist erstochen
Von einem Strolch
Mit einem Dolch.
Ist das nicht ein Skandal?
Oh, Lü und Kinners, rief sie voller Graun,
Wat gift et doch vär Minschen.
Sau wat könn eck doch nich e daun!!
Herr Bötel sprach und sah sie freundlich an:
Dies Wort von Ihnen mag ich leiden.
Ein guter Mensch ist niemals unbescheiden
Und tut nicht mehr, als was er kann.
Adieu, Frau Klöhn!
Auf fröhlich Wiedersehn!

Unbequem

Ernst und dringend folgt mir eine
Mahnung nach auf Schritt und Tritt:
Sorge nicht nur für das Deine,
Sondern für das andre mit.

Demnach soll ich unterlassen,
Was mir von Natur genehm,
Um das Gute zu erfassen?
Ei, das ist mal unbequem.

Waldfrevel

Ein hübsches Pärchen ging einmal
Tief in des Waldes Gründe.
Sie pflückte Beeren ohne Zahl,
Er schnitt was in die Rinde.

Der pflichtgetreue Förster sieht's.
Was sind das für Geschichten?
Er zieht sein Buch, er nimmt Notiz
Und wird den Fall berichten.

Gründliche Heilung

Es saß der fromme Meister
Mit Weib und Kind bei Tisch.
Ach, seine Lebensgeister
Sind nicht wie sonst so frisch.

Er sitzt mit krummem Nacken
Vor seinem Leibgericht,
Er hält sich beide Backen,
Worin es heftig sticht.

Das brennt wie heiße Kohlen.
Au, schreit er, au, verdammt!
Der Teufel soll sie holen,
Die Zähne allesamt!

Doch gleich, wie es in Nöten
Wohl öfter schon geschah,
Begann er laut zu beten:
Hilf, Apollonia!

Kaum daß aus voller Seele
Er diesen Spruch getan,
Fällt aus des Mundes Höhle
Ihm plötzlich jeder Zahn.

Und schmerzlos, Dank dem Himmel,
Schmaust er, wie sonst der Brauch,
Nur war es mehr Gemümmel,
Und lispeln tät er auch.

Pohsit! Wie klingt so niedlich
Des Meisters Säuselton.
Er trank, entschlummert friedlich,
Und horch, da schnarcht er schon.

Frühlingslied

In der Laube von Syringen,
Oh, wie ist der Abend fein!
Brüder, laßt die Gläser klingen,
Angefüllt mit Maienwein.

Heija, der frische Mai,
Er bringt uns mancherlei.
Das Schönste aber hier auf Erden
Ist, lieben und geliebt zu werden,
Heija, im frischen Mai.

Über uns die lieben Sterne
Blinken hell und frohgemut,
Denn sie sehen schon von ferne,
Auch hier unten geht es gut.

Wer sich jetzt bei trüben Kerzen
Der Gelehrsamkeit befleißt,
Diesem wünschen wir von Herzen,
Daß er bald Professor heißt.

Wer als Wein- und Weiberhasser
Jedermann im Wege steht,
Der genieße Brot und Wasser,
Bis er endlich in sich geht.

Wem vielleicht sein altes Hannchen
Irgendwie abhanden kam,
Nur getrost, es gab schon manchen,
Der ein neues Hannchen nahm.

Also, eh der Mai zu Ende,
Aufgeschaut und umgeblickt,
Keiner, der nicht eine fände,
Die ihn an ihr Herze drückt.

Jahre steigen auf und nieder;
Aber wenn der Lenz erblüht,
Dann, ihr Brüder, immer wieder
Töne unser Jubellied.

Heija, der frische Mai,
Er bringt uns mancherlei.
Das Schönste aber hier auf Erden
Ist, lieben und geliebt zu werden,
Heija, im frischen Mai.

Zu Neujahr

Will das Glück nach seinem Sinn
Dir was Gutes schenken,
Sage Dank und nimm es hin
Ohne viel Bedenken.

Jede Gabe sei begrüßt,
Doch vor allen Dingen:
Das, worum du dich bemühst,
Möge dir gelingen.

Frisch gewagt

Es kamen mal zwei Knaben
An einen breiten Graben.
Der erste sprang hinüber,
Schlankweg je eh'r je lieber;
War das nicht keck?
Der zweite, fein besonnen,
Eh er das Werk begonnen,
Sprang in den Dreck.

Ich bin Papa

Mitunter schwitzen muß der Schreiner,
Er stößt auf manchen harten Ast.
So geht es auch, wenn unsereiner
Sich mit der Grübelei befaßt.
Zum Glück hat meine gute Frau,
Die liebevoll an alles denkt,
Mir einen kleinen Fritz geschenkt,
Denn oft erfreut mich dieser Knabe
Durch seinen kindlichen Radau,
Wenn ich so meine Schrullen habe.

Heut mittag gab es wieder mal
Mein Leibgericht, gespickten Aal,
Und wie ich dann zur Körperpflege,
Die Weste auf, die Augen zu,
Die Hände friedlich auf dem Magen
Im Polsterstuhl mich niederlege,
O weh, ein Schwarm von dummen Fragen
Verscheucht die heißersehnte Ruh.
Ach, wird es mir denn niemals klar,
Wo ich gewesen, eh ich war?
Schwamm ich, verkrümelt in Atome,
Gedankenlos im Wirbelstrome,
Bis ich am Ende mich verdichtet
Zu einer denkenden Person?
Und jetzt, was hab ich ausgerichtet?
Was war der Mühe karger Lohn?
Das Geld ist rar, die Kurse sinken,
Dagegen steigt der Preis der Schinken.
Fast jeden Morgen klagt die Mutter:
Ach, Herr, wie teuer ist die Butter!
Ja, selbst der Vater wird gerührt,
Wenn er sein kleines Brötchen schmiert.
Und doch, trotz dieser Seelenleiden,
Will keiner gern von hinnen scheiden.
Wer weiß?

Ei sieh, wer kommt denn da?
Halloh, der Fritz! Nun wird es heiter,
Nun machen wir den Eselreiter.
Flugs stell ich mich auf alle viere,
Indem ich auf und ab marschiere,
Und rufe kräftig mein Ih-ah!
Vor Wöhligkeit und Übermut.
Ih-ah! Die Welt ist nicht so übel.
Wozu das närrische Gegrübel?
Ich bin Papa, und damit gut.

Empfehlung

Du bist nervös. Drum lies doch mal
Das Buch, das man dir anempfahl.
Es ist beinah wie eine Reise
Im alten, wohlbekannten Gleise.
Der Weg ist grad und flach das Land,
Rechts, links und unten nichts wie Sand.
Kein Räderlärm verbittert dich,
Kein harter Stoß erschüttert dich,
Und bald umfängt dich sanft und kühl
Ein Kaumvorhandenseinsgefühl.
Du bist behaglich eingenickt.
Dann, wenn du angenehm erquickt,
Kehrst du beim „stillen Wirte" ein.
Da gibt es weder Bier noch Wein.
Du schlürfst ein wenig Äpfelmost,
Ißt eine leichte Löffelkost
Mit wenig Fett und vieler Grütze,
Gehst früh zu Bett in spitzer Mütze
Und trinkst zuletzt ein Gläschen Wasser.
Schlaf wohl, und segne den Verfasser!

Der Türmer

Der Türmer steht auf hohem Söller
Und raucht sein Pfeifchen echten Kneller,
Wobei der alte Invalid
Von oben her die Welt besieht.
Es kommt der Sommer allgemach.
Die Schwalben fliegen um das Dach,
Derweil schon manche stillbeglückt
Im Neste sitzt und fleißig drückt.
Zugleich tritt aus dem Gotteshaus
Ein neuvermähltes Paar heraus,
Das darf sich nun in allen Ehren
Getreulich lieben und vermehren. –
Der Sommer kam, und allenthalben
Schwebt ungezählt das Heer der Schwalben,
Die, wenn sie flink vorüberflitzen,
Des Türmers alten Hut beschmitzen.
Vom Platze unten tönt Juchhei,
Die Klosterschüler haben frei,
Sie necken, schrecken, jagen sich,
Sie schlagen und vertragen sich
Und grüßen keck mit Hohngelächter
Des Turmes hochgestellten Wächter. –
Der Sommer ging, die Schwalben setzen
Sich auf das Kirchendach und schwätzen.
Sie warten, bis der Abend da,
Dann fliegen sie nach Afrika.
Doch unten, wo die Fackeln scheinen,
Begraben sie mal wieder einen
Und singen ihm nach frommer Weise
Ein Lebewohl zur letzten Reise.
Bedenklich schaut der Türmer drein.
Still geht er in sein Kämmerlein
Zu seinem großen Deckelkrug,
Und als die Glocke zehne schlug,
Nahm er das Horn mit frischem Mut
Und blies ein kräftiges Tuhuht.

In trauter Verborgenheit

Ade, ihr Sommertage,
Wie seid ihr so schnell enteilt,
Gar mancherlei Lust und Plage
Habt ihr uns zugeteilt.

Wohl war es ein Entzücken,
Zu wandeln im Sonnenschein,
Nur die verflixten Mücken
Mischten sich immer darein.

Und wenn wir auf Waldeswegen
Dem Sange der Vögel gelauscht,
Dann kam natürlich ein Regen
Auf uns herniedergerauscht.

Die lustigen Sänger haben
Nach Süden sich aufgemacht,
Bei Tage krächzen die Raben,
Die Käuze schreien bei Nacht.

Was ist das für Gesause!
Es stürmt bereits und schneit.
Da bleiben wir zwei zu Hause
In trauter Verborgenheit.

Kein Wetter kann uns verdrießen.
Mein Liebchen, ich und du,
Wir halten uns warm und schließen
Hübsch feste die Türen zu.

Was das Großmütterlein sang

Surre, surre, surre!
Mein gutes Rädchen schnurre!
Für unser kleines Kätchen
Dreh mir ein feines Fädchen,
So lang von hier bis Köllen,
Wohl mehr als tausend Ellen.
Wir wollen es winden
Und Docken von binden,
Meister Weber es geben,
Soll Leinen uns weben,
Das breiten wir beide
Auf blumige Heide,
Auf Anger und Wiesen
Und wollen es sonnen,
Benetzen und gießen
Aus Bächen und Bronnen.

Ach, komm, du lieber Sonnenschein
Und bleiche unser Leinen rein.
Dann kriegt mein Herzenstäubchen
Wohl manch ein feines Hemd
Und Tüchlein oder Häubchen,
Bis daß der Freier kömmt.

Schön guten Tag, Herr Freiersmann!
Was schaut er so mein Kätchen an?
Das Kätchen geben wir nicht her,
Und wenn's für tausend Taler wär. –
Ei, Mutter, nur nicht gleich geschmält!
Den hübschen jungen Knaben,
Den will und muß ich haben;
Den Krauskopf, den Krauskopf
Hab ich mir auserwählt. –
Und willst du denn ein Bräutchen sein,
So geb ich meinen Segen drein.
So manches Blümlein wachsen mag
Von Ostern bis Michelistag,

So manches Körnlein, als man sät,
So mancher Halm in Ähren steht,
So vielmal Gutes wünsch ich dir
Aus meines Herzens Grund herfür.

Und wenn die Pfeifen klingen,
Dann tanzen wir und springen;
Dann spring ich wohl und tanz ich
Von Danzig bis nach Nanzig –
Knipp, knapp!
Da reißt mein Faden ab!

Peinlich berührt

Im Dorfe wohnt ein Vetter,
Der gut versichert war
Vor Brand und Hagelwetter
Nun schon im zehnten Jahr.

Doch nie seit dazumalen
Ist ein Malheur passiert,
Und so für nichts zu zahlen,
Hat peinlich ihn berührt.

Jetzt, denkt er, überlasse
Dem Glück ich Feld und Haus.
Ich pfeife auf die Kasse.
Und schleunig trat er aus.

O weh, nach wenig Tagen
Da hieß es: „Zapperment!
Der Weizen ist zerschlagen
Und Haus und Scheune brennt."

Ein Narr hat Glück in Masse,
Wer klug, hat selten Schwein.
Und schleunig in die Kasse
Trat er halt wieder ein.

Das traurige Röslein

Ein Röslein war gar nicht munter,
Weil es im Topfe stand,
Sah immer traurig hinunter
Auf die Blumen im freien Land.
Die Blumen nicken und winken.
Wie ist es im Freien so schön
Zu tanzen und Tau zu trinken
Bei lustigem Windeswehn,
Von bunten Schmetterlingen
Umgaukelt, geschmeichelt, geküßt;
Dazwischen der Vöglein Singen
Anmutig zu hören ist.
Wir preisen dich und loben
Dich, fröhliche Sommerzeit;
Ach, Röslein am Fenster droben,
Du tust uns auch gar zu leid.
Da ist ins Land gekommen
Der Winter mit seiner Not.
In Schnee und Frost verklommen
Die Blumen sind alle tot.
Ein Mägdlein hört es stürmen,
Macht fest das Fenster zu.
Jetzt will ich dich pflegen und schirmen,
Du liebes Röslein du.

Zum Geburtstag

Der Juni kam. Lind weht die Luft.
Geschoren ist der Rasen.
Ein wonnevoller Rosenduft
Dringt tief in alle Nasen.

Manch angenehmes Vögelein
Sitzt flötend auf den Bäumen,
Indes die Jungen, zart und klein,
Im warmen Neste träumen.

Flugs kommt denn auch dahergerennt,
Schon früh im Morgentaue,
Mit seinem alten Instrument
Der Musikant, der graue.

Im Juni, wie er das gewohnt,
Besucht er einen Garten,
Um der Signora, die da thront,
Mit Tönen aufzuwarten.

Er räuspert sich, er macht sich lang,
Er singt und streicht die Fiedel,
Er singt, was er schon öfter sang;
Du kennst das alte Liedel.

Und wenn du gut geschlafen hast
Und lächelst hold hernieder,
Dann kommt der Kerl, ich fürchte fast,
Zum nächsten Juni wieder.

So und so

Zur Schenke lenkt mit Wohlbehagen
Er jeden Abend seinen Schritt
Und bleibt, bis daß die Lerchen schlagen.
Er singt die letzte Strophe mit.

Dagegen ist es zu beklagen,
Daß er die Kirche nie betritt.
Hier, leider, kann man niemals sagen:
Er singt die letzte Strophe mit.

Wanderlust

Die Zeit, sie orgelt emsig weiter,
Sein Liedchen singt dir jeder Tag,
Vermischt mit Tönen, die nicht heiter,
Wo keiner was von hören mag.

Sie klingen fort. Und mit den Jahren
Wird draus ein voller Singverein.
Es ist, um aus der Haut zu fahren.
Du möchtest gern woanders sein.

Nun gut. Du mußt ja doch verreisen.
So fülle denn den Wanderschlauch.
Vielleicht vernimmst du neue Weisen,
Und Hühneraugen kriegst du auch.

Zum Geburtstag im Juni

Den Jahreszeiten allen
Selbviert sei Preis und Ehr!
Nur sag ich: Mir gefallen
Sie minder oder mehr.

Der Frühling wird ja immer
Gerühmt, wie sich's gebührt,
Weil er mit grünem Schimmer
Die graue Welt verziert.

Doch hat in unsrer Zone
Er durch den Reif der Nacht
Schon manche grüne Bohne
Und Gurke umgebracht.

Stets wird auch Ruhm erwerben
Der Herbst, vorausgesetzt,
Daß er mit vollen Körben
Uns Aug und Mund ergötzt.

Indes durch leises Tupfen
Gemahnt er uns bereits:
Bald, Kinder, kommt der Schnupfen
Und's Gripperl seinerseits.

Der Winter kommt. Es blasen
Die Winde scharf und kühl;
Rot werden alle Nasen,
Und Kohlen braucht man viel.

Nein, mir gefällt am besten,
Das, was der Sommer bringt,
Wenn auf belaubten Ästen
Die Schar der Vöglein singt.

Wenn Rosen, zahm und wilde,
In vollster Blüte stehn,
Wenn über Lustgefilde
Zephire kosend wehn.

Und wollt' mich einer fragen,
Wann's mir im Sommer dann
Besonders tät behagen,
Den Juni gäb ich an.

Und wieder dann darunter
Den selben Tag gerad,
Wo einst ein Kindlein munter
Zuerst zutage trat.

Drum flattert dies Gedichtchen
Jetzt über Berg und Tal
Und grüßt das liebe Nichtchen
Vom Onkel tausendmal.

Herz, als minus und
vergebens,
Wird vom Leben
abgeschrieben.
Richtig im Buch des
Lebens
Steht verzeichnet nur
das Lieben.
Ob ein Minus oder Plus
Uns verblieben, zeigt
der Schluss.

W. B.

Ausgewählte Gedichte
Reime und Sprüche

Aus den Jahren
1854–1907

Manche der hier folgenden Texte waren ursprünglich nicht zur Veröffentlichung bestimmt; bei einigen von ihnen handelt es sich um gereimte Antworten auf Leserbriefe. Die ersten drei Gedichte entstammen Buschs Beiträgen zur Kneipzeitung des Künstlervereins „Jung-München" aus den Jahren 1854–63.

Stiftungslied

Reicht den Becher in die Runde!
Freudig preisen wir die Stunde,
Wo wir uns aus fernen Landen
Brüderlich zusammenfanden
Zu dem schönsten Jugendbunde.

Alter Neid, der uns verblieben,
Alter Haß, er sei vertrieben.
Wer da haßt, der lebt vergebens,
Denn die Summe unsres Lebens
Sind die Stunden, wo wir lieben.

Wo wir irren, wo wir fehlen,
Wollen wir uns nicht verhehlen;
Aber heimlich und im Rücken
Der Verleumdung Dolch zu zücken,
Bleibe den gemeinen Seelen.

Was wir denken, was wir streben,
Was wir lieben und erleben,
Sei vereint in diesen Stunden
Doppelt schön von uns empfunden,
Unsre Herzen zu erheben.

Dieser Geist, der uns durchdrungen,
Lebe frisch und unbezwungen
Immer fort in diesen Hallen,
Wenn wir längst in Staub zerfallen
Und dies Lied schon längst verklungen.

Klagelied eines Junggesellen

Mir fehlt etwas, mir ist nicht recht,
Doch wüßt' ich wohl, was ich wohl möcht'.
Ich möchte was und weiß warum,
Das geht mir so im Kopf herum.

Heut' sprangen mir von meiner Hos'
Schon wieder mal zwei Knöpfe los;
Da setzt' ich mich und näht' herum
Wohl eine Stund, bis ich ganz krumm;
Bin dann zu Probsten hingerennt,
Zu schlürfen, was man Kaffee nennt.
Da fühlt' ich wieder mal so recht,
Daß mir was fehlt, was ich wohl möcht'.

Ein Gast, ein traurig schmerzensvoller,
Saß ich zu Mittag dann beim Koller.
Die Serviette war beschmutzt,
Die Gabel war nicht abgeputzt,
Kurzum, ich fühlte da so recht,
Daß mir was fehlt, was ich wohl möcht'.

Und abends in der Dämmerfrist,
Wenn man so ganz alleinig ist,
Da möcht' ich wohl so dann und wann
Etwas zu titscheln-tatscheln ha'n.
Jedoch – da fühle ich so recht,
Daß mir was fehlt, was ich wohl möcht'.

Was soll der Mensch des Abends tun?
Ich denk, zum Kappler geh ich nun;
Da sitz ich so bei meinem Bier
Als wie ein rechtes Murmeltier
Und fühle wieder mal so recht,
Daß mir was fehlt, was ich wohl möcht'.

Nun tönt die Glocke zwölf vom Turm,
Ich muß nach Haus, ich armes Wurm.

Es fällt der Schnee, der Wind geht kühl,
Daß ich's durch Hemd und Hosen fühl',
Und komm' ich endlich dann nach Haus
Und zieh mich zähneklappernd aus
Und steig ins Bett, – so fühl ich recht,
Daß mir was fehlt, was ich wohl möcht'.

Für einen Porträtmaler

Die gnädige Frau, die alte,
Die hab' ich konterfeit.
Sie hatte manche Falte,
Drob war sie nicht erfreut.

Die Falten und die Runzeln,
Die malt ich nimmermehr,
Drob tät sie gnädig schmunzeln,
Das freut die Alte sehr.

Sie hatte viele Pocken –
Ich fand den Teint so klar;
Sie hatte falsche Locken –
Ich lobt ihr schönes Haar.

An ihrer roten Nase
Pries ich den feinen Ton;
Denn jede schöne Phrase,
Die findet ihren Lohn.

Die Alte fand geraten
Ihr gnädig Konterfei.
Sie zahlt mir zehn Dukaten,
Weil's gar so ähnlich sei.

Der Nöckergreis

Ich ging zum Wein und ließ mich nieder
Am langen Stammtisch der Nöckerbrüder.
Da bin ich bei einem zu sitzen gekommen,
Der hatte bereits das Wort genommen.

„Kurzum" – so sprach er –, „ich sage bloß,
Wenn man den alten Erdenkloß,
Der, täglich teilweis aufgewärmt,
Langweilig präzis um die Sonne schwärmt,
Genau besieht und wohl betrachtet
Und, was darauf passiert, beachtet,
So findet man, und zwar mit Recht,
Daß nichts so ist, wie man wohl möcht.
Da ist zuerst die Hauptgeschicht:
Ein Bauer traut dem andern nicht.
Ein jeder sucht sich einen Knittel,
Ein jeder polstert seinen Kittel,
Um bei dem nächsten Tanzvergnügen
Gewappnet zu sein und obzusiegen,
Anstatt bei Geigen- und Flötenton,
Ein jeder mit seiner geliebten Person,
Fein sittsam im Kreise herumzuschweben.
Aber nein! Es muß halt Keile geben.
Und außerdem und anderweitig:
Liebt man sich etwa gegenseitig?
Warum ist niemand weit und breit
Im vollen Besitz der Behaglichkeit?
Das kommt davon, es ist hienieden
Zu vieles viel zu viel verschieden.
Der eine fährt Mist, der andre spazieren;
Das kann ja zu nichts Gutem führen,
Das führt, wie man sich sagen muß,
Vielmehr zu mehr und mehr Verdruß.
Und selbst, wer es auch redlich meint,
Erwirbt sich selten einen Freund.
Wer liebt, zum Beispiel, auf dieser Erde,
Ich will mal sagen, die Steuerbehörde?

Sagt sie, besteuern wir das Bier,
So macht's den Christen kein Pläsier.
Erwägt sie dagegen die Steuerkraft
Der Börse, so trauert die Judenschaft.
Und alle beide, so Jud wie Christ,
Sind grämlich, daß diese Welt so ist. –
Es war mal 'ne alte, runde Madam,
Deren Zustand wurde verwundersam.
Bald saß sie grad, bald lag sie krumm,
Heut war sie lustig und morgen frumm;
Oft aß sie langsam, oft aber so flink
Wie Heinzmann, eh er zum Galgen ging.
Oft hat sie sogar ein bissel tief
Ins Gläschen geschaut, und dann ging's schief.
Sodann zerschlug sie mit großem Geklirr
Glassachen und alles Porzellangeschirr.
Da sah denn jeder mit Schrecken ein,
Es muß wo was nicht in Ordnung sein.
Und als sich versammelt die Herren Doktoren,
Da kratzten dieselben sich hinter den Ohren.
Der erste sprach: ‚Ich befürchte sehr,
Es fehlt der innere Durchgangsverkehr;
Die Gnädige hat sich übernommen;
Man muß ihr purgänzlich zu Hilfe kommen.'
Der zweite sprach: ‚O nein, mitnichten!
Es handelt sich hier um Nervengeschichten.'
‚Das ist's,' – sprach der dritte – ‚was ich auch ahne;
Man liest zu viele schlechte Romane.'
‚Oder' – sprach der vierte – ‚sagen wir lieber,
Man hat das Schulden- und Wechselfieber.'
‚Ja' – meinte der fünfte – ‚das ist es eben;
Das kommt vom vielen Lieben und Leben.'
‚O weh!' – rief der sechste – ‚der Fall ist kurios;
Am End ist die oberste Schraube los.'
‚Hah!' – schrie der letzte – ‚das alte Weib
Hat unbedingt den Teufel im Leib;
Man hole sogleich den Pater her,
Sonst kriegen wir noch Malör mit der.'
Der Pater kam mit eiligen Schritten;

Er tät den Teufel nicht lange bitten;
Er spricht zu ihm ein kräftiges Wort:
‚Raus, raus und hebe dich fort,
Du Lügengeist,
Der frech und dreist
Sich hier in diesen Leib gewagt!‘
‚I mag net!‘ – hat der Teufel gesagt.
Hierauf – –
Doch lassen wir die Späß,
Denn so was ist nicht sachgemäß.
Ich sage bloß, die Welt ist böse.
Was soll, zum Beispiel, das Getöse,
Was jetzt so manche Menschen machen
Mit Knallbonbons und solchen Sachen?
Man wird ja schließlich ganz vertattert,
Wenn's immer überall so knattert.
Das sollte man wirklich solchen Leuten
Mal ernstlich verbieten, und zwar beizeiten,
Sonst sprengen uns diese Schwerenöter
Noch kurz und klein bis hoch in den Äther,
Und so als Pulver herumzufliegen,
Das ist grad auch kein Sonntagsvergnügen.
Wie oft schon sagt ich: Man hüte sich.
Was hilft's? Man hört ja nicht auf mich.
Ein jeder Narr tut, was er will.
Na, meinetwegen! Ich schweige still!“

So räsonierte der Nöckergreis.
Uns aber macht er so leicht nichts weis;
Und ging's auch drüber oder drunter,
Wir bleiben unverzagt und munter.
Es ist ja richtig: Heut pfeift der Spatz
Und morgen vielleicht schon holt ihn die Katz;
Der Floh, der abends krabbelt und prickt,
Wird morgens, wenn's möglich, schon totgeknickt;
Und dennoch lebt und webt das alles
Recht gern auf der Kruste des Erdenballes. –
Froh hupft der Floh. –
Vermutlich bleibt es noch lange so.

An den „Krökelorden"

Ein alter Kauz, im hohlen Baum,
Vertieft in seinen Tagestraum,
Doch aufgewacht durch lautes Pochen
Von Meister Specht und durch die Lieder
Der Vöglein, ist hervorgekrochen
Und spricht also:
„Ihr Waldesbrüder!
Die Welt, das läßt sich nicht bestreiten,
Hat ihre angenehmen Seiten;
Sie liefert Körner, Käfer, Mäuse
Zum Wohlgeschmack in jeder Weise
Und geht auch wohl so bald nicht unter.
Ich grüße euch; bleibt nur hübsch munter
Und macht euch möglichst viel Pläsier.
Doch ich, der alt und kalt geworden,
Ich passe nicht in euren Orden;
Mir ziemt die Ruhe. Gönnt sie mir."
Und als der Kauz also gesprochen,
Ist er zurück ins Loch gekrochen.

Stammbuchverse

I.

Es ist halt schön,
Wenn wir die Freunde kommen sehn. –
Schön ist es ferner, wenn sie bleiben
Und sich mit uns die Zeit vertreiben. –
Doch wenn sie schließlich wieder gehn,
Ist's auch recht schön. –

II.

Bau nicht zu sehr auf Worte stolz,
Selbst von den nett'sten Kerlen;
Versprechen klingt wie Eichenholz,
Das Halten ist von Erlen.

Widmung zu einem Kochbuch

Es wird behauptet, und mit Grund,
Ein nützlich Werkzeug sei der Mund!
Zum ersten läßt das Ding sich dehnen
Wie Guttapercha, um zu gähnen.
Ach, Grete, wenn du dieses mußt,
Tu es im stillen und mit Lust!
Zum zweiten: wenn es grad von Nöten,
Kann man ihn spitzen, um zu flöten.
Sitzt dann der Schatz auch mal allein,
Dies wird ihm Unterhaltung sein!
Zum dritten läßt der Mund sich brauchen,
Wenn's irgend passend, um zu rauchen.
Dies kannst du deinem guten Gatten,
Der darum bittet, wohl gestatten.
Zum vierten ist es kein Verbrechen,
Den Mund zu öffnen, um zu sprechen.
Vermeide nur Gemütserregung,
Sprich lieber sanft mit Überlegung,
Denn mancher hat sich schon beklagt:
„Ach, hätt' ich das doch nicht gesagt!"
Zum fünften, wie wir alle wissen,
So eignet sich der Mund zum Küssen.
Sei's offen oder sei's verhohlen,
Gegeben oder nur gestohlen,
Ausdrücklich oder nebenher,
Beim Scheiden oder Wiederkehr,
Im Frieden und nach Kriegeszeiten:
Ein Kuß hat seine guten Seiten!
Zum Schluß jedoch nicht zu vergessen:
Hauptsächlich dient der Mund zum Essen!
Gar lieblich dringen aus der Küche
Bis an das Herz die Wohlgerüche.
Hier kann die Zunge fein und scharf
Sich nützlich machen, und sie darf!
Hier durch Gebrötel und Gebrittel
Bereitet man die Zaubermittel
In Töpfen, Pfannen oder Kesseln,

Um ewig den Gemahl zu fesseln.
Von hier aus herrscht mit schlauem Sinn
Die Haus- und Herzenskönigin. –
Lieb's Gretchen! Halt dich wohlgemut,
Regiere mild – und koche gut!

Romanze vom nützlichen Soldaten

Rieke näht auf die Maschine;
Nischke ist bei's Militär,
Dennoch aber ließ sie ihne
Niemals nahe bei sich her.

Wozu, fragte sie verächtlich,
Wozu hilft mich der Soldat,
Wenn man bloß durch ihn hauptsächlich
So viel hohe Steuern hat? –

Einstmals ging sie in das Holze,
Nischke wollte gerne mit;
Aber nein, partu nicht wollt se,
Daß er ihr dahin beglitt.

Plötzlich springt aus das Gebüsche
Auf ihr zu ein alter Strolch;
Stiere Augen, wie die Fische,
Kalte Hände, wie der Molch.

Runter, schreit er, mit die Kleider,
Denn sie lebt in Überfluß,
Da ich ein Fabrikarbeiter,
Der sich was verdienen muß.

Weinend fällt das Kleid und Röckchen,
Zitternd löst sich der Turnür,
Nur ein kurzes Unterglöckchen
Schützt vor Scham und Kälte ihr.

Bauz! Da fällt ein Schuß mit Schroten.
Fluchend lauft der Vagabund
Mit verletztem Hosenboden
In des Waldes Hintergrund.

Das tat Nischke, der trotz allen
Rieken heimlich nachgeschleicht,
Die sich unter Dankeslallen
Jetzt um seinen Hals verzweigt.

O ihr Mädchens, laßt euch raten,
Ehrt und liebet den Soldat;
Weil er sonst vor seine Taten
Nicht viel zu verzehren hat.

Den Abiturienten

Wohl ehedem, da trank des Weines
Auch ich mein Teil, und zwar kein kleines.
Nun aber muß ich mich bequemen,
Das Ding mehr objektiv zu nehmen,
Um, still verborgen hinterm Zaun,
Wenn and're trinken, zuzuschau'n.
Und wahrlich! Wenn man fünfundfunfzig,
Dann ist es Zeit, daß die Vernunft sich
Vernehmen läßt und leise spricht:
Hör', Alter! Das bekömmt dir nicht!
Auch spürt man, daß man gar nicht mehr
So liebenswürdig wie vorher.
Da ich denn also fürderhin
Zur Zierde nicht zu brauchen bin,
Und wäre nur wie dürres Reisig
Im frischen Kranz der fünfunddreißig,
Und weil mein Saitenspiel schon staubig,
So seh' ich, fühl' ich, denk' ich, glaub' ich,
Es ist für mich das weitaus Beste,
Ich bleib' von diesem Jubelfeste,
Von Faß und Spaß und Glas und Naß
Zu Haus mit meinem Brummelbaß!

Karneval

Auch uns, in Ehren sei's gesagt,
Hat einst der Karneval behagt,
Besonders und zu allermeist
In einer Stadt, die München heißt.
Wie reizend fand man dazumal
Ein menschenwarmes Festlokal,
Wie fleißig wurde über Nacht
Das Glas gefüllt und leergemacht,
Und gingen wir im Schnee nach Haus,
War grad die frühe Messe aus,
Dann konnten gleich die frömmsten Fraun
Sich negativ an uns erbaun.
Die Zeit verging, das Alter kam,
Wir wurden sittsam, wurden zahm.
Nun sehn wir zwar noch ziemlich gern
Die Sach' uns an, doch nur von fern –
Ein Auge zu, Mundwinkel schief –
Durchs umgekehrte Perspektiv.

An einen Gymnasiasten,
der um Prüfung seiner Gedichte bat

Nicht, wer selbst ein Lautenschläger,
Sondern der Gedichtsverleger
Ist der rechte Kritikus,
Nämlich, weil er zahlen muß.

ER WURDE GRAUER – DOCH NICHT GRÄMLICH,
Ein halber Bauer – doch nicht dämlich,
Und Herz und Ohren sind gesund.
Drum hört er auch – selbst in der Ferne,
Noch immer deutlich, immer gerne
Ein Wort aus holdem Frauenmund!

Wir Kinder der Vergangenheit

Wer eine Erbschaft übernommen,
Hat für die Schulden aufzukommen,
Denn nicht umsonst ist der Genuß.

Kein Leugnen gilt, kein Widerstreben,
Wir müssen sterben, weil wir leben.
So lautet der Gerichtsbeschluß.

MUSS ICH MICH SCHON WIEDER PLAGEN?
Also wieder ein Gedicht?
Soll ich wagen Nein! zu sagen? –
Nein, ich bin kein Bösewicht!

Dehne dich, Poetenleder!
Werde flüssig, alter Leim!
Sieh, schon tröpfelt aus der Feder
Der mit Angst gesuchte Reim!

Und so zeig' ich mit Vergnügen
Mich als einen netten Herrn. –
Ach, mitunter muß man lügen,
Und mitunter lügt man gern!

ES GEHT DER KRIEGER, DER GERECHTE,
Mit frohem Mute zum Gefechte.
Indessen ist es ihm doch lieber,
Wenn alles erst mal gut vorüber.

Gruß an München

Es geht nicht alles nach Belieben. –
Das hat mal wieder wer erfahren,
Den man vor fünfundsiebzig Jahren
Im Kirchenbuche eingeschrieben.

Heut ist er nämlich nicht zugegen,
Und leider weiß er auch weswegen:
Seitdem er alt und kalt geworden,
G'hört er zum Stubenhockerorden.

Die Zeit, nur scheinbar schwach und leer,
Hat ihm wie spielend nebenher
Ein großes Bündel aufgepackt,
Wovon ihm fast der Buckel knackt.

Zum Glück besitzt er einen kühnen,
Sehr flinken Kerl, ihn zu bedienen,
Der sich schlechthin Gedanke nennt
Und schneller als 'ne Wachtel rennt. –

Wohlan, so mach dich auf die Füße
Und trag die allerschönsten Grüße
Nach München, der berühmten Stadt,
Die mir so gut gefallen hat,

Daß ich seit längst vergang'nen Tagen
Bis heute noch mit Wohlbehagen
Und sicher bis zum Lebensschluß
Getreu an sie gedenken muß.

Wie andre, ohne viel zu fragen,
Ob man hier oben mich gebraucht,
So bin auch ich zu Lust und Plagen
Im Strom der Dinge aufgetaucht.
Geduld! Nach wenigen Minuten
Versink ich wieder in den Fluten.

Mein Lebenslauf

Mein Lebenslauf ist bald erzählt.
In stiller Ewigkeit verloren
Schlief ich, und nichts hat mir gefehlt,
Bis daß ich sichtbar ward geboren.
Was aber nun? – Auf schwachen Krücken,
Ein leichtes Bündel auf dem Rücken,
Bin ich getrost dahingeholpert,
Bin über manchen Stein gestolpert,
Mitunter grad, mitunter krumm,
Und schließlich mußt' ich mich verschnaufen.
Bedenklich rieb ich meine Glatze
Und sah mich in der Gegend um.
O weh! Ich war im Kreis gelaufen,
Stand wiederum am alten Platze,
Und vor mir dehnt sich lang und breit,
Wie ehedem, die Ewigkeit.

Wilhelm Busch im 75. Lebensjahr

Dank und Gruß

Ich weiß nicht mehr genau, wie es gekommen.
Kurzum! Nach längerem Verborgensein
Hab' ich dereinst auf Erden Platz genommen,
Um auch einmal am Licht mich zu erfreun,
Und allsogleich faßt' mich die Zeit beim Kragen
Und hat mich neckisch, ohne viel zu fragen,
Bald gradeaus, bald wiederum im Bogen,
Durch diese bunte Welt hindurchgezogen.

Inzwischen pflückt' ich an des Weges Rand
Mir dies und das, was ich ergötzlich fand.
Auch leert' ich manchmal manchen vollen Krug
Mit guten Freunden, bis es hieß: Genug!
Nur eins erschien mir oftmals recht verdrießlich:
Besah ich was genau, so fand ich schließlich,
Daß hinter jedem Dinge höchst verschmitzt
Im Dunkel erst das wahre Leben sitzt.

Allein, wozu das peinliche Gegrübel?
Was sichtbar bleibt, ist immerhin nicht übel.
Nun kommt die Nacht. Ich bin bereits am Ziele.
Ganz nahe hör' ich schon die Lethe fließen.
Und sieh! Am Ufer stehen ihrer viele,
Mich, der ich scheide, freundlich zu begrüßen.
Nicht allen kann ich sagen: Das tut gut!
Der Fährmann ruft. Ich schwenke nur den Hut.

Gott zieht nur an der Hand, der einen,
Der Teufel zieht an beiden Beinen.

Wenn andre klüger sind als wir,
Das macht uns selten nur Pläsier,
Doch die Gewißheit, daß sie dümmer,
Erfreut fast immer.

Der klugen Leute Ungeschick
Stimmt uns besonders heiter;
Man fühlt doch für den Augenblick
Sich auch einmal gescheiter.

Dummheit, die man bei andern sieht,
Wirkt meist erhebend aufs Gemüt.

Wir mögen's keinem gerne gönnen,
Daß er was kann, was wir nicht können.

Zwischen Bös und Gut
Hat sich ein Streit erhoben.
Gut hat keinen Mut,
Bös bleibt oben.

Wer sagt, die ganze Welt sei schlecht,
Der hat wohl nur so ziemlich recht.

Ist darum schlecht die Welt,
Weil sie dir nicht gefällt?

Wie klein ist das, was einer ist,
Wenn man's mit seinem Dünkel mißt.

Fortuna lächelt, doch sie mag
Nur ungern voll beglücken;
Schenkt sie uns einen Sommertag,
So schenkt sie uns auch Mücken.

Solange Herz und Auge offen,
Um sich am Schönen zu erfreun,
Solange, darf man freudig hoffen,
Wird auch die Welt vorhanden sein.

Willst du das Leben recht verstehn,
Mußt du's nicht bloß von vorn besehn.
Von vorn betrachtet, sieht ein Haus
Meist besser als von hinten aus.

Oft ist das Denken schwer, indes
Das Schreiben geht auch ohne es.

Neue Gedanken sind nicht häufig;
Sag uns die alten nur geläufig.

Ungeduld
Hat häufig Schuld.

Oft trifft man wen, der Bilder malt,
Viel seltener wen, der sie bezahlt.

Mitunter sitzt die ganze Seele
In eines Zahnes dunkler Höhle.

„So ist die Sach'!" – Oh, wie so leise,
Wenn überhaupt, sagt das der Weise.

Meistens schüchtern, selten herrisch,
Manchmal ernsthaft, manchmal närrisch
Zog er durch das Weltgetriebe,
Und fast immer fand er Liebe.

Gesunder Magen bleibt unbeachtet: Viel Arbeit, wenig Dank.

Scheint die Welt so groß, weil der Kopf so klein?

Lacher gibt's vom Trottel bis zum Teufel.

Der Gewinn anderer wird fast wie ein eigener Verlust empfunden.

Um Neid ist keiner zu beneiden.

Klatschen heißt: anderer Leute Sünden beichten.

Der eine trägt Holz, der andre wärmt sich dran.

Der Ungeduldige fährt sein Heu naß ein.

Der Philosoph wie der Hausbesitzer hat immer Reparaturen.

Wer dir sagt, er hätte noch nie gelogen, dem traue nicht, mein Sohn.

Mancher kann nicht aus dem Fenster hinausdenken.

Schwäche ist mißtrauisch.

Wie stark einer leidet, ist nicht zu prüfen auf seine Richtigkeit, da es verschiedene Dicke der Haut gibt.

Erwischtes Laster verzeiht eher als erwischte Dummheit.

Wenigstens Selbstironie sollte der Sünder haben – also jedermann.

Niemand holt sein Wort wieder ein.

Er mußte erst mit dem Kopf gegen die Bäume rennen, ehe er merkte, daß er auf dem Holzwege war.

Wem Fortuna ein Haus schenkt, dem schenkt sie auch Möbel.

Wer auf offener See fährt, richtet sich nach den Sternen.

Wer zusieht, sieht mehr, als wer mitspielt.

Wer hinter die Puppenbühne geht, sieht die Drähte.

Fernsicht gibt's, und wär's nur von einem Maulwurfshaufen.

Die Wahrheit ist zu schlau, um gefangen zu werden.

Die Geschichte eines Flohs kann so interessant sein wie die Geschichte Griechenlands.

Der Lyriker bringt seine Gefühle zu Markt wie der Bauer seine Ferkel.

Eine ethische Bedeutung der Kunst ist zweifelhaft:
Der Maler hält bei den Augen,
der Musiker bei den Ohren in der Welt fest.

Zahlen sind die Naturkräfte, belauscht in ihren Gewohnheiten.

Auch das kleinste Ding hat seine Wurzel in der Unendlichkeit, ist also nicht völlig zu ergründen.

Der Glaube soll ruhig auf seiner Burg bleiben.
Da ist er sicher und geborgen.

Der Glaube, durch Verstand gestützt, ist wie ein Vogel, dem man eine Leiter bringt, dran in die Luft zu steigen.

Glaubenssachen sind Liebessachen.
Es gibt keine Gründe dafür oder dagegen.

Wer kann behaupten, daß die Naturgesetze ewig sind?
Wir kennen nur das eine Ende davon.

Dumme Gedanken hat jeder, nur der Weise verschweigt sie.

Manche Wahrheiten sollen nicht, manche brauchen nicht, manche müssen gesagt werden.

Eduards Traum

1891

Manche Menschen haben es leider so an sich, daß sie uns gern ihre Träume erzählen, die doch meist weiter nichts sind als die zweifelhaften Belustigungen in der Kinder- und Bedientenstube des Gehirns, nachdem der Vater und Hausherr zu Bette gegangen. Aber!

„Alle Menschen, ausgenommen die Damen", spricht der Weise, „sind mangelhaft!"

Dies möge uns ein pädagogischer Wink sein. Denn da wir insoweit alle nicht nur viele große Tugenden besitzen, sondern zugleich einige kleine Mängel, wodurch andere belästigt werden, so dürften wir vielleicht Grund haben zur Nachsicht gegen einen Mitbruder, der sich in ähnlicher Lage befindet. Auch Freund Eduard, so gut er sonst war, hub an, wie folgt:

Die Uhr schlug zehn. Unser kleiner Emil war längst zu Bett gebracht. Elise erhob sich, gab mir einen Kuß und sprach: „Gute Nacht, Eduard! Komm bald nach!" Jedoch erst so gegen zwölf, nachdem ich, wie gewohnt, noch behaglich grübelnd ein wenig an den Grenzen des Unfaßbaren herumgeduselt, tat ich den letzten Zug aus dem Stummel der Havanna, nahm den letzten Schluck meines Abendtrunkes zu mir, stand auf, gähnte vernehmlich, denn ich war allein, und ging gleichfalls zur Ruhe.

Eine Weile noch, als ich dies getan, starrt' ich, auf der linken Seite liegend, ins Licht der Kerze. Mit dem Schlage zwölf pustete ich's aus und legte mich auf den Rücken. Vor meinem inneren Auge, wie auf einem gewimmelten Tapetengrunde, stand das Bild der Flamme, die ich soeben gelöscht hatte. Ich betrachtete sie fest und aufmerksam. Und nun, ich weiß nicht wie, passierte mir etwas Sonderbares.

Mein Geist, meine Seele, oder wie man's nennen will, kurz, so ungefähr alles, was ich im Kopfe hatte, fing an sich zusammenzuziehn. Mein intellektuelles Ich wurde kleiner und kleiner. Erst wie eine mittelgroße Kartoffel, dann wie eine Schweizerpille, dann wie ein Stecknadelkopf, dann noch kleiner und immer noch kleiner, bis es nicht mehr ging. Ich war zum Punkt geworden.

Im selben Moment erfaßte mich's wie das geräuschvolle Sausen des Windes. Ich wurde hinausgewirbelt. Als ich mich umdrehte, sah ich in meine eigenen Naslöcher.

Da saß ich nun auf der Ecke des Nachttisches und dachte über mein Schicksal nach.
Ich war nicht bloß ein Punkt, ich war ein denkender Punkt. Und rührig war ich auch. Nicht nur eins und zwei war ich, sondern ich war dort gewesen und jetzt war ich hier. Meinen Bedarf an Raum und Zeit machte ich selber, ganz en passant, gewissermaßen als Nebenprodukt.
Flink sprang ich auf und frei bewegt' ich mich. Es war eine Bewegung nach Art der Schwebefliegen, die – witsch Rose, witsch Nelke und weg biste! – an sonnigen Sommertagen von Blume zu Blume huschen.
Zuerst mal schwebt' ich nach meinem ehemaligen Körper hin.
Da lag er; Augen zu, Maul offen, ein stattlicher Mann.
Dann schwebt' ich über Elisen.
„Also so", rief ich, „sieht der Vorgesetzte aus, wenn er schläft?"
Hieraus, meine Lieben, könnt ihr ersehn, wie sehr ich mich im Traume zu meinen Ungunsten verändert hatte, indem ich es wagte, so frech und leichtsinnig einen Gedanken auszusprechen, den ich im wachen und kompletten Zustand doch lieber nicht äußern möchte. –
Darauf stand ich einen Augenblick über Emils Bettchen still. Sein kleines Händchen ruhte unter der Backe; die leere Saugflasche lag daneben.
„Ein hübscher Junge!" dachte ich. „Und ganz der Vater!" –
Ich sehe euch an, meine Freunde! Der zustimmende Ausdruck auf euern lieben Gesichtern beschämt mich, und doch muß ich mir ja sagen, daß ihr recht habt.
Obwohl ich nun, wie erwähnt, infolge der traumhaften Isolierung meines Innern alle fünf Sinne, man möchte fast sagen, zu Hause gelassen, kam es mir doch vor, als bemerkte ich alles um mich her mit mehr als gewöhnlicher Deutlichkeit, selbst dann noch, als der Mond, der schräg durchs Fenster schien, bereits untergegangen. Es war eine Merkfähigkeit ohne viel Drum und Dran, was vielleicht manchem nicht einleuchtet.
Die Sache ist aber sehr einfach. Man muß nur noch mehr darüber nachdenken.

Um mal zu prüfen, ob ich überhaupt noch reflexfähig, flog ich vor den Spiegel.
Richtig! Da war ich! Ein feines Zappermentskerlchen von mikroskopischer Niedlichkeit!
„Wie?“ rief ich, „hat man denn, nachdem man seinen alten Menschen so gut wie abgewickelt, doch noch immer was an sich? – Warrum nicht gaarrrr!“
Hier unterbrach mich plötzlich eine Stimme mit den Worten: „Eduard, schnarche nicht so!!“
Nur derjenige, welcher vielleicht mal zufällig durch ein redendes Nebelhorn in seinem Mittagsschläfchen gestört wurde, kann sich eine ungefähre Vorstellung davon machen, wie sehr dies Wort mein innerstes Wesen, man hätte meinen sollen für immer, ins Stocken brachte. Wohl drei ganze Sekunden verliefen, bis ich wieder zu mir selbst kam.
Die Sache hier paßte mir nicht. Ohne Rücksicht auf Frau und Kind beschloß ich, auf Reisen zu gehen.

Telegraphisch gedankenhaft tat ich einen Seitenwischer direkt durch die Wand, denn das war mir wie gar nichts, und befand mich sofort in einer freundlichen Gegend, im Gebiete der Zahlen, wo ein hübsches arithmetisches Städtchen lag.
Drollig! Daß im Traume selbst Schnörkel lebendig werden!
Der Morgen brach an. Einige unbenannte Ackerbürger vor dem Tore bearbeiteten schon zu so früher Stunde ihr Einmaleins. Diese Leutchen vermehren sich schlecht und recht, und wenn sie auch nicht viel hinter sich bringen, so wollen sie auch nicht hoch hinaus.
Mehr schon auf Rang und Stand geben die städtischen Beamten. Man sprach viel über eine gewisse Null, die schon manchem redlichen Kerl im Wege gestanden, und wenn einer befördert würde, sagten sie, der's nicht verdient hätte, dann steckte, so gewiß, wie zwei mal zwei vier ist, die alte intrigante Null dahinter.
Im Villenviertel hausen die Vornehmen, die ihren Stammbaum bis in die ältesten Abc-Bücher verfolgen können. Ein gewisser x ist der Gesuchteste von allen, doch so zurückhaltend, daß täglich wohl tausend Narren nach ihm fragen,

ehe ein Weiser ihn treffen kann. Andere sind fast zudringlich zu nennen. Zwei, denen ich auf der Promenade begegnete, stellten sich mir gleich zweimal vor. Erst der Herr a und dann der Herr b und dann der Herr b und drauf der Herr a, und dann fragten sie mit süffisanter Miene, ob das nicht ganz gleich sei, nämlich $a + b = b + a$?

„Mir schon!“ gab ich höflich zur Antwort. Und doch wußte ich nur zu gut, daß die Sache, wenigstens in einer Beziehung, nicht richtig war.

Aber solch kleine Ungenauigkeiten aus verbindlicher Rücksicht können auch im Traume wohl mal vorkommen. –

Ich begab mich auf den Markt, wo die benannten Zahlen ihr geschäftliches Wesen treiben.

In glitschiger Eile kam mir eine Wurst im Preise von 93 Pfennig entgegengelaufen. 17 Schneidergesellen, die mit gespreizten Beinen, gespreizten Scheren und gespreizten Mäulern hinter ihr her waren, faßten sie beim Zipfel. Sie hätten ihr Geld bezahlt, schrien sie, und nun wollten sie schnippschnapp dividieren. Das geht ja nicht auf, keuchte die Wurst, welche Angstfett schwitzte, denn die begierigen Schneider hatten sie bereits angeprickelt mit ihren Scheren; macht 34 Löcher. Jetzt kam ein rechenkundiger Schreiber dazu. Er trug eine schwefelgelbe Hose zu 45 Pfennigen die Elle, einen gepumpten Frack und einen unbezahlbaren Zylinder. Sofort stellte er eine falsche Gleichung auf und brachte dabei die Wurst auf seine Seite. Die Schneider verstanden das schlecht. Sie kürzten ihm den Schniepel, sie schnitten ihm die Knöpfe von der Hose, sie trennten die Hinternaht auf, und wäre er nicht eilig, unter Zurücklassung der Wurst, in ein unendlich kleines Nebengäßchen entsprungen, sie hätten ihn richtig aufgelöst. Nun aber, als sie eben wieder die Wurst ins Auge faßten, erhob sich ein neues Geschrei. Es war die Metzgersgattin = 257 Pfund Lebendgewicht. Sie hätte kein Geld gesehen, tobte sie, und 93 Pfennige gleich so nur in den rauchenden Schornstein zu schreiben, das ginge gegen ihr menschliches Defizit. Sofort, gegen die runde Summe ihres empörten Busens gerichtet, erklirrten die Scheren der beleidigten Schneider. Der Lärm war groß. Die Menge wuchs. 50 Stück gesalzene Heringe, $^1/_2$ Schock Eier, 3 Dutzend Harzkäse, 1 Pulle

Schnaps, $^3/_4$ Pfund Amtbutter, 6 Pfund Bauernbutter, 15 Lot Schnupftabak und zahlreiche Ditos vermehrten den Aufruhr. Hart bedrängt von den spitzigen Scheren der Schneider tat die Metzgerin einen Rückschritt. Sie tritt auf die $^3/_4$ Pfund Amtbutter, gleitet aus, setzt sich in die 6 Pfund Bauernbutter, zieht im Fallen 2 Lot Schnupftabak in die Nase, in jedes Loch eins, muß niesen, schlägt infolgedessen einen Purzelbaum vornüber, zerdrückt 3 Harzkäse und die Schluckpulle und trifft mit ihren zwei schwunghaften Absätzen zwei Heringe derart auf die Bauchflossen, daß ihnen ihre zwei armen Seelen aus dem Leibe rutschen wie geschmiert. Plötzlich, als die Verwicklung am schwierigsten schien, zerstreut sich die Menge. Eine überwiegende Größe, der Stadtsoldat, ist hinzugekommen. Schleunig drücken sich die Heringe in ihre Tonnen; die Schneider, mit den noch schnell erwischten zwei Seelen, machen sich dünne; die Käse verduften; der Schnupftabak verkrümelt sich, aber sämtliche Eier, die nun doch weniger gut rochen, als man's ihnen bei Lebzeiten allgemein zugetraut, verquirlt mit den sonst noch Verdrückten und Verunglückten, blieben zermatscht auf dem Platze; während die Metzgersfrau, die inmitten der ganzen Bescherung saß, die erschlaffte Wurst in der erhobenen Rechten schwang und in einem fort plärrte: „Es gibt keine Richtigkeit mehr in der Stadt, und das sag' Ich!", bei welcher Gelegenheit ihr die zwei Lot Schnupftabak wieder aus der Nase liefen, aus jedem Loch eins, und auch noch glücklich entwischten. Der Stadtsoldat, seiner Aufgabe völlig gewachsen, notierte sich die entseelten Heringe, behielt die Käse, die Butter und die Glasscherben einfach im Kopfe, addierte Frau und Wurst, setzte sie in Klammern und transportierte sie auf die Stadtwaage, wo man richtig die eine zu schwer, die andere zu leicht fand. Subtraktion war die gerichtliche Folge. Die Wurst wurde abgezogen für den Fiskus, der Rest, wegen Verleumdung der Obrigkeit, dreimal kreuzweis durchgestrichen, und zwar mit Tinte, der brave Stadtsoldat dagegen vom unendlich großen Bürgermeister noch selbigen Tags zur dritten Potenz erhoben.

Übrigens schwebten vor der Verrechnungskammer gleichzeitig noch mehrere Fälle, die prompt erledigt wurden.

Jugendliche Schiefertafelschnitzer verknurrte man einfach zur Durchwischung mit Spucke; schon ältere in Blei zur eindringlichen Radierung mit Gummi, erstmalig mit weichem, bei Wiederholung mit hartem.
Was aber die weiblichen Additionsexempel anbelangt, deren sehr viele vorgeführt wurden, so mußten sie allesamt freigesprochen werden, weil sie sämtlich ihr geistiges Alibi nachweisen konnten.
Es fanden sich hübsche Lustgärten in dieser Stadt und Obstbäume voll goldener Prozentchen, und auf und nieder an papierenen Leitern stiegen die Dividenden, und einige fielen herunter, und dann rieben sie sich die Verlustseite und hinkten traurig nach Hause.
Kummer und Elend gab's auch sonst noch genug. An allen Straßenecken hockten die gebrochenen Zahlen; arme, geschwollene Nenner, die ihre kleinen, schmächtigen Zählerchen auf dem Buckel trugen und mich flehentlich ansahn. Es ließ mich kühl. Ich hatte kein Geld bei mir; aber wenn auch, gegeben hätte ich doch nichts.
Ich hatte meine Natur verändert; denn daß es mir sonst da, wo die Not groß ist, auf zwei Pfennige nicht ankommt, das wißt ihr, meine Lieben!
Es mochte so nachmittags gegen fünf Uhr sein, als ich weiterreiste und, eine unbestimmte Gegend durchstreifend, auf der Gemeindetrift anlangte, wo grad das Völklein der Punkte sein übliches Freischießen feierte. Schwarz war heute der Punkt, worauf's ankommt, und Tüpfel war Schützenkönig. Je kleiner die Leute, je größer das Pläsier. Alles krimmelte und wimmelte durcheinander wie fröhliche Infusorien in einer alten Regentonne.
Im Zelte ging's hoch her. Mit mückenhafter Gelenkigkeit wirbelten die „denkenden Punkte" mit ihren geliebten kleinen Ideen über den Tanzboden dahin. Auch ich engagierte eine, die schimmelte, ein simples Dorfkind, und walzte ein paarmal herum mit ihr.
Noch gewandter und windiger als wir, und das will doch was sagen, trieben die nur gedachten, die rein mathematischen Punkte ihre terpsichorischen Künste. Sie waren aber dermaßen schüchtern, daß sie immer kleiner und kleiner wur-

den, je mehr man sie ansah; ja, einer verschwand gänzlich, als ich ihn schärfer ins Auge faßte. –
Gelungene Burschen, diese Art Punkte! Der alte Brenneke, mein Mathematiklehrer, pflegte freilich zu sagen: „Wer sich keinen Punkt denken kann, der ist einfach zu faul dazu!“ Ich hab’s oft versucht seitdem. Aber just dann, wenn ich denke, ich hätt’ ihn, just dann hab’ ich gar nichts. Und überhaupt, meine Freunde! Geht’s uns nicht so mit allen Dingen, denen wir gründlich zu Leibe rücken, daß sie grad dann, wenn wir sie mit dem zärtlichsten Scharfsinn erfassen möchten, sich heimtükisch zurückziehen in den Schlupfwinkel der Unbegreiflichkeit, um spurlos zu verschwinden, wie der verzauberte Hase, den der Jäger nie treffen kann? Ihr nickt; ich auch. –
Mehr behäbig, so fuhr Freund Eduard in der Erzählung seines Traumes fort, als diese gedachten Punkte zeigten sich die gemachten in Tusche und Tinte. Sie saßen still und versimpelt auf ihren Reißbrettern an der Wand herum und freuten sich, daß sie überhaupt da waren.
Die kritischen Punkte dagegen, mit ihren boshaften Gesichtern, standen natürlich jedem im Wege. Einer von ihnen, ein besonders frecher, trat einer noch hübsch jugendlichen Idee auf die Schleppe und zugleich ihrem denkenden Herrn dermaßen aufs Hühnerauge, daß ihm die Gründe stockten, sein Geschrei also losging. Da sämtliche Streit- und Ehrenpunkte, deren viele zugegen, sich dreinmischten, so gab’s einen netten, aufgeweckten Skandal, der alle erfreute, welche dabeistanden.
Der Kontrapunkt ließ weiterblasen. Ich wandte mich einer entfernteren Gesellschaft zu.
Es waren Atome, die eben zur Française antraten. Mit großer Sicherheit tanzten sie ihre verzwickten molekülarischen Touren durch, und als sie aufhörten und sich niedersetzten, war’s allen hübsch warm geworden. Sie sind nicht so stupid, wie man sonst wohl zu glauben pflegt, sondern haben ihre interessanten und interessierten Seiten, so daß selbst so was wie ein zärtliches Verhältnis zwischen ihnen nicht selten ist.
Eine ihrer Damen kam mir bekannt vor. Wo hatt’ ich sie nur gesehen? Richtig! Bei Leibnizens. Die alte Monade, und

ordentlich wieder jung geworden! Schon hat auch sie mich erkannt. Sie fliegt auf mich zu, umklammert mich mit ihren mageren Valenzen, sie preßt mir einen rotglühenden Kuß auf die Lippen und ruft schwärmerisch:
„Mein süßer Freund! Oh, laß uns ewig zusammenhaften!"
Ich verhielt mich abstoßend. Mit unglaublicher Schnelligkeit schoß ich oben durchs Zeltdach und eilte sodann, nicht ohne ängstliche Rückblicke, in die möglichste Ferne hinaus. Wie sich zeigte, nicht ganz allein.

Dicht neben mir ließ sich ein kümmerliches Hüsteln vernehmen. Es war der mathematische Punkt, den ich vorhin zu fixieren versuchte. Zu Hause, so klagte er lispelnd, brächte er's doch zu nichts. Nun wollte er mal sehn, ob dort drunten in der geometrischen Ebene für ihn nichts zu machen sei.
Da lag sie vor uns, die Horizontalebene, im Glanz der sinkenden Abendsonne. Kein Baum, kein Strauch, kein Fabrikschornstein ragte draus hervor. Alles flach wie Judenmatzen, ja noch zehntausendmal flacher; und doch befanden wir uns am Eingang eines betriebsamen Städtchens, welches nur platt auf der Seite lag.
Das Tor, welches wir passieren mußten, hatte nur Breite, aber nicht die mindeste Höhe. Es war so niedrig, daß ich mir, obgleich ich mich bückte, doch noch die Glatze etwas abschabte, und selbst mein winziger Begleiter konnte nur eben drunter durch. Er fand noch am selben Abend eine Anstellung bei einem tüchtigen Geometer, der ihn sofort in die Reißfeder nahm, um ihn an den Ort seiner künftigen Wirksamkeit zu übertragen, wozu ich ihm besten Erfolg wünschte. Ich selber suchte, da es schon spät, eine nahe liegende Herberge auf.
Hier nun trat mir zum erstenmal in Gestalt des Herrn Oberkellners eine richtige mathematische grade Linie entgegen. Etwas Schlankeres gibt's nicht. Mir fiel gleich dabei ein, was Peter, mein kleiner Neffe, mal sagte.
„Onkel Eduard!" sagte er. „Ein Geist muß aber recht mager sein, weil man ihn gar nicht sieht!"
Und wie lächerlich dünn so ein mathematischer Strich ist, das sah ich so recht des Nachts, als ich zu Bette gegangen.

In der Kammer nebenan schliefen ihrer dreißig in einer Bettstelle, die nicht breiter war als ein Zigarettenetui, und doch blieb noch Platz übrig. Freilich, erst schalten sie sich, denn es war ein Pole dabei, der an unruhigen Träumen litt und sich viel hin und her wälzte, bis sie ihn schließlich durch zwei Punkte festlegten; dann gab er Ruh. Ich bemühte mich, seinen Namen auszusprechen: Chrr – Chrrr – Chrrrr –

Im selben Augenblick ließ sich wieder die Stimme vernehmen: „Eduard, schnarche nicht so!!"

Ich fuhr heftig zusammen. Aber während ich das erstemal fast volle drei Sekunden nötig hatte, um mein inneres Gleichgewicht wieder zu finden, brauchte ich diesmal kaum zwei; dann ging ich schon wieder meinen gewohnten Gedanken nach, als sei weiter nichts vorgefallen.

Vielleicht, meine Freunde, möchte nun dieser oder jener unter euch geneigt sein, von mir zu erfahren, woher die erwähnte Stimme denn wohl eigentlich kommen konnte. Darauf erwidere ich, daß ich in der Regel vielzuviel Takt besitze, um auch nur die allergeringste Mitteilung über Dinge zu machen, die keinen andern etwas angehn. Entschuldigt meine Entschiedenheit!

Am nächsten Morgen besah ich mir die Stadt. Selbstverständlich muß jedermann platt auf dem Bauche rutschen. Vornehme und Geringe sind auf den ersten Blick nur schwer zu unterscheiden, und wer genötigt ist, höflich zu sein, muß riesig aufpassen; denn da nichts Höhe hat, also gar keinen Schatten wirft, so erscheint vorläufig jeder, auch der quadratisch Gehaltvollste und Eckigste, der einem begegnet, als gewöhnlicher Strich.

Natürlich zieht der Mangel an Schatten auch den Mangel an Photographen nach sich, und so müssen denn die Leute den schönen Zimmerschmuck entbehren, wofür wir unserseits diesen Künstlern so dankbar sind. Aber man behilft sich, so gut es geht. Man läßt seinen Schreiner kommen; man läßt sich ausmessen; er macht einen kleinen proportionalen Abriß in das Album des betreffenden Freundes, notiert den wirklichen Quadratinhalt nebst Jahr und Datum in die Mitte der werten Figur, und das Andenken ist fertig.

Was nun das ewige Rutschen betrifft, so wollte mir ein Einge-

borener, der durchaus treuherzig und vollkommen glaubwürdig aussah, die feste Versicherung geben, daß es, obwohl hier jeder von Haus aus unendlich dünn sei, doch einige Briefträger gäbe, die sich mit der Zeit so abgeschabt hätten, daß sie auf ihre alten Tage nur halb so dünn wären wie möglich.
Dies schien mir bemerkenswert wegen der Kongruenz. Denn erwies sich die Angabe als richtig, so war eine tatsächliche Deckung ganz gleicher Figuren, welche mir bei den äußerst gedrückten Ortsverhältnissen unmöglich schien, doch unter Umständen nicht ausgeschlossen. Ich erkundigte mich nach dem Kongruenzamte, eine Einrichtung, die ungefähr unserm Standesamte entsprechen würde. Da mir niemand Auskunft geben konnte, wandte ich mich direkt an den Magistrat. „Solche Dummheiten", hieß es, „machen wir hier nicht. Die das wollen, müssen sich gefälligst in die dritte Dimension bemühen, und die Symmetrischen erst recht!"

Ihr altes Ratszimmer war ungemein dumpf und niedrig. Daher empfahl ich mich umgehends mit einem lustigen Vertikalsprung nach oben durch den Plafond und atmete auf im dreidimensionalen Raume, wo stereometrische Freiheit herrschte, wo der Kongruenz räumlich gleichgestimmter Paare keine Ehehindernisse im Wege standen. .
So dachte ich. Aber Ausnahmen, wie überall, gab's leider auch hier.
Grad kamen zwei sphärische Dreiecke, eines genau das geliebte Spiegelbild des andern, sehr gerötet vom Kongruenzamte, wo man sie abgewiesen. Sie trug ein schön krumm gebügeltes Sacktuch von unendlich durchsichtigem Battist und weinte die landesüblichen Tränen, gleich niedlichen Seifenbläschen, die der Zephir entführte. Ein Paar unendlich feiner Handschuhe, ein linker und ein rechter, er Brautführer, sie Kranzjungfer, versuchten ihr Trost zu spenden, indem sie sagten: Ihnen ginge es ja auch so, und wenn alle Stricke rissen, dann könnte man ja immer noch durchbrennen in die vierte Dimension, wo nichts mehr unmöglich sei.
„Ach!" schluchzte die Braut. „Wer weiß, wie es da aussieht!" Und ihre Tränen säuselten weiter.

Fürwahr, ein herbes Schicksal! Aber, meine Freunde, seien wir nicht zu voreilig mit unserm sonst löblichen Mitgefühl. Es war alles nur Getus.

Nämlich die Bewohner dieses unwesentlichen Landes sind hohl. Es scheint Sonne und Mond hindurch, und wer hinter ihnen steht, der kann ihnen mit Leichtigkeit die Knöpfe vorn an der Weste zählen. Einer durchschaut den andern; und doch reden diese Leute, die sich durch und durch kennen, die nicht so viel Eingeweide haben wie ein ausgepustetes Sperlingsei, von dem edlen Drange ihres Inneren und sagen sich darüber die schönsten Flattusen. Ja, einer war da, der wollte behaupten, er hätte einen fünf Pfund schweren Gallenstein, und verfluchte sein Dasein und schnitt Gesichter, und seine Familie sprang nur so, wenn er pfiff, und tat ganz so, als wär's so, und seine Nachbarn machten ihm Kondolenzvisiten unter kläglichem Mienenspiel.

Wie heuchlerisch man hier ist und zugleich wie wesenlos, das bewiesen so recht zwei alte Freundinnen, die sich in den Tod nicht ausstehn konnten, und nun, nach langer Trennung, sich wieder begegneten. Sie küßten sich so herzlich und durchdringend, daß ihnen die gegenseitigen Nasen eine Elle lang hinten aus den gegenseitigen Chignons hervorstanden.

Schwere gab's hier nicht. Man bewegte sich am Boden oder in der Luft, gleichviel, mit einer unabhängigen Leichtigkeit, wie sie nur bei solch rein förmlichen Blasengestalten und Windbeuteln sich denken läßt.

Ich sah einen neckischen alten Geißbock, der turmhohe Sätze machte. Und was die Flöhe sind, wer da nicht aufpaßt beim ersten Griff, weg hupfen's bis in die Wolken.

Zwar hupfen konnt' ich auch, wie nur einer. Aber mit mir war das was anders. Ich hatt Fond. –

Wie ihr seht, meine Lieben: eine Ausrede zugunsten der eigenen Vortrefflichkeit stellt selbst im Traum sich ein!

Übrigens hatt' ich die leeren Gestalten dieser eingebildeten Welt jetzt satt gekriegt und beeilte mich wegzukommen. Am Ausgange wurde ich mit einer fetten Baßstimme von einem Unbekannten angeredet, der so rund und dick war, daß er die ganze Tür versperrte.

Er entpuppte sich als mein ehemaliger Reisebegleiter, das mathematische Pünktchen.
Durch eine gewandte Drehung in der Ebene hatte er's dort bald zu einem umfangreichen Kreise gebracht, war darauf in den dreidimensionalen Raum ausgewandert, hatte sich hier durch ähnliche Umtriebe zur wohlbeleibten Kugel entwickelt und wollte sich nun mit Hilfe eines geeigneten Mediums materialisieren lassen, um dann später, ein Streber wie er war, als Globus an die Realschule zu gehn.
Aus dem nichtssagenden Kerlchen war ein richtiger Protz geworden, der mich behaglich wohlwollend zu behandeln gedachte. Da ich mir das aber von einem bloß aufgeblasenen Punkte, denn das sind alle seinesgleichen, nicht gefallen lassen wollte, so tat ich, ohne mich weiter zu verabschieden, einen eleganten Seitensatz durch die Bretterwand, hinter welcher, so meint ich, die vollständige Welt lag. Es war aber nur Stückwerk.

Zunächst geriet ich in ein Kommunalwesen von lauter Köpfen, die sich auf der Höhe eines Berges in einem altdeutschen Gehölze eingenistet hatten. Hinter jedem Ohre besitzt jeder einen Flügel, eine zweckentsprechende Umbildung des bekannten Muskels, den wir Kopfnicker nennen. An den Sümpfen herum sitzen die Wasserköpfe, blinzeln träge mit den Augen und lassen sich die Sonne ins Maul scheinen. Querköpfe, welche die Eitelkeit ihrer Meinung besitzen, streiten und stoßen sich in der Luft herum; fast jeder hat Beulen grün und blau. Sie leben vom Wind. Was sie sonst brauchen, verdienen sie sich als Redner und Bänkelsänger. Zum Ohrfeigen, zum Hinausschmeißen, zum Balbieren und Frisieren mieten sie sich die geeigneten Hände; ebenso, um sich die Nase putzen zu lassen, was besonders kostspielig, wenn einer den Schnupfen hat. Hosenstoffe gebrauchen sie nicht. Manche sind niedlich. Ihrer zwei, ein Männchen und ein Weibchen, saßen zärtlich zusammengeschmiegt in einem Baum voll grüner Notenblätter und sangen das schöne Duett: „Du hast mein Herz und ich das deine", und wie's weitergeht.
Etwas tiefer am Berg hinab, in Hütten und Krambuden, leben, weben und schweben die Hände apart für sich. Sie

sind teils Schreiber und Schrupper und sonst dergleichen für die Köpfe weiter oben, teils Strumpfwirker und Streichmusikanten und sonst dergleichen für die Füße, die unten im Tale hausen. Ihre Geschicklichkeit ist mitunter nicht unerheblich. Ein Barbier, der mit wenig Seife viel Schaum schlagen konnte, war kürzlich unter die Literaten gegangen. Er hatte großen Erfolg, wie ich hörte, trug bereits drei Brillantringe an jedem Finger und wollte sich demnächst mit einer Köchin verheiraten, die ohne Schwierigkeit ein einziges Eiweiß zu mehr als fünfzig Schaumklößen aufbauschte, also auch noch was leisten konnte. –

Übrigens muß ich sagen, meine Freunde, prätendieren eigentlich diese sich immerhin nicht als ganz unreell aufspielenden Extremitäten ein recht unverschämt unbefangenes Dasein. Das lästige Gummibändel z. B., womit sonst die Frackschöße aller Dinge hienieden, kein Mensch weiß wie, am Kernpunkt der Dinge haften, schienen sie gänzlich zu ignorieren, während die Köpfe wenigstens Flügel hatten. Und doch fiel mir's nicht auf in meinem Traume, und doch hielt ich mich für sehr scharfsichtig, und doch war ich's oft gar nicht; genau so, wie's uns geht, wenn wir wachen. –

Eben als ich mich von hier entfernt hatte, umwölkte sich der Himmel. Es donnerte und blitzte. Es war eins jener schrecklichen Unwetter, die dem Wanderer, dem Mitgliede des Alpenklubs, der auf steilen Pfaden ohne Führer herniedersteigt, so häufig verderblich werden. Meiner Wenigkeit dagegen war es sogar ganz lieb, als mich nun plötzlich ein heftiger Windstoß ins Tal entführte, wo das heiterste Wetter herrschte.

Auf einem sanft ansteigenden Wiesenflecke, umgeben von zopfigen Hecken, tanzten die zierlichsten Füße in rosa Trikot ein anmutiges Kunstballett. Einige fette Hämmel wie auch viele kleine Meerschweinchen sahen zu, und zwei größere Zunftverbände von wohlgeleiteten Händen sorgten für Musik und ergiebigen Beifall.

Noch ehe das Stück zu Ende, verließ ich das Gebiet der aparten Körperteile vermittelst eines parabolischen Sprunges über die benachbarten Berge in die gewöhnliche Welt hinein, wo jeder seine gesunden Gliedmaßen beieinander hat.

Wohl zehn Meter hoch schwebt' ich nun über einem regelmäßig karierten Ackergefilde, in dessen Mitte ein freundliches Dörfchen lag.
Es war Sommer. Schon zog hie und da auf sanft bewegter Luft ein silbernes Fädchen dahin. Auf eins derselben ließ ich mich nieder, neben einer kleinen, verschrumpften Spinne, die, kaum daß sie mich bemerkt hatte, sich auch schon gedrungen fühlte, mich mit der Geschichte ihres Lebens zu beglücken.
Einst, so fing sie an zu wehmüteln, vor zirka zweitausend Jahren, da sei sie eine ungewöhnlich reizende Walküre gewesen, hochsausend auf stolzem Roß und beliebt bei den Mannsleuten. Dann, als sie alt geworden, habe sich keiner mehr um sie bekümmert, außer der Teufel. So wäre sie zur Hexe geworden und wär' durch die Lüfte geritten auf dem Besenstiel, in böswilliger Absicht. Aber selbst der Teufel, nachdem sie ihren tausendsten Geburtstag gefeiert, sei ihr nicht treu geblieben. Da habe sie den Salbentopf hergekriegt und habe sich wirkungsvoll murmelnd in eine Spinne verwandelt und sich dann rückwärts dies Luftschiff verfertigt und segle mit gutem Winde all die Zeit her, und wenn die Leute riefen: Altweibersommer!, so sei ihr das schnuppe. Apa!
„Madam!" sprach ich. „Sie haben was durchgemacht. Reisen Sie glücklich!"
Damit sprang ich ab und setzte mich auf den vorstehenden Ast einer stattlichen Linde.
Drunten am Boden kneteten zwei Bauernknaben schöne Klöße aus Lehm, den sie selber befeuchtet hatten. Ein Zwist brach aus. Sie klatschten sich ihr Backwerk auf die beiderseitigen Nasen, und die Töne, die sie dabei ausstießen, lauteten a! e! i! o! u!
Im Wipfel saß ein liebendes Taubenpärchen. Oben hoch drüber kreiste spähend ein Habicht. „Nurdu, nurdu!" girrte zärtlich der Täuberich. „Hihi!" kreischt der Habicht und hat ihn.
In Anbetracht der soeben vernommenen Naturlaute schickte ich mich an, eine wichtige Bemerkung zu machen.
„Der Urrsprrung der Sprrraaache" – fing ich an –
„Eduard, schnarche nicht so!!"

unterbrach mich schon wieder die Stimme. Ich fuhr zusammen. Doch während ich das vorige Mal fast zwei volle Sekunden nötig hatte, um meine Haltung wieder zu gewinnen, brauchte ich diesmal nur eine.

Als ich mich gesammelt hatte, saß ich auf der Spitze eines Grashalms am Rande eines Teiches, der inmitten eines hübschen Gehöftes lag.

Drei lebenslustige Fliegen schwärmten dicht über dem Wasser. Drei genußfrohe Fischlein erschnappten sie. Indem, so schwammen drei Enten herbei. Jedwede erfaßte ein Fischlein beim Frack, erhob den Schnabel und ließ es hinunterglitschen ins dunkle Selbst hinab. Die erste hieß Mäs, die zweite hieß Bäs, die dritte hieß Tricktracktrilljäs. Diese letztere nun, um den Grund des Wassers zu erforschen, nahm eine Stellung an, wobei sich der Kopf nach abwärts richtet.

„Guck mal!" schnatterte Frau Mäs der Frau Bäs ins Ohr. „Was hat die Frau Tricktracktrilljäs für ein dickes Gesäß!" Hätten sie ahnen können, was die nächste Zukunft unter der Schürze trug, sie hätten wohl nicht so lieblos geurteilt über die körperlichen Verhältnisse einer Freundin, welche nun bald ebenso tot sein sollte wie sie selber.

Die freundliche Bauersfrau nämlich trat aus der Tür des Hauses, lockte unter dem Vorwand von Brotkrumen die Schnabeltiere in den Küchenraum und hackte ihnen die Köpfe ab.

Sie hackte sich aber auch, weil sie natürlich mal wieder zu hastig war, dabei in den Zeigefinger. Das Beil war rostig. Der Finger verdickte sich. Schon zeigten sich alle Symptome einer geschwollenen Blutwurst.

Der Doktor kam. Er wußte Bescheid. Erst schnitt er ihr den Finger ab, aber es half nicht; dann ging er höher und schnitt ihr den Ärmel ab, aber es half nicht; dann schnitt er ihr den Kopf ab, aber es half nicht; dann ging er tiefer und schnitt ihr die Trikottaille ab, und dann schnitt er die wollenen Strümpfe ab, aber es half nicht; als er aber an die empfindlichen Hühneraugen kam, vernahm man einen durchdringenden Schrei, und im Umsehn war sie tot.

Der Bauer war untröstlich; denn das Honorar betrug 53 Mark 75 Pfennig. Der Doktor steckte das Honorar in sein braunledernes Portemonnaie; der Bauer schluchzte. Der Doktor steckte sein braunledernes Portemonnaie in die Hosentasche; der Bauer sank auf einen geflochtenen Rohrstuhl und starrte seelenlos in die verödete Welt hinaus.

Der Doktor besaß Takt. Andante ritt er vom Hofe weg, und erst dann, als er die Landstraße erreichte, fing er scherzando zu traben an, und zwar englisch. Er wußte noch nicht, daß seine Hosentasche im stillen ein Loch hatte.

Inzwischen begab sich der betrübte Witwer in den Schweinestall und besah seine Ferkeln. Es waren ihrer dreizehn, das Stück zu zweiundzwanzig Mark.

Seine Tränen flossen langsamer. Als er wieder ins Freie trat, war er ein neuer Mensch geworden.

Ich flog ins Nachbarhaus.

Der Landmann, welcher hier wohnte, war ein Vetter des vorigen. Er hackte Holz entzwei, während seine Gemahlin sich mal eben entfernt hatte, um im nahen Gebüsch für die Meckerziege ein schmackhaftes Futter zu pflücken. „Oh, meine Mamme ist weg!" schrie das Kind und kam aus dem Hause gelaufen und weinte sehr heftig. „Da weinst du über!" sprach der besonnene Vater. „Mach dich doch nicht lächerlich!"

Dieser Vater, so scheint's, hatte bereits den Gipfel der ehelichen Zärtlichkeit erklommen, wo die Schneeregion anfängt.

Ich flog ins Nachbarhaus.

Der Landmann, welcher hier wohnte, war ein Onkel des vorigen. Soeben mit dem Stabe in der Hand, von einem erfolgreichen Besuche der Schenke zurückkehrend, betrat er das Zimmer, wo ihn seine zahlreiche Familie voller Spannung erwartete. Er warf seinen Hut auf die Erde und rief: „Wer ihn aufhebt, kriegt Hiebe; wer ihn liegen läßt, auch!" Er war ein höchst zuverlässiger Mann. Er hielt sein Wort. – Ach, meine Lieben! Wie oft im Leben wirft uns das Schicksal seinen tragischen Hut vor die Füße, und wir mögen tun, was wir wollen, Verdruß gibt's doch. –

Ich flog ins Nachbarhaus.

Im Kuhstall, den er soeben gereinigt, steht ein denkender Greis. Er schließt die Luke. „Merkwürdig!" sprach er und stützte das Kinn auf die Mistgabel. „Merkwürdig! Wenn

man die Klappe zumacht, daß es dann dunkel wird!" Und so stand er noch lange und dachte und dachte; als ob es nicht schon Sorgen genug gäbe in der Welt, auch ohne das. Und es war sehr düster in diesem Kuhstalle.
Ich flog ins Nachbarhaus.
Die hübsche, stramme Bäuerin hat ihr hübsches, strammes Bübchen auf dem Schoße liegen, sein Gesichtchen nach unten gekehrt. Sie lüftet ihm das Hemdchen; sie reibt ihm den Rücken; er strampelt mit den Beinen vor lauter Behagen. „Oh, tu tu tu mit tein klein ticken tinketen Popösichen!" so ruft sie in mütterlich-kindischem Stoppeldeutsch; und während sie dies tut, gibt sie dem Herzensbengel bei jedem Worte einen klatschenden Schmatz auf die rosigen Hinterbäckchen. –
Ach, meine Freunde! Wieviel Liebes und Gutes passiert uns doch in der Jugend, worauf wir im Alter nicht mehr mit Sicherheit rechnen dürfen!
Ich flog ins Nachbarhaus.
Ein zehnjähriger Junge kommt grad aus der Schule, und noch ganz rot vor Begeisterung ruft er: „Hör mal, Vater! Unser Schulmeister hat aber einen ganz verflixten Stock. Hier vorne schlägt er hin und da hinten kneift es!!"
Dieser heimtückische Stock stammte vermutlich aus der nämlichen Hecke, wo die abscheulichen Menschen ihre ironischen Gerten schneiden, die auch immer so hintenherum kommen. Ein treuherziger Mensch tut so was nicht. –
Ich flog – doch der Abwechslung wegen will ich lieber mal sagen: ich schwirrte.
Ich schwirrte ins Nachbarhaus.
Im wohnlichen Stübchen voll sumsender Fliegen steht das tätige Mütterlein. Sie sucht Fliegenbeine aus der Butter, die sie demnächst zu kneten gedenkt; denn Reinlichkeit ist die Zierde der Hausfrau. Aber ihr Stolz ist die Klugheit. Mit mildem Kartoffelbrei füllt sie die Butterwälze, denn morgen ist Markttag in der Stadt.
Ich schwirrte ins Nachbarhaus.
Des Bauern Töchterlein sitzt am Klavier. Es klopft. „Sind der Herr Vater zu Hause?" so fragte der Hammelkäufer. „Bedaure sehr!" erwiderte sie zierlich. „Papa fährt Mist!" –

Ein erfreuliches Beispiel frisch aufblühender Bildungsverhältnisse, die noch etwas von dem kräftigen Duft des humushaltigen Erdreichs an sich haben, worauf sie gewachsen sind. Ich schwirrte ins Nachbarhaus.

Ein altes, ehrwürdiges Gebäude. Der Besitzer schien etwas zerstreut zu sein. Er hält eine lange Unschlittkerze in der Hand, umwickelt sie unten mit Werg, das er mit Petroleum tränkt, steigt damit unters Dach, stellt sie sorgsam ins Stroh, zündet sie an, greift zu Hut und Stock, schließt das Tor und geht über Feld.

Solche Art Leute, dacht' ich, sind doch zuweilen recht unvorsichtig. Ich flog dem Manne ans Ohr und warnte ihn; nicht aus Mitleid, sondern bloß um zu zeigen, daß er der Dümmere und ich der Gescheitere sei. Ich war nicht vorhanden für ihn. Es war klar. Durch die Konzentration meines Innern unter Zurücklassung des Äußeren hatte ich die Fähigkeit zum Wechselverkehr mit der gewöhnlichen Menschheit verloren. Ich schwirrte ins Nachbarhaus.

Und dies war das Wirtshaus. Am Haupttische tranken sich drei lustige Gesellen zu. Sie können wohl lachen. Sie haben in der Frühe drei handfeste Meineide abgeliefert und bereits wieder drei neue in Akkord gekriegt. Am Tisch im Winkel saß ein bescheidener Wandersmann. Nachdem er langsam, aber gründlich seine Mahlzeit beendigt, steht er auf, um zu zahlen. Er läßt sich auf ein falsches Fünfmarkstück herausgeben und entfernt sich eilig mit einem herzlichen „Gott befohlen".

Auch ich machte, daß ich wegkam, und sah mal zu, was auf der Landstraße passierte.

Schlicht und sinnig, den Korb gefüllt mit den Produkten seiner Kunstfertigkeit, wandelte des Weges daher der Besen- und Rutenbinder. Wie's das Geschäft so mit sich bringt, denkt er viel nach über die Erziehung des Menschengeschlechts. Sein Blick ist zur Erde gerichtet. Infolgedessen hat er Gelegenheit, einen Gegenstand zu bemerken, den der flüchtige Beobachter vermutlich für nichts weiter angesprochen hätte als einen Roßapfel in gedrückten Verhältnissen. Doch der aufmerksame Naturfreund, gewohnt, stets scharf zu prüfen, was vorkommt, erkannte sofort sein eigentliches Wesen.

Es ist ein braunledernes Portemonnaie. Er blickte umher, und da die Wetteraussichten ringsum günstig sind, hebt er's auf und läßt es sanft in das Rohr seines Stiefels gleiten. „Da wird er nicht dümmer nach!“ so sprach er bedeutsam im wohlwollenden Hinblick auf den, der's verloren, und in Erwägung der oft so heilsamen Folgen eines gehabten Verlustes.

Und schon kommt der Doktor dahergeritten, und zwar im Galopp. Er fragt, ob nichts gefunden sei.

„Nein, Herr!“ entgegnete der Besenknüpfer mit überzeugender Mimik, und fort sprengt der Doktor mit ängstlicher Schnelligkeit.

So hatte der Weise einem seiner unerfahrenen Mitmenschen eine wertvolle Lehre gespendet, ohne ihn in die peinliche Lage zu bringen, sich bedanken zu müssen. Er konnte aber auch, nachdem er eine gute Tat verrichtet, zugleich mit dem angenehmen Bewußtsein nach Hause zurückkehren, daß dieselbe nicht unbelohnt geblieben, was sonst so selten ist; und daß er sich auch fernerhin ein enthaltsames Schweigen auferlegt haben wird, das darf man ihm bei seinen Fähigkeiten wohl zutraun. –

An der Gegend, über der ich schwebte, konnte ich nicht viel Rares finden. Doch auf die Gegend kommts nicht an; denn, wie die Tante zu sagen pflegt:

„Wer nur das richtige Auge hat, kann überall einen ‚reizenden Blick‘ haben.“

So ging's auch dem gebildeten Landwirt, der mir auf der Straße entgegenkam. Er hatte seine Kartoffeln besichtigt. Sie standen prachtvoll. Durch seine transparenten Ohren scheint die verklärende Abendsonne. Er ist glücklich.

„Oh, wie schön ist doch die Welt!“ ruft er schwärmerisch. „Oh, so schön! So schön! A a!“

Er hatte den Stellwagen nicht bemerkt, der hinter ihm herfuhr. Dieser fuhr ihm ein Bein ab.

Zum Glück war der Doktor, dem beim Anblick eines neuen Patienten wieder Friede und Heiterkeit, die noch soeben vermißten, auf der denkenden Stirne glänzten, sofort zur Stelle, um den nötigen Verband anzulegen.

Mittlerweile war es Nacht geworden. Im Dörfchen brannte ein Haus ab.
„Aha!“ rief ich beim Anblick der Flammen, „Unvorsichtigkeit ist eine hervorragende Eigenschaft derjenigen Menschen, welche morgen genau wissen, was sie heute zu tun haben. Hehe!“

Fast hätte mich in diesem Augenblick eine alte Fledermaus erschnappt und aufgefressen, weil sie mich wahrscheinlich für eine kleinere Abart der Kleidermotte ansah; aber ich war schneller als sie und flog in einen dichten Wald und legte mich in das Näpfchen einer ausgefallenen Eichel; und hier, dachte ich, kannst du, wenn auch nicht aus Bedürfnis, so doch aus Prinzip, deiner nächtlichen Ruhe pflegen. Der Mond war aufgegangen und spiegelte sein fettes, glänzendes Gesicht in einem Wassertümpel, den wilde Rosen umkränzten. Schon hatte ich die Absicht, mich in die allergrößten Gedanken zu vertiefen, da ging der Spektakel los.
Siebenundneunzig dumpftönende Unken, dreihundertvierundvierzig hellquakende Wasserfrösche und zweitausendzweihundertundzweiundzwanzig hochzirpende Grillen gebrauchten ihre ausreichenden Stimmittel und emsigen Kunstgelenke zum Vortrage einer symphonischen Dichtung. Ein hohler Weidenbaum mit seinen zwei unteren Seitenästen dirigierte. Sein künstlerischer Chignon wehte im Winde der Begeisterung. Die Sache war langwierig; aber schließlich ging ihnen doch der Faden aus, und das bisher nur mit Mühe unterdrückte Bedürfnis des Beifalls konnte sich Luft machen. Entzückt und befriedigt raschelten die Rosen mit den Blättern und dufteten sogar, was die wilden sonst kaum zu tun pflegen.
„Bravo!“ quakten wie aus einem Munde fünf dicke, grüne Laubfrösche. „Brravo! Geschmackvoll! Geschmackvoll!!“
Und sieben alte, graue Käuze, die im Hinterteil einer morschen Erle ihre Logenplätze hatten, quiekten maßgebend über alle hinweg: „Manjifiek! Manjifiek!“
Ich meinerseits, um doch auch ein hohes Verständnis zu zeigen, suchte mein schönstes falsches Pathos hervor und brüllte, wie laut oder wie leise, das weiß ich nicht mehr:

„Offenbaarrung! Musikalische Offenbaaarrrung!" –
„Eduard, schnarche nicht so!!"
ließ sich wieder einmal die Stimme vernehmen. Kaum, daß ich danach hinhörte. Ich saß gemütlich in meinem Eichelnäpfchen, höchst sorglos versimpelt in den Gedankengang, der mir grad Spaß machte.
Müdigkeit, hatt' ich bisher immer geglaubt, gäb's für mich nicht. Nun aber sollt' ich so recht erfahren, welch unwiderstehlich wohltätige Wirkungen eine gute Musik hat. Schon nach fünf Minuten war ich in einen richtigen rücksichtslosen Schlummer versunken.
Ich mußte wohl ausgiebig geschlafen haben, denn als ich erwachte und mir gewissermaßen die Augen rieb, stand die Sonne schon tief am westlichen Himmel.

In bummligem Fortschritt schwebte ich nun einer bedeutenden Stadt entgegen, deren hochragende Türme und hochrauchende Schornsteine ich gestern schon von weitem bemerkt hatte.
Eben kam der nachmittägliche Kurierzug über die Brücke dahergesaust.
Im ersten Kupee hatte ein gewiegter Geschäftsmann Platz genommen, der, nachdem er seine Angelegenheiten geregelt hatte, nun inkognito das Ausland zu bereisen gedachte.
Im zweiten Kupee saß ein gerötetes Hochzeitspärchen; im dritten noch eins.
Im vierten erzählten sich drei Weinreisende ihre bewährten Anekdoten; im fünften noch drei; im sechsten noch drei. Sämtliche noch übrigen Kupees waren vollbesetzt von einer Kunstgenossenschaft von Taschendieben, die nach dem internationalen Musikfeste wollten.
Auf dem Bahndamme standen mehrere Personen. Ein Greis ohne Hoffnung, eine Frau ohne Hut, ein Spieler ohne Geld, zwei Liebende ohne Aussichten und zwei kleine Mädchen mit schlechten Zeugnissen.
Als der Zug vorüber war, kam der Bahnwärter und sammelte die Köpfe. Er hatte bereits einen hübschen Korb voll in seinem Häuschen stehn.
In den Anlagen der Handelsgärtnerei, die in der Nähe der

Brücke lag, wandeln zwei Damen, Frau Präsidentin nebst Tochter. Letztere hatte sich Pflaumen gekauft. „Oh, Mama!" spricht sie beklommen. „Ich kriege so" – „Pfui, Pauline!" unterbrach sie die zartfühlende Mutter. „Von so etwas spricht man nicht!" „Guten Morrrgen!" schnarrte des Gärtners zahmer Rabe dazwischen. „Oh, sieh mal, Mama!" rief die bereits wieder heitere Pauline. „Welch ein himmlischer Vogel! Bitte, gutes Pappchen, sprich doch noch mal!" „Drrreck!" schnarrte der Rabe. „Komm her, mein Kind!" sprach die indignierte Frau Präsidentin. „Jetzt wird er gemein!!"

Hieran bemerkte ich so recht, daß ich mich nicht mehr im Bezirke der annähernd zwanglosen Gemütsäußerungen befand, sondern vielmehr in der Nähe einer feinen und hochgebildeten Metropole.

Mir entgegen aus dem Tore bewegte sich ein herrlicher Trauerzug. Im Sarge befand sich ein angesehener, aber toter Bankier, beweint und begleitet von hoch und gering. Ich konnte deutlich bemerken, wie er aussah. Er lächelte so recht pfiffig und selbstzufrieden in sich hinein, als ob er sich amüsierte, daß er ein solch schönes Begräbnis weg hatte und ein so langes Gefolge, und daß so viele geschmackvolle Kränze seinen Triumphwagen schmückten.

Das wäre was gewesen für Peter, meinen kleinen Neffen! Die Freude hätte ich ihm wohl gönnen mögen! Als vergangenen Herbst die alte Frau Amtmann zur letzten Ruhe bestattet wurde, rief er entzückt: „Ah! was hat unsere selige Frau Amtmann für eine prachtvolle Kommode!" Wohnungsumzüge und Leichenzüge hält er für die zwei unterhaltlichsten Schaustellungen dieser Welt; und eine gewisse Ähnlichkeit zwischen beiden läßt sich ja auch nicht ableugnen, obwohl der ruhige Erfolg vielleicht mehr auf seiten der letzteren ist.

Ich flog weiter. Eine leichte heidnische Dunstwolke mit einem aromatischen Anhauch von Pomade und Knoblauch, die über der christlichen Stadt schwebte, umfing mich.

Auf Straßen und Promenaden flutet das bunte Publikum und ergießt sich in die hochragenden Speise- und Schenkpaläste, die fürstlich geschmückten, wo der altbewährte Grundsatz gilt: Lieber ein bissel zu gut gegessen, als wie zu erbärmlich getrunken.

Freilich, manch Ach und Krach, was anscheinend vielleicht stören könnte, ist auch in der Nähe; wer aber mal einen gesunden Appetit hat, den geniert es nicht viel, wenn er auch mal ein paar unglückliche Fliegen in der Suppe findet. Das Geschäft steht in Blüte; der Israelit gleichfalls. Warum sollte er auch nicht? Seine Sandalenfüße, seine getreulich überlieferte Nase, die merklich abgenützt wurde vom wehenden Wüstensande, dem die Väter einst vierzig Jahre lang entgegenmarschierten, geben ihm das Zeugnis einer schönen Beständigkeit. Mit Vorsicht wählt er die Kalle, und nimmt er sie mal, so pflegt er sie auch zu behalten, es sei wie's sei, und nicht, wie die anderen, so häufig zu wechseln. Nüchtern geht er zu Bett, wenn die andern noch saufen; alert steht er auf, wenn die andern noch dösig sind. Schlau ist er, wie nur was, und wo's was zu verdienen gibt, da läßt er nicht aus, bis „die Seel' im Kasten springt".

Daß man sich durch dergleichen bürgerliche Tugenden nicht viel beliebter macht als Ratten und Mäuse, ist allerdings selbstverständlich.

Übrigens befand ich mich in diesem Augenblick grade über dem Hause eines antisemitischen Bauunternehmers, und so witschte ich mal eben durchs Dach hinein.

Im vierten Stock legt ein Fräulein Hut und Handschuh ab. Sie hat Einkäufe gemacht, unter andern ein Glas voll Salpetersäure. Nicht ohne einen gewissen Zug von Entschlossenheit sieht sie dem Besuche ihres Verlobten entgegen.

Eine kleine Betriebsstörung im Verkehr zweier Herzen kann immerhin vorkommen.

Im dritten Stock öffnet sich etwas hastig die Türe des Eßzimmers. „Babett!" ruft eine weibliche Stimme. „Komm mit dem Wischtuch! Mein Mann hat das Sauerkraut an die Wand geschmissen!"

Ach, wie bald verläßt der Friede den häuslichen Herd, wenn er an maßgebender Stelle keine kulinarischen Kenntnisse vorfindet!

Im zweiten Stock – Madam sind ins Theater gefahren – führt sich das Kindermädchen den Inhalt der Saugflasche zu. Das Mädchen ist fett, der Säugling ist mager. Der Säugling schreit auch.

Allerdings! Die Säuglinge schreien mitunter. Aber, wie man auch sonst über Säuglinge denken mag, so rechte Denunzianten, gottlob, das sind sie noch nicht.
Im ersten Stock, beim Scheine der Lampe, sitzt ein altes, trauliches Ehepaar. Fast fünfzig Jahre sind's her, daß sie sich liebend verbunden haben. Sie muß niesen. „War das eine Katze, die da prustet?“ fragt er. „War das ein Esel, der da fragt?“ spricht sie.
So soll's sein! Wenn man auch früher verliebt war, das schadet nichts; wenn man nur später gemütlich wird. –
Im Erdgeschoß befinden sich Geschäftsräume. Bequem im Sessel ruht der Kassierer. Er hat soeben unter Aufwand seiner vorzüglichsten Geisteskräfte eine neue Art helldunkler Buchführung erfunden, die genau so aussieht, als ob alles in Ordnung wäre, und raucht nun zur Erholung eine echte Havanna.
Es polterte auf der Treppe.
Als ich das Haus verließ, sprang ein Herr aus der Tür, der emsig wischte und spuckte.
Ich beschloß, das Theater zu besuchen. Ich kam am Gefängnis vorbei. Unter gefälliger Nachhilfe dem schlichten Omnibus entsteigend, wurde eben ein neuer Gast abgeliefert. Es ist der Landbewohner von gestern, der seine Kerze so unvorsichtig ins Stroh gestellt. Oder sollte ich mich doch am Ende in den Absichten dieses Mannes – Unmöglich! Das konnte ich mir im Traume nicht zumuten. –
Wie ihr seht, meine Freunde! Als Inspektor bei der Brandkasse hätten sie mich auch nicht gebrauchen können. –
Im Theater gab man ein frisch importiertes Stück, wo es grausam natürlich drin zuging. Als es zu Ende war, traten mehrere Dichter, die sich auch schon immer was vorgenommen hatten, ohne recht zu wissen wieso, voll entschiedener Klarheit auf die Straße heraus. „Nur immer natürlich, Kinder!“ rief einer. „Ein natürliches Bauernmädel, und spränge es im Lehm herum bis an die Knie, dringt mehr zum Herzen und ist mir zehntausendmal lieber als elftausend einbalsamierte Prinzessinnen, die an Drähten tanzen!“ Und dann stellten sie sich alle in einen Kreis und sangen, und ich sang mit: „Natur und nur Natuurrr!“
„Eduard, schnarche nicht so!!“

ließ sich sofort die Stimme vernehmen. „Schon recht!“ dacht’ ich und hörte nicht weiter hin, sondern blieb bei dem, was ich mir vorgenommen hatte. –

Was nun aber das Kunstwerk betrifft, meine Lieben, so meine ich, es sei damit ungefähr so wie mit dem Sauerkraut. Ein Kunstwerk, möcht’ ich sagen, müßte gekocht sein am Feuer der Natur, dann hingestellt in den Vorratsschrank der Erinnerung, dann dreimal aufgewärmt im goldenen Topfe der Phantasie, dann serviert von wohlgeformten Händen, und schließlich müßte es dankbar genossen werden mit gutem Appetit.

Nachdem sich Freund Eduard dieser Meinung entledigt hatte, fuhr er fort in der Erzählung seines Traumes, wie folgt:

Unbefangen im Bewußtsein meiner, sozusagen, Nichtweiterbemerkbarkeit, huscht’ ich in einen schönen Salon hinein, welcher festlich gefüllt war. Und das muß ich gestehn, dieses flimmernde Flunkerwerk von Lächeln, Fächeln und Komplimentieren, nicht selten mit der Angel im Wurm, fand meinen ganzen verständnisvollen Beifall.

Was ist doch der „alte Adam“ für ein prächtiger Kerl. Er rackert sich ab, er hackt und gräbt und schabt und schindet, er schlägt sich und verträgt sich, jahrelang, generationenlang, je nach Glück und Geschick, hat er aber mal was auf die hohe Kante gelegt, hat er Geld und Zeit, flugs schruppt er sich und macht sich schmuck, daß man kaum noch sieht, was eigentlich dran ist. Und Eva? Wer weiß, was Grazie heißt, wem es jemals vergönnt war zu bemerken, mit welch zweckmäßiger Anmut sie die immerhin etwas verdächtigen Erbstücke einer paradiesischen Vergangenheit teils traulich zu umwölken, teils freundlich zu enthüllen, teils anheimelnd zu schmücken versteht, dem wird es weder unerklärlich, noch unverzeihlich erscheinen, daß ich, als der unerbittliche Morgen ans Fenster klopfte, nur mit Bedauern eine Kulturstätte verließ, wo mir’s so wohl war, trotzdem mich doch niemand beachtet hatte.

Noch sind Markt und Gassen umschleiert von erfrischendem Nebeldunst. Doch schon, geweckt und angetrieben durch den gewinnverheißenden Handelsgeist oder durch einen vorsorglichen Hinblick auf den leider unvermeidlich bevorstehenden Tagesbedarf der häuslichen Wirtschaft, hat mancher sein nächtliches Lager verlassen, um auf dem Markte womöglich der erste zu sein. Ein freundlicher Kleinbürger, vermutlich ein Junggesell, hat sich bereits ein Päckchen Butter erstanden und tritt befriedigt die Heimkehr an. Doch prüft er noch einmal unter Zuhilfenahme des Zeigefingers. Der Erfolg ist schreckhaft. Das Auge starrt, der Mund steht geöffnet. Er eilt auf den Markt zurück. Er umhalst die ländliche Butterfrau. Er drückt ihr Haupt an seinen Busen. Und während er dies mit der Linken tut, schmiert ihr seine Rechte unter fortwährend mahlender Kreisbewegung die „gefüllte" Butterwälze in das ängstlich gerötete Angesicht. Die Frau kam mir bekannt vor. Der herbeigerufene Schutzmann knüpfte mit ihr ein näheres Verhältnis an.

Zu gleicher Zeit entstand vor einem in der Nähe liegenden geschmackvollen Rokokohause ein wehmütig klagendes Volksgetümmel. Meist Witwen und Waisen. Bankiersfirma. Geschäft geschlossen. Besitzer gestern begraben. Passiva bedeutend.

Doch die Sonne, den Nebel zerteilend, schien nun strahlend an den Tempel der Wissenschaft, dem mein nächster Besuch galt.

Ich sah sie, ich sah sie leibhaftig, die hohen Forscher, ich sah sie sitzen zwischen ihren Mikroskopen, Retorten und Meerschweinchen; ich erwog den Nutzen, den Vorschub, den berechtigten Stolz und alles, was ihnen die Menschheit sonst noch zu verdanken hat, und in gedrückter Ehrfurcht verließ ich die geheiligten Räume.

Aber ein Kritiker – denn Flöhe gibt's überall – sagte zu einem anderen, mit dem er vorüberging: „Da drinnen hocken sie, Zahlen im Kopf, Bazillen im Herzen. Alles pulverisieren sie: Gott, Geist und Goethe. Und dann die Besengilde, die gelehrte, die den Kehricht zusammenfittchet vor den Hintertüren der Jahrtausende." – „Siehst du das Fuhrwerk da? Siehst du den Ziegenbock, der jeden Morgen sein Wägelchen Milch in die Stadt zieht? Sieht er nicht so stolz aus, als ob er selber gemolken wäre?"

Ich flog ins Museum, in die Verpflegungsanstalt für bejahrte Gemälde, und als ich sie mit Verständnis besichtigt hatte, begab ich mich nebenan in die Bilderklinik, wo die Bresthaften geflickt und kuriert werden. „Restauriert und überlakkiert!" so seufzte ein würdiger Kunstfreund. „Und wenn's gut geht, ein paar geistige Pinselhaare bleiben immer drauf kleben!"

Wie? dacht' ich. Soll denn Tobias seinen alten Vater nicht salben, der blind ist? Soll denn eine liebende Enkelin ihre gute Großmutter nicht schminken, wenn sie runzlicht geworden? Und für alle Fälle, was Neues gibt's auch noch. Wo hängt es? Im Kunstverein.

Witsch! war ich da. Der Anblick, der mir zuteil wurde, steht unauslöschlich in meiner Seele geschrieben. Alles mußt' ich loben; das herbe Elend, wie es leibt und lebt; die anregenden Visionen der Mystik; ja, beinahe auch die anziehenden Gestalten der Frauenwelt, die so unbefangen dastanden, obgleich sie aus der Überschwemmung der Kleider nichts weiter als das nackte Leben gerettet hatten.

Jedoch leider traf ich auch hier wieder störende Leute, denen die Tätigkeit ihrer kunstfertigen Mitmenschen nicht recht war.

So ein ruppiger alter Junge schnüffelte an allen Bildern herum und suchte nach Zweideutigkeiten, um sich sittlich zu entrüsten. Man nannte ihn den „Mann mit der schmutzigen Brille", weil er überall den Unrat wittert, den er mitbringt.

Und noch ein anderer war da mit einem Gesicht so boshaft, wie das eines tausendjährigen Kolkraben, der im Reviere das entscheidende Wort führt. „Nichts als Quark!" krächzte er, um sich blickend. „Malen kann jeder, geschickt sind viele, gescheit sind wenige, ein Mensch ist keiner. Gebt mir einen ganzen Menschen, ein komplettes Individuum, das sich aufs Malen verlegt und so unerschöpflich im Finden, Formen und Färben, daß alles aus ist. Das ist's, was ich von der Kunst verlange!"

Was so ein Schlingel, dachte ich, nicht alles von der Kunst verlangt und noch mehr von seinem Schöpfer, denen er noch nie was geschenkt hat.

Zwei berühmte Künstler, die eben vorüberschritten, machten dem Kritikus zwei ergebenste Bücklinge; denn Furcht heißt die Verfasserin des Komplimentierbuchs für alle. Als sie unter sich waren, nannten sie ihn Schafskopf.

Wie ihr wohl bemerkt haben werdet, meine Freunde, war ich entrüstet, und komplett war ich auch nicht. Entrüstung ist ein erregter Zustand der Seele, der meist dann eintritt, wenn man erwischt wird. Mit der Politik gab ich mich nur so viel ab als nötig, um zu wissen, was ungefähr los war. Vor wenigen Tagen war der größte Mann seines Volkes vom Bocke gestiegen und hatte die Zügel der Welt aus den Händen gelegt. Nun hätte man meinen sollen, gäb's ein Gerassel und Kopfüberkopfunter. Doch nein! Jeder schimpfte und schacherte und scharwenzelte so weiter und spielte Skat und Klavier oder sein Los bei Kohn und leerte sein Schöppchen, genau wie vorher, und der große Allerweltskarren rollte die Straße entlang, ohne merklich zu knarren, als wär' er mit Talg geschmiert.

Die Welt ist wie Brei. Zieht man den Löffel heraus, und wär's der größte, gleich klappt die Geschichte wieder zusammen, als wenn gar nichts passiert wäre.

Während ich noch hierüber nachdachte, fiel mir plötzlich was ein. So viel Wunderbares und Herrliches mir nämlich bisher auch begegnet war, ein wahrhaft guter Mensch war mir nicht vorgekommen. Nicht, daß ich mich so recht herzlich danach gesehnt hätte; es war nur der Vollständigkeit wegen.

Wie ich munkeln hörte, sollte einer da und da, Hausnummer soundso, gleich draußen vor der Stadt leben; ein auffälliger Menschenfreund, dem der Besitz eine Last sei und das Verteilen ein Bedürfnis, und ich beeilte mich, ihm sofort einen heimlichen Besuch abzustatten.

Er hatte grad von der Heerstraße, die vor seiner Tür vorüberführte, fünf das Land durchstreifende Wanderer zu sich ins Haus hereingeholt.

„Brüder!“ so sprach er mild. „Tut, als ob ihr zu Hause wärt. Wir wollen alle gleich viel haben!“

Die Fremden zeigten sich einverstanden. Man aß gemeinsam, man trank gemeinsam, man rauchte gemeinsam, und was die Stiefel anlangt, so wurde freudig beschlossen, daß sie in der Früh gemeinsam geputzt werden sollten.

Da der Fall immerhin merkwürdig schien, beschloß ich, bis zum folgenden Tage zu bleiben.

Am nächsten Morgen versammelten sich die sechs Herren im gemeinsamen Frühstückszimmer, und als der Menschenfreund seine fünf Brüder ebenso proper gekleidet sah wie sich selbst, trat ihm eine Träne ins Auge, und jedem die Hand reichend, sprach er seine Freude darüber aus, daß nun jeder befriedigt sei.

Ein gewesener Maurerpolier fing an, sich zu räuspern. „Ja!" sprach er. „Das ist wohl so! Indessen, da du deinerseits, mein Bruder, nun so lange Zeit mehr gehabt hast als wir, wär's da nicht recht und billig, wenn wir unserseits nun auch mal eben so lange Zeit mehr hätten als du?"

Der gerechte Menschenfreund, dem inzwischen noch eine zweite Träne ins Auge getreten, nickte ihm Beifall zu.

Demnach trank jeder seinen Mokka, ausgenommen der Menschenfreund, demnach nahm jeder seinen Kognak, ausgenommen der Menschenfreund, demnach rauchte jeder seine Havanna, ausgenommen der Menschenfreund, demnach putzte keiner die Stiefel, ausgenommen der Menschenfreund.

Als dieser nun seine fünf Brüder noch properer dastehen sah als sich selber, trat ihm seine dritte Träne ins Auge, und jeden umarmend drückte er jedem seine Freude darüber aus, daß endlich jeder befriedigt sei.

Hier fing der Maurerpolier wieder an, sich zu räuspern und sagte, ja, das wäre wohl so, aber jetzt sollte er sich mal draußen unters Fenster stellen, und dann wollten sie ihm mal richtig auf den Kopf spucken und wollten mal zusehen, ob der Herr Bruder noch stolz sei.

Der Menschenfreund, dem inzwischen noch eine vierte Träne ins Auge getreten, zeigte sich abgeneigt.

Als das die fünf Brüder bemerkten und sahen, daß er sich sträuben wollte, faßte ihn einer hinten am Rockkragen und zog dran, bis die Ohren oben verschwanden, und ein anderer faßte ihn hinten am Hosenbund und zog dran, bis die Waden unten zum Vorschein kamen, und so führten sie ihn rings in der Stube herum und ließen ihn „stolz gehen", wie sie es nannten, und dann hielten sie ihn horizontal in der Schwebe und trugen ihn auf den Hausflur, und dann zählten sie eins, zwei, drei, indem sie ihn pendulieren ließen, und bei drei flog er zum Tore hinaus und tat einen günstigen Fall in warmen Spinat und erschreckte eine Kuh, die sich hier einen Augenblick verweilt hatte, und als er so dalag, rannen ihm die angesammelten vier Tränen auf einmal aus den Augen heraus, und schimpfen tat er auch. Daraus, daß er letzteres tat, sah ich nur zu deutlich, daß er doch kein recht guter Mensch war.

Wer der Gerechtigkeit folgen will durch dick und dünn, muß lange Stiefel haben. Habt Ihr welche? Habe ich welche? Ach, meine Lieben! Lasset uns mit den Köpfen schütteln!

In meinem Traume aber hatte ich die Hoffnung, einen guten Menschen zu finden, noch nicht aufgegeben. Ich folgte auf gut Glück einem Kollektanten, der mit seiner Sammelliste in eine nahegelegene Villa ging.

Der nicht unbeleibte Besitzer derselben gab eine Mark für die äußere Mission und fünfzig Pfennige für die innere. Nachdem er dies getan und der Kollektant sich entfernt hatte, verfiel er in Schwermut. „Ich bin zu gut! Ich bin viel zu gut!“ rief er seufzend und war ganz gerührt über sich selber wegen seiner fast strafbaren Herzensgüte.

Ich war befriedigt. Ich hatte sogar einen mehr als guten Menschen gesehn.

Erleichtert, sozusagen, flog ich nach dem Nymphengarten, wo vor versammelten Zuschauern ein Ballon in die Lüfte stieg.

Der großartige Anblick brachte plötzlich einen kleinen Plan in mir zur Reife, den ich längst schon gehegt hatte. Ich wollte doch eben mal nachsehn, ob die Welt eigentlich ein Ende hätte oder nicht.

Pfeilschnell stieg ich auf und befand mich sogleich in unmittelbarer Nähe des Ballons. Wir schwebten über der Stadt. Den Fallschirm in kundigen Händen, sprang der Luftschiffer aus der Gondel. Der Schirm versagte; und der kühne Aeronaut, soeben noch schnell nach oben strebend, strebt nun noch schneller nach unten mit einer zunehmenden Geschwindigkeit, die er kaum selber zu ermessen vermag. Er setzt sich auf den spitzigen Blitzableiter der Synagoge. Er zappelt unwillig mit Händen und Füßen, denn er war Antisemit. Dann ließ er nach und gab sich zufrieden. –

Ja, meine Lieben! Im ersten Augenblick ist einem manches nicht angenehm, aber mit der Zeit gewöhnt man sich an alles. Ach ja! –

Nicht lange, so hatt' ich ihn und seinen Luftball, ja sogar den atmosphärischen Dunstkreis unseres Erdballs weit hinter mir.

Es sauste bereits ein Komet an mir vorüber, jedoch so eilig, daß ich nur konstatieren konnte, es war eine runde, hohle, durchscheinende Kuppel von Milchglas, die ein Loch hatte, aus dem geräuschvoll ein leuchtendes Gas entströmte, welches nach hinten den Schweif, nach vorne, vermutlich durch Rückstoß, die rapide Bewegung dieses merkwürdigen Sternes erzeugte.

Wenige Sekunden später passierte ich den Tierkreis.

Die hübsche „Jungfrau“ mit den gesunden „Zwillingen“, auf jedem Arm einen, schielte zärtlich nach dem „Schützen“ hinüber, einem schmucken, blonden, krausköpfigen Burschen, dessen Flügel schön bunt, dessen Köcher, Bogen und Pfeile von Gold sind.

Nicht weit davon in seiner Butike saß der schlaue, krummnasige „Wassermann“ – Juden gibt's doch allerwärts! – und regulierte die „Waage“ zu seinen Gunsten.

Nun aber tat ich einen Satz, den ich mir selber, und das will was heißen, kaum zugetraut hätte. Der Aufschwung, den ich mir gegeben, war dermaßen kräftig, daß ich nicht bloß die äußere Kruste der Welt durchstieß, sondern auch noch eine erkleckliche Strecke weit hinaus flog in den leeren, unermeßlichen Raum. Hier stand ich still, drehte mich um und verschnaufte mich. Durch die gemachte Anstrengung war ich weißglühend geworden. Und nun kam der erhabenste Augenblick meines Lebens.

Von meinem Ich allein, von einem einzigen Punkte aus, durch die unendliche Nacht, warf ich einen elektrisch leuchtenden Strahlenkegel auf die Weltkugel, die in ziemlicher Entfernung mir grad gegenüber lag. Sie hatte wirklich ein Ende und sah von weitem aus wie ein nicht unbedeutender Knödel, durchspickt mit Semmelbrocken.

Tief versunken in das überwältigende Schauspiel, hatt' ich fast nicht beachtet, daß ich anfing mich abzukühlen. Mein

Licht brannte matter. Die Aussicht, im nächsten Augenblick ganz allein in der leeren Dunkelheit zu sitzen, wo es obendrein kalt wurde, erschreckte mich doch. Es war die höchste Zeit.
So schnell ich nur konnte, eilt' ich der Welt wieder zu und fand auch glücklich das Loch wieder, wo ich herausgekommen. Ich bohrte tiefer und tiefer; aber noch geblendet von meinem eigenen Lichte von vorhin, kam mir alles so dunkel vor. Ich tappte hierhin und dahin. Endlich fühlte ich was Rauhes. Es war der Schwanz des „Kleinen Bären". Sofort orientierte ich mich, rutschte ein gutes Stück weit an der Himmelsachse hinunter und sprang dann, sobald unser kleines Erdel in Sicht kam, nach seitwärts in der Richtung der gemäßigten Zone hinab.

Die geographische Lage des Ortes, wo ich mich niederließ, war mir ganz und gar unbekannt. Ich weiß nur, daß ich auf der linken Hand eines jungen Mädchens saß, welches mich scharf fixierte, während es mit der Rechten zu einem Klapse ausholte, der mich sicher zermatscht hätte wie eine Stechmücke, wär' ich nicht schnell auf und davon gewitscht. So war ich denn zum erstenmal auf meiner Reise unter Menschen geraten, welche scharfsinnig genug waren, mich trotz meiner Wenigkeit zu bemerken.
Um zu probieren, ob ich auch verstanden wurde, näherte ich mich einem Schäfer, der, unter einem schattigen Baume liegend, sein Vesperbrot verzehrte, bestehend aus einer Flasche Rotwein nebst drei gebratenen Tauben.
Ohne irgendwelches Erstaunen, ohne seine Tätigkeit auch nur im geringsten zu unterbrechen, nickte er mir auf meinen Gruß:
Postemahlzeit! sein gemütsruhiges: Danke! zu.
Während er nach Erledigung der Flasche seine dritte Taube entknöchelte, sagt' ich zu ihm:
„Ihr lebt hier scheint's im Reiche der Behaglichkeit, guter Freund!"
„Mag wohl sein!" gab er schon halb träumend zur Antwort. Dann mümmelte er noch ein Weilchen so hin an dem letzten Taubenflügel, der ihm halb aus dem Munde stand, und verfiel

in einen dermaßen erquicklichen Schlummer, daß es weithin vernehmlich war.
„Eduard, schnarche nicht so!!"
ließ sich wieder die Stimme verlauten.
Wieso? dacht ich und flog wohlgemut weiter, um über Sitten und Bräuche des Landes meine näheren Erkundigungen einzuziehen.
Durch das einmütige Zusammenwirken sämtlicher Forscher auf allen Gebieten der Wissenschaft war hier in der Tat ein solch angenehmes Kommunalwesen zustande gekommen, daß selbst ein im Hergebrachten verhärteter Kopf hätte zugeben müssen, es sei mehr, als er jemals für möglich gehalten.
Gewöhnliches Mehl, soviel man brauchte, wurde einfach aus Sägespänen gemacht, das feinere für die Konditer auf etwas weitläufigerem Wege aus Bettstroh und Seegrasmatratzen. Zucker hatte man gelernt ohne weiteres herzustellen, ohne auch nur einer einzigen Rübe ein gutes Wort geben zu müssen. Aber das wichtigste war, daß man keine Kohlen mehr nötig hatte. Vermittelst sinnreicher Brennglasapparate sammelte man während der guten Jahreszeit nicht bloß so viel Sonnenwärme, als zum Betrieb aller Maschinen, Öfen, Lampen, Töpfe und Wärmeflaschen des Landes erforderlich war, sondern auch zu bloßen Belustigungszwecken noch immer was drüber. Daß dadurch den Leuten hier die Einrichtung einer bequemen bürgerlichen Gemeinschaft bedeutend erleichtert wurde, war überall ersichtlich. Man tut gleich weniger und hat gleich viel. Nur der, welcher grad Dünger fährt, kriegt einen Schnaps extra. Mit dem fünfunddreißigsten Jahre zieht man auf die Leibzucht. Stehlen hat keiner mehr nötig; höchstens wird von kleinen Knaben noch mal hin und wieder eine Zigarre stibitzt. Man betrachtet dergleichen als angeborenen Schwachsinn, wo der Betreffende im Grunde nichts für kann, und bringt ihn deshalb in die Anstalt für Staatstrottel zu den übrigen. Auch andere Krankheiten gibt's wohl noch, doch hat man Mittel gefunden, daß keine mehr weh tut, und was das Faulfieber betrifft, welches, besonders in den wärmeren Monaten, nicht eben sehr selten ist, so kuriert man es nach und nach durch Wohlwollen und nachsichtige Behandlung. Man muß nur Geduld haben.

Der Tod ist freilich auch hierzulande nicht ausgeschlossen; nur ist man viel zu aufgeklärt und besitzt im Hinblick auf die Höhe der eigenen Leistungen ein viel zu edles Selbstgefühl, um sich der Befürchtung hinzugeben, es könne hernach am Ende doch etwas passieren, woran niemand eine rechte Freude hat.

So weit wäre ja alles recht schön! dacht' ich. Aber wie sah's aus mit der Neidhammelei der Dummen gegen die Gescheiten und der Garstigen gegen die Wohlgeformten, besonders bei den Herren? Wie, vor allen Dingen, verhielt es sich mit der Strebsamkeit der Liebe, so daß der Zappermentshansel immer oben drauf sein möchte im Herzen der Grete und es partout nicht leiden will, daß sie den Malefizjochen noch lieber hat als ihn?

„Ja!" sagte mir ein phlegmatischer Leibzüchter. „War schlimm! Früher auch viel Last gehabt damit. Jetzt vorbei. Schon längst die Kon-kurrr-renz-drrrüüse-!"

„Eduard, schnarche nicht so!!"

rief die Stimme. Ich hörte aber nicht hin danach.

„– die Konkurrenzdrüse entdeckt!" fuhr der Leibzüchter fort; und dann beschrieb er das Weitere. Sie sitzt hinter dem einen Ohre, tief in der Gehirnkapsel. Ausbohrung obligatorisch. Erfolg durchschlagend.

Er hatte recht. Mit dem Gedrängel und der Haßpasserei war's aus daselbst. Man gönnte jedem seine Schönheit und seine Gescheitheit und seine Frau auch, sie mochte so verlockend sein, wie sie wollte, und ob die Grete den Hans kriegte, oder den Jochen, oder den alten Nepomuk, das war ihr und überhaupt jedem egal.

So lebten denn da herum die Leute in einer solch wöhnlichen und wohldurchdachten Gemeinschaft, daß sie unsern Herrgott und seine zehn Gebote nicht mehr nötig hatten.

Nur eins war schade. Das Lachen hatte aufgehört. Zwar hatte man Lachklubs und Lachkränzchen für jung und alt; man läßt sich den dümmsten Stoffel und die garstigste Trine aus dem Spital kommen und besichtigt sie von allen Seiten; man lacht, aber es geht nicht so recht. Es ist ein heiseres, hölzernes, heuchlerisches Lachen.

Und natürlich, meine Lieben! Jenes selige Gefühl, wobei das

ganze Gesicht glanzstrahlend aus dem Leime geht; jenes wonnige Bewußtsein, daß wir wen vor uns haben, der noch dümmer oder häßlicher ist als wir selber; diese aufrichtige Freude an der Bestätigung unserer überwiegenden Konkurrenzfähigkeit, deren lauten oder leisen Ausdruck wir Lachen oder Schmunzeln nennen, konnte unter derartig geregelten Verhältnissen nicht mehr vorkommen. Daß sich aber dagegen eine gewisse sanfte Eintönigkeit herbeischleichen würde, deren Wert man nur selten zu schätzen weiß, das ließ sich wohl annehmen.

Und so war's. Sie hatten gemütliche Parkanlagen; aber an jedem Baum hing wer. Die Eingeborenen freilich spazierten herum dazwischen und hatten nichts weiter dabei. Ich konnte mich aber nicht recht daran gewöhnen.

Es war eine größere Insel, auf der ich mich befand. Ich flog übers Meer.

Unterwegs, als ich bei einer ganz kleinen Insel vorüberkam, sah ich mehrere antike Sirenen auf ihren Nestern sitzen. Ihre Gesichter waren faltig wie dem Großvater sein lederner Tobaksbeutel, und Stimme hatten sie auch nicht mehr, sondern schnatterten wie die Gänse. Da sie nicht länger, weder durch Gesang noch durch Händewinken und Augenzwinkern, den Schiffer bezaubern konnten, versuchten sie's vermittelst goldener Eier, die sie selber gelegt hatten, und als ich mich auf nichts einließ, schmissen sie damit, und ich merkte wohl an einem, welches dicht an mir vorbeiflog, daß sie nicht echt waren, und freute mich, daß mich keins traf wegen meiner Geringfügigkeit, und so erreicht' ich wohlbehalten das Festland, ohne vergüldet zu werden.

Zunächst besucht' ich, um endlich mal zu erfahren, was eine Sache ist, abgesehen davon, wie sie uns vorkommt, einen weitberühmten Naturphilosophen, der mir zu diesem Zwecke besonders empfohlen war.

Derselbe begrüßte mich unter der Haustüre und führte mich, als er gehört, was ich wollte, sogleich mit überlegener Höflichkeit in sein geräumiges Arbeitszimmer.

Er trug ein rotes Samtkäppchen mit grüner Hahnenfeder,

einen Schlafrock von Maulwurfsfellen, eine hirschlederne Hose und spitze Pantoffeln von Krokodilshaut. Seine Nase glich der Mohrrübe, sein Auge der Walnuß, der Mund der Sparbüchse, sein Bart den Fischgräten, und auf dem Kinn hatte er eine Warze sitzen, die aussah wie ein vollgesogener Zeck.

Obgleich sein Benehmen durchaus ernsthaft erschien, war mir's doch, als müßte sich unter der Haut seines ehrwürdigen Gesichtes ein verschmitztes Lächeln verbergen; ein Argwohn, der zusehends verschwand, als ich die wundersamen Gegenstände bemerkte, welche dieser außerordentliche Mann nicht bloß zu sammeln gewußt, sondern auch auf das liebenswürdigbereitwilligste zu zeigen geruhte.

Auf Tischen, Stühlen, Schränken standen und lagen durcheinander Bücher, Präparate in Spiritus, ausgestopfte Vögel, Automaten und sonstige Chosen.

Drei Papageien, die stets wiederholten, was der Meister gesagt hatte, schaukelten sich auf einer schwebenden Stange.

„Vorerst, mein Wertester", so begann er, „betrachtet Euch gefälligst dies automatische Kunstwerk!"

Knarrend zog er es auf. Es war ein Fischreiher, in einer Schale voll Wasser stehend, worin sich ein Aal befand. Der Reiher bückte sich, erfaßte den Aal, hob ihn in die Höhe, verschluckte ihn und stand dann, gleichsam befriedigt, in Gedanken. Aber bereits im nächsten Augenblicke schlüpfte der geschmeidige Fisch wieder hinten heraus. Wieder mit unfehlbarer Sicherheit ergriff ihn der langgeschnäbelte Vogel, ließ ihn hinuntergleiten und wartete sinnend den Erfolg ab, und wieder kam der Schlangenfisch am angeführten Orte zum Vorschein, um nochmals verschlungen zu werden, und so ging's fort und fort.

„Dies", erklärte der Meister, „ist der ‚Kreislauf der Dinge'!"

Darauf nahm er ein unscheinbares Gerät vom Schranke. Es war eine kleine Wehmühle. Er blies den Staub davon, hielt sie mir vor und sprach bedeutungsvoll: „Hier, mein Geschätzter, seht Ihr das ‚Ding an sich', das vielberufene, welches vor mir noch niemand erkannt hat."

Er drückte auf einen Knopf. Die Mühle fing langsam zu fächeln an.

Ein ungemein wohliges Gefühl überkam mich, als würd' ich von zarten Händen so recht sanft hinter den Ohren gekraut.
Er drückte zum zweiten Male auf den Knopf. Nur das feinste Diner kann der Zunge ein solches Wohlgefallen bereiten, wie es mir jetzt zuteil wurde.
Er drückte zum dritten Male. Nun kam der Geruchsinn an die Reihe. Erschrocken blickt' ich den Meister an. Doch nicht der leiseste Zug einer verdächtigen Heiterkeit störte den Ausdruck seines ehrbaren Gesichtes.
Schon berührte er den Knopf zum vierten Male. Ein prachtvoller Parademarsch erklang.
Er drückte zum fünftenmal. Ein Feuerwerk sprühte auf, so herrlich, daß es sich der Prinz an seinem Geburtstage nicht schöner hätte wünschen können.
„So ist denn“, sprach er erklärend, „alles das, was zwischen uns und den Dingen an sich passiert, nichts weiter als eine Bewegung, bald schneller, bald langsamer, in einer Äther- oder Luftschicht, die bald dicker, bald dünner ist.“
„Auch die Gedanken?“ fragt' ich.
„Auch sie“, erwiderte der Meister. „Wir werden gleich sehen!“
Er stellte die Wehmühle weg und kriegte eine Windmühle her. Sie war nach dem gleichen System gearbeitet wie diejenige, welche man in die Wipfel der Kirschbäume stellt, um die Spatzen zu verscheuchen, nur war sie viel kleiner und hatte Flügel von Papier. Indem er mir dieselbe entgegenhielt, rief er ermunternd:
„Wohlan, mein Bester! Jetzt denkt mal drauf los!“
Ich nahm mich zusammen und dachte, was ich nur konnte, und je eifriger ich dachte, je eifriger drehten sich die Papierflügel der Mühle, und klappern tat sie, daß es selbst ein erfahrener alter Sperling nicht gewagt hätte, in ihre Nähe zu kommen.
„Je mehr Wind, je mehr Lärm!“ sprach der Gelehrte erläuternd.
„Und Lust und Leid des Herzens“, forschte ich weiter, „sind die gleichfalls Bewegung?“
„Gewiß!“ erhielt ich zur Antwort. „Nur schraubenförmig!“
Damit nahm er vom Gesimse ein zierliches Gestell, worin

horizontal ein Pfropfenzieher lag, den man vermittelst einer Kurbel in drehende Bewegung setzen konnte.

„Nur zu!“ rief ich erwartungsvoll.

Er schloß das linke Auge und fixierte mich blinzelnd mit dem rechten.

„So geht es noch nicht!“ sprach er zögernd. „Denn wie ich bemerke, mein Lieber, ist Eure Konstitution etwas anders beschaffen, als wie es sonst üblich ist. Drum bitt ich, zuvörderst hier Platz zu nehmen in dem Sessel der höheren Empfindsamkeit!“

Dies war ein ungemein weich gepolsterter Lehnstuhl. Ich ließ mich darauf nieder. Der Meister näherte sich mit der Schraube und fing an vorwärtszudrehen.

Ein unsagbar peinliches Gefühl durchbohrte mein innerstes Wesen. Ich hätte laut aufschreien mögen. Es war, als wäre meine alte Großtante gestorben.

„Der Schmerz ist positiv!“ sprach der Meister gelassen.

Und nun drehte er rückwärts. Der Schmerz ließ nach. Es durchströmte mich wie ein großes, unerwartetes Glück. Es war, als hätte mir die Selige eine halbe Million vermacht.

„Die Freude ist negativ!“ erklärte der Meister, indem er die Seelenschraube wieder an ihren Platz stellte.

Um die Geduld des freundlichen Gelehrten nicht übermäßig in Anspruch zu nehmen, hielt ich es jetzt für angemessen, mich bestens zu empfehlen.

„Noch eins!“ sprach er und führte mich an seinen Schreibtisch.

In einem großen Glase voll Spiritus saß ein wunderliches Geschöpf, welches die größte Ähnlichkeit hatte mit einem überreifen Kürbis, woran unten, scheinbar als Gliedmaßen, ein paar kümmerliche Ranken hingen.

„Dies“, so demonstrierte der Meister, „ist der Mensch von vor tausend Millionen Jahren, ehe er herabsank zum verächtlichen Lanzettierchen, von welch letzterem wir uns wenigstens in der Gegenwart so weit wieder aufgerappelt haben, daß wir hoffen dürfen, auch in der Zukunft nochmal wieder etwas Rechtes zu werden.“

„Schön ist er nicht!“ meint’ ich enttäuscht.

„Aber schlau!“ fiel mir der Forscher ins Wort. „Ich hab

ihm den Kopf visitiert. Die zweifelhafte Unterscheidung zwischen hier und dort, zwischen heute und übermorgen, die uns jetzt so viele Verlegenheiten bereitet, gab's damals nicht; die Frage, ob zwei mal zwei vier sei, oder sonst was, ließ man unentschieden; und was die Gegensätze der Geometrie betrifft, so kann ich wenigstens so viel mit Bestimmtheit versichern, daß zu jenen Zeiten die krümmste Linie der kürzeste Weg zwischen zwei Punkten war."

Hier machte der Naturphilosoph eine Pause, die mir Zeit ließ, ihm meine Bewunderung auszudrücken und zugleich noch ein weiteres Problem zu berühren.

„Hochverehrtester!" hub ich an. „Darf ich mir zum Schluß noch eine kleine Anfrage gestatten?"

Er nickte verbindlich.

„Wie", fragt' ich, „steht es mit der Ethik? Was muß der Mensch tun, daß es ihm schließlich und ein für allemal gut geht?"

Ohne sich lange zu besinnen öffnete der Weise eine Schublade, nahm eine Flöte heraus, schob sie auf seine Nase, kniff den Mund zu, blies die Backen auf und fing an zu fingern und zu trillern und zu quinquilieren, wie ein geschulter Kanarienvogel, der auf der Geflügelausstellung den ersten Preis gekriegt hat.

Als er hiermit aufgehört, fragte er kurz:

„Verstanden? Überzeugt?"

„Nicht so ganz!" gab ich verlegen zur Antwort.

Nun begann er auf's neue, indem er abwechselnd sang und flötete und dabei den Kopf gar gefällig von einer Seite zur andern wiegte:

„Wer nicht auf gute Gründe hört,
trideldi!
Dem werde einfach zugekehrt
trideldi!
Die Seite, welche wir benützen,
Um drauf zu liegen und zu sitzen,
triddellitt!"

Hiermit brach er kurz ab, legte die Flöte beiseite, drehte sich um, wickelte sich stramm in seinen Schlafrock, nahm eine gebückte Stellung an, krähte wie ein alter Cochinchinagockel und verschwand im Hinterstübchen.
Die Papageien krähten gleichfalls. Einen Augenblick stand ich starr. Dann entfernt' ich mich mit fabelhafter Geschwindigkeit.
Links vor mir lag ein anmutiges Tal, durchschnitten von einer breiten, musterhaft angelegten Chaussee, an deren Seiten die köstlichsten Obstbäume standen; rechts aber erhob sich, allmählich ansteigend, das Gebirge, immer höher und höher, bis es zuletzt fern oben in den Wolken verschwand. Zu Fuß, zu Roß, zu Wagen bewegte sich eine Menge fröhlich erhitzter Menschenkinder den breiten Weg entlang, als ob irgendwo etwas Besonderes los wäre; alle in der nämlichen Richtung. Nur einer kam zurückgelaufen. Er sah lumpig, geschunden und verstört aus, sprang über den Graben und rannte querfeldein wie besessen, ohne sich umzusehen. „Der Franzl ist närrisch geworden!" sagten die Leute so beiläufig und zogen lachend vorüber.
Bald bemerkt' ich, wo sie hin wollten.
Ungefähr da, wo der breite Weg, dem felsigen Walde sich nähernd, in einen dunklen Tunnel verlief, stand das Wirtshaus „Zum lustigen Hinterfuß", ein altes, geräumiges, neu wieder aufgeputztes Gebäude und allgemein beliebt als Vergnügungsort schon seit undenklichen Zeiten.
Der Wirt, im übrigen ein jovialer Mann, zog das eine Bein etwas nach. Er hatte mal in seiner Jugend, so wurde gemunkelt, bei einer Schlägerei, die nicht günstig für ihn ablief, einen ekligen Fall getan.
Seine sieben reizenden Töchter, die man scherzweise die „sieben Todsünden" zu nennen pflegte und die dem väterlichen Geschäfte natürlich sehr förderlich waren, begrüßten mit Kußhänden vom Balkon herab die ankommenden Gäste.
Unten aber, aus einem Fenster des Erdgeschosses, wo sich die Küche befand, streckte eine verwitterte Hexe, die uralte Großmutter des Wirtes, ihren spähenden Kopf hervor. Sie war die Köchin des Hotels, und ihre Nase war schwarz von Ofenruß.

Obgleich sich in den Gesellschaftsräumen des gastlichen Hauses eine etwas drückende Schwüle bemerklich machte, herrschte doch durchgehends unter jung und alt und hoch und niedrig die ungezwungenste Heiterkeit. Besonders abends, nachdem bei festlicher Beleuchtung Musik und Tanz begonnen, ging es so lustig zu, daß vom „Heimgehen“ nicht gern wer was hören wollte, und als dennoch einer sich erhob und auf etwas Derartiges anspielte, riefen einige: „Maul halten!“ und „Raus mit ihm!“ – aber die meisten hörten gar nicht hin, sondern taten genau so, als ob dies einer wäre, der nicht da ist.

Unter den anwesenden Gästen erkannte ich verschiedene Personen, die mir während meiner Reise schon mal vorgekommen waren, z. B. den optimistischen Landwirt, der unter den Stellwagen geriet. Er wurde glücklich geheilt. Das Bein war krumm geblieben. Doch bekam er, wie er triumphierend erzählte, im Spätherbst die dicksten Kartoffeln.

Wie es im Traume zu geschehen pflegt, empfand ich über diese Begegnungen nicht das mindeste Erstaunen. Nur eins machte mich stutzig. Nämlich der viel zu gute Mensch, dessen Vorhandensein mich damals so ausnehmend befriedigt hatte, daß der auch mit hier war und sogar mit einer von den Töchtern des Wirtes in einer lauschigen Nische Champagner trank, das konnt' ich nicht kleinkriegen.

Nachdenklich und erhitzt flog ich zum Dach hinaus, um mich in der Nachtluft etwas abzukühlen, und setzte mich auf die Wetterfahne, und wie sie sich drehte, ging es immer: Züh, knarrr! Züh, knarrr!

„Eduard, schnarche nicht so!!“

ließ sich wieder mal die bewußte Stimme vernehmen. „Schon recht!“ dacht' ich und fuhr Karussell auf der wirbelnden Fahne, daß es noch viel ärger knarrte als zuvor.

Von hier bemerkte ich etwas immerhin Auffälliges.

Es mochte so um Mitternacht sein, als ein eigentümlicher Hotelomnibus an der Hintertüre vorfuhr. Er war schwarz angestrichen und hatte silberne Beschläge. Er war nicht zum Sitzen eingerichtet, sondern zum Liegen. Er wurde nicht hinten aufgemacht, sondern oben. Er holte keine Gäste her, sondern brachte nur welche weg. Einige derselben, die „abgefallen“ waren, wurden von den Hausknechten herbeigetragen und hineingelegt. Der Kutscher, mit schwarzem Hut und schwarzem Mantel, sah recht vergnügt aus, obgleich er so blaß und mager war wie ein Hungerapostel. Er rief seinen gleichfalls mageren Rappen ein hohl klingendes Hü! zu, und langsam bewegte sich das Fuhrwerk in den „Tunnel“ hinein. Immer mehr nahm das Tanzvergnügen seinen ungestörten Fortgang.

Morgens früh, sobald es anfing zu dämmern, begab ich mich ein paar Meilen zurück und suchte den Fußweg auf, welcher, rechts neben der Chaussee allmählich im Walde aufsteigend, nach der „Bergstadt“ führte, von der ich so viel Rühmliches und Wunderbares gehört hatte, daß ich den Entschluß faßte, sie aufzusuchen.

Ich gesellte mich zu vier munteren Wanderburschen, die auch schon dahin unterwegs waren. Sie sahen sehr unternehmend aus und hatten ein großes Wort und sagten, da wollten sie bis Mittag schon droben sein, noch ehe der Löffel ins Warme ginge. Sie erzählten mir auch gleich, wie sie hießen und wo sie her wären und was sie für ein Metier hätten.

Es waren vier „gute Vorsätze“.

Sie stammten aus einer fetten Gegend, aus Hinnum bei Herrum, wo man die guten Schmalzkücheln backt und die Kirchweih acht Tage dauert.

Der eine hieß Willich, der andere hieß Wolltich, der dritte hieß Wennaber und der vierte hieß Wohlgemuth.

Willich hatte eine rote Nase, Wolltich ein rundes Bäuchlein, Wennaber eine schwarze Hornbrille, und wie verdammt hübsch der Wohlgemuth aussah, das wußte er schon selber.

Natürlich fragten sie jetzt auch nach meinen Verhältnissen, worauf ich erwiderte: „Ich bin aus leer, ich denke sehr und weiß noch mehr, wie ich aber heiße, das sag’ ich euch nicht.“

„Dann soll er Spirrlifix heißen!“ rief der neckische Wohlgemuth.

Und darüber lachten die drei andern, daß dem Willich die Nase blau wurde, dem Wolltich drei Knöpfe aus der Weste sprangen und dem Wennaber die Brille anlief vor Freudentränen.

Ich war nicht erbaut von solchen Späßen. Ich schwang mich nach oben und schwebte mindestens drei Meter hoch über der Gesellschaft.

Unter lebhaften Gesprächen marschierten sie bergan.

Mittlerweile stieg die Sonne auch höher und schien schon recht warm durch die Bäume. Wolltich, der Dicke, zog seine Joppe aus und hing sie an den Stock; Wohlgemuth fing an zu flöten.

„Jungens, rennt nicht so!“ sagte Willich. „Ich habe mir am linken Hacken eine Blase gelaufen!“

„Wenn wir nur kein Gewitter kriegen!“ meinte der bedenkliche Wennaber.

Unter etwas weniger belebten Gesprächen marschierten sie bergan. Inzwischen stieg die Sonne noch höher und schien brühwarm durch die Bäume. Willich blieb stehen.

„Was meint ihr zu dieser?“ sprach er lächelnd und zog eine bedeutende Flasche hervor. Wolltich blieb auch stehen.

„Was meint ihr zu der?“ sprach er schmunzelnd und zog eine noch bedeutendere Wurst aus dem Ranzen. Wennaber blieb stehen.

„Wenn wir nur nicht –“ fing er zögernd an, aber Wohlgemuth, der ebenfalls stehengeblieben, schnitt ihm das Wort ab und rief freudig: „Heraus mit der Klinge!“ und klappte unternehmend sein Taschenmesser auf.

Dann suchten sie sich ein kühles Plätzchen, breiteten ihre Schnupftücher auf den Rasen und servierten das Frühstück.

Ich setzte mich auf einen dürren Ast und sah zu.

„Spirrlifix, komm runter!“ rief mir der gutmütige Wolltich zu und zeigte die Wurst her, Willich schwenkte die Flasche.

Ich dankte. Ich war erhaben über dergleichen.

„Wer nichts mag, ist der Beste!“ scherzte Wohlgemuth, und das brachte Wolltich ins Lachen, und dann kriegte dieser einen Hustenschauer, und der ängstliche Wennaber klopfte ihm mehrmals auf den Rücken, daß er nur schnell wieder zu Atem kam.

Und nun langten sie zu und zeigten, was sie konnten und daß sie tatkräftige Leute waren, wenn's ernstlich drauf ankam.

Willich ließ den Wein leben, Wohlgemuth die Weiber, und

Wennaber fing an: „Es lebe die Weis –“ aber ehe er ausgesprochen, schrie Wolltich: „Es lebe die Wurst!“
Darauf, als sie sich ausreichend erquickt hatten, marschierten sie unter den lebhaftesten Gesprächen wieder bergan.
Inzwischen stieg die Sonne so hoch, wie sie nur konnte. Fast perpendikulär von oben blickte sie durchdringend auf die Schädel der Wanderer. Das Gespräch stockte. Die Schritte erlahmten.
Zuerst blieb Willich zurück. Rechts vom Wege stand ein dicker Baum. Hinter diesen setzte sich Willich, zog seinen linken Schuh aus und rieb sich überhaupt mit Hirschtalg ein.
Dann blieb Wolltich zurück. Rechts vom Wege stand noch ein dicker Baum. Hinter diesen setzte sich Wolltich.
Wennaber und Wohlgemuth, welche nichts davon gemerkt hatten, marschierten schweigsam bergan.
Wir zogen am Rande eines sandigen Abhangs hin, der sich bis unten ins Tal erstreckte, und befanden uns nun an einer Stelle, von wo man eine dankbare Aussicht nach links hatte. Am Fuße des Berges sah man deutlich das reizende Etablissement liegen, welches ich in der Frühe verlassen hatte. Es tönte Musik herauf. Es war Gartenkonzert.
Jetzt blieb Wohlgemuth auch zurück. Rechts am Wege stand noch ein dritter dicker Baum. Hinter diesen stellte sich Wohlgemuth, kriegte sein Perspektiv heraus, und als er durch dasselbe bemerkte, daß unten im Garten viele hübsche Mädchen saßen, schob er's wieder ein, schlich sich an den Abhang und ließ sich hinunterrutschen.
Willich, der eben wieder hinter seinem Baum hervortrat und sogleich sah, wo Wohlgemuth hin wollte, fing gleichfalls das Rutschen an, und Wolltich, der ebenfalls wieder hinter seinem Baume hervorgetreten war und dem die Sache auch gleich einleuchtete, rutschte auch hinterher.
So marschierte denn nun der nachdenkliche Wennaber, welcher die Abwesenheit seiner Kollegen nicht beachtet hatte, nur allein noch bergan.
„Kinder!“ sprach er. „Je mehr ich mir diese Sache, die wir vorhaben, überlege, je mehr finde ich, daß diese Sache, die wir vorhaben, sehr zweifelhaft ist. Wie denkt ihr darüber?“

Bei diesen Worten drehte er sich um, und als er niemanden sah, sprach er: „Meine Brille ist angelaufen, denn ich habe transpiriert!" Er setzte sie ab und putzte sie mit Hilfe seines Rockschlappens, und dann setzte er sie wieder auf. Aber seine Kollegen konnte er nicht dadurch wahrnehmen. Doch ja! Dort unten rutschten sie.

Wennaber war sehr geneigt zum Überlegen, wenn er aber mal wußte, was er eigentlich wollte, dann war sein Entschluß kurz, fest und unabänderlich.

So auch jetzt. Er setzte sich rittlings auf seinen Wanderstab und rutschte gleichfalls den Berg hinunter und kam fast noch eher an als die drei andern.

Ich stieg weiter. Der Weg machte eine steile Wendung nach rechts hinauf.

Auf einmal gab's ein Gerassel. Erst kam mir etwas Steingeröll entgegengekollert, dann ein Sack voll Geld, dann ein runder Filzhut, dann eine goldene Schnupftabaksdose, dann ein runder Herr mit einem mannigfaltigen Charivari an der Uhrkette, was hauptsächlich das Rasseln tat, und dann rutschten sie alle nacheinander den Abhang hinunter, bis unten in den Chausseegraben. Hier angelangt inmitten seiner Effekten, verharrte der Reisende zunächst in einer liegenden Stellung. Darnach setzte er sich zunächst auf den Geldsack und nahm eine Prise und besah sich die Rutschbahn, die er soeben durchmessen hatte.

Darnach klopfte er seinen staubigen Filzhut aus, warf den Sack auf die Schulter und begab sich in das Wirtshaus „Zum lustigen Hinterfuß".

Ich stieg weiter, der Weg wurde steiler und steiler.

Vor mir schritt ein Wanderer, ein Handelsmann, wie's schien, welcher eine Kiepe mit Glaswaren auf dem Rücken trug. Er ging mühsam und bedächtig, und als er einen passenden Baumstumpf fand, stellte er die Kiepe darauf und setzte sich ins Gras daneben, um auszuruhn.

„Ach Gott!" sprach er seufzend. „Wie muß der Mensch sich plagen!"

Sofort, nachdem er diese Äußerung getan hatte, kam ein Wirbelwind durchs Gebüsch dahergerauscht und warf den Korb auf die Erde, daß alle Gläser zerbrachen.

„Sieh!“ rief der erschrockene Handelsmann. „Kaum sagt man ein Wort, so stößt Er einem die Kiepe auch noch um!“
Er war sehr niedergeschlagen. Aber bald faßte er sich wieder, ging an den sandigen Abhang, setzte sich in die leere Kiepe, benutzte seinen Stecken als Steuer und kutschierte eilig ins Tal hinunter. Es dauerte auch nicht lange, so sah ich ihn drunten im Wirtsgarten, und der Herr mit dem Charivari und die vier guten Vorsätze hießen ihn bestens willkommen. Es mußten wohl alte Bekannte sein. Und die Musik spielte gerade ein herrliches Potpourri.

Ich stieg weiter. Die Bäume wurden knorriger, die Felsen schroffer.
In einer Höhle, auf seinem Sitze festgebunden, den Rücken nach dem Lichte, das Gesicht nach der Wand gekehrt, saß der unglückliche Mensch, der, nun schon mehr als zehntausendmal wiedergeboren, doch noch immer von den Dingen, welche draußen vorbeipassierten, nichts weiter zu erkennen vermochte als ihre Schatten, die sie vor ihm an die Wand warfen.
Als ich vor der Öffnung der Höhle einige Sekunden still stand, hielt er mich für einen schwarzen Fliegenklecks an seiner Mauer und begrüßte mich als solchen.
Mit überlegenem Lächeln verließ ich ihn.
Noch ehe ich um die nächste Felsenecke gebogen, vernahm ich ein klatschendes Geräusch, ähnlich dem, welches die Köchin verursacht, wenn sie den Braten klopft.
Nicht lange, so befand ich mich einem tätigen Manne gegenüber, der sich vermittels eines Ochsenziemers dermaßen den entblößten Rücken zerpeitschte, daß man wohl sah, es waren Schläge, die Öl gaben.
„Was treibt Ihr denn da, guter Freund?“ so fragte ich ihn.
„Das Leben ist ein Esel! Ich prügle ihn durch!“ so schrie er und arbeitete weiter.
Ich begab mich höher hinauf.
Nicht lange war ich gestiegen, als ich auf einem kahlen Platze einen kahlen Mann sitzen sah, der immer in dieselbe Stelle guckte.
„Das Leben ist ein Irrtum! Ich denke ihn weg!“ gab er zur

Antwort. Er hatte sich schon alle Haare weggedacht und dachte doch immer noch weiter.
Ich begab mich höher hinauf; und alsbald, so erreichte ich eine verfallene Einsiedelei, worin auf einem bemoosten Stein ein bemooster Klausner sich niedergelassen, der kein Glied rührte.
„Was treibt Ihr denn da, bester Freund?“ so fragte ich ihn.
„Das Leben ist eine Schuld! Ich sitze sie ab!“ so gab er zur Antwort und saß ruhig weiter.
Er mußte wohl schon lange gesessen haben, denn ein Faulbaum war ihm kreuz und quer durch die Kutte gewachsen, und in seiner Kapuze saß ein Wiedehopfnest mit sechs Jungen, die sich weiter keinen Zwang antaten. Nicht lange, nachdem ich diesen würdigen Eremiten respektvoll verlassen hatte, wurde der Wald weniger knorrig und plötzlich ganz hell. Vor mir ausgebreitet lag eine weite, grüne, blumenreiche Wiese, in deren Mitte sich ein mächtiges Schloß erhob. Es hatte weder Fenster, noch Scharten, noch Schornsteine, sondern nur ein einziges, fest verschlossenes Tor, zu dem eine Zugbrücke über den Graben führte. Es war aus blankem Stahl erbaut und so hart, daß ich trotz verschiedener Anläufe, die ich nahm, doch partout nicht hineinkonnte. Eine peinliche Tatsache. Die Freiheit des unverfrorenen Überalldurchkommens, auf die ich mir immer was eingebildet, war entweder merklich geschwunden, oder es gab Sachen, die mir sowieso schon zu fest waren.
Ich fragte einen steinalten Förster, der am Rande des Waldes stand, was denn das hier eigentlich wäre. Er schien nicht gut hören zu können, legte die Hand hinters Ohr, sah mich stumpfsinnig an und sog dabei heftig an seiner kurzen Pfeife, die er jedenfalls lange nicht reingemacht hatte. Sie gurgelte und schmurgelte.
„Eduard, schnarche nicht so!!“
rief die Stimme. Ich hörte nicht weiter hin, sondern fragte den Förster zum zweiten Male:
„Alter Knasterbart! Könnt Ihr mir nicht sagen, was das hier für ein Schloß ist?“
„Kleiner Junker!“ gab er zur Antwort. „Zu denen, die das nicht wissen, gehöre auch ich. Dahingegen mein Großvater,

der hat mir oft gesagt, daß er es auch nicht wüßte, aber was sein Großvater gewesen wäre, der hätte ihm oft erzählt, es wäre so alt, daß das Ende davon weg wäre; und daß da ein heimlicher Tunnel wäre zwischen dem Schloß hier oben und dem Wirtshaus da unten, hat er auch gesagt!"

„Was?" dachte ich. „Kleiner Junker?!" Ich drehte dem alten Trottel den Rücken zu und sah nach dem Schlosse.

Auf der Wiese trieben sich viele kleine, pechschwarze Teufelchen umher. Sie schwangen Netze, erhaschten Schmetterlinge und spießten sie auf feine Insektennadeln.

Jetzt öffnete sich das Tor. Ein langer Zug von ganz kleinen, rosigen Kinderchen drängte heraus über die Brücke. Sofort ein heiteres Spiel beginnend, purzelten sie lachend zwischen den Blumen herum. Aber auch die Teufelchen kamen herbeigesprungen und neckten und balgten sich mit ihnen, und da die Teufelchen abfärbten, so kriegte jedes seinen kleinen Wischer weg, als hätten sie „schwarzen Peter" gespielt.

Auf den Bäumen, welche die Wiese begrenzten, saßen zahlreiche Storchnester. In jedem stand ein Storch auf einem Bein und sah bedächtig prüfend den kindlichen Spielen zu. Plötzlich flogen sie alle zusammen auf die Wiese hinunter. Jeder nahm sein Bübchen oder Mädchen, welches er sich ausgesucht hatte, in den langen Schnabel, und fort ging's hoch über den Wald weg.

Ein allgemeines Wehgeschrei erfüllte die Lüfte. Und die Teufelchen schrien lustig hinterher:

Storch, Storch, Stöckerbein,
Kehr bei meiner Großmutter ein!
Triffst du sie zu Hause,
Laß dich von ihr lause!

Und dann schlugen sie freudig Purzelbäume mit großer Behendigkeit.

Da der Fußweg, welchen ich bislang verfolgt hatte, hier zu Ende war und ich über die Stadt am Berge auch keine nähere Auskunft erwarten konnte, schwenkte ich auf gut Glück etwas nach rechts in den Wald hinein, wo ich denn nach kurzer Zeit an einen Wildbach gelangte, der rauschend vorübereilte. Ein dichtes Dorngestrüpp versperrte mir die Aussicht. Als ich mich mühsam hindurchgearbeitet, tat sich weithin das Land auf; und nun sah ich erst, daß an der rechten Seite des Gebirges aus dem tiefen, fernen Tale noch ein zweiter Pfad zu der beträchtlichen Höhe führte, die ich von links her erreicht hatte.

Der Pfad war sehr schmal. Stille Pilger, jeder sein Päckchen tragend, zogen herauf.

„Nur langsam, Freundchen! Ich will auch noch mit!“ rief ich, als die Schar an mir vorüberkam, einem der Wanderer zu.

Mit ruhig mildem Blicke mich ansehend, sprach er: „Armer Fremdling! Du hast kein Herz!“

Betroffen blieb ich stehn und sah ihnen nach. Sie wandelten bescheiden ihres Weges weiter. Sie kamen an das Wasser. Ein schmaler Steg führte hinüber. Hinter dem Stege, in einem Gemäuer, tat sich ein enges Pförtchen auf. Die Pilger traten ein. Das Pförtchen schloß sich wieder.

Neugierig, wie ich war, versuchte ich gleichfalls hineinzugelangen; aber das Pförtchen hatte nicht einmal ein Schlüsselloch, und auch die Mauer, welche sich rechts und links unabsehbar weit ausdehnte, war undurchdringlich für mich. Ich erhob mich und schaute hinüber. Eine herrliche Tempelstadt, ganz aus Edelsteinen erbaut und durchleuchtet von wunderbarem Lichte, viel schöner als Sonnenschein, stieg zum Gipfel des majestätischen Berges empor.

Mit kräftigem Schwunge versucht' ich dahin zu fliegen. Ein heftiger Stoß war die Folge. Über der ersten Mauer stand noch eine zweite, die ich nicht bemerkt hatte, unendlich hoch, vom reinsten, durchsichtigsten Kristall.

Eine Weile noch schwirrt' ich dran auf und nieder wie eine Stubenfliege an der Fensterscheibe; dann fiel ich erschöpft zu Boden, daß es klirrte wie eine „tönende Schelle“.

Da lag er nun, der kleine, eingebildete Reiseonkel; ein Häufchen, kaum der Rede wert, und doch beleidigt über die ungefällige Hartnäckigkeit mancher Dinge, die ihm verquer kamen. –

Plötzlich kam was über mich wie ein Schatten.

Als ich aufblickte, war's einer von den kleinen, abscheulichen, schwarzen Teufeln von vorhin auf der Wiese.

„Aha! Bist da, du Lump!“ schrie er und zog sein grinsendes Maulwerk auseinander, daß es von Ostern bis Pfingsten reichte.

Erschreckt und verdattert fing ich an zu schwitzen und zu stottern und zu beteuern und kläglich zu rufen:

„Ich b-b-bin ja gar nicht so übel! Ich b-b-b-bin ja gar nicht so übel!“

„Also auch das noch!“ kreischte der Schwarze. „Warte nur, dich wollen wir schon kriegen!“ Und damit streckte er seine lange, rote, geräucherte Zunge heraus und hob sein Schmetterlingsnetz in die Höhe und wollte mich einfangen.

Ich, nicht faul, tat einen Satz hoch in die Luft; der Teufel auch. Ich flog im Zickzack; der Teufel auch. Dann schoß ich wieder tief in den Wald hinab; der Teufel auch. Ich lief um einen Baum herum, in einem fort, wohl hundertmal hintereinander; der Teufel auch, dicht hinter mir; und jetzt wäre ich sicher erwischt worden, hätte nicht grad ein baumlanger Riese dagelegen, Maul offen, Augen zu, ein stattlicher Mann – mir war, als müßt' ich ihn kennen –, der fest zu schlafen schien.

Die Not war groß. Besinnungslos stürzte ich mich in den offenen Rachen hinein. –

Als ich wieder zu mir selbst gekommen, befand ich mich in einer Art von Oberstübchen mit zwei Fenstern. Der Morgen dämmerte herein. An den Wänden hingen Bilder, die, so schien's mir, nicht viel Ähnlichkeit hatten mit dem, was sie vorstellten. Der Zeiger der Wanduhr stand auf halb sieben. Es war noch nicht aufgeräumt. Ein Geruch von gebrannten Kaffeebohnen machte sich bemerklich.

Noch halb und halb in Verwirrung stolperte ich die dunkle Treppe hinunter. Behutsam drückte ich eine Türe auf. Es war ein matt erhelltes Zimmer mit roten Vorhängen. Auf einem goldenen Thrönchen saß die schönste der Frauen, ein Abbild meiner angebeteten Elise.

Ich warf mich zu ihren Füßen. Anmutig lächelnd öffnete sie die Lippen.

Und wieder vernahm ich eine Stimme, aber sanft und lieblich, und es klang wie Flötentöne, als sie rief:

„Eduard, steh auf, der Kaffee ist fertig!“

Ich erwachte. Meine gute Elise, unsern Emil auf dem Arm, stand vor meinem Bette.
Wer war froher als ich! Ich hatte mein Herz wieder und Elisen ihrs und dem Emil seins, und, Spaß beiseit, meine Freunde, nur wer ein Herz hat, kann so recht fühlen und sagen, und zwar von Herzen, daß er nichts taugt. Das Weitere findet sich.
Hiermit beschloß Freund Eduard die Geschichte seines Traumes.

Mit der größten Nachsicht hatten wir zugehört. Wir erwachten aus einer Art peinlicher Betäubung, in die man ja immer zu verfallen pflegt, wenn einer einem länger was vordröhnt, ohne daß man Gelegenheit findet, sein Wörtchen mit dreinzureden. Wir waren auch sonst nicht so befriedigt, wie es wohl wünschenswert. Wir hatten doch mancherlei Dinge vernommen, die dem Ohre eines feinen Jahrhunderts recht schmerzlich sind. Wozu so was? Und dann ferner. Warum gleich lumpig einhergehn und es jedermann merken lassen, daß die Bilanzen ein Defizit aufweisen? Würde es nicht vielmehr schicklich und vorteilhaft sein, sich fein und patent zu machen, wie es der Kredit des „Hauses" erfordert, dem als Teilhaber anzugehören wir sämtlich die Ehre haben?
Übrigens ist es nicht schlimm mehr, nun die Sache gedruckt ist; denn, man mag sagen, was man will, der passendste Stoff, um Schrullen, die sich nun mal nicht unterdrücken lassen, auf das bescheidenste drin einzuwickeln und im Notfall zu überreichen, ist der Stoff des Papiers.
Ein Buch ist ja keine Drehorgel, womit uns der Invalide unter dem Fenster unerbittlich die Ohren zermartert. Ein Buch ist sogar noch zurückhaltender als das doch immerhin mit einer gewissen offenen Begehrlichkeit von der Wand herabschauende Bildnis. Ein Buch, wenn es zugeklappt daliegt, ist ein gebundenes, schlafendes, harmloses Tierchen, welches keinem was zuleide tut. Wer es nicht aufweckt, den gähnt es nicht an; wer ihm die Nase nicht grad zwischen die Kiefer steckt, den beißt's auch nicht.

Der Schmetterling

1895

Kinder, in ihrer Einfalt, fragen immer und immer: Warum? Der Verständige tut das nicht mehr; denn jedes Warum, das weiß er längst, ist nur der Zipfel eines Fadens, der in den dicken Knäuel der Unendlichkeit ausläuft, mit dem keiner recht fertig wird, er mag wickeln und haspeln, soviel er nur will.

Vor Jahren freilich, als ich eben den kleinen Ausflug machte, von dem weiter unten berichtet wird, da dacht' ich auch noch oft darüber nach, warum grad mir, einem so netten und vorzüglichen Menschen, das alles passieren mußte. Jetzt sitz' ich da in sanfter Gelassenheit und flöte still vor mich hin, indem ich kurzweg annehme: Was im Kongreß aller Dinge beschlossen ist, das wird ja wohl auch zweckgemäß und heilsam sein.

Mein Name ist Peter. Ich bin geboren anno dazumal, als man die Fräuleins Mamsellchen nannte und die Gänse noch Adelheid hießen, auf einem einsamen Bauerngehöft, gleich links von der Welt und rechts um die Ecke, nicht weit von der guten Stadt Geckelbeck, wo sie alles am besten wissen.

Daselbst in der Nähe liegt auch der unergründliche Grummelsee, in dem bekanntlich der Muddebutz, der langgeschwänzte, sein tückisches Wesen treibt. Frau Paddeke, die alte, zuverlässige Botenfrau, hat ihn selbst mal gesehn, wie er den Kopf aus dem Wasser steckte; und scharf und listig hat er sie angeschaut, mit der überlegenen Ruhe und Kaltblütigkeit eines vieltausendjährigen Satans.

Meine Mutter starb früh. Der Vater und der brave Knecht Gottlieb bestellten fleißig die Felder. Mein hübsches Bäschen Katharine führte die häusliche Wirtschaft.

Da ich meinerseits, obwohl ich ein stämmiger Schlingel geworden, weder zum Pflügen noch zum Häckerlingschneiden die mindeste Neigung zeigte, schickte mich mein Vater in die Stadt zu Herrn Damisch, dem gelehrten Magister, der mich jedoch bereits nach ein paar Jahren, als nicht ganz zweckentsprechend, bestens dankend zurückgab.

Hierauf, nachdem ich so ein Jährchen verbummelt hatte, kam ich zu dem hochberühmten Schneidermeister Knippipp in die Lehre nebst Kost und Logis.

„Auch ein vornehmes Metier!“ meinte der Vater. „So ein Schneider kann sein Brot im Trocknen verdienen wie der feinste Schulmeister, ob’s regnet oder schneit.“
Schon nach neun Monaten spülten mich die dünnen Wassersuppen der dicken Frau Meisterin wieder der Heimat zu. Ich hatte mich fein gemacht. Strohhut, himmelblauer Schniepel; stramme gelbe Nankinghose; rotbaumwollenes Sacktuch. Aber diesmal war der Vater wirklich sehr ärgerlich. Er griff zum Ochsenziemer; und er hätte sein böswilliges Vorhaben auch sicherlich ausgeführt, wenn ihn der brave Gottlieb und das gute Kathrinchen, er vorne, sie hinten, nicht entschieden gehemmt hätten.

Den Winter blieb ich zu Haus. Ohne grad viel aufs Essen zu geben, stand ich doch gern hinter dem hübschen Bäschen in der Küche herum. Mitunter nahm ich ihr eine Stecknadel weg und stach sie mir kaltblütig durchs Ohr. Auch tanzte ich zuweilen waghalsig auf dem gefährlichen Brunnenrande, und wenn das Kathrinchen zusah und es grauste ihr tüchtig, das war mir grad recht. Dann wieder konnt’ ich dastehn in tiefster Versimpelung, wie ein alter Reiher im Karpfenteich. Ein besonders hoher Genuß war mir’s aber, so des Abends auf der Bank hinter dem Ofen zu liegen und zuzusehen, wie das Kathrinchen Bohnen aushülste und der Gottlieb Körbe flocht. Bei dem Anblick dieser kleinen, krausen, krispeligen Tätigkeit überkam mich immer so ein leises, feines, behagliches Gruseln. Oben in den Haarspitzen fing’s an, kribbelte den Rücken hinunter und verbreitete sich über die ganze Haut, während meine Seele gar sanft aus den Augen hinauszog, um ganz bei der Sache zu sein, und mein Körper dalag wie ein seliger Klotz. Eines Abends stieg ich auch mal heimlich in den Lindenbaum, weil ich gern mal sehen wollte, wie das Kathrinchen zu Bette ging. Sie betete grad ihren Rosenkranz. Als sie aber anfing sich auszuziehen und die Geschichte bedenklich wurde, macht’ ich Ahem!, und Phütt! war die Lampe aus. Am andern Nachmittag wurde an einer grünen Gardine genäht.
Mein Stübchen lag oben im Giebel. In einem dicken Legendenbuche las ich bis spät in die Nacht hinein. Wenn dann

der Wind sauste und der Schnee ans Fenster klisperte, fühlt' ich mich so recht für mich als ein behaglicher Herr.
Die Hexen hatten ihren Strich da vorbei; sie zügelten zuweilen ihre Besen und lugten durch die Scheiben; meist alte Hutzelgesichter, als wären sie gedörrt worden am höllischen Feuer. Mal aber war's eine junge, hübsche. Sie hatte eine Schnur von Goldmünzen ins Haar geflochten. Sie blinzelte und lachte. Ihre weißen Zähne blitzten, wie ihr das Licht ins Gesicht schien, gegen den dunklen Hintergrund.
Als der Sommer kam, als die Welt eng wurde von Laub und Blüten, macht' ich mir ein Netz und jagte nach Schmetterlingen. So herumzustreifen in leichtsinniger Freiheit, oder mich niederzulegen zu beliebiger Ruhe, das war mein Fach; und hupfen, wie der rührigste Heuschreck, das konnte ich auch.

Eines Sonntagsmorgens, während die andern zur Messe waren, macht' ich mich hübsch und ging aus der Hintertür, das Netz in der Hand, den Frack voller Pflaumen. Hell schien die Sonne. Vom Garten ins Feld, vom Feld in die Wiesen dämelt' ich glücklich dahin. Schmetterlinge flogen in Menge. Von Zeit zu Zeit erhaschte ich einen, besah ihn und ließ ihn fliegen, denn von der gewöhnlichen Sorte hatt' ich längst alle Kasten voll.
Aber jetzt, in der Ferne, flog einer auf, den kannt' ich noch nicht. Ich los hinter ihm her über Hecken und Zäune, wohl zwei, drei Stunden lang in einer Tour, bis mir's schließlich zu dumm wurde. Unwillig warf ich mich ins Gras. Oben in der Luft schwebte ein Habicht. Vertieft in seine sanften Bogenzüge, war ich bald eingedämmert. Als ich erwachte, wollte die Sonne schon untergehn, und da es die höchste

Zeit war, nach Hause zu eilen, kletterte ich auf einen Baum am Rande des Waldes, um zu sehn, wo ich denn eigentlich wäre. Nichts als unbekannte Gegend in der Weite und Breite. Erst verdutzt, dann heiter und gleichgültig, ergab ich mich in mein Schicksal. Ich stieg herab, suchte einen gemütlichen Platz, setzte mich und fing an, Pflaumen zu essen. Plötzlich, mir stockte der Atem vor freudigem Schreck, kam er angeflattert, der reizende Schmetterling, geschmückt mit den schönsten Farben der Welt, und ließ sich frech auf der Spitze meines Fußes nieder. Leise hob ich das Netz; ich zielte bedachtsam. Witsch! dort flog er hin. Aber gut gezielt war's doch, denn mit dem eisernen Netzbügel hatte ich richtig die kleine Zehe gestreift, genau da, wo sie am allerempfindsamsten war. Ich sprang auf, tanzte auf einem Bein und pfiff dazu.

„Ähä!" lachte wer hinter mir. „Aufs Auge getroffen!"

Ein hübscher, blasser Bursch, gekleidet wie ein Jägersmann, saß unter einer Buche.

„Ich bin der Peter!" sag' ich und setzte mich zu ihm.

„Und ich der Nazi!" sagt er.

Um seinen linken Arm ringelte sich eine silberglänzende Schlange, die auf dem Kopf ein goldenes Krönchen hatte, und auf seinen Knien hielt er ein Vogelnest mit kleinen, blaugrünen Eiern darin.

„Ein verdächtiges Vieh!" sagt' ich mißtrauisch. „Es beißt wohl auch?"

„Mich nie. Gelt, Cindili!" sprach er, indem er ihr ein Ei hinhielt.

Ich trug auf der bloßen Brust ein Medaillon, eine Goldmünze, das Geschenk eines Paten. Die Schlange machte sich lang danach.

„Sie wittert das Gold", sagte der Jäger.

„Teufel, duck dich!" rief ich und gab ihr mit dem Stiel meines Netzes einen kurzen Hieb über die Nase.

Zornig zischend fuhr sie zurück, wickelte sich los und schlüpfte raschelnd ins Gebüsch. Der Jäger, nachdem er mir vorher noch schnell einen Stoß auf den Magen versetzt hatte, daß ich die Beine aufkehrte, lief hinter ihr her.

Allmählich wurde es im Walde pechteertonnendunkel. Die

Luft war mild. Ich lehnte mich an den Baumstamm und entschlief augenblicklich, ja, ich kann wohl sagen, noch eher. Überhaupt, schlafen, das konnt' ich ohne jede Mühwaltung; und fest schlief ich auch, fast so fest wie die Frau mit dem guten Gewissen, der die Ratten über Nacht die große Zeh abfraßen, ohne daß sie was merken tät.

Erst die Mittagssonne des nächsten Tages öffnete mir die Augen. Und wahrhaftig; da saß er schon wieder, drei Schritt weit weg, mein kunterbunter Schmetterling, auf einem violetten Distelkopfe, und fächelte und ließ seine ausgebreiteten Flügel verlockend in der Sonne schimmern. Mit kunstvoller List schlich ich näher. Vergebens. Genau eine Sekunde vorher, eh ich ihn erreichen konnte, flog er ab wie der Blitz, und dann noch einmal und noch einmal, und dann Fiwitz! mit einem eleganten Zickzackschwunge weg war er über eine haushohe Dornenhecke.

„Zu dumm!" dacht' ich laut, denn ich war sehr erhitzt. „So ein kleinwinziges Luder; will sich nicht kriegen lassen; ist extra zum Wohle des Menschen geschaffen und verwendet doch seine schönen Talente nur für die eigenen selbstsüchtigen Zwecke. Es ist empörend!"

Im Eifer der Verfolgung hatt' ich den einen Stiefel im Sumpf stecken lassen, und zwar tief, so daß ich erst eine Zeitlang tasten und grabbeln mußte in der schwarzen Suppe, ehe ich ihn wiederfand. Ich schüttete den Froschlaich heraus, wusch mich und ging nun, nachdem ich mich abgekühlt und besänftigt hatte, in gemäßigtem Bummelschritt einem fernen Hügel entgegen, über den sich als heller Streifen die Landstraße hinzog. Hier hoffte ich ortskundige Leute zu treffen, die mir sagen konnten, wie ich nach Hause käme.

Auf einem Meilensteine saß ein älterer Mann, der eine ungewöhnlich breitschirmige Mütze trug. Zwischen seinen Knien hielt er einen grauhaarigen Hund.

„Guter Vater!" sprach ich ihn an. „Ich möchte gern nach der Stadt Geckelbeck."

„Genehmigt!" gab er zur Antwort.

„Könnt Ihr mir vielleicht zeigen, wo der Weg dahin geht?"

„Ne! ich bin rundherum blind."

„Schon lange?“ fragte ich teilnahmsvoll.
„Fast neunundfünfzig Jahr; nächsten Donnerstag ist mein dreiundfünfzigster Geburtstag.“
„Was? Schon sechs Jahre vor Eurer Geburt?“
„Sogar sieben, richtig gerechnet. Ich wollte schon damals gern in die Welt hinein, tappte im Dunkeln nach der Tür, fiel mit dem Gesicht auf die Hörner des Stiefelknechts, und das Unglück war geschehn.“
„Dann laßt Euch raten, Alter!“ sagt’ ich. „Und schielt nicht zu viel nach hübschen Mädchen, denn das hat schon manchen Jüngling zu Fall gebracht.“
„Faß!“ schrie der Blinde und ließ den Hund los.
Ich aber nahm die Frackschöße unter dem Arm, steckte mein Schmetterlingsnetz nach hinten zwischen den Beinen durch, wedelte damit und ging so in gebückter Stellung meines Weges weiter; eine Erscheinung, die dem Köter so neu und unheimlich vorkam, daß er mit eingeklemmtem Schweife sofort wieder umkehrte.

Vor mir her schritt ein Bauer, der weder rechts noch links schaute, und da er einen ernsten, nachdenklichen und vertrauenerweckenden Eindruck machte, beschloß ich, an ihn meine Frage zu richten.
„He!“ rief ich. Er gab nicht acht darauf. „He!“ rief ich lauter. Er ließ sich nicht stören in seinen Betrachtungen. Jetzt, als ich dicht hinter ihm war, klappte ich ihm mein Netz über den Kopf. Oh, wie erschrak er da. Ich hörte deutlich, wie ihm das Herz in die Kniekehle fiel.
„Könnt Ihr mir nicht sagen, guter Freund, wo Geckelbeck liegt?“ fragte ich und hob das Netz.
Er hatte sich umgedreht. Er kniff die Augen zu, riß den

Mund auf, so daß seine dicke, belegte Zunge zum Vorschein kam, steckte die Daumen in die Ohren, spreizte die Finger aus und schüttelte traurig mit dem Kopfe.

„Döskopp!“ rief ich in meiner ersten Enttäuschung, sah aber dabei ungemein freundlich aus.

Der Taubstumme, der dies wohl für einen verbindlichen Abschiedsgruß hielt, zog ergebenst seine Zipfelkappe, obgleich er eine bedeutende Glatze hatte.

Der Abend kam. Auf einem Acker rupft' ich mir ein halb Dutzend Rüben aus, und da ein starker Tau den Boden benetzte, stieg ich in eine Tanne, band mich fest mit den Frackschößen und machte mich sodann über die saftigen Feldfrüchte her, daß es knurschte und knatschte. Von der letzten, bei der ich entschlummert war, hing mir die Hälfte nebst dem Krautbüschel noch lange aus dem Munde heraus, als ich am andern Nachmittag wieder erwachte. Schnell stieg ich herab, erfrischte mich in einer Quelle und kehrte auf die Landstraße zurück. Ich befand mich in der heitersten Laune; ich wußte es, eine innere Stimme sagte es mir: Dir wird heut noch besonders was Gutes passieren.

In diesen angenehmen Vorahnungen störten mich die Klagelaute eines Bettlers, der, den Hut in der Hand, auf mich zukam.

„Junger Herr!“ bat er. „Schenkt mir doch was. Ich habe sieben Frauen – ach ne! sieben Kinder und eine Frau, und meine Eltern sind tot, und meine Großeltern sind tot, und meine Onkels und Tanten sind tot, und ich hab' niemanden in dieser weiten, harten, grausamen Welt, an den ich mich wenden könnte, als grad Euch, schöner Herr.“

Bei diesen Worten erwärmte sich meine angeborene Großartigkeit. Ich hatte siebzehn einzelne Kreuzer im Sack. Mit dem Gefühl einer behaglichen Erhabenheit warf ich zehn davon in den Filzhut des Bettlers.

Kaum war dies geschehn, so nahm er einen Kreuzer wieder heraus und legte ihn mir vor die Füße.

„Hier, mein Bester“, sprach er, „schenk' ich Euch den zehnten Teil meines Vermögens. Seid dankbar und vergeßt den edlen Geber nicht, der sich bescheiden zurückzieht.“

Nach kurzer Erstarrung lief ich hinter dem Kerl her, um

ihm einen Tritt auf die Wind- und Wetterseite zu geben. Aber er hatte die Tasche voller Steine. Er traf so geschickt damit, daß mir, trotzdem ich das Netz vorhielt, schon beim zweiten Wurf ein ganz gesunder Vorderzahn direkt durch den Hals in die Luftröhre flog, worauf ich wohl eine Stunde lang husten mußte, ehe ich ihn wieder herauskriegte.

Ich pflückte mir Felderbsen in mein Netz, ließ die grünen, angenehm kühlen Pillen durch die entzündete Gurgel rollen und füllte mir so zugleich den begehrlichen Leib mit jungem Gemüse. Dann zog ich mich in ein Gehölz zurück und legte mich, das Gesicht nach oben, schlichtweg zur Ruhe nieder. Den folgenden Tag hätt' ich sicher verschnarcht, wär' mir nicht gegen Mittag ein Maikäfer in den weitgeöffneten Mund gefallen. In dem Augenblick, als er sich anschickte, in die Tiefe meines Wesens hinunterzukrabbeln, erwacht' ich. Der Wind schüttelte die Wipfel.

Übrigens knurrte mein Magen wegen fader Beköstigung, und so macht' ich mich denn auf und ruhte nicht eher, bis ich in ein Wirtshaus gelangte, wo ich mir eben für meine letzten Kreuzer etwas Derbes bestellen wollte, als ein wohlgemästeter Bauer, der sehr lustig aussah, in die Stube trat und sich zu mir an den Tisch setzte.

„Euch ist wohl!" sag' ich.

„Mit Recht!" sagt er. „Hab' den Schimmel verkauft auf dem Markt!"

„Brav's Tier vermutlich."

„Das grad nicht. Alle Woche mal, oder wenn's ihm grad einfällt, haut er die Sterne vom Himmel herunter und den Kalk aus der Wand."

„Da habt Ihr den Käufer jedenfalls gewarnt."

„Was!" entgegnete der Bauer und wurde ganz traurig und niedergeschlagen. „Gott erhalte jedem ehrlichen Christenmenschen seinen gesunden Verstand. Seh ich wirklich so dumm aus?"

„Hört mal!" sag' ich. „Dann seid Ihr ja einer der größten Halunken, die auf den Hinterbeinen gehn zwischen Himmel und Hölle."

„So hör ich's gern!" rief der Bauer, und sein Gesicht klärte sich auf. „Gelt ja? Ich bin ein Teufelskerl. He, Wirt! Gebt

diesem netten Herrn ein belegtes Butterbrot und ein Glas Bier auf meine Rechnung."
Während ich aß, fiel es mir auf, daß der Mann beständig durchs Fenster schielte. Plötzlich schien ihm was einzufallen. Er zahlte und sagte, er müßte notwendig mal eben hinaus, aber käme gleich wieder. Kaum war er fort, so hörte man ein hastiges Pferdegetrappel von der Landstraße her. Ich trat vor die Haustür.
Ein Schimmelreiter ohne Hut war angekommen und fragte ganz außer Puste:
„War kein Bauer hier mit einem dicken Bauch, einem dicken Stock und einer dicken Uhrkette?"
„Das stimmt!" sag' ich. „Er ging nur mal eben zur Hintertür hinaus."
„So ein Hundsfott!" schrie der Reiter. „So ein Mistfink! Lobt und preist mir der Kerl den Schimmel an, der den Teufel und seine Großmutter im Leib hat."
„Ja!" sag' ich gelassen. „Dummheit muß Pein leiden."
Krebsrot vor Zorn hob der Schimmelreiter die Peitsche. Ich schwenkte mein Schmetterlingsnetz.

Auf dieses Zeichen schien der Schimmel gewartet zu haben. Er vergrellte die Augen, spitzte die Ohren, ging verquer, ging rückwärts, er drückte ein Fenster ein unter starkem Geklirr, er wieherte hinten und vorn, und dann, mit einem riesigen Potzwundersatze, weg war er über die Planke.
Ich lief, um nachzusehen, vor den Hof. Der Schimmel war nur noch ein undeutlicher Punkt ganz in der Ferne; der Reiter hing deutlich im Pflaumenbaum ganz in der Nähe.

Die folgende Nacht verschlief ich unter einer Wiesenhecke. Eine Grasmücke, das graue Vöglein mit schwarzem Käppchen, weckte mich in der Früh durch seinen lieblichen Gesang. Ich blieb noch liegen und horchte. Durch Zweige und zierliche Doldenpflanzen sah ich in die sonnige Welt. Heuschrecken geigten an ihren Flügeln, indem sie die Hinterbeine als Bogen benutzten. Schwebefliegen blieben stehn in der

Luft und starrten mich an aus ihren Glotzaugen. Endlich erhob ich mich und nahm in einem klaren Wassertümpel mein Morgenbad. Natürlich, grad wie mir's am wohlsten drin ist, kommt mein ersehnter Schmetterling dahergeflogen und flattert mir neckisch vor der Nase herum. Ich heraus, zieh mich an, eile ihm nach, von Wiese zu Wiese, den ganzen Tag, bis dicht vor ein Städtchen. Hier schwang er sich über die Stadtmauer, hoch in die Lüfte, nach dem Wetterhahn hin auf der Spitze des Kirchturms.

Der Abend dämmerte bereits. Auf dem Walle lief ein Mann hin und her, einsam und unruhig. Er hatte den Zeigefinger an die Stirn gelegt und sagte in einem fort das Abc her, bald vor-, bald rückwärts. Ehe ich ihm ausweichen konnte, stieß er mir mit dem Kopf vor die Brust. Nun riß er die Augen weit auf und schrie mich an:

„Ha! Wie heißt er?"

„Ich heiße Peter!" sag' ich.

„Nein, Er: er mit dem ich vor zehn Jahren im Monat Mai drei Wochen lang herumgewandert bin an der polnischen Grenze."

„Gewiß ein Herzensfreund."

„Nein, gar nicht."

„Oder er ist Euch was schuldig."

„Keinen Heller."

„Na!" sag' ich. „Dann nennt ihn Hans und laßt ihn laufen, wohin er will."

„Mensch!" rief er. „Ich bin Ausrufer in dieser Stadt. Lesen kann ich nicht; meine Frau sagt's mir vor, bis ich's auswendig kann; läßt's Gedächtnis nach, ist der Dienst verloren. Neulich, beim Kaffee, ich stecke die Pfeife an, da, so beiläufig, denk' ich: Der, der, wie heißt er nur gleich? Und da hat's mich gehabt. Und ich sah ihn doch so deutlich vor mir, als wär's heut oder übermorgen. Er war links und kratzte sich auch so; er zwinkerte immer mit dem linken Auge, und sein linkes Bein war krumm, und im linken Ohrläppchen trug er einen Ring von Messing, und Schneider war er auch. Oh, der Name, der Name!"

Die Beschreibung paßte genau auf meinen früheren Meister. „Hieß er nicht Knippipp?" sag' ich so hin.

Ein heller Freudenblitz zuckte über sein blasses Angesicht. Mit den Worten: „Knippipp, ich habe dich wieder!“ fiel er mir um den Hals und weinte einen Strom von Freudentränen hinten in meinen Kragen, daß es mir ganz heiß den Rücken hinabrieselte.
In der Fülle seiner Dankbarkeit ersuchte er mich, ihn nach Hause zu begleiten und bei ihm zu übernachten; und oh! wie freuten sich seine Frau und seine Kinder, als sie sahen, daß sie wieder einen vergnügten und brauchbaren Vater hatten.
Zu Abend gab es Zichorienkaffee mit den üblichen Zutaten. Die Kinder tranken sehr viel, und ich meinte, es sei wohl nicht ratsam, wenn sie kurz vor dem Schlafengehen so viel Dünnes kriegten; aber die Eltern waren der Ansicht, man müsse dem Drange der Natur freien Lauf lassen.
Als wir fertig waren, baten die drei Kleinsten: „Nicht wahr, Papa? Wir schlafen bei dem fremden Onkel!“
So geschah es denn auch. Die Nacht, die ich unter diesem gastlichen Dache zubrachte, war eine der unruhigsten, wärmsten und feuchtesten Sommernächte, die ich jemals erlebt habe.
Bei Anbruch des Tages tranken wir wieder gemeinsam Kaffee und aßen Brot mit Zwetschenmus dazu. Die Kinder waren sehr zutunlich; besonders der Zweitjüngste spielte gar traulich zwischen meinen Frackschößen herum.
Daß meine einfachen Gastgeber, von denen ich einen zärtlichen Abschied nahm, über die Lage von Geckelbeck auch nicht die mindeste Auskunft zu geben vermochten, hatt’ ich mir gleich gedacht. So beschloß ich denn, eh ich wieder ins Weite zog, mich in der Stadt etwas näher zu erkundigen.
Ohne Erfolg befragt’ ich einen Lehrjungen, der die Läden aufmachte; einen Betrunkenen, der nach Hause ging; einen Großvater, der die Hand aus dem Fenster hielt, um zu fühlen, ob’s regnete. Zu guter Letzt wollt’ ich noch mal eben an eine vertrauenerweckende Haustür klopfen. Im selben Moment wurde sie aufgestoßen, und ein Dienstmädchen goß den Spüleimer aus. Hätt’ ich nicht flink die Beine ausgespreizt und einen ellenhohen Hupfer getan, so wäre mir der vermischte Inhalt direkt auf den Magen geplatscht. Auf meine

Anfrage wischte sich das gesunde Mädchen freilich mit seinem roten Arm ein paarmal nachdenklich unter der Nase her; indes von Geckelbeck wußte sie nichts, und einen, sagte sie, der es wüßte oder einen wüßte, der es wüßte, wüßte sie auch nicht.

Ich schlenderte zum Tor hinaus. Von der Morgensonne beschienen, mitten auf der Chaussee, war eine Gesellschaft von Sperlingen mit der Obsternte beschäftigt. Es waren jene bemerkenswerten Früchte, genannt Roßäpfel, welche Winter und Sommer reifen. Dieser Anblick erinnerte mich lebhaft an meine ländliche Heimat.

Jetzt, dacht' ich, sitzen sie wohl da um den Tisch herum und verzehren ihr Morgensüppchen und denken: Wo mag der Peter sein? Und der Vater wischt sich schweigend den Mund ab mit dem Rockschlappen, und der Gottlieb geht hin und mistet den Pferdestall, und mein gutes Kathrinchen füttert die Hühner, und das schwarze mit der Holle frißt ihr das Brot aus der Hand, aber das gelbe ohne Schwanz will nicht mitfressen, sondern steht traurig und aufgeblustert abseits, auf einem Bein, denn es hat noch immer den Pips. Einige dicke, heimwehmütige Tränen, ich muß gestehn, rannen mir langsam über die Backen herunter. Ich zog das Taschentuch und rieb mir gründlich mein Angesicht. Es wurde mir so sonderbar schwarz vor den Augen, und jetzt merkt' ich, was los war. Das kleine, liebevolle Söhnchen meines vergeßlichen Gastfreundes hatte dem fremden Onkel, eh er Abschied nahm, noch heimlich in sein rotes, baumwollenes Sacktuch einen tüchtigen Klecks Zwetschenmus eingewickelt und mit auf die Reise gegeben. Ich sah mich nach Wasser um. Ei, sieh! Am Stamm eines Kastanienbaumes saß mein neckischer Schmetterling.

„Sitz du nur da!" murmelte ich verächtlich aus dem linken Mundwinkel. „Ich will dich nicht, und ich möcht' dich nicht, und wenn du die Prinzessin Triliria selber wärst und brächtest bare fünfhundert Gulden mit in die Aussteuer und keine Schwiegermutter."

Aber schon war ich in Schleichpositur und gleich drauf in vollem Galopp. Inmitten eines kleinen Teiches endlich ließ sich das bunte Flattertier auf einem Schilfbüschel nieder und klappte seelenruhig die Flügel zusammen. Mindestens zwei Stunden lang saß ich am Ufer und wartete. Vergebens macht' ich öfters Kischkisch! Und Steine zum Werfen waren nicht da. Endlich zog ich mich aus, nahm das Netz quer in den Mund und schwamm vorsichtig näher.

Unterdes machte ich eine Entdeckung, die mich veranlaßte, in Eile wieder umzukehren. Es war ein Blutegelteich. Bereits waren meine Beine und sonstigen Körperteile gespickt mit begierigen Säuglingen, und wohl mir, daß eine Grube voll Streusand in der Nähe lag, worin ich mich wälzen konnte. Als die Viecher den Sand zwischen die Zähne kriegten, was ja niemand gern hat, ließen sie sofort locker und purzelten rücküber in den Staub, welcher sie dermaßen austrocknete, daß sie bald zehnmal dünner waren als vorher und tot obendrein. Währenddem saß mein Schmetterling auf seinem Schilfstengel, als wollt' er daselbst in aller Ruhe den Rest seiner Tage verleben mit voller Pension.

Schnell zog ich mich an und eilte in den Wald, um mir einen dürren, handlichen Ast zu holen. Einer lag da, der war ganz morsch; ein zweiter lag da, der war mir zu zackicht; ein dritter saß noch am Baume fest. Ich hätte übrigens gar nicht so stark dran zu reißen brauchen, denn schon beim ersten Ruck gab er nach, so daß ich mit unerwarteter Geschwindigkeit auf den zweiten zackichten zu sitzen kam, der glücklicherweise ebenso morsch war wie der erste.

In der Hand den erwählten Knittel, lief ich nun unverzüglich an den Teich zurück, um durch einen wohlgezielten Wurf den hinterlistig geruhsamen Schmetterling aus seiner Sicherheit aufzuscheuchen. Sein Platz stand leer. Ich legte mich hin, wo ich stand, und schlief sofort ein, trotz Ärgers und des vernehmlichen Gebells meines unbefriedigten Magens.

Ausnahmsweise recht früh, schon im Laufe des Vormittags, erwacht' ich. Nachdem ich mir das Zwetschenmus, das inzwischen zu einer harten Kruste erstarrt war, mit Sand aus dem Gesichte gerieben, denn ich zog doch eine Reinigung auf trockenem Wege einer solchen mit dem Wasser des verdächtigen Teiches vor, begab ich mich auf die Suche nach einem Rübenacker, wo ich zu frühstücken gedachte. Ich fand einen Landmann dasitzend, der eben sein Sacktuch aufknüpfte und für den Morgenimbiß ein erhebliches Stück Speck entwickelte. Sofort sammelte sich in meiner Mundhöhle die zur Verdauung so nützliche Feuchtigkeit. Ich bot ihm drei Kreuzer, wenn er mir was abgäbe. Er tat's umsonst, fügte noch eine knusperige Brotrinde hinzu und wünschte mir gute Verrichtung.

Munter dreinhauend spazierte ich weiter. Den letzten Rest der Mahlzeit, nämlich die treffliche, zähe, salzige Schwarte, schob ich hinter die Backenzähne, so daß ich die Freude hatte, noch eine Zeitlang dran lutschen zu können.

Dicht vor einem Dörflein begegneten mir zwei unbeschäftigte Enten, die lediglich zum Zeichen ihres Vorhandenseins durchdringend trompeteten. Da ich nunmehr die Schwarte bis aufs äußerste ausgebeutet hatte, nach menschlichen Begriffen, warf ich sie hin. Die geistesgegenwärtigste der zwei Schnattertaschen erwischte sie und eilte damit, vermutlich weil sie nichts abgeben wollte, durch das Loch einer Hecke. Die zweite, die wohl auch keinem andern was gönnte, wackelte emsig hinterher. Ich, natürlich, als Naturbeobachter, legte mich auf den Bauch und steckte den wißbegierigen Kopf durch die nämliche Öffnung.

Mir gegenüber, an einer gemütlichen Pfütze, sah ich zwei Häuschen stehn, und jedes Häuschen hatte ein Fenster, und hinter jedem Fenster lauerte ein Bub, ein roter und ein schwarzhaariger, und vor jedem Häuschen erhob sich ein beträchtlicher Düngerhaufen, und auf jedem Düngerhaufen stand ein Gockel, ein dicker und ein dünner, inmitten seiner Hühner, die eben ihre Scharrtätigkeit unterbrachen, um gespannt zuzusehen, was die zwei Enten da machten.

Vergebens bemühte sich die erste, durch Druck und Schluck die Schwarte hinter die Binde zu kriegen; sie war grad so um ein Achtelzöllchen zu breit. Hiernach durfte die zweite, die mit neidischer Ungeduld dies Ergebnis erwartet hatte, ans schwierige Werk gehn. Schlau, wie sie war, tauchte sie das widerspenstige Ding zuerst in die Pfütze, um's glitschig zu machen, und dann streckte sie den Schnabel kerzengrad in die Höhe und ruckte und zuckte; aber es ging halt nicht; und dann kehrten die beiden Enten kurz um und rüttelten verächtlich mit den Schwänzen, als sei ihnen an der ganzen Sach überhaupt nie was gelegen gewesen.

Kaum hatten dies die Hühner erspäht, so rannten sie herbei und versuchten gleichfalls ihr Glück, eins nach dem andern, wohl ihrer zwanzig; indes alle Hiebe und Stöße scheiterten an der zähen Hartnäckigkeit dieser Schwarte. Zuletzt kam ein munteres Schweinchen dahergetrabt und verzehrte sie mit spielender Geläufigkeit; und so blieb sie doch in der Verwandtschaft.

Während dieser Zeit hatten sich die beiderseitigen Gockel unverwandt angeschaut mit teuflischen Blicken; ohne Zweifel, weil sie sich schon lange nicht gut waren von wegen der Damen. Plötzlich krähte der Dicke im Cochinchinabaß: „Kockerokoh!"

Dieser verhaßte Laut gab dem Dünnen einen furchtbaren Riß. Mit unwiderstehlichem Vorstoß griff er den Dicken so heftig an, daß sich dieser aufs Laufen verlegte um die Pfütze herum. Der Dünne kam nach. Gewiß zehn Minuten lang liefen sie Karussell; bis der Dicke, dem vor Mattigkeit schon längst der Schnabel weit offenstand, unversehens unter Aufwand seiner letzten Kräfte seitab auf das Dach flog, wo er ein mächtiges Kockerokoh! erschallen ließ, damit nur ja keiner glauben sollte, er hätte den kürzeren gezogen.

Sofort schwang sich der Dünne auf den Gipfel des feindlichen Düngerhaufens; jedenfalls mit der Absicht, von dieser Höhe herab durch ein durchdringendes Kickerikih! im Tenor der Welt seinen Sieg zu verkünden.

Ehe er noch damit anfangen konnte, sah er sich veranlaßt, laut krächzend in die Höhe zu fliegen.

Der rothaarige Knabe, heimlich heranschleichend mit der Peitsche, versetzte ihm einen empfindlichen Klaps um die mageren Beine. Aber schon, aus dem Nachbarhaus, war der Schwarzkopf mit einer Haselgerte als Rächer des seinerseitigen Gockels herbeigekommen und erteilte dem Rothaarigen, grad da, wo die Hose am strammsten saß, einen einschneidenden Hieb. Hell pfiffen und platschten die Waffen. Man wurde intimer; man griff zu Haar und Ohren; man wälzte sich in die Pfütze; aus dem Kampf zu Lande wurde ein Seegefecht. Für mich ein spannendes Schauspiel. Ich war so begeistert, daß ich ermunternd ausrief: „Fest, fest! Nur nicht auslassen!“

Im selben Augenblick ruhte der Streit. Mein Kopf wurde bemerkt; eilig zog ich mich zurück. Aber sogleich waren die Schlingel hinter mir her. Sie warfen mich mit Erdklößen; ich drehte mich um und ermahnte sie, artig zu sein; sie schimpften mich: Stadtfrack! Ich verwies sie ernstlich zur Ruhe, und nun schrien sie Haarbeutel! Haarbeutel!, als ob ich betrunken wäre. Schleunige Flucht schien mir ratsam zu sein. Bald war ich weit voraus. Im Gehölz fand ich einen Baum, der von oben her hohl war. Umgehend saß ich drin, wie der Tobak im Pfeifenkopf, nicht zu fest und nicht zu locker. Zwar die bösen Knaben folgten mir und kicherten und flüsterten sogar noch eine Zeitlang um den Baum herum; aber ich war ihnen zu schlau gewesen, denn ohne mich weiter zu belästigen, zogen sie ab.

Mein Platz schien mir so recht geeignet zum Übernachten, und eben war ich im Begriff, recht behaglich zu entschlummern, als ich unten was krabbeln fühlte.

„Zapperment!“ dacht' ich gleich. „Dies sind Ameisen!“

Schleunigst sucht' ich mich emporzuarbeiten, um mir eine anderweitige Schlafstelle zu suchen; aber der Frack unterhalb mußte sich festgehakt haben und ließ mich nicht hochkommen, und ausziehn konnte ich ihn auch nicht, denn der Spielraum für die Ellbogen war zu gering.

Indem, so hört ich Stimmen. Wie ich durch einen Spalt bemerken konnte, waren es zwei Kerls, die einen Esel am Strick hatten. Sie banden ihn an einen Ast dicht vor meiner Nase.

„Haha!“ lachte der eine. „Den hätten wir ihm mal listig wegstibitzt.“

„Wird keine Sünd sein!“ meinte der andere. „Der alte Schlumann hat Geld wie Heu!“

Dann öffneten sie ihren Quersack, setzten sich und fingen an, fröhlich zu Nacht zu essen.

Unterdes hatten die Ameisen ihre Heerscharen vollzählig entwickelt. Sie krabbelten nicht bloß, sie zwickten nicht bloß,

nein, sie ätzten mich auch mit ihrer höllischen Säure, und zwar an den empfindlichsten Stellen. Alle sonstigen Besorgnisse beiseite setzend, brüllt' ich um Hilfe.
Die Spitzbuben, aufs äußerste erschreckt durch die gräßlichen Laute, um so mehr, als sie kein gutes Gewissen hatten, flohen eilig, ohne den Esel erst loszubinden, in das tiefste Dickicht des Waldes hinein. Ich schrie unaufhörlich, und der Esel fing auch an.

In diesem Augenblick kam ein Mann mit einer Laterne. Er streichelte den Esel und beleuchtete ihn von allen Seiten, und dann beleuchtete er auch mich in meiner Bedrängnis. „Komm hervor aus dem Rohr!" sprach er ernst.
„Der Frack, der Frack!" schrie ich. „Der leidts halt nicht."
„Da werden wir mal nachsehn!" sprach er gelassen. „Ja, dies ist erklärlich; denn hier aus dem Astloch steht er heraus, zu einem Knoten verknüpft, und ein Stäbchen steckt als Riegel dahinter."
„Das haben die bösen Bengels getan!" rief ich entrüstet. Es war die höchste Zeit, daß ich loskam. Wie ein Pfropfen aus der Flasche flog ich zum Loch heraus, und der alte Schlumann, denn der mußte es sein, brach einen Zweig ab und klopfte mich aus wie ein Sofakissen, wo die Motten drinsitzen.
Er trug Rohrstiefel, einen Staubmantel von Glanztaffet und einen breitkrempigen Hut. Es war ein ansehnlicher Herr von fünfzig bis sechzig Jahren mit graumeliertem Bart und Augen voll ruhiger Schlauheit. Wohlwollend grüßend, bestieg er seinen Esel, ermunterte ihn mit den Worten: „Hü, Bileam!" und ritt langsam in der Richtung des Dorfes fort.

Die Diebe hatten unter anderm ein kaltes Hühnchen zurückgelassen. Ich ging damit abseits, verzehrte es, wühlte mich in trockenes Laub, legte mich aufs Gesicht, damit mir nicht wieder was in den Mund fiel, und schlief unverzüglich ein.

Es mochte halbwegs Mittag sein, als ich durch ein empfindliches Schmerzgefühl an beiden Seiten des Kopfes geweckt wurde. Zwei Schweine waren eben dabei, mir die Ohren, die sie vermutlich für Pfifferlinge hielten, vom Kopfe zu fressen, hatten aber erst ganz wenig heruntergeknabbert. Im Kreise um mich her wühlte die übrige Herde.

Der Hirt, ein kleiner, alter Mann mit einem dreieckigen Hut, strickte an einem blauen Strumpfe; und bei diesem treuherzigen Naturmenschen beschloß ich mich noch mal ernstlich zu erkundigen, ob er nicht wüßte, wo die Stadt Geckelbeck läge.

Das, sagte er, könnte er mir ganz genau sagen, denn vor dreißig Jahren hätte er dort mal siebzehn Ferkel gekauft, und sie wären auch alle gut eingeschlagen bis auf eins, das hätten die andern immer vom Troge gebissen, und da hätt' es vor lauter Hunger am Montag vor Martini einen zinnernen Löffel gefressen und am Dienstag eine Kneipzange und am Mittwoch dem Sepp sein Taschenpistol, den Lauf zuerst, und wie es an dem Zündhütchen geknuspert hätte, wär' der Schuß losgegangen, mitten durch die inneren Teile und noch weit hinten hinaus.

„Seht!“ fuhr er fort. „Dort zwischen den Bäumen hindurch, grad wo ich mit diesem Strickstock hinzeige, da liegt Dösingen, und zwei Stunden hinter Dösingen kommt Juxum, und dann kommt sechs Wochen lang nichts, und dann kommt der hohe Dumms, wo's oben immer so neblig ist, und von da sieht man erst recht nichts, und – – –“

„Danke, lieber Mann!“ unterbrach ich ihn. „Und bitte, haltet Euch bedeckt!“

Hierbei trieb ich ihm mit der flachen Hand seinen dreieckigen Hut über Nase und Ohren, und als er schimpfen wollte, konnte er nicht, weil ihm die Nase übers Maul gerutscht war.

Als ich den Wald verließ, lag die angenehmste Landschaft vor mir ausgebreitet; Wiesen, von Hecken umgeben; ein See;

ein Dorf im Dunst der Ferne. Die Nacht war schwül gewesen; der Tag wurde es noch mehr. Die Schwalben flogen tief; und eine graue Wolke, wie ein Sack voll Bohnen, stand lauernd am Horizont. Die Sonne verfinsterte sich; ein Schatten machte sich über der Gegend breit; die Wolke, nunmehr mit einer langen, gelblichen Schleppe geziert, war drohend heraufgestiegen. In ihrem Innern grollte es bereits; ein Wind erhob sich, und dann kam rauschend und prasselnd die ganze Bescherung.

In der Wiese, wo ich mich befand, war Heu gemacht; an der Hecke bemerkt' ich eine kleine Hütte von Zweigen; ich schlüpfte spornstreichs hinein.

So geht's, wenn man nicht erst zusieht! Ich fiel direkt in zwei offene Weiberarme und wurde auch umgehend so heftig gedrückt und abgeküßt, daß ich, der so was nicht gewohnt war, in die peinlichste Angst geriet.

„Hö! Hö!" schrie ich aus Leibeskräften. „Satan, laß los!" Gleichzeitig schlug ein blendender Blitz in den nächstliegenden Heuhaufen, und ein Donnergepolter folgte nach, als wäre das Weltall von der Treppe gefallen.

Meine zärtliche Unbekannte ließ mich los und sprang vor die Hütte.

„Ätsch! Fehlgeschossen! Hier saß ich!" rief sie spottend in die Wolken hinauf, und dann tanzte sie lachend um den brennenden Heuschober.

Die blitzenden Zähne; das schwarze Haar, durchflochten mit goldenen Münzen; unter dem grauen, flatternden Röcklein die zierlichen Füße; dies alles, kann ich wohl sagen, schien mir äußerst bemerkenswert.

Mit dem letzten Krach war das Wetter vorübergezogen. Vergnüglich und unbefangen, als sei zwischen uns beiden nichts vorgefallen, setzte sich das Mädel wieder zu mir in die Hütte. Sie machte die Schürze auf. Es waren gedörrte Birnen drin, meine Lieblingsfrüchte, und als ich sie essen sah, wollt ich auch zulangen. Aber jedesmal kniff sie die Knie zusammen, zischte mich an und gab mir neckisch einen Knips vor die Nase. Schließlich erwischt' ich doch eine beim Stiel. Sofort krümmte sich die Birne und biß mich in den Finger, daß das Blut herausspritzte. Ich hatte eine Maus beim Schwanze. „Au!" rief ich und schlenkerte sie weg. „Wart, Hex, jetzt krieg ich dich!"

Aber schon war die hübsche Zauberin aufgesprungen und hatte mir sämtliche Birnen vor die Füße geschüttet. Dies Mäusegekrabbel! Die meisten liefen weg; nur eine war mir unter der Hose hinaufgeklettert, das Rückgrat entlang, bis an die Krawatte, wo sie nicht weiter konnte, und nagte hier wie verrückt, um herauszukommen, und bevor ich mich noch ausziehen konnte, hatte sie auch schon, wie sich später zeigte, ein zirkelrundes Loch durch Hemd, Weste und Frack gefressen.

Als ich mich von dieser Aufregung wieder einigermaßen gesammelt hatte, sah ich mich um nach dem Blitzmädel, der Hexe; denn ich hatte Mut gefaßt und wollte ihr mal recht ins Gewissen reden von wegen der Zauberei, und darnach, so nahm ich mir vor, wollte ich ihr zur Strafe für ihre Schändlichkeit einige herzhafte Küsse geben. Ich suchte und suchte, in der Hütte, in der Hecke. Nichts Lebendiges war zu bemerken, außer ein Laubfrosch, ein Zaunigel, viele Maikäfer und der Schwanz einer silbergrauen Schlange, die grad in einem Mausloch verschwand.

Weiterhin schlich der Jägernazi herum, als ob er was verloren hätte. Er sah recht verstört aus und ging an mir vorbei, ohne mich zu beachten.

Auch ich war etwas trübselig geworden; denn nicht nur spukte mir das Mädel im Schädel, sondern als ich Frack, Hemd und Weste ablegte, um den Mäuseschaden zu beseitigen, fehlte mir auch mein goldenes Medaillon, das ich bisher immer so sorgsam bewahrt hatte.

Nach dem Gewitter hatte sich die Luft empfindlich abgekühlt, so daß mir abends die Zähne im Munde klapperten.

Daher schien es mir ratsam, mich nach einem Quartier umzusehn, wo ich unter Dach und Fach übernachten konnte. Ich versteckte mein Netz, näherte mich einem einsamen Bauernhofe und besah die Gelegenheit. Aus einer offenen Luke im Giebel hing Stroh heraus; eine Leiter stand davor. Zu Nacht, als alles still geworden, stieg ich hinauf. Es war ein einfacher Bretterboden. Ich machte mich so leicht wie möglich. Kracks! Da brach ich schon durch.
Ich fiel weich, auf ein Bett, wie ich merkte. Aha! dacht' ich. Das trifft sich gut! Dies ist sicher die Fremdenkammer! und wollte mir's bequem machen. Aber neben mir rührte sich was.

„Kunrad!" rief eine Weiberstimme. „Kunrad, der Sack ist durch die Decke gefallen."
„Dummheit! Du träumst! Dreh dich um!" gab eine schläfrige Männerstimme zur Antwort.
„Kunrad!" kreischt die Frau. „Der Sack hat Haar auf dem Kopf!!"
„Ich komm schon!" klang's munter aus dem andern Bett herüber.
Es schien mir nicht ratsam, noch länger zu verweilen. Ich trat klirrend in ein Gefäß voll Flüssigkeit; ich tappte mit den Händen in fünf, sechs offene Mäuler. Die Kinder heulten, die Frau schrie: „Ein Dieb! Ein Dieb!" und der Bauer fluchte und schwur, daß er ihn schon kriegen und durch und durch stechen wollte, wenn er nur gleich einen Säbel hätte. Zum Glück fand ich eine Tür, die in den Nebenraum führte. Hier kriegt' ich den Kopf einer Kuh zwischen die Arme, und als ich das haarige Gesicht und die zwei harten Hörner fühlte,

erschrak ich und dachte schon, es sei der kräftige Knecht mit der Heugabel. Das bekannte Hamuh! gab mir die Besonnenheit zurück. Ich sprang aus der Klappe und schlich mich hinter dem Schweinestall herum durch den Gemüsegarten ins Feld. Alles, was Stimme hatte, war wach geworden: Hund, Hühner, Schweine, Kühe, Ziegen und Gänse; aber am längsten hört' ich noch die leidenschaftlichen Äußerungen der Familie, die aus weitgeöffneten Mäulern und Fenstern hinter mir herschimpfte.

Ohne erst mein Netz zu holen, lief ich und lief ich die halbe Nacht hindurch, bis ich einen Teich erreichte, in dessen Nähe ein Mühlrad rauschte.

Schön gelb und rund, gleich dem Eierkuchen in der Pfanne, ehe er völlig gereift ist, schwebte der Mond im Himmelsraum. Ich war ungemein wach und warm geworden. So setzte ich mich denn auf das Wehr und hörte zu, was sich die Frösche erzählten, die ihre gesellige Unterhaltung, worin sie durch meine Ankunft gestört waren, alsbald wieder anknüpften. „Frau Mecke! Frau Mecke!" fing die eine Fröschin zur andern an. „Was ba-backt Ihr denn morgen?" „Krapfen! Krapfen! Frau Knack!" entgegnete die Frau Mecke.

„Akkurat mein Geschmack!" quakte die Frau Knack.

Und kaum, daß sie diese Ansicht geäußert hatte, so stimmten sämtliche Frösche ihr bei und erklärten laut und einstimmig, die Frau Knack-ack-ack-ack hätte den wahren Geschmack-ack-ack-ack, und da blieben sie bei und hörten nicht auf, bis ich gegen Morgen einen dicken Stein holte und mitten ins Wasser plumpste.

Inzwischen hatt' ich allerlei in Erwägung gezogen. Durch die vorwiegend pflanzliche Nahrung war meine Natur doch sehr merklich ermattet. Auch bedurfte meine Wäsche, die nur aus $^1/_{12}$ Dutzend Hemden und $^1/_{12}$ Dutzend Paar Strümpfen bestand, recht dringend der Ergänzung. Daher beschloß ich, mir in der Mühle einen Dienst zu suchen.

Auf meine Anfrage, ob's nichts zu flicken und zu stopfen gäbe, gab der Müller die freudige Antwort:

„Nur herein, mein Sohn; es ist ein gesegnetes Mäusejahr; kein Sack ohne Löcher!"

Drei Wochen lang hantiert' ich emsig mit Nadel und Zwirn; aber die sitzende Lebensweise gab mir auch die beste Gelegenheit, in aller Stille an die reizende Hexe zu denken und allerlei Pläne zu schmieden, wie ich sie wieder erwischen könnte. Unwiderstehlich erwachte die Wanderlust; die Beine fingen an zu zappeln wie fleißige Weberbeine, und eines schönen Morgens stand ich reisefertig da, mit einem neuen Netz in der Hand, und sprach:

„Meister, ewig können wir nicht beieinander sein. Gehabt Euch wohl!"

Nachdem ich meinen Lohn erhalten, spaziert' ich mit munteren Schritten den Bach entlang. Ich war ordentlich plus und prall geworden. Und pfeifen tat ich, und zwar schöner als je, denn grad durch das ärgerliche Loch, was mir der Strolch in die Zähne geworfen, bracht ich nun die kunstvollsten Töne hervor.

Die Landschaft, in die ich zuerst gelangte, sah sehr einförmig aus. Die Kartoffeln standen gut; indes ungewöhnlich viele Schnecken gab es daselbst, die, wie mir schien, noch viel langsamer krochen als anderswo.

Bald erreicht' ich ein idyllisches Dörflein. Alle Häuser hingen gemütlich schief auf der Seite; desgleichen die Wetterhähne auf den Dächern. Auf den Türschwellen im warmen Sonnenschein hockten die Mütter und besahen so beiläufig den Kindern die Köpfe, während die Mannsbilder draußen auf der Bank saßen und versuchten, in dieselbe Stelle zu spucken, was, wenn es gelingt, ja den Ehrgeiz befriedigt. Nur einer machte sich etwas Bewegung auf der Gasse. Er ließ seinen Stock fallen. Mühsam und seufzend hob er ihn auf; aber dann ging er auch gleich ins Wirtshaus zu seiner Erholung. Ein Dickwamps sah schläfrig zum Fenster heraus.

„Ihr da, mit dem Dings da!" sprach er mich an. „Ihr könntet mir zu etwas behilflich sein."

Ich trat ins Haus. In langgedehnter, zähflüssiger Rede tat er mir kund, um was es sich handelte: Er hätte eine Kanarienvogelhecke oben unter dem Dach, die möchte er gern, von wegen des lästigen Treppensteigens, nach unten verlegen, aber das Viehzeug, um es einzufangen, sei gar zu flüchtig für ihn, da wär ich mit meinem Netz grad recht gekommen.

Ich stieg voran die Treppe hinauf. Er ließ sich nachschleppen, indem er meine Frackschöße erfaßte, und es wundert mich nur, daß dieselben bei der Gelegenheit nicht ausgerupft und entwurzelt sind. Trotzdem, als wir die Dachkammer erreichten, mußte ich ihm erst lange den Rücken klopfen, bis er wieder zu Atem kam; so dick war der Kerl.

Mit Leichtigkeit, vermittels meines Netzes, erhascht' ich sämtliche Vögel, es mochten ihrer zwanzig bis dreißig sein, und steckte sie in einen Beutel, den ich auf einen Stuhl niederlegte. Nur ein altes, schlaues Weibchen konnt' ich noch immer nicht kriegen.

Der Dicke, der starr und träge zugesehn, wie ich so herumfuchtelte, mochte davon wohl etwas schwindlig und müde geworden sein. Mit dem Seufzer Achja! ließ er sich in voller Sitzbreite auf den Stuhl niedersinken, wo der Beutel drauf lag. Keinen Ton gaben sie von sich, die armen Vöglein. Er merkte auch nichts, sondern saß friedlich dâ mit halbgeschlossenen Augen, und als ich ihm ängstlich mitteilte, daß fast sein ganzer Singverein unter ihm läge, sprach er langsam und seelenruhig: „Dann pfeifen's nimmer, das weiß ich gewiß!"

„Na!" rief ich. „So bleibt meinetwegen sitzen bis Ostern übers Jahr. Wünsch' angenehme Ruh!"

Das alte Kanarienweibchen hatte sich ihm frech auf den Kopf gesetzt und pickte an dem Quast seiner Zipfelmütze. So verließ ich die zwei.

Am Ende des Orts war ein stattlicher Neubau im Werden. Drei Zementtonnen lagen da; aus zwei derselben schaute je ein Paar Stiefel hervor. Ein einziger Maurer stand auf der Leiter mit dem Lot in der Hand und visierte lange mit großer Genauigkeit. Hierbei entglitt ihm die Schnur. Langsam stieg er herab; langsam wickelte er sie auf; langsam stieg er wieder nach oben. Als er bis zur Mitte der Leiter emporgeklommen, entfiel ihm das Lot zum zweiten Male. Er nahm eine Prise, sah in die Sonne, wartete fünf Minuten vergeblich auf die Wohltat des Niesens, stieg langsam herab, machte

Schicht, und alsbald schaute auch aus der dritten Tonne ein Paar Stiefel hervor.
Um alles dies mit Muße in Betrachtung zu ziehn, hatt' ich auf einem Steinhaufen Platz genommen. Ein Hausierer, der einen Packen mit Wollwaren trug, setzte sich zu mir.
„Merkwürdiger Ort, dies Dösingen!" fing er an. „Den Flachsbau haben sie längst aufgegeben; war ihnen zu langweilig. Flicken die Schweineställe mit den Hecheln, die Zacken nach innen gekehrt; Rüsseltiere wühlten sonst immer die Wände durch; Gänsezucht vorherrschend jetzt, der Bettfedern wegen. Bequeme Leute; wenn sie gähnen, lassen sie meist gleich das Maul offen fürs nächste Mal. Hier verkauf' ich die meisten Nachtmützen."
„Was wird denn das für ein Haus da?" fragte ich.
„Trottelheim. Der reiche Schröpf läßt's bau'n, der Klügste im ganzen Dorf, seit er das große Los gewann. Diese wohltätige Anstalt, pflegt er zu sagen, ist nicht bloß für andere, sondern eventuell auch für mich, nach meinem Tode natürlich; denn, sagte er, wenn man auch als gescheiter Kerl stirbt, man weiß nie, ob man nicht als Trottel wieder auflebt."
Der Hausierer erhob sich. Ich erhob mich gleichfalls und fragte ihn, wie das nächste Dorf hieße.
„Juxum!" gab er zur Antwort. „Lustiges Nest."
Schon von weitem konnte man sehn, daß es ein fröhliches Dörfchen war. Die Saaten standen üppig; auf jeder Blume saß ein Schmetterling; in jedem Baum saß ein zwitscherndes Vöglein; rot schimmerten die Dächer und hellgrün die Fensterläden.
Ein munterer Greis gesellte sich zu mir. Auf meine Frage, wie er es angefangen, so alt zu werden, erwiderte er schmunzelnd: „Regelmäßig weiterleben ist die Hauptsache. Ich esse, trinke, schlafe regelmäßig, und wenn meine Frau stirbt, so heirate ich regelmäßig wieder. Jetzt hab' ich die fünfte. Ich bin der Bäcker Pretzel. Dort liegt das Wirtshaus. Gleich komm' ich nach."
Auf Grund meiner Ersparnisse in der Mühle konnt' ich mir schon was erlauben. Ich kehrte ein. Da der lange Stammtisch, bis auf den Ehrenplatz, schon besetzt war, drückt' ich mich auf die Bank hinter der Tür.

„Frau Wirtin!“ sprach ich bescheiden. „Ich hätte gern ein Butterbrot mit Schlackwurst.“
„Schlackwurst? Das glaub’ ich schon. Schlackwurst ist gut!“ rief laut lachend die dicke Wirtin. „Aber unsere Schlackwurst, mein Schatz, die essen wir selber!“
Dieser Scherz erregte bei der anwesenden Gesellschaft das herzlichste Gelächter. Alle bestätigten es, daß die Schlackwurst sehr schmackhaft, ja die Königin unter den Würsten sei. Da die Wirtin ferner erklärte, sie habe es sich zur Regel gemacht, auch ihre Butter lediglich selbst zu genießen, so mußt’ ich mit einem Stück Hausbrot und einem kleinen Schnapse vorliebnehmen.
Die Schwarzwälder Uhr hakte aus, um fünf zu schlagen. „Gleich wird Bäcker Pretzel kommen!“ bemerkte die Wirtin. „Seit nun bereits fünfzig Jahren, präzis um Schlag fünf, setzt er sich hier auf seinen Platz und trinkt regelmäßig seine fünf Schnäpse.“
„Das ist wie mit den ewigen Naturgesetzen!“ erklärte der schnauzbärtige Förster. „Nicht wahr, Herr Apotheker?“
„Jawohl!“ bestätigte dieser. „Man weiß, wie’s war, also weiß man, wie’s kommt. Was sagt Ihr dazu, Küster?“
„Tja, tja, tja!“ sprach der bedenkliche Küster. „Ich hoffe, es gibt Ausnahmen von der Regel. Seit fünfzig Jahren hab ich sechzig Taler Gehalt; vielleicht – –“
„Ah, drum!“ lachten alle.
Die Uhr schlug fünf. Es faßte wer draußen auf die Türklinke. „Hurra!“ hieß es. „Da kommt Pretzel. Jetzt wird’s lustig!“
Die Tür ging auf. Ein Bäckerjunge trat ein und teilte mit, daß der alte Pretzel soeben gestorben sei.
Auf einen Augenblick des Schweigens folgte ein allgemeines Gelächter. Man lachte über sich selber, daß man so dumm gewesen war zu glauben, es gäbe was Gewisses in dieser Welt, und am End, meinte man, hätte der Küster doch vielleicht recht gehabt.
Am heftigsten lachte ein grau gekleideter Gast, so heftig, daß er ins Husten kam.
„Na freilich!“ rief man. „Bäcker Prillke kann wohl lachen; jetzt hat er die Kundschaft allein.“
Die Fröhlichkeit steigerte sich noch, als jetzt im Nebensaal

ein Klarinettenbläser und eine Harfenistin sich hören ließen. Die Burschen und Dirnen aus der Nachbarschaft drängten herein; bald wogte der Tanz; ich kriegte auch Lust dazu. Besonders eins von den Mädeln konnt' ich nicht aus den Augen lassen; denn obgleich sie ein Kopftuch bis fast auf die Nase trug, kam es mir doch so vor, als müßte es die reizende Zauberin sein, die mich letzthin so empfindlich geneckt hatte. Beim nächsten Walzer schwang ich mich mit ihr im Kreise herum.

„Meinst, ich kenn' dich nicht?" sprach ich flüsternd. „Du bist 'ne Hex. Aus Hutzelbirnen kannst Mäuse machen."

„Haha!" lachte sie. „Das ist wohl meine Bas aus dem Gebirg. Die kann Künste. Aber gib acht. Lucindili heißt sie, wer kein Geld hat, den beißt sie."

Mein anmutig schwungvolles Tanzen, mein flatternder Schniepel, das rote Sacktüchel weit hinten hinaus hatten indes ein freudiges Aufsehen erregt. Der Walzer ging zu Ende. Aufgeregt und übermütig warf ich den Musikanten ein Guldenstück zu, damit sie mir extra eins aufspielten. Aber als ich mich umsah nach dem Blitzmädel, hopste sie bereits dahin, umschlungen von den dürren Armen eines kleinen putzigen Kerlchens mit Buckel hinten und Buckel vorn, die Weste gepflastert mit Silbermünzen, die Finger voll goldener Ringe und puppenlustig die Beine schlenkernd. Das wurmte mich. Ich trank zwei Schnäpse hintereinander und fing Krakeel an. Zwei Minuten später flog ich draußen, zu allgemeinem Vergnügen, sehr rasch die Treppe hinunter.

Anstatt mich nun alsbald so weit wie möglich von diesem lustigen Orte zu entfernen, stellt' ich mich hinter den Zaun und paßte auf, bis das Mädel nach Hause ging. Es war schon Abend geworden, als sie kichernd über die Straße eilte, das Buckelmännchen dicht hinter ihr. Gleich drauf machte sie Licht im Haus gegenüber, oben am offenen Fenster. Schmachtend blickte ich hinauf. Sie sah mich stehn, so schien's, und winkte mir zu.

Schnell nahm ich einen Schubkarren, der dienstwillig dastand, richtete ihn an die Mauer, kletterte hinauf und streckte meine Arme über die Fensterbrüstung, um einzusteigen. Es war eins von jenen niederträchtigen Schubfenstern, die man von oben herunterläßt. Mit Gerassel fiel es zu; die Scheibe, dicht vor meinem Gesicht, sprang klirrend entzwei; ein Pflock wurde vorgeschoben; ich saß mit beiden Armen fest bis über die Ellbogen.

„Er sitzt in der Klemme! Lauf, Cindili, und sag Bescheid, daß sie kommen!"

Dies rief eine heisere Männerstimme; und wenn meine Lage an sich schon ängstlich genug war, so wurde sie jetzt geradezu peinlich, als ich zu meinem Schrecken bemerkte, daß aus dem Hintergrunde des Zimmers mein bucklichter Nebenbuhler höhnisch grinsend, mit dem Talglicht in der Hand, auf mich zukam.

„Du Leichtfittig!" rief er und leuchtete mir in die Augen. „Du Mädchenverführer! Was denkst du dir nur, du abscheulicher Racker?" – Unterdes hatte er einen Korkstöpsel in die Flamme gehalten und machte mir damit erst mal einen schwarzen, glühendheißen Schnauzbart von einem Ohr bis zum andern, und dann hielt er mir das Licht unter die Nase, daß sie darin lag wie ein Lötkolben, was sehr weh tat. Aber das Schlimmste kam erst noch, denn jetzt kriegte er seine große Horndose aus der Tasche und rieb mir zwei tüchtige Portionen Schnupftabak in die Naslöcher, so daß ich fürchterlich niesen mußte, und dabei stieß ich mit meiner armen Nase fortwährend auf den harten Fensterrahmen, bis ich schließlich nicht mehr wußte, ob's Sonntag oder Montag war.

Inzwischen ging hinter mir auf der Gasse ein Kichern und Gemurmel los, und nicht bloß dies. Ein Klatschhieb nach dem andern fiel tönend auf meine gespannte Rückseite, darunter mancher von bedeutender Kraft; und Kniffe waren auch dabei, vermutlich von Weibern. Und dann hieß es: He, Philipp! He, Christoph! Herbei mit dem Pusterohr!

Ach, wie empfindlich stach das, wenn diese spitzen Geschosse, phütt, phütt! so plötzlich sich einbohrten in meine strammen Gesäßmuskeln, die durch die leichte Bekleidung so gut

wie gar nicht geschützt waren. Und jetzt erhob sich ein allgemeines Freudengeschrei: „Apotheker Pillo kommt mit dem Feuerwerk!"
Sie zogen mir den Schubkarren unter den Füßen weg. Bei prachtvoller bengalischer Beleuchtung, bald rot, bald grün, hing ich strampelnd an der Wand herunter.
Erst als das Feuerwerk sich seinem Ende nahte, schob man das Fenster hoch. Ich tat einen harten Fall; ich war geneigt zu harten Worten; aber die Genugtuung, mich ärgerlich zu sehen, wollt' ich dem Publikum doch nicht bereiten; daher rappelte ich mich flink auf und verließ sorglos tänzelnd, im lustigsten Hopserschritt, den Schauplatz meiner Qual und Beschämung. Die heiteren Bewohner von Juxum sandten mir ein tausendstimmiges Bravo! nach.
Zur dauernden Erinnerung an dies Erlebnis hab' ich die rote, geschwollene Kartoffelnase behalten, die verdächtig genug aussieht, obgleich ich seit jenem Tanzvergnügen den Schnapsgenuß immer sorgfältig vermieden habe. Was die anderseitigen Verletzungen anbelangt, so haben sie, so sehr dies zu befürchten stand, doch auf meine spätere Sitzfähigkeit keinen nachteiligen Einfluß ausgeübt.

Nachdem ich in dem nunmehr eifrigen Bestreben, das lustige Juxum baldmöglichst weit hinter mir zu lassen, die ganze Nacht durch auf den Beinen geblieben, gelangt' ich bei Sonnenaufgang in ein schattiges Waldgebirge.
Vor einer kleinen Höhle stand ein knorriger Baum. In ziemlicher Höhe, an einem langen Aste desselben, hatte sich einer aufgehängt. Da er das linke Bein noch rührte, kletterte ich mit einiger Mühe und Gefahr nach oben, kriegte mein Messer heraus und schnitt eilig den Strick ab.
Der Unglückliche, der sich durch Verlängerung des Halses sein Leben zu verkürzen gedachte, war noch elastisch und hüpfte daher, als er den Boden berührte, ein paarmal auf und nieder, ehe er umfiel. Bei näherer Besichtigung fand ich, es war der Jägernazi, der Schlangenfreund, der mir ehemals einen so empfindlichen Stoß unter die Rippen versetzte. Ohne Groll und Zögern jedoch macht' ich mich dran, ihn in den verlorenen Zustand eines bewußten Vorhandenseins

wieder zurückzubringen. Ich knöpfte ihm die Joppe auf; ich knetete ihm mit Händen und Füßen die Magengegend; ich kitzelte und feilte mit einer stacheligen Brombeerranke seine lange, weiße Nase; ich holte groben Kies und eine Handvoll Ginster und schabte ihm Brust, Hals und Angesicht, um die erlahmten Gefühle zu reizen und aufzumuntern. Endlich hatt' ich Erfolg. Mit den schmerzlich hingehauchten Worten: Oh, Schlange; riß er die Augen auf, setzte sich, befühlte seine Kehle, nieste, spuckte aus und sah mich lange schief, aber scharf von der Seite an. Jeden Augenblick erwartete ich einen Ausbruch seiner Dankbarkeit gegen mich, der ihm so mühsam das Leben gerettet. Aber ich irrte sehr.

„Malefiztropf!" plärrte er mir entgegen. „Nie meiner Lebtag hab' ich mich so gut unterhalten wie diese letzten zehntausend Jahre, als ich nirgends zugegen war; und da geht der Narr her und verleid't und zerschneid't mir mein Freud, und da sitz ich nun wieder in der schlechtesten Gesellschaft, die sich nur denken läßt, in meiner und deiner, du langweiliger Peter, du!"

Allmählich indes fing er an, die Gegenwart dieser Welt wieder erträglich zu finden. Er wurde sogar heiter und mitteilsam. „Eigentlich sollt' ich ein Klosterbruder werden", hub er an zu erzählen. „Allein die edle Entsagung, die hierzu erforderlich ist, fehlte mir gänzlich. Ich lief weg und ließ mich anwerben bei den Soldaten; aber parieren mocht' ich auch nicht gern. Da, wie's der Zufall so fügte, starb ein alter Vetter, der mir zehntausend Gulden vermacht hatte. Wunderlicher Kauz, das! Hatte fünfhundert Gulden bestimmt für sein Grabmonument. Bildhauer ausdrücklich mit Namen genannt. Verständiger Künstler; ließ mit sich reden; nahm hundert Gulden für nichts; und der tote Herr Vetter wartet noch heut auf sein Denkmal."

„Das war nicht gut!" meint' ich.

„Wieso?" fuhr der Nazi fort. „Sind vierhundert Gulden was Schlechts? Kurzum, ich wurde flott. Ich lernte ein Mädel kennen; fein, schlank, wundersam; ein verteufeltes Frauenzimmer. Zog mir spielend die Seel aus dem Leib und das Geld aus der Tasche. Mit dem letzten Dukaten, weg war sie. Ha, du Hex! Ha, du Schlange!"

Schon glaubt' ich, er wollte sich zum zweitenmal aufhängen vor Wut und Gram; aber er besann sich, lachte grimmig und lud mich ein, mit in seine Höhle zu gehn, wo er sich häuslich eingerichtet hatte; allerdings nur sehr mangelhaft, denn eine vielversprechende Flasche, die er, ein Auge zugekniffen, gegen das Licht hielt, erwies sich als inhaltslos.

In der Ferne fiel ein Schuß.

„Weißt du was, Freund Peter?" sprach der Nazi etwas hastig. „Am besten ist's, wir gehn fechten bei den Bauern, damit wir was Warmes kriegen."

Vorsichtig voranschleichend, führte er mich nach der andern Seite aus dem Walde hinaus, quer durch die Felder, bis wir zum nächsten Dörflein gelangten. Gleich im ersten Hause fand unser Anliegen eine günstige Aufnahme.

„Grad kommt ihr recht, ihr Herrn!" sagte die gemütliche Bauernfrau. „Heut mittag gab's Erbsenbrei mit Speck; der Speck ist alle; aber Brei gibt's noch in Hülle und Fülle."

Sie brachte jedem einen aufgehäuften Napf voll, und der hölzerne Löffel stak drin. Freudig setzt' ich den letzteren in genußreiche Bewegung. Freund Nazi dagegen, dem die Kost nicht behagte, pustete nur immer, als ob's ihm zu heiß wäre; und kaum daß die gute Bäuerin den Rücken drehte, um wieder in die Küche zu gehn, so erhob er sich und entleerte seine Schale in das Innere eines grünen, baumwollenen Regenschirms, der hinter der Tür stand.

„Danke für gute Verpflegung!" rief er in die Küche hinein und entfernte sich eilig.

Ein warnendes Vorgefühl überschlich mich. Ich machte, daß ich fertig wurde, und stand grad auf, als der ehrwürdige Hausvater aus der Stube trat. Er langte sich den Schirm, weil es draußen zu regnen begann, und spannte ihn auf. Groß war seine Überraschung, als ihm der zähe Brei über das Haupt und die Schultern rann. Dennoch besaß er so viel Geistesgegenwart, daß er mir, eh ich vorbeischlüpfte, den Schirm ein paarmal um die Ohren schlug, so daß ich auch von diesem Brei noch ziemlich viel abkriegte.

Der Nazi sah es von ferne und wollte sich schief lachen. Ich wär' ihm fast bös geworden darum; da er aber fleißig putzen half und trostreiche Worte sprach, ging ich wieder zu Wohlwollen und Heiterkeit über.
Um die Vesperzeit drang mein Freund darauf, daß wir, jedoch am andern Ende des Dorfes, einen zweiten Besuch machten. Ein kleiner Unglücksfall kam uns zustatten. Ein Knabe von etwa fünf Jahren fiel aus einem Apfelbaum ins weiche Gras. Er war mit einem Anzug bekleidet, den man „Leib und Seel" benennt; hinten zugeknöpft. Dadurch, daß sich beim Fallen ein Ast in den Schlitz gehakt hatte, war der Verschluß von unten bis oben vollständig gelockert. Die besorgte Mutter trat aus der Haustür. Wir suchten die abgesprungenen Knöpfe auf. Ich zog Nadel und Zwirn aus der Tasche. Der weinende Knabe wurde über den Schoß der Mutter gelegt; der Nazi hielt ihm die Beine, daß er nicht strampeln konnte. Bald waren nach allen Regeln der Kunst die Knöpfe wieder befestigt und „Leib und Seele" verschließbar, so weit das, nach unten hin, bei diesem Kleidungsstücke der unmündigen Jugend überhaupt ratsam erscheint.
Erstaunt und glücklich über diese rasche und erfolgreiche Kur lud uns die Mutter zum Vesperbrot ein.
Ein mächtiges Hausbrot, ein Teller mit dunklem Zwetschenmus, eine beträchtliche, eben nur angebrochene Butterwälze, eine Schlackwurst von anderthalb Ellen, standen alsbald zu unserer Verfügung. Am schnellsten nahm der Nazi Platz, denn er hatte tagsüber nur rohe Pflaumen gegessen. Er tat einen tüchtigen Hieb in die Butter.
„Die Butter ist schon hier am andern Ende angeschnitten!" sagte die Frau, die sehr ordnungsliebend zu sein schien.
„Macht nichts!" erwiderte der Nazi. „Da kommen wir auch noch hin!"
„Hier ist auch schwarze Butter!" erinnerte die Bäuerin.
„Danke! Die weiße ist gut genug für uns!" sagte der Nazi und tat einen zweiten und dritten Hieb.
So fuhren wir rührig fort. Die Schlackwurst verkürzte sich zusehends. Die Frau wurde besorgt.
„Man kann auch zuviel essen!" meinte sie.
„So leicht wohl nicht!" erwiderte der Nazi.

„Man kann sich auch krank essen!“ sagte sie bald darauf.
„Kommt auch wohl vor!“ gab er zur Antwort.
„Man kann sich auch tot essen!“ sprach sie endlich, als die Wurst immer kürzer wurde. Jetzt legt der Nazi das Messer nieder und sprach im ernsten Ton allertiefster Bedenklichkeit: „Wenn Ihr das meint, gute Frau, dann will ich sie lieber mitnehmen!“
Flugs erhob er sich, schob die Wurst in die Rocktasche, aus der sie noch ein gutes Stück weit hervorstand, nahm das Brot unter den Arm, drückte der Frau herzlich die Hände, versprach bald wieder zu kommen und empfahl sich mit einem zierlichen Bückling. Tief beschämt über dieses unverschämte Benehmen meines Freundes drückt' ich mich stumm aus der Tür.

Abends kehrten wir in dem Nazi seine Höhle zurück, wo wir uns die Nacht und den folgenden Tag der Ruhe, der stillen Betrachtung und dem Genuß unserer Vorräte widmeten.
Als Brot und Wurst zu Ende waren, suchten wir wiederum eine Stätte auf, die von Wesen bewohnt wurde, welche kochen.
Wir traten durch die Hintertür in eine Küche. Die Köchin war nicht zugegen. Zwei Töpfe dampften auf dem Herde. Der Nazi hob die Deckel auf. In dem einen brodelten Pellkartoffeln, in dem andern, zärtlich zu Pärchen verknüpft, ein Dutzend Paar Bratwürste. Der Nazi, gewandt und kurz entschlossen, gabelte sie auf seinen Stecken.
„Besorg du die Kartoffeln! Schnell!“ rief er mir zu und war schon zur Tür hinaus.
Nebenan im Keller hustete wer. Ohne mich lange zu besinnen, ergriff ich mit jeder Hand ein paar der dicksten Kartoffeln und lief gleichfalls hinaus. Sie waren glühend heiß; im Stich lassen wollt' ich sie nicht; in meiner Verwirrung und ängstlichen Eile steckt' ich sie in die Hosentaschen. Hier war der Teufel los. Ich fing an zu klopfen. Aber jetzt, als die Knollenfrüchte zerplatzten, kam ihre Höllenhitze erst recht zur vollen Entwicklung. Ich lief immer schneller und stieß dabei durchdringende Schmerzenslaute aus. Der Nazi,

mit seinem Stecken voller Würste, sah sich nicht um. Schließlich gelangten wir an einen Bach. Ich nahm ein Sitzbad bis unter die Arme; meine Schmerzen und Klagen besänftigten sich. Unterdes ließ sich mein Freund am Ufer nieder und aß recht gemütlich. Er meinte, es machte sich hübsch, wie ich so dasäße, und sei sehr gesund, und ich sollte nur sitzen bleiben, bis er fertig wäre. Dies gab mir Veranlassung, meine Badekur schleunigst zu unterbrechen, und das war gut, denn als ich ans Land stieg, waren nur noch drei Paar Würstel vorhanden, an denen ich mich beteiligen konnte.
Auf unserem Wege zum Walde hin trafen wir eine schlafende Bauernfrau, die vermutlich zu Markte wollte. Leise und geschickt zog ihr der Nazi ein Päckchen Butter aus der Kiepe und legte dafür einen tüchtigen Feldstein von mindestens zwanzig Pfund Gewicht an die Stelle. Als wir uns umsahn gleich nachher, erwachte sie grad und hockte die Kiepe auf mit Seufzen und großer Beschwerde, und unten rann eine gelbe Sauce heraus, und fünf Schritt weiter brach der Boden durch. „Schad um das Rührei!“ meinte der Nazi. „Ich sag's immer: Wer Steine und Eier verpackt, soll die Steine nach unten legen.“
Mir war nicht ganz wohl bei der Sach; allein der Schlingel machte das alles so lustig und wohlgemut, daß ich schließlich doch lachen mußte.

So lebten wir denn wochenlang tagsüber von unserer Betriebsamkeit in den Dörfern und bei Nacht in unserm traulichen Heim in tiefer Waldeinsamkeit.
An einem regenreichen Spätnachmittage, als wir eben dahin zurückgekehrt waren und der Nazi grad angefangen hatte, eine seiner besten Geschichten zu erzählen, fielen in der Nähe zwei Schüsse. Ein Rehbock lief vorüber; im nächsten Augenblick liefen auch wir, der Nazi voran, in der nämlichen Richtung. Es sei dem Grafen sein Förster, ein guter, alter Bekannter, der da geschossen hätte, sagte später der Nazi, als wir uns etwas verschnauften.
Wir waren in die Nähe eines einsam liegenden Wirtshauses gekommen. Es wurde sehr dunkel und regnete so heftig, daß mein Freund behauptete, wir müßten unbedingt ein

Quartier nehmen für die Nacht. Ich erwähnte unsere Mittellosigkeit.
„Man muß nur parterre wohnen!“ meinte er sorglos. „Dann macht's nichts!“
Wir traten ein und setzten uns, und er, mit vornehmer Sicherheit, bestellte einen reichlichen Abendimbiß nebst Bier vom besten. Nachdem er drei Maß mehr getrunken als ich, rief er den Wirt herbei.
„Gebt uns ein gutes Schlafzimmer, aber zu ebener Erde, wenn ich bitten darf, denn aus Dachfenstern zu springen, im Fall daß Feuer ausbricht, und den Hals zu brechen, das tun wir nicht gern.“
Der Wirt steckte einen Talgstummel an und führte uns höflich in die Kammer. Wir entkleideten uns. Der Wirt sah zu.
„Gute Nacht, Herr Wirt!“ sagte der Nazi. „Bemüht Euch nicht länger!“
„Bitte um die Beinbekleidung!“ entgegnete der gefällige Gastgeber.
„Bürsten wir selber aus!“ sagte der Nazi.
„Um die Welt nicht!“ rief der Wirt. „Solch anständige Herrn? Wäre gegen meine Reputation. Werde in der Frühe die Ehre haben, mich persönlich nach dero Befinden zu erkundigen.“
Sorgfältig legte er die beiden Kleidungsstücke über den Arm und entfernte sich, indem er uns wohl zu ruhn und angenehme Träume wünschte.
Der Nazi schnitt mir ein langes Gesicht zu. Ohne viel Worte zu machen, voll mißlicher Ahnungen, kroch ein jeder in sein bescheidenes Lager.
Mein Bett stand an einer Bretterwand. Kurz vor Tage weckte mich ein Lichtschimmer, der durch eine Spalte mir grad übers Gesicht streifte. Verstohlen blickte ich hindurch. Es war ein Stall, neben dem ich schlief.
Ein Esel stand mit der schwänzlichen Seite dicht vor der Spalte. Der alte Schlumann, den ich sofort wiederkannte, näherte sich ihm mit der Laterne, streichelte ihm dreimal den Rücken und sprach dreimal hintereinander die Worte: „Tata, tata! Mach Pumperlala!“
Damit stellte er ihm seinen Hut unter, ging ruhig beiseit und blätterte bis auf weiteres im geschäftlichen Notizbuche.

Alsbald hob der Esel den Schwanz auf; und nun kam ich dahinter, wo der alte Kerl das viele Geld herkriegte, von dem die Spitzbuben geredet hatten.
In ununterbrochener Folge, plink! plink! fielen die blanken Dukaten in den bereitstehenden Hut hinein. Die Versuchung

war zu groß für mich. Ich steckte die hohle Hand durch die Spalte und schöpfte dicht an der Quelle.
„Tata, Bileam!" rief Schlumann, ohne aufzublicken. „Tata, mach Pumperlala!"
Ich zog meine Hand, die aufgehäuft voll war, zurück und entleerte sie auf die Bettdecke. Dann hielt ich sie zum zweitenmal hin. Wieder rief der Alte, dem sogleich die Unterbrechung des Stromes zu Ohren kam: „Tata, Bileam!" indem er dadurch den Esel zu ermahnen und zu ermuntern suchte, in seiner ersprießlichen und scheinbar unterbrochenen Tätigkeit fortzufahren.
Eben hatte ich die zweite Handvoll in Sicherheit gebracht, als der alte Schlumann nähertrat, um das, was inzwischen ausdrücklich erfolgt war, zu besichtigen und einzuheimsen.
„Weis her, Bileam!" sprach er. „Was haste gemacht? Wenig haste gemacht! Pfui, schäme dich!"
Nicht ohne ein gelindes Kopfschütteln füllte er den glänzenden Inhalt seines Hutes in die geräumige Geldkatze, sattelte sein wundersam ergiebiges Tierlein, das den Namen des geldgierigen Propheten trug, und führte es zum Stall hinaus in den Hof.
Der Morgen dämmerte durchs Fenster. Ich zählte meine Dukaten, die ich sorgfältig zu verbergen und aufzubewahren gedachte, denn sie schienen mir das einzige Mittel zu sein,

jene reizende Hexe zu gewinnen, deren Bildnis mir so lebhaft im Herzen spukte. Mißtrauisch blickt' ich nach meinem Kameraden hinüber, ob er auch nicht bemerkte, welch ein wertvolles Geschenk, gewissermaßen warm aus dem Prägstock der Natur, mir ein gütiges Geschick grad eben in die Hand gelegt hatte. Zu meinem Ärger mußt' ich sehen, er blinzelte schon.

„Gold!" rief er plötzlich und sprang vor mein Bett. „Natürlich gestohlen! Halbpart, oder ich sag's wieder!"

Was sollt' ich machen? Ich gab ihm die Hälfte ab und steckte das Übrige in mein Beutelchen; und dann erzählt' ich ihm wortwörtlich die ganze Geschichte. Ich zeigte ihm auch den alten Schlumann, der auf seinem Esel eben vom Hofe ritt. Freund Nazi, im Gefühl seiner Barmittel, wurde jetzt aber laut. Er bollerte mit der Faust und dem Stiefelknecht gegen die Tür und verlangte Bedienung. Der Wirt erschien.

„He, die Hosen! Frühstück! Eier! Schinken! Franzwein! Flink, marsch!" schrie ihn gebieterisch der Nazi an und kniff dabei einen Dukaten ins linke Auge; ein Anblick, der den zuerst trägen und bedenklichen Herbergsvater gleich dienstbeflissen und munter machte.

Wir aßen gut und ließen uns Zeit dabei, und nachdem sich der Nazi ein Fläschlein extra in die Brusttasche gesteckt hatte, setzten wir einträchtig unsere Wanderschaft fort. Es wunderte mich nur, daß mein Freund, der sonst so gesprächig war, sich heute allmählich in ein völliges Schweigen hüllte. Endlich sprach er wieder:

„Verdammt zähes Zeug in dem Schinken. Klemmt sich immer grad zwischen die hohlen Backenzähne, natürlich! Uh, Teufel, der Schmerz! Bitte, sieh mal nach, bester Freund!"

Wir befanden uns weit draußen auf der einsamen Landstraße. Er riß jammernd das Maul auf. Da ich vorn nichts sehen konnte als zwei Reihen arbeitsfähiger Zähne, nahm ich den Zeigefinger zu Hilfe, um weiter hinten mal nachzufühlen. Sofort, mit furchtbarer Gewalt, wie eine Marderfalle, schnappten die Kiefer zusammen. Meine Besinnung verließ mich. Als ich wieder zu mir kam, war mein Freund Nazi verschwunden; mein Geldbeutel desgleichen. Und so war denn das goldene Gewebe, womit ich die Beliebte zu umstrikken gedachte, für immer entzweigeschnitten. Gebeugt und erschüttert durch dieses grausame Ereignis, ohne Freund, ohne Geld, zog ich mich in die tiefsten Schatten des Waldes zurück, wo mich sogleich ein erquickender Schlaf in seine tröstlichen Arme schloß.

Es war eine herrliche Mondnacht, als ich erwachte. Hinter den Felsen, im zitternden Silberlicht, schimmerte ein See. Ich hörte was plätschern. Eine Nixe, so schien es, badete sich. Neugierig schlich ich näher. Auf einem Stein lag ihr graues Gewand, auf dem Gewand ein Haarband von Goldmünzen.
„Aha!“ dacht’ ich. „Bist du’s? Jetzt sollst du mich schön bitten, bis du’s wiederkriegst.“
Geschwind steckt’ ich’s hinten in die Fracktasche; daß aber hinter mir, an den Baum gelehnt, ein Reiserbesen stand, hatt’ ich nicht beachtet. Dieser, als säße der Teufel drin, setzte sich plötzlich in Bewegung und machte Sprünge wie ein Böcklein und stieß nach mir, bald links, bald rechts, bald hinten, bald vorn, und dann nahm er einen Anlauf und fuhr mir zwischen die Beine, und fort ging’s hoch in die Luft und weg über die Wipfel; und ich mußte zuerst ordentlich lachen, als wir so dahintrabten, hopp, hopp, unter dem zurückfliehenden Gewimmel der Sterne, und wie im geschüttelten Frackzipfel gar lustig die Münzen klirrten; aber schon nach fünf Minuten hatt’ ich es satt gekriegt, denn mein Rößlein war ein harter Traber und warf mich auf und nieder auf seinem hölzernen Rücken, daß mir’s war, als würd’ ich durchgestoßen und aufgespalten bis an den Nabel.

Endlich, nach Verlauf einer Ewigkeit von mindestens zwanzig Minuten, kehrte der verflixte Besengaul den Kopf nach unten und den Schweif nach oben und fuhr senkrecht in den geräumigen Schlot eines Hauses, welches einsam in der Wildnis lag.
Unter großem Gerassel fiel ich auf den Herd zwischen allerlei

Küchengeschirr. Der Besen strich mir mit seinem dürren Reiserschweife noch ein paarmal durchs Gesicht, und dann stand er da, in der Ecke am Kamin, stocksteif, wie ein gewöhnlicher Schrupper, der nie was von selber tut.

Durch ein Fenster mit runden Scheiben schien der Vollmond herein.

Müd und kaputt, besonders inmitten, ließ ich mich in einen hölzernen Lehnstuhl fallen. Ach, wie weh tat das! Aber hinlegen, auf den kalten Fußboden, mocht' ich mich auch nicht, weil ich zu erhitzt war; schließlich setzt' ich mich auf die offene Seite eines leeren Eimers. Das ging so leidlich, und bald war ich eingenickt.

Schon graute der Morgen, als ich durch das Knarren der Außentür geweckt wurde. Ein krummes, steinaltes Mütterchen, in Grau vermummt bis unter die Augen, kam hüstelnd in die Küche gewackelt. Sie stieß einen kurzen, erschrockenen Quiekser aus, als sie mich sitzen sah; doch ganz gefährlich mußt' ich wohl nicht aussehn, denn sie sammelte sich bald und sprach mich an mit gewinnender Freundlichkeit:

„Ei, sieh da, mein Söhnchen! Wo kommst du schon her?"

„Ach, Mütterchen!" klagt' ich. „Ich bin geritten die halbe Nacht durch auf einem mageren, bockichten Pferdchen, daß ich so steif bin wie ein hölzerner Sägebock. Habt Ihr nicht zum Einreiben irgendeine geschmeidige Salbe, die wohltut?"

„Na freilich, mein Kind!" entgegnete sie dienstbeflissen. „Und was für eine!"

Sie öffnete den Wandschrank, kramte zwischen Gläsern und Töpfen und wählte schließlich eine zinnerne Büchse aus, die sie mir mit den traulichen Worten überreichte:

„Nimm hier, mein Sohn! Und schmier, mein Sohn! Paß auf, es wird schon anders werden!"

Bloß, um die Salbe mal vorläufig zu besichtigen, schrob ich den Deckel auf.

„Hu!" machte die Alte und hielt sich schamhaft die Augen zu. „Bitte, nicht hier! Wenn ich's nur denk', werd' ich rot!"

Sie drängte mich nebenan in ihr Schlafzimmer, wo ich mich denn auch gleich, sobald ich allein war, gewissenhaft und emsig bemühte, eine baldmöglichste Linderung meiner Leiden herbeizuführen.

Und jetzt passierte mir was, worüber ich nur mit dem höchsten Widerstreben und der tiefsten Beschämung zu berichten vermag.
Kaum hatte ich mit der Salbung begonnen, so ging durch mein ganzes Wesen ein auffälliges, nie empfundenes Drücken, Drängeln und Krabbeln. Die Nase dehnte sich nach vorn, steif richtete sich der Frack nach hinten auf. Schon ging ich auf allen vieren, und als ich zufällig in den Spiegel blickte, der neben dem Bette stand, fing ich ärgerlich zu bellen an, denn ich sah mein nunmehriges Ebenbild vor mir in Gestalt eines Pudels, blau, wie der Schniepel, und mit gelben Hinterbeinen, wie die Nankinghose.
Ich – muß ich mich noch so nennen, nach dem, was vorgegangen? Oder darf ich Er sagen zu mir? Leider nein! so gern ich auch möchte; denn das fühlte ich genau: Die sämtlichen alten Bestandteile meiner Natur hatten sich nur verschoben und etwas anders gelagert als zuvor, und während der untergeordnete Teil meines Verstandes zur Herrschaft gelangte, war mein höheres Denkvermögen gewissermaßen auf die Leibzucht gezogen, ins Hinterstübel, von wo aus es immer noch zusah, wie die neue Wirtschaft sich machte, wenn es auch selbst nichts mehr zu sagen hatte.
Ich machte einige ängstliche Seitensprünge. Dicht hinter mir klirrte es. Es waren die Goldmünzen, die vorher im Frack, aber nunmehr im Schweife steckten. Dies Geräusch regte mich dermaßen auf, daß ich, um es loszuwerden, so lange im Kreise herumlief, bis mir die Zunge aus dem Halse hing. Dann setzte ich mich mitten in die Kammer, hielt die Nase hoch, rundete das Maul ab und stieß die kläglichsten Laute aus.
Die Tür öffnete sich, und wer steckte den Kopf herein? Meine reizende Hexe.
„Bist da, Peterle?“ rief sie lachend. „Hab’ ich dich erwischt, du Dieb, du Beutelschneider, pudelnärrisches Hundsvieh, du?“
Es wurde mir wunderlich zumut. Mein Gefühl für dies Teufelsmädchen war nicht mehr Liebe, sondern einfach hundsmäßige Unterwürfigkeit. Ich kroch ihr zu Füßen; und wie ich so demütig mit dem Schwanze wedelte, klirrte es wieder drin, als wäre es eine Sparbüchse für Kinder.

„Aha! Da sitzt die Musik!“ lachte die Hexe. „Nur Geduld! Wenn der nächste Vollmond ist, dann wollen wir schnipp-schnapp! machen.“

Um ihr eine Aufmerksamkeit zu erweisen, stellt’ ich mich auf die Hinterbeine und versuchte mit den Vorderfüßen eine bescheidene Umarmung; aber eine wohlgezielte Maulschelle, die mir ein schmerzerfülltes Tjaujau! auspreßte, trieb mich scheu in den Hintergrund.

Zu Nacht wollte ich natürlich gern mit in die Kammer. Man schnappte mir die Tür vor der Nase zu. Mein Scharren und Winseln half mir nichts. Ich mußte einsam heraußen bleiben, rollte mich seufzend zusammen und verfiel endlich in einen unruhigen, oft unterbrochenen Schlummer, denn sämtliche Flöhe des Hauses, so schien es, hatten sich verabredet zu einem Stelldichein und munteren Jagdvergnügen in den dichten Wäldern meines lockichten Pelzes.

Morgens durft’ ich eintreten und meine Aufwartung machen und der Gnädigen die hübschen Pantöffelchen bringen, und jetzt, dacht’ ich, dürft’ ich mir wohl einiges herausnehmen und sprang, während sie sich die Zähne putzte, geräuschlos ins Bett, um mich nach der kühlen Nacht ein wenig zu erwärmen. Behaglich schloß ich die Augen.

Doch sogleich wurde ich aufgescheucht mit harten Worten und ausgetrieben mit harten Schlägen vermittels der Pantoffeln, die sehr spitze Absätze hatten, und dann goß sie mir ein Glas eiskaltes Wasser über den Rücken, daß ich bellte vor Schreck und jammernd hinausrannte in den Hof, wo ich mich zitternd auf ein sonniges Plätzchen legte und ärgerlich nach jeder Fliege schnappte, die mich neckisch umschwärmte.

Mein Hunger war groß. Zu fressen kriegte ich nichts. Ich scharrte eine Maus aus dem Loch und verzehrte sie mit vielem Behagen; ich fing Käfer, ja sogar einen Gartenfrosch, und verzehrte sie mit dem äußersten Widerwillen.

Meine Gebieterin lebte sehr mäßig. Am Hause hingen ein paar Nistkästchen, aus denen sie täglich drei Sperlingseier nahm, die sie gar zierlich ausschlürfte, das war alles, und dabei blieb sie gesund und lustig und boshaft dazu.

Eines Abend, als sie strickend am offenen Fenster saß, wurde etwas hereingeworfen, was klingend zu Boden fiel. Es waren Dukaten.
„Je, der Nazi!“ rief sie freudig und lief und riegelte ihm die Haustür auf.
Mein ehemaliger Reisegefährte, bekleidet mit einem neuen Jagdanzug, trat stolz herein und wurde begrüßt mit stürmischer Zärtlichkeit ihrerseits, aber meinerseits mit gehässigem Knurren.
An seiner Jagdtasche hing eine Reihe toter Rotkehlchen. Sie wurden gerupft und gebraten für ihn; und anmutig sah es aus, wie auch das Hexlein ein ganz klein wenig dran knusperte mit den weißen, blitzenden Zähnen. Ich kriegte die Gerippe. Der Nazi legte mir jedes zuerst auf die Nase und ließ mich aufwarten, eh ich es nehmen durfte. Am liebsten wäre ich ihm an die Kehle gesprungen; da aber meine Gestrenge bedrohlich den Finger erhob, ließ ich mir's gefallen, indem ich nur durch ein dumpfes Grollen und grimmiges Augenrollen meinem Unwillen Luft machte.
Diese Herrlichkeit zwischen den beiden mochte wohl so acht Tage gedauert haben, als ein unerwarteter Besuch kam; der alte Schlumann nämlich. In aller Stille hatte er draußen seinen Esel angebunden und trat nun unbefangen in die Küche, wie ein wohlbekannter Hausfreund, mit der Begrüßungsfrage: „Wie schaut's, Lucinde?“
„Ah, der Onkel!“ rief sie. „Ah, der Goldonkel! Wie herrlich, daß du kommst. Du bist doch der Beste von allen!“
Er mußte Platz nehmen im Lehnsessel. Sie warf sich ihm auf den Schoß, sie knöpfte ihm den Rock auf, sie schnallte ihm die Geldkatze ab und lief hin und entleerte sie klirrend in ihre Truhe. Er schmunzelte dazu.
Indes hatte der Nazi ein Gesicht gekriegt, blaßgelb wie Ziegenkäs. Plötzlich sprang er auf und schrie, die Sach wär ihm zu dumm, und er wollt's nicht leiden, und raus müßt' der Kerl, und wenn's der Teufel wär'. Und damit zog er den Hirschfänger und fuchtelte grausam in der Luft herum. Der alte Schlumann rührte sich nicht; aber die Hex, flink wie der Blitz, hatte zwischen den Knöcheln ihres Mittel- und Zeigefingers dem Nazi seine Nasenspitze eingeklemmt

und drehte eine schmerzensreiche Spirale daraus. Der Hirschfänger entfiel seiner Hand. Plärrend wie ein Kalb ließ er sich willenlos wegführen. Ich riß ihm noch ein tüchtiges Stück aus seiner neuen Hose; dann wurde die Tür hinter ihm zuge-

riegelt. Draußen tobte er fürchterlich und drohte, das sollte sich schon zeigen, ob eigentlich das Hexen noch erlaubt sei in einem christlichen Reiche deutscher Nation.
Auf einmal schwieg er still. Der Goldonkel und die Nichte legten sich ins Fenster; ich stellte mich auf die Hinterbeine und sah gleichfalls hinaus.
Was den Nazi so plötzlich zum Schweigen veranlaßt hatte, war der Esel, dem er jetzt näher trat, um ihn zweckentsprechend zu behandeln. Er strich ihm dreimal über den Rücken und wiederholte dreimal die Worte:
„Tata, Tata! Mach Pumperlala!"
„Nur gut!" schmunzelte Schlumann, „daß ich heut den echten zu Hause ließ."
Der Esel, durch das Streicheln angeregt, hob wirklich den Schwanz auf. Der Nazi hielt den Hut unter; aber es erfolgte nichts Wunderbares, sondern nur das, was in solchen Fällen bei gewöhnlichen Eseln allgemein üblich ist.
„Armer Nazi!" rief lachend die Hexe. „Es ist ja der Rechte nicht! Hehe!"
Wütend schlenkerte der Nazi seinen Hut aus und verschwand im Gebüsch.
Übrigens war dieser Schlumann auch mir recht zuwider; die fortgesetzten Liebkosungen zwischen Onkel und Nichte machten mich eifersüchtig, wie Hunde sind; als daher dieser Verhaßte, bedeckt mit den zärtlichsten Abschiedsküssen, ei-

nes schönen Morgens wieder wegritt auf seinem Esel, vollführte ich vor lauter Vergnügen, trotz meiner Magerkeit, ringsum im Hof einen lustigen Dauerlauf.
Ich war allmählich in meinen Manieren ganz Hund geworden. Ich gähnte ungeniert in Gegenwart meiner Herrin, ich kratzte mich, ich wälzte mich schamlos auf dem Rücken, ich drehte mich stets dreimal herum, eh ich mich niederlegte zum Schlummern, ich bellte, um mich wichtig zu machen, wenn auch nichts los war, und wo ich einen alten Strumpf oder Schuh fand, nagt' ich daran herum.
Meine Behandlung, obgleich ich mich der äußersten Demut befliß und meine schöne Tyrannin beständig im Auge hatte, wurde nicht besser. Ich mußte mich damit begnügen, von weitem zu wedeln und hündisch zu lächeln, was ich jedesmal tat, wenn sie zufällig mal hersah. In die Näh' wagt' ich mich nicht, denn meine Rippen mußte in beständiger Furcht sein vor den spitzen Absätzen der zierlichen Pantoffeln. Endlich, zur Verzweiflung getrieben vor Hunger und Kummer, brannt' ich durch.
Ich lief bis zum nächsten Städtchen, wo mich eine alte Jungfer vermittels Zucker und zärtlichen Zungenschnalzens zu sich hereinlockte. Hier lebte ich in Überfluß. Sie wusch und kämmte mich, sie knüpfte mir ein rosa Bändchen um, sie häkelte mir einen himmelblauen Paletot, sie nannte mich unter tausend Küssen ihren süßen, einzigen Herzensfreund. Den ganzen Tag lag ich auf dem Kanapee, und des Nachts durfte ich sogar als Wärmeflasche zu ihren jungfräulichen Füßen liegen. Bald war ich so faul und wurde so fett, daß die Verdauung stockte. Statt froh und dankbar zu sein, zeigt' ich mich grämlich und unzufrieden, und kurz und gut, als meine Wohltäterin, deren Zärtlichkeit mir auch nicht recht passen wollte, mal wieder wie gewöhnlich zur Frühmesse ging, schlich ich mich fort, immer dicht an den Häusern hin, und drückte mich schließlich in die erste Tür, die ich offen fand. Ich war in die Apotheke geraten.
„Ha!" rief der Provisor. „Delikat! Das gibt Hundsfett, um die Bauern damit anzuschmieren. Sehr ergiebig für den Handverkauf."
Er bot mir eine Pille an. Sie roch verdächtig; mein Instinkt

warnte mich, sie anzunehmen. Ich fletschte die Zähne, knurrte, machte kehrt und rannte und rannte bis draußen vors Tor; denn mein Fett, so lästig mir's war, wollte ich doch auf diese Art nicht gern loswerden.

Nicht weit von der Stadt fing mich ein Milchmann ein, der grad einen Zughund brauchte. Dies war die richtige Kur für mich; schon nach wenigen Tagen fühlt' ich mich leichter. Nur etwas war peinlich dabei. Die fremden Hunde, wenn ich den Karren zog, nachdem sie mich prüfend berochen hatten, bellten mich an und bissen mich fürchterlich; ich biß sie wieder; wodurch denn der Verlauf des Geschäfts allerlei bedenkliche Störungen erlitt. Geistig angeregt durch diese Verdrießlichkeiten, machte mein Herr eine praktische Erfindung. Er brachte unterhalb des Fuhrwerks einen nur nach unten offenen Kasten an, worin ich angespannt wurde und ziehen mußte; er selbst brauchte nur die Deichsel zu regieren.

So war ich allerdings einerseits wohl geschützt gegen alle Versuchungen und Anfechtungen der Außenwelt, indes andererseits, je mehr ich Muße hatte, mich inwendig zu besehn, um so deutlicher trat nun wieder das Bildnis der zuerst verlassenen Herrin, so bös sie auch war, vor die untertänigst ergebene Sklavenseele.

Ich wurde abends im Hof angebunden vor der Hundshütte. Ich käute den Strick entzwei und eilte so rasch wie möglich dem Walde zu, um wieder in der Nähe derjenigen zu sein, die mich so grausam behandelt hatte; ich kratzte an der Tür, und sogleich wurde aufgemacht. Ungewohnt liebenswürdig wurde ich empfangen; ich gab's Pfötchen; sie kraulte mir Kopf und Rücken. So selig und zufrieden war ich noch nie.

„Grad kommst recht!" sagte sie schmeichelnd. „Gleich geht der Vollmond auf. Da wird's gemütlich!"

Hierauf machte sie ein lustiges Feuer an und schürte es mit der Zange, die sie, wie ich arglos bemerkte, drin liegen ließ; und dann holte sie aus dem Schrank ein gebratenes Vögelchen, das nach meinem damaligen Geschmack grad so recht angenehm anrüchig war, hielt es mir unter die Nase, warf es in die neben dem Herde stehende offene Truhe und forder-

te mich auf, es zu suchen. Freudig wedelnd mit dem Klapperschwanz, an dessen Geräusch ich mich längst gewöhnt hatte, taucht' ich mit Kopf und Vorderbeinen in die Tiefe des Kastens, um mir den leckeren Bissen zu Gemüte zu führen. Einer der peinlichsten Augenblicke meines Lebens war gekommen.
Im Nu schnappte die Hexe den Deckel zu. Und jetzt, plötzlich, ungefähr da, wo einst die Frackschöße ihren gemeinsamen Ursprung nahmen, ein Kniff, ein Schmerz, unsäglich brennend, ein Scharren mit allen vieren, ein gräßlicher Klage-

ton, dumpf widerhallend in der Höhlung des Koffers, ein krampfhaftes Zucken – ich machte mich los, ich erhebe mich. Wahrhaftig, ich stand wieder aufrecht da auf meinen menschlichen Hinterfüßen.
Mein erster Griff war nach hinten: der Frack war zur Jacke geworden. Ein brenzliger Geruch erfüllte die Küche; die Feuerzange lag noch dampfend am Boden, ein Frackzipfel daneben; den andern hielt die Hex in der Hand und schüttelte lachend ihr goldenes Haarband heraus.
„Hol dich der Satan auf der Ofengabel, verwünschte Zauberin!“ rief ich wütend. „Mich siehst nimmer!“
Ich griff nach der Türklinke; aber eh ich noch draußen war, hatte das boshafte Geschöpf schon den Blasebalg vom Herde genommen und blies mir damit eiskalt ins Genick. Von diesem „Hexenschuß“ steht mir noch heute der Kopf schief, daß Leute, die mich nicht kennen, oft schon gemeint haben, ich müßte ein rechter Scheinheiliger und Heuchler sein.

In hohen Sprüngen, obgleich mir bei jeder Erschütterung ein Stich durchs Genick fuhr, verließ ich den Wald, und erst lange nachher ging ich langsamer und sammelte mich und zupfte meine Krawatte zurecht, bei welcher Gelegenheit ich eine überraschende Entdeckung machte. Mein Medaillon war wieder da; bei der aufgeregten Strampelei in der Truhe mußte es sich mir um den Hals geschlungen haben. Sofort fiel mir die Heimat ein; das stille Gehöft, der getreue Vater, das hübsche Kathrinchen, der biedere Gottlieb, an die ich so lange nicht gedacht, die ich so leichtfertig verlassen hatte.

Was hatte ich gefunden draußen, in dieser verlockenden Welt, als Schmerz und Enttäuschung; wie tief, durch meine unsteten Begierden, war ich gesunken! Ein Streuner war ich geworden, ein Faulenzer, ein Gauner beinah, und schließlich ein Pudel, ein kriechender Hund mit dem Pelz voller Flöhe, der verächtliche Sklav einer geldgierigen, ruchlosen Hexe.

Der Himmel hatte sich in Wolken gehüllt, ich stand ratlos da in völliger Düsterheit. Indem, so fächelte mir was, wie mit unsichtbarem Flügelschlage, um Nase und Ohren herum, und auf einmal fing es an aufzuleuchten. Er war's. Im eigenen Lichtglanz seines grün juwelenhaft funkelnden Hinterteils schwebte er dicht vor mir her, mein alter Schmetterling, dem ich niemals zugetraut hätte, daß er solch eine schöne Laterne besaß. Die Jagdlust regte sich wieder. Ich zog den Hut, ich haschte vergebens. Immer schneller und schneller mußt' ich laufen; ich stolperte über kleine Erhöhungen des Bodens; ich kam zu Fall. Das Licht erlosch.

Als ich mich aufgerappelt hatte, brach grad der Mond durch die Wolken, erhellte flüchtig eine Kirche mit spitzem Turm und versteckte sich wieder. Ich saß auf dem einen Ende eines Grabhügels; mir gegenüber auf dem andern Ende saß ein Geist, nebelhaft weiß, gleichsam nur ein faltiges Bettlaken in menschenähnlicher Gestalt.

Er sah ungemein betrübt aus und sprach hohl und schaurig, indem er rings um sich her blickte:

„Kein Monument! Noch immer kein Monument! Fünfhundert Gulden ausgesetzt, und doch kein Monument! Wann, oh wann krieg' ich ein Monument?"

„Aha!" sag' ich. „Ihr seid gewiß dem Nazi sein Vetter! Diesen Nazi kenn' ich. Die Sach ist erledigt, das Geld verputzt,

und auf Euer Denkmal könnt Ihr gefälligst lauern, bis Ihr schwarz werdet."
Der Geist, als er dies vernahm, legte sich in tiefe Querfalten und stöhnte fürchterlich.
„Ich muß mich wirklich über Euch wundern!" fuhr ich fort. „Längst tot und doch noch eitel? Schämt Euch, Alter, und legt Euch ruhig aufs Ohr, wie's guten Geistern geziemt."

Mit dieser wohlgemeinten Ermahnung hatt' ich, wie man zu sagen pflegt, das Kalb ins Auge geschlagen; nie Hätt' ich geglaubt, daß ein Geist sich so ärgern könnte. Das Gespenst machte sich lang, schwebte eilig herüber zu mir, saß mir am Buckel, nahm mich beim Kragen, schleifte mich dreimal um die Kirche und hob sich dann in die Luft mit mir, so hoch wie die Spitze des Kirchturms.
Bum! Da schlug es eins. Der Geist ließ mich los. Ich fiel und fiel – und ich fiel – –. Schon nach drei Sekunden befand ich mich in einem Zustande der tiefsten Unwissenheit. Ein närrischer Zustand, das! Wenn's kein Wieso? mehr gibt, kein Aha! Wenn Gulden und Kreuzer, wenn Vetter und Base, wenn Onkel und Tante, wenn Butter und Käse gleich Wurst und ganz egal und ein und dasselbe sind; wenn's einem auf ein paar tausend Jahre mehr oder weniger nicht ankommt; wenn – doch genug darüber! Am gescheitesten wird's sein, man macht es wie die eigentlich Sachverständigen, denen es grad passiert: Sie sitzen, liegen oder hängen da in verständiger Schweigsamkeit.
Was ich zunächst nur sagen möchte, obgleich's auch überflüssig wäre, ist dies: Ich erwachte wieder; ich besann mich wieder auf mein Vorhandensein als lebendiger Teil dieses sogenannten Weltsystems, dessen Übersicht im ganzen ja schwierig ist.

Nachdem ich eine sitzende Stellung angenommen, mir die Augen gerieben und mich behaglich gedehnt und gereckt hatte, als hätt' ich nach einer längeren Fußtour einen gesunden, erquickenden Schlaf getan, bemerkt' ich erst, daß ich mich in einem geräumigen Garten befand, den eine hohe Mauer umgab.

Dicht vor mir lag ein Feld mit Kohl bebaut, lauter Kappisköpfe von beträchtlicher Dicke. Auf den Blättern saßen zahllose Raupen und fraßen und verpuppten sich mit großer Geschwindigkeit, und schon im nächsten Augenblick brachen die Hüllen auf, und ein buntes Gewimmel von Schmetterlingen erfüllte die Luft.

Aber auch ein Baum stand da von erstaunlicher Höhe, ganz dicht besetzt mit Nestern, aus denen unaufhörlich ein Schwarm von Vögeln herausflatterte, so schwarz wie Raben und so flink wie Fliegenschnäpper.

Und, was mich am meisten wunderte, der Kohl wuchs zusehends vor meinen Augen, und im Umsehn wurden allerlei Menschen daraus, und jeder Kappismensch hatte ein Netz in der Hand, und die Schmetterlinge flogen über die Mauer und die Vögel und die Menschen hinterher.

Das Feld links neben mir war noch nicht bestellt. Zwei Männer waren beschäftigt, es umzugraben. Sie machten eine Pause, lehnten sich auf ihre Spaten und sahen sich um; und jetzt bemerkt' ich erst, daß es gar keine richtigen Mannsbilder waren, sondern zwei riesige Käfer, der eine in einem schwarzgelbbunten Röcklein, ein Totengräber, der andere blauschwarz, von der Sorte, die wir, wenn wir unter uns sind, schlechtweg mit dem Namen Mistkäfer bezeichnen.

Die Sonne senkte sich schon. Trotzdem sagte der Totengräber zu mir:

„Guten Morgen! Grad hatten wir vor, dich unterzugraben!"

„Oho!" rief ich.

„Na!" sagte er. „Sieben Jahre gelegen, ist doch wohl lange genug!" Ich lächelte wie einer, der Spaß versteht.

„Wir wollen Dumme säen!" fuhr er fort. „Gleich einen ganzen Acker, damit sie nicht alle werden."

„Man braucht halt Dünger!" meinte der Mistkäfer.

Um auf etwas anderes zu kommen, sagt' ich:

„Ihr habt hier mehr schwarze Vögel als bunte Schmetterlinge, wie ich sehe."

„Ganz richtig!“ erwiderte der Mistkäfer. „Erst drüben, jenseits der Mauer, merkt man es recht. Für jede angenehme Erwartung gibt’s mindestens drei unangenehme Möglichkeiten.“

„Also leg dich und halt uns nicht auf!“ mahnte ungeduldig der Totengräber.

„Nur schad um den schönen Bart!“ meinte der andere.

Ich griff ans Kinn. Es war so. Ich hatte einen ellenlangen Bart gekriegt.

Sollte denn wirklich, dacht’ ich – –. Aber eh ich noch weiter dachte, flatterte aus dem Kohlfelde mein Schmetterling auf, in verjüngter Herrlichkeit, so munter und farbenschön, wie ich ihn noch niemals gesehen hatte.

„Ein Netz!“ schrie ich. „Ich will hinaus!“

„Wer will, der darf!“ brummten die Käfer.

Der eine gab mir ein Netz, der andere einen Schlag mit der flachen Schaufel hinten vor, zur Nachhilfe, und dort hupft’ ich hin, über die Mauer, mit übernatürlicher Leichtigkeit, in hohen Bogensätzen, gleich wieder emporschnellend, sobald ich nur mit der Spitze des Fußes den Boden berührte, wie’s zuweilen in unbehinderten Träumen geschieht, wenn die Sohlen so elastisch sind, als säßen Sprungfedern drunter. Auch würd’ ich den Schmetterling sicher erwischt haben, denn ich war fast noch schneller als er, hätte ihn mir nicht einer von den schwarzen Vögeln grad weggeschnappt, als ich eben den entscheidenden Hieb tun wollte. Ärgerlich warf ich das Netz fort, hupfte gleichgültig weiter und machte erst, als es lange schon Nacht geworden und ich in der Ferne was Helles sah, wieder höhere Sprünge. Alsbald befand ich mich in einem Park, dicht vor den Fenstern eines hell erleuchteten Schlosses, wo es lustig drin zuging bei den Klängen der herrlichsten Blechmusik.

Es war vornehme Gesellschaft. In allen Sälen wurde gespielt. Mein erster Blick fiel auf Lucinde, die lachend am Spieltische saß. Eine fünf Ellen lange, silbergestickte Schleppe ringelte sich neben ihr auf dem Teppich wie eine glitzernde Schlange. Sie hatte einen Haufen Gold vor sich liegen. Ihr Gegenpart war ein jovialer Herr, schon ziemlich bei Jahren, dessen Hände und Gesicht ganz schwarz aussahen. Seine Nägel waren sehr lang, seine Ohren sehr spitz, seine Nase sehr krumm, und auf der Stirn hatte er zwei niedliche vergoldete Bockshörnchen sitzen. Der alte Schlumann war auch da. Er blitzte von Diamanten, spielte aber nicht mit, sondern ging nur schmunzelnd von Tisch zu Tisch. Er schien der Gastgeber zu sein.

Gern hätt' ich noch länger zugesehen, wär' nicht ein schwarzer Hund mit feurigen Augen um die Ecke gekommen, der fürchterlich bellte, so daß ich mit einem einzigen Satze hinaus vor das Schloßtor hupfte.

Hier hielten bereits die Equipagen, um die Herrschaften abzuholen. Die Lakaien, die herumstanden, machten einen soliden, vertrauenerweckenden Eindruck. Sie waren weiß gepudert, glattrasiert, dick und fett, und jeder trug in großen goldenen Buchstaben einen trefflichen Wahlspruch auf der Livree, der eine „Gut“, der andere „Schön“, der dritte „Wahr“, der vierte „ora“, der fünfte „labora“, und so ging's weiter.

„Es freut mich“ – sagt' ich –, „solch biedere Leute zu sehn!“

„Mit Recht!“ sprach der dickste von allen, dem „Treu und Redlich“ am Buckel stand. „Wir sind die guten Grundsätze.“

Gerührt wollte ich ihm die Hand drücken, aber sie war weicher als Butter, und als ich ihm auf die Schulter klopfte, sackte der Kerl zusammen wie ein aufgeblasener Schlauch, wobei ihm die ausströmende Luft geräuschvoll durch sämtliche Knopflöcher pfiff.

„Ha, Windbeutel!“ rief ich. „Seid ihr denn alle so?“

Eh ich dies noch genauer untersuchen konnte, kamen Diener mit Fackeln vom Schlosse her.

„Platz für Se. Durchlaucht, den Fürsten dieser Welt!“ hieß es. „Mach dich fort, du Lump!“

Eilig hupft' ich die Chaussee entlang. Eine Karosse, hellglühend wie feuriges Gold, kam hinter mir hergerasselt. Drinnen, in die schwellenden Polster gelehnt, saß traulich schäkernd der schwarze Herr bei der Hexe Lucinde. Hintenauf stand „Treu und Redlich“, der fette Lakai, und wurde gerüttelt, daß ihm alle vier Backen wabbelten; und was das Drolligste war, zwischen den Schößen seines Bedientenfracks baumelte neckisch ein Kuhschwanz.

Der Anblick reizte mich. In plötzlichem Übermut, mit raschem Griff erfaßt' ich den Wedel und schwang mich, den rechten Fuß voran, aufs Kutschenbrett. Ebensogut hätt' ich auch auf die Platte des höllischen Bratofens springen können, wenn grad zugekocht wird für Großmutters Geburtstag. Ein Gelächter von seiten Lucindens, als ob sie gekitzelt würde; ein Schrei meinerseits, als ob ich am Spieße steckte; ein Purzelbaum nach hinten; und unten war ich auf der platten Chaussee, in der unglücklichen Lage eines auf den Rücken gefallenen Maikäfers.

Ächzend kroch ich seitab in den Graben. Der Brandschaden war beträchtlich; doch braucht' ich, um ihn näher zu besichtigen, den Stiefel nicht auszuziehn, denn mein rechter Fuß stand frei zutage, in Gestalt einer einzigen Blase. Infolgedessen hegt' ich den lebhaften Wunsch, es möchte wer kommen, der mich mitnähme.

Endlich, im Morgennebel, näherte sich langsam rumpelnd ein ländliches Fuhrwerk. Vorn, auf einem Bund Stroh, saß das Bäuerlein und sang bereits in aller Früh gar fröhlich und wohlgemut:

Gretelein hupf in die Höh,
Daß ich deine Strümpfe seh,
Weiß wie der Schnee alle zwee
Hopsa, huldjeh!

und hinter ihm, als einziges Gepäckstück, stand ein langer, schlichter Kasten von Tannenholz.

Kaum bemerkte der gemütvolle Fuhrmann meinen leidenden Zustand, so hielt er still und war mir behilflich, seinen Wagen zu besteigen, wo ich denn auch auf dem Kasten einen recht passenden Sitz fand.

Wir waren noch nicht lange gefahren, als sich mein freundlicher Kutscher zu mir umdrehte und sprach:

„Ihr habt Glück! Grad fahr' ich zum Doktor Schnorz in die Stadt. Der versteht's. Da heißt's ritschratsch! und damit gut. Ich bring ihm den da, von Amts wegen."

Bei den letzten Worten klopfte er mit dem Peitschenstiel auf die Kiste, und weil mir nicht recht klar war, was er meinte, hob ich den Deckel auf.
„Der Nazi!“ schrie ich entsetzt.
„Vielleicht heißt er so!“ meinte das Bäuerlein. „Jedenfalls hat ihn eine Natter gebissen, draußen im Wald, und jetzt muß er zum Doktor, und damit gut!“
„Er ist ja tot!“ rief ich.
„Eben drum! Und um so besser für ihn, und damit gut!“ erwiderte der Wagenlenker. Er nahm sein munteres Lied wieder auf, aber diesmal ohne Worte, bloß vermittels seines mündlichen Flötenspiels, worin er, wie sich zeigte, eine bedeutende Fertigkeit hatte.
Ich, inzwischen, saß etwas unruhig. Ein gewisses eisiges Mißbehagen, in der Richtung von unten her, lief mir den Rücken hinauf bis unter den Hut, so daß ich froh war, kann ich wohl sagen, als wir endlich, so etwa um elf, vor der Behausung des Doktors hielten.
Nicht ohne ängstliche Vorurteile begab ich mich langsam humpelnd in das Empfangszimmer. Doktor Schnorz war schon in Tätigkeit. Er sah übrigens gar nicht so grausam aus, wie ich mir vorher gedacht hatte. Im Gegenteil. Seine frische Farbe, seine schwellenden Lippen, seine dicken, schalkhaften Augen, die aufgekrempelten Hemdärmel, die Arbeitsschürze über dem rundlichen Bäuchlein, das alles machte durchaus den Eindruck eines sauberen Metzgermeisters, den jedermann gern hat.
Grad war er dabei, einen Landmann auszuforschen, in dessen Zügen sich tiefe Besorgnis malte.
„Wie alt ist denn Euere Frau?“
„Na!“ meinte der Bauer. „So fünfzig bis sechzig.“
„Schlagt das alte Weib tot. Mit der ist nichts mehr zu machen. Adieu!“
Als der Bauer, dessen Züge sich völlig erheitert hatten, an mir vorbeiging, hört’ ich ihn sagen:
„Das ist noch ein Dokter! Wenn er einsieht, es hilft doch nichts, so erspart er einem die Kosten.“
Jetzt kam eine dicke Madam an die Reih.
„Ach, Herr Doktor!“ fing sie zu klagen an. „Ich weiß nicht,

ich bin immer so unruhig. Jede Stund in der Nacht hör' ich den Wächter blasen, und ich fürcht' mich so vor Mäusen und schlechten Menschen; das macht gewiß die Nervosität."
„Ein neumodisch Wort!" sprach der Doktor. „Sonst nannte man's böses Gewissen. Ganz die Symptome. Halten Sie Ihre Zunge im Zaume, meine Gnädige. Seien Sie freundlich gegen Ihre Dienstboten. Viel Wasser! Wenig Likör! Gute Besserung, Madam!"
Diese Dame, als sie hinaussegelte, schien mir von den heilsamen Ratschlägen des Doktors Schnorz durchaus nicht befriedigt zu sein. Und jetzt kam ich.
„Ah!" rief Schnorz mit freudigem Erstaunen. „Seh ich recht? Erlaubt mal eben. Es ist bloß zur Probe."
Während er diese Äußerungen hinwarf, hatte er mir auch schon die große Zehe abgeschnitten und legte sie unter sein Vergrößerungsglas.

„Hab's gleich gedacht!" sprach er befriedigt. „Der richtige Höllenbrand. Kurzab! ist das beste."
„Ist's lebensgefährlich?" fragte ich ängstlich.
„Warum das nicht?" erwiderte der Doktor. „Aber seid nur getrost; wenn's schief geht, wird die Welt zur Not auch ohne Euch fertig werden. Da seht mich an. Heut wenn ich sterb', ist morgen ein anderer da, und ich freu' mich schon darauf, daß die Juden kein Geld kriegen."
Hiermit drückte er mich in einen behaglichen Lehnsessel, schnallte mich fest, ergriff ohne weiteres die Säge und ging eifrig ins Geschirr.
Bei jedem Schnitt, den er tat, stieß er ein kurzes, ächzendes Ha! aus. Erst ging es gnatsch! gnatsch! dann ging es ratz! ratz! Zuletzt ging es bump!
Da! mein Fuß war mich losgeworden.

Auch fernerhin verlief die Sach sehr rasch und günstig, so daß der gute Doktor, der mir inzwischen zwei schöne Krükken hatte anfertigen lassen, schon nach vierzehn Tagen sich die Freude machen konnte, mich vor den Spiegel zu führen. Der, den ich darin erblickte, gefiel mir nicht. Kopf kahl, Nase rot, Hals krumm, Bart struppig; ein halber Frack, ein halbes Bein; summa summarum ein gräßlicher Mensch. Und das war ich.
Aber ehe ich noch Zeit hatte zu weinen, rief der Doktor triumphierend:
„He? Wie? Was sagt Ihr nun? Schmucker Kerl fürwahr! Reiche Frau heiraten. Alles in Ordnung! Gratuliere! Und glückliche Reise!"
Gerührt und dankbar drückt' ich dem Doktor, der alles umsonst getan, die fleischige Hand, verließ die Stadt und begab mich auf die Dörfer in der Absicht, mich langsam so weiterzubetteln, bis ich schließlich nach Hause käme.
Letzteres ging schneller, als ich dachte.

Der Spätherbst war gekommen; kalt wehte der Wind; an meinem einst so reizenden Anzuge flatterten die Lappen wie Espenlaub. Als ich daher in Erfahrung brachte, daß in einem Hause jemand das Zeitliche gesegnet hatte, schien mir das eine für meine Bedürfnisse sehr hoffnungsreiche Aussicht zu eröffnen, denn, wie bekannt, lassen gerade die Toten oft ganz brauchbare Kleider zurück, auf die niemand recht Anspruch macht.

Ich hatte mich nicht getäuscht. Der Großvater war gestorben. Die glücklichen Erben, denen der hochbetagte Mann begreiflicherweise schon längst ein wenig im Wege saß, und die sich nun in einer sanftheiteren, mildtätigen Stimmung befanden, schenkten mir, ohne daß ich lange zu bitten brauchte, sehr gern den drittbesten Anzug, den der Verstorbene bis an sein seliges Ende für gewöhnlich und mit Vorliebe zu tragen pflegte. Um ihn anzulegen, zog ich mich in den Kuhstall zurück. Allerdings, die Hose war bedeutend zu weit und der Flausrock bedeutend zu lang für mich, aber um so besser paßte mir die mollige, wollige, etwas fettige Pelz-

kappe, die sich tief über die Ohren ziehen ließ, ganz nach Bedarf. Solchermaßen wohlausgerüstet gegen die Unbilden der Witterung, setzte ich humpelnd meine beschwerliche Wanderfahrt fort.
Schon beim nächsten Hause erwischte mich der Bettelvogt und trieb mich mit seinem Spieß vor sich her in das dortige Ortsgefängnis, genannt „Hundeloch", allwo man, nachdem man mich einem kurzen Verhör unterworfen, den Beschluß faßte, mich umgehend auf den Schub zu bringen.
Mein Schreck war heftig, und doch war's mein Glück. Es bewährte sich auch an mir das treuherzige Sprichwort:

Was erst verdrießlich schien,
War schließlich gut für ihn.

Da man mich mit Recht in keiner Gemeinde für einen ersprießlichen Mitbürger ansah, beeilte sich jede, mich möglichst prompt über die Grenze zur nächstfolgenden zu schaffen, bis ich endlich von der letzten mit unfehlbarer Sicherheit in aller Stille auf dem mir wohlbekannten Gebiete der Stadt Geckelbeck abgesetzt wurde, indem man hier das Weitere ganz meinem freien Ermessen anheimstellte.

Es war ein lustiges Schneegestöber bei nördlichem Winde, als ich abends mühselig auf zwei Krücken und einem Bein das väterliche Gehöft wieder betrat, das ich einst so leicht auf zwei Beinen verlassen hatte.
Ich sah erst mal schüchtern durchs Fenster. Im Sorgenstuhl saß der Gottlieb, der bedeutend behäbiger aussah als sonst, und hatte zwischen seinen Knien einen Knaben von drei,

vier Jahren, dem er eine Peitsche zurecht machte. Neben dem Kachelofen stand eine Wiege. Neben der Wiege saß die Kathrin und nährte einen runden Säugling an ihrer strotzenden Brust. Die Magd deckte den Tisch. Der Vater fehlte. Mein Atem war bei diesem Anblick etwas ins Stocken geraten. Fast wäre ich wieder umgekehrt; aber das grausame Unwetter veranlaßte mich, einzutreten und um Herberge zu bitten für die Nacht.

Ohne viel Umstände wurde das Gesuch des unbekannten Fremdlings mit dem größten Wohlwollen genehmigt.

„Oder" – fragte Gottlieb den Knaben – „sollen wir ihn lieber wieder hinausjagen in Wind und Wetter? Was meinst du, Peter?"

„Nein, nein!" rief der gutherzige Junge. „Armer Mann hier bleiben; viel Wurst essen, daß Bein wieder wächst!"

Die Nacht schlief ich beim Knecht im Pferdestall, und von ihm erfuhr ich die ganze Geschichte.

Nach jahrelangem vergeblichem Warten hatte der Vater, der fest glaubte, mich hätte der Muddebutz hinabgezogen in den Grummelsee, sein Sach dem Gottlieb und der Kathrein verschrieben. Er war stiller und stiller geworden. Eines Morgens fand man ihn tot.

Während dieses Berichtes hatte sich, um es zart auszudrükken, meine Seele umgekrempelt nach innen. Ich wollte arbeiten; ich wollte geduldig ausessen, was ich mir eingebrockt hatte, und nie, mit diesem festen Gelübde schlief ich ein, sollten diese guten Leute, die mich so herzlich aufgenommen, in Erfahrung bringen, wer ich sei.

Früh stand ich auf. Einige schadhafte Kleidungsstücke des kleinen Peter, die auf dem Treppengeländer hingen in Erwartung des Weiteren, gaben meinem Tätigkeitsdrang die nötige Richtung. In der Stube im Tischkasten fand ich Nadel und Zwirn.

Als man sich versammelte, um die Morgensuppe zu essen, war mein Werk schon fix und fertig. Es wurde eingehend besichtigt und fand bei allen denen, die in solchen Dingen ein reiferes Urteil besaßen, den freudigsten Beifall.

Man ersuchte mich dringend, einige Tage noch dazubleiben. Aus Tagen wurden Wochen, aus Wochen sind Jahre geworden. Durch reichhaltige Übung steigerte sich meine Geschicklichkeit nicht bloß in der Wiederherstellung des Alten und Verfallenen, sondern ich schuf auch Neues nach eigener Maßnahme aus dem Vollen und Ganzen heraus. Der Ruf meiner Kunst drang bis nach Geckelbeck, und Frau Knippipp, meine ehemalige Meisterin, die schon seit einiger Zeit Wittib geworden, ließ mir sogar einen ehrsamen Antrag machen, sie zu ehelichen.

– Kalt abgeschlagen!

Auf Gottliebs Befragen hatt' ich mich Fritz Fröhlich genannt. Der kleine drollige Peter, mein Liebling, nannte mich „Humpelfritze"; ein passender Name, mit dem ich seitdem allgemein angeredet werde, selbst von Leuten, die nicht die Ehre meiner näheren Bekanntschaft haben.

Und so leb' ich denn allhier als ein stilles, geduldiges, nutzbares Haustier. – Schmetterlinge beacht' ich nicht mehr. – Oben im alten Giebelstübchen hab' ich mir eine gemütliche Werkstatt eingerichtet.

Noch immer reiten die Hexen da vorbei. Neulich, in der Walpurgisnacht, als ich saß und schrieb an dieser Geschichte, spähte Lucinde durchs Fenster herein. Sie lachte wie närrisch; sie war noch grade so hübsch wie ehedem.

Gelassen sah ich sie an, flötete, nahm eine Prise und machte Haptschih!! –

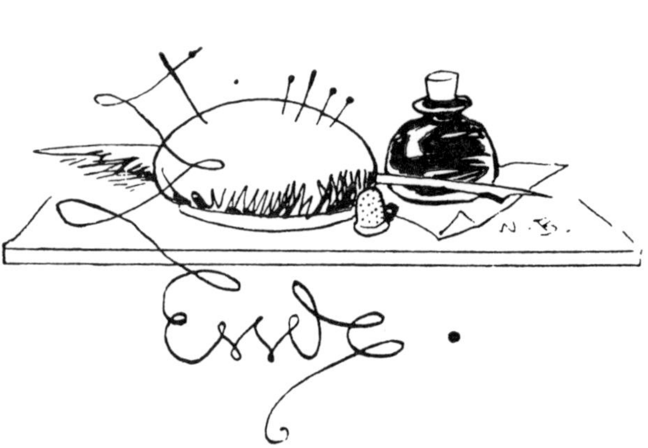

Das Manuskript der obigen Erzählung fand kürzlich ein Sommerfrischler auf dem Taubenschlage neben dem Giebelstübchen jenes nämlichen Gehöftes, wo der Verfasser seine Tage beschloß. Die Nachkommen von Gottlieb und Kathrine lebten noch daselbst in gedeihlichen Verhältnissen. Wirklich war die Persönlichkeit des guten Peter erst festgestellt worden, als man nach seinem Ableben das Medaillon bei ihm fand. Sein ungekünstelter, harmloser Stil, seine rücksichtslose Mitteilung selbst solcher Erlebnisse, die für ihn äußerst beschämend gewesen, drücken seinem Berichte den Stempel der Wahrheit auf, und nur der Halbgebildete, dem natürlich die neueren Resultate der induktiven Wissenschaft auf dem Gebiete des Wunderbaren nicht bekannt sind, wird Anstoß nehmen an diesem und dem, was man früher unmöglich nannte.

Von mir über mich

1899

Letztes Selbstbildnis

Kein Ding sieht so aus, wie es ist. Am wenigsten der Mensch, dieser lederne Sack voller Kniffe und Pfiffe. Und auch abgesehn von den Kapriolen und Masken der Eitelkeit. Immer, wenn man was wissen will, muß man sich auf die zweifelhafte Dienerschaft des Kopfes und der Köpfe verlassen und erfährt nie recht, was passiert ist. Wer ist heutigen Tages noch so harmlos, daß er Weltgeschichten und Biographien für richtig hält? Sie gleichen den Sagen und Anekdoten, die Namen, Zeit und Ort benennen, um sich glaubhaft zu machen. Sind sie unterhaltlich erzählt, sind sie ermunternd und lehrreich, oder rührend und erbaulich, nun gut! so wollen wir's gelten lassen. Ist man aber nicht grad ein Professor der Beredsamkeit und sonst noch allerlei, was der Heilige Augustinus gewesen, und will doch partout über sich selbst was schreiben, dann wird man wohl am besten tun, man faßt sich kurz. Und so auch ich.

Ich bin geboren 1832 in Wiedensahl. Mein Vater war Krämer – heiter und arbeitsfroh; meine Mutter, still und fromm, schaffte fleißig in Haus und Garten. Liebe und Strenge sowohl, die mir von ihnen zuteil geworden, hat der „Schlafittig" der Zeit aus meiner dankbaren Erinnerung nicht zu verwischen vermocht.

Mein gutes Großmütterlein war zuerst wach in der Früh. Sie schlug Funken am P-förmigen Stahl, bis einer zündend ins „Usel" sprang, in die halbverkohlte Leinwand im Deckelkästchen des Feuerzeugs, und bald flackerte es lustig in der Küche auf dem offenen Herde unter dem Dreifuß und dem kupfernen Kessel; und nicht lange, so hatte auch das Kanonenöfchen in der Stube ein rotglühendes Bäuchlein, worin's bullerte. Als ich sieben, acht Jahre alt war, durft' ich zuweilen mit aufstehn; und im Winter besonders kam es mir wonnig geheimnisvoll vor, so früh am Tag schon selbstbewußt in dieser Welt zu sein, wenn ringsumher noch alles still und tot und dunkel war. Dann saßen wir zwei, bis das Wasser kochte, im engen Lichtbezirk der pompejanisch geformten zinnernen Lampe. Sie spann. Ich las ein paar schöne Morgenlieder aus dem Gesangbuch vor.

Später beim Kaffee nahmen Herrschaft, Knecht und Mägde, wie es guten Freunden geziemt, am nämlichen Tische Platz.

Um diese Zeit meines Lebens passierte eine kleine Geschichte, die recht schmerzhaft und schimpflich für mich ablief. Beim Küster diente ein Kuhjunge, fünf, sechs Jahre älter als ich. Er hatte in einen rostigen Kirchenschlüssel, so groß wie dem Petrus seiner, ein Zündloch gefeilt, und gehacktes Fensterblei hatte er auch schon genug; bloß das Pulver fehlte ihm noch zu Blitz und Donner. Infolge seiner Beredsamkeit machte ich einen stillen Besuch bei einer gewissen steinernen Kruke, die auf dem Speicher stand. Nachmittags zogen wir mit den Kühen auf die einsame Waldwiese. Großartig war der Widerhall des Geschützes. Und so beiläufig ging auch ein altes Bäuerlein vorbei, in der Richtung des Dorfes. – Abends kehrt' ich fröhlich heim und freute mich so recht auf das Nachtessen. Mein Vater empfing mich an der Tür und lud mich ein, ihm auf den Speicher zu folgen. Hier ergriff er mich am linken Flügel und trieb mich vermittels eines Rohrstockes im Kreise umher, immer um die Kruke herum, wo das Pulver drin war. Wie peinlich mir das war, ließ ich weithin verlautbaren. Und sonderbar! Ich bin weder Jäger noch Soldat geworden.

Als ich neun Jahre alt war, sollte ich zu dem Bruder meiner Mutter nach Ebergötzen. Wie Kinder sind, halb froh, halb wehmütig, plätscherte ich am Abend vor der Abreise mit der Hand in der Regentonne, über die ein Strauch von weißen Rosen hing, und sang Christine! Christine! versimpelt für mich hin.

Und so spannte denn in der Früh vor Tag Knecht Heinrich das Pommerchen vor den Leiterwagen. Die ganze Familie, ausgenommen der Vater, stieg auf, um dem guten Jungen das Geleite zu geben. Hell schienen die Sterne, als wir durch den Schaumburger Wald fuhren. Hirsche sprangen über den Weg.

In Wirtshäusern einkehren taten wir nicht; ein wenig seitwärts von der Straße wurde still gehalten, der Deckel der Ernährungskiepe wurde aufgetan und unter anderm ein ganzer geräucherter Schinken entblößt, der sich bald merklich verminderte. Nach mehrmaligem Übernachten bei Verwandten erreichten wir glücklich das Ebergötzener Pfarrhaus.

Gleich am Tage nach der Ankunft schloß ich Freundschaft

Martini-Gans

mit dem Sohne des Müllers. Wir gingen vors Dorf hinaus, um zu baden. Wir machten eine Mudde aus Erde und Wasser, die wir „Peter und Paul“ benannten, überkleisterten uns damit von oben bis unten, legten uns in die Sonne, bis wir inkrustiert waren wie Pasteten, und spülten's im Bach wieder ab.

Auch der Wirt des Ortes, weil er ein Piano besaß, wurde bald mein guter Bekannter. Er war rauh wie Esau. Ununterbrochen kroch das schwarze Haar in die Krawatte und aus den Ärmeln wieder heraus bis dicht an die Fingernägel. Beim Rasieren mußte er weinen, denn das Jahr 48, welches selbst den widerspenstigsten Bärten die Freiheit gab, war noch nicht erschienen. Er trug lederne Klappantoffeln und eine gelbgrüne Joppe, die das hintere Mienenspiel der blaßblauen Hose nur selten zu bemänteln suchte. Seine Philosophie war der Optimismus mit rückwirkender Kraft; er sei zu gut für diese Welt, pflegte er gern und oft zu behaupten. Als er einst einem Jagdhunde mutwillig auf die Zehen trat, und ich meinte, das stimmte nicht recht mit seiner Behauptung, kriegt' ich sofort eine Ohrfeige. Unsere Freundschaft auch. Doch die Erschütterung währte nicht lange. Er ist mir immer ein lieber und drolliger Mensch geblieben. Er war ein geschmackvoller Blumenzüchter, ein starker Schnupfer und hat sich dreimal vermählt.

Bei ihm fand ich einen dicken Notenband, der durchgeklimpert, und freireligiöse Schriften jener Zeit, die begierig verschlungen wurden.

Mein Freund aus der Mühle, der meine gelehrten Unterrichtsstunden teilte, teilte auch meine Studien in freier Natur. Dohnen und Sprenkeln wurden eifrig verfertigt, und der Schlupfwinkel keiner Forelle, den ganzen Bach entlang, unter Steinen und Baumwurzeln, blieb unbemerkt von uns.

Zwischen all dem herum aber schwebte beständig das anmutige Bildnis eines blondlockigen Kindes. Natürlich sehnte ich oft die bekannte Feuersbrunst herbei mit nachfolgendem Tode zu den Füßen der geretteten Geliebten. Meist jedoch war ich nicht so rücksichtslos gegen mich selbst, sondern begnügte mich mit dem Wunsch, daß ich zauberhaft fliegen und hüpfen könnte, hoch in der Luft, von einem Baum zum andern, und daß sie es mit ansähe und wäre starr vor Bewunderung. Von meinem Onkel, der äußerst milde war, erhielt ich nur ein einzigmal Hiebe, mit einem trockenen Georginenstengel, weil ich den Dorftrottel geneckt hatte. Dem war die Pfeife voll Kuhhaare gestopft und dienstbeflissen angezündet. Er rauchte sie aus, bis aufs letzte Härchen, mit dem Ausdruck der seligsten Zufriedenheit. Also der Erfolg war unerwünscht für mich in zweifacher Hinsicht. Es macht nichts. Ein Trottel bleibt immer eine schmeichelhafte Erinnerung.

Gern gedenk' ich auch des kleinen alten Bettelvogts, welcher derzeit dat baddelspeit trug, den kurzen Spieß, als Zeichen seines mächtigen Amtes. Zu warmer Sommerzeit hielt er sein Mittagschläfchen im Grase. Er konnte bemerkenswert schnarchen. Zog er die Luft ein, so machte er den Mund weit auf und es ging: Krah! Stieß er sie aus, so machte er den Mund ganz spitz und es ging: Püh! wie ein sanfter Flötenton. Einst fanden wir ihn tot unter dem berühmtesten Birnbaum des Dorfes; Speer im Arm; Mund offen; so daß man sah: Krah! war sein letzter Laut gewesen. Um ihn her lagen die goldigsten Sommerbirnen; aber für diesmal mochten wir keine.

Etwa ums Jahr 45 bezogen wir die Pfarre zu Lüthorst.

Unter meinem Fenster murmelte der Bach. Gegenüber am Ufer stand ein Haus, eine Schaubühne des ehelichen Zwistes. Das Stück fing an hinter der Szene, spielte weiter auf dem Flur und schloß im Freien. Sie stand oben vor der Tür und schwang triumphierend den Reiserbesen, er stand unten im Bach und streckte die Zunge heraus; und so hatte er auch seinen Triumph.

In den Stundenplan schlich sich nun auch die Metrik ein. Dichter, heimische und fremde, wurden gelesen. Zugleich fiel mir die „Kritik der reinen Vernunft“ in die Hände, die, wenn auch damals nur spärlich durchschaut, doch eine Neigung erweckte, in der Gehirnkammer Mäuse zu fangen, wo es nur gar zu viel Schlupflöcher gibt.

Sechzehn Jahre alt, ausgerüstet mit einem Sonett und einer ungefähren Kenntnis der vier Grundrechnungsarten, erhielt ich Einlaß zur Polytechnischen Schule in Hannover.

Hier ging mit meinem Äußeren eine stolze Veränderung vor.

Ich kriegte die erste Uhr – alt, nach dem Kartoffelsystem – und den ersten Paletot – neu, so schön ihn der Dorfschneider zu bauen vermochte. Mit diesem Paletot, um ihn recht sehen zu lassen, stellt' ich mich gleich den ersten Morgen sehr dicht vor den Schulofen. Eine brenzlige Wolke und die freudige Teilnahme der Mitschüler ließen mich ahnen, was hinten vor sich ging. Der umfangreiche Schaden wurde kuriert nach der Schnirrmethode, beschämend zu sehn; und nur noch bei äußerster Witterungsnot ließ sich das einst so prächtige Kleidungsstück auf offener Straße blicken.

In der reinen Mathematik schwang ich mich bis zu „Eins mit Auszeichnung" empor, aber in der angewandten bewegt' ich mich mit immer matterem Flügelschlage.

Ein Maler wies mir den Weg nach Düsseldorf. Ich kam, soviel ich weiß, grad an zu einem jener Frühlingsfeste, für diesmal die Erstürmung einer Burg, die weithin berühmt waren. Ich war sehr begeistert davon und von dem Maiwein auch.

Nachdem ich mich schlecht und recht durch den Antikensaal hindurchgetüpfelt hatte, begab ich mich nach Antwerpen in die Malschule, wo man, so hieß es, die alte Muttersprache der Kunst noch immer erlernen könne.

In dieser kunstberühmten Stadt sah ich zum ersten Male die Werke alter Meister: Rubens, Brouwer, Teniers, Frans Hals. Ihre göttliche Leichtigkeit der Darstellung malerischer Einfälle, verbunden mit stofflich juwelenhaftem Reiz; diese Unbefangenheit eines guten Gewissens, welches nichts zu vertuschen braucht; diese Farbenmusik, worin man alle Stimmen klar durchhört, vom Grundbaß herauf, haben für immer meine Liebe und Bewunderung gewonnen.

Ich wohnte am Eck der Käsbrücke bei einem Bartscherer. Er hieß Jan, seine Frau hieß Mie. In gelinder Abendstunde saß ich mit ihnen vor der Haustür; im grünen Schlafrock; die Tonpfeife im Munde; und die Nachbarn kamen auch herzu; die Töchter in schwarzlackierten Holzschuhen. Jan und Mie balbierten mich abwechselnd, verpflegten mich während einer Krankheit und schenkten mir beim Abschied in kalter Jahreszeit eine warme, rote Jacke und drei Orangen. Nach Antwerpen hielt ich mich in der Heimat auf.

Was damals die Leute ut oler welt erzählten, sucht' ich mir fleißig zu merken, doch wußt' ich leider zu wenig, um zu wissen, was wissenschaftlich bemerkenswert war. Das Vorspuken eines demnächstigen Feuers hieß: wabern. Den Wirbelwind, der auf der Landstraße den Staub auftrichtert, nannte man: warwind; es sitzt eine Hexe drin. Übrigens hörte ich, seit der „Alte Fritz" das Hexen verboten hätte, müßten sich die Hexen überhaupt sehr in acht nehmen mit ihrer Kunst.

Von Märchen wußte das meiste ein alter, stiller, für gewöhnlich wortkarger Mann. Für Spukgeschichten dagegen, von bösen Toten, die wiederkommen zum Verdrusse der Lebendigen, war der Schäfer Autorität. Wenn er abends erzählte, lag er quer über dem Bett, und wenn's ihm trocken und öd wurde im Mund, sprang er auf und ging vor den Tischkasten und biß ein neues Endchen Kautabak ab zur Erfrischung. Sein Frauchen saß daneben und spann.

In den Spinnstuben sangen die Mädchen, was ihre Mütter und Großmütter gesungen. Während der Pause, abends um neun, wurde getanzt; auf der weiten Haustenne; unter der Stallaterne; nach dem Liede:

maren will wi hawern meihn,
wer schall den wol binnen?
dat schall meiers dortchen don,
de will eck wol finnen.

Von Wiedensahl aus besucht' ich auf längere Zeit den Onkel in Lüthorst. Es hatte sich grad um einen Grundsatz der Wissenschaft, nämlich, daß nur aus einem befruchteten Ei ein lebendes Wesen entstehen könne, ein Streit erhoben. Ein schlichter katholischer Pfarrer wies nach, daß die Bienen eine Ausnahme machten. Mein Onkel, als gewandter Schriftsteller und guter Beobachter, ergriff seine Partei und beteiligte sich lebhaft an dem Kampfe. Auch mich zog es unwiderstehlich abseits in das Reich der Naturwissenschaften. Ich las Darwin, ich las Schopenhauer damals mit Leidenschaft. Doch so was läßt nach mit der Zeit. Ihre Schlüssel passen ja zu vielen Türen in dem verwunschenen Schloß dieser Welt; aber kein

Mann mit Krug

„hiesiger" Schlüssel, so scheint's, und wär's der Asketenschlüssel, paßt je zur Ausgangstür.
Von Lüthorst ging ich nach München. Indes in der damaligen akademischen Strömung kam mein flämisches Schifflein, das wohl auch schlecht gesteuert war, nicht recht zum Schwimmen.
Um so angenehmer waren die Zeiten im Künstlerverein, wo man sang und trank und sich nebenbei karikierend zu necken pflegte. Auch ich war solchen persönlichen Späßen nicht abgeneigt. Man ist ein Mensch und erfrischt und erbaut sich gern an den kleinen Verdrießlichkeiten und Dummheiten anderer Leute. Selbst über sich selber kann man lachen mitunter, und das ist ein Extrapläsier, denn dann kommt man sich sogar noch klüger und gedockener vor als man selbst.

Lachen ist ein Ausdruck relativer Behaglichkeit. Der Franzel hinterm Ofen freut sich der Wärme um so mehr, wenn er sieht, wie sich draußen der Hansel in die rötlichen Hände pustet. Zum Gebrauch in der Öffentlichkeit habe ich jedoch nur Phantasiehanseln genommen. Man kann sie auch besser herrichten nach Bedarf und sie eher tun und sagen lassen, was man will. Gut schien mir oft der Trochäus für biederes Reden; stets praktisch der Holzschnittstrich für stilvoll heitere Gestalten. So ein Konturwesen macht sich leicht frei von dem Gesetze der Schwere und kann, besonders wenn es nicht schön ist, viel aushalten, eh' es uns weh tut. Man sieht die Sach an und schwebt derweil in behaglichem Selbstgefühl über den Leiden der Welt, ja über dem Künstler, der gar so naiv ist.
Auch das Gebirg, das noch nie in der Nähe gesehene, wurde für längere Zeit aufgesucht. An einem Spätnachmittag kam ich zu Fuß vor dem Dörfchen an, wo ich zu bleiben gedachte. Gleich das erste Häuschen mit dem Plätscherbrunnen und dem Zaun, von Kürbis durchflochten, sah verlockend idyllisch aus. Feldstuhl und Skizzenbuch wurden aufgeklappt. Auf der Schwelle saß ein steinaltes Mütterlein und schlief, das Kätzchen daneben. Plötzlich, aus dem Hintergrunde des Hauses, kam eine jüngere Frau, faßte die Alte bei den Haaren und schleifte sie auf den Kehrichthaufen. Dabei quäkte die

Alte wie ein Huhn, das geschlachtet werden soll. Feldstuhl und Skizzenbuch wurden zugeklappt.
Mit diesem Rippenstoße führte mich das neckische Schicksal zu den trefflichen Bauersleuten und in die herrliche Gegend, von denen ich nur ungern wieder Abschied nahm.
Es kann 59 gewesen sein, als zuerst in den „Fliegenden" eine Zeichnung mit Text von mir gedruckt wurde: zwei Männer, die aufs Eis gehen, wobei einer den Kopf verliert. Vielfach, wie's die Not gebot, illustrierte ich dann neben eigenen auch fremde Texte. Bald aber meint' ich, ich müßt' alles halt selber machen. Die Situationen gerieten in Fluß und gruppierten sich zu kleinen Bildergeschichten, denen größere gefolgt sind. Fast alle hab' ich, ohne wem was zu sagen, in Wiedensahl verfertigt. Dann hab' ich sie laufen lassen auf den Markt, und da sind sie herumgesprungen, wie Buben tun, ohne viel Rücksicht zu nehmen auf gar zu empfindsame Hühneraugen; wohingegen man aber auch wohl annehmen darf, daß sie nicht gar zu empfindlich sind, wenn sie mal Schelte kriegen.
Man hat den Autor für einen Bücherwurm und Absonderling gehalten. Das erste mit Unrecht.
Zwar liest er unter anderm die Bibel, die großen Dramatiker, die Bekenntnisse des Augustin, den Pickwick und Don Quichotte und hält die Odyssee für das schönste der Märchenbücher, aber ein Bücherwurm ist doch ein Tierchen mit ganz andere Manierchen.
Ein Sonderling dürft' er schon eher sein. Für die Gesellschaft, außer der unter vier bis sechs Augen, schwärmt er nicht sehr
Groß war auch seine Nachlässigkeit, oder Schüchternheit, im schriftlichen Verkehr mit Fremden. Der gewandte Stilist, der seine Korrespondenten mit einem zierlichen Strohgeflechte beschenkt, macht sich umgehend beliebt, während der Unbeholfene, der seine Halme aneinanderknotet wie der Bauer, wenn er Seile bindet, mit Recht befürchten muß, daß er Anstoß erregt. Er zögert und vergißt.
Verheiratet ist er auch nicht. Er denkt gelegentlich eine Steuer zu beantragen auf alle Ehemänner, die nicht nachweisen können, daß sie sich lediglich im Hinblick auf das Wohl des Vaterlandes vermählt haben. Wer eine hübsche und gescheite

Frau hat, die ihre Dienstboten gut behandelt, zahlt das Doppelte. Den Ertrag kriegen die alten Junggesellen, damit sie doch auch eine Freud haben.

Ich komme zum Schluß. Das Porträt, um rund zu erscheinen, hätte mehr Reflexe gebraucht. Doch manche vorzügliche Menschen, die ich liebe und verehre, für Selbstbeleuchtungszwecke zu verwenden, wollte mir nicht passend erscheinen, und in bezug auf andere, die mir weniger sympathisch gewesen, halte ich ohnehin schon längst ein mildes, gemütliches Schweigen für gut.

So stehe ich denn tief unten an der Schattenseite des Berges. Aber ich bin nicht grämlich geworden, sondern wohlgemut, halb schmunzelnd, halb gerührt, höre ich das fröhliche Lachen von anderseits her, wo die Jugend im Sonnenschein nachrückt und hoffnungsfreudig nach oben strebt.

„Von mir über mich" fußt auf Buschs selbstbiographischer Skizze „Was mich betrifft" von 1886. Die hier abgedruckte Fassung vom Dezember 1893 ist – zum Unterschied von einer anderen aus dem Frühjahr desselben Jahres – die endgültige und von Busch zur Veröffentlichung bestimmte. Sie erschien erstmals 1899.

Inhaltsübersicht: Sechster Band

Alphabetisches Register aller Gedichtanfänge

Seitenzahlen ohne vorangestellte Bandziffern beziehen sich auf Band 6